CENGAGE Learning™

北美最具权威、经典、主流的科学教育教材

圣智(原汤姆森学习)科学教育教材

# 科学探索

## Science & Technology

原出版 NELSON　　翻译 李广洲 孟献华

8

湖南教育出版社

## 圣智学习出版集团（Cengage Learning）简介

汤姆森学习出版集团（Thomson Learning）于2007年8月更名为圣智学习出版集团（Cengage Learning）。它是全球最大的、为终身学习提供信息的出版集团之一，是全球最大的职业教育出版商，旗下拥有Wadsworth、Nelson、Heinle、Gale、South-Western、Course Technology、Delmar Learning、Brooks/Cole、Houghton Mifflin等出版品牌，涵盖高等教育、职业教育、语言教学和图书馆用书及数据库等领域，为全球的高等院校、教师、学生、图书馆、政府机构、企业及专业人士提供包含专业内容、应用服务、学术领先和具有竞争优势的多方位的学习解决方案。

## 湖南教育出版社（Hunan Education Press）简介

湖南教育出版社创建于1982年3月，是一家以出版教材教辅读物为基础，以出版中小学生课外读物为重点，注重教育理论和学术著作及各类工具书出版的专业性教育出版社，经过数十年努力经营，已形成自己的出书规模与品牌特色，先后有500余种图书荣获国家图书奖和全国各级各类优秀图书奖。1998年获“全国优秀出版社”称号。

NELSON

# Science & Technology 8

## Authors


**Unit 1**
*Bob Ritter*

**Unit 2**
*Nora L. Alexander*

**Unit 3**
*Carol Glegg*
*Peter Williams*

**Unit 4**
*Chuck Hammill*

**Unit 5**
*Alan J. Hirsch*


## Program Consultant


*Marietta (Mars) Bloch*


## Contributing Authors


**Skills Handbook**
*Nancy Dalgarno Alldred*
*Stephen Haberer*



Nelson Thomson Learning

Australia • Canada • Denmark • Japan • Mexico • New Zealand • Philippines
Puerto Rico • Singapore • South Africa • Spain • United Kingdom • United States

Nelson
Thomson Learning

1120 Birchmount Road
Scarborough, Ontario M1K 5G4
www.nelson.com
www.thomson.com



Printed and bound in Canada
6 7 8 9 0 /ITIB/ 8 7 6 5 4 3

**Canadian Cataloguing in Publication Data**

Main entry under title:
Nelson science & technology 8
Includes index.
ISBN 0-17-607497-4

1. Science – Juvenile literature. I. Ritter, Bob, 1950- . II. Title: Science 8.

Q161.2.N44 1999 500 C99-930748-7



**Nelson Science & Technology *8* Project Team**

Artplus Design & Communication
Marnie Benedict
Colin Bisset
Beverley Buxton
Angela Cluer
Bob Cooper
Ruta Demery
Peggy Ferguson
Kyle Gell
Susan Green
Julie Greener
Geraldine Kikuta
Margo Davies Leclair
Julia Lee
Kevin Linder
Kevin Martindale
Dave Mazierski
Allan Moon
Renate McCloy
Ruth Peckover
Suzanne Peden
Ken Phipps
Peggy Rhodes
Todd Ryoji
Silver Birch Graphics
David Steele
Rosalyn Steiner
Rosemary Tanner
Karen Taylor
Theresa Thomas
Bart Vallecoccia
Ilana Weitzman

# Acknowledgments

*Nelson Science & Technology 8* is the result of the efforts of a great many people. The publisher would like to thank those who assisted in the development of this learning resource.

**Program Assessment Consultants**
Damian Cooper
Halton District School Board

Nanci Wakeman-Jones
Halton District School Board

**Safety Review**
Patrick Hogan
Catholic District Board of Eastern Ontario

Margaret Redway
Fraser Scientific and Business Services

**Expert Review**
Steve Alsop
York University, Faculty of Pure and Applied Science

David Logan
York University, Faculty of Pure and Applied Science

Steve Rogers
Technology Teaching Systems

Peter I. Russell
Earth Sciences Curator, University of Waterloo

Sean D. Spencer, P. Eng.
Product Engineer, Dimtex North America Ltd.

**Materials Review**
Paul Hannan

**Web Consultant**
Peter Sovran

# Reviewers

**Roni Abrahamsohn**
The Leo Baeck Day School

**Diane Aitken**
Hamilton Wentworth District School Board

**Karen Barnes**
Toronto District School Board

**Barbara Behan**
Dufferin-Peel Catholic District School Board

**David Bell**
York Centre for Applied Sustainability

**Al Bernacki**

**Steve Bibla**
Toronto District School Board

**Ray Bowers**
North York Board of Education

**Bob Cooper**
The Leo Baeck Day School

**Jim Dawson**
Faculty of Education, University of Windsor

**Chris Eaton**
Waterloo District Catholic School Board

**Gord Felix**
Dufferin-Peel Catholic District School Board

**Maureen Innes**
Waterloo Catholic District School Board

**Claudia Jones**
Dufferin-Peel Catholic District School Board

**Paul Podesta**
Dufferin-Peel Catholic District School Board

**Franca Porcelli**
York Catholic District School Board

**Margaret E. Ramsay**
Dufferin-Peel Catholic District School Board

**Steve Rogers**
Technology Teaching Systems

**Elaine Rubinoff**
Learning for a Sustainable Future

**Melissa Stout**
Toronto District School Board

**Pamela Schwartzberg**
Learning for a Sustainable Future

**Linda Strey**
Lakehead District School Board

**Mary Jane Vowles**
Dufferin-Peel Catholic District School Board

**Allison Weagle**
York Region District School Board

**Janice Weir**
York Region District School Board

**Otto Wevers**
Toronto District School Board

# 目录 CONTENTS



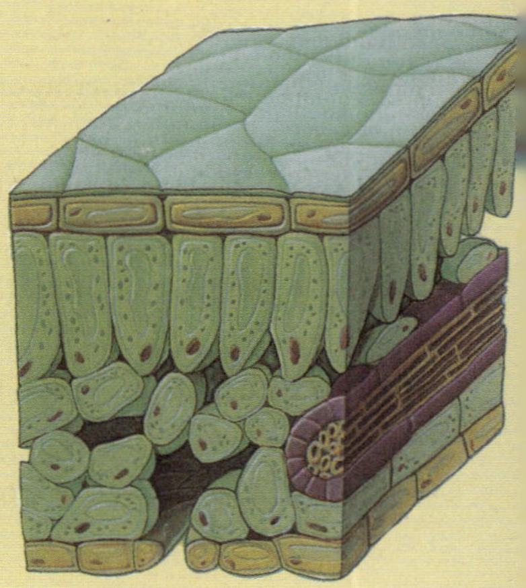

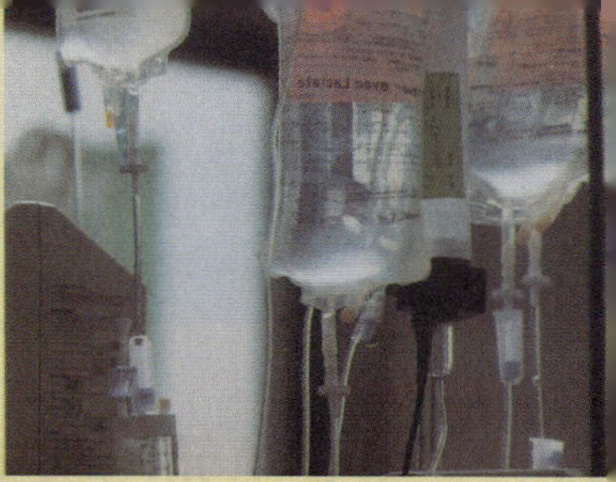

## 第 3 单元　机械效能与工作效率 ······ 142



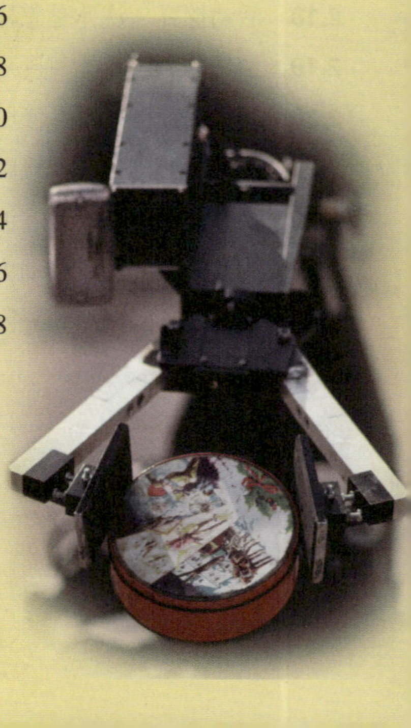

## 第 4 单元　水系统

## 第 5 单元　光学



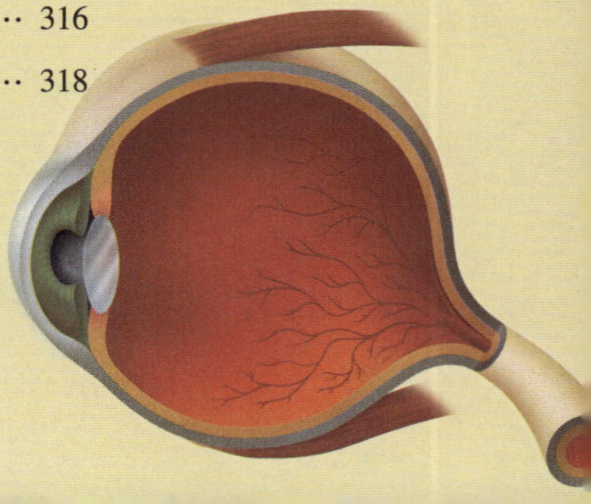

## 第 6 单元　技能手册 ··············· 322

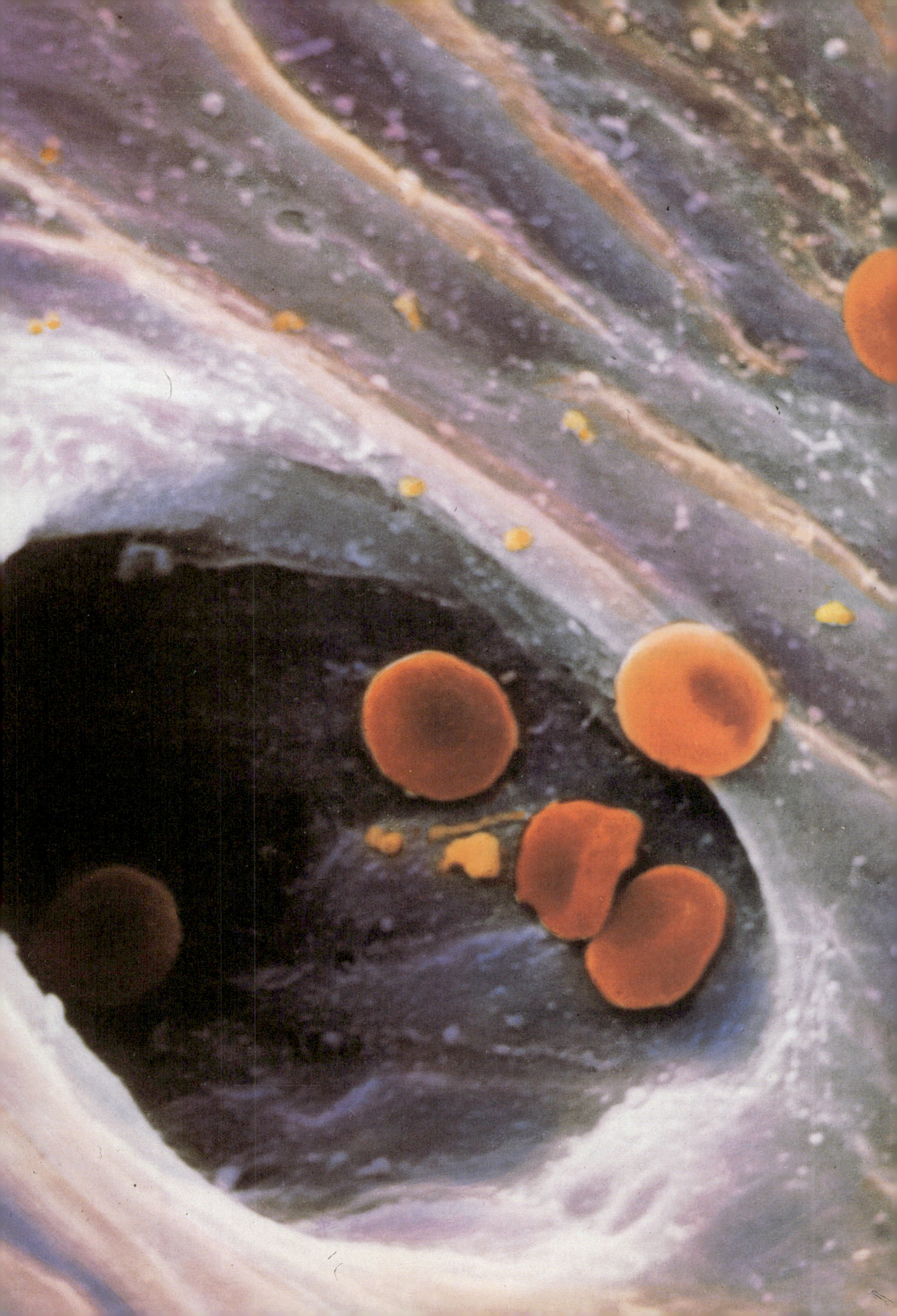

# 第 1 单元

## 细胞、组织、器官与系统

# 第 1 单元概述

你的身体由无数的细胞组成，你所做的每一个动作、每一次思考以及每一次对外界的感觉，都需要上百万的细胞共同合作才能完成。你体内的细胞承担着许多任务，而且通常情况下这些任务要在同一时间执行才能完成一个行为。那么，这么多的细胞是怎样有机地组合在一起的，它们的组成是否都一样，这些细胞又是怎样工作的呢？

## 细胞

不论是生是死，所有的植物和动物都是由细胞组成。

### 你将学会

- 判断是否所有的细胞都相似
- 描述单细胞生物是怎样生存的
- 认识到细胞是如何构成各种生物系统的
- 使用一台显微镜来观察植物细胞和动物细胞，并画出它们的形状

## 动物体内的系统

动物既可能由单细胞组成，也可能由一些系统组成，而这些动物体内的系统由多个细胞组成。

### 你将学会

- 认识到动物都是由一个细胞或多组具有特殊功能的细胞组成的
- 使用一台显微镜观察并记录一个单细胞动物，以及它是如何运动和进食的
- 了解你体内的细胞是怎样构成人体的各种组织、器官以及整个系统的
- 描述食物进入人体血液的过程
- 认识到你的健康状况与你体内的系统运行的状况密切相关
- 通过收集各种数据来分析有哪些因素会影响你对外界刺激做出反应的时间长短

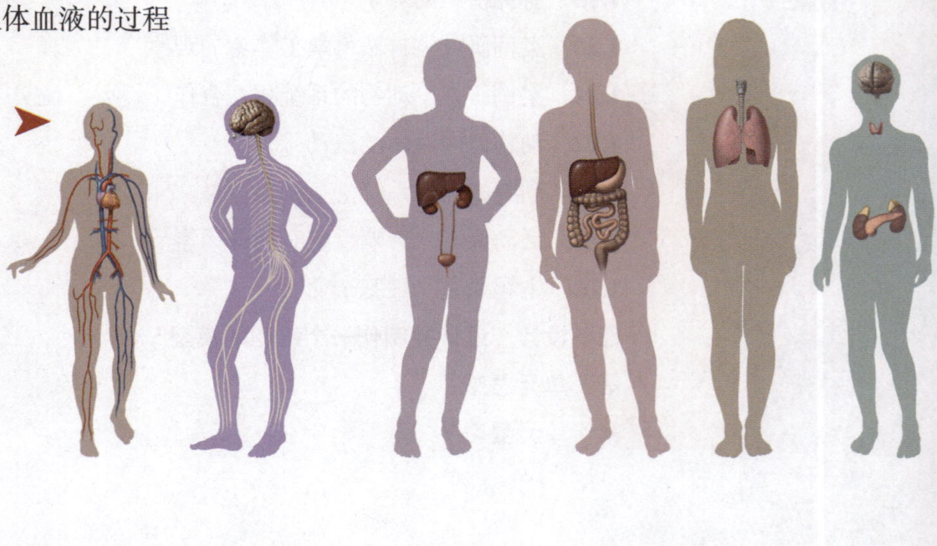

## 植物体内的系统

植物必须能够从外界吸收水分并把水分运输到它的叶子上，这样才能维持正常的生命活动。

### 你将学会

- 认识到植物都是由一个细胞或多组具有特殊功能的细胞组成的
- 识别植物的组织内部细胞的结构和功能
- 进行实验并观察植物体内水分是怎样运输的
- 记录下你对植物体内水分扩散现象的观察结果
- 设计实验观察植物体内水分的渗透现象
- 预测植物能够在不同环境中生存的原因

## 任务设计

### 你将学会

通过完成以下设计问题来检验你的学习效果。

### 制作细胞的模型或仿制品

科学家们与技术人员正在努力制作人造细胞。他们用人造细胞作为真实细胞的模型，借以理解人体中的各个细胞是如何协同工作的。

本单元中你应该能够设计并制作：

**1 一个运输氧的细胞**

红细胞能够将氧运送到生物体内的其他细胞中，设计并制作一个红细胞的模型。

**2 一个运输废料的细胞**

设计并制作一个能够从肺中运出废料的细胞的模型。

**3 人造皮肤**

设计并制作一个能够保护其他细胞的皮肤模型。

请先参看 74 页的说明，然后再进行你的任务设计。

在你理解任务以后，务必记录下你的想法与设计思路。

# 准备开始

## 生物的构成

1

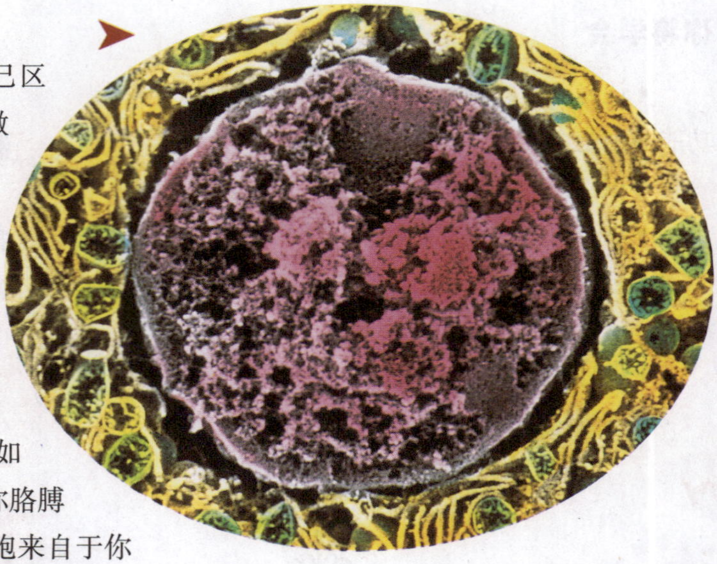

你能轻易地将你的朋友和你自己区别开来。而如果你的肉眼能够像显微镜一样具有放大功能，你能想象一下世界将会看起来有多么不同吗？想象一下如果你的眼睛具有和显微镜一样的放大功能，让你能够一眼看到你朋友的细胞，这时你能够将你胳膊上的一个细胞与你朋友的胳膊上的一个细胞区分开吗？如果你能够看到鱼鳍上的一个细胞和你胳膊上的一个细胞，你能够区分哪个细胞来自于你的胳膊，哪个细胞来自于鱼鳍吗？如果你能看到生菜叶上的一个细胞，你能够将它与你胳膊上的一个细胞区分开吗？

2

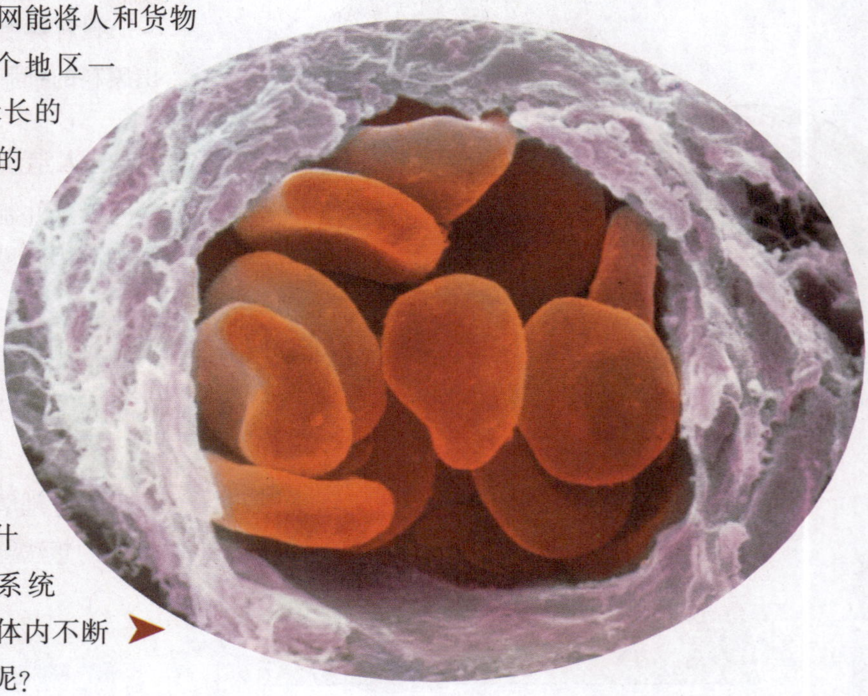

正如一个城市公路网能将人和货物运送到整个城市的各个地区一样，你身体内数千千米长的血管网能够将一种流动的液体运送到你的全身。使液体流动的驱动力来源于你的心脏，不论是在你夜晚沉睡的时候，还是白天工作学习的时候，你的心脏都将以四千万次每年的速率持续跳动。你为什么需要这个血液循环系统呢？人们常说血液在人体内不断流淌，这又是什么意思呢？

3

在自然界的食物和能量循环过程中，植物起着非常重要的作用，因为植物将地球上所有的生物联系起来了。植物能够制造各种食物，人类需要直接或间接地利用植物制造的食物来维持生命。植物需要利用水才能制造食物，但是我们都知道水往低处流，那么在最高的大树里，水是怎样从地下运输到树梢的呢？水的这种运动与人体内血液从心脏运输到头部的运动是不是有一些相似之处呢？

## 反思回顾

思考问题 1，2，3。关于细胞、组织和器官，你还能提出哪些值得思考的问题吗？在学习本单元的过程中，随时重新考虑上述问题，并结合你新学到的知识修正你的答案。

## 试一试 检验苹果汁

如果说你和你的朋友，你静脉中的血液，最高大的树木以及池塘中最小的藻类都是有生命的，你大概会同意。但是，你怎么知道一种物质是生物还是非生物呢？

• 取少量的沙子和与沙子等量的干酵母，分别进行观察：

1. 你能用肉眼看出沙子和酵母的区别吗？你也许能看出二者在大小、质地、颜色或形状方面的不同。

• 向两个容器（250 mL 的烧杯或玻璃杯）中倒入等量的苹果汁。

2. (a) 当你把酵母放入其中一个容器中时，你认为将会有什么现象发生？

记下你预测的结果。

(b) 预测一下当你在另一个容器中放入沙子后将会发生什么现象。

记下你预测的结果。

• 在一个容器中放入 25 mL 的沙子，在另一个容器中放入 25 mL 的酵母。

3. 两个容器中分别发生了什么现象？

4. 你所观察到的现象是不是令你很吃惊？你的预测与你亲眼所见到的现象之间有什么不同之处？

5. 为什么要在每个容器中放入等量的沙子、酵母以及等量的苹果汁，这一操作对这次实验来说有什么重要作用？

6. (a) 思考每个容器中所发生的现象的原因。

(b) 通过你的观察和思考，你又发现了哪些值得研究的新问题？

1.1

# 生物的特征

你怎么知道某物是否是“有生命力”的？在生物体中你将发现哪些特征能表明它们是“有生命力”的？例如，图 1 中的火山是生物吗？你大概会说“不”，但是为什么火山不是“有生命力”的生物呢？

正如一些生物是不断运动的一样，沿火山的山坡流下的熔岩也是运动的。仅根据能否运动就能确定一种物质是生物了吗？

最后，火山将会变大。这是我们通常所说的物体在“生长”吗？大小上的变化足够你确定一种物质是生物吗？

人类呼出气体，从火山顶也会喷发出气体。难道能呼出气体就意味着火山是生物吗？

为了回答关于火山的问题，你必须确定生物的特征，见图 2。正如你所看到的，很多非生物也能表现出生物的某一种特征，有些非生物如火山，能表现出几种生物的特征。生物常被称为有机体，只有一种物质表现出所有的生物特征时才能将其划分为有机体。

图 1

火山能够“生长”和“呼吸”。它们是“有生命力”的吗？

图 2

生物的特征

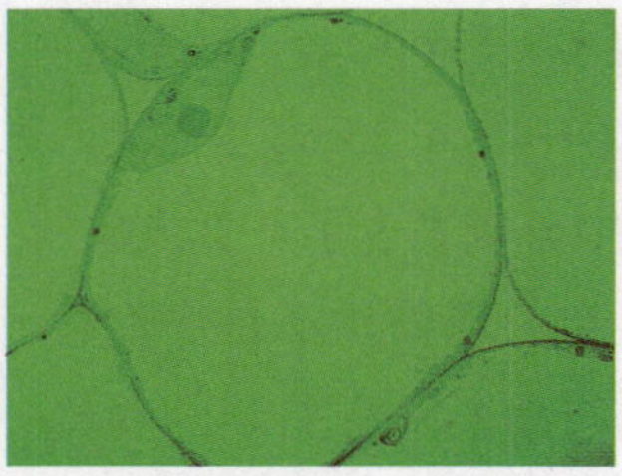

a 生物由细胞组成。所有细胞都是相似的。这个植物细胞与其他的植物细胞具有相似的特征。

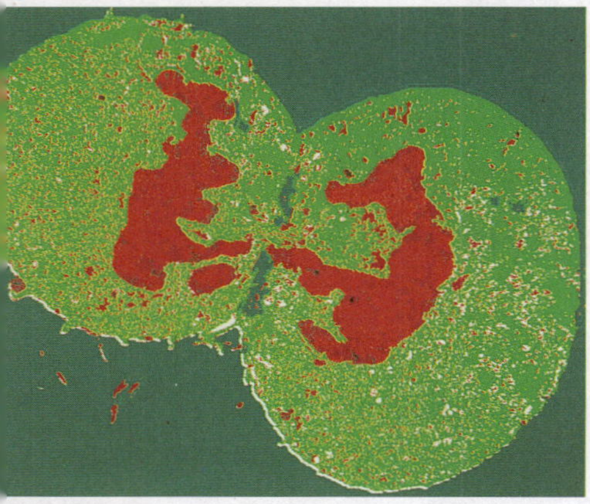

b 生物能进行繁殖、生长和自我修复。细胞通过一分为二产生新的细胞。生物的生长和修复需要新的细胞。

c 生物需要能量。植物的能量来自太阳。动物通过食用植物，或者吃下食草动物获得所需能量。

d 生物能够对外界刺激做出反应。这种外界刺激包括其他的有机体的作用或许多其他因素。

## 细胞学说

几个世纪以来，通过对生物的仔细观察，科学家已经收集了大量的证据来支持他们的细胞学说：

- 所有的生物都是由细胞组成的。
- 所有的细胞都来自于已存在的细胞。

各种研究已经证明，在帮助科学家理解人体及其他动植物体的工作机制方面，细胞学说提供了有力的证明。

e 生物都有一定的寿命。
生物只能在有限的一段时间内保持生命力。

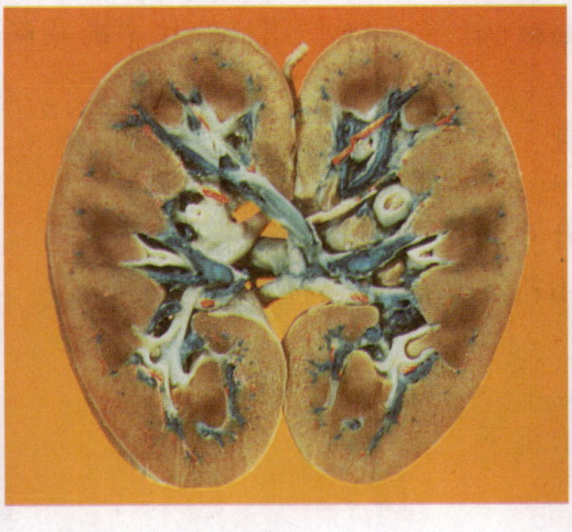

f 生物都能进行新陈代谢。你的肾脏能够将血液中的废物过滤，并最终排出体外。

### 理解概念

1. 生物体与非生物体最重要的区别是什么？

2. 火山是生物吗？请对你的回答作出解释。

3. 关于下面的每个例子，至少说出它所表现的一种生物特征。

(a) 植物向光生长。

(b) 蝌蚪长大变成青蛙。

(c) 人的肺呼出二氧化碳。

(d) 冠蓝鸦以向日葵籽为食。

(e) 猫生出小猫。

4. 制作一张表格，在其中一栏列出生物的六个特征，在另一栏，在生物的每个特征的旁边列出一个具有此特征的非生物。

### 反思回顾

5. 科学家怎样确定是否应该把一种物质看成是生物？

### 任务设计

在你的设计中，创建一个能代表一个活细胞或一组相互协作的活细胞模型。预测一下在用非生物材料来代表一个生物时，你可能会遇到哪些困难？

技能菜单
○提出问题 ●实验检验 ●问题分析
○提出假设 ●记录结果 ●交流经验
○制定方案

# 显微镜的使用

因为细胞非常小，为了研究细胞，我们需要使它们看起来大一些。由于通常的放大镜的放大倍数不够，所以你需要使用复合光学显微镜才能清楚地观察到细胞。图 1 为一台复合（多倍）光学显微镜。

## 提出问题

显微镜能用来估计体积较小的物体的尺寸大小吗？

## 提出假设

如果你能够估计出在显微镜视野中物体的数目，那么你也就能估计出每个物体的实际尺寸。

## 实验设计

在实验过程中，在中、低倍显微镜下使用一把直尺就能量出显微镜视野的直径。（视野是指通过显微镜所看到的光圈范围。）

大多数高倍显微镜的视野不到 1 mm 宽，所以你无法直接用直尺量度，这时得用到比例法了。为了测定一个物体的大小，需要首先估计一个视野中能容纳多少物体。

## 实验步骤

1

将显微镜的低倍物镜调节到适当的位置，在显微镜的镜台上放一把透明的直尺。

• 将直尺的毫米刻度放在物镜下方。

• 使用粗准焦螺旋将焦点聚焦在直尺的刻度上。

• 测量视野的大小。

(a) 记录低倍显微镜下的视野直径。

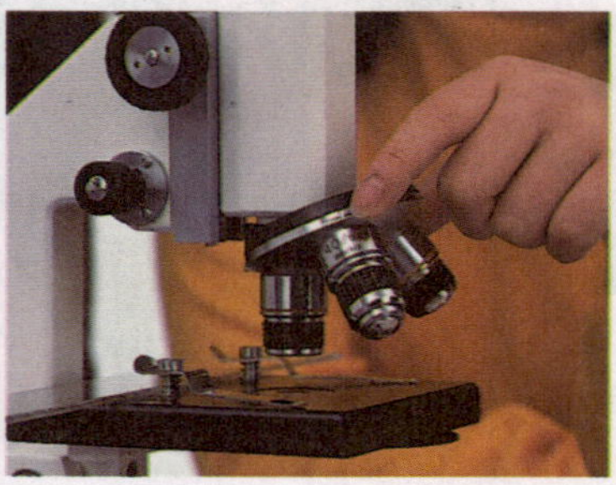

2

转动转换器换成中倍物镜。

• 使用细准焦螺旋，将直尺上的刻度移入视野中央。

(a) 为什么在使用中倍和高倍物镜时，不能使用粗准焦螺旋？

• 测量视野的大小。

(b) 记录在中倍物镜下视野的直径。

**材料**

• 复合光学显微镜
• 透明直尺
• 报纸
• 剪刀
• 显微镜载玻片
• 盖玻片
• 擦镜纸

在使用中倍和高倍物镜时，不要使用粗准焦螺旋。

取用载玻片和盖玻片时要小心，因为它们是用玻璃做的，一旦掉在地上就会摔碎。

3

按照以下步骤测定高倍物镜下的视野大小。

• 计算高倍物镜与低倍物镜的放大倍数的比率。

$$比率=\frac{高倍镜放大倍数}{低倍镜放大倍数}$$

• 使用这个比率测定高倍镜下视野的直径。

$$视野的直径（高倍数下）=\frac{视野的直径（低倍数下）}{比率}$$

(a) 写出你的计算结果。



技能手册：5A 使用显微镜

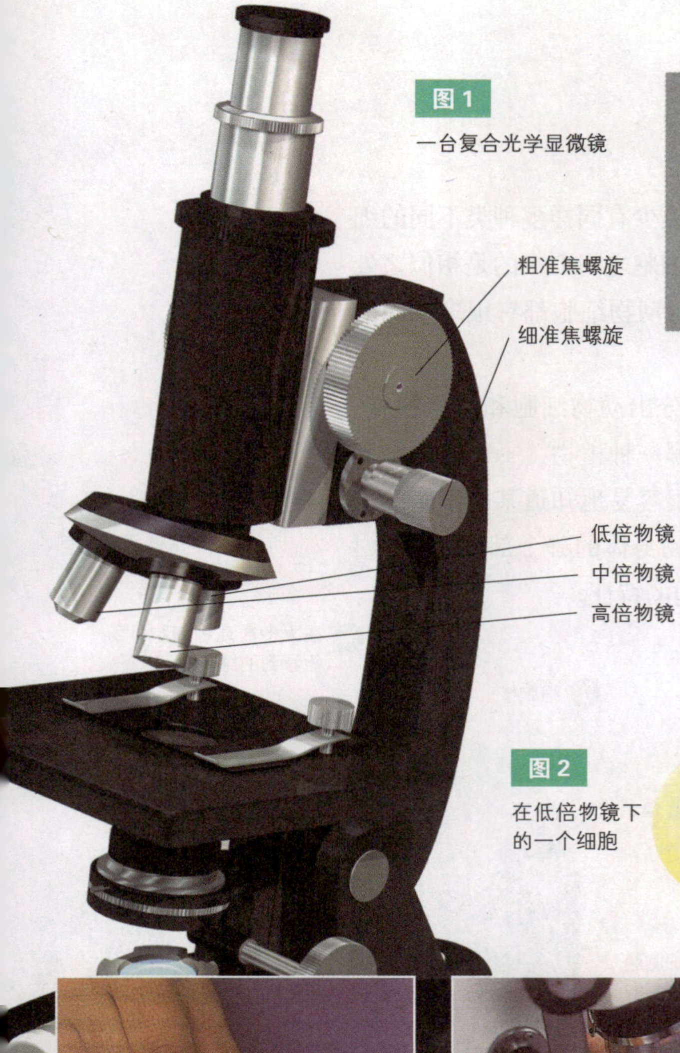

图 1
一台复合光学显微镜

**探索研究**

1. (a) 用凸透镜和硬纸筒制作一个显微镜。

(b) 你制作的显微镜和图中的复合光学显微镜有什么不同？使用以前讨论过的方法计算你制作的显微镜的放大倍数。

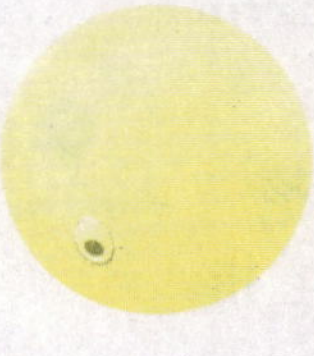
图 2
在低倍物镜下的一个细胞

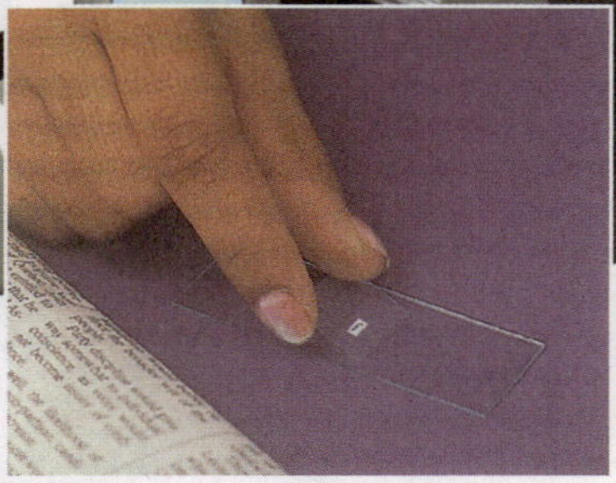

4

从报纸上找出一个字母 f 并用剪刀剪下来。

- 将 f 放在显微镜载玻片的中央。
- 用拇指和食指拿起一片盖玻片。使盖玻片的一边落在字母的一侧。
- 将盖玻片另一边放下，使它轻轻盖在载玻片上将字母盖上。

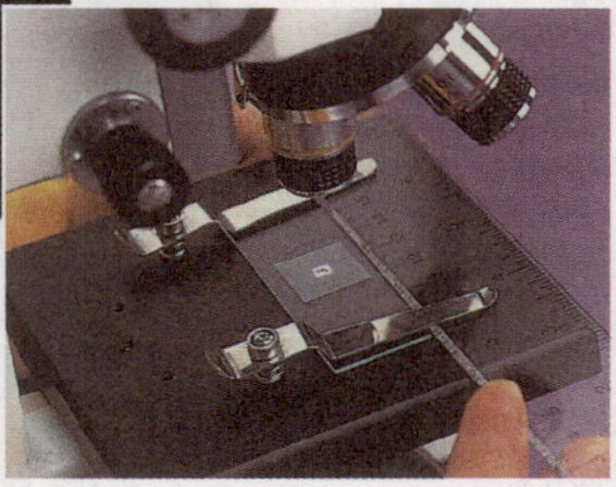

5

将载玻片放在显微镜的载物台中央，使字母的一面朝上。

- 使用压片夹将载玻片的位置固定。
- 如果几个字母 f 可以占据整个视野，请估计一下视野中字母 f 的数目有几个。

(a) 记录下你估计的字母数目。

## 分析思考

6

通过回答下列问题对你得到的结果进行分析。

(a) 当你将低倍物镜转换成高倍物镜后，显微镜视野的直径发生了什么变化？

(b) 解释为什么在高倍物镜的视野下物体大小通常用微米（μm）表示而不用毫米(mm)(1 000 μm=1 mm) 表示。

(c) 想一个方法估计一下字母 f 的大小。

- 描述你的想法。
- 创建一个能计算字母 f 大小的公式。
- 计算在显微镜视野下的字母 f 的大小。

(d) 哪一个放大倍数的物镜最适合于观测多个物体？

(e) 图 2 所示的是低倍物镜视野中的细胞。转到高倍物镜以后，不管怎么努力地调焦，你都看不到这个细胞。

- 为什么在高倍物镜下看不到细胞呢？
- 设想一个解决这一难题的方案。

# 植物细胞与动物细胞

“正因为有如此多种不同的生物，所以至少有同样多种类不同的细胞。”你同意这种假设吗？令人惊讶的是，细胞之间更多的是相似之处而不是不同之处。所有的植物细胞和所有的动物细胞都有很多相同的结构。

使用一台显微镜你就可以很容易地区分出动物细胞和植物细胞。然而，你很难分辨出一个植物细胞是来自哪一种植物，一个动物细胞又是来自哪一种动物。使用显微镜也可以很容易地知道某个细胞的功能，还可以知道这个细胞来自于动物或植物身体的哪个部位。如图 1 所示的是通过光学显微镜你能观察到的细胞的特征。

**图 1**

用光学显微镜所看到的细胞特征

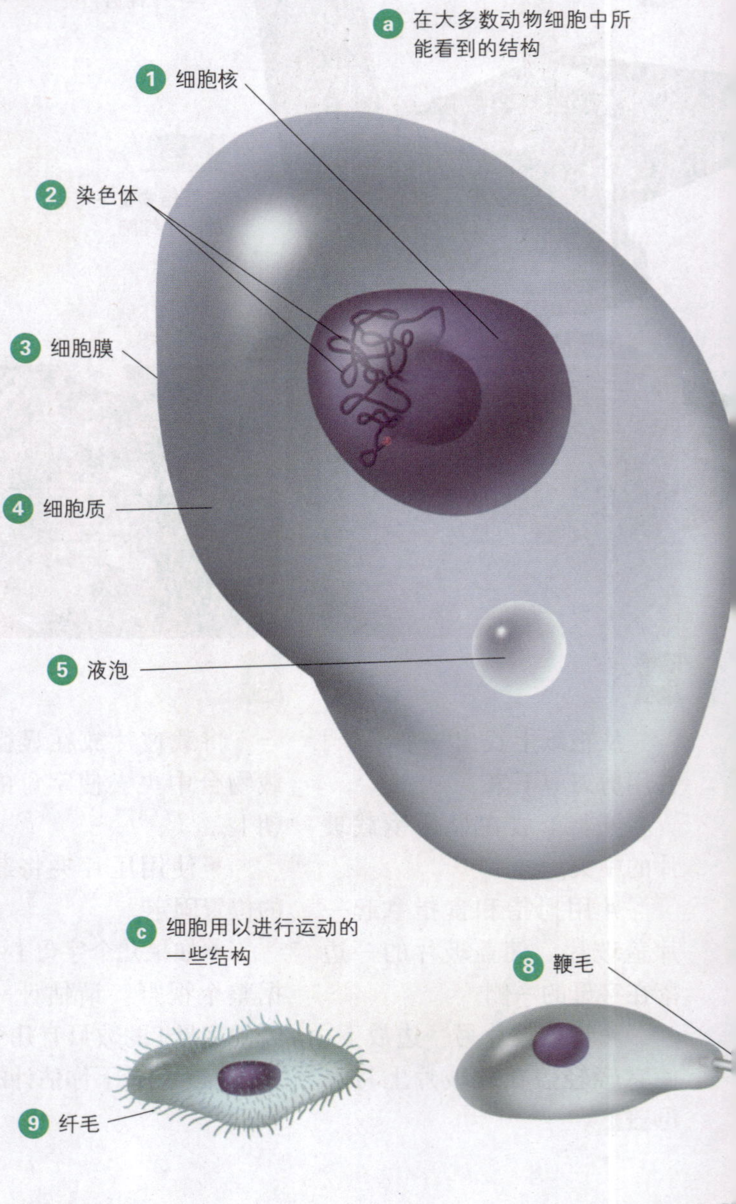


## 动物细胞的结构

大多数动物细胞都具有这些结构。

**1. 起控制作用的结构：细胞核**

细胞核是细胞的控制中心。它指导了所有的细胞活动。

**2. 起控制作用的结构：染色体**

染色体位于细胞核中。染色体含有遗传信息，它掌握着细胞各个部分的“建设计划”。

**3. 细胞的物质材料：细胞膜**

细胞膜的作用就像一个守门人，控制着养料和废物等物质进出细胞的活动。

**4. 细胞的物质材料：细胞质**

细胞的大部分物质是细胞质，细胞质是一种含水量高的液体。细胞质允许物质在细胞内部的各个结构之间快速地运输。细胞质也能储存一些废物，直到这些废物被排出细胞外。

**5. 储存物质的结构：液泡**

每个液泡都充满了液体。液泡被用来储存水、糖和无机盐等营养物质。

## 植物细胞的结构

植物细胞含有和动物细胞一样的结构特征，但是植物细胞还具有动物细胞所没有的一些特殊结构。（当你在观察一个植物细胞时，你会感觉到植物细胞好像没有细胞膜。其实植物细胞也有细胞膜，只是它的细胞膜很难被观察到。）

**5. 储存物质的结构：液泡**

和动物细胞里的液泡一样，植物的液泡里也充满了营养物质。然而，植物细胞中的液泡在细胞质中占据了更大部分。

**6. 起保护作用的结构：细胞壁**

细胞壁保护和支持着植物细胞。气体、水和一些无机盐能穿过细胞壁上的小空隙进出细胞。

**7. 生产食物的结构：叶绿体**

叶绿体包含很多被称为水溶性叶绿素的一种绿色化学物质分子。水溶性叶绿素使得植物细胞能够利用太阳光来合成它们自己所需的食物。动物细胞却做不到这一点。

b 植物细胞的结构

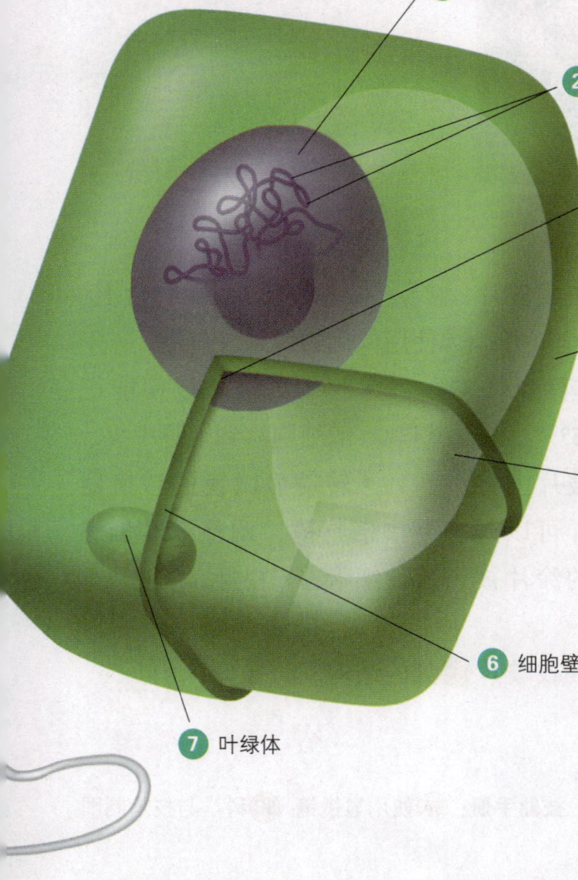


### 理解概念

1. 创建一个表格，总结一下动物细胞和植物细胞结构的相同点和不同点。

| 结构 | 植物细胞 | 动物细胞 | 功能 |
|---|---|---|---|
| 细胞核 | 有 | 有 | ·控制中心<br>·指挥细胞活动 |

2. 遗传信息在细胞的哪一部分能找到？

### 建立联系

3. 一个生物学家发现了具有两个细胞核（复核）的细胞。为什么这个细胞看起来有两个细胞核，根据这一点你能得出什么结论？

4. 预测一下如果细胞的细胞膜被换成了阻止分子进出细胞的塑料外壳，将会有什么现象发生。

## 有助于细胞运动的结构

某些细胞必须处于不断运动的状态。它们内部可能含有帮助细胞运动的特殊结构。

**8. 有助于细胞运动的结构：鞭毛**

鞭毛是一条能帮助细胞运动的像鞭子一样的尾巴，但并不是所有的细胞都有鞭毛。

**9. 有助于细胞运动的结构：纤毛**

纤毛就是一些微小的类似毛发的结构，这些纤毛相互协作能使细胞运动或使细胞周围的环境发生变化。并不是所有的细胞都有纤毛。

### 任务设计

当你在制作细胞模型时，必须把什么结构包括进去？在模型中怎样表现出这些结构？

技能菜单
○提出问题 ●实验检验 ●问题分析
○提出假设 ●记录结果 ●交流经验
○制定方案

# 植物细胞与动物细胞的比较

你已经学过了动植物细胞内部的一些结构。在这次探究活动中你将在显微镜下观察植物细胞和动物细胞。能够识别细胞结构对于了解细胞的功能非常重要。

**材料**

- 洋葱
- 镊子
- 显微镜载玻片
- 医用滴管
- 水
- 盖玻片
- 光学显微镜
- 护目镜
- 橡胶手套
- 含碘着色剂（卢戈试剂）
- 纸巾
- 擦镜纸
- 制备好的人体上皮细胞（皮肤细胞）的玻片

## 提出问题

植物细胞和动物细胞有什么不同？

## 提出假设

如果使用显微镜就能根据动植物细胞的不同结构而将植物细胞和动物细胞区分开。

## 实验设计

在探究活动中你将准备洋葱细胞的一个湿涂片。你将使用载玻片来识别植物细胞中的结构。使用一个准备好了的载玻片观察动物细胞的组成。

## 实验步骤

1

老师用小刀从洋葱上切取（约 2 $cm^2$）一小块剖面。

• 用镊子从洋葱剖面内壁取一单层内表皮。如果你取下的这层不透明，那么重新裁取洋葱内表皮，直至所取的洋葱皮是透明的。

碘会伤害眼睛、嘴和皮肤。它会腐蚀你的皮肤和衣服。不要直接用手触摸含碘着色剂，用完之后不要用手去触摸你的脸。

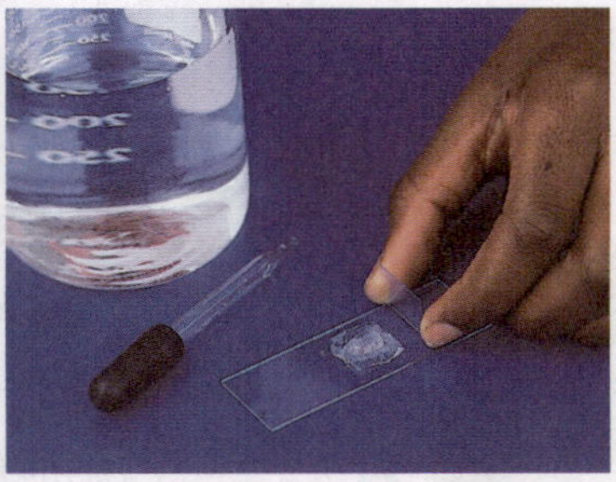

2

将洋葱表皮放在载玻片的中央。确保表皮完全展开。

• 在洋葱表皮上滴两滴水。

• 与载玻片成 45°角，轻轻将盖玻片盖在载玻片上将洋葱表皮盖住，这样可以赶走气泡。这样制得的涂片被称为湿涂片。

• 用铅笔头轻敲载玻片以赶走气泡。

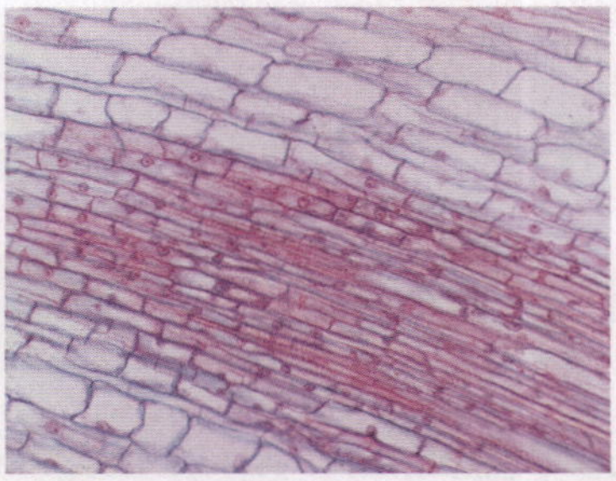

3

将载玻片放在载物台上，5A 使用低倍物镜调好焦距。

• 移动载玻片以便能把想观察的细胞移到视野中央。

• 转动显微镜的转换器到中倍物镜，调整细准焦螺旋使细胞进入视野。

（a）描述并画出你所看 6C 到的结构。



技能手册：5A 使用显微镜 6C 科学与技术制图

**图 1**

通过在显微镜下观察细胞，你将能判断它们是来自于植物体还是来自于动物体。

**探索研究**

1. 香蕉和绿胡椒的细胞是否和洋葱细胞的形状一样？你可以用牙签从香蕉或绿胡椒中取出它们的细胞。

(a) 设计一项技术能让你观察到这些细胞。

(b) 描述你所使用的技术。

(c) 所有的植物细胞都一样吗？

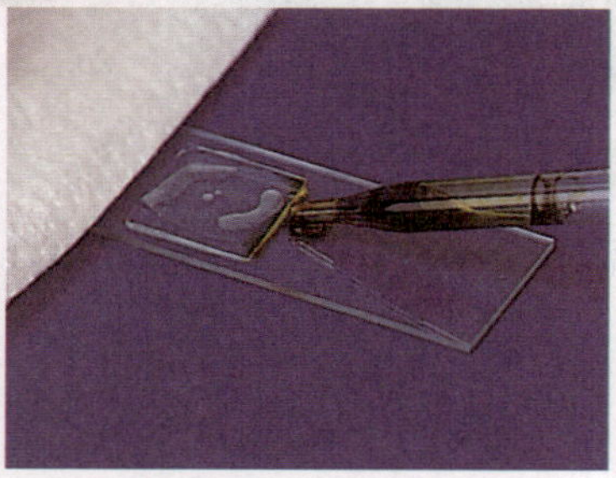

**4**

转到低倍物镜并重新移动载玻片到合适位置。戴上橡胶手套和护目镜。

• 在盖玻片的一边滴一滴含碘着色剂。用纸巾在盖玻片另一边吸引，使下面的着色剂布满盖玻片。

• 在中、低倍物镜下观察细胞。

(a) 碘对细胞有什么影响？

(b) 画出含有四个细胞的一组结构，分别标出你所看到的细胞结构。

(c) 估计一个细胞的大小。

**5**

转向低倍物镜。

• 移动含有植物细胞的载玻片到合适位置。

• 在老师的指导下处理细胞表皮。

• 用擦镜纸擦净载玻片和盖玻片。

**6**

将准备好的含有人体表皮细胞的载玻片放在载物台上。

• 调整粗准焦螺旋，找到一组细胞并对准这组细胞。

• 转到中倍物镜，再使用细准焦螺旋调焦。

(a) 动、植物细胞的排列方式一样吗？解释为什么会有这样的排列方式。

(b) 画出含有四个细胞的一组结构，并标出你能看到的细胞结构。

(c) 估计每个细胞的大小。

## 分析思考

**7**

通过回答下列问题对你观察到的结果进行分析。

(a) 洋葱表皮细胞和人体表皮细胞有什么不同？

(b) 为什么将细胞进行染色是一个好办法？

(c) 预测一下在显微镜下所观测到的洋葱细胞具有哪些功能。

(d) 解释为什么在洋葱鳞茎细胞中看不到叶绿体。(难道不是所有的植物细胞都应该含有叶绿体吗？)

(e) 一个学生在观察洋葱细胞时，看到圆形的视野内完全呈现黑色，是什么原因导致这种情况的发生呢？在你班上有同学遇到过这种情况吗？

# 显微镜技术的发展

细胞生物学的发展是与光学器件的发展直接相关的。随着科学家对细胞的观察和了解越来越多，他们需要借助仪器来了解细胞中更多的细节。光学科学家和技术专家通过对光的研究给予了回应，他们通过制造越来越好的显微镜解决了生物学家所面临的问题。较先进的显微镜使得生物学家能够对组成生物体的细胞具有怎样的功能有较深层的了解。

## 单镜头显微镜

早期最好的显微镜中有一些是安顿·凡·列文虎克在17世纪60年代制造的。他对微观世界充满了好奇，坚持不懈地改进他的显微镜设计。如图1所示，他的显微镜只有一个镜头，只能将物体放大10倍或十几倍。尽管如此，当他用这个显微镜看到一滴水中有数不清的微小的生物时，仍感到难以置信。

## 复合光学显微镜

生物学家发现单镜头显微镜是有局限性的——他们看不到细胞活动的细节，在显微镜上加上第二个镜头是一次重大的发展。第一个镜头将图像放大10倍，第二个镜头也可以放大10倍，所看到的镜像就是物体的100倍。

在怎样处理玻璃镜片和光线之间的关系方面，科学家们遇到了一些困难。为了使镜像更大，需要的镜片更厚。但是镜片越厚，所产生的镜像就越模糊。以至于最后镜像变得太模糊而看不到细胞的细节部分。

光学显微镜（图2）的放大倍数的上限约为2 000倍。所以需要放大倍数更大的显微镜才能看到人体细胞内部的细节。电子显微镜的发展为观察细胞内部的细节打开了一扇窗户。

图1

列文虎克的单镜头显微镜安装在两个铜板之间以放大物体。

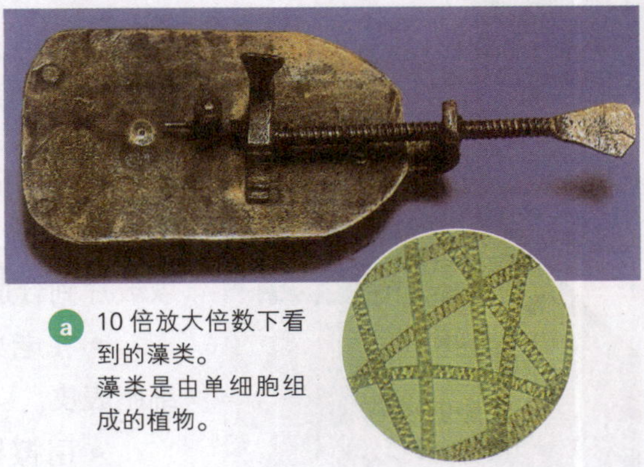

a 10倍放大倍数下看到的藻类。藻类是由单细胞组成的植物。

图2

光学显微镜

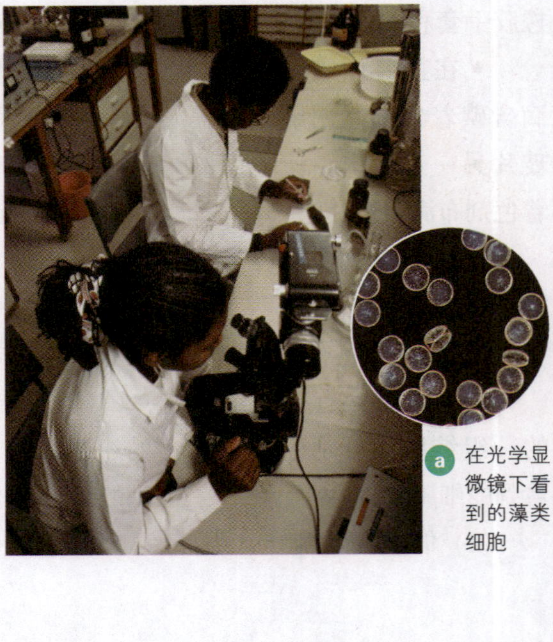

a 在光学显微镜下看到的藻类细胞

## 透射电子显微镜

这些显微镜的放大倍数能达到 2 000 000 倍！透射电子显微镜用一束能透过细胞或组织样品的电子束代替通常的光线。（电子是指绕原子核旋转的粒子。）

透射电子显微镜（图 3）有两大局限。第一，检测不出具有多层结构的细胞样品，如血管。因为电子容易偏离或被厚的样品吸收，所以必须使用非常薄的细胞切片（截面）。这些薄的截面是通过将样品贴在塑料表面，然后将样品的外层从塑料上剥离出薄薄的一层而得到的。第二个局限性是将细胞贴在塑料表面会使细胞失去活性。那就意味着只有死细胞才能被用于观察。尽管透射电子显微镜对于测定细胞内部结构非常理想，但无法用于测定多细胞昆虫眼睛的细微结构或者从它的组织中分离出的一个活细胞。

## 扫描电子显微镜

扫描电子显微镜（图 4）是对透射电子显微镜局限性的改进。它利用的电子是从样品中反射出来的电子，这样就创造出了三维数字镜像。由于这种仪器只使用反射的电子，所以不管样品有多厚都可以使用，但是这一技术却只能看到样品的外观。另外，扫描电子显微镜的放大倍数不如透射电子显微镜。

**图 4**

扫描电子显微镜

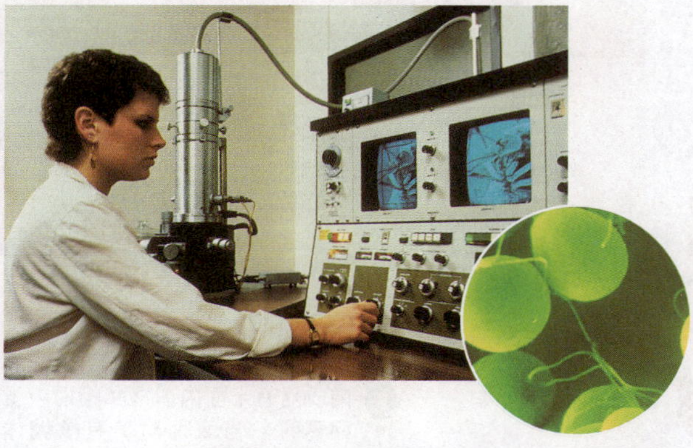

a 通过扫描电子显微镜看到的藻类细胞

**图 3**

透射电子显微镜利用磁体聚集电子束直接打在样品上。

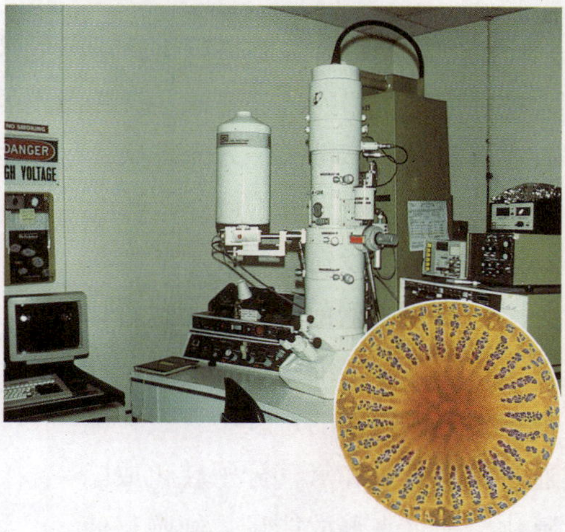

a 透射电子显微镜下观察到的藻类细胞

### 理解概念

1. 说出与单镜头显微镜相比，复合光学显微镜的一个优点。

2. 说出与透射电子显微镜相比，扫描电子显微镜的一个优点。

3. 描述使用不同显微镜所看到的藻类细胞有什么不同。

4. 观察下列物体时，你认为应该使用哪种显微镜？说出你作出这一选择的原因。

(a) 一个细胞核的精细结构

(b) 一个单细胞

### 反思回顾

5. 想象一下，你能够指导一个技术小组发明一种新的显微镜。你想使这台新的显微镜能够做什么？这种显微镜可以怎样更好地服务于社会？

# 使用电子显微镜观察细胞的组成结构

细胞质是每个细胞进行生命活动的区域，细胞质包含被称为细胞器的特殊结构。这些微小的结构中很多只有在透射电子显微镜下才能看见。尽管图 1 所示的是一个动物细胞，但是以下所介绍的细胞器在动物细胞和植物细胞中都能找到。

**1. 提供能量的细胞器：线粒体**

线粒体能给细胞提供能量。在被称为呼吸作用的过程中，线粒体通过将糖分子和氧气分子转化成二氧化碳和水来释放能量。细胞行使的几乎所有其他功能都利用了线粒体提供的能量。

**2. 制造蛋白质的细胞器：核糖体**

来自细胞核或细胞质中的分子的信息将蛋白质聚集在核糖体上。蛋白质是细胞生长、修复、繁殖所必需的大分子。

**3. 进行物质运输的细胞器：内质网**

内质网是一系列折叠的膜结构，能将物质运送至整个细胞质中。粗面内质网上附着有很多核糖体。

① 线粒体被称为细胞的“动力工厂”，是细胞质中最大的细胞器。

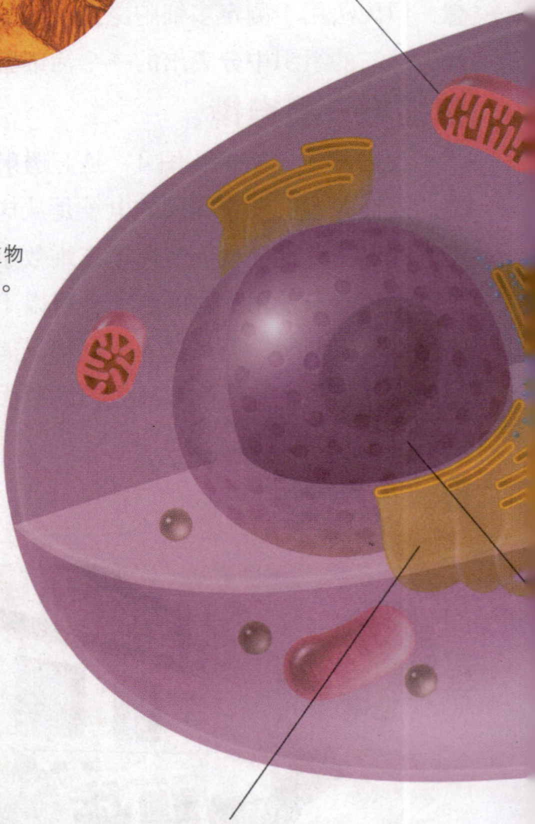


**图 1**

这些细胞器在动植物的细胞中都能找到。

③ 内质网有光面内质网和粗面内质网两种。当表面附着有核糖体时，内质网看起来是粗糙的。

② 核糖体附着在内质网上

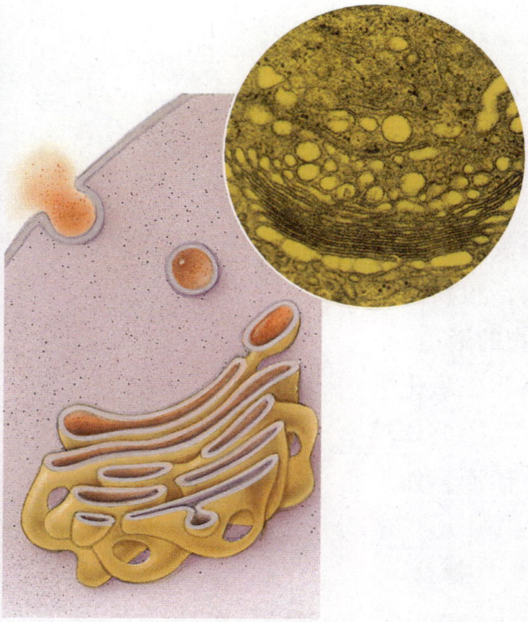

4 高尔基体是以它的发现者卡米洛·高尔基的名字命名的，高尔基体可以将包裹的分子释放到细胞外部。

#### 4. 储存蛋白质的细胞器：高尔基体

细胞里的蛋白质储存在高尔基体中。这种细胞器也能将蛋白质包裹在囊泡中。囊泡将蛋白质分子运送到细胞表面，释放到细胞外。各种细胞囊泡中的蛋白质是不同的，这取决于蛋白质的功能。

#### 5. 起再循环作用的细胞器：溶酶体

在细胞中溶酶体巡逻、清扫着细胞质。溶酶体中含有一种特殊的蛋白质，能将大分子分解为小分子。这些小分子作为组成成分而能够被其他大分子重复利用。在人体和其他动物细胞中，溶酶体被用来杀灭并消化外部入侵的有机体。

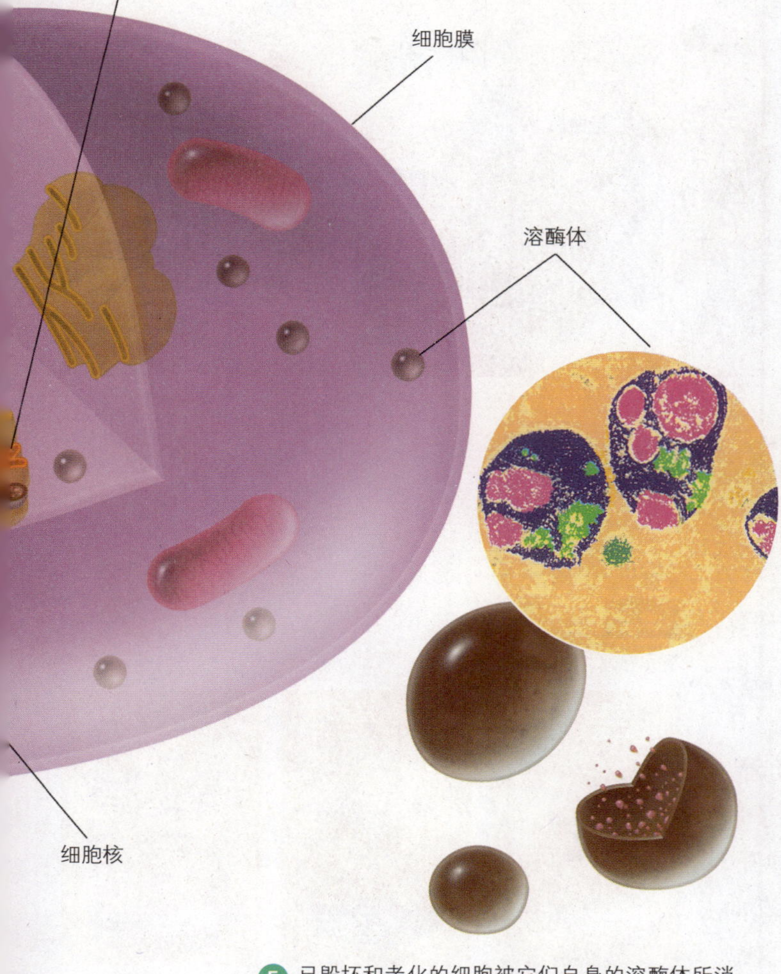


5 已毁坏和老化的细胞被它们自身的溶酶体所消灭。因此，溶酶体有时被称为“自杀液囊”。

**理解概念**

1. 什么是细胞器？

2. 制作一张概念图，显示细胞的结构和功能。其中包含用光学显微镜和电子显微镜能看到的结构。

3. 预测一下如果线粒体停止了工作细胞将会出现什么状况。

**建立联系**

4. 胃的内襞细胞能释放有助于消化的消化酶。消化酶是蛋白质分子。解释为什么在胃细胞中能找到很多高尔基体。

## 任务设计

你已经了解了细胞内部的细胞器。当你制造一个具有特殊功能的细胞时，你是否应在其中设计几个这样的细胞器呢？请对你的回答作出解释。

# 各种环境中的细胞

想象一下如果你不得不生活在一个密封的塑料袋中，你能活多久？如果没有能使氧气通过的小孔你将不会活很长时间。另外，你需要一个穿过塑料袋能获得水和食物的通道。但即使这样也还是不够，你还需要一个通道，能够将二氧化碳和尿等废物排出。

从某种意义上来说，细胞膜就像那个塑料袋。然而，如图 1 所示，细胞膜的结构要更为复杂。

## 细胞膜

细胞只允许一些物质进出，而不是所有的物质。人们称细胞允许一些物质通过，对其他物质则不允许。可透过性指的是允许一些物质通过该细胞的细胞膜，不可透过性则阻止一些物质通过该细胞膜。

一般来说，小分子能很容易地穿过细胞膜，中等大小分子则不那么容易，而大分子在没有细胞的帮助时则不能穿过细胞膜。因为细胞膜只允许某些物质进出，所以人们称细胞膜有选择透过性。

图 1

细胞膜具有磷脂双分子层（脂类）。嵌入脂分子层中的是蛋白质分子（彩色的颗粒）和由蛋白质形成的通道。有几种大小不同的蛋白质通道。

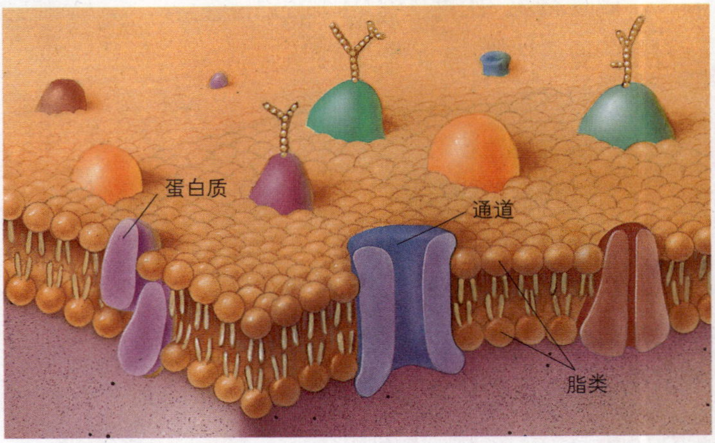


## 扩散作用

在图 2 中，一滴墨水逐渐扩散开，将整杯水都染了色。为什么墨水不始终保持为一小滴呢？是什么原因导致它向外运动？

墨水滴中的分子在不停地运动着，不停地与其他的墨水分子以及水分子进行碰撞。当相互碰撞时它们会互相弹开。这就使得聚集在一个区域的分子逐渐向外扩散。扩散就是分子从密度高的区域到密度低的区域的一种运动。

图 2

墨水在水中的扩散现象。

## 扩散作用和细胞

扩散是物质进出细胞运动方式中的一种。一些物质，如氧，如果被细胞的活动消耗掉，则细胞中这种物质的浓度就降低了。相比之下，在细胞外这种物质的浓度就会显得较高。这种物质的分子将会穿过细胞膜扩散进入到细胞内部。直到细胞内外该物质的浓度相同时，扩散才会停止。

排泄废物如二氧化碳时，往往是在细胞内该物质的浓度渐渐大于细胞外该物质的浓度，所以它们将会扩散到细胞外。

### 试一试 细胞膜模型

观察图3，比较罩在广口瓶上的玻璃、网和布这三种材料的通透性能。

1. 哪种覆盖物对三种物质都是不可透过的？

2. 哪种覆盖物对三种物质都是可透过的？

3. 哪种覆盖物对某些物质都是可透过的，而对其他物质是不可透过的？

4. 再找出两种材料，这两种材料对所示物质中的其中两种物质是可透过的，而对其他物质则是不可透过的。亲自动手实验，检验各种物质的可透过性。

**图 3**

三种“膜”——玻璃、金属或塑料网和布。

**理解概念**

1. 用自己的话解释扩散过程。

2. 解释什么是不可透过性材料、可透过性材料和选择透过性材料。

3. 细胞都有哪几种类型的膜？解释为什么会有这几种类型的膜。

4. 关于为什么细胞膜上的通道具有不同的大小，请提出一个假设。

**建立联系**

5. 细胞膜上的通道并不总是开放的，有时候也是关闭的。在人类和许多其他动物体内，胰岛素就像一把开锁的钥匙。胰岛素是胰腺分泌到血液中的一种蛋白质。一旦进入血液，胰岛素分子将会到达身体的所有细胞。胰岛素分子能够将自己附着在细胞膜上。这时，一种通道就会打开。然后血液中的糖就能通过这种通道进入细胞中。

(a) 想象一下胰岛素打开通道的原理。画图表示胰岛素是怎么打开通道的。

(b) 患有糖尿病的人不能产生胰岛素。不能产生胰岛素将会导致什么后果发生？

(c) 胰岛素的缺乏对细胞中的哪些细胞器影响最大？解释原因。

# 渗透作用

你是否有过这样的经历，你想从冰箱里拿出一些鲜脆的蔬菜，却发现芹菜秆都变软了？在图 1 中你能看到芹菜由于失水都发蔫了。但是如果水能流回细胞中，芹菜就又会变得鲜脆。渗透作用是使萎蔫的芹菜吸水后变得鲜脆的原因。

水分子很小，水分子很容易通过扩散作用穿过细胞膜。水分子穿过选择透过性膜的扩散被称为渗透作用。正常情况下，水分子能够不停地穿过细胞膜进出细胞。如果存在浓度差，大部分水就会向其中一个方向流动。水的流向取决于细胞内外水溶液浓度的不同。

图 1

如果浸入水中，那么芹菜秆就又会变得鲜脆。

## 渗透作用的模型

图 2 中的水能够自由地穿过细胞膜，但蛋白质分子太大而不能穿过通道。细胞膜对水是可渗透的，但是对较大的蛋白质分子是不渗透的。渗透作用仅指水从高浓度区域向低浓度区域的扩散。

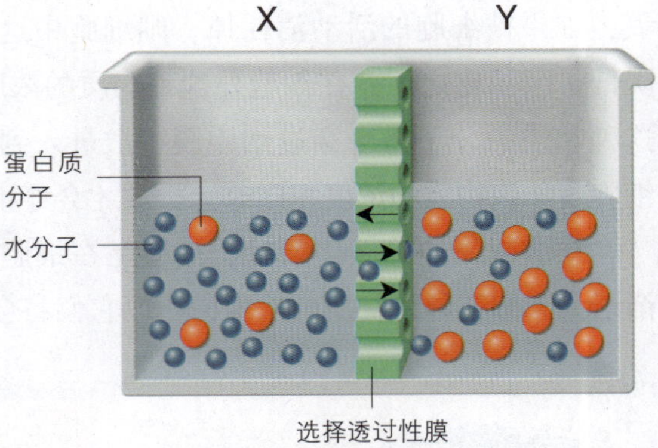


a 纯水的浓度是 100%。当物质溶解在水中时，水的浓度就会降低。图中哪边的水浓度更大一些？（水分子用蓝色表示。）X 区域这边蛋白质分子少，水分子多。即 X 区域这边水的浓度大。水将会从浓度较高的 X 区域一边扩散到浓度较低的 Y 区域一边。

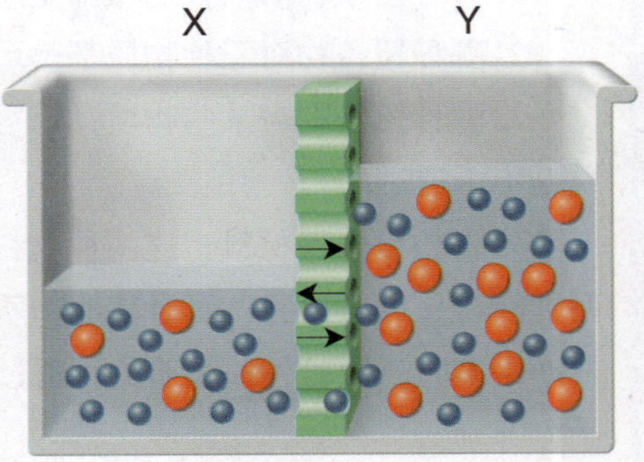


b 膜使得水能穿过它来回运动。然而，从 X 区域流向 Y 区域的水比从 Y 区域流向 X 区域的水要多一些。

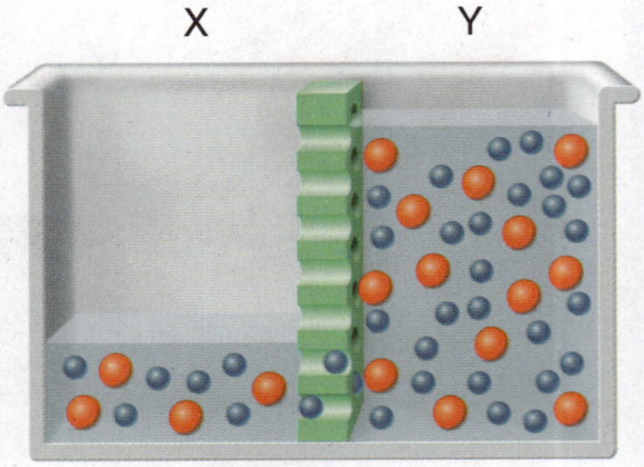


c 当 X 和 Y 这两边的水浓度相等时，水分子仍然进行着穿过细胞膜的运动。但这时，水分子是以相同的速率进出的。

图 2

这个半透膜模型显示了渗透作用的过程。

## 在不同浓度溶液中的细胞

水进出细胞的运动对生物来说是必需的，浓度差能够促使这一运动进行。理想的情况是，细胞内外的溶质浓度相等。溶质是指溶解在其他物质即溶剂中的物质。在细胞中，盐类和糖类是常见的溶质，水是溶剂。

图 3 显示的是一个细胞在三种不同的环境中的情况。

图 3

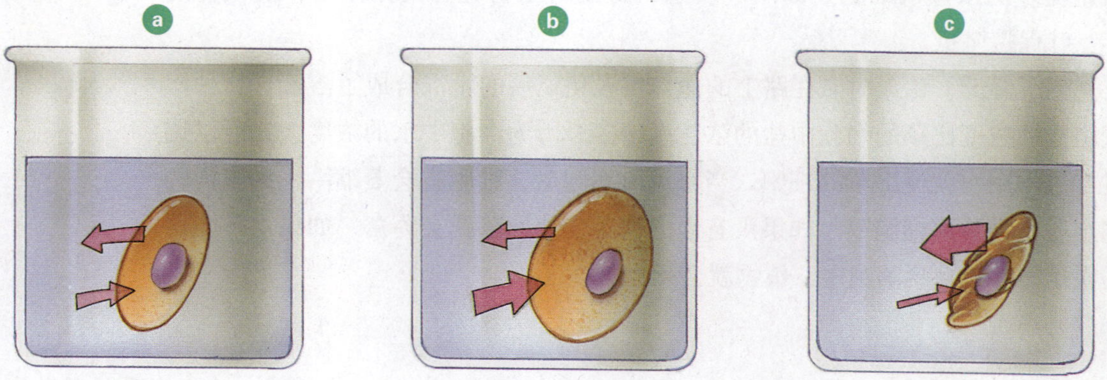


在 a 中，细胞外的溶质分子的浓度和细胞内的溶质分子的浓度相等。这就意味着，细胞内水分子的浓度和细胞外水分子的浓度相等。水没有进行纯粹的进或出细胞的运动。细胞的大小和形状不变。

在 b 中，细胞外溶质的浓度小于细胞内溶质的浓度。这意味着细胞外水分子的浓度大于细胞内水分子的浓度。进入细胞的水分子比从细胞中出来的水分子多。细胞会胀大。如果过多的水进入细胞，植物的细胞壁能保护植物细胞不会涨破，但动物细胞则可能会涨破。

在 c 中，细胞外溶质的浓度大于细胞内溶质的浓度。这意味着细胞内水分子的浓度大于细胞外水分子的浓度。流出细胞的水比进入细胞的水多。细胞会缩小。失水过多，细胞就会死亡。

图 4

超市陈列的物品都含水。你能解释为什么吗？

## 膨压

你是否注意到冬天的时候，人们在人行道和马路上撒上盐，到了春天周边的草就会萎蔫或死亡？

如果一个植物细胞外水的浓度大于细胞内水的浓度，水分子就会通过渗透作用进入细胞中。水将充满液泡和细胞质，导致液泡和细胞质膨胀并对细胞壁施加压力。这种外界压力称为膨压。当细胞充满水时，细胞壁就会抵制膨压以防止更多的水进入细胞。如图 5 所示，膨压对植物起着支撑作用，使植物的茎、叶保持坚挺。

到了春天，冬天时撒在路上的盐与雪融化以后的水混合成了溶液。这种溶液中盐的浓度比草的细胞中盐的浓度高很多。因为细胞中水的浓度大，所以通过渗透作用水就流出草的细胞。当水流出细胞后，细胞就会萎缩——细胞内的细胞质就会脱离细胞壁。如果没有水的这种支持，草就会萎蔫。如果水不能再一次返回并储存到细胞中，植物就会死亡。

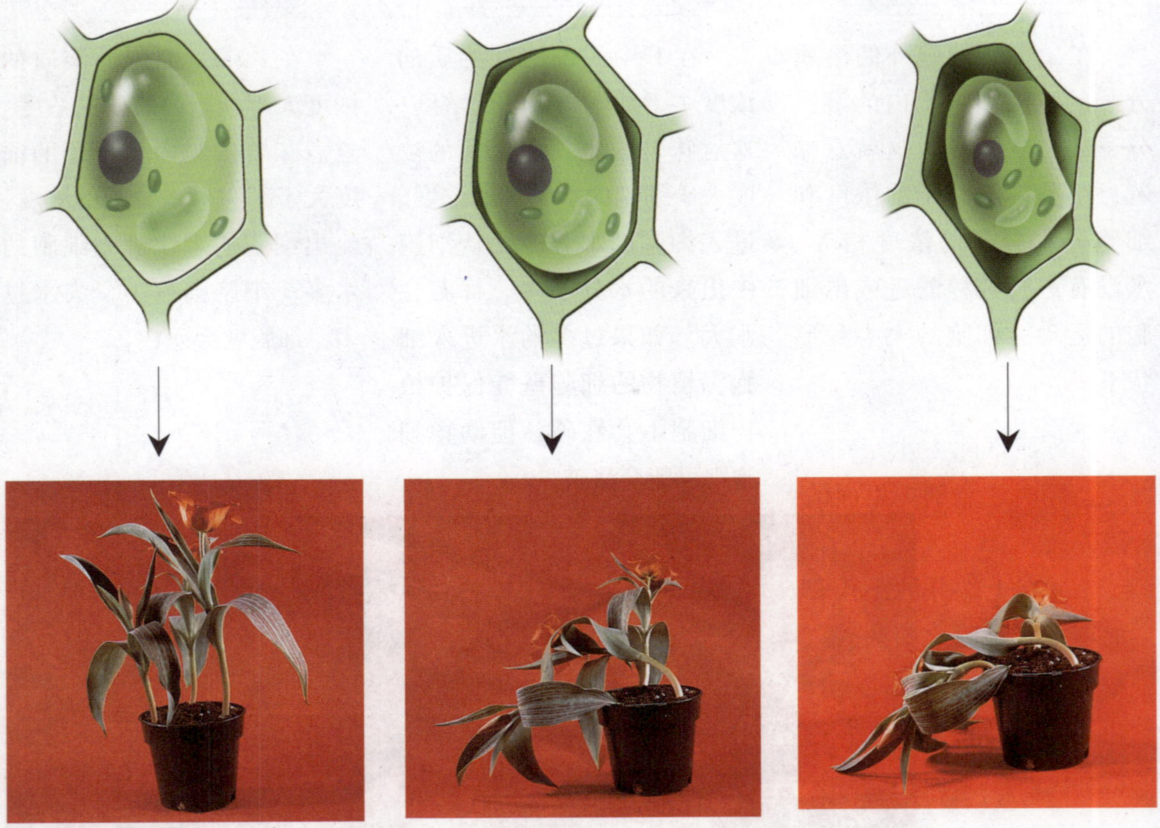

图 5

当植物失去膨压时，植物就开始萎蔫。

## 试一试 用鸡蛋做渗透作用测量计

你可以用一个鸡蛋来研究渗透作用。

- 如图 6 所示，将一个生鸡蛋的圆形底部放到一个广口瓶中。注意鸡蛋底部所能到达的位置。
- 将鸡蛋取出，在广口瓶中加入食醋直到食醋达到鸡蛋底部所达到的位置。
- 将鸡蛋再次放入广口瓶，使它的底部与食醋接触 24 h。（食醋将会溶解鸡蛋底部的蛋壳。）
- 取出鸡蛋，并用冷水漂洗。
- 将食醋倒出来。清洗广口瓶，然后装入蒸馏水。
- 用一个药匙轻刮鸡蛋壳的底部除去残存的蛋壳，同时注意别把里面的膜弄破。
- 在上端开的小孔和底部的鸡蛋膜之间插入一根玻璃导管。如图 6 所示，用蜡密封导管与蛋壳接触的部位。
- 将鸡蛋放在盛有水的广口瓶中

1. 猜测玻璃导管中水位的变化。
2. 24 h 后再观察你的鸡蛋渗透测量计。
3. 解释你所观察到的现象。

图 6
鸡蛋渗透测量计

### 理解概念

1. 渗透作用与扩散作用有什么区别？二者又有什么相同之处？
2. 怎样判断水是进入了细胞还是从细胞中渗出了？
3. 当植物细胞充满水时，是什么结构能保护植物细胞以免它涨破？
4. 在放入蒸馏水中时，为什么动物细胞比植物细胞更易涨破？
5. 用自己的话描述什么是膨压。

### 建立联系

6. 根据所学的关于渗透作用的知识，解释为什么百货商店里摆放的蔬菜都含有水。
7. 当你出汗时你会失去一些盐溶液。在炎热的夏天你可能会过多消耗体力，如果只是靠喝水来补充所失去的液体，你很可能会生病。在一个人喝完水后，如果检查他的血液，会发现有很多血红细胞膨胀起来，而且有些已经破裂。为什么血红细胞会破裂呢？

## 任务设计

如果将红细胞浸入纯水中，所有的细胞都会受到渗透作用的影响。根据你对渗透作用的理解，你将怎样对你的细胞模型设计进行修改？列出一系列问题，这些问题必须解决才能防止细胞收缩或涨破。

技能菜单
○提出问题 ●实验检验 ●问题分析
●提出假设 ●记录结果 ○交流经验
○制定方案

# 观察扩散现象与渗透现象

小分子很容易穿过细胞膜，然而像蛋白质这样的大分子却不能。通过研究分子穿过细胞膜的运动，关于细胞对不同的环境做出哪些反应，你将有更好的理解。

在这次探究中你将会用一个透析管来代表一个细胞膜。透析管是一种非活性的选择透过性胶膜材料。对于肾脏损伤的病人，可以用透析管进行透析治疗（图 1）。

**材料**

- 围裙
- 碘溶液
- 护目镜
- 100 mL 量筒
- 橡胶手套
- 漏斗
- 2 个医用滴管
- 2 个 250 mL 烧杯
- 装有蒸馏水的洗瓶
- 透析管
- 4%的淀粉溶液
- 剪刀
- 显微镜载玻片

碘溶液是一种有毒的刺激物。它会腐蚀皮肤和衣服。在擦拭溅出的碘液，或者用水清洗有碘液溅出的地方时要戴上橡胶手套。

## 提出问题

哪些分子能通过透析膜？

## 提出假设

1

2C 阅读实验设计和实验步骤，为这个探究写一个假设。

## 实验设计

这个实验是一个控制实验，探究了物质通过一个选择透过性膜的运动。

## 实验步骤

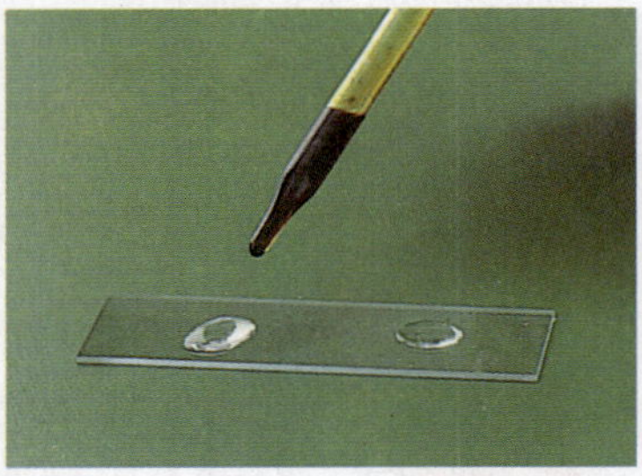

2

在显微镜载玻片的一端滴上一滴水，在另一端滴一滴淀粉溶液。

• 在载玻片的两端的两个液滴上分别滴上一小滴碘溶液。

(a) 记录你所观察的现象。

(b) 碘在这里被用作指示剂。使用碘可以把哪种物质鉴定出来？

3

切取两段长条透析管（长约 25 cm）并将它们浸在盛有自来水的烧杯中，等待 2 min。

• 将透析管的一端打个结。

• 用你的手指捻透析管的另一端，找到开口（跟你打开一个平展的塑料袋一样）。

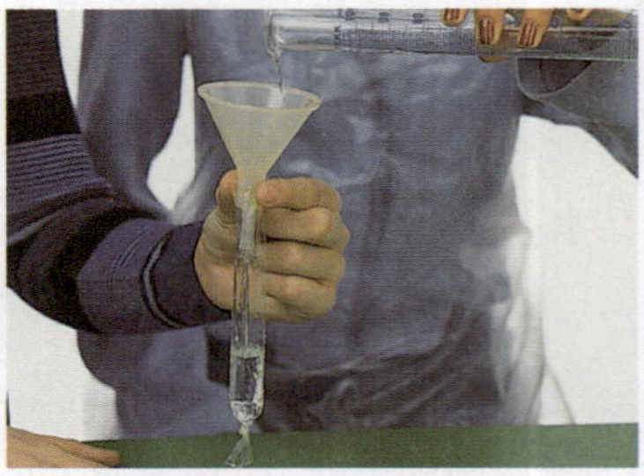

4

使用量筒量取 15 mL 4%的淀粉溶液。

• 利用漏斗将溶液倒入透析管的开口中。

• 倒入溶液以后，将透析管的开口端拧住打个结。

• 清洗量筒和漏斗，然后再利用它们将 15 mL 蒸馏水倒入另一个透析管中。



技能手册：2C 作出预测和提出假设的技巧 6C 科学与技术制图

## 试一试 用鸡蛋做渗透作用测量计

你可以用一个鸡蛋来研究渗透作用。

- 如图6所示，将一个生鸡蛋的圆形底部放到一个广口瓶中。注意鸡蛋底部所能到达的位置。
- 将鸡蛋取出，在广口瓶中加入食醋直到食醋达到鸡蛋底部所达到的位置。
- 将鸡蛋再次放入广口瓶，使它的底部与食醋接触24 h。（食醋将会溶解鸡蛋底部的蛋壳。）
- 取出鸡蛋，并用冷水漂洗。
- 将食醋倒出来。清洗广口瓶，然后装入蒸馏水。
- 用一个药匙轻刮鸡蛋壳的底部除去残存的蛋壳，同时注意别把里面的膜弄破。
- 在上端开的小孔和底部的鸡蛋膜之间插入一根玻璃导管。如图6所示，用蜡密封导管与蛋壳接触的部位。
- 将鸡蛋放在盛有水的广口瓶中

1. 猜测玻璃导管中水位的变化。
2. 24 h后再观察你的鸡蛋渗透测量计。
3. 解释你所观察到的现象。

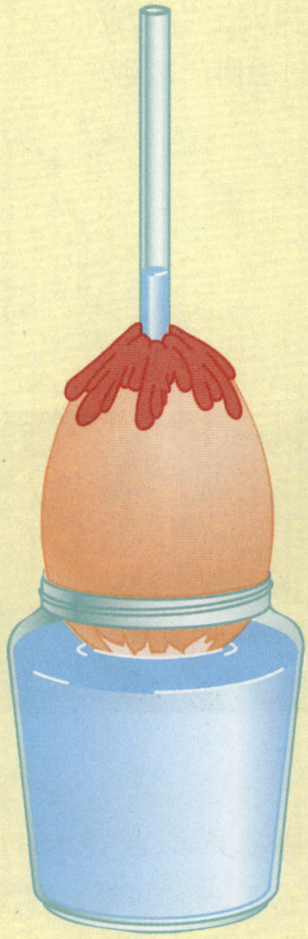

图6

鸡蛋渗透测量计

### 理解概念

1. 渗透作用与扩散作用有什么区别？二者又有什么相同之处？
2. 怎样判断水是进入了细胞还是从细胞中渗出了？
3. 当植物细胞充满水时，是什么结构能保护植物细胞以免它涨破？
4. 在放入蒸馏水中时，为什么动物细胞比植物细胞更易涨破？
5. 用自己的话描述什么是膨压。

### 建立联系

6. 根据所学的关于渗透作用的知识，解释为什么百货商店里摆放的蔬菜都含有水。
7. 当你出汗时你会失去一些盐溶液。在炎热的夏天你可能会过多消耗体力，如果只是靠喝水来补充所失去的液体，你很可能会生病。在一个人喝完水后，如果检查他的血液，会发现有很多血红细胞膨胀起来，而且有些已经破裂。为什么血红细胞会破裂呢？

## 任务设计

如果将红细胞浸入纯水中，所有的细胞都会受到渗透作用的影响。根据你对渗透作用的理解，你将怎样对你的细胞模型设计进行修改？列出一系列问题，这些问题必须解决才能防止细胞收缩或涨破。

技能菜单
○提出问题 ●实验检验 ●问题分析
●提出假设 ●记录结果 ○交流经验
○制定方案

# 观察扩散现象与渗透现象

小分子很容易穿过细胞膜，然而像蛋白质这样的大分子却不能。通过研究分子穿过细胞膜的运动，关于细胞对不同的环境做出哪些反应，你将有更好的理解。

在这次探究中你将会用一个透析管来代表一个细胞膜。透析管是一种非活性的选择透过性胶膜材料。对于肾脏损伤的病人，可以用透析管进行透析治疗（图 1）。

**材料**

- 围裙
- 碘溶液
- 护目镜
- 100 mL 量筒
- 橡胶手套
- 漏斗
- 2 个医用滴管
- 2 个 250 mL 烧杯
- 装有蒸馏水的洗瓶
- 透析管
- 4%的淀粉溶液
- 剪刀
- 显微镜载玻片

碘溶液是一种有毒的刺激物。它会腐蚀皮肤和衣服。在擦拭溅出的碘液，或者用水清洗有碘液溅出的地方时要戴上橡胶手套。

## 提出问题

哪些分子能通过透析膜？

## 提出假设

**1**

2C 阅读实验设计和实验步骤，为这个探究写一个假设。

## 实验设计

这个实验是一个控制实验，探究了物质通过一个选择透过性膜的运动。

## 实验步骤

**2**

在显微镜载玻片的一端滴上一滴水，在另一端滴一滴淀粉溶液。

- 在载玻片的两端的两个液滴上分别滴上一小滴碘溶液。

(a) 记录你所观察的现象。

(b) 碘在这里被用作指示剂。使用碘可以把哪种物质鉴定出来？

**3**

切取两段长条透析管（长约 25 cm）并将它们浸在盛有自来水的烧杯中，等待 2 min。

- 将透析管的一端打个结。
- 用你的手指捻透析管的另一端，找到开口（跟你打开一个平展的塑料袋一样）。

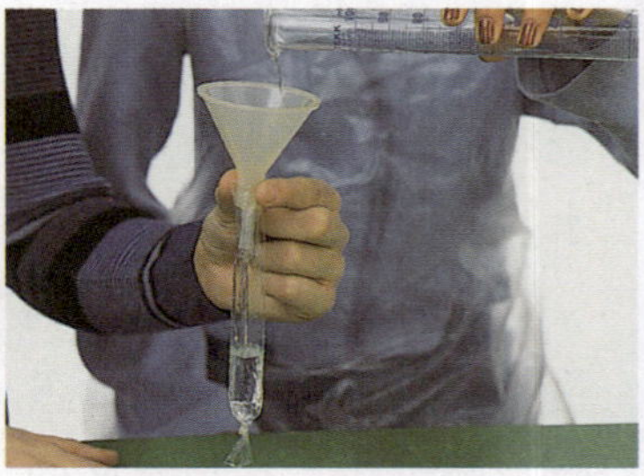

**4**

使用量筒量取 15 mL 4%的淀粉溶液。

- 利用漏斗将溶液倒入透析管的开口中。
- 倒入溶液以后，将透析管的开口端拧住打个结。
- 清洗量筒和漏斗，然后再利用它们将 15 mL 蒸馏水倒入另一个透析管中。



技能手册：2C 作出预测和提出假设的技巧 6C 科学与技术制图

**图 1**

正常情况下，人的肾脏能够通过渗透作用和扩散作用将体内产生的废物过滤出去。肾脏受到损伤的病人在没有透析仪器的帮助下是不能将废物排出体外的。

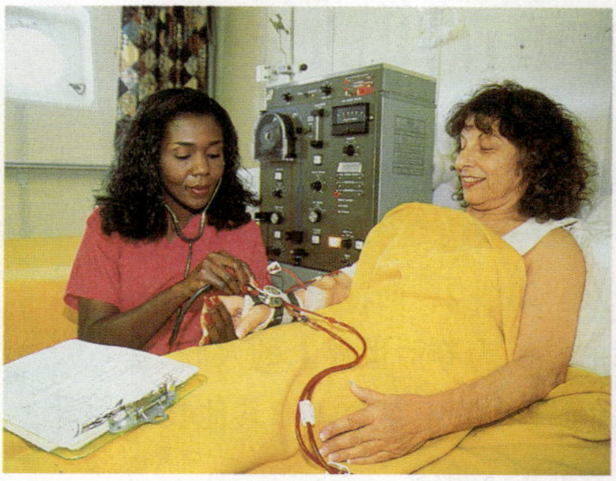

**图 2**

装有不同溶液的透析管。

### 建立联系

1. 解释为什么透析管是一个很好的细胞膜模型。

2. 作为细胞膜模型，透析管有哪些局限性？

### 探索研究

3. 对于不同浓度的溶液，细胞是怎样反应的？探究浓的盐溶液和蒸馏水对洋葱细胞和肝脏细胞分别会产生怎样的影响。在这个探究中可以使用 1.4 节中的先进技术。

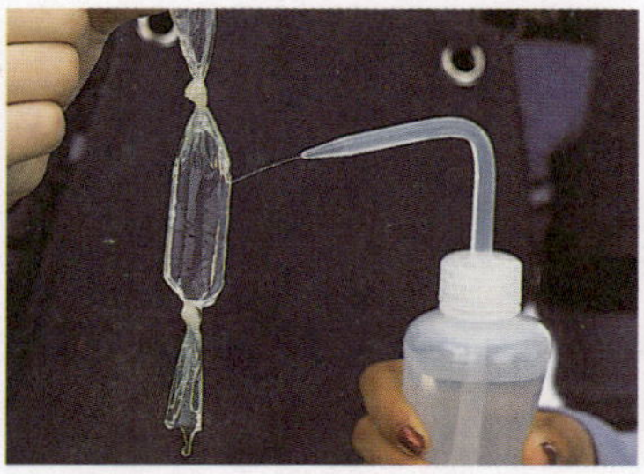

**5**

用蒸馏水清洗透析管的外表面以清除可能漏出的液体。

• 将每个透析管放入盛有 100 mL 蒸馏水的 250 mL 烧杯中。

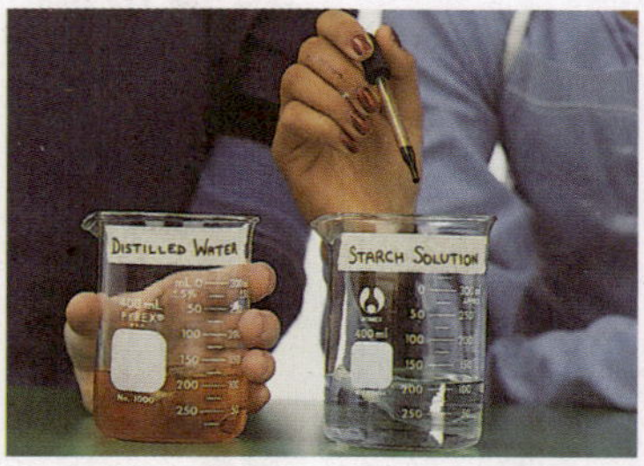


**6**

向烧杯中加入 20 滴碘液。

(a) 观察透析管的颜色变化并记录观察结果。

• 10 min 后将透析管取出。

(b) 这些透析管的质量看起来有变化吗？记录下你的观察结果。

## 任务设计

在你的设计中什么材料能最好地体现细胞膜的特征？

## 分析思考

**7**

通过回答下列问题分析你的实验结果。

(a) 列举一些能通过扩散作用和渗透作用运动的分子。其中包含你在实验室获得的一些证据。

(b) 哪个透析管被用作对照实验？

(c) 你的观察结果支持你的假设吗？

6C 画一个示意图，它能显示出你所认为的每个烧杯中所发生的现象并显示出分子是怎样运动的。

(d) 如果淀粉可穿过透析管，你将会观察到什么现象？

(e) 图 2 显示了三种不同的情况。预测每一个透析管将会发生什么变化并解释为什么会发生这些变化。

**技能菜单**
○提出问题 ●实验检验 ●问题分析
●提出假设 ●记录结果 ●交流经验
●制定方案

# 溶液中盐浓度对渗透作用的影响

提高粮食产量的一种方法是增加种植植物的土地。（世界上的人们仅使用可用土地的10%来种植粮食作物，图1）表面上沙漠好像是值得开发的好地方。如图2，向沙漠中提供水就可以在沙漠上发展农业。不幸的是，为养活世界上的人们，对于旱土地的灌溉不是解决这一问题的最佳方案。像其他技术一样，灌溉技术既带来了好处又带来了危险。

大多用来灌溉的水都含有少量的盐类。在炎热的白天，水分从土壤中蒸发掉，盐类就留在了土壤中。经过多年这样的灌溉以后，在土壤的表层就形成了坚硬的矿物盐外壳。盐类通过渗透作用从植物细胞中吸取水分，从而导致植物萎蔫。

**材料**
- 马铃薯块
- 盐（以配制各种浓度的溶液）
- 蒸馏水
- 10 mL 的量筒
- 尺子
- 三臂天平
- 试管
- 烧杯
- 医用滴管
- 护目镜

## 提出问题

土壤中盐的浓度是怎样影响马铃薯生长的？

## 提出假设

**1**

2C 为这个实验作出一个假设。

## 实验设计

**2**

2E 需要考虑到的事情：

- 放入各种不同浓度的盐溶液中，马铃薯块的体积和质量随着水分进出马铃薯细胞而发生变化。
- 你怎样测量水分进出马铃薯块的运动变化？
- 在你的实验中自变量和因变量各是什么？
- 在实验中你应该试图去控制哪些变量？

**3**

详细解释你是怎样探究马铃薯的失水与土壤中盐浓度之间的关系的。

**4**

创建一个表格以记录你的数据。

**5**

把你的实验过程和表格交给你的老师审核。

## 实验步骤

**6**

实施你的实验。

## 分析思考

**7**

通过回答下列问题对你的实验结果进行分析。

(a) 绘制一个表格表示你测得的所有量变化，以时间为 $x$ 轴，以质量或体积为 $y$ 轴。

(b) 对你所测得的数据进行解释并得出结论。你的假设与实验结果是否一致？



技能手册：2C 作出预测和提出假设的技巧 2E 如何设计一个探究性实验或调查

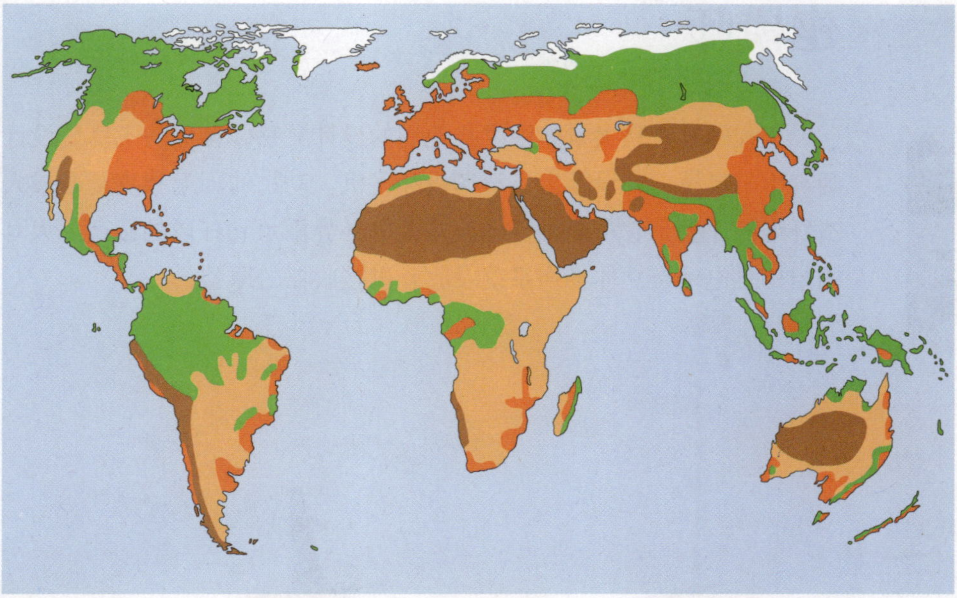

提供木材的森林地区　沙漠和荒原　放牧区　混合农业区

**图 1**

全世界 131 亿公顷的土地，只有 14 亿公顷适合种植农作物。

**图 2**

灌溉系统使得农作物能够在干旱的土地上生长。

(c) 两组同学做同一个实验却收集到了不同的数据（所测的质量或体积），解释这种情况是怎么发生的。

(d) 以实验报告的形式写下你的探究过程。

**建立联系**

1. 为什么用海水灌溉对植物有害？

2. 猜测为什么在富含盐类的土壤上，如爱德华王子岛上生长的马铃薯比用水栽培（在水中生长）的马铃薯好吃一些。

**反思回顾**

3. 为了改进你的实验步骤你需要改变什么？如何通过这些改变得出更准确的结果？

## 任务设计

怎样用实验设计的标准来检验你的细胞模型？

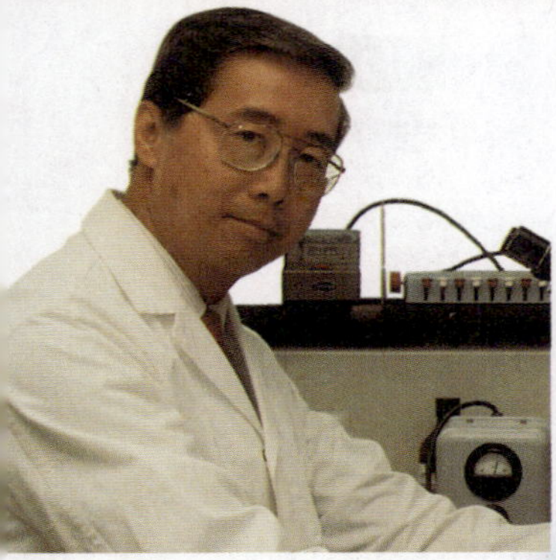

# 建模师

工程师经常从大自然中寻找他们的设计灵感。翱翔的飞鸟使设计师产生了灵感，并设计出了滑翔机和飞机。动物的羽毛和皮是合成人造纤维的原型，它可以维持体温并抵御外界雨水和狂风的侵袭。人耳的结构是电话、立体扬声系统及收音机接收器的原型。

图 1

飞翔的鸟赋予工程师灵感，使得工程师完善了人造飞行器的基本模型——大的翅膀、轻的身体结构和有助于平衡的尾巴。

图 2

透析仪像大型的体外肾脏一样工作。

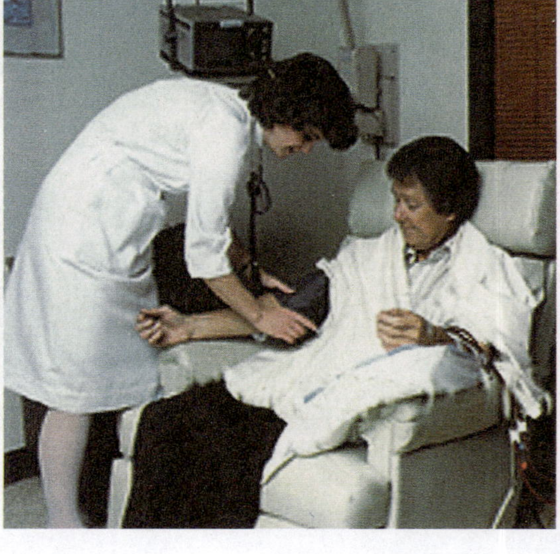

## 身体的模型

医学研究者也研究了人的身体，想办法用与人体器官相似的模型来代替已损伤或老化的人体器官。假肢大概是第一个人造器官模型。多年以后的今天，模拟肾脏的仪器（透析仪）能为那些肾脏严重损伤的人过滤血液。心脏起搏器能为心律不齐的病人调整心跳。聚四氟乙烯或陶制的臀部使人们获得了第二次行走的机会。

## 细胞模型

由于想对细胞内部所发生的情况有进一步的了解，科学家已经开始制作越来越小的模型了。托马斯·常博士，麦吉尔大学的一位科学家，30多年来致力于建造和研究人造细胞。他制作的人造细胞具有的功能与天然细胞非常相似。他用这些人造细胞作为模型来寻找真正的细胞是怎样被自然界中有毒物质损害的。例如，利用人造细胞研究由铝和铁等金属引发的血液中毒的治疗方法是非常重要的。

人造细胞在治疗糖尿病和肝功能衰竭的过程中的作用已经得到了检验，其他类型的人造细胞在遗传病的治疗中也正在被检验。人们正在研究人造细胞的细胞膜，以便获得有关细胞膜的药物传递系统方面的信息。通过研究人造细胞的细胞膜来了解药物在人体内的传递情况，这种可能性看来是完全可以实现的。

建筑物也有“骨骼”。

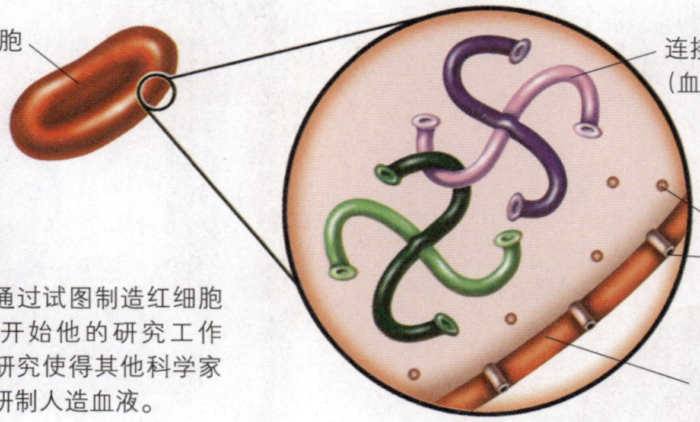


**图3**

常博士是通过试图制造红细胞的模型来开始他的研究工作的。他的研究使得其他科学家能够开始研制人造血液。

### 试一试 制作一个简单的细胞模型

科学家认为地球上的生命起源于39亿年到35亿年前，细胞膜的形成是这一过程的重要步骤之一。关于第一个细胞膜是如何形成的，一种假说涉及由蛋白质和脂类组成的称为微球体的一种微小结构。

- 在一个大试管中倒入约6 mL的水。
- 用一个滴管向大试管中加入10滴植物油，然后再加入1滴苏丹Ⅳ指示剂。
- 在大试管上加一塞子，充分振荡试管。

1. 描述什么是微球体。

2. 当两种微球体相接触时会有什么现象发生？

3. 由微球体产生的保护膜与细胞膜有什么相似之处？

# 细胞和系统

你以前是否是某一个团队的成员呢？成功的团队并不总是由最有天赋的队员组成，一个团队的成功取决于队员之间很好的合作。

一个多细胞生物体，比如说你自己，可以比喻为一个团队：你身体的所有细胞必须相互合作。一个自己工作太快或者比其他细胞工作更有效的细胞不一定就是一个好细胞，甚至会对生命产生威胁。例如，能很快消耗掉营养物质或繁殖速度比其他细胞更快的细胞可能是癌细胞。

## 器官

一组形状和功能相似的细胞就称为一个组织。例如，体表的皮肤是由上皮组织构成的。身体的内表面也有上皮组织，这些上皮组织为你的身体结构提供支持和保护。

组织常常组成的更大的结构就称为器官。很多器官都是由几种不同类型的组织构成的。每个器官至少具有一种功能。例如，心脏就是一个器官，它能向你的全身供血。如图1所示，它是由几种组织构成的。

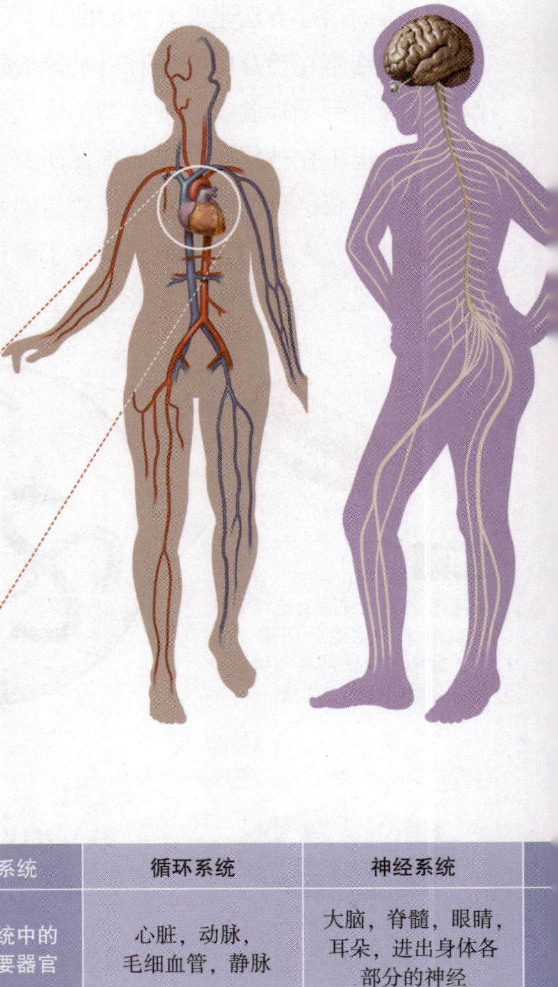

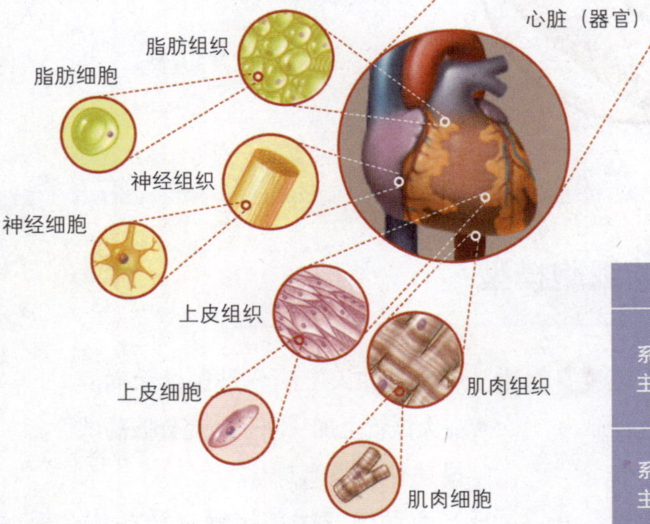


图 1

你的心脏是一个由几个不同的组织构成的器官。每个组织都是由相似细胞组成的。例如，上皮细胞往往长而扁平。不同组织中的细胞具有不同的形态。神经组织中的细胞和肌肉组织中的细胞外观有很大的区别。

| 系统 | 循环系统 | 神经系统 |
| --- | --- | --- |
| 系统中的主要器官 | 心脏，动脉，毛细血管，静脉 | 大脑，脊髓，眼睛，耳朵，进出身体各部分的神经 |
| 系统中的主要组织 | 上皮组织，神经组织，结缔组织，肌肉组织，血液组织 | 神经组织，结缔组织，上皮组织 |
| 主要功能 | 把营养物质，分解的气体和废物运进或运出身体的细胞 | 对外界刺激做出反应，控制身体的活动 |

人体内的细胞结构层次

系统指的是具有相关功能的一组器官。循环系统包括心脏，将血液从心脏运送到各个组织的动脉，将营养物质与废物进行交换的毛细血管以及将血液和来自各个组织的废物运回到心脏的静脉。神经组织、血液、上皮组织、结缔组织和肌肉组织在循环系统中都能找到。

图 2 所示的是身体的其他系统，详见下表。

**图 2**

人体与所有大型生物体的器官都组成系统。

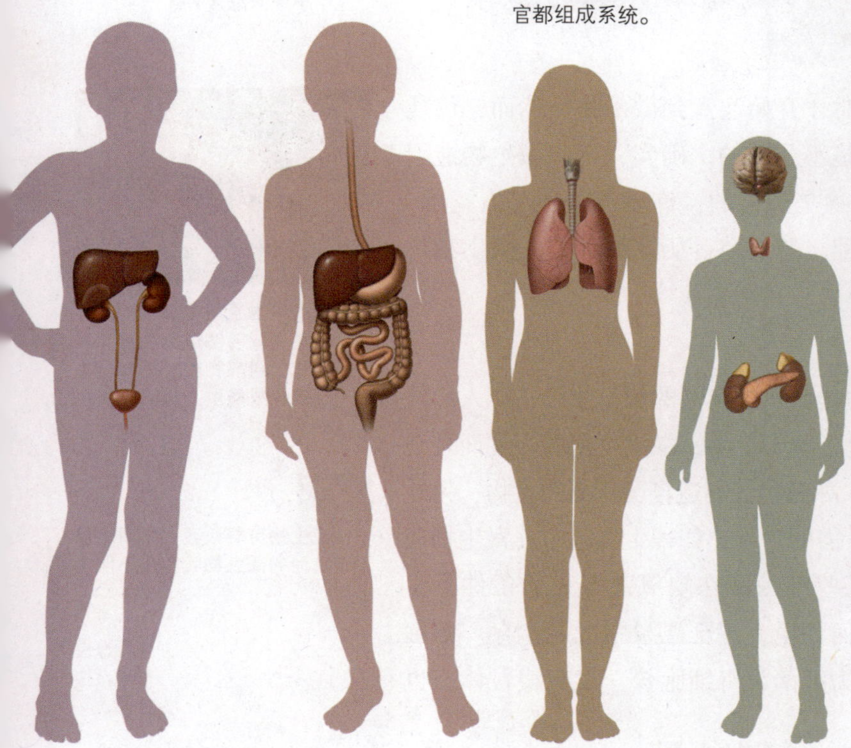

### 理解概念

1. 定义组织、器官和系统。描述复杂的多细胞生物体中的这三种结构层次。并各举一例。

2. 从小到大排列以下结构，每个结构各举一个例子说明：系统、组织、细胞、器官和分子。

3. 选择人体的一种系统，绘制概念图。在你的概念图中将这些结构按从小到大的顺序进行排列。

### 建立联系

4. 制作一个图表，比较一个你所熟悉的细胞各组成部分与你所熟悉的某个组织各组成部分之间的异同点，如人体运动器官等。

### 反思回顾

5. 如果细胞是生命的基本单位，那么为什么在大型多细胞生物体中还需要组织、器官、系统呢？

| | 排泄系统 | 消化系统 | 呼吸系统 | 内分泌系统 |
|---|---|---|---|---|
| | 肾脏，膀胱，输尿管，尿道，肝脏 | 食道，胃，肠，肝脏 | 肺，气管，血管 | 胰腺，肾上腺，脑垂体 |
| | 上皮组织，神经组织，结缔组织，肌肉组织 | 上皮组织，神经组织，结缔组织，肌肉组织 | 上皮组织，神经组织，结缔组织，肌肉组织 | 上皮组织，神经组织，结缔组织 |
| | 清除废物 | 对食物进行物理、化学消化，使其分解成能进入细胞的小分子 | 气体交换 | 协调、管理身体的活动 |

# 单细胞生物

人体是一种多细胞生物体，其中有很多具有特殊功能的细胞，它们相互合作，共同完成所有的生命功能。然而，有很多生物只由一个细胞组成，这些单细胞生物体常被称为微生物。因为只有在显微镜下才能看到它们，即使只有一个细胞它也必须完成所有的生命功能，如摄入食物、消化食物、排泄废物和繁殖等都是由单个细胞来完成的。

a 打喷嚏时传播到空气中的每个小液滴都含有数千个微生物。

## 微生物的重要性

大多数人只有当他们生病时才开始注意到微生物。然而，仅从能致病这一方面来看待微生物是不公平的。确实，有些微生物能引起许多疾病，但是大多数微生物是无害的，许多甚至还是有益的，如图 1 所示。像脱脂乳、白干酪、酸奶酪等奶制品都是在微生物的作用下生产出来的。

b 微生物分解死亡的动植物，将其变成能够被植物再利用的化学组成物质，植物再将其转化成能供人和动物食用的食物。

图 1

一些微生物可导致我们生病，但没有其他的微生物我们将不能生存。

## 细菌

细菌是地球上最原始的，也是含量最丰富的微生物之一。人们常说微生物结构完善，是因为经过了几十亿年，微生物依然存在而且几乎没有改变（图 2）。某些生物，如植物能制造自己所需的食物，另外一些生物则无法自身合成生命所需的食物，如寄生物等。（寄生物通过侵入动植物体内而生活。）某些细菌能在缺氧甚至无氧条件下生存，如微生物能在地球上的任何环境，甚至温泉中也能生存。细菌与动物和植物细胞不同，是因为细菌没有细胞核，没有线粒体，也没有核糖体。

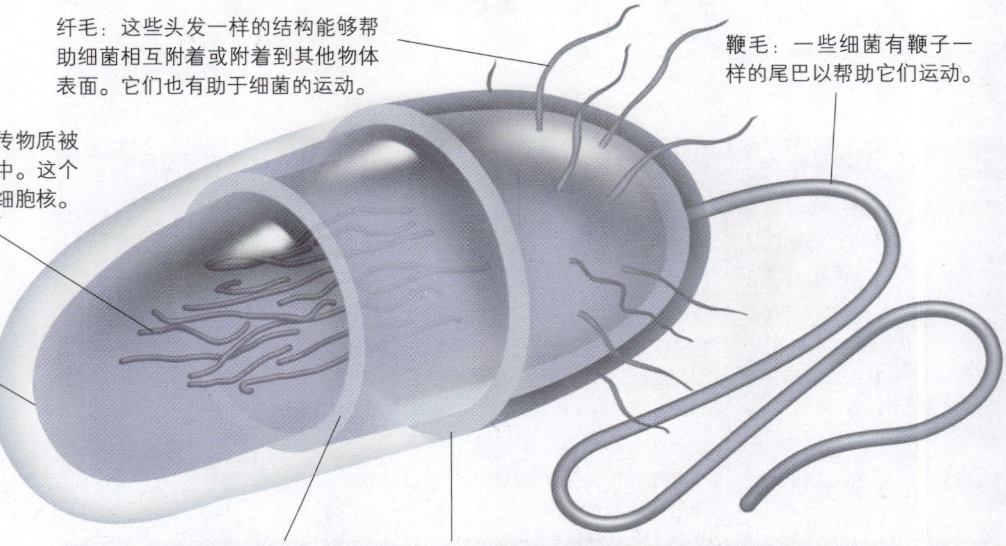


图 2

一个典型的细菌

## 原生生物

如果观察池塘里的一滴水，你会发现一个令人难以置信的原生生物群。只要有水存在，几乎任何地方，甚至在潮湿的土壤或腐烂的树叶中你也能找到原生生物。跟细菌不同，原生生物有细胞核，含有细胞器，如线粒体、核糖体和溶酶体。

## 类植物原生生物

### 硅藻

在淡水和咸水中都能找到硅藻。它们含有叶绿素，能自己制造食物。硅藻包裹在两个相连的薄薄的外壳中。图 3 展示了一些硅藻。

### 眼虫

眼虫（图 4）既像植物细胞，又像动物细胞。如果阳光充足，眼虫就像植物一样，能自己制造食物。随着阳光的减少，眼虫就会像动物一样，开始以更小的单细胞生物为食。

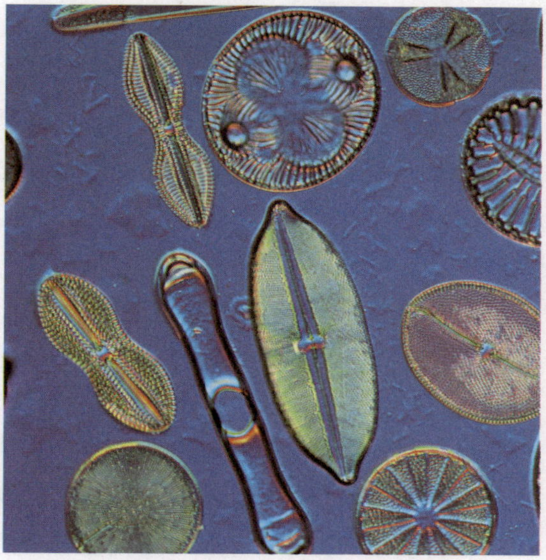

图 3

每种硅藻都有独特的形态，它们都有对称的槽和孔结构。

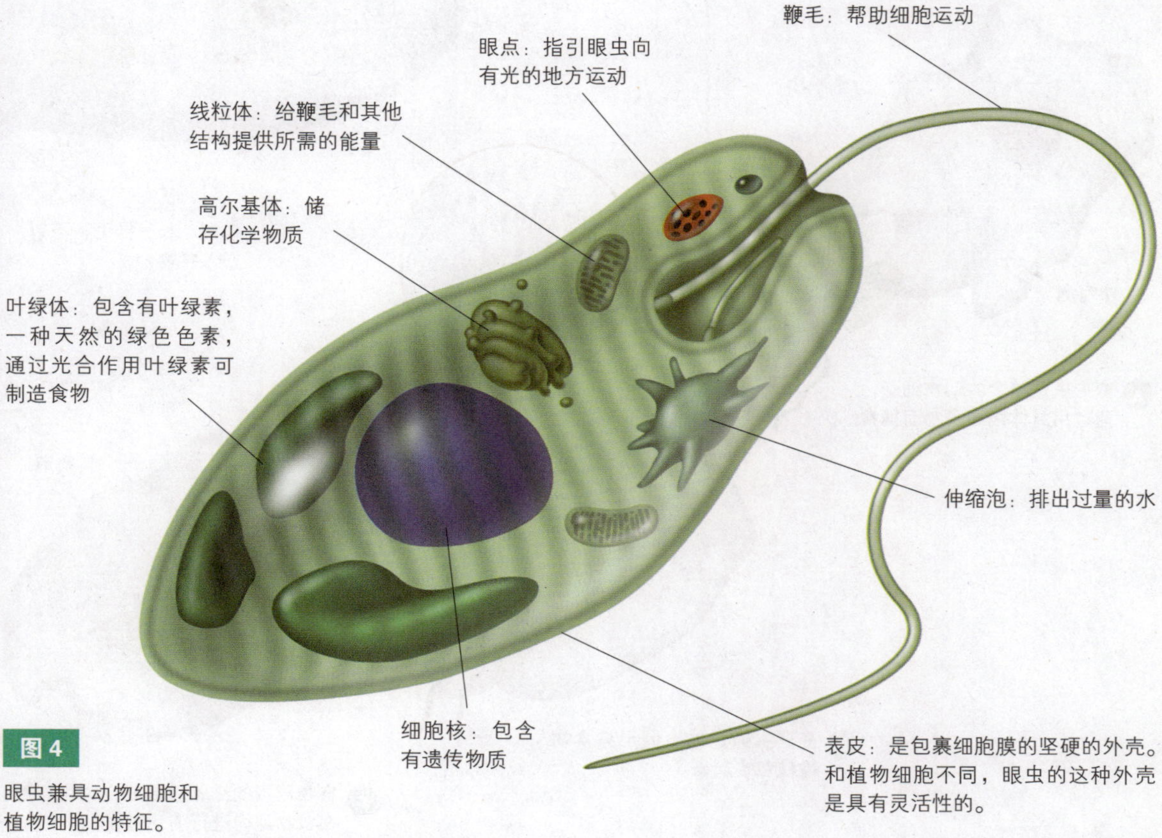


图 4

眼虫兼具动物细胞和植物细胞的特征。

## 类动物原生生物

类动物原生生物不能自己制造食物，必须以其他活的生物或死掉的生物为食。它们具有动物细胞所具有的所有的细胞器，像眼虫一样，类动物原生生物也有伸缩泡。

**变形虫**

变形虫在移动的时候会改变自身的形态（图 5）。这些类似水滴的生物通过伸长细胞质的分支而运动，这种分支叫做假足（伪足）。这些假足吸附在物体上，拖动细胞的整个身体朝向这种物体移动。这种运动的方法也是动物的白细胞所使用的方法，包括你体内血管中的白细胞也是这样运动的。变形虫也可以通过这种爬行运动捕食。

**草履虫**

草履虫与变形虫一样，草履虫也使用能够运动的结构来帮助它捕食（图 6）。草履虫上微小的类似毛发的结构，称为纤毛，纤毛协同摆动以产生水流使草履虫运动。在草履虫的口槽周围也有纤毛，这些纤毛可以将食物拖入口槽。细菌和其他小细胞是草履虫主要的食物来源。

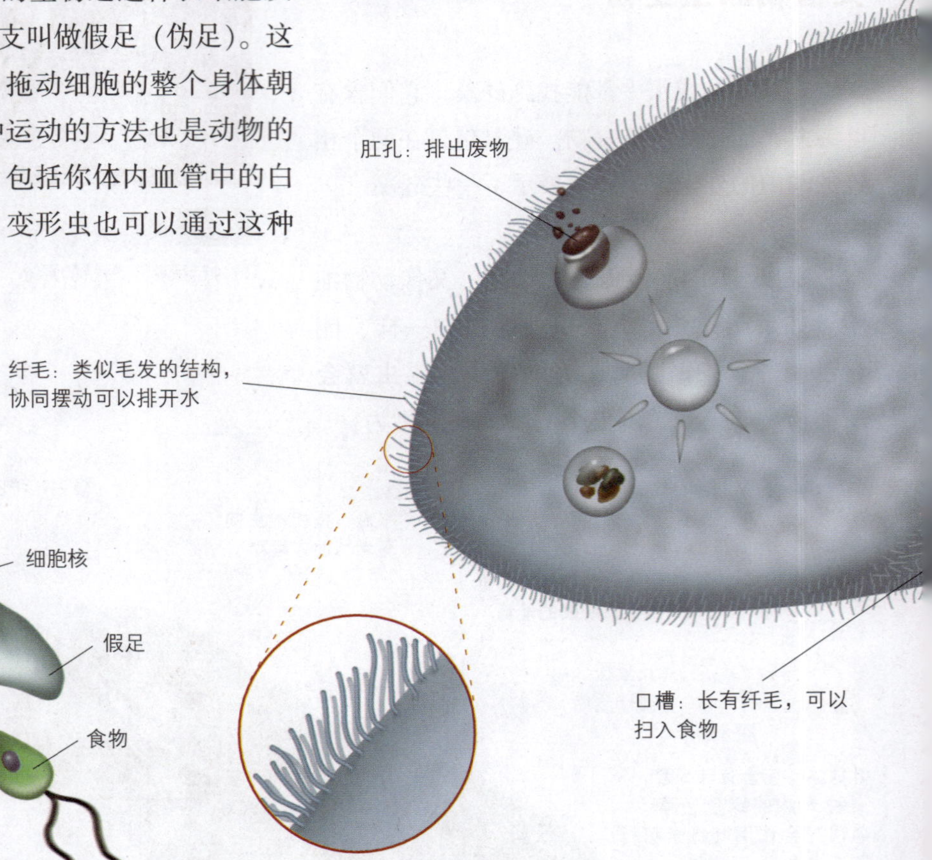


**图 5**

变形虫爬行，同时进行捕食。

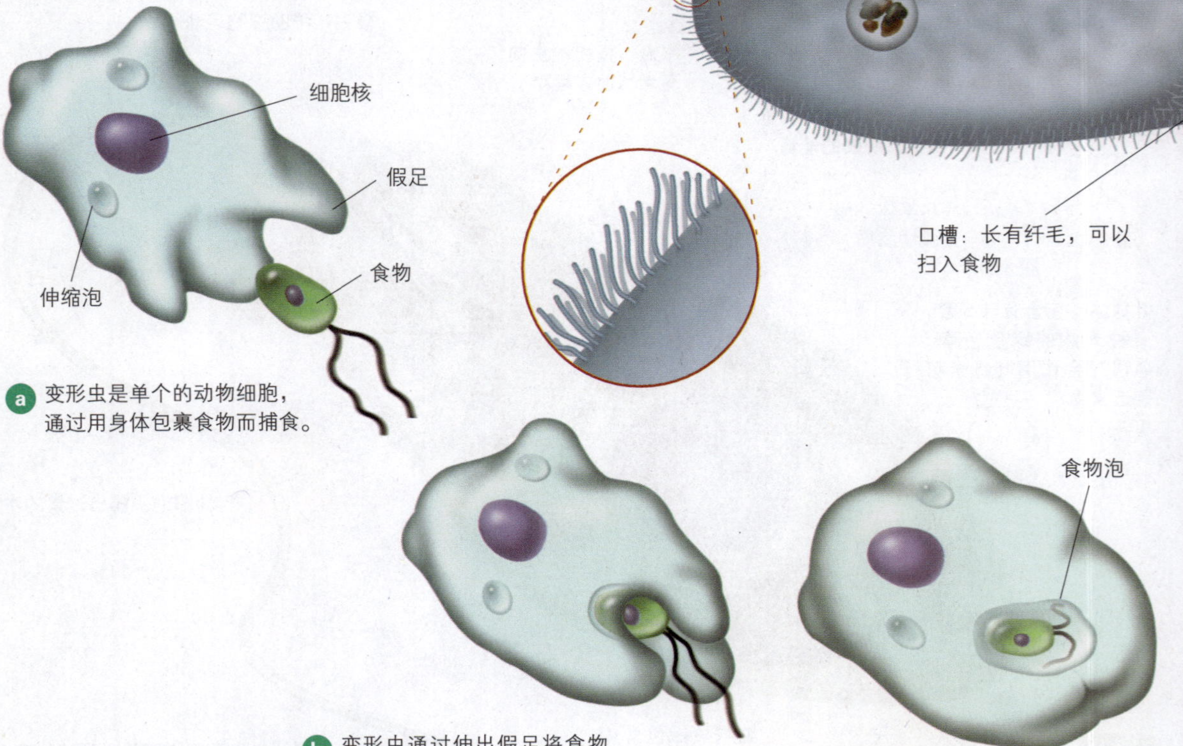


a 变形虫是单个的动物细胞，通过用身体包裹食物而捕食。

b 变形虫通过伸出假足将食物微粒包裹起来。

c 食物周围的细胞膜形成一个食物泡。在食物泡内进行消化过程。

图 6

草履虫也是一个单细胞动物，即使只有单个细胞，它也必须完成你的身体所能完成的大多数功能。

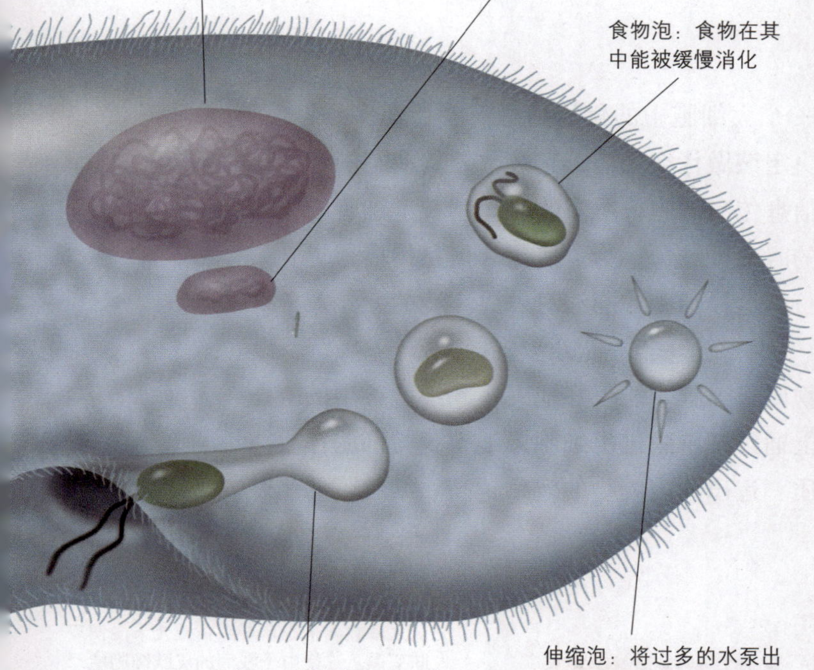


## 真菌

真菌 fungi（单数是 fungus）包括很多多细胞生物。面包霉、蘑菇和马勃是常见的真菌。

有些真菌是有害菌，包括那些能引起癣、荷兰榆树病和足癣的真菌。不过，还有一些单细胞真菌。

**酵母，单细胞真菌**

酵母是少数单细胞真菌中的一种（图 7）。酵母的种类有很多。像动物细胞一样，酵母细胞中也不含叶绿素，所以酵母也必须以其他生物作为食物来源。

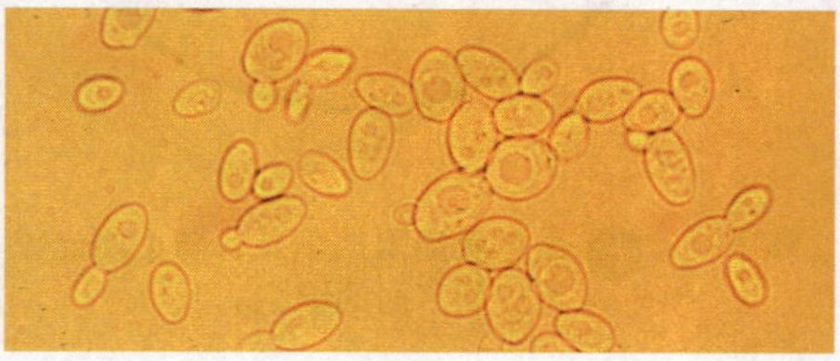

图 7

使用显微镜很难辨别酵母是否是活的。

**理解概念**

1. 你为什么认为细菌比你学过的其他细胞更加原始？

2. 为什么硅藻被称为类植物原生生物？

3. 将眼虫和植物细胞进行比较。列出它们之间的相同点和不同点。

4. 比较草履虫和变形虫的捕食过程。

**建立联系**

5. 为什么很多人会将微生物与疾病联系起来？

6. 利用你学过的有关渗透作用的知识，指出为什么眼虫、草履虫和变形虫需要伸缩泡。

7. 青霉素是一种抗生素，能破坏细菌的细胞壁。细菌的细胞质中糖和蛋白质的浓度高于外界环境中糖和蛋白质的浓度。画出一系列示意图显示青霉素的杀菌过程。

**探索研究**

8. 化学物质如咖啡因对单细胞生物有什么影响？说出你的假设并设计一个实验来验证你的假设。经过老师的批准后完成你的实验。

## 任务设计

在通向你肺部的气管中有一些细胞，这些细胞跟草履虫很相像，也具有纤毛。人的白细胞，像变形虫、眼虫一样能消灭外来的物质粒子。仔细观察单细胞生物的结构。这些结构特征中是否有一些可以用在你的细胞模型中？可以考虑通过观察原始细胞来帮助你进行设计。

1.14

# 细胞分裂的作用

大型的动植物，包括你自己，是由很多细胞组成，而不是由一个大细胞组成的。为什么大型动植物不是由一个大细胞组成的呢？细胞能生长，但是细胞的生长是有一定限度的，所以必须由多个细胞才能组成一个大细胞。另外，每个细胞长到了一定大小后就必须分裂以得到多个细胞。

## 细胞是越小越好吗？

思考：与一个小细胞相比，一个大细胞中的化学信息需要传递多远？在细胞核指挥细胞质中的细胞器决定该做什么之前，它必须先从细胞周围的环境中获得信息。细胞越大，信息传到细胞核所需的时间越长，细胞的其他部位得到细胞核的指示所需的时间也越长。为了使化学信息传播得更快，细胞的体积必须要足够小才行，这样细胞才能够对外界环境的变化及时做出反应。图 1 中的例子显示了为什么这一点是很重要的。

只有不断地向细胞提供营养物质，细胞才能很好地工作。细胞产生的废物也必须从细胞中清除。分子能通过细胞膜进出细胞。细胞膜与细胞体积的比例越大，细胞运进营养物质、运出体内废物的效率越高。细胞膜的大小可以用细胞的表面积来表示。

**图 1**

对大多数人来说，暴露在阳光下能使皮肤变黑。这是由于我们的皮肤细胞能产生一种叫做黑色素的特殊蛋白。如果从细胞核传出的信息到达核糖体所需的时间很长，将会有什么情况发生？

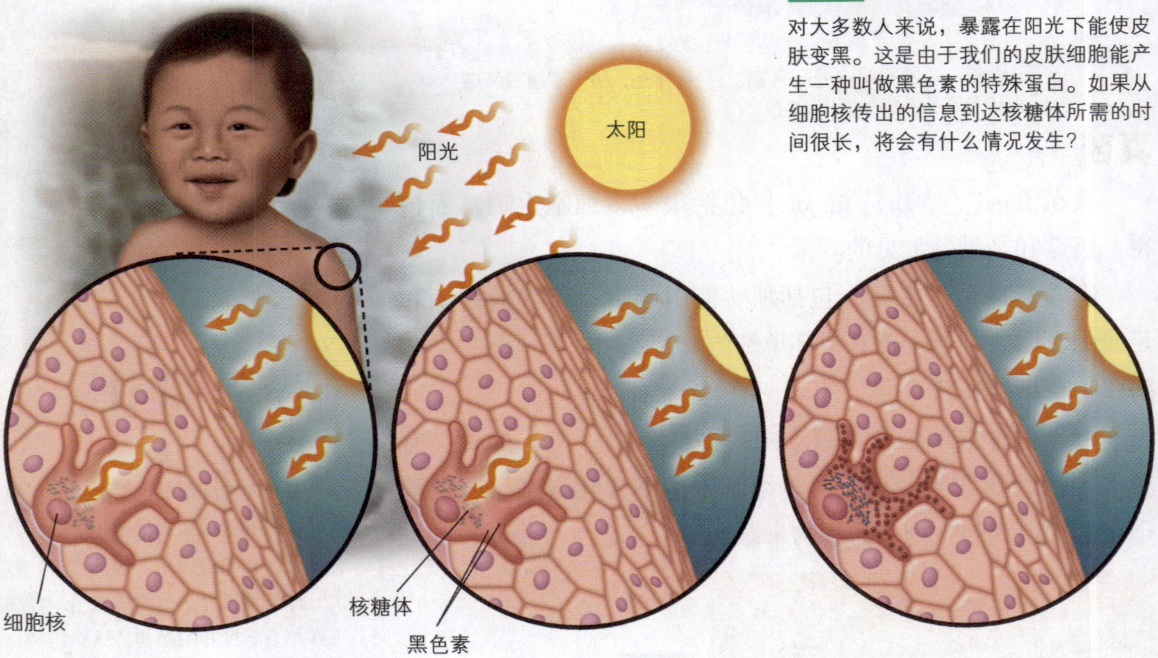


a 阳光导致细胞产生一种传到细胞核的化学信息。

b 细胞核向核糖体发送信息，让核糖体制造黑色素。

c 黑色素能阻挡阳光，防止阳光侵害皮肤下面的细胞。

## 试一试 比较小细胞和大细胞的表面积

在进行对比之前，你需要八块方糖和一把尺子。

1. 预测一下在交换营养物质和排泄物方面是许多小细胞更有效还是一个大细胞更有效。完成这个活动后看看你是否同意你所作的预测。

- 以毫米精度测量方糖的长度和宽度。一块方糖就代表一个小细胞。
- 计算一块方糖的表面积。为了计算表面积，先找出方糖的每个面，再找出共有几个面。
- 为了找出八块方糖的总的表面积，需要用每个方糖的表面积乘以八。
- 将八块方糖组成一块大方糖。这个大方糖就代表一个大细胞。
- 测量大方糖的长度和宽度并计算大方糖的表面积。
- 将八块小方糖的总面积与一块大方糖的面积进行比较，哪个更大一些？

2. 细胞膜可以使营养物质和代谢废物能穿过它而进出细胞，是一个大细胞具有更大的细胞膜还是八个小细胞具有更大的细胞膜？

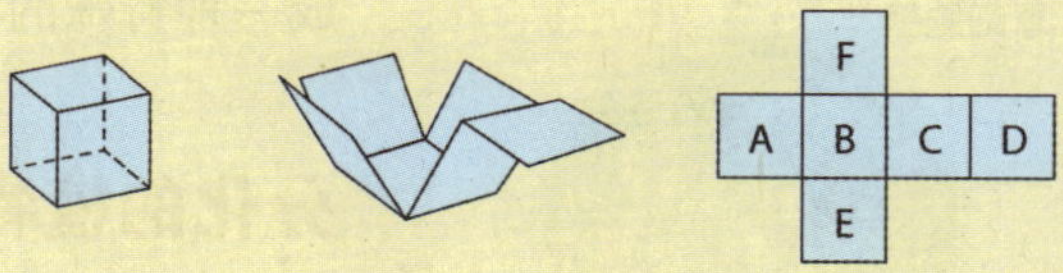


图 2

A 的面积 = 长 × 宽

立方体的表面积 =6 × A 的面积

## 有的细胞大，有的细胞小

在你身体中有些细胞比其他的细胞要大一些。例如，脂肪组织中的细胞比肌肉组织中的细胞大。你知道这是为什么吗？如果将细胞的大小和功能进行比较，你会发现做大量工作的细胞通常比那些不如它们活跃的细胞小。细胞越活跃，所需的营养物质越多，产生的废物也越多。在交换营养物质和废物方面，很多小细胞联合起来比一个大细胞更有效。这是因为一组小细胞比一个大细胞的表面积大。

### 理解概念

1. 在从外界向细胞核传递信息的过程中，什么样的细胞更有效：大细胞还是小细胞？请你解释。

2. 在运进营养物质和排出废物方面，什么样的细胞更有效：是大细胞还是小细胞？

3. 解释为什么高活性的细胞，如肌肉细胞，往往更小一些。

### 探索研究

4. 如果下列细胞的体积相同，哪个细胞的表面积更大？

(a) 球形细胞还是立方体形细胞？

(b) 表面光滑的细胞还是表面有很多突出物的细胞？

# 细胞分化

想象一下，如果没有各个方面的专家，生活将变得多么艰难。你能自己制造电视机吗？能自己种粮食吗？能给自己做手术吗？

单细胞生物中的每个细胞都不是专家，每一个细胞必须完成所有的生命功能。而多细胞生物，比如你自己，就能从细胞分化中受益了。我们体内有许多种形状、大小各不相同的细胞，每种细胞能完成一种特殊的功能。

## 分化的植物细胞

芹菜秆中长而细的丝，杏子上的那道凹陷，茴苣细细的叶子都证明了存在有多种不同类型的植物细胞（图 1）。

细胞壁是植物细胞的一个显著特征。随着植物的生长，每个细胞周围形成了初生细胞壁。一旦植物停止生长，次生细胞壁会在初生细胞壁中形成。这种结构增加了细胞壁的强度。

植物细胞之间的空隙被称为胞间层，胞间层中含有被称为果胶的黏性糖类物质。果胶就像黏合剂一样，将植物细胞粘在一起。经常出现在烤苹果派上的黏性糖浆就是果胶。

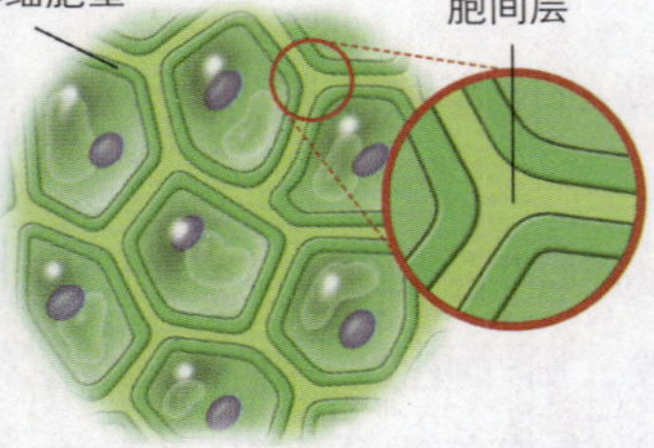


a 薄壁植物细胞在叶子、花、果实和根里的柔韧组织中都可以找到。很多可食用的植物的根如马铃薯和小萝卜就是由这些细胞构成的。

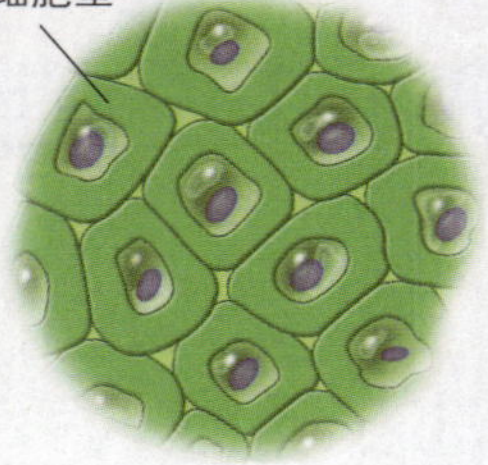


b 厚壁植物细胞专门起支撑作用。厚壁植物细胞中有弹性的细胞壁是很灵活的。芹菜茎中的坚韧的细丝就是由这些细胞构成的。

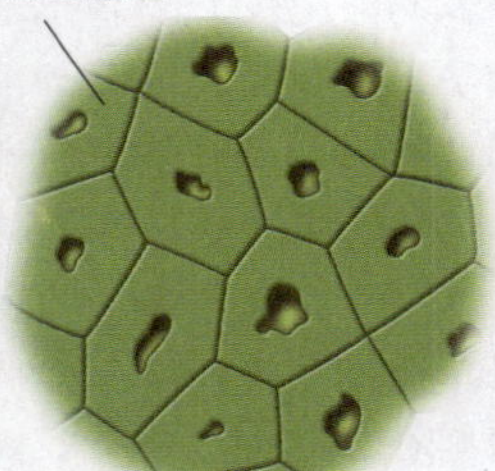


c 非常厚的细胞壁能提供刚性支撑作用。随着植物的成熟，细胞壁变得如此厚以至于营养物质很难进入细胞。通常细胞死亡后留下一个由厚细胞壁包围的空腔。像亚麻这样的植物就是由这些细胞构成的。

**图 1**

像动物一样，植物也是由组织和器官构成的。每一种组织都包含一种特殊类型的细胞。

1 神经组织
神经细胞往往长而细。很多神经细胞都是由绝缘外层保护的以防止发生短路。

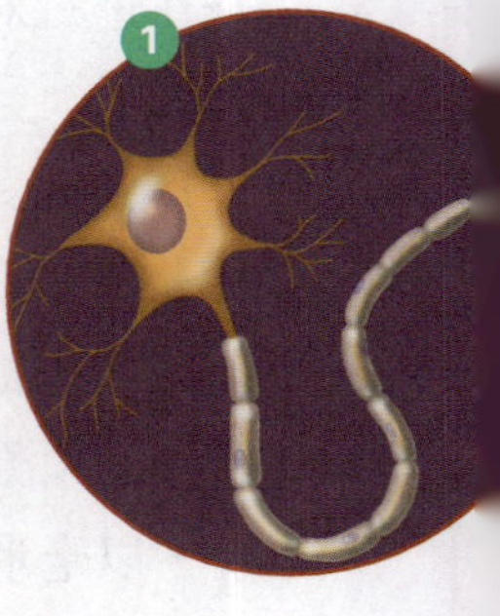


3 血液组织

a 红细胞是依靠一种称为血红蛋白的蛋白质完成携氧功能的。

b 白细胞通过吞噬并消灭入侵者来保护机体，或者由抗体杀死这些入侵者。

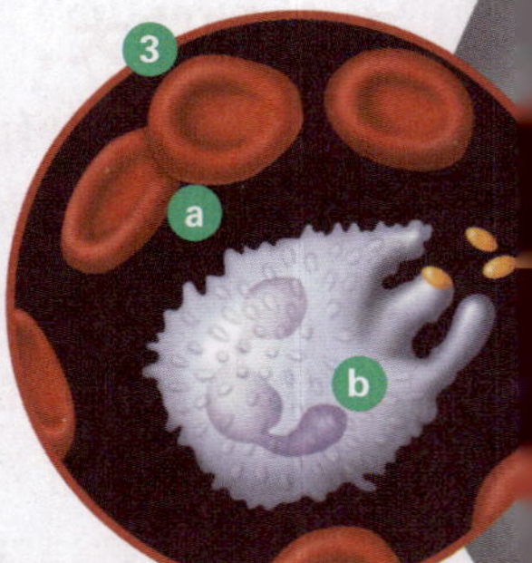


5 脂肪组织
在脂肪细胞中，细胞质的大部分被液泡占据了，这种液泡储存着脂肪分子。

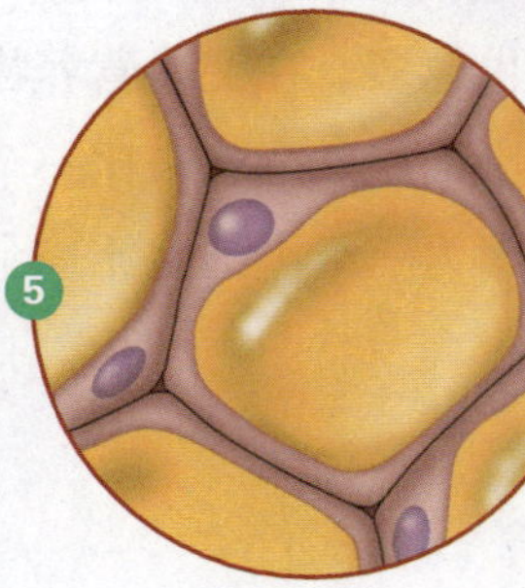

## 分化的动物细胞

可以根据动物细胞的形态来推断这种细胞所具有的功能。在图 2 中你将发现，在动物细胞中也能找到许多单细胞生物的特征。

**图 2**

在人体中可以找到一些分化的细胞。

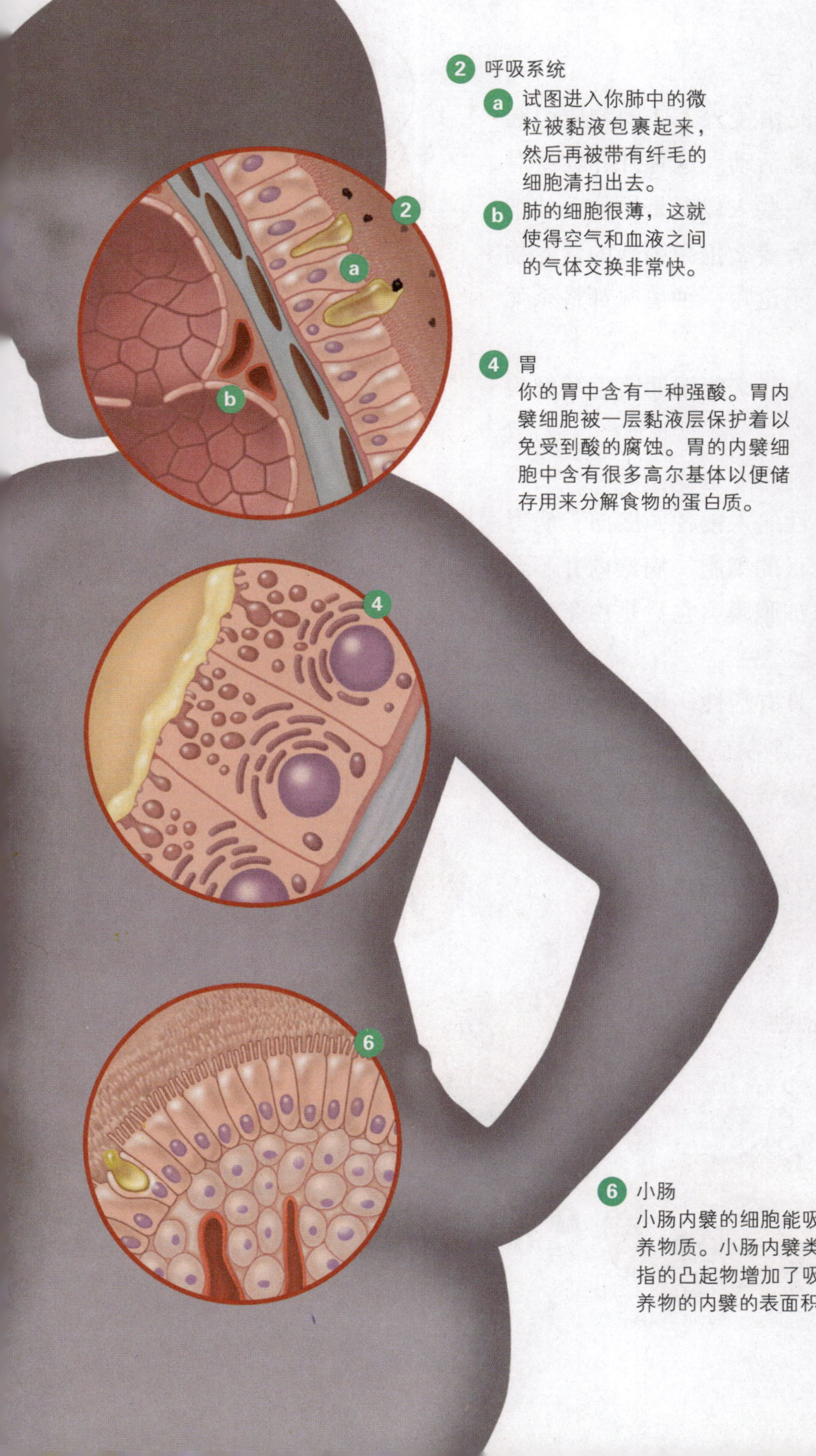


**2 呼吸系统**

**a** 试图进入你肺中的微粒被黏液包裹起来，然后再被带有纤毛的细胞清扫出去。

**b** 肺的细胞很薄，这就使得空气和血液之间的气体交换非常快。

**4 胃**

你的胃中含有一种强酸。胃内襞细胞被一层黏液层保护着以免受到酸的腐蚀。胃的内襞细胞中含有很多高尔基体以便储存用来分解食物的蛋白质。

**6 小肠**

小肠内襞的细胞能吸收营养物质。小肠内襞类似手指的凸起物增加了吸收营养物的内襞的表面积。

### 理解概念

1. 对生物来说，细胞分化有什么好处？

2. 如果从实验室偶然释放出一种能分解果胶的微生物，那么，预测一下这种微生物对多细胞植物会产生什么影响。

3. 高度折叠的多层细胞膜的优点是什么？

4. 厚的有弹性的植物细胞与厚的没有弹性的植物细胞相比有什么优点？

5. 观察图 3 中三种细胞的形态。

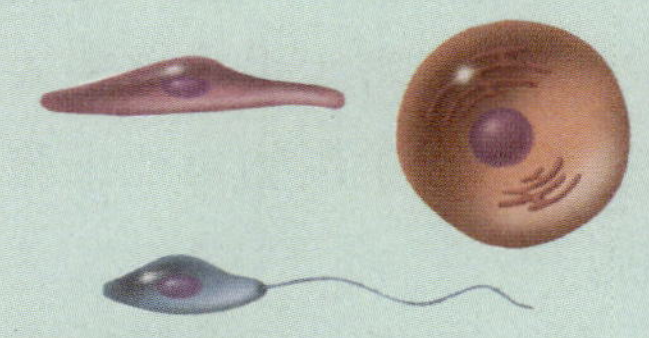

**图 3**

三种细胞形态

(a) 哪种细胞最适合做卵细胞？解释原因。

(b) 哪种细胞最适合运动？解释原因。

(c) 哪种细胞最适合做细胞器的保护膜？解释原因。

6. 认识到体细胞中有一种与单细胞生物相似的结构。

### 反思回顾

7. 为什么一些分化的细胞要依赖其他分化的细胞才能完成一定的功能？

## 任务设计

你正在制作的细胞的结构与这个细胞具有的特殊功能相符合吗？在学了更多的关于细胞分化的知识后，你觉得在你的设计中应该作出哪些修改？

# 细胞战争

很多年前，每一时期有成千上万的人死于一些流行病。然而却没有人知道引起这种疾病的原因。想象一下，面对这样一个无形杀手是多么令人害怕的事情。疾病是干扰生物正常状态的一种生理状况。

## 入侵者

今天我们知道很多疾病都是由侵入人体的物质引起的，这些物质干扰了细胞的正常活动。这种外界物质对人体的侵犯被称作感染。其中一些入侵者是生物，如细菌、真菌或寄生虫。这些入侵者要么抢夺细胞的营养物质，要么产生废物毒死细胞，不论哪一种情况都将杀死细胞。

(a) 思考：显微镜的发明为什么能帮助医生了解疾病产生的原因。

### 病毒

病毒常被归类为有生命活性的入侵者，然而，病毒不是活性的，因为它们不是真正的细胞。病毒内并不含有细胞核、细胞质、细胞器或细胞膜，它只是由蛋白质外壳包裹着的一小团遗传物质。

只有侵入活细胞后病毒才具有活性。侵入活细胞后病毒将接管细胞，把细胞变成一个制造更多病毒的工厂，如图 1 所示。病毒能引起很多疾病，包括冻疮、感冒和流感。

(b) 为什么病毒不被认定为是活性的？

(c) 病毒是怎样传播的？

(d) 病毒可以存活多年，解释为什么只有与活细胞接触时它才变得有活性。

(e) 解释活细胞是怎样变成病毒加工厂的。

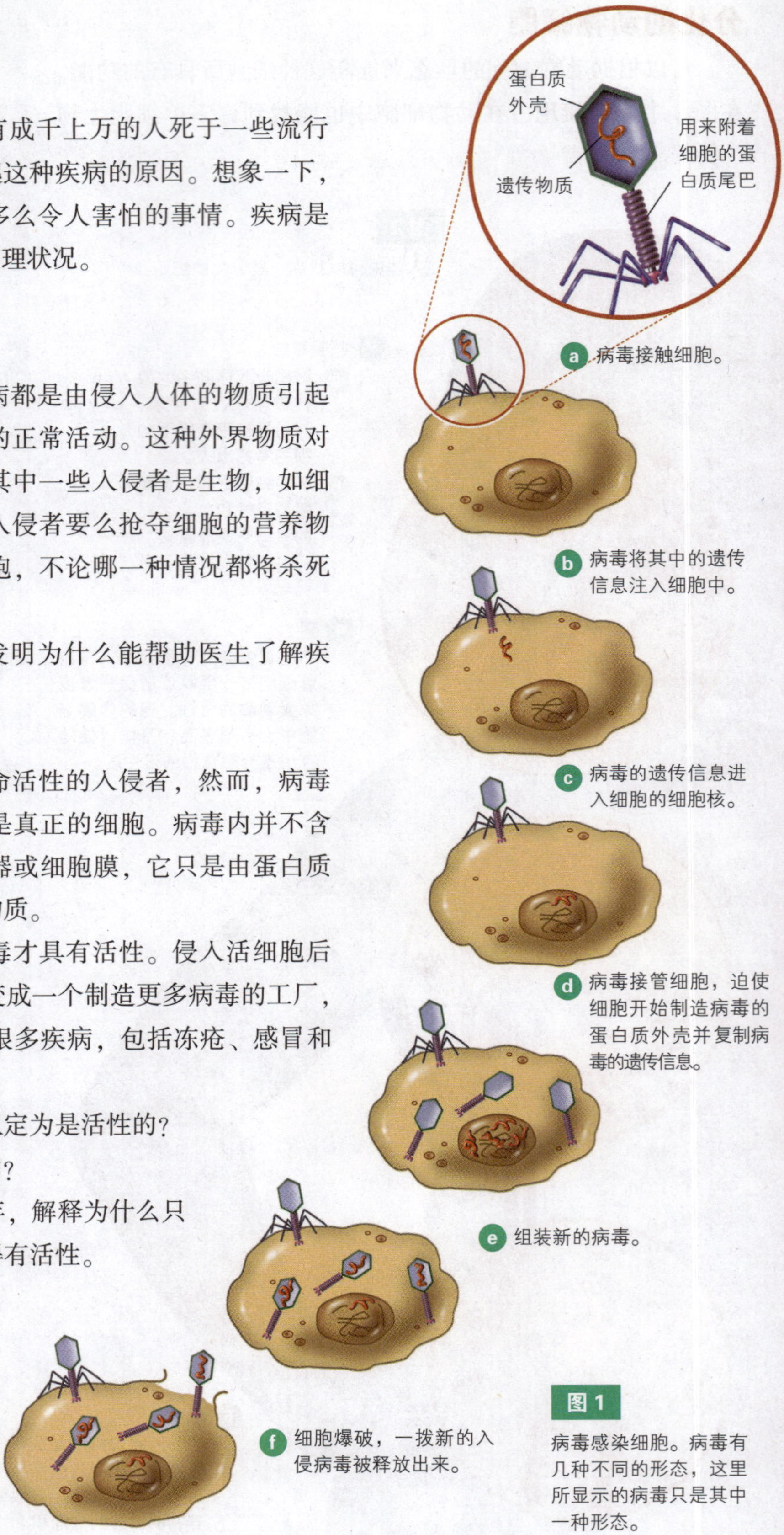


**图 1**

病毒感染细胞。病毒有几种不同的形态，这里所显示的病毒只是其中一种形态。

## 防御者

你的免疫系统通过消灭病毒来保护你的机体。其中一种防御机制是直接用白细胞消灭入侵者，如图 2 所示。

一旦入侵者被白细胞吞噬，白细胞内的溶酶体就会释放特殊的化学物质，这些物质能将入侵者消灭，但同时也杀死了白细胞自身。入侵者被白细胞袭击后留下的细胞碎片和蛋白束形成了脓汁。白细胞袭击细菌并杀死细菌，同时它们也杀死了被细菌、病毒或有害的化学物质所损坏的体内细胞，只留下了健康的细胞。

(f) 描述一种身体与传染病或疾病抗争的方式。

(g) 思考将体内的受损细胞清除出去的好处是什么。

### 抗体

你的身体还有另一种防御机制即抗体。抗体是由一种特殊类型的白细胞构成，是一种能够锁住入侵生物的大分子。

入侵细胞和入侵病毒的细胞膜或蛋白质外壳上有特殊的分子。这些分子（称作抗原决定簇）有特殊的结构。抗体的结构能够与这些分子的结构吻合并能够锁住分子，如图 3 所示。每种类型的抗体只作用于一种类型的入侵者。

(h) 因抗击流感病毒而产生的抗体能阻止一种普通的感冒病毒吗？

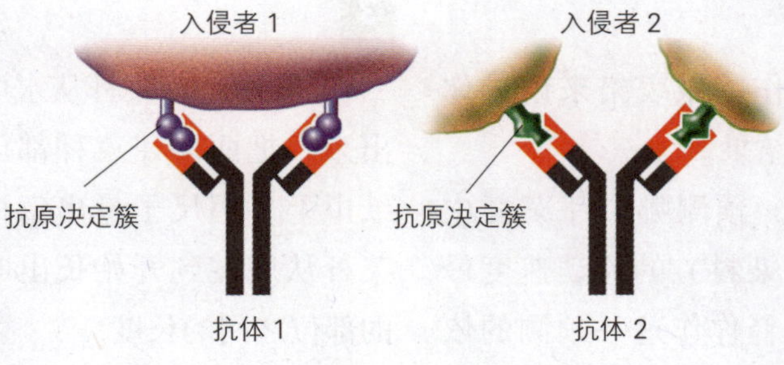


图 3

每一种抗体只能结合一种抗原决定簇。

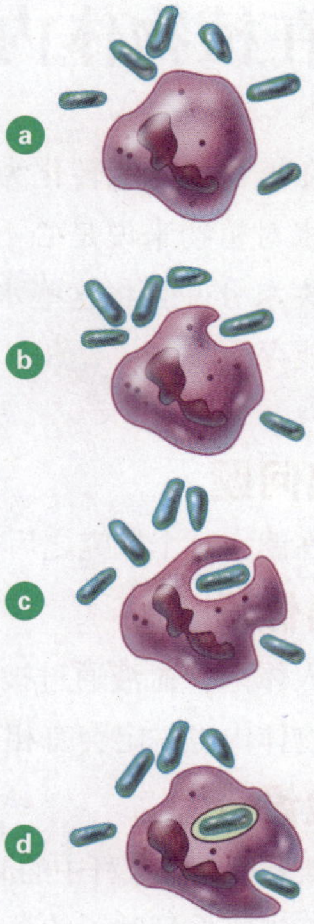


图 2

白细胞吞噬并消灭入侵的细菌。

### 理解概念

1. 用自己的话解释什么是疾病。

2. 什么类型的入侵者能引起人体感染？

3. 识别白细胞保护人体免受疾病的两种防御方式。

### 建立联系

4. 当白细胞杀死已被病毒感染的细胞后，你的身体会得到哪些益处？

5. 疫苗是通过将灭活的或弱化的入侵者引入人体内而发挥作用的。人体会产生抗体来抵御这些弱化的入侵者。如果同种类型的强入侵者入侵人体，抗体会在它侵害细胞之前将其杀死。画出示意图说明疫苗是怎样保护人体免受入侵者侵袭的。

技能菜单
●提出问题 ●实验检验 ●问题分析
○提出假设 ●记录结果 ○交流经验
○制定方案

# 水在植物体内的运输

在植物将光能转化为化学能（以食物形式存在）的过程中，水对植物来说是必不可少的原料。如图 1 所示，植物必须收集水分并且将这些水分运输到叶子中，依靠这一过程植物才能存活。

**材料**

- 围裙
- 两段新鲜的芹菜秆
- 削皮刀
- 200 mL 的烧杯
- 水
- 红色的食用色素
- 药匙
- 纸巾
- 尺子

切割时要小心，务必使身体远离。

## 提出问题

2B 在读完这个探究之后，写出一个你试图要回答的问题。

## 提出假设

人体内，血液通过被称为血管的管道被运输到人的全身。在植物体内也一定会有相似的结构。

## 实验设计

观察水在芹菜秆中的流动情况，并用食用色素显示水流的踪迹。你也将发现叶子的存在是否会对水的运动产生影响。

## 实验步骤

**1**

用小刀切两段长度一样的芹菜秆。

- 用手摘去其中一段芹菜秆上的叶子。
- 向 200 mL 的烧杯中倒入一半水。
- 向水中滴入 5 滴红色的食用色素，并使色素和水混合均匀。
- 将两段芹菜秆都放入水中。

6D **2**

制作一张表格来记录你的观察结果。

（a）预测哪个芹菜秆中水（和染料）的流动速度最快。解释你作这一预测的依据。

**3**

3 h 后将芹菜秆从水中取出来。把两段芹菜秆都放在纸巾上。用尺子量出每根芹菜秆从底端到开始长出叶子的部位之间的长度。

（a）在你的表格中记录下每段芹菜秆的长度。



技能手册：2B 提出问题的技巧 6D 制作数据表

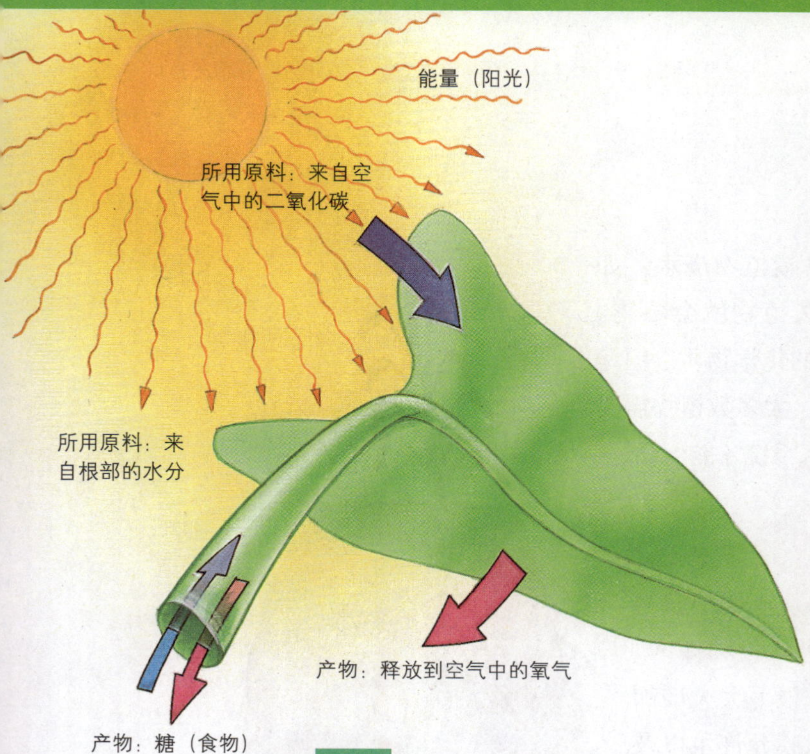


**图 1**

为了完成光合作用植物必须把水分运输到叶子。

### 建立联系

1. 园艺书上建议将苗木移栽入新的花盆时要摘去一些叶子，这样有助于植物在长出新的根系之前保存水分。根据你的观察，摘去一些叶子对植物来说有用吗？解释原因。

### 探索研究

2. 将这次探究活动再重复一次，但是这次要用塑料袋罩住两根芹菜秆的顶端。预测一下实验结果将会如何。

### 反思回顾

3. 科学家们对同一个实验现象可能会有不同的解释。在这次探究中对你所观察到的现象有一种解释，即芹菜中含有能把水从根部运输到叶子的导管。请你根据实验现象得出另一个解释并写出实验报告。

**4**

用小刀从芹菜秆的底端开始切下一节 1 cm 长的小段。并检查所切下来的那个小段的切口情况。

(a) 画草图表示红色颜料出现在秆中的哪个部位。

**5**

继续把芹菜秆切成一节节长 1 cm 的小段，直到在切下的小段的切口处看不到染料。

(a) 每切一次，在表中记下能否看到染料。

(b) 记录染料在每根芹菜秆中移动的距离。

(c) 计算染料和水在芹菜秆中移动的距离的比例：

$$\frac{\text{移动的距离（第 5 步）}}{\text{芹菜秆的长度（第 3 步）}}\times 100\%$$

## 分析思考

**6**

通过回答下列问题分析你的实验结果。

(a) 叶子对水的运动有什么影响？

(b) 水是怎么从芹菜的根部运输到芹菜的叶子的？

(c) 解释为什么要用两根同样长的芹菜秆进行实验。

(d) 为什么通过计算染料和水在芹菜秆中移动的距离的比例更容易比较染料在两根芹菜秆中的流动？

# 自下而上运输

你是否曾忘记过给室内的盆栽植物浇水？如果你忘记浇水，那么过不了多久植物就会萎蔫。对植物来说，水是一种必不可少的化学物质。但是室外的植物却不用经常人工浇水。大多数植物需要依靠一个有效的吸水系统和运输水系统才能生存。

## 水的吸收

如图 1 所示，大多数植物是从土壤中获得水分的，土壤中的水通过根毛进入植物体内。根毛是根细胞表面细小的突起。根毛大大增加了根细胞细胞膜的表面积。细胞膜允许水以及溶解于水中的营养物质，如矿物质等进入细胞内。

图 1

细胞膜只允许某些而不是所有物质的微粒进入细胞。

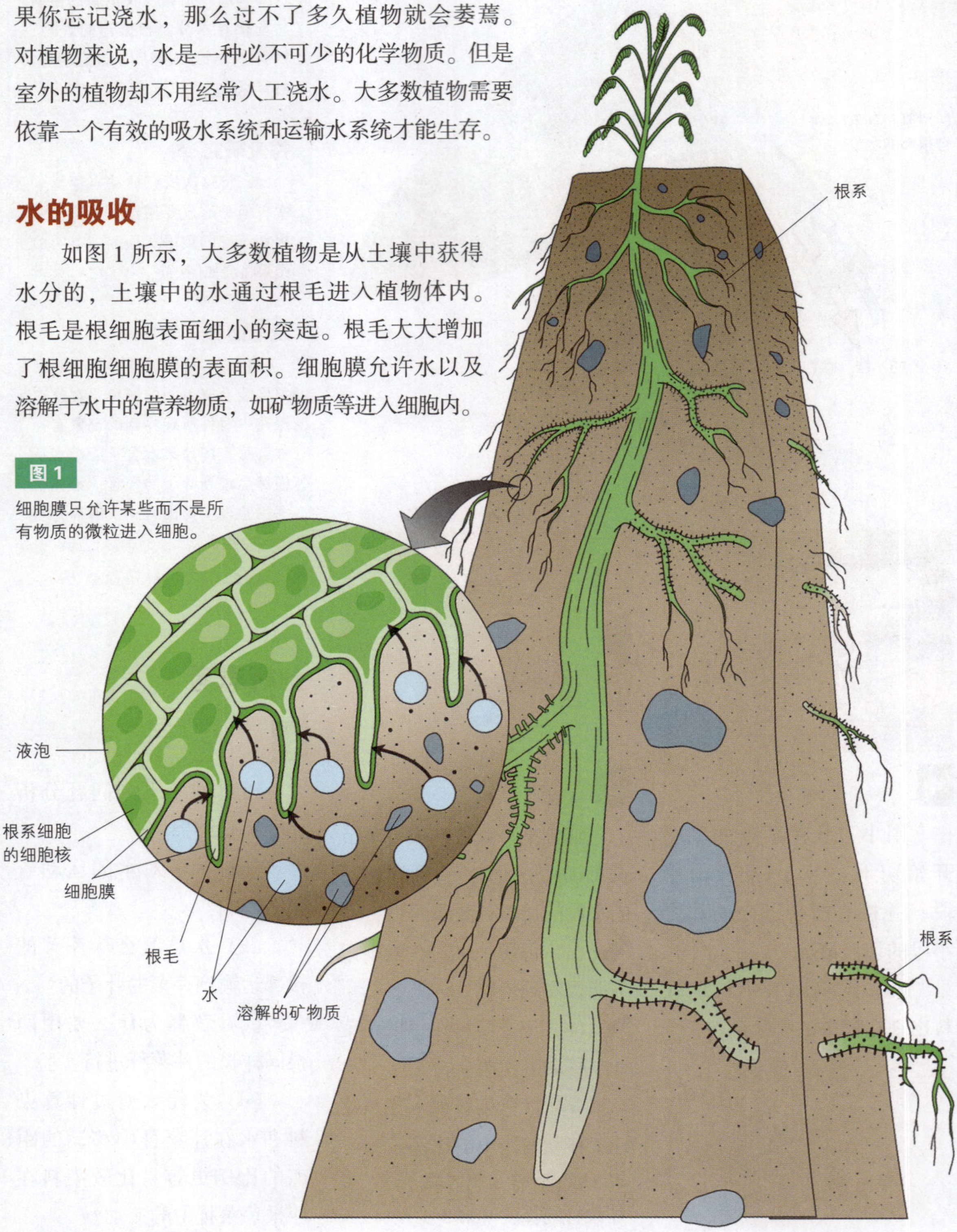

## 植物体中的运输管道

水是植物进行光合作用所必需的原料。为了生存植物必须能够不断收集和运输水。正如你的身体内有被称为血管的运输血液的管道一样，植物体内也有运输水的管道，人们称之为导管。如图 2 所示，导管是由死亡的柱状细胞的细胞壁所形成的。图 2d 显示的是形成后的导管。

**图 2**

导管的形成

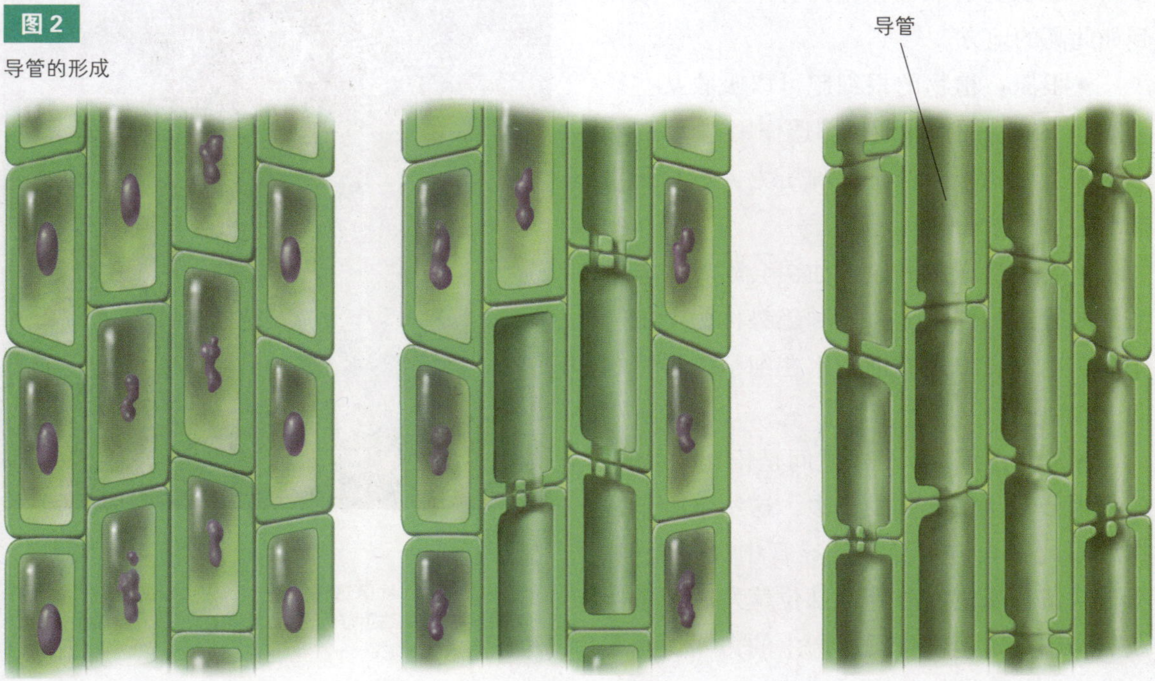


a 随着细胞壁增厚，细胞就开始慢慢死亡。

b 相邻细胞间的细胞壁分解，只留下了起支撑作用的外层细胞壁。

c 最后，就形成了一根根很窄的类似吸管一样的管道。

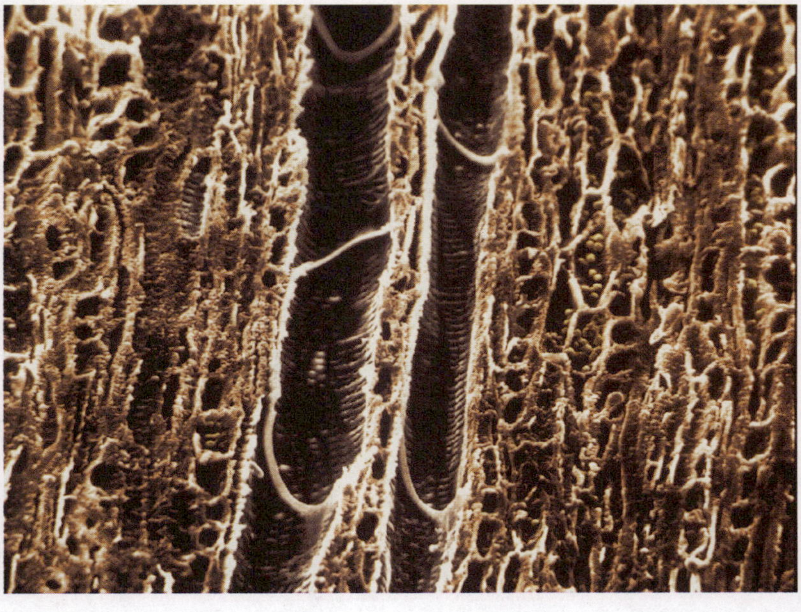

d 植物根内部的导管。

## 向周围运输水分

大树必须把水向上运输大约 100 m 才能将它从根部运到叶子，如图 3 所示。至今人们还不完全明白树是怎样做到这一点的。许多科学家认为有三种作用力有助于将水运输到如此高的地方。

- 根压：植物的根细胞可以吸收某些矿物质。土壤中的水能通过渗透作用进入细胞。水被吸入到树根会产生一种压力，这种压力推动着水沿导管向上流动。
- 毛细管作用：液体往往会附着在非常细窄的管道的内壁上。这种趋势称为毛细管作用，毛细管作用有助于水在细窄的导管中向上流动。
- 蒸腾作用：水分子之间是相互吸引的。随着水分子从叶面蒸发出去，这些水分子会将后面的一长链水分子从导管中吸引上来。水分从植物暴露在外界的部位蒸发的现象叫做蒸腾作用。蒸腾作用所产生的力叫做蒸腾引力。

图 3

在一些植物中，就像这棵黄杉，水从根部必须向上运行很长的距离才能到达叶子。水是怎样到达叶子，这个问题仍然是一个未解之谜。

### 试一试 表面张力

你可以用几根直径不同的玻璃管来证明毛细管作用的存在。在一个盛有水的托盘中加入几滴红色或蓝色的食用色素。将玻璃管竖立在有颜色的水中(见图 4)。用直尺量出水在每根管中上升的距离是多少。

1. 在哪根管中液体上升得最高？

2. 管的直径对水上升的距离有什么影响？

图 4

## 从叶子向下运输

植物体内还有另一个运输系统（图 5）。一根根称作筛管的管道把糖类从叶子运到植物的茎和根部，便于植物消耗或储存。如果需要的话，筛管还可以将营养物质从根部运输到叶子。与导管不同，筛管由活细胞组成。如图 6 所示，导管和筛管的结构是不同的。

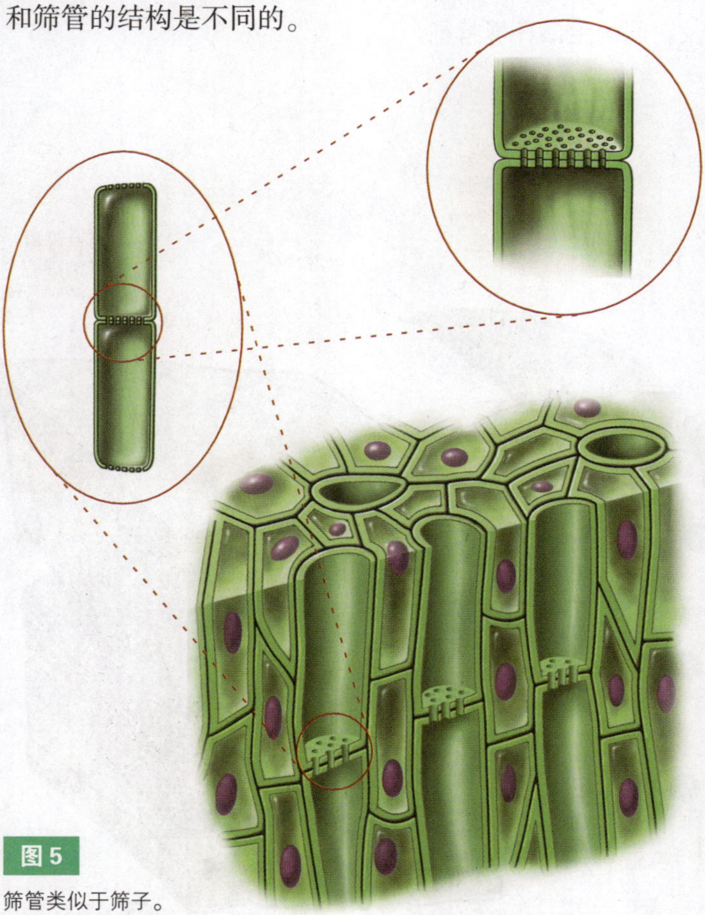

图 5

筛管类似于筛子。

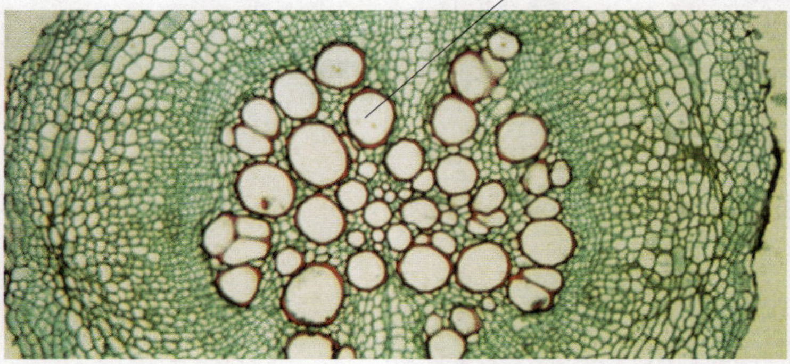


图 6

导管将水从根部运输到叶子。这些导管是由死亡的柱状细胞的细胞壁所形成的。

### 理解概念

1. 为什么植物体内导管运输水的能力对于植物的生存非常重要？

2. 植物中的哪些结构有助于下列物质的运输？

(a) 水。

(b) 糖类。

3. 列出有助于植物运输水分的三种力，并用自己的话对这三种力加以解释。

4. 画出植物体中流体运输的概念图。

### 建立联系

5. 一些昆虫把针状的尖嘴部分插入植物中来吸取营养物质。你认为它们插入了植物中的哪种管？

### 探索研究

6. 向老师咨询有关注意事项之后，用一把锐利的小刀小心地切去白色康乃馨茎的末端。将花茎放入水中，在水中纵向切开花茎。将切开的两部分分别放入盛有水的烧杯中。其中一个烧杯中加了红色食用色素，另一个烧杯中加了蓝色食用色素。

(a) 预测 24 h 后会发生什么现象，并解释原因。

(b) 将你的预测与实际观察到的现象进行比较。

### 反思回顾

7. 制作一张表将植物体中流体的运输与人的循环系统中流体的运输进行比较。

# 研究植物的叶子

植物的叶子就像一个小型加工厂，它能利用光能把来自土壤的水和来自空气的二氧化碳转化成氧气和糖类。植物的叶子在遭受热风和炽热阳光照射后也容易干枯。通过观察图 1 中的叶子你能学到很多知识，包括植物是怎样生存的以及它们的生活环境特征。

**1. 起保护作用的结构：角质层**

角质层是覆盖在叶子表面的一层蜡质层。叶子表面的蜡质层能防止下层细胞的水分蒸发。角质层能防止叶子干枯死掉。

**2. 起保护作用的结构：表皮**

像人的皮肤一样，叶子的表皮也保护着下面的细胞。这些细胞形成了蜡质的角质层。表皮细胞通常不含叶绿体，所以它们不能进行光合作用。

**3. 能进行光合作用的结构：栅栏组织**

叶子的大部分工作是在栅栏组织中完成的，栅栏组织是角质层和表皮下面的一层细胞。栅栏细胞含有很多叶绿体——能吸收外界光并进行光合作用的细胞器。

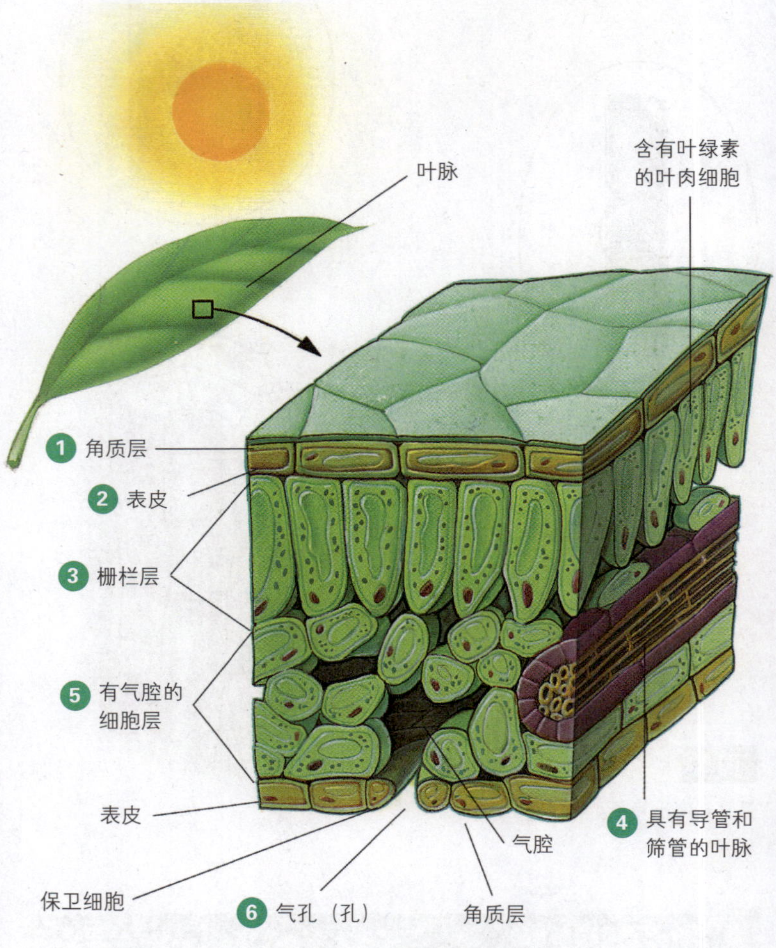


**图 1**

一片叶子的横截面

**4. 进行运输的结构：叶脉**

叶脉由导管和筛管联合而成。导管将水从根部运输到叶子。筛管将叶子制造的糖类和淀粉从叶子运输到植物的其他细胞处作为食物，运输到根部便于储存。

**5. 进行气体交换：叶子内部的气体交换**

在栅栏组织下面，很多叶子都有含细胞较少气腔很多的海绵区。进行光合作用的细胞从气腔中吸收二氧化碳，并将氧气释放到气腔中。

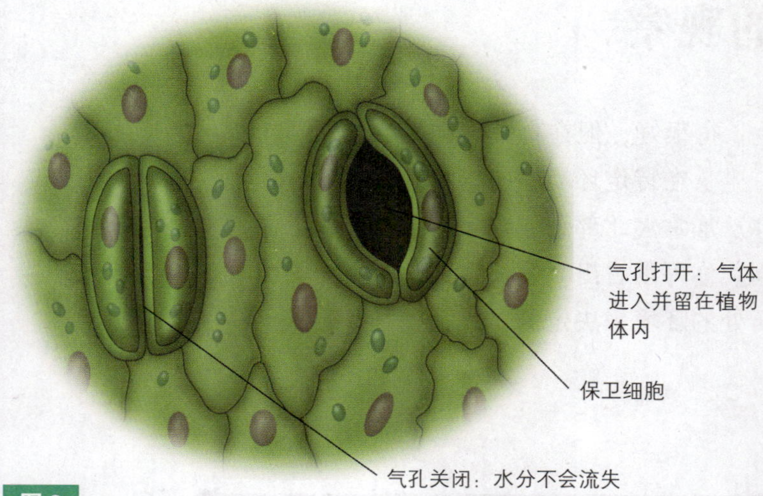


**图 2**

气孔

**6. 进行气体交换：叶片内部的气体与外部的气体交换**

我们已经知道植物叶片内部的细胞需要空气中的二氧化碳。同时，在光合作用中产生的氧气必须离开叶片表面。气腔就使得这些气体能自由流动。但是气体怎样穿过角质层进出叶片呢？

如图 2 所示，叶片的表面有称为气孔的小的开口，是由一对保卫细胞控制的。这对保卫细胞就像两扇门一样。如果空气湿润或者叶片含水量过多，保卫细胞膨胀，打开气孔，这样气体就能够进出。如果空气太干燥或叶片含水量太少，保卫细胞松弛，气孔关闭，保护叶片内部细胞不至于变干。

## 适者生存

当在显微镜下观察不同环境中的植物叶片时，你会发现它们彼此之间有很大的不同。生长在干燥、阳光充足地区的植物能得到充足的阳光，但是必须保留住内部水分。在这些植物的叶片上往往有厚厚的角质层。这些叶片上面的气孔很少，而且只有叶片背面有气孔，这样可以保护叶片不会受热和风的作用而过快干枯。

另外，生长在潮湿、背阴的地方的植物能得到充足的水分，但却得不到足够的阳光。叶片必须将光集中起来进行光合作用。这些植物通常有很薄的角质层，而且在叶片两面都有很多气孔。这种结构使得栅栏细胞进行气体交换的速度更快了，所以这些背阴植物能够完成更多的光合作用。

### 理解概念

1. 将左栏里所列的功能和右栏里叶子的结构匹配起来。（每种结构至少用一次。）

| 功能 | 结构 |
|---|---|
| (a) 允许气体接触细胞 | 角质层 |
| (b) 从根向叶运输水分 | 保卫细胞 |
| (c) 允许气体进出细胞 | 木质导管 |
| (d) 控制气体进出细胞 | 筛管 |
| (e) 进行光合作用的部位 | |
| (f) 运输糖类和营养物质 | 气腔 |
| | 气孔 |
| (g) 防止水分蒸发 | 栅栏细胞 |

2. 为什么叶子中的细胞之间有气腔对植物来说是重要的？

### 建立联系

3. 预测水生植物的叶片与沙漠中的植物的叶片有什么不同。从以下几个方面进行比较：

(a) 角质层

(b) 气孔的数目

(c) 气孔的位置

(d) 叶子内部气腔的大小

# 自然科学工作者的观察

为什么枫树在南安大略省生长得很好，但在育空省却生长得不好？像植物的细胞一样，生长在特定环境中的植物具有特殊的结构。图 1 显示的是你从加拿大北部到加拿大南部所见的植物，它们有很大的不同。你可以看出，生长在任一地方的植物的种类都是由植物所处的环境来决定的，以及植物是怎样适应环境的。

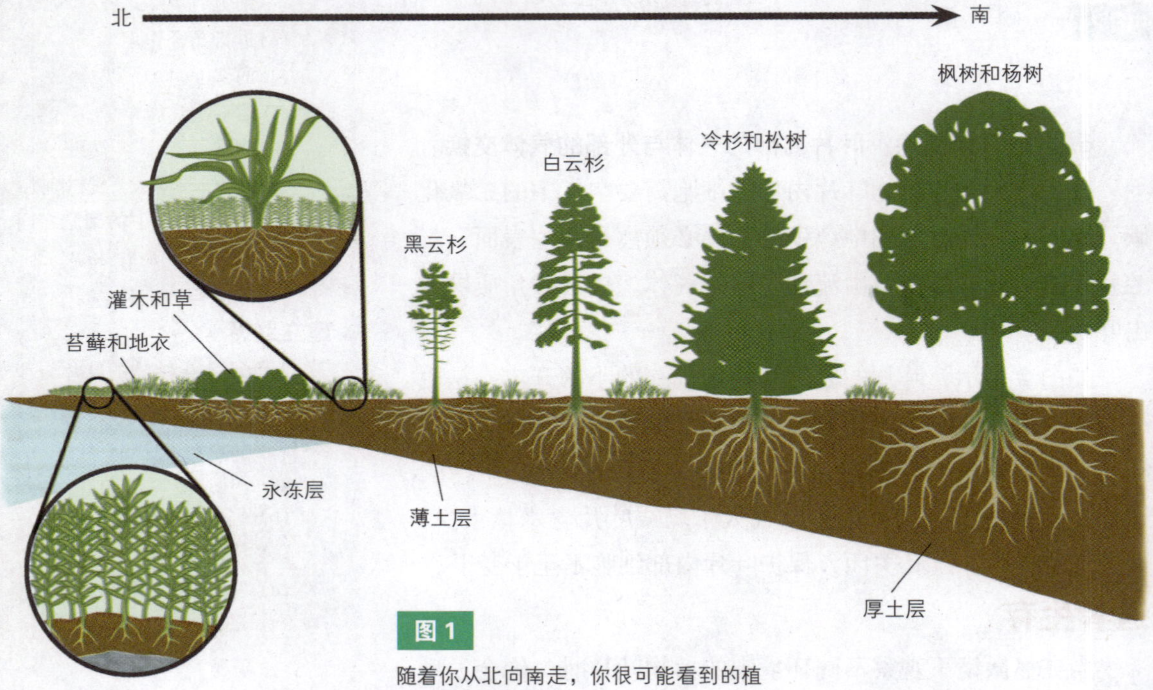


**图 1**

随着你从北向南走，你很可能看到的植物的种类变化。

## 环境：永冻层

随着你从北向南走，土壤会发生很大的变化，这种变化是由南方比较温暖的环境引起的。在南方，由于夏天的热量温暖着土壤，地下的霜冻层会逐渐消失。而在北方，称为永冻层的一个冰层则在土壤底下常年存在。

(a) 当你向南走时植物的大小发生了什么变化？

(b) 当你向南走时植物的根系发生了怎样的变化？

(c) 永冻层对植物的生长有什么影响？

(d) 你为什么不希望苹果树生长在依努维克（注：加拿大北部省份）？

(e) 为什么南方森林里的土壤比北方森林里的土壤多？

## 适应环境：植物的根

每种植物都必须适应它所生存的环境。其中一种适应方式是植物所具有的根系对环境的适应。

与高等植物不同，苔藓没有真正的根，也没有筛管和导管。水分通过渗透作用从一个细胞传到另一个细胞。采取这种液体流动方式的原因是苔藓植物的厚度往往只有几层细胞那么厚。由于苔藓植物没有水分运输系统，所以它们需要依赖含有大量水的环境才能进行光合作用和繁殖。

(f) 为什么苔藓没有云杉长得高？

(g) 夏季的几个月里，为什么在北方的生态系统中找不到大量的苔藓植物？

非常适应某一地方生长的植物比其他尝试在那个地方生长的植物要有生长优势。观察黑云杉、白云杉、冷杉和枫树的生长环境与树木特征。

(h) 为什么在更往南的森林中云杉的生长优势不如枫树？枫树有哪些优势？

## 适应环境：植物的叶子

在北方，冬天空气非常干燥，夏天空气又特别潮湿。生长在那里的树木必须能够适应这两种情况。云杉、冷杉和松树的针状叶子表面都有一层厚厚的蜡质层，如图 2 所示。

(i) 为什么云杉更有可能在气候变化极大的地方生存？

(j) 在北方的森林中为什么枫树的生长优势不如黑云杉？

图 2

蜡质层能够防止水分从（a）云杉和（b）松树的针叶中流失。

## 环境：山地

图 3 显示了从山顶到山脚常见植物是怎样变化的。将图 3 和图 1 进行比较。

(k) 为什么树木不能在山顶上生长？

(l) 创建一个可验证的假设，解释当你从山顶走到山脚时为什么树木长得越来越高。

图 3

从山顶到山脚不同种类的植物各有优势。

### 理解概念

1. 枫树的厚而宽大的叶子给枫树带来了哪些生长优势？

2. 在南方的森林中为什么苔藓的生长优势不如大树？

3. 植物的根系是怎么决定它最适合在哪种环境中生长的？

### 建立联系

4. 如果你在松树上切个口，流出的汁液很快就会固化。这种现象给松树带来了哪些生长优势？

### 反思回顾

5. 很多科学家曾说过由于全球气候变暖，地球正在变得越来越温暖。如果你所处的地区变暖了，冬天变得不再严寒，这些条件的变化对当地的植物会产生什么影响？

# 动物的系统相互合作

你身体所有的细胞都组成了各种器官、组织和系统。为了保持你的身体健康，你的系统必须相互协作才行。例如,在你的循环系统中，携带营养物质和氧气的血液被输送到身体的各个细胞。如果没有循环系统，你的皮肤系统和消化系统的细胞将不能存活。反过来，循环系统也依赖其他的系统才能存活，如呼吸系统提供氧气，消化系统(包括肠和胃）提供营养物质。

图1显示了四个系统之间的相互依存关系。

(a) 说出另外两个系统的名称。

## 提供营养物质，运走废物

系统主要分成两组。第一组系统提供营养物质并运走人体产生的废物(图1)。

(b) 为什么循环系统的运行需要依赖呼吸系统？

(c) 循环系统对消化系统来说很重要吗？为什么？

(d) 如果没有消化系统，循环系统能完成它的工作吗？请作出解释。

(e) 排泄系统是怎样帮助循环系统完成它的工作的？

(f) 思考：如果循环系统不能工作了，皮肤细胞将会受到什么影响？为什么循环系统对皮肤细胞来说是必需的？

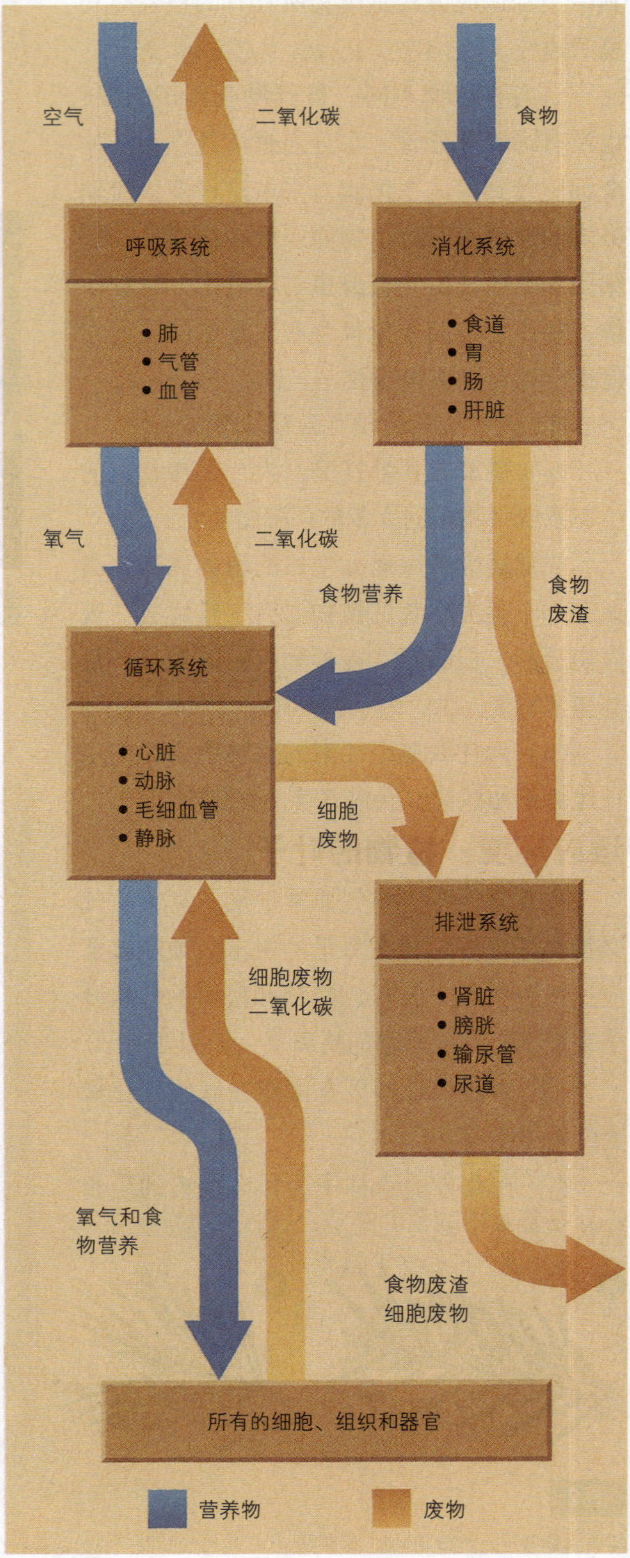


图1
系统相互协作

## 身体调节

如图 2 所示，第二组系统起着调节身体的作用。

内分泌系统产生化学信使（称作激素），化学信使传到其他器官，告诉这些器官怎样调节以应对外界和身体内部发生的变化。神经系统负责探测身体内外所发生的变化，并发送电信号到人身体的各个部位。

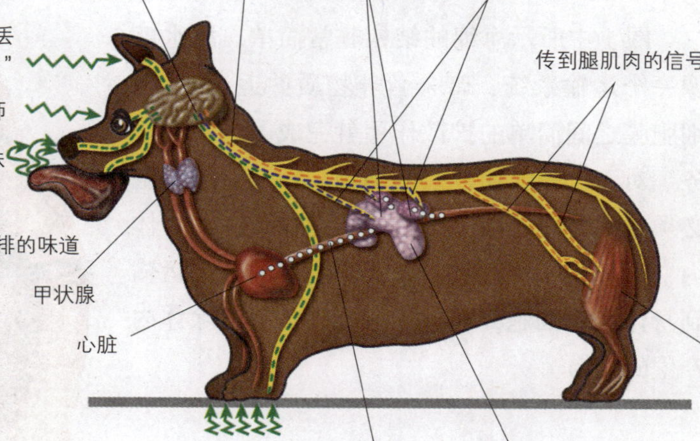


图 2

调节其他系统的系统

有些情况下，神经系统会与内分泌系统合作。例如，如果你正在路上行走，一只美洲狮突然跳到你的面前，你的眼睛（也许是耳朵或鼻子）察觉到了它并通过神经系统将电信号传到大脑。一旦识别出美洲狮是危险的，你就决定逃避，神经再将电信号从大脑传到肌肉。信号引起肌肉收缩，你就开始跑开。

同时，其他神经系统也将来自大脑的信息传到内分泌腺。你的内分泌腺做出反应，将化学信使运输到血液中。例如，在肾的上部附近有一个小腺体，释放一种化学信使（称为肾上腺素）进入你的血液中。当肾上腺素到达你的心脏和呼吸系统的细胞时，你将会心跳加速，从而吸入更多的氧气。结果，你的肌肉细胞突然有更多可用的营养物质，使你跑得更快。

(g) 哪个系统更适合于探测危险的存在？是神经系统还是内分泌系统？请进行解释。

(h) 神经系统和内分泌系统对刺激的反应有什么不同？请对此作出解释。

(i) 如果你踩到一枚大头针，你的神经系统会做出什么反应？其他的系统将会怎样得到这个信息？请对此作出解释。

### 理解概念

1. 将下列器官按照提供营养物质、运走废物或调节身体进行分类。

| | | |
|---|---|---|
| 心脏 | 动脉 | 肾脏 |
| 眼睛 | 大脑 | 胃 |

2. 神经和肌肉是怎样相互合作的？

3. 解释为什么调节或控制身体其他系统的系统很重要。

### 建立联系

4. 如果由于疾病的原因损害了下列身体器官中的一个，动物的健康将会受到什么影响？

(a) 传递营养物质的器官受到损害。

(b) 运走废物的器官受到损害。

(c) 通知环境发生了变化的器官受到损害。

(d) 控制其他系统的器官受到损害。

### 反思回顾

5. "所有为了一个，一个为了所有"这一说法对于大的多细胞生物有怎样的适用性？

# 动物体内液体的流动

图 1 中所示海绵的结构非常简单。海水就像一个运输系统，带来营养物质并运走废物。细胞膜之间简单的扩散作用就完成了这两个任务。对于比较大而复杂的动物，则分化的细胞必须相互合作才能完成液体的运输。在动物体内，循环系统负责将富含营养物质的液体运输到身体各个细胞，而排泄系统则负责清除体内产生的废物。

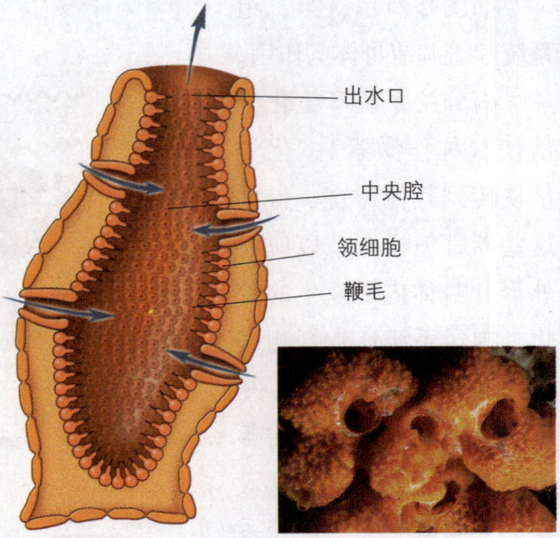


图 1

海绵固着在海底生活。它们不需要液体运输系统，因为海绵只有两层细胞。水和营养物质被长有鞭毛的细胞拉入海绵体内。海绵体内的水和废物通过身体上端的出水口排出。

## 循环系统

对一个复杂的多细胞动物来说，依靠扩散作用传递氧气和营养物质远远不能满足身体的需要。而循环系统则可以使得几乎每个细胞都能直接接触氧气和营养物质。事实上你身体中每一个细胞与携带营养物质的血管之间的距离都不超过两个细胞的长度。你的循环系统中有大约 96 000 km 长的血管维系着 60 万亿个细胞。

## 开放的循环系统和闭合的循环系统

在一个开放的循环系统，如图 2 中蜗牛体内的循环系统中，携带氧气和营养物质的血液被运输到体腔中，细胞浸入富含氧气和营养物质的血液中。当心脏舒张时，血液会进入循环系统的开口处并被运回心脏中。

在一个闭合的循环系统，如图 3 中蠕虫体内的循环系统中，血液包含在血管之中。蚯蚓有五个类似心脏的血管，它们将血液压入三个主要的血管之中。大的血管分化为多条小的血管，以便于将血液运输到各个组织中。将血液运出心脏的血管称为动脉，将血液运回心脏的血管称为静脉。

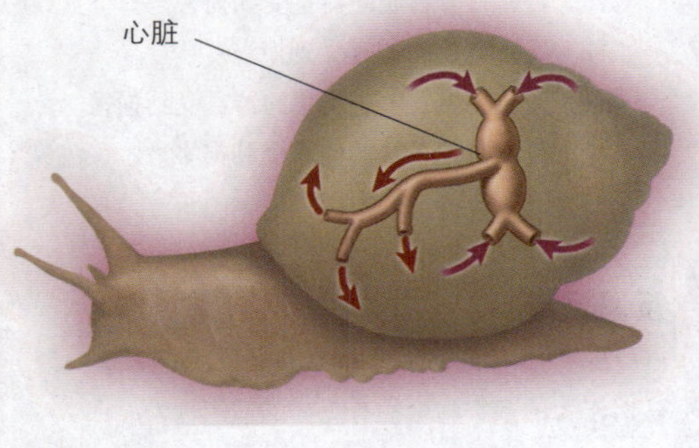


图 2

蜗牛具有开放的循环系统。

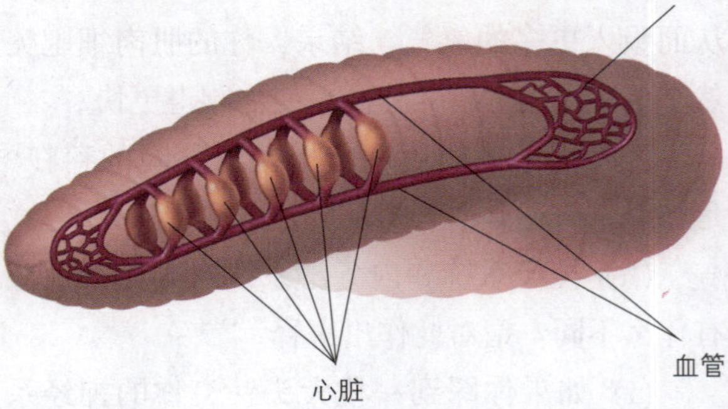


图 3

蠕虫具有闭合的循环系统。

## 心脏——人类的双泵

人类的心脏（图 4）和其他哺乳动物的心脏都不是单向泵，而是由肌肉壁隔开的两个平行泵。心脏的右半部分接受从身体运来的含氧量低的血液，并将这些血液传递到肺部。心脏的左半部分接受来自肺的新鲜的富含氧的血液，并将这些血液传递到身体各个细胞，体细胞就把氧气和营养物质取走，然后血液返回到心脏的右半部分从而完成了整个旅程。

## 单流向

心脏瓣膜就像一个单向开放的门，使得心脏中的血液始终向一个方向流动。如图 5 所示，心脏瓣膜在心脏的两部分之间。其中一组瓣膜位于心房和心室之间，另一组瓣膜位于心室和将血液运出心脏的动脉之间。

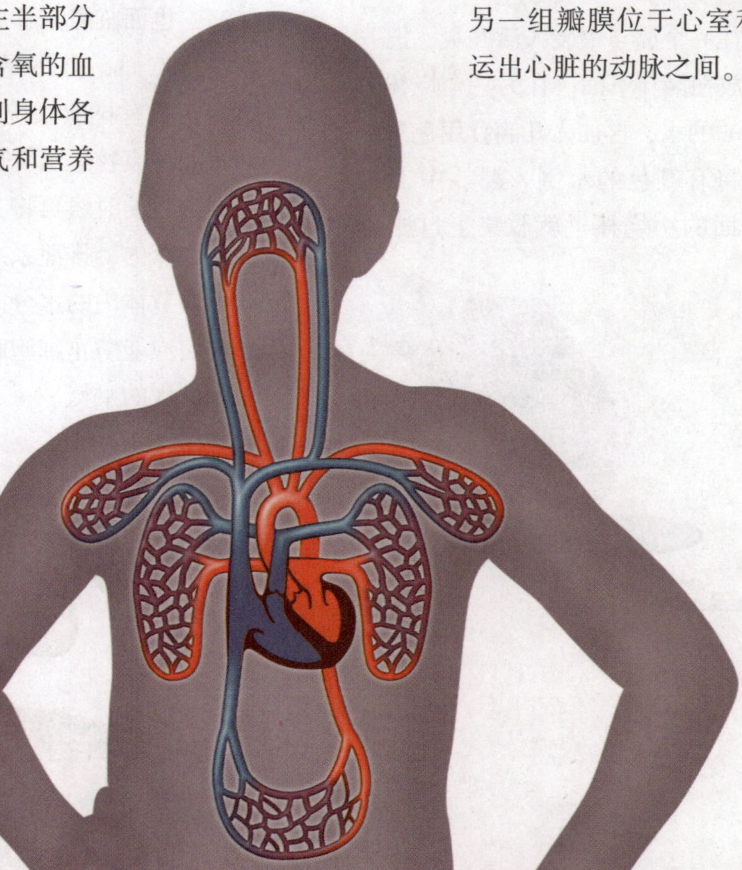

**图 4**

人的心脏有四个腔室：两个心房和两个心室。心房将血液压入心室。较为强壮的、肌肉更发达的心室将血液推压到远处的组织。

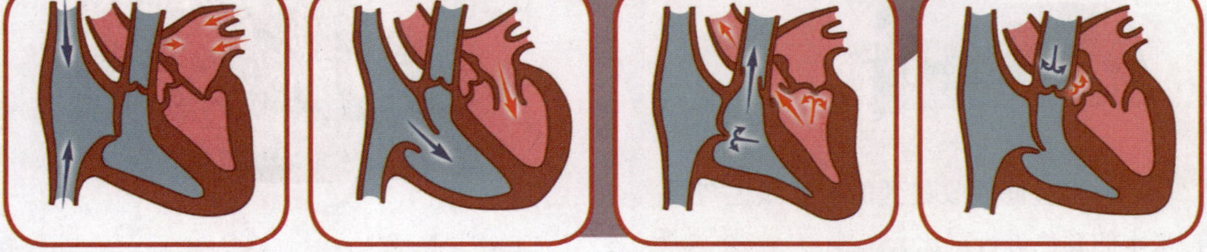

a 静脉将血液运到心脏。当心脏舒张时，心房就充满血液。

b 心房收缩，血液被推入心室。心室就充满血液。

c 心室收缩，血液推向瓣膜，此瓣膜将心房和心室分开。瓣膜的关闭产生了第一心音“路布”。同时血液被推出心室进入到动脉中。

d 心室舒张，由于所剩血液很少，心室内压力很低。血液从动脉拉回心室。这使得瓣膜关闭，产生第二心音“达布”。

**图 5**

人的心脏是个双泵，有四个腔室和四组瓣膜。

## 试一试 一个过滤器模型

你可以制作一个排泄系统的过滤器模型。

• 往一个漏斗中装入活性炭，把一个小烧杯放在漏斗下面。在另一个烧杯中加入 25 mL 的水，再加入几滴食用色素。

• 将有颜色的水倒入漏斗中，这时漏斗下面的小烧杯里就收集了过滤后的液体。

• 将过滤后收集到的水的颜色与原来水的颜色进行对比。

1. 预测一下，如果将水再过滤一次会有什么现象发生。

• 用实验检验你的预测。

## 排泄系统

对单细胞生物来说，将废物运出细胞和将营养物质运进细胞一样重要。缺少了排泄废物的途径，细胞很快就会死亡。多细胞生物如蠕虫（图 6）、昆虫（图 7）和人类（图 8），也面临着同样的问题，只是范围更大一些。然而，并不是每个细胞都可以运出废物。只有排泄系统中分化的细胞相互合作，才能将废物运出身体，或者将废物储存起来到合适的时候再将其排出体外。在大多数的动物体内，排泄系统还有另外一个功能：协助调节体内的水分。正如草履虫和变形虫的收缩泡能防止细胞膨胀一样，排泄系统也能保证水的平衡。

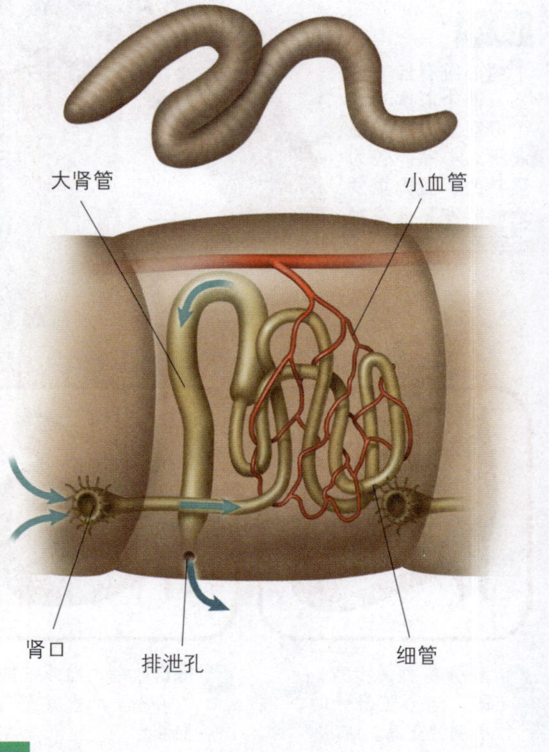


**图 6**

蚯蚓用一系列细管将血液和体腔中的废物运出。体腔内漏斗形的肾口由长有纤毛的细胞构成，体腔中的液体在此汇集，进入到微小的细管中。废物将作为尿液在膀胱短时储存。蚯蚓身体上的一系列小孔负责排出细管中的废弃物。

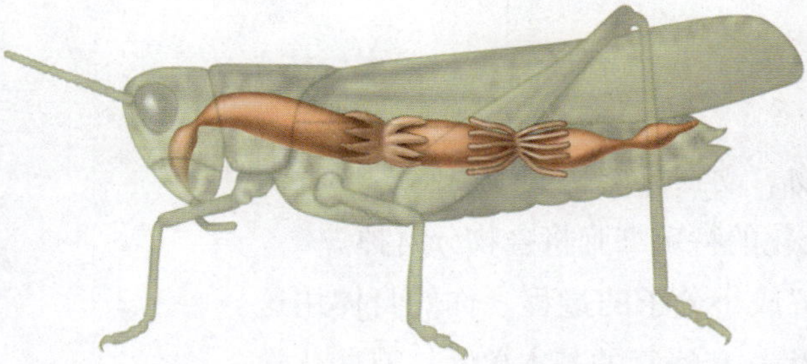

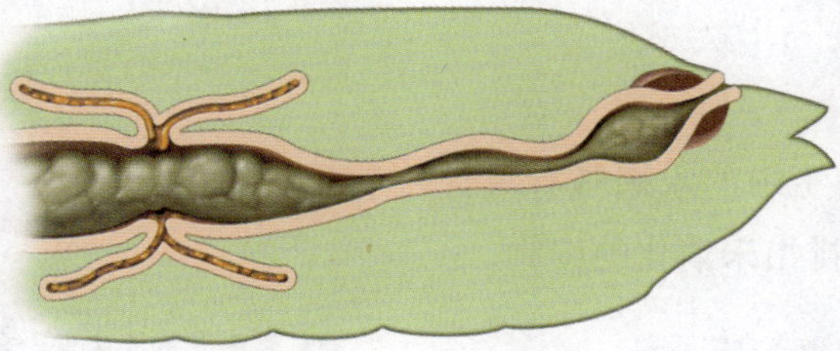

图 7

遍布昆虫体腔的细管可以通过扩散作用吸收体内产生的废物。细管吸收的废物被释放进入肠中，这些废物和固体废物一起从肛门排出。

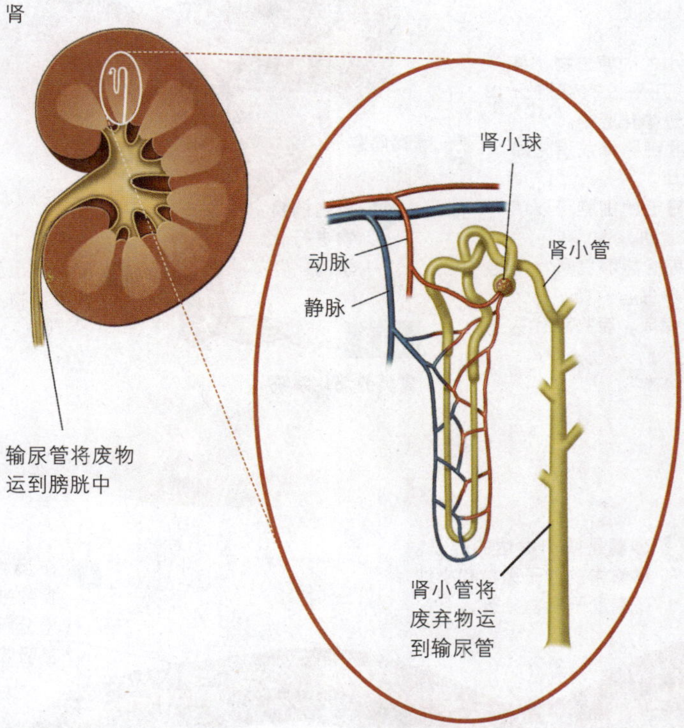


图 8

人类的肾脏含有成千上万的肾小管。这些细管能够过滤血液中的废物。高压血管能推动废物穿过细管顶端的薄膜。然后这些废物被运到膀胱并储存在膀胱中。

## 理解概念

1. 为什么海绵不需要液体运输系统？

2. 为什么多细胞生物需要：

(a) 排泄系统？

(b) 循环系统？

3. 开放的循环系统和闭合的循环系统之间的区别是什么？

4. 画出血液在心脏的四个腔室中流动的示意图。

## 建立联系

5. 将动物和植物运输液体的方式进行比较。

6. 将开放的循环系统和闭合的循环系统进行比较。你认为哪一个循环系统更有效？解释你为什么认为那个循环系统更有效。

7. 为什么人类左心室周围的肌肉要比右心室周围的肌肉粗大一些？

8. 心脏杂音是由有缺陷的瓣膜引起的，这种瓣膜允许血液流回心脏的腔室中。解释为什么血液的这种双向流动有可能出现一些问题。

## 探索研究

9. 改善“试一试”中对过滤系统的设计。你只能使流体一次性通过过滤器。和你的同学一起合作创建用来估计过滤系统有效性的计算式。

## 反思回顾

10. 动物利用分化的细胞，是怎样改善在本节中所描述的液体运输系统中的某一个系统的？

# 动物的消化系统

和植物不同，动物不能自己制造食物。动物只能从其他生物，或者从其他生物的产物中获得能量。动物使用分化的特定细胞将食物分解掉。

消化是指你的身体将食物大分子分解成小分子的过程。你的身体用这些小分子作“燃料”，同时也用它们作为生长和修复的基本单元。有些化学物质能加速消化过程，这种化学物质称为酶。

## 囊中的消化过程

很多动物的身体结构很简单，例如图 1 中的水螅具有只含一个开口的消化系统。这些囊状腔既能吸收食物也能排出未消化的废物。

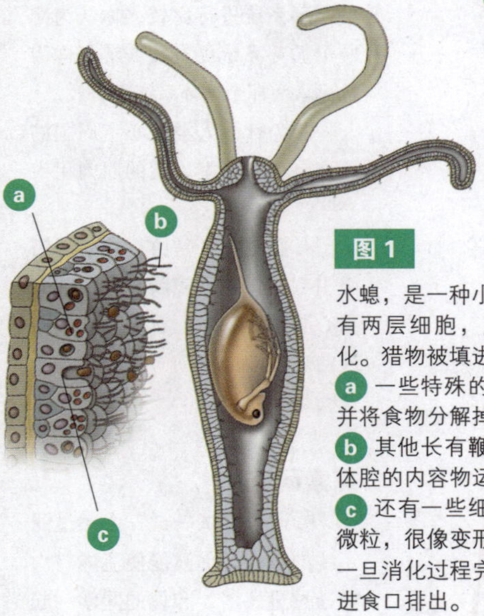


**图 1**

水螅，是一种小的池塘生物，具有两层细胞，几乎没有细胞分化。猎物被填进消化腔中。

a 一些特殊的细胞释放消化酶并将食物分解掉。

b 其他长有鞭毛的细胞可以使体腔的内容物运动。

c 还有一些细胞能够包裹食物微粒，很像变形虫。

一旦消化过程完成，废物就会从进食口排出。

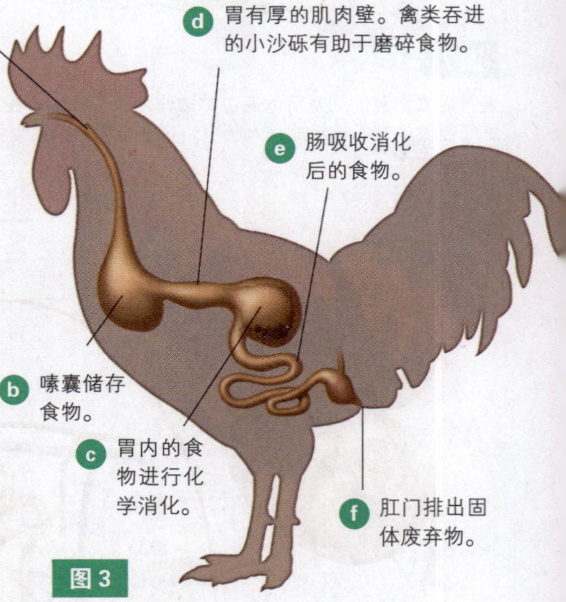


**图 3**

禽类的消化系统

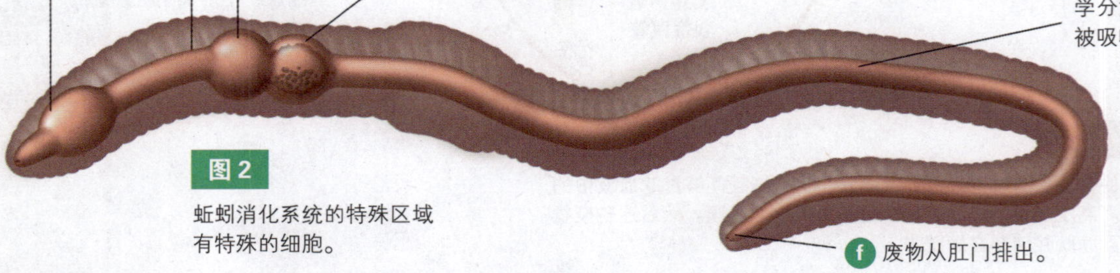


**图 2**

蚯蚓消化系统的特殊区域有特殊的细胞。

## 沿管道的消化过程

较复杂的动物，例如图 2 中的蚯蚓，图 3 中的家禽，图 4 中的人类，都是沿着软管或管道消化食物的，这种管道有一个进口（嘴）和一个出口（肛门）。由于食物沿着管道的运动只有一个方向，所以管道中的每个区域都有专门的功能。例如，一个区域可能有肌肉细胞将食物微粒磨碎成更小的液滴；另一区域能产生消化酶以有助于消化大分子。还有一些区域专门用于储存或吸收消化后的分子。

### 理解概念

1. 用自己的话解释什么是消化。

2. 在管状结构中进行消化与在囊中进行消化相比，有哪些优势？

3. 总结在人的嘴、胃和小肠中食物的消化是怎样发生的。用图表或示意图的形式表示你的答案。

### 建立联系

4. 禽类的消化过程为什么不像人类的消化过程，反倒更像蚯蚓的消化过程？

5. 将人消化系统中的一个特殊作用的细胞与变形虫进行比较。

6. 阿司匹林可将胃内壁起保护作用的黏膜除去。解释为什么服用阿司匹林会引起消化系统问题。

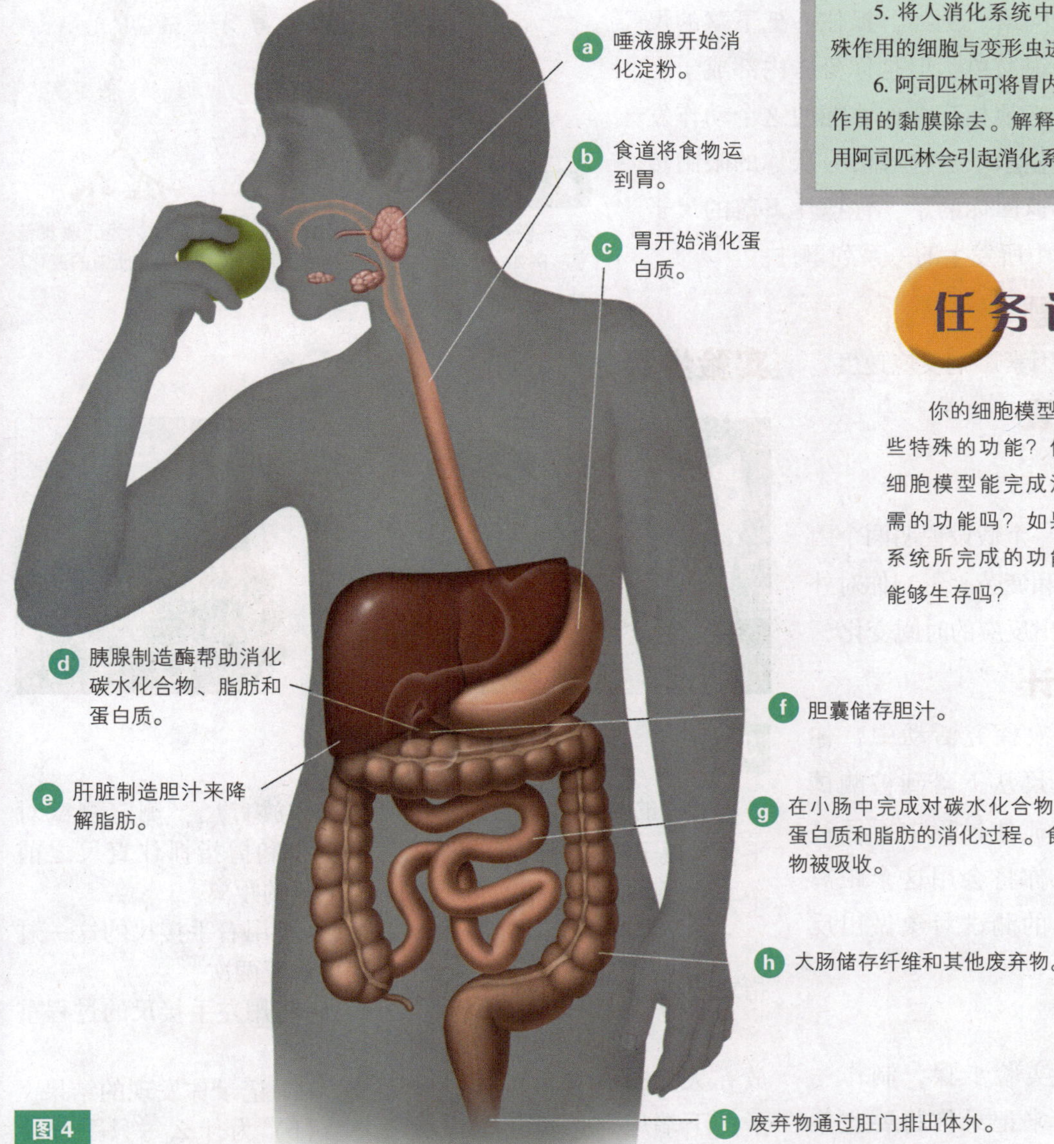


图 4
人的消化系统

## 任务设计

你的细胞模型能够完成哪些特殊的功能？你认为你的细胞模型能完成消化系统所需的功能吗？如果没有消化系统所完成的功能你的细胞能够生存吗？

技能菜单
○提出问题 ●实验检验 ●问题分析
●提出假设 ●记录结果 ●交流经验
○制定方案

# 影响反应时间的因素

神经系统是一个复杂的通信网。仅在大脑中就有 1 000 亿个神经细胞。和所有细胞一样，神经细胞也含有细胞核和细胞质。但是，和大多数细胞不同的是，由于细胞质具有细的突起，神经细胞就可以和其他细胞直接相连。这些联系使得所有的细胞构成了一个网络结构。图 1 显示了两种神经细胞。你所做出的每一个动作都要依赖细胞网络。例如，抓住一把下落的尺子看起来很简单，但是你身体内部成千上万的细胞必须相互合作才能使这个动作发生。图 2 显示了当神经信号从你的眼睛传到大脑再返回你的手，你抓住下落的尺子这个过程中所发生的一系列事件。

**材料**

- 直尺(至少 30 cm 长)
- 冷水
- 大的塑料容器

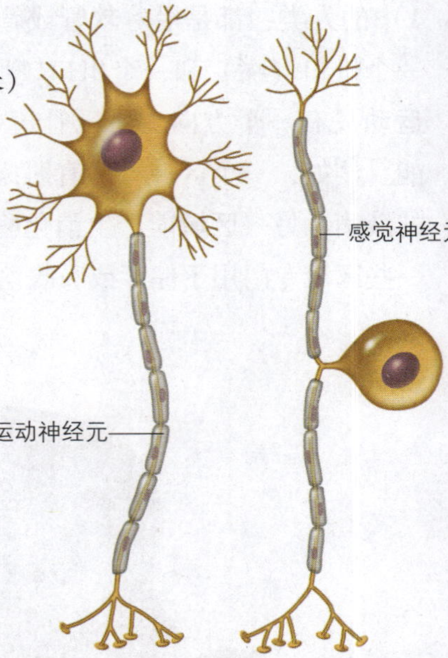


图 1

运动神经元将信号从你的大脑传到肌肉。感觉神经元收集信息。例如，你皮肤中的感觉神经元可以探测温度和压力的变化。

## 提出问题

什么因素影响反应速度？

## 提出假设

**1**

2C 写出一个假设说明两个因素（温度和疲劳）影响你对外界刺激做出反应的时间变化。

## 实验设计

在这次探究活动中，你将测量直尺从下落到被测试对象用手抓住过程中所经过的距离。你将会用这个距离来测定你的测试对象做出反应的速度。

**2**

6D 阅读实验步骤，制作一个数据表来记录你将要收集到的数据。

## 实验步骤

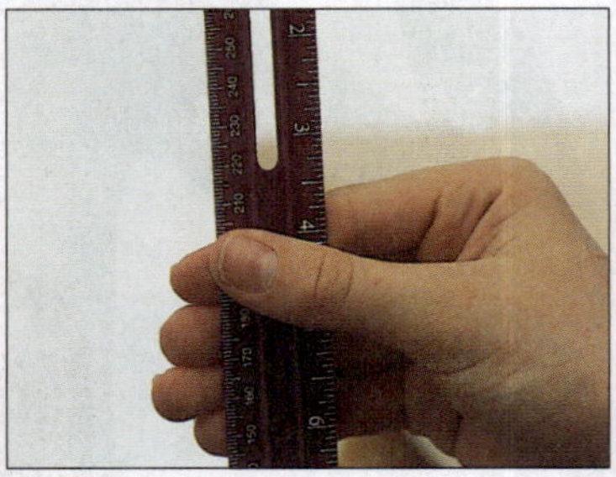

**3**

让你的测试对象把右前臂平放在桌子上。测试对象的整个手臂应该伸出桌面以外。

- 测试对象的食指和大拇指之间相距大约 2 cm 的距离。
- 将一把 30 cm 长的直尺放在大拇指和食指之间。尺子的下端应与拇指和食指的上部保持水平。

**4**

释放直尺，测定测试对象食指和拇指抓住直尺之前尺下落的距离。

- 将用右手接尺的这一过程再重复两次。
- 将用左手接尺的过程重复 3 次。

(a) 记录你发现的结果。

(b) 为什么每只手都要做不止一次实验？

技能手册：2C 作出预测和提出假设的技巧 6D 制作数据表

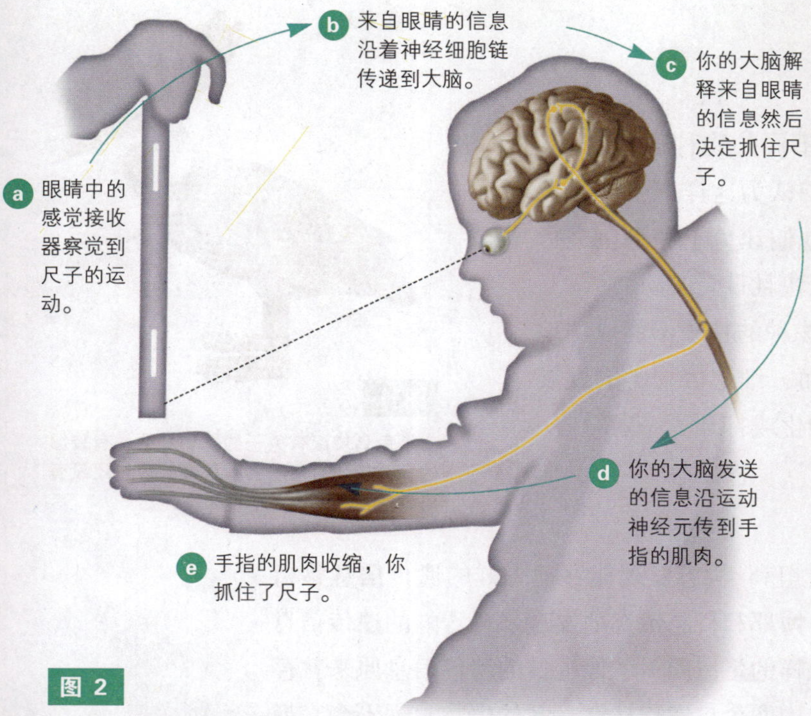


**图 2**

在眼睛看到尺子下落到抓住它的过程中，存在一长链的神经细胞以及这些神经细胞所传导的信息。

### 建立联系

1. 如果你要通过一个实验来测定是男性的反应速度快一些，还是女性的反应速度快一些，你将会控制哪些变量？

2. 随着温度的降低，反应时间会发生变化。在低温下，神经传导信息的速度变快了还是变慢了？其他的因素对反应速度会产生什么样的影响？

### 探索研究

3. 在光线较暗的房间里，让你同学的眼睛闭上 2 min。放一个木板将他的脸从中间分开，用手电筒照他其中一只眼睛。

(a) 他会产生什么反应？

(b) 眼睛对光线强度的变化有什么反应？

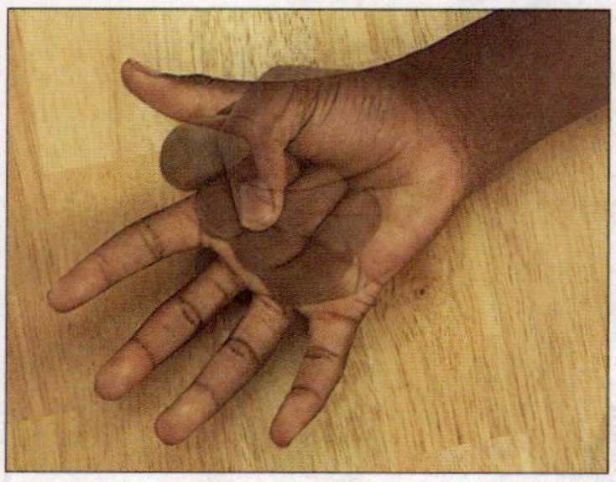

**5**

让你的测试对象紧紧握拳然后再松开，重复这个动作 2 min。

• 2 min 后立即测定施测对象的反应时间。

(a) 记录你发现的结果。

**6**

让你的测试对象把自己的手放入冷水中长达 1 min。

• 1 min 后再测一次他的反应时间。

(a) 记录你发现的结果。

## 分析思考

**7**

通过回答下列问题分析你的实验结果。

(a) 温度是怎样影响反应时间的？你在实验哪个部分收集到的数据可以支持你的结论？

(b) 疲劳是如何影响反应时间的？你在哪一部分收集到的数据可以支持你的结论？

# 细胞杂交

古时候的人们曾想通过将不同的物种进行交配，以创造出新的植物和动物。他们认为这样产生的后代会有双亲的特征。例如，如果他们让兔子和乌龟进行交配，很可能会得到一个跑得很快且带壳的动物。

今天的生物学家知道了一个物种的精子不能成功地使另一物种的卵细胞受精。然而，细胞生物学的发展为像“兔鸟袋鼠”这样的生物的生成打开了一扇门。

图 1

一个兔鸟袋鼠有兔子的脚和耳朵，有袋鼠的育儿袋还有鸟的羽毛和嘴。现在还没有这种动物，但是将来也许会有。

## 蛙—细菌杂交

1970 年，赫伯特·博耶和斯坦利·科恩发现能够把青蛙的遗传信息移植到常见的细菌中，如图 2 所示。博耶和科恩惊奇地发现来自青蛙的遗传信息开始告诉细菌细胞应该生产什么样的蛋白质，就像青蛙的遗传信息原来就存在于该细菌中一样。但是自然界中两个自发连接在一起的生物永远不会交换遗传信息。

a 从青蛙体内取出一个细胞。

b 染色体被移出，并用一种化学物质把染色体切成一个个小的片段。

c 其中一段染色体与细菌的染色体连接起来。

d 新的细菌就具有了部分青蛙的特征并能够制造青蛙的蛋白。

图 2

青蛙细胞的遗传信息被插入到细菌细胞中。

**理解概念**

1. 如果来自一个物种的精子使另一物种的卵子受精，结果会怎样？
2. 一种生物的遗传物质是怎样被转移到另一生物中的？

## 更多的细胞杂交

科学家的研究并没有局限在青蛙和细菌两种生物上。他们还把细菌的遗传信息转移到植物中，把植物的遗传信息转移到动物中。科学家还把人的遗传信息放入细菌和鼠的细胞中。非人类的细胞与人类的遗传信息结合能产生激素，比如人类的胰岛素或图 3 所示能促使人体长大的人生长激素。

图 3

这两只老鼠的年龄一样大，但是其中一只含有人的遗传信息——它的细胞能制造人的生长激素。你认为哪只老鼠被植入了人的遗传信息？

## 辩　论　生物的结合

**综合陈述**

通过把来自不同生物的遗传信息结合起来，科学家正在创造出许多新的本来不存在的生命形式。然而，人们不允许科学家改变自然。在加拿大这种研究是被禁止的。

**正方观点**

• 创造出的新生物可能是不安全的。如果对这些生物失去控制，它们将对其他生物甚至对人类都是有害的。

• 现在有些公司正为他们所创造的生命形式申请专利。例如，通用电气公司申请了一个以原油为食的细菌的生产专利。其他人不能拥有这种生物。

**反方观点**

• 将遗传信息进行重新融合能提供很多好处，比如，改良的细胞给猪提供了食物，给汽车提供了燃料，给人类提供了疫苗。

• 生物技术产业是雇用很多人的数万亿元的产业。如果研究被禁止，很多人将会失去工作，而且加拿大就会落后于其他的国家。

**你的观点？**

8D • 考虑综合陈述、正方观点和反方观点。

• 讨论综合陈述，然后决定你同意还是不同意这个观点。

4A • 收集有关遗传工程和生物技术的信息来支持你的立场。你可以使用报纸、图书馆的期刊索引、CD-ROM 目录或在因特网上查询。

• 准备在班级辩论会上维护你的立场。

技能手册：8D 主题探究　4A 调查技巧

# 任务设计

**技能菜单**
- 识别问题
- 制定方案
- 制作模型
- 实验检验
- 记录结果
- 进行评价
- 交流经验

## 设计并制作一个细胞的模型

正如你在本单元所发现的那样，细胞的形状能够显示它的功能。设计并制作一个细胞模型或细胞仿制品，并能够思考细胞的结构和它的功能之间的关系。

### 1 设计并制作一个能够携带氧的细胞仿制品

**问题背景**

数百万的红细胞能把氧运输到你身体的其他细胞。如果你的细胞得不到氧就会死亡。当人们失血时，他们的身体就处于危险之中。单纯输入他人捐献的血液，并不总是能够代替那些失去的血液。人造血液将会使医生能够更好地帮助他们的病人的身体恢复。

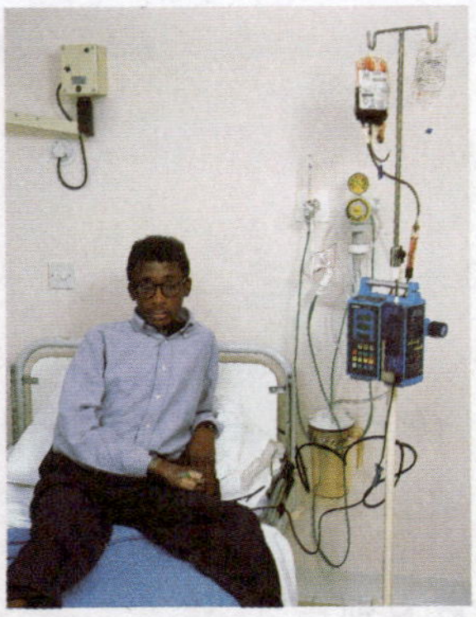

图 1

输血能代替失去的血。

**设计思路**

• 设计一个细胞仿制品，它能证明红细胞是怎样将氧传递到其他细胞的。

**设计要求**

• 红细胞能携氧。你的细胞模型也必须能够携氧。你可以用大理石来代表氧。

• 红细胞能顺利经过血管的曲折处和转折点。你的细胞模型必须能够顺利经过具有T形接头的管。T形接头的管只能比细胞模型稍微大一点。

### 2 设计并制作一个能够除去灰尘的细胞模型

**问题背景**

空气中含有尘埃和灰尘小微粒。你可能会吸入这些微粒。如果你的肺没有清理功能，肺中就会积有一层灰尘，这样你的呼吸将会变得越来越困难。幸运的是，你的呼吸系统中含有一种能不停地清扫杂物的细胞，能将灰尘收集起来并将其从你的肺中清除出去。这一情形是否适用于其他物体？电脑正是这样一个现代工具的例子：如果灰尘或尘埃侵入电脑，电脑就会受到损害。

**设计思路**

• 设计和制作一个模型，它能够模拟将肺中的灰尘清除的过程。

**设计要求**

• 该模型由一系列部件组成，这些部件中至少有三个是可以活动的。

• 物质（灰尘）进入设备的一端，必须能够被运送到另一端。

图 2

空气中充满了灰尘。我们怎样将灰尘从机器中清除？

## 3 设计并制造人造皮肤

**问题背景**

每年都有很多人在大火中被烧伤。由于烧伤毁坏了皮肤，所以对重度烧伤病人的治疗包括皮肤移植。不幸的是，移植的皮肤可能会被感染，或者移植的皮肤可能会遭到病人身体的抵制。和皮肤移植不同，人造皮肤不会遭到病人身体的抵制。

**设计思路**

设计并制作一个人造皮肤的模型，使人造皮肤像真的皮肤细胞一样，能覆盖并保护下面脆弱的细胞。

**设计要求**

- 人造皮肤模型必须能够覆盖 0.25 $m^2$ 的面积。
- 人造皮肤的细胞必须能够保护它们下面的细胞。如果人造皮肤被一定重量的物体擦伤，该皮肤的结构不会被破坏。
- 当我们运动的时候皮肤必须能够延展。当用力向外拉皮肤的两端时它必须能够伸展而不会被扯断。
- 人造皮肤的细胞必须能和其他的皮肤细胞一起协同合作。人造皮肤必须由至少四个相互接触的细胞组成。

当准备制作或检验你的设计之前，你的计划需要通过老师的审核。

图 3

在皮肤重新长好之前，烧伤病人易受感染。

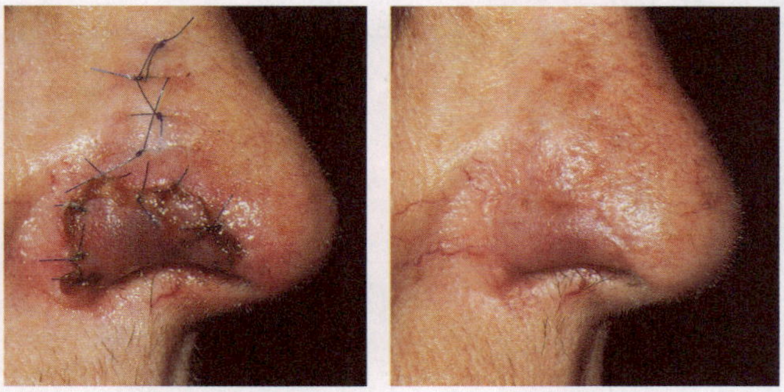

## 综合评价

从下列三个方面来评价你的模型：

**操作过程**

- 理解问题
- 设计一个安全的方案
- 选择合适的材料、工具和设备并能安全使用
- 检验并记录结果
- 评价你的模型，并提出一些改善模型的建议

**交流讨论**

- 准备一个报告
- 使用正确的术语
- 清楚地描述你制作和检测模型的过程中所采用的步骤
- 清楚地解释你的模型是怎样解决问题的
- 使用精确的技术绘出你的模型的图形

**作品展示**

- 使你的模型符合设计标准
- 有效地使用所选的材料
- 创建你的模型
- 解决被发现的问题

# 第 1 单元总结

在本单元中，你学了生物是由细胞组成的——有时由单细胞组成，有时由数以万计的细胞组成。成组的细胞构成组织、器官和系统，所有这些细胞必须能有效地合作。

## 反思回顾

• 对“单元概述”和“准备开始”中所呈现的观点和问题进行反思。你怎样把在本单元中所学内容和做过的实验与这些观点和问题联系起来？（复习并核实本次总结中所指出的部分）

• 对问题反思 1，2，3 中的问题以及在“准备开始”中你所提出的问题的答案进行修改。你的想法是怎么改变的？

• 你又有了什么新的问题？你将怎样回答这些问题？

## 理解概念

• 认识到生物是由细胞组成的 1.1，1.3

• 能识别细胞中的细胞器并解释它们的功能 1.3，1.6

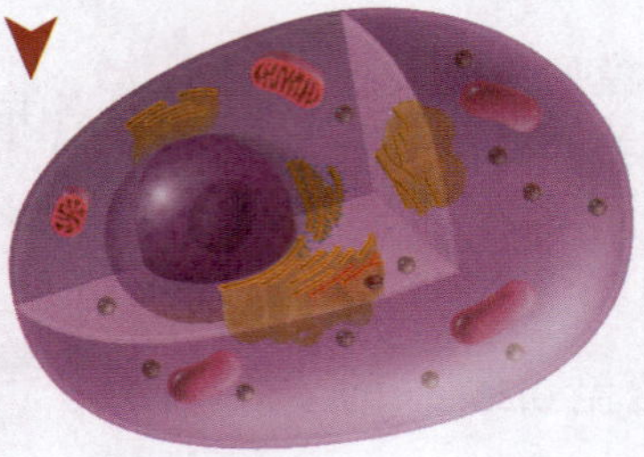

• 描述显微镜技术的进步对我们收集更多关于细胞的知识有什么帮助 1.5

• 描述多细胞生物是怎样运动、捕食和繁殖的 1.13

• 解释为了生存细胞必须怎样与环境交换物质 1.7

• 描述气体和水在扩散和渗透过程中进出细胞的运动 1.8

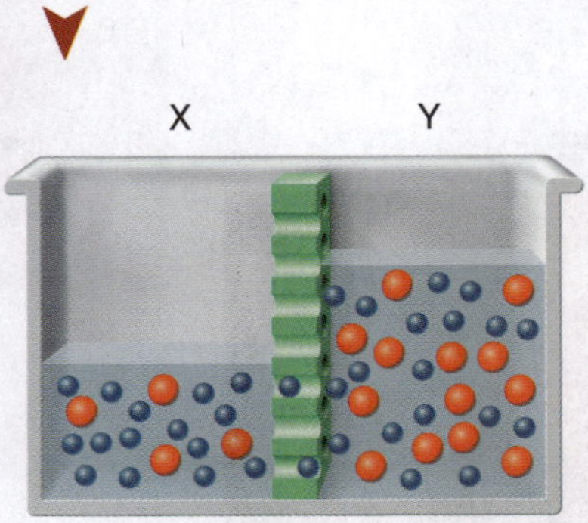


• 描述动植物细胞是怎样构成组织、器官和系统的 1.12，1.15，1.18，1.19

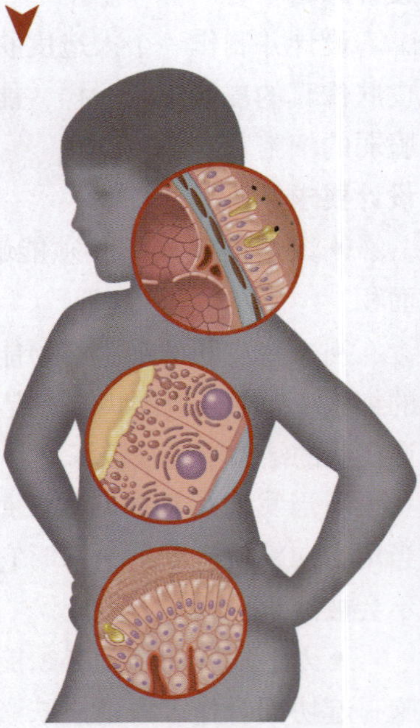

• 知道在多细胞生物体内的细胞必须增殖才能构成组织并修复组织 1.14

• 比较不同植物的结构，它们应该具有怎样的特殊的功能来适应特定的环境 1.19，1.20

## 技能应用

• 用显微镜观察细胞并画出细胞的结构 1.2，1.4

• 观察动植物细胞结构的不同之处 1.4

• 设计、计划并实施一次探究活动以显示渗透作用的影响 1.9，1.10

• 收集关于反应时间的数据并分析影响反应时间的因素 1.24

• 做实验并观察水在植物体内的流动 1.17

• 理解并使用下列术语：

| | |
|---|---|
| 动脉 | 微生物 |
| 细菌 | 线粒体 |
| 细胞膜 | 多细胞生物 |
| 细胞分化 | 神经系统 |
| 细胞壁 | 细胞核 |
| 叶绿体 | 系统 |
| 染色体 | 器官 |
| 循环系统 | 细胞器 |
| 细胞质 | 渗透 |
| 扩散 | 筛管 |
| 消化 | 原生生物 |
| 消化系统 | 呼吸系统 |
| 疾病 | 选择透过性 |
| 内分泌系统 | 组织 |
| 内质网 | 膨压 |
| 排泄系统 | 单细胞生物 |
| 视野范围 | 液泡 |
| 高尔基体 | 叶脉 |
| 激素 | 木质导管 |
| 溶酶体 | |

## 建立联系

• 描述动物的系统是怎样相互合作来保持动物健康的 1.16，1.21，1.22，1.23

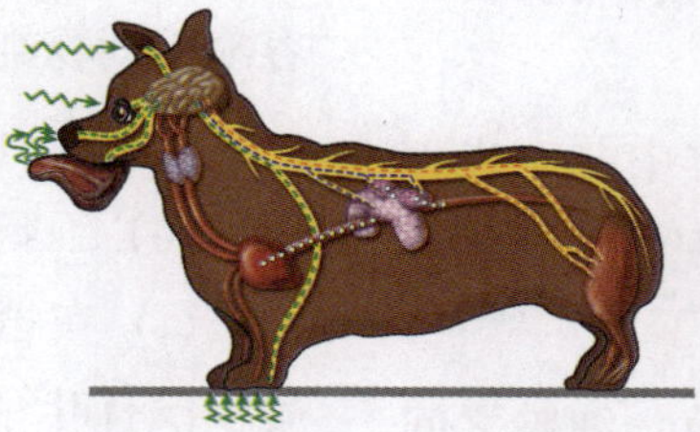

• 认识需要有关细胞和系统知识的职业 1.11

• 描述动物的系统是怎样组织在一起来提供营养，排出废物并调节身体的 1.21，1.23

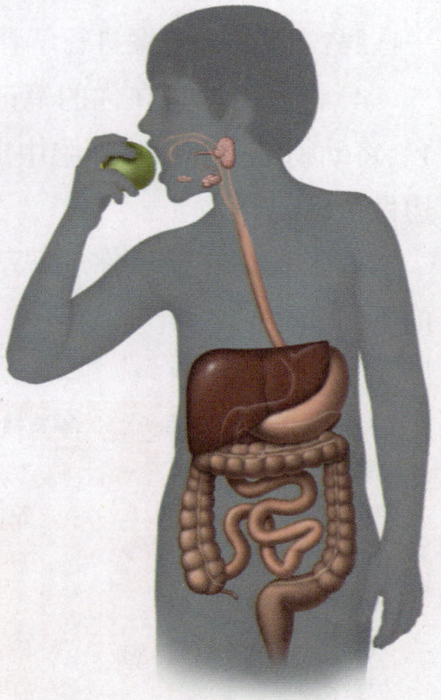

• 描述关于细胞的研究对我们理解怎样保持我们的身体健康有什么帮助 1.16，1.22，1.24，1.25，1.26

• 通过研究讨论决定是否应该对细胞的研究进行限制 1.25

# 第 1 单元复习

## 理解概念

1. 利用单元总结中列出的术语创建一个概念图。

2. 现代细胞学说中的两个主要观点是什么？

3. 大型动物的细胞比小型动物的细胞大一些吗？ 对你的答案进行解释。

4. 将表 1 抄写在你的笔记本中并完成表 1。将动物细胞和植物细胞中出现的特征的旁边做个标记。

这张表将有助于你理解动植物细胞之间的不同和相似之处。

表 1

| 特征 | 功能 | 植物细胞 | 动物细胞 |
|---|---|---|---|
| 细胞膜 | ? | ? | ? |
| 细胞壁 | ? | ? | ? |
| 细胞核 | ? | ? | ? |
| 细胞质 | ? | ? | ? |
| 叶绿体 | ? | ? | ? |
| 大液泡 | ? | ? | ? |
| 线粒体 | ? | ? | ? |

5. 将表 2 抄写在你的笔记本上。

表 2

| 系统 | 所包含的器官 | 所包含的组织 |
|---|---|---|
| | | |

将下列单词填入你的表格中。
(下面的单词你可能不止一次用到)
呼吸，食道，脂肪，肠，
心脏，消化，肺，循环，
血液，结缔组织，胃，肌肉，
气管，神经，上皮

6. 将一个动物细胞和一个植物细胞放入浓的盐溶液中。画出每个细胞以表明盐对各个细胞的影响，并描述动物细胞和植物细胞之间的不同之处。

7. 对于以下的陈述，如果是正确的就在你的笔记本上写个 T。如果是错的，请写出正确的陈述。

(a) 所有的生物都是由细胞组成的。

(b) 光学显微镜使得科学家能够看到细胞、分子和原子。

(c) 由于动物细胞总是大一些，所以很容易将动物细胞与植物细胞分开。

(d) 所有的细胞都有细胞壁。

(e) 细胞核是细胞的控制中心。

(f) 在植物细胞中有叶绿体，而动物细胞中没有叶绿体。

(g) 一组形状和功能相似的细胞称为组织。

(h) 当分子从低浓度区运动到高浓度区时就发生了扩散作用。

(i) 如果把洋葱细胞放入浓盐溶液中，水会从细胞中流出来。

(j) 所有的细菌都是有害的。

8. 在图 1 中，细胞膜是下列哪个结构：

(a) V　(b) W　(c) X
(d) V 和 X　(e) Z 和 Y

9. 在图 1 中，细胞核是下列哪个结构：

(a) V　(b) X　(c) Y
(d) V 和 X　(e) Z 和 X

10. 在图 1 中，哪种类型的细胞是植物细胞：

(a) A，因为它有染色体和细胞核。

(b) B，因为它有细胞质和细胞核。

图 1

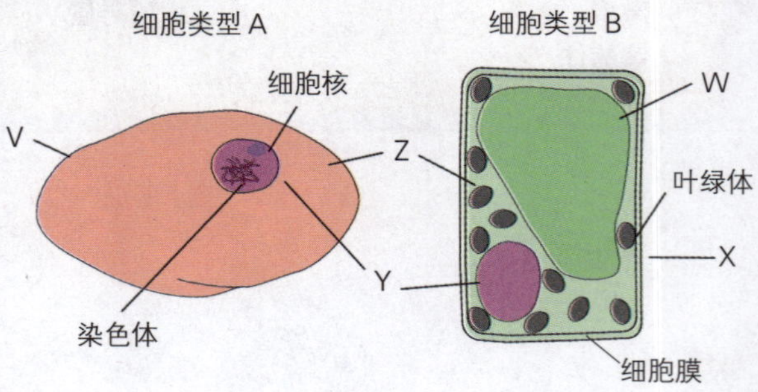

(c) A，因为它有细胞核和细胞膜。

(d) B，因为它有叶绿体和细胞壁。

11. 观察下列图片，判断哪些是植物细胞哪些是动物细胞。

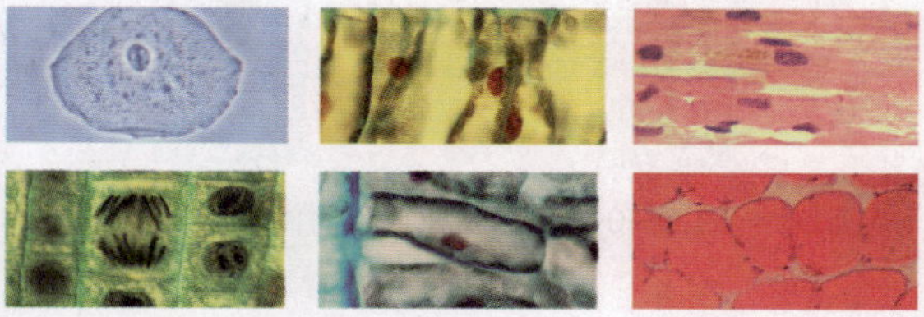

12. 对图 2 进行解释。为什么糖会进入细胞中？解释为什么在细胞 B 内发现更多的糖。为什么 C 中糖的浓度减小了？

图 2

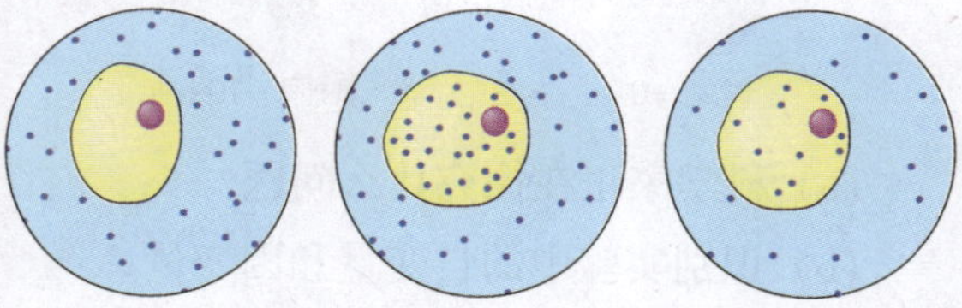

时间 =0 时把细胞放入 5% 的糖溶液中

时间 =30 min，细胞内糖的浓度增大

时间 =1 h，细胞内和溶液中糖的浓度都减小

## 技能应用

13. 从图 3 中得到的哪些证据能证明扩散作用存在？

(a) 3，因为淀粉进入了透析管。

(b) 3，因为透析管变大了。

(c) 2，因为透析管对淀粉有透过性。

(d) 2，因为透析管对淀粉没有透过性。

(e) 2，因为碘进入了透析管。

14. 哪个结论正确地解释了从图 3 的探究活动中所获得的证据？

(a) 水通过渗透作用进入透析管中；碘通过扩散作用进入透析管中；透析管对淀粉是不渗透的。

图 3

**实验步骤**

- 透析管中装满了 5%的淀粉溶液。
- 把透析管的两端扎紧，再把透析管放入盛有蒸馏水的烧杯中。
- 向蒸馏水中加入 5 滴碘液。

**观察思考**

1. 烧杯中的水因加入了碘而变成了浅黄色。
2. 2 min 后，透析管中的溶液变成了蓝黑色，烧杯中的水仍然是黄色。
3. 透析管变大了。

(b) 碘通过渗透作用进入透析管；淀粉通过扩散作用从透析管中流出；水不能透过透析管。

(c) 淀粉通过渗透作用进入透析管；碘通过扩散作用从透析管流出；水不能透过透析管。

15. 根据以下提示写出对应的词语。

(a) 动物细胞的外层覆盖物 ______________

(b) 被称作细胞的“动力工厂”的细胞器 ______________

(c) 植物细胞外的一层厚厚的覆盖物 ______________

(d) 携带有遗传信息的一种线状结构 ______________

(e) 细胞的控制中心 ______________

(f) 在食物的制造中用到的一种绿色的椭圆形的细胞器 ______________

(g) 一个充满液体的空间 ______________

16. 在显微镜的中倍物镜下观察一个单细胞动物。该生物向图 4 所指的箭头方向移动。为了使该动物保持在视野范围之内，你该向哪个方向移动载玻片？选择一个字母表示你的答案。

图 4

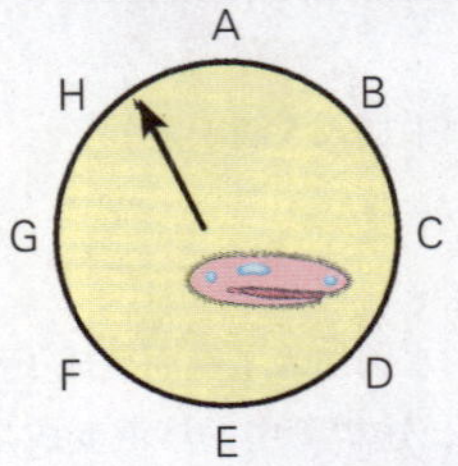


17. 图 5 中的微生物是在高倍显微镜下观察的。视野的直径是 400 μm。计算该生物的大小。

图 5

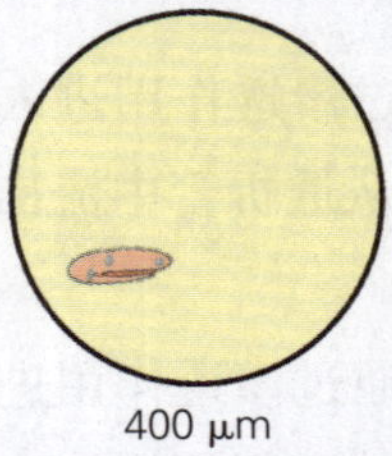


18. (a)计算图 6 中细胞 A 和细胞 B 的体积。

(b) 计算细胞 A 和细胞 B 的表面积。

(c) 分别计算细胞 A 和细胞 B 的表面积和体积之比。

(d) 在吸收营养和运走废物方面，哪个细胞更好一些？对你的答案进行解释。

图 6

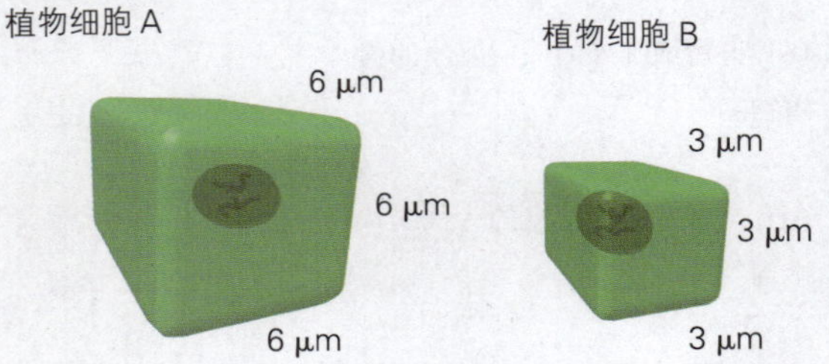


19. 图 7 所示为利用两个胡萝卜制作的渗压计（一种测定渗透作用的设备）。科学家在每一个烧杯中都放入一个胡萝卜。其中一个烧杯中盛有蒸馏水，另一个烧杯中盛有 10% 的盐溶液。两个烧杯的外界条件尽可能保持一致。可惜，科学家忘记记录哪个烧杯中盛的是盐溶液。

图 7

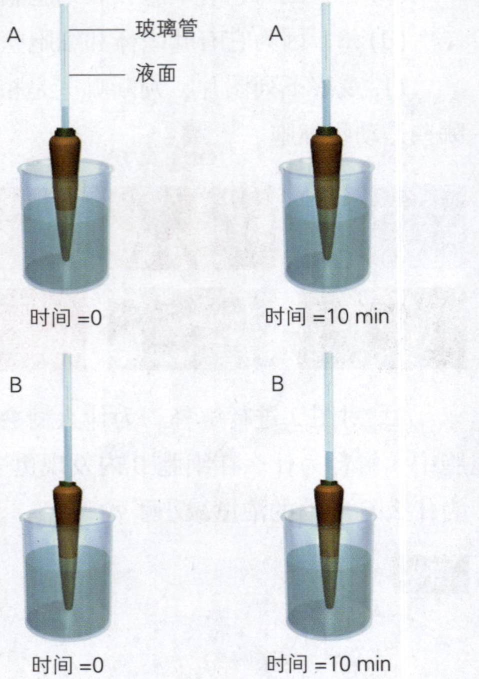


(a) 科学家正在探究什么问题？

(b) 识别实验中的自变量和因变量。

(c) 基于你的观察，预测一下哪个烧杯中盛的是蒸馏水。

(d) 提出一个测定烧杯 A 中渗透速率的方法。

(e) 基于 10 min 后所观察到的现象，对实验结果作出结论。

20. 图 8 中的红细胞被放入了蒸馏水中，并在显微镜下对该细胞进行观察。解释红细胞的形状发生变化的原因。

图 8

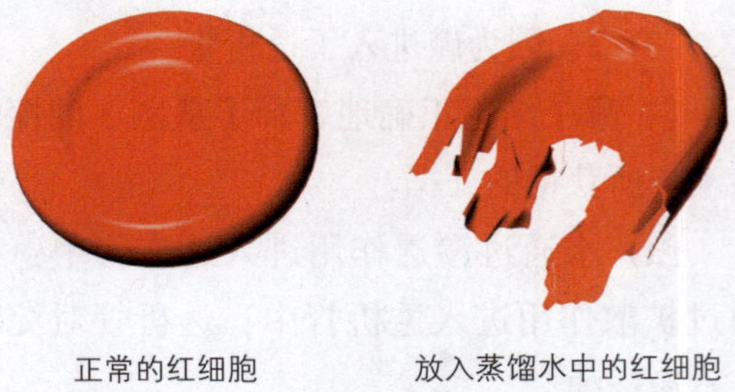


21. 科学家想知道是否大细胞比小细胞更活泼。设计一个实验对这个问题进行探究。

22. 一个学生用图 9 中的实验设计来测定活细胞中的扩散作用。

图 9

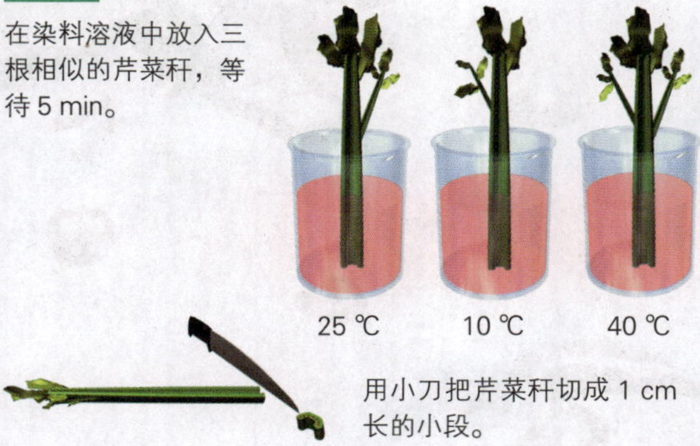


(a) 这个学生想要回答什么问题？

(b) 为这个实验提出一个假设。

(c) 指出实验中的自变量和因变量。

(d) 你怎样测定扩散的速率？

(e) 预测哪个芹菜秆中染料流动的速度最快。解释为什么这根芹菜秆中染料流动得最快。

(f) 提出改进实验设计的建议。

## 建立联系

23. 图 10 中的大小和形状不同的细胞哪个更适合做肌肉细胞？对你的答案进行解释。

图 10

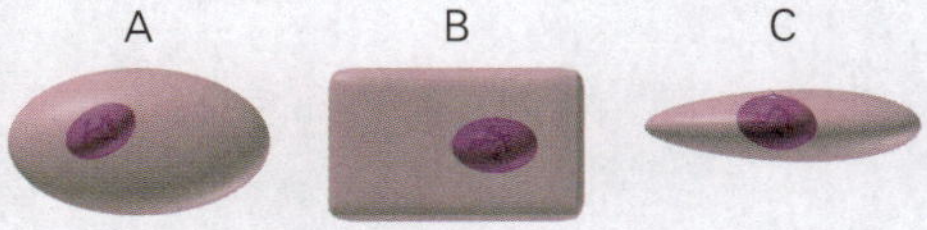


24. 一名科学家观察了雨林中植物的叶子和沙漠中植物的叶子的横截面。解释为什么雨林中植物叶子的中间层细胞间有更多的空隙。

25. 运动员在竞技时会失去盐和水。天气越热，出汗就越多。如果在运动结束后只喝纯净水，他们的红细胞就会膨胀。如果他们已经进行了长时间的艰苦锻炼，那么他们身体中的一些红细胞甚至会破裂。

(a) 为什么红细胞会膨胀？

(b) 设计一个实验来回答下列问题：运动员锻炼后所喝的水中应该加入多少溶质？

26. 在大多数植物中，气孔（叶子上的孔）常可在叶子的下表面被找到。

(a) 为什么气孔不长在叶子的上表面？

(b) 你在水中的浮游植物如水中百合花的哪些部位能找到气孔？解释为什么能在这些部位找到气孔。

27. 苔藓没有运输水的导管或筛管。苔藓通常是很矮的植物，通常只有几厘米高。

28. 图 11 中展示的是生长在安大略省不同地方的两株万寿菊。两株万寿菊是由同一包种子长成的。你认为哪株是长在降雨量大的地区？给出你的理由。

图 11

29. 将呼吸道上特殊的细胞与草履虫进行比较，找出二者之间相似的结构并解释每种结构有哪些用途。

30. 将单细胞变形虫的食物获得机制与动物的食物获得机制进行比较，描述每个系统各有什么优势。

31. 解释为什么水螅体内的消化过程不如蚯蚓体内的消化过程有效。

# 第 2 单元

## 流体

# 第 2 单元概述

地球的表面被流体所覆盖。你呼吸的是流体，饮用的也是流体。流体在你的体内流动，也在你的家里流动着。从牙医的椅子到丙烷烧烤架，很多机器和设备都要用到流体。对流体的研究和使用影响着我们的生活。

流体是什么？人们是怎样利用它们的？通过深入研究流体，我们在技术上获得了哪些进步？

## 流体的性质

空气、机油、丙烷和玉米糖浆都是流体。这些流体的共同点是什么呢？它们又有什么不同之处呢？在研究流体时，我们发现这些流体具有不同的性质：黏滞性、浮力、密度和压力。

### 你将学会

- 预测温度怎样影响液体的流速
- 比较各种物质的黏度和密度，并了解这两种性质之间的关系
- 描述质量和重量之间的不同点
- 用你亲手设计并制造的仪器测量液体的密度
- 解释浮力和重力之间的关系
- 用物质的粒子理论来比较固体、液体和气体的密度，并描述温度对流体的影响
- 当外界对流体施加压力时或外界温度发生改变时，比较不同的流体所发生的变化有什么不同

## 流体的使用

流体具有的一些性质可能会给人们带来一些难题，比如怎样把番茄酱从瓶子里倒出来！但是我们也可以利用流体的这些性质来为我们服务。例如，流体可以给飞机加燃料，还使得飞行员能够移动飞机机翼上的翻板阀。

### 你将学会

- 计划并实施一个探究活动来比较液体和固体的密度
- 解释怎样改变作用在物体上的浮力
- 解释人们怎样利用流体的性质来完成技术方面的任务设计
- 设计并制作一个用到水力学或气体力学的设备的模型
- 比较液体和气体在液压系统和气动系统中怎样进行力的传递

## 流体和生物

流体有许多性质。通过观察自然界——鲸的形态和树液的黏性——我们能够更多地了解流体，对流体的了解越多，越有助于我们提高设计的技术。与此同时，对人造系统中的流体和它们的性质进行研究也有助于我们更好地理解自然。

### 你将学会

- 将生物体内流体的作用和机械设备中流体的作用进行比较
- 解释对水力学和气体力学的研究怎样帮助我们更好地理解人体内的流体的作用

## 任务设计

### 你将学会

通过完成以下设计问题来检验你的学习效果。

### 应用流体性质的设备

设计并制造一个应用流体的性质来完成某个功能的设备模型。你的模型将有助于你理解流体的性质与它们在机器和设备中的应用二者之间的关系。

在本单元你将能够设计和制造：

**1 一个气动操纵或液压操纵的安全铰链**

设计并制造一个门的模型，这个模型能利用气体力学或水力学进行开门和关门。

**2 一个船闸**

设计并制造一个船闸的模型，使船能够在不同水位的航道间航行。

**3 一个鱼缸清洗器**

设计并制造一个能在水中自动上浮或下沉的鱼缸清洗器。

参见 134 页的知识，开始你的任务设计。

在你理解任务设计以后记录下你的想法和设计思路。

# 准备开始

## 我们生活中的流体

**1**

说到流体，你可能会想这是一种像水一样的物质，你这样想是对的。液体是流体，但是我们呼吸的空气也是流体。尽管流体和其他物体有一些共同的性质——它们占据空间并且都是由物质组成的——但流体自身也有一些独特的性质。流体可以是黏稠的也可以是稀薄的。有些物体能在流体中漂浮，有些物体则在流体中下沉。

我们还从哪些其他的方面关注流体的流动？你认为流体有哪些性质？（右上图）

**2**

流体使我们的生活变得更便捷了。工程师能利用水力来发电。随着空气被吸入真空吸尘器中，尘埃和灰尘也随着空气被吸入了吸尘器中。（右下图）

一种被称为移树机的机器使我们能够移植很大的树木。在移树机内部，油箱中油的运动迫使刀口打开并向下挖掘。

通过研究和使用流体，我们还能解决什么问题？我们制造了哪些用到流体的设备和机器？

## 反思回顾

思考1，2，3中的问题。关于流体你还有其他问题吗？你还能提出哪些值得思考的问题吗？在学习本单元的过程中，随时重新考虑上述问题，并结合你新学到的知识修正你的答案。

### 3

保持地球流体系统的正常运行，包括航道和大气系统的正常状态，对于维持我们的生命以及我们后代的生活都是非常必要的。有了血液和空气等流体，我们才能生存。当需要的时候，医生要对病人进行静脉注射。生物体中流体的作用和我们制造的机器中流体的作用一样吗？流体的改变会对生物造成什么影响？

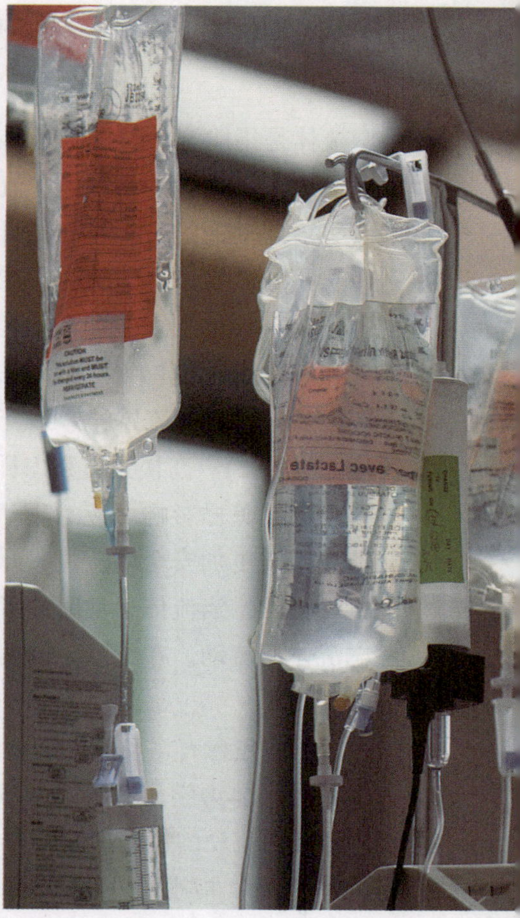

## 试一试 生活中哪里有流体？9E

想想你生活中有哪些流体，有哪些使用流体的设备。

• 进行小组合作研究。每个小组成员都有 20 张纸，每张纸的大小约是 6 cm×6 cm。在纸上写下任何你能想到的流体或者使用流体的设备或机器。每张纸上只写一个。

1. 你怎样判断哪些物质是流体，哪些物质不是流体？

• 当每一个小组成员的 20 张纸全部用完后，把你们小组的纸收集起来并将其进行分类。

2. 你使用的是哪种分类方法？

• 把各个类别的纸片粘贴在一张海报大小的大纸上。用彩笔在每一类的上方写上一个标题，在两个相关的词语之间画上一个箭头。实际上你正在制作一个词语网络图。在合适的地方作出说明。在词语网络图上某些地方写下流体这个词语。

将你们组的词语网络图与其他组的进行对比。你们采取的分类方法一样吗？为什么你们采取的分类方法会有所不同？

# 近距离了解流体的流动

流体是指能流动的物质（图 1）。你洗手的时候水就从水龙头流出来，你看到水是以水流的形式流出的。但是液体不是唯一能流动的物质。当你骑自行车从山上沿着山坡向下滑行时，是什么拂过你的脸庞？在春天是什么把蒲公英毛绒绒的种子带到四周去？是空气。空气是一种气体，也能流动。气体和液体都是流体。

涉及运动着的流体的体系受到很多专业和领域的人们的关注（见图 2）。高楼大厦是怎样抵御大风吹摇的？动脉壁上的沉积物是怎样影响血液的流动的？管道足够光滑的内表面能使天然气更加安全地流过吗？不同类型的气流是怎样影响飞机飞行的？当流体运动时或者当物体在流体中运动时都要考虑流体的流动。在给定时间内流体流动的快慢程度称为流体的流速。

人们将包含有运动流体的体系称为动力体系。气体力学研究的是空气（气体）在固体表面流动的情况。液体力学研究的是液体（通常指水）在固体表面流动的情况。

**图 1**

为了确保在紧急状况下有足够的水用，需要对消火栓进行流量检测。

## 试一试 测定流速

你可以测出教室里或学校外部的水龙头中流出的水的流速。

- 用 1 L 的容器，如塑料烧杯，向一只水桶中倒水，在水桶上标出 10 L 的刻度。用黑色防水笔标出 10 L 的水位线。
- 在水龙头的把手上做上标记。测定把手需要转几圈（水龙头上黑色标记所转过的次数）才能完全打开水龙头。

1. 当完全打开水龙头时，往水桶装水需要多长时间才能达到 10 L 水位线？
2. 当水龙头打开一半时，往水桶装水需要多长时间才能达到 10 L 水位线？
3. 你有哪些方法将问题 1 的结果与问题 2 得到的结果进行对比？这是你所预料的结果吗？请对其进行解释。

- 每秒流出的液体的体积称为流速。用“升每秒”为单位表示水龙头的流速。

## 看起来流动的固体

人们可以把包含大量固体颗粒的细粉从一个容器倒到另一个容器中（见图 2）。但是水能像倾倒的面粉那样堆积成一堆吗？就像堆沙子或小麦那样，你能把牛奶堆起来吗？当然答案是“不”：只有固体才能被堆积成堆。液体随盛放它们容器的形状改变而改变，气体能充满盛有气体的整个容器。

图 2

图中显示的这种物质既不是气体也不是液体，但是这种物质看起来却是能流动的。面粉、沙子、小麦看起来都可以流动。为什么人们不把它们看作流体呢？

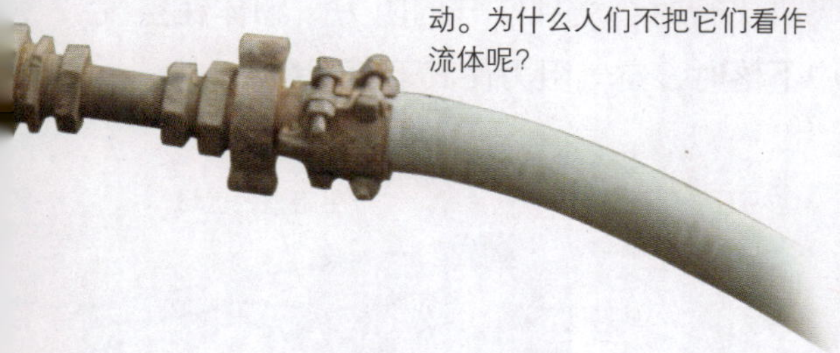

## 用粒子理论解释流动现象

物质的粒子理论为我们理解液体和固体的不同之处提供了依据。粒子理论也有助于我们理解和预测流体的运动情况。

粒子理论的表述如下：

- 所有的物质都是由粒子组成的；
- 粒子在不停地运动着；
- 粒子之间存在着引力。

当粒子相互靠近并向彼此缓慢移动时，引力就会增强。固体粒子彼此之间靠得很近，它们之间的引力太强以至于固体里面的粒子不能流动。液体中粒子运动较快，所以液体粒子之间的引力就没有那么强。由于粒子并没有固定的规则排列，它们可以离得稍微远一些，而且可以相互滑动。这就解释了为什么液体能够流动而固体却不能流动。在气体中，气体粒子相互之间离得很远，所以粒子之间的引力很弱，气体粒子可以彼此独立运动。结果，气体很容易流动。

**理解概念**

1. 用粒子理论解释为什么固体不能流动。

**建立联系**

2. 空气的流动对空中交通工具产生哪些影响？

**探索研究**

3. 4A 调查节水莲蓬头是怎样工作的。

**反思回顾**

4. 回头看看在“准备开始”的“试一试”活动中，你制作的词语网络图。里面有看起来能流动的固体吗？你认为还能把它们留在词语网络图上吗？

### 任务设计

在任务设计中你正在使用一种流体。在设计和测试你的模型的过程中，你将怎样考虑流体的流动？

技能手册：4A 调查技巧

# 流过物体表面的流体

物体的形状决定了流体怎样在它的周围流动。想想河中水的流动。在没有陡峭的堤岸和障碍物的较深河流中，水流得很快、很平静。水以直线或接近于直线的方式流动，这就是层流。现在想象面前有一条浅河，水底不规则的石头干扰了平静的水面。水面将会是不连续的，并且会波浪起伏——不能沿直线流动。这称为湍流，湍流可能会产生急流、涡流和漩涡几种情况。

气体流动也会出现同样的情况。当流动的空气碰到建筑物和树等障碍物时，气流就会被扰乱。

流体形成层流的形态比形成湍流的形态受到的空气或水的抵抗力小（图 2）。这种抵抗力被称为阻力。对于高速行驶的汽车和飞机来说，阻力小就意味着燃料利用率高及由风产生的噪声小。能形成层流的流体形态称为流线型或气体动力型流体（见图 3）。

当流体相对于物体流动，流体的粒子猛烈撞击着物体时，就会产生阻力。流水在桥下流动，遇到桥墩时就会受到桥墩的阻力。飞机飞行时会受到空气的阻力。物体在空气中下落时，空气阻力使其下落减缓。

图 1

a 流体在物体表面形成层流

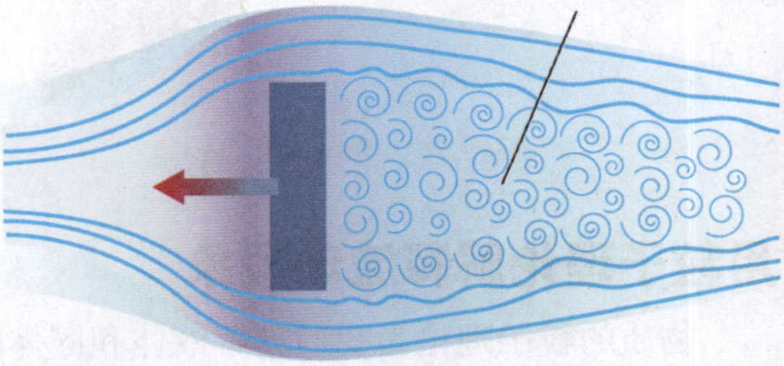


b 流体在物体表面形成湍流

图 2

湍流和层流可以被用来控制物体的运动速率和运动的方向。各种球类的设计就考虑到了这一点。流过球的顶部和底部的气流变成湍流，这使得球速减慢。

## 风洞：详细了解气体的流动

人们认为是加拿大人华莱士·鲁伯特·特恩布尔建造了加拿大第一个风洞，这个风洞建于 1902 年。他在风洞中进行实验以对他发明的螺旋桨进行检测。

风洞的一端有推动气体进入风洞的螺旋桨。研究人员常常往风洞中添加烟雾从而使空气的流动变得可见。

今天风洞在许多领域得到了广泛的应用（见图 4）。工程师们用风洞来检测流过机翼的气流情况，而且能利用风洞研究机翼上结的冰对气流的影响。在风洞中还可以检测车辆的流线型车身的制作效果。把精确设计的高楼、路桥和高塔的比例模型放入风洞中，工程师可以判断疾风对这些建筑的结构产生的影响。

图 4

图 3

鲸和海豚的身体呈流线型，这样可以减小所受到的水的阻力。它们的颈部不像通常的动物那样颈部变窄，身体没有突起的部分，皮肤光滑，具有伸展的体形。这种形状的尾部使得流过身体的水会产生层流。注意观察鲸和海豚尾部侧面图，看看它们的尾巴与飞机机翼有哪些相似之处。

### 理解概念

1. 制作一张包括两个标题的表：层流和湍流。对每种类型的流动各举一些例子来说明。

### 建立联系

2. 为什么汽车制造商要将后视镜改为特殊的形状？

3. 动脉血管壁上的沉积物对血液在全身的流动产生什么影响？

4. 你希望赛车行驶时，车体周围的空气产生湍流还是层流？在河流中进行漂流运动时，你希望水流产生湍流还是层流呢？

### 探索研究

5. 研究你喜爱的高速运动中 4A 空气阻力的重要性。

### 反思回顾

6. 科学家为什么要研究气流？

**技能手册：** 4A 调查技巧

# 黏滞性：流体的性质之一

你是否尝试过从新的番茄酱瓶里倒出番茄酱？你可能需要用很大的力才能使番茄酱流出（见图 1）。而使枫糖浆从瓶中流出则几乎不需用力，如图 2 所示。那是因为枫糖浆比较稀，流动时所受阻力比番茄酱的要小。黏滞性表示流体必须进行流动和运动时所受的阻力。粒子理论可以帮助我们理解什么是阻力，阻力是由粒子之间的引力造成的。粒子之间的引力越大，阻碍粒子相互流动的作用力越大。不同的物质是由不同的粒子组成的，因此粒子之间的引力大小也不同。这一点有助于解释为什么不同流体具有不同的黏滞性。

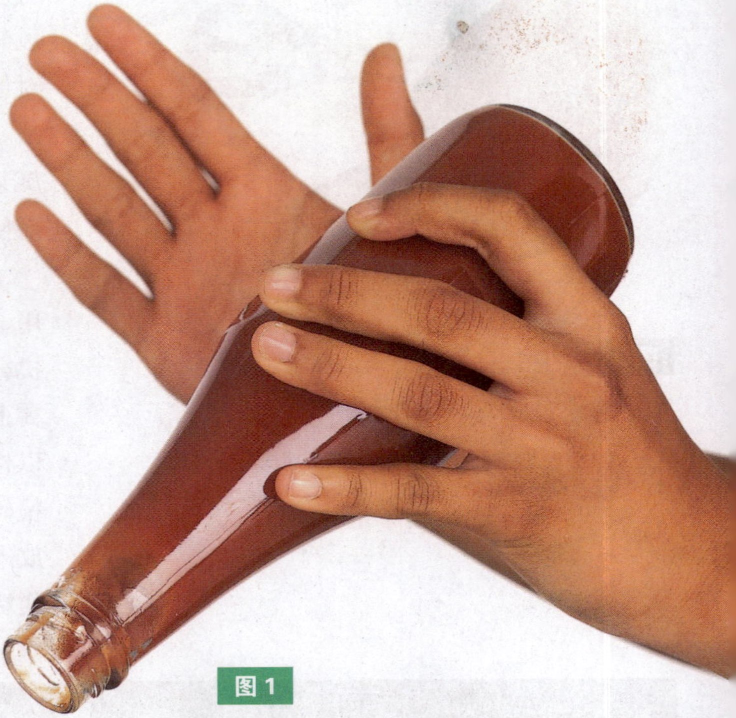

图 1

因为番茄酱较浓，所以它的黏滞性程度高。而枫糖浆的黏滞性比番茄酱的小（黏度较低）。水是一种很稀的、具有低黏滞性的流体。枫糖浆的黏滞性比水的大，比番茄酱的小。所以水流动和运动时所受的阻力比枫糖浆的要小。

当流体静止时就不需要考虑黏滞性。然而，当流体流动时或其他物体在流体中运动时，流体的黏滞性就显得非常重要。

图 2

## 测量流体的黏滞性

我们经常需要知道流体流动有多快或有多慢。如果你从大水罐往外倒水的速度和从沙拉瓶往外倒沙拉的速度一样快，你也许很快就发现桌子上流出了一大滩水。如果你知道这两种流体具有不同的黏滞性，那你处理这两种流体的方式就会不同了。

我们可以用浓和稀这两个词来描述流体的黏滞性，但这两个词并不能给出关于黏滞性的足够的信息。我们需要一些方法来定量地测量流体的黏滞性。一种方法是记录一个固体，如珍珠大小的球，在液柱中下落所需的时间。另一种方法是测量某温度下液体流进一个小瓶中所需的时间。

测量流体黏度的仪器称为黏度计。

### 任务设计

在你的任务设计中，你会怎样应用流体的黏滞性？流体的黏滞性对你的设计有什么影响？

**理解概念**

1. 糖浆具有高黏度。解释这句话。

2. 怎样比较流体的浓度与它的黏度之间的关系？举例说明。

**建立联系**

3. 研究对流体黏度测定要求比较高的产业。将你的结果以海报的形式展出。（4A）

**探索研究**

4. 研究肥皂怎样影响水的黏滞性。

5. 设计一个方案来帮你按黏滞性从低到高的顺序排列下列流体：洗发剂、熔融的巧克力、食用油、空气和可乐。（2E）

**反思回顾**

6. 流体的黏滞性能告诉你哪些有关这种流体的流速的信息？

### 试一试 让我们测量流动的流体

图 3

图 4

• 在一个干净的、密封性好的小塑料瓶中装入玉米糖浆，在瓶子的上部留 3 cm 的空间。另一个瓶中装入水，且在瓶的上部留 3 cm 的空间。在每个瓶子中加入等量的少量纸屑。小心拧紧盖子（图 3）。

在移动每个瓶子的过程中，仔细观察里面的纸屑。

1. 你怎样将两种液体中纸屑的运动进行比较？

• 用一块至少 110 cm 长的木板，做一个倾斜度比较低的斜坡（见图 4）。将瓶子一次一个沿斜坡向下滚动。观察瓶子中纸屑的运动情况。

2. 作出草图描述所观察到的现象。

3. 对于两种液体的运动你能得出什么结论？

4. 你认为为什么要在瓶子中加入纸屑呢？纸屑代表的可能是什么？

技能菜单

○提出问题 ●实验检验 ●问题分析
○提出假设 ●记录结果 ●交流经验
○制定方案

# 液体可以是浓的也可以是稀的

**材料**

- 围裙
- 护目镜
- 水
- 150 mL 的泡沫塑料杯
- 烧杯
- 蜡笔
- 铁架
- 铁圈（用来固定泡沫塑料杯）
- 小金属烤肉扦
- 直尺
- 秒表
- 500 mL 烧杯
- 三个温度下的 80 mL 食用油：20~24 ℃，5~8 ℃，45~50 ℃
- 温度计
- 薄纱
- 加热板

你是否曾把玉米糖浆瓶放入了冰箱里而不是放入碗橱中？当你想倒出糖浆时有什么情况发生？你遇到麻烦了！怎样做才能使玉米糖浆容易倒出来呢？如果把糖浆倒在热的煎饼上时会有什么情况发生？所有这些问题都涉及流体的黏度和温度。这两个性质有什么关系吗？

## 提出问题

温度对油的黏度有影响吗？（见图 1）如果有影响，那温度是怎么影响油的黏度的？怎样测量油的黏度的变化？

## 提出假设

2C 请你预测，当给油样品加热或者将油样品的温度降低时，油的黏度会发生什么变化。

## 实验设计

在这次探究活动中，你将探索下面的问题，当加热或冷却流体时，流体的黏度会发生什么变化。你将用自制的黏度计来测量三种不同温度下油的流速。测量流体的流速是测量黏度的一种方式。

**1** 把你测得的数据填入表 1 中。

## 实验步骤

**2**

用 70 mL 水作为参照，在烧杯上标出 70 mL 的刻度线。

- 将容器中的水倒出来并把容器擦干。

**3**

用烤肉扦在泡沫塑料杯底部扎一个孔。

- 在离桌面 30 cm 高度处固定一个铁圈。把杯子放在铁圈的圈中。
- 把烧杯放在杯子正下方。

**4**

测量 20~24 ℃之间的油的准确温度。

(a) 在你的表中记下所测得的油的实际温度。

- 把温度计擦干。
- 用一根手指紧紧堵住杯子上的孔，并把样品倒入杯子中。
- 将手指移开并开始计时。

**5**

当油到达烧杯上所画的 70 mL 刻度线时停止计时。

(a) 记下所测的时间，计算流速并记录这个流速。用此公式：

$$流速=\frac{流体的体积\ (mL)}{时间\ (s)}$$

- 让杯子中的液体逐渐流出。在老师的指导下倒掉烧杯中的油，把两个容器都擦干净。

图 1

## 建立联系

1. 根据你制作的表预测在12 ℃和100 ℃时油的流速大小。解释你是怎么作出这个预测的。

不要尝试把油加热到100 ℃以上，否则易出现事故。

2. 你怎样解决本次活动引言中提到的玉米糖浆的黏度与温度之间的关系的问题？

3. 哪些家居用品在制造时需要测定相关流体的流速？

## 反思回顾

4. 为什么给你提供的是80 mL油，实验中记录的却是流出70 mL油所需的时间？

**表 1**

油的流速

| 油的温度 | 20~24 ℃ | 5~8 ℃ | 45~50 ℃ |
|---|---|---|---|
| 时间 | ? | ? | ? |
| 流速 | ? | ? | ? |
| 外观 | ? | ? | ? |

**6**

分别用5~8 ℃和45~50 ℃油的样品重复第4步和第5步。

(a) 描述在这些温度下油的外观特征。

**7**

制作一张表格来表示你在实验中所测的结果。$x$轴表示温度，$y$轴表示流速。为你制作的表写一个标题。（7C）

## 分析思考

**8**

通过回答下列问题分析你的实验结果。

(a) 哪个温度下油的黏度最大？对油进行定性和定量描述来支持你的答案。

(b) 哪个温度下油的流速最大？你能得到哪些关于这个温度下油的黏度的知识？

(c) 油的温度和它的流速之间有什么关系？

(d) 为什么每次完成第5步后都要把烧杯擦干？

**9**

在这次探究活动之后写一个正式的实验报告。（8A）

在对油进行加热时要小心。油必须在热水浴中加热。不要把油加热到50 ℃以上。实验过程中要遵循老师的指导。

在做本次探究活动的过程中你要一直站着以便于操作。

**技能手册：** 2C 作出预测和提出假设的技巧 7C 构建图表 8A 撰写报告

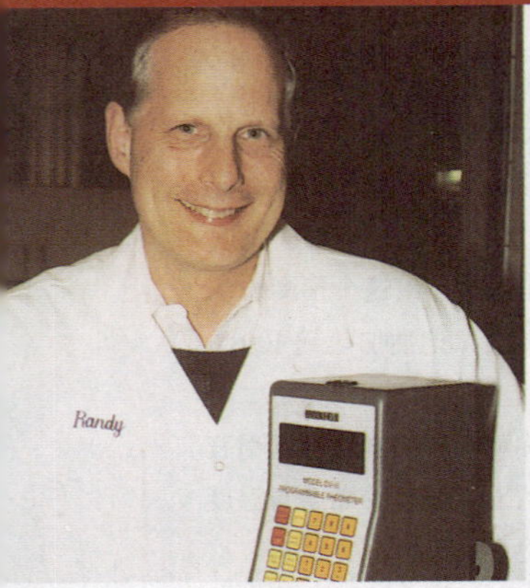


# 黏滞性和巧克力工厂

兰迪是一位食品科学家。无论在哪里，他的职业都是巧克力爱好者们所羡慕的。兰迪像很多每天在工厂工作的人一样，为确保生产的巧克力产品质量的美味而努力工作着。在巧克力生产过程中他不仅做测试工作，而且还研究怎样改进生产工艺。“我喜欢我的职业，因为其中会有各种各样的具体工作，”兰迪说，“能够从事这样一份工作是非常好的，它可以为顾客提供质量优异的产品。我也喜欢吃巧克力，其中最喜欢的是黑巧克力。”

为了测试和研究巧克力的生产工艺，兰迪必须具备关于流体黏滞性的知识，并且知道怎样把这些知识应用于液体巧克力生产。“黏度的测定在这个产业中非常重要，我们必须保证每一批巧克力棒都具有同样的高品质。温度和配料对液体巧克力黏滞性的影响非常大，只有定时对产品黏度进行测定，我们才能生产出值得信赖的巧克力棒。”

图 1

有些巧克力棒是在一些制巧克力棒的模子中制成的。人们把温度大约是 30 ℃ 的液体巧克力注入类似制作冰块的模子中。通过振动器的调节可以使液体巧克力在模子中沉淀。装好巧克力的模子被缓慢冷却下来，巧克力也就逐渐固化。最后将模子翻转过来，就可倒出巧克力棒并加以包装。

## 黏滞性的重要性

并不是所有工厂中出产的巧克力棒都是一模一样的。对巧克力的加工方式不同，也会得到不同的巧克力。

在巧克力工厂研究生产工艺的科学家需要测定液体巧克力的流速。用于放入模子中的巧克力或固体巧克力棒所需的黏度与含有很多配料的巧克力棒所需的黏度是不同的。想象一下，如果与其他配料混合时，液体巧克力流动性太大将会发生什么情况？如果液体巧克力的流动性太大，就会有过多的液体巧克力从模子中溢出流走，那么中间的配料将不能被很好地包裹起来。如果倒入模子的巧克力黏性太大，又将会发生什么情况？很可能模子还没有被填满就沿工厂的传送带被传送走了，或者巧克力可能不能充满整个模子，从而留下气泡或间隙。对液体巧克力的黏滞性的测量在巧克力棒的生产中是非常重要的。

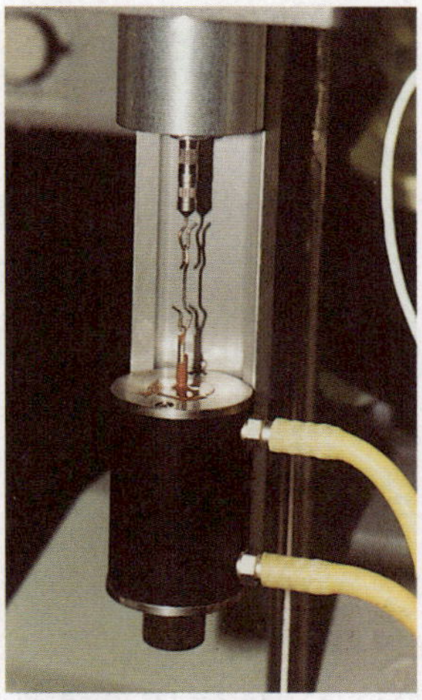

图 2

这种特殊的黏度计可以用来测量巧克力的黏度。一根转动轴在巧克力样品中不停地旋转。巧克力的黏滞性越大，转动轴所受到的阻力就越大。人们正常情况下是对加热到 40 ℃的巧克力进行测定的。

## 影响巧克力黏滞性的因素

兰迪的工作中一个有趣的方面在于怎样把巧克力成品打磨到合适的平滑度。巧克力块的大小必须合适才能保证巧克力产品尝起来光滑可口。巧克力块的大小和温度都会影响它的黏滞性。当需要比较低的黏度时，科学家就会向巧克力中加入更多的油脂。油脂，如可可油，能覆盖在液体巧克力中的固体颗粒上，所以液体巧克力能更好地流动。对液体巧克力进行仔细调整可以得到光滑度、脂含量和温度结合得很好的液体巧克力。这就保证了巧克力的黏滞性对每一步生产过程来说都是很理想的。

### 试一试 热巧克力

观察用于生产两种不同类型的巧克力产品的液体巧克力的黏滞性有什么不同。你需要由巧克力烘焙组件制成的巧克力，以及从巧克力模子制成的固体牛奶巧克力棒以便比较。

分别在用于测量的玻璃容器中，将每种巧克力的少量样品小心加热到 40 ℃。测量每种巧克力样品的温度以保证它们的温度都一样。

由于巧克力很容易燃烧，所以要用微波炉的中等温度来融化巧克力。

• 分别用不同的勺子搅拌每种巧克力样品。

1. 是不是其中一种巧克力样品看起来比另一种更浓，黏度更大？如果是这样的话，是哪一种巧克力的黏度更大呢？

• 用每个勺子舀一勺液体巧克力，持勺子在巧克力样品上方。缓慢地将巧克力从勺子中倒入盘子中。

2. 哪个样品流动得较为缓慢？

3. 哪种样品更快地形成表面平整的巧克力池？

4. 你怎么解释为什么两种巧克力具有不同的黏度呢？

5. 在测定巧克力样品的黏度之前，为什么必须把每种巧克力样品加热到相同的温度？

# 物质的测量：质量、重量和体积

要使用流体——包括气体和液体——就需要了解这些流体的特点。你需要知道当这些流体静止时、运动时、有物质在其中运动时，被推动或被拉动时它们会有什么特征。要了解这些知识就需要对物质进行各种测量。

## 质量和重量

“这件物品有多重？” “让我们称一下这些糖果的重量。”你几乎每天都可以听到这样的表达。通常，当人们使用重量这个词时，实际上他们指的是对物体质量的测量。而质量和重量是不一样的两个概念。

质量是指一个物体中所含物质的数量多少，我们可以测量从食物到邮件等很多东西的质量。在宇宙的各个地方，物体的质量是保持不变的。质量可以用克（g）来表示，也可以用由克衍生出的单位，如毫克（mg）和千克（kg）等来表示。

物体的重量测量的是地球对物体的拉力。重量用牛顿（N）来表示，牛顿这个单位是以艾萨克·牛顿爵士的名字命名的。由于物体受到的引力在宇宙的各个地方不同，所以一个物体的重量随着它在宇宙中所处的位置不同而不同（见图 1）。

由于物体受到的地球引力在地球表面各处大致相同，所以人们经常交替使用质量和重量表示物质的多少。但是要记住质量和重量是不同的两个概念。

## 体积

物体除了具有质量和重量以外，具有一定的体积。体积是对物质所占的空间大小的测量值。体积由立方米（$m^3$）、升（L）、立方厘米（$cm^3$）、毫升（mL）来表示。

容量常和体积一起使用。它是对物体内部可用空间的大小的测量值。人们常常需要测量物体的容量或者体积，如养鱼缸、药物注射器或者船舶所容货物的量等。对于不同类型和质量的物体，我们常常用不同方法来测量。这里提供一些测量物体体积的技术，这些技术你可能会在课堂上用到。

### 测量液体的体积

液体的体积可以通过观察它们在某容器中所占空间的大小来测量。较高而且窄的容器（如量筒）能给出最精确的体积测量值。从容器的侧面观察液体，眼睛视线和液面保持水平。这时你可能会注意到与容器接触的液体表面有稍微的弯曲。

**图 1**

在地球表面物体受到的向下的作用力（地球引力）大约是物体在月球上所受引力的 6 倍。由于引力不同，同一物体在月球上的重量是地球上重量的 1/6。在这两个地方，虽然物体的重量不同，但它的实际质量是相同的。

这个“弯曲”的表面称为凹液面。读取的凹液面最低处的刻度才是液体的真实体积。液体的体积一般用升（L）或者毫升（mL）来表示。

**测量固体的体积——规则的固体**

规则固体的体积可以用尺子来测量，可以用下面的公式进行计算：

体积=长×宽×高

固体的体积可以用立方米（$m^3$）或立方厘米（$cm^3$）来表示，但有时也可以用升（L）或毫升（mL）来表示。有趣的是，1 $cm^3$ 和 1 mL 的体积是相同的，所以 1 000 $cm^3$ 就等于 1 L。

**测量固体的体积——较小且外形不规则的固体**

小的、外形不规则固体的体积可以用排水法来测量。在这个技术中你要选择一个能将固体完全装入的容器（如量筒），然后往空的容器中倒水直到容器半满。

记录容器中水的体积，然后小心放入固体。记录放入固体后水的体积。用下面的公式计算固体的体积：

物体的体积=(水+物体的体积)-(水的体积)

**测量固体的体积——较大且外形不规则的固体**

为了测量大的不规则固体的体积，你需要一个溢水罐和一个量筒（图 2）。这个测量过程最好在水槽中进行。向溢水罐中注水直到从管口开始流水。等到开始停止滴水时，再把量筒放在管口下面。小心地把物体放入水中，观察有什么现象发生。

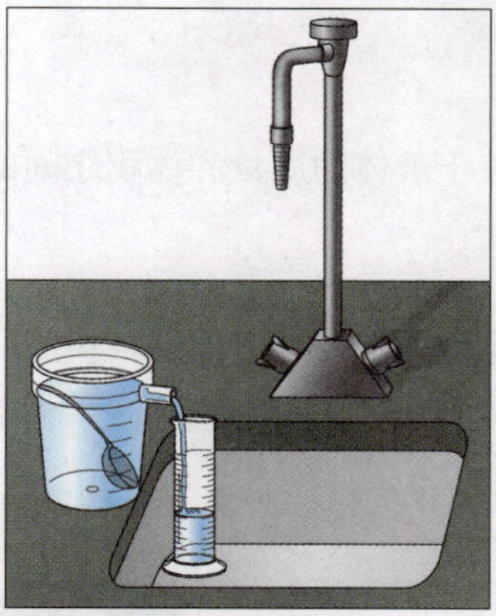

**图 2**

从管口流出的水的体积等于放入的固体的体积，流出的水流入了量筒中。

## 试一试 测量体积

现在老师给你提供了几种物质的样品和测量体积的设备，先估计一下每种样品的体积。

1. 在表中记录你估计的体积。

• 选择合适的设备来测量其中一个样品的体积。

• 根据上面的指导，测量出样品的实际体积。

• 与班上的其他同学分享你的测量结果。

2. 在表中记下所有样品的体积。

3. 你对哪个样品的体积作出的估计最准确？哪个样品的体积最难被准确估计？

**理解概念**

1. 描述质量和重量之间的关系，并举例说明二者之间的关系。

2. 想象一下你到另一个星球去旅行，这个星球的引力是地球的 2 倍。你随身带着一个质量为 1 kg 的固体。描述你所携带的这个固体在这个星球上的质量、重量和体积，并和地球上的质量、重量和体积进行比较。

## 任务设计

在你的任务设计中，你需要测量流体的哪些量？

## 2.7 活动探究

**技能菜单**
○提出问题 ●实验检验 ●问题分析
●提出假设 ●记录结果 ●交流经验
○制定方案

# 相对质量和相对体积

一个物体的体积和质量之间有什么关系吗？如果某一物体的体积增加 1 倍，那么它的质量会发生什么变化？具有相同体积的不同物质的质量相同吗？1 kg 羽毛和 1 kg 铅，哪个更重一些?回答上述问题似乎很简单，但是 1 kg 羽毛和 1 kg 铅给我们的印象明显不同，即相同质量的这两种物质具有完全不同的体积。

**材料**
- 围裙
- 护目镜
- 蒸馏水
- 玉米糖浆
- 盐的饱和水溶液
- 三臂天平
- 150 mL 的量筒或者更大的量筒
- 小的塑料移液管
- 带有液体出口的 150 mL 烧杯
- 滤纸

## 提出问题

液体的质量和液体所占据空间的大小（体积）之间是否有什么关系？

## 提出假设

**1** 2C 作出一个关于液体的质量和体积之间的关系的假设。

## 实验设计

在这次探究活动中，你将测量某一物质的质量和体积，并且将质量和体积的测量数据绘制在一张图表上，然后总结出二者之间的关系。

**2** 对每一种液体都要创建一个具有三栏的观察记录表，如表 1 所示。

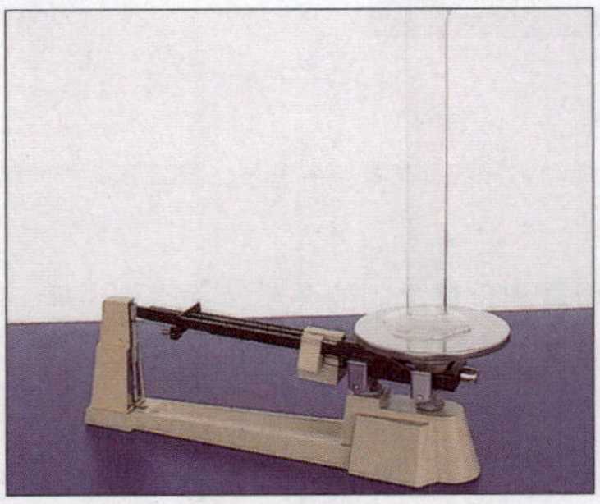

**3**

称量空量筒的质量。

(a) 记录所得到的数据。

**4**

从老师那里领取三种液体中的一种。

- 向量筒中加入 10 mL 这种液体。

(a) 记录量筒和液体的总质量。

(b) 计算液体的质量并记录下来。

**5**

以每次 10 mL 的量继续添加液体，直到量筒内液体的体积达到 100 mL。

(a) 计算单位体积液体的质量。

(b) 计算体积为 20 mL 和 60 mL 时质量与体积的比率是多少。

- 清洗量筒。



**技能手册**：2C 作出预测和提出假设的技巧

**表 1**

| 加入液体的体积 | 量筒和液体总质量 | 加入液体的质量 |
|---|---|---|
| ? | ? | ? |
| ? | ? | ? |

**图 1**

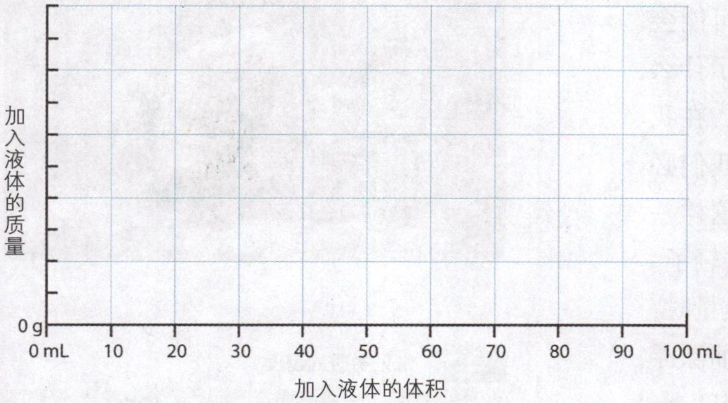


### 建立联系

1. 你所画出的图表中的线将会经过原点。解释为什么这条线要经过原点。

### 探索研究

2. 做个预测：在表中另加一栏来记录铜的质量和体积的关系。在老师的允许下，用铜币来重复这一探究活动。你要先测出铜币的体积。你测量的结果与你预测的相符程度如何？

### 反思回顾

3. 并不是所有的水都具有相同的组分。在这次探究活动中为什么必须要用蒸馏水进行实验？

## 分析思考

**6**

用一个曲线图表达你的测量结果。$x$ 轴代表加入液体的体积，$y$ 轴表示所加液体的质量（图 1）。

7C

- 画出的曲线最好能穿过各点。

**7**

用其他液体重复第 4 步和第 5 步。

- 往表中加入新的数据。
- 用图例说明来区别各种液体。

**8**

通过回答下列问题分析你的实验结果。

(a) 为什么在实验刚开始时就要测量量筒的质量，而不是等把液体倒出来后再测量？

(b) 计算 1 mL 每种液体的质量：先测量加入的 20 mL 液体的总质量，然后换算为 1 mL 该液体的质量。

(c) 对照 (b) 中的答案，20 mL 和 60 mL 中每种液体的质量与体积之间有什么关系？

(d) 你的曲线图表明了三种液体的质量和体积之间的关系。通过回答本次探究活动开始时提出的问题来描述这种关系。

7C 构建图表

# 密度：流体的另一个性质

我们都曾见过油轮漏油所产生的毁灭性的影响（见图 1）。如果油不是漂浮在水面上，则造成的污染将会更难清理。但是为什么油能漂浮在水面上呢？我们可能会说油比水轻，但这个“轻”又是表示什么意思呢？一升油当然不比一杯水轻。在我们用“轻或重”来比较流体之前，我们必须保证每种流体的体积是相同的。这样一来，一升油（质量较小）就比一升水轻了。当我们比较相同体积的各种物质的质量时，实际上我们是在比较它们的密度。油漂浮在水面上，是由于油的密度比水的密度小。

图 1

## 计算物质的密度

单位体积某物质的质量叫做这种物质的密度。密度的单位是克每立方厘米（$g/cm^3$），千克每立方米（$kg/m^3$）或克每毫升（g/mL）。

密度是通过用物质的体积去除物质的质量进行计算得到的。公式如下：

$$密度=\frac{质量}{体积} 或 D=\frac{M}{V}$$

例如，图 2 中水立方体的体积是 1 $m^3$，质量是 1 000 kg。

$$密度=\frac{1\ 000\ kg}{1\ m^3}=1\ 000\ kg/m^3$$

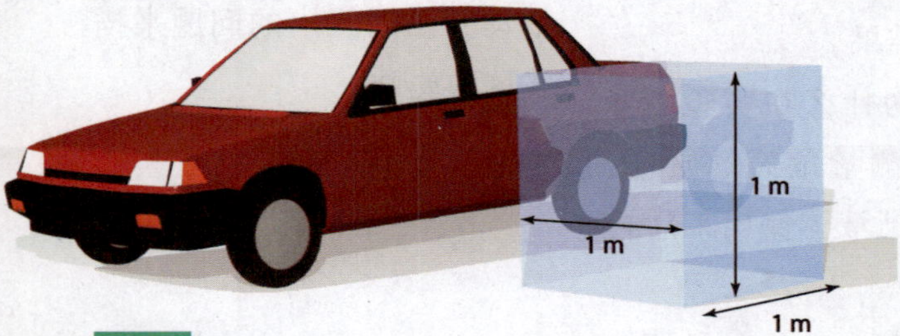


图 2

1 立方米（1 $m^3$）水和一辆小汽车一样重。

表 1 常见物质的密度

| 流体 | 密度 $g/cm^3$ (g/mL) | 密度 $kg/m^3$ |
|---|---|---|
| 氢 | 0.000 089 | 0.089 |
| 氦 | 0.000 179 | 0.179 |
| 空气 | 0.001 29 | 1.29 |
| 氧气 | 0.001 43 | 1.43 |
| 二氧化碳 | 0.001 98 | 1.98 |
| 汽油 | 0.69 | |
| 异丙醇（消毒酒精） | 0.79 | |
| 植物油 | 0.92 | |
| 蒸馏水 | 1.00 | |
| 海水 | 1.03 | |
| 甘油 | 1.26 | |
| 汞（一种金属） | 13.55 | |
| **固体** | | |
| 木材（轻木） | 0.12 | |
| 木材（松木） | 0.5 | |
| 木材（桦木） | 0.66 | |
| 冰 | 0.92 | |
| 糖 | 1.59 | |
| 盐 | 2.16 | |
| 铝 | 2.7 | |
| 石灰岩 | 3.2 | |
| 铁 | 7.87 | |
| 镍 | 8.90 | |
| 银 | 10.5 | |
| 铅 | 11.34 | |
| 金 | 19.32 | |

**图 3**

由于填充了氦气所以这些气球能够在空气中向上漂浮。

## 密度是流体和固体的性质之一

在 2.7 节的“活动探究”中，你计算了水、玉米糖浆和盐水的密度（质量与体积之比）。你发现对相同的流体来说这个比例是不变的。每种气体也有各自的密度。氦气能漂浮在空气上方（图 3），就像油能在水面漂浮一样。这种情况之所以能够发生，是因为氦气的密度比空气的密度小。

固体也有各自的密度。能够在水上漂浮的固体的密度小于 1.00 g/mL。在水中下沉的固体的密度大于 1.00 g/mL。

通过比较两种物体的密度，能够预测它们进行混合时哪种物质上浮，哪种物质下沉。

### 试一试　建立一个密度单位

这次活动可以帮助你更直接地观察水的密度。

- 设计一个立方体，使这个立方体每一个表面的面积都是 1 $cm^2$。在立方体的上端开一个小口，用轻塑料片，如摄影机胶片制作这个立方体。在这一过程中你必须仔细测量，实验的精确性是非常重要的。用透明胶带将立方体粘牢，向你制作的立方体中倒入水。

1. 这个 1 $cm^3$ 的容器能装多少水？
2. 这么多水的质量是多少？
3. 计算水的密度。
4. 将你计算出的密度值与表 1 中的密度值进行比较，解释它们之间的差异。

**理解概念**

1. 比较 2.7 节的“活动探究”中三种液体的密度。

2. (a) 表 1 中哪种物质密度最大？
(b) 哪种物质密度最小？
(c) 对每种物质列出它的一个用途。

3. (a) 列出所有能在水上漂浮的固体。
(b) 列出所有能在液态汞上漂浮的固体。
(c) 列出所有能在空气中漂浮的气体。

**建立联系**

4. 很多烧烤架中使用的丙烷气体的密度比空气的大。丙烷也是易燃气体，使用丙烷的设备常用于缺电的地区以提供能量。解释为什么这种设备一旦发生泄漏后，果可能是非常严重的。

**探索研究**

5. 在经过老师的批准后，设计并 2E 实施一个实验：通过测量质量和体积计算出 1 加元硬币的密度。可以用密度来判断这个加币是否是假币吗？解释为什么。

6. 制作一个 1 000 $cm^3$ 的容器。它的长、宽和高的尺寸各应该是多少？这个容器能装多少水？这么多水的质量是多少？

### 任务设计

当设计一个潜水设备或设计一个船闸时，为什么必须考虑到水的密度？

技能手册：2E 如何设计一个探究性实验或调查

技能菜单
○提出问题 ●实验检验 ●问题分析
●提出假设 ●记录结果 ●交流经验
●制定方案

# 某些液体不能相互溶解

材料
- 围裙
- 护目镜
- 玉米糖浆
- 白醋
- 食用油
- 一个软木塞
- 一个小塑料块
- 2 个 50 mL 的量筒
- 15 mL 的量勺
- 纸巾
- 三臂天平
- 食用色素

如果你在自己做的沙拉上淋上醋和油，你很可能会注意到这些液体中的一种往往会漂浮在另一种液体上而不会相互溶解。

## 提出问题

不同的两种液体混合，其中的一种液体会浮在另一种液体上方吗？

## 提出假设

**1**

当把玉米糖浆、醋和食用油放入同一个容器中后，会有什么现象发生？预测一下一个软木塞和一个塑料块在这个容器中将会漂浮还是下沉。写出一个假设来解释你的预测。

## 实验设计

当你把一些常见液体倒入同一个容器中后会观察到什么现象。你可能观察到两种不同密度的固体，软木塞和塑料木块，在液体中的不同表现。

**2** 在读完这个实验步骤以后，为这次探究活动制作一个观察记录表。

## 实验步骤

**3**

将三种液体中的任何一种缓慢倒 15 mL 到一个量筒中。

- 冲洗并擦干量勺。

(a) 画一张示意图表示你的观察结果。

**4**

用其他液体重复第 3 步操作。(这样你会发现不同液体在量筒中形成三层液柱。)

**5**

用另一个量筒和三臂天平测量并计算出醋、食用油和玉米糖浆的密度。

(a) 在观察记录表上方写出你的计算过程。

(b) 在示意图上，标出不同液体在量筒中所处的相对位置并在每一液体所处位置旁边标出该液体的密度。

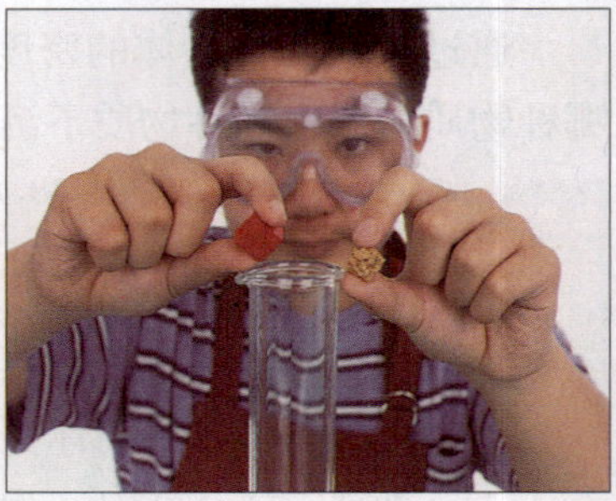

**6**

将软木塞和塑料块沿量筒壁放入液柱中。观察它们停留在液柱的哪个位置。

(a) 在示意图中画出软木塞和塑料块所处的位置，并做上标记。

## 分析思考

7

通过回答下列问题分析你的实验结果。

(a) 将你对液体的观察结果与你的预测相比较，二者有什么不同吗？

(b) 倾倒液体的顺序会影响实验结果吗？

(c) 将固体所处的位置与你的预测相比较，二者有什么不同吗？

(d) 用流体的性质简单解释你实验所得的结果，并写成文字。

(e) 在你的密度栏中有四种流体。第四种流体是什么？

(f) 将流体的密度和这些流体在容器中的位置进行比较。比较后的结果和这些流体的密度值一致吗？并解释为什么一致或为什么不一致。

**建立联系**

1. 常见的食物中哪一种是由这三种流体再加一些作料制成？

**探索研究**

2. 向液柱中加入 10 滴 15% 的“食用油”。画出示意图记录你观察的结果。

3. 估计软木塞和塑料块的密度是多少。

**反思回顾**

4. (a) 上述三种液体，倾倒哪种液体需要的时间最长？

(b) 提出与两种流体性质不同的有关的假设。2C

5. 向醋中加入食用色素会影响对醋的密度的计算结果吗？解释为什么会影响或为什么不会影响。

**技能手册：** 2C 作出预测和提出假设的技巧

# 密度的比较

你已经知道了每种纯净物都有自己的特定密度。通常情况下，固体的密度比液体的密度大，液体的密度又比气体的密度大。粒子理论能帮助我们解释产生这一现象的原因：在固体中，由于粒子间有很强的引力，粒子的排列十分紧密，固体粒子之间只有很小的空隙（图 1），所以固体的密度最大。液体粒子之间的间距比固体粒子的间距大一些，所以液体的密度稍微小一些。气体粒子之间的间距最大，所以气体的密度最小。当固体被加热至熔化时，固体的体积就会稍微扩大，密度就会稍微变小。既然密度是会发生变化的，那为什么我们还说每种物质都有自己的特定密度呢？

应该知道，除非是作出说明，否则一般手册中所给的物质的密度就是在室温下，最常见状态时该物质的密度。例如，通常铜是固体，氧是气体。但“固体的密度最大”这一规则也有一些例外。如汞，它是一种在室温下呈液态的金属，汞的密度比很多固体的密度都大，它的密度是冰的密度的 13 倍多。

水，也是一个特例。在某些温度下，液态水的密度比固态冰的密度大！

## 用纯水的密度作标准

水是地球上含量最丰富的液体。我们常用纯水的密度作为标准来衡量所有其他流体和固体的密度。

在 2.8 节的“试一试”活动中，你已经发现（在实验误差范围内）你做的 1 $cm^3$ 的容器能容纳 1 mL 水，你还知道 1 mL 纯水的质量是 1 g，即水的密度就是 1 g/mL 或 1 g/$cm^3$。这一数值常被用于比较其他所有的流体和固体的密度。

2.8 节中的表 1 中列出了一些常见物质的密度。通过比较各种物质的密度，我们能够判断哪些物质会漂浮在另一些物质上面。例如，二氧化碳气体，是呼吸作用的一种副产物，比空气的密度大。结果，空气漂浮在二氧化碳上方，但是空气和二氧化碳都会沉到氦气下面。

正如你在 2.9 节的“活动探究”中所发现的那样，密度大的物质沉在密度小的物质的下方。氢气极易发生爆炸，所以消防员需要知道泄漏的氢气是停留在地表面还是向上浮并聚集在屋顶下方，然后采取相应的灭火措施。再观察表 1，将氢气的密度与空气的密度进行对比，你认为消防员所担心的泄漏出来的氢气将会聚集在哪里？

**图 1**

如下图所示，物质被加热后，组成该物质的粒子获得能量并开始运动。观察物质的体积。你会看到当温度升高时物质的密度会减小。

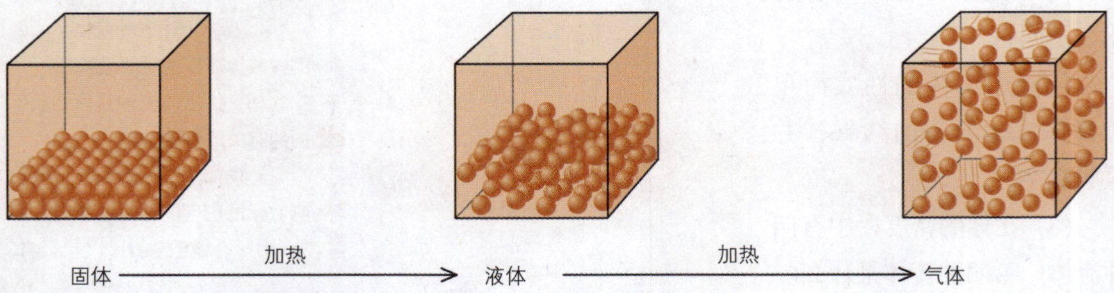

图 2

整个冰山大约有 90%浸没在水面以下，只有 10%显露出水面，这就是为什么对船来说冰山是非常危险的。

## 冰山浸没到水中的部分有多少？

如果你向一杯水中加入冰块，会看到什么现象？并不是所有的冰都漂浮在水的表面——冰块的一部分会沉浸在水面以下（浸没）。自然界中的冰山也是一样，只有一部分露出海面（见图 2）。将冰的密度与海水的密度进行比较，你就可以计算出冰山有多少是浸没在海水中的：

$$\frac{\text{冰的密度}}{\text{海水的密度}}\times100\%=\frac{0.92}{1.03}\times100\%=89\%$$

图 3

### 理解概念

1. 概括比较固体、液体和气体的密度。

### 建立联系

2. 假设把酒精、甘油、水和汽油放在同一个较高的容器中。画示意图表示出这几种液体在容器中的上下顺序并做出标记。

3. 计算漂浮在植物油中的桦木条露出植物油表面的比例是多少。

### 探索研究

4. (a) 被称作汽艇的大型飞艇用来在各个大洲之间运送乘客。兴登堡飞艇是人们已经制造的最大的飞艇，飞艇中填充的是氢气。研究有关兴登堡飞艇的资料，并做出关于兴登堡飞艇的报告。

(b) 在飞艇中填充氢气有什么好处，又有什么坏处？

图 4

### 反思回顾

5. 冰不是可以漂浮在水上吗？解释为什么图 4 中的立方体冰块会沉到液体的底部。

# 上浮与下沉

当你跳入水中时会有什么情况发生？水被分开（排开）给你留出了空间（见图1）。所有的流体，不管是液体还是气体，当有物体放入其中时都会有这种行为。充满氦气的气球推开空气就像游泳者推开水一样。

流体也会从各个方向对物体施加作用力。流体对物体施加的向上的力称为浮力。浮力是所有流体都具有的一个性质。

在流体中浮力并不是作用在物体上的唯一作用力。引力（重力）也作用在物体上。在下一部分将会描述这两种作用力对物体的影响。

图1

被排开的流体的体积与流体中物体的体积一样大。

## 试一试 比较浮力和重力

重力和浮力之间有什么关系？在物体上浮的过程中这些力都起了哪些作用？

图2

• 用弹簧测力计称量用于雕塑的黏土块的重量（大约300 g）。你需要用一根线捆住黏土块，用线系一个环以便于挂在弹簧测力计上。记下这个重量作为黏土块在“空气中的重量”。

• 在一个水桶中装入自来水，把黏土块放入水中。使黏土块完全浸没在水中但是不能接触桶的底部或桶壁。记录浸没在水中的黏土块的重量。记住不要把弹簧测力计浸入水中（见图2）。记下这个重量作为它在“水中的重量”。

1. 你注意到物体在空气中的重量和在水中的重量之间的不同了吗？这两个数值之间的不同又代表了什么意义？

2. 作用在黏土块上使其上浮的力有多大？

• 用计算所得的这个数值和“重力”这个词解释为什么黏土块在水中仍会下沉。

• 改变黏土块的形状直到它能漂浮在水面。

• 当黏土块上浮时，求出不同形状的黏土块暴露在空气中那部分的重量。

3. 关于这个重量你注意到它与之前测得的数值之间有什么不同吗？

• 让这个新形状的黏土块漂浮在水面。

4. 现在你能算出黏土块在水中的那部分的质量吗？解释你是怎么计算这个数值的。

• 向黏土块中塞入大理石，一次一个，直到再加一个大理石时，新的黏土块就下沉为止。记下黏土块和大理石的总质量。

5. 比较你们班每个学生设计的所有能漂浮的黏土块，结构设计上有哪些相似之处？

6. 每个能漂浮的黏土块上所能包含的大理石的质量一样吗？包含大理石质量最大的黏土块与包含大理石质量最小的黏土块相比，它们的形状有什么不同吗？

## 阿基米德原理

大约在公元前 250 年，西西里岛上锡拉丘兹国的国王怀疑他的金匠秘密私留了用于制造皇冠的金子，反而用便宜的金属代替金子。国王邀请阿基米德，一位希腊数学家，来检测皇冠是否由纯金制成。

以下是阿基米德解决这一问题的过程：他发现金匠制造的皇冠与相同质量的纯金条相比，在水中皇冠的重量较小。这意味着皇冠在水中所受的浮力大，即金匠制造的皇冠比纯金条排开的水多（见图 3）。由于物体的体积跟它排开的水的体积相等，所以皇冠的体积比金块的体积大，即皇冠的密度小，说明皇冠不是由纯金制成。

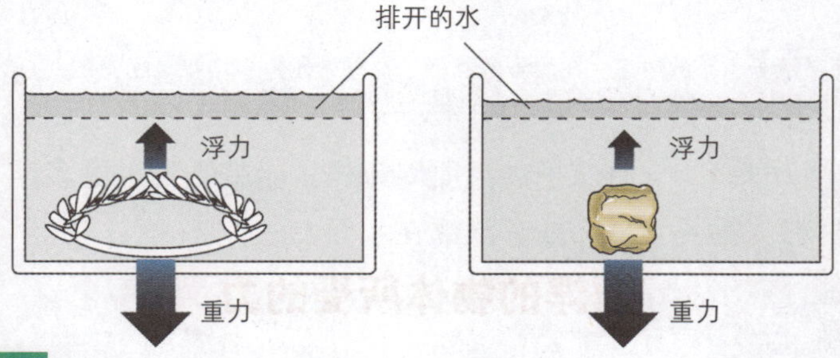


图 3

浮力的大小等于浸没在水中的物体排开的水的重力。

阿基米德所发现的这个方法利用的就是到现在仍然很著名的阿基米德原理：浸没在液体中的物体所受到的浮力的大小等于物体所排开的液体的重力。据传说，阿基米德是在洗澡的时候想出这个点子的。他当时太高兴了，以至于跳起来跑到大街上高喊“尤里卡！”（意思是“我找到了！”）

**理解概念**

1. 为什么国王的金匠要在制造皇冠的金子里掺入密度较小的金属？

**建立联系**

2. (a) 如果把黏土块放入海水中，这个黏土块所受的浮力会有什么变化？

(b) 如果黏土块能在海水中漂浮，那么它所承受的大理石块的重量有什么变化？

**探索研究**

3. 测量最初的黏土块和能漂浮的新的黏土块所排开水的量各是多少。将这些量进行比较，二者有什么不同吗？

**反思回顾**

4. 怎样改变密度大的固体物质的形状使它能够在低密度的流体中漂浮？

5. 回顾 2.9 节的“活动探究”。用“浮力”和“密度”这两个词解释软木塞和塑料块在水中的运动情况。

### 任务设计

你所学的关于浮力的知识，对你在任务设计中设计潜水设备或船闸有什么帮助？解释这些知识是怎样帮助你进行设计的。

图 4

木材能漂浮：它们可以浮在水面上。

# 物体是怎样漂浮的？为什么物体能够漂浮？

图 1

作为浮船坞体系的一部分，数百个 2 L 的塑料瓶被赋予了新的用途。在漂浮的圆桶（插图所示）中堆积了密封的瓶子，这并没有对物体增加太多的重量，却增加了固体的体积。重新利用多余的瓶子进行填埋，可以减少废弃物。

还记得 2.11 节中的“试一试”活动吗？活动中你用到了一种密度比较大的材料（黏土），并通过改变黏土块的形状使其能浮在水面上。船舶制造者们的设计中利用的正是这一原理。他们用密度是水的 8 倍的钢铁做成能漂浮在水面上的船只。正如你改变黏土的形状一样,造船工程师也对船体进行外形设计，以便使制得的船舶中能包含大量的空气。从而使整个船，包括空船体的总密度（总质量除以总体积）比水小，这就像图 1 中填充有瓶子的浮船坞一样，船就受到了更多浮力，从而能够漂浮在水面上。

图 2

## 漂浮的物体所受的力

如果浸没在水中的物体所受的向上的浮力比向下的重力（物体的重量）大，那么物体将会上浮。如果物体所受的浮力比物体的重力小，它就会下沉。如果所受的浮力和重力相等，那么物体既不会向上运动也不会向下运动（见图 2）。

但是根据阿基米德原理，物体所受的浮力等于它排开的液体的重力。所以物体是上升还是下降最终取决于它排开的液体是多还是少。由于物体和它所排开的液体具有相同的体积，所以物体是上升还是下降就取决于它所排开的液体的密度是大还是小。

很有意思的是，人们发现浮力取决于重力，这是由于各种物质的浮力是由于物质受到了重力而产生的。也就是说没有重力就没有浮力。根据物体在流体中是上升、下降还是保持水平，我们称物体分别具有正浮力、负浮力和中性浮力（见图 3）。

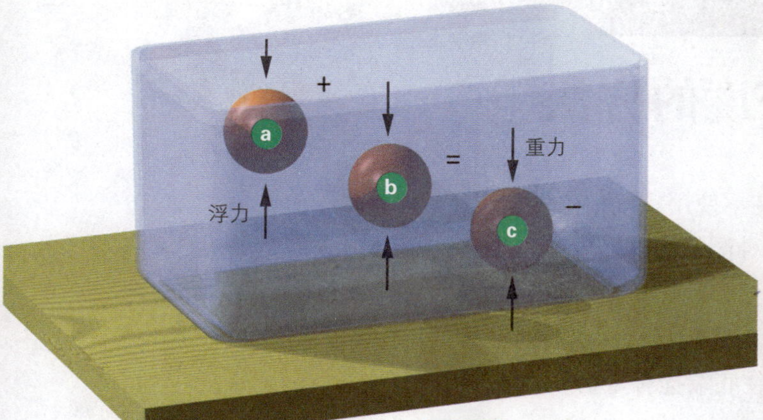


图 3

球 a 由于具有正浮力而上升。
球 b 由于具有中性浮力而保持静止。
球 c 由于具有负浮力而下沉。

## 物体在空气中所受的浮力

浸没在气体中的物体所受的浮力和浸没在液体中的物体所受的浮力,两者的受力原理是一样的。但气体和液体的密度不同：水的密度是空气密度的 800 倍。这就是为什么你需要充有大量氦气的气球才能在空气中上浮，但是要想在水面上漂浮只需一件小的救生衣就足够了。为了能够提供使物体上升的足够浮力，气球必须排开更大体积的低密度流体。

## 船只的安全水位线

船舶载重线又称普林索尔载重线。这些线或数字，显示了船满载时的安全水位（见图 4）。普林索尔载重线是以塞缪尔·普林索尔的名字命名的，塞缪尔·普林索尔是英国的一位政治家。大约在 1870 年，他参与制定了一项法律，规定英国的每艘船都应该标有这些载重线。在这项法律制定之前，很多船舶拥有者常常使他们的船舶超载，从而导致很多船舶沉没。到了 19 世纪末，世界上的每条船上都标有普林索尔载重线。

### 理解概念

1. 如果你再重复一次 2.11 节中的“试一试”活动，这次用食用油代替蒸馏水，那么物体所受的浮力会发生什么变化？

2. 用科学术语解释为什么船舶超载会导致船舶的沉没。

### 建立联系

3. 根据图 3 中的示意图举出的三个真实生活中的例子。

图 5

4. 为什么随着蜡烛（图 5）的燃烧，这些蜡烛在水中会渐渐上升？

### 探索研究

5. 煮得较熟的鸡蛋在水中有负浮力——它会下沉。通过控制向水中加入的盐的量，可以改变自来水对鸡蛋的浮力，直到鸡蛋具有正浮力（向上浮起）。你用了多少盐才使鸡蛋上浮？

## 任务设计

你怎样利用有关浮力的补充知识使潜水设备具有正浮力或负浮力？

图 4

船体上的普林索尔载重线表明了船舶在合法装载后的深度。

技能菜单
○提出问题 ●实验检验 ●问题分析
●提出假设 ●记录结果 ●交流经验
●制定方案

# 另一种测量液体密度的方法

2.9 节的“活动探究”中，你在不使用精确仪器的情况下，比较了流体的密度。人们设计了一种测量液体密度的仪器，称为液体比重计。在不同密度的液体中，液体比重计浮起的高度不同。液体比重计的上半部分标有刻度能够指示出所测液体的密度。大多数液体比重计长而细，在底端挂有重物。

**材料**

- 围裙
- 护目镜
- 直径为 17 mm 的木销钉
- 细的永久性彩笔
- 装满水的桶
- 短的镀锌螺钉
- 镀锌螺母
- 螺丝刀
- 厘米刻度尺
- 带 6 mm 钻头的钻
- 轴锯箱
- 手工锯
- 饱和盐溶液
- 水
- 酸浸醋
- 市售液体比重计
- 高而细的量筒

## 提出问题

在枫糖浆（图 1）的实际生产中，人们是没有足够的时间先测量一体积沸腾液体的质量，然后再计算它的密度的。这时候就需要一种快速的测量液体密度的方法。

## 设计思路

设计并制作一个液体比重计。通过将它与市售的液体比重计进行比较，来检测你自制的液体比重计的有效性。

## 设计要求

设计一个液体比重计，这个液体比重计在不同的液体中能上浮不同的高度，通过这种方法来指示每种液体的密度。这个液体比重计必须能在液体中垂直上浮。你只能使用所提供的实验材料进行设计。

- 用水做标准给你的液体比重计标上刻度（可读的线性刻度必须在仪器上标出来）。

## 操作

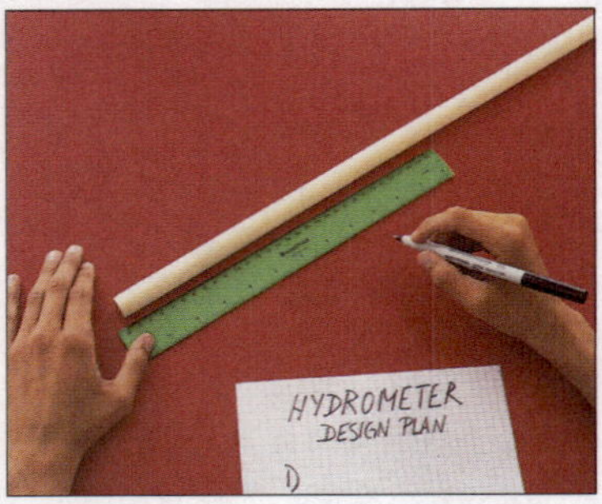


1

设计你的液体比重计。

- 你的设计经老师审核后再开始制作。

## 检测

2

检验你的液体比重计，如果有必要的话及时做出修改。

(a) 将你所做的修改记录下来。

3

用市售液体比重计来测量上述液体的密度。

- 用比重计测量完一种液体后擦干净再测量另一种液体。

(a) 记录你的观察结果。

**图 1**

在巨大的蒸发锅中煮沸用于生产枫糖浆的液体。

恰当地使用实验材料和实验工具。如果你不知道怎样安全使用设备就向老师请教。

**4**

通过测量你制作的液体比重计在三种液体中上升的高度，来为你的液体比重计标刻度。

• 标上液体比重计在每种液体中的上升的高度，并在仪器上写上该液体的密度。

(a) 画出你已经完成的液体比重计，并做上标记。

## 评价

**5**

根据你的液体比重计与设计标准的符合程度，来评价你的比重计。

(a) 你的液体比重计在不同的液体中能上浮不同高度吗？

(b) 你是仅仅使用了所提供的实验材料吗？

(c) 你在液体比重计上标出的刻度能用来指示液体的密度吗？

(d) 如果你必须修改你的比重计，写出你做出这些修改的原因。

### 分析思考

1. 什么时候液体比重计浮起的高度更高？什么时候浸没在液体中的部分更多？

2. 由于你的自制比重计是由木材制成的，想想使用它时可能存在哪些局限性？

3. 按密度从大到小的顺序来排列你所使用的液体。

4. 在测量密度相似的液体时，你的比重计的精确度是否足够将这些液体区分开来？

### 建立联系

5. 在制造枫糖浆的过程中，你是怎样使用液体比重计的？

6. 蒸发液体时，如果液体煮的时间过长，会有什么情况发生？

### 探索研究

7. 配制浓度为 200 g/L 、300 g/L 和 400 g/L 的蔗糖溶液。用市售液体比重计测量每种溶液的密度。所测的密度与每种溶液中蔗糖质量之间有什么关系？

### 反思回顾

8. 解释下列液体比重计的读数有什么意义：1.03、0.87、1.00。

## 任务设计

在设计你的任务设计时对液体密度的测量是必须要重视的吗？解释原因。

# 从生物体内的囊状物到船舶的压舱物：改变浮力

自然界里，鱼和一些水生植物（图 1）能改变自身所受的浮力从而适应水中生活。人们对船、潜艇、热气球或水中呼吸器进行设计，以便使它们能够在水中或空气中垂直运动。改变浮力的自然方法和人工方法具有很多相似性。

图 1

充有空气的气囊使岩藻能在水下直立。

## 大自然的方式

鱼类通过控制体内鱼鳔中的空气多少来控制它们在水中的深度（见图 2）。鱼鳔中的气体是通过鱼自身吸收水面上的空气或者从鱼的血液中释放分解的气体来增加含量的。

(a) 通过扩张或收缩它们体内的鱼鳔，鱼类可以改变它们在水中的位置。这一过程中鱼所受的浮力是增大还是减小？

(b) 思考为什么鱼能够在水中上浮或下沉到不同的位置。

(c) 气囊对于海藻适应环境有什么作用？

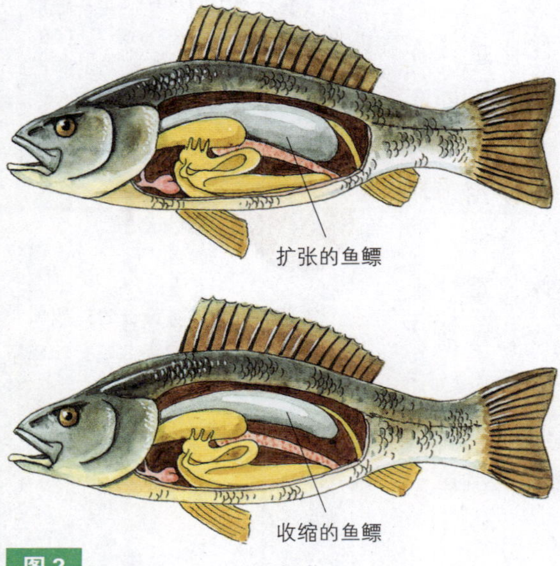


图 2

鱼体内的鱼鳔

## 人类采取的方式

人身体的总密度很接近于水的密度。游泳者浸没在水中时，肺中充满空气，所以游泳者具有正浮力。穿着全裹式潜水服进一步增加了潜水员所受的浮力。潜水员携带的配重带能增加他们的密度并减小所受的浮力（见图 3）。

携带水中呼吸器的潜水者可以利用浮力代偿背心来改变她在水中所受的浮力。如果她想往下沉，她就释放背心中的空气，使她的密度变大。背心也能帮助潜水员停止下降而呈中性悬浮状态。为了回到水面，潜水员必须向背心中充入空气来减小她的密度，增加她所受的浮力。

(d) 鱼鳔和浮力代偿背心具有哪些相似之处？

## 控制压舱物

压舱物是指船、潜艇、热气球或飞艇（气船）为改变它们所受的浮力而装载的能增加重力的任何材料。压舱物能使它们行动更加稳定，并在流体中保持适当的高度运动。水箱能够为船和潜水艇提供压舱物。在热气球或飞艇中的压舱物可能是沙子或水。

满载的船在水中的位置降低，因此它的行动比空船稳定。当船卸下货物时，水就会作为压舱物进入船内，使船在水中保持稳定。当船再装载新的货物时，它会重新泵出作为压舱物的水。

热气球和飞船完全悬浮在空气中。它们也会使用压舱物来控制它们所受的浮力。人们在判断需要加入多少压舱物之前，要先计算燃料和乘客的重量。在飞行过程中，工作人员可以通过两种方法中的任何一种来增加它们所受的浮力：通过加热气囊中的空气来增加气体的体积或加入更多的氦气来增加气体的体积；或者，从飞行物上也可以释放一些压舱物。为了减小浮力，工作人员要么减少气体的体积（使气体冷却或者释放一些气体），要么增加更多的压舱物（也可以通过长长的绳索从附近湖中取水作为压舱物）。

在潜水艇中则是利用了压舱箱来控制潜水艇的上浮或下沉。如果压舱箱装满了水，潜水艇将下沉（见图4）。当潜水艇到达合适的位置时，箱中的一些水就被泵出，并用空气来代替。这种调节过程会一直继续，直到潜水艇停止下沉并在水中的合适位置悬浮。为了使潜水艇浮出水面，或浮起的位置更高，那么就利用空气代替箱中更多的水。

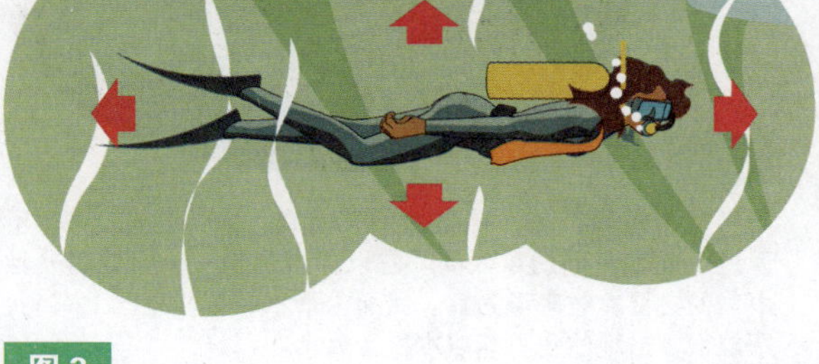

图 3

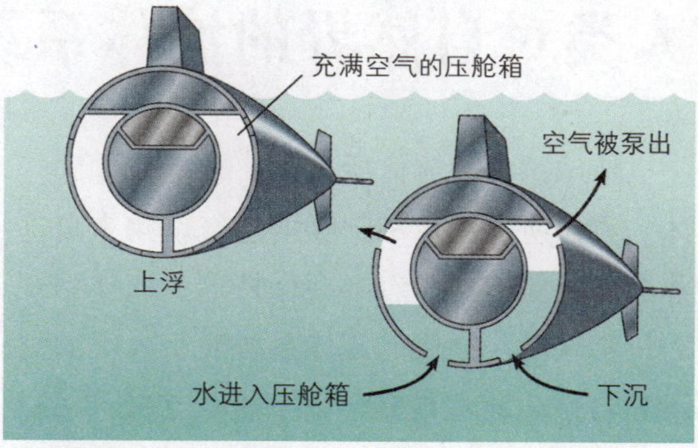


图 4

改变潜水艇压舱箱中的水量可以使潜水艇下沉或上浮。

(e) 与远洋轮船相比，在北美洲五大湖上行驶的船只所需的压舱物是多还是少？对你的答案进行解释。

(f) 为了使热气球升高以便超过大树，热气球上面的员工应该怎么操作才行？

(g) 在潜水艇的压舱箱中装入的水的多少受到哪些因素的影响？

(h) 进入潜水艇的压舱箱并代替水的空气来自哪里？

**建立联系**

1. 如果水下带有便携式呼吸器的潜水员的重力（重量）是 600 N，那么潜水员处于以下状况时所受的浮力应该是多少？

(a) 下沉；

(b) 上浮到水面。

2. 要求你向一个充满氦气的气球上加入压舱物直到气球能悬浮在房间的中央。

(a) 你用什么做压舱物？

(b) 如果你增加或移去一些压舱物，会发生什么现象？

## 任务设计

如果想使一个设备在空气或水中向上或向下运动，那就需要改变它的浮力。这两页中的信息对你设计你的任务设计有什么帮助？

# 人类对自然界的流体系统的影响

地球被各种流体所包围，包括液体和气体。我们所喝的水和呼吸的空气就是来自这些流体，所以非常有必要保持这些流体系统的正常状况。健康的流体系统对于人类的健康和自然生态系统的生存都是非常必要的。同时，人类的很多经济活动（捕鱼、航行和旅游）也要依靠地球的流体系统。我们必须以一种有利于环境、经济和社会的方式来对待地球的流体系统。实际情况却是虽然这些流体系统非常重要，但是人们却正在滥用它们、忽视它们以致对它们造成了破坏。

## 当心压舱物带来的危害

每年都会有很多船舶从世界各地向加拿大港口运送各种不同的货物，从谷物和石油等原材料到电子产品和汽车等产品，这些船能够运来人们所需要的任何东西。在每个港口，这些船只卸下货物后，就会装入水作为压舱物。当船在下一个港口装货时，又会把这些作为压舱物的水泵出来。

问题是倾倒出来的压舱物中包含的不仅仅是水，往往还含有来自世界其他地方的各种生物，正常情况下，加拿大水域是不可能发现这些生物的，所以这些生物就被称为外来物种。外来物种包括植物（尤其是藻类）、鱼类和微生物等（见图 1）。

如果条件合适的话，在新的环境中外来物种能够很快地繁殖。通常情况下，一些外来物种在新环境中没有自然界的捕食者，所以多年来这些植物不受控制地生长——直到出现新的捕食者或找到控制它们的方法为止。

压舱水会把包括长草鱼和段虎鱼在内的外来鱼种带到五大湖中。这些外来鱼种与当地的鱼种争夺食物和生存空间，扰乱生态系统的平衡。这是一个非常令人忧虑的问题，因为鱼是加拿大人非常重要的食物、消遣和收入来源。

压舱水中也含有石油或其他污染物。当油轮卸空一批原油后，就在装过油的油箱中装入海水作为压舱物。当油轮再次装货时，这种被污染的压舱水就被泵入了当地的水中。

## 加拿大水域中的斑马贝

在 1985 或 1986 年，欧洲货船的压舱水偶然把斑马贝带到了五大湖中。这种生物首先在圣嘉利湖和伊利湖被发现，现在已经扩散到了内陆湖以及安大略省和魁北克省的河流中。斑马贝的影响扩散开了，它使得以浮游生物为食的鱼的食物供给减少了。同时它们堵塞了工厂的进水管、滤网和水处理设备，从而影响了水的流速（见图 2)。如果进入进水管的水减少，那么就没有足够的水可以使用。由于斑马贝是滤食性动物，所以它们的体内包含高浓度的毒素。任何以它们为食的动物吞下这些毒素，这些毒素就进入食物链中。人们每年都要花费数十亿美元来控制斑马贝造成的危害。

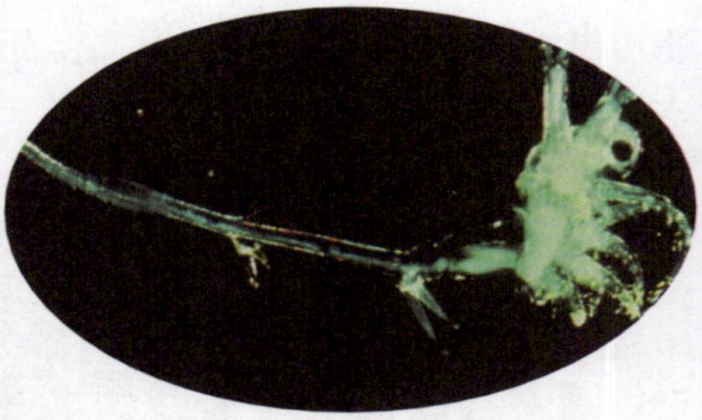

图 1

多刺的水跳蚤，是一种小的甲壳动物，大约是在 1993 年通过压舱水来到加拿大的。它以浮游生物——当地的一种小鱼的主要食物来源为食。然而由于水跳蚤的尾巴上有刺，所以很多当地的鱼不能以水跳蚤为食。



技能手册：8D 主题探究

图 2
成年斑马贝使它们自己附着到硬的表面上。这里显示的是它们自己如何爬入进水管中的。

## 报 告 对压舱水的管理 8D

**综合陈述**

必须采取措施来制止有污染物的压舱水给加拿大航道带来的污染。

**抽样调查到的各种观点**

公用事业官员的观点

有污染物的压舱水向我们的湖泊和河流中引入了斑马贝，而河流和湖泊中的水本来是用来饮用和发电的；斑马贝还堵塞了进水管，这对公用事业公司来说是一场灾难。将斑马贝从进水管中除去所用的技术和劳力都是非常昂贵的。这笔花费将转嫁到每个用水和用电的人身上。如果再引入其他的外来物种，谁知道又会引起什么灾难呢？

港口官员的观点

设计好的船舶必须浮在水中一定的深度位置。所以当船没有装载货物时，它们必须携带压舱物，而在装载货物时必须放空压舱物。轮船运输业是非常有竞争力的产业，如果加拿大港口对船运公司压舱水的控制过多，这些船舶会去其他的港口停泊。数千名加拿大人将会因此失去工作，驶入或离开加拿大的船运费用也会增加。加拿大的消费者和出口商将花费更多的经费用于购买一些商品。

五大湖渔船的船长的观点

压舱水已经带来了损害，很多种类的鱼几乎已经灭绝了：这些鱼失去了在自然界中生存的竞争力或者被压舱水带来的外来物种吃掉了。如果希望使五大湖中鱼的储备恢复原样，我们必须阻止外来物种进入我们的航道。但是船必须携带压舱物，也许有某种方法能够清理干净这种压舱水。

佃农的观点

现在湖里的水比以前干净多了。这可能是由于斑马贝的作用：码头的桥墩处到处都是斑马贝。但是以前在湖里能捕捞到的鱼再也捕捉不到了。我想可能被外来物种吃掉了吧。我宁愿选择过去的湖水。让我们制止压舱物的污染吧。

**你的观点？**

- 阅读每个观点并对这些观点进行评价。在表中合适的标题下记下主要的观点，并在这些标题下添加你自己的观点。
- 设计一个问题解决方案，并写出你的解决方案的大纲。
- 向全班同学展示你的提议。在你的报告中，解释你的解决方案是怎样减少人类对环境的影响的。

2.16

# 温度怎样影响流体的黏度和密度?

你是否认为在剧烈运动之前，先做一些热身运动会有很好的作用？同样道理，当流体被加热时，它会流动得更快。流体的黏度、温度和浮力都会随温度的改变而改变。

首先，让我们讨论除水之外的流体。你是否听过这样一种说法：“比一月份的糖浆还慢”？这实际上描述了当温度降低时，流体流动所受的阻力就会增加。当把流体中的热量吸走而使之降温后，流体中的粒子运动就会减慢而相互靠近。这导致了流体的收缩——即体积减小。这样流体的密度就会增大。（记住 $D=M/V$。由于 $M$ 不变，$V$ 变小，那么 $M/V$ 就会变大。）同时流体的黏度也会受到影响：当流体粒子运动减慢并相互靠近时，它们之间的引力就会增加，从而使粒子之间的相互流动变得困难。因此，在低温下流体的黏度会增大。

正如你所预测的，温度升高时会发生相反的情况。当流体的热量增加时，它的密度就会减小并且流体流动时所受的阻力也会减小。

空气对温度变化的反应解释了热气球的运动特点。当被加热时，热空气就进入到气球内部，气球就会上升。这种现象之所以能发生，就是由于热空气的密度比周围的冷空气的密度小，所以热空气能够浮在冷空气的上方。当气球内部的空气变冷时，气球内空气的密度变大，气球就会下降。通过热量的定期释放能使气球保持在空中合适的高度。

## 水：一个特例

当温度改变时水的运动与其他流体的运动特点是不同的。如果潜入湖中，你可能会注意到湖的上层水比下层水温度高。在夏天，由于温度较高的水密度较小，所以温度较高的水会浮在较冷的水上方。但是当水的温度降低到 4 ℃以下时，水的密度又会变小！表 1 就说明了这一点。

表 1

| 纯水的温度 | 密度（g/cm³） |
|---|---|
| 100 ℃ | 0.958 |
| 20 ℃（室温） | 0.998 |
| 4 ℃ | 1.000 |
| 0 ℃ | 0.92 |

冰能漂浮在水面上，就是因为冰的密度比液态水的密度小，在 4 ℃时水的密度最大。

水这种特殊的性质使得冬天湖里的水不至于全部冻成固体。随着水的温度降低，水会下沉到底部，而冰浮在水面上方。湖底部水的温度在 4 ℃，呈液态。这才使得水生生物能够存活。湖上部的冰将下部的水与外界空气隔离开来（见图 1）。在冬天只有比较浅的池塘中的水才会结冰。

水的黏度也随温度的改变而改变，0 ℃的水的黏度大约是 100 ℃的水的黏度的 7 倍。

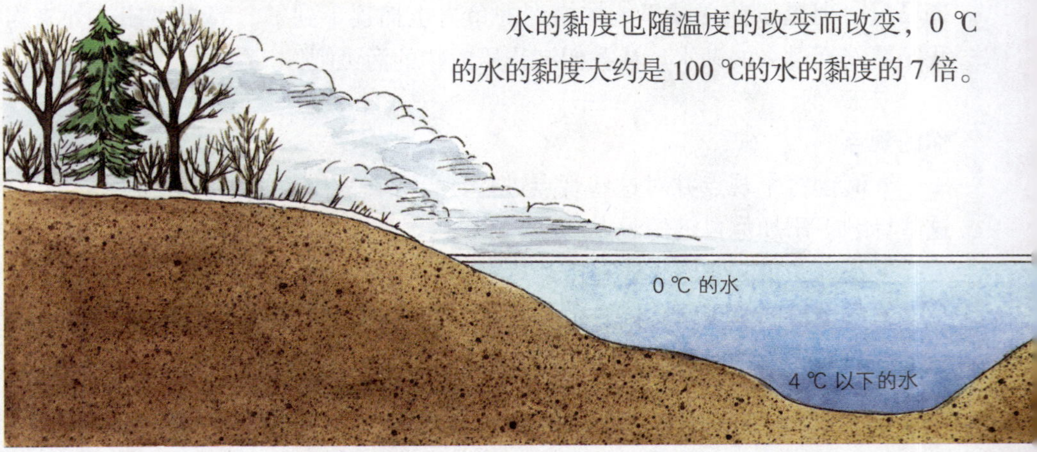


图 1

水结成冰后密度会变小。4 ℃时水的密度最大，4 ℃的水就会沉在冷的结冰的水下面。

## 用粒子理论解释温度改变所产生的影响

在固体中，粒子被紧紧地束缚在一起，由于粒子之间的引力使得固体具有固定的结构。固体中的粒子也可以运动，但是只能在原地做小范围的振动。当加热固体时，内部粒子就获得能量，振动变快。当增加更多的热量时，粒子振动的速度会变得非常快，以至于粒子之间的引力不能将粒子相互吸引在一起。这时固体的原有结构会被破坏，固体就会熔化成液体。液体中的粒子间作用力较小，使得它们之间的间隔较大（密度小）。

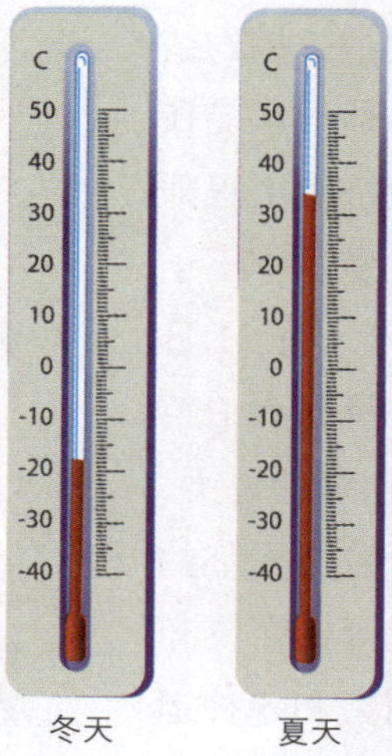


**图 2**

当液体的温度升高时，粒子之间的空隙变大，液体的体积变大。当把酒精放入玻璃管中时，它的体积随着温度的波动而增大或减小。这就是温度计的工作原理。

对液体加热以提供更多热量时，粒子运动会变得更快。粒子之间的引力就会被破坏，粒子能向各个方向运动，从而导致它们之间的空隙进一步增大。粒子占据了更多的空间或体积（图 2），使得液体的密度变小。最后粒子会从液体中逃逸出去形成气体（见图 3）。

当温度降低时，就会把气体或固体中的热量吸走，与上述过程相反的过程就会发生。

随着温度的升高，流体的密度减小，流体对浸没在其中的物体的浮力也会减小。这是为什么呢？因为温度较高时所排开的流体的重量减小。随着分子之间的引力减弱，流体的黏度也减小从而在其中的物体的浮力减小。

**表 2**

| | 体积 | 密度 | 黏度 | 浮力 |
|---|---|---|---|---|
| 温度↑ | ? | ↓ | ? | ? |
| 温度↓ | ? | ? | ? | ? |

**图 3**

消防员经常使用喷雾状的水。喷雾状的水从火中吸热的速度比固定的水流要快得多。水吸收热量以后形成了蒸汽。蒸汽占据很大的体积并代替了助燃的空气。

### 理解概念

1. 将表 2 抄在你的笔记本上，并通过添加向上或向下的箭头来完成表 2，以指示流体的各种性质随温度的变化。

2. 根据粒子理论，用质量、体积和密度这三个单词来区分气体、液体和固体。

3. 用粒子理论解释 2.4 节的“活动探究”中温度的改变对食用油的影响。

4. 当温度改变时水的行为与其他流体有什么不同？

### 建立联系

5. 在很多飞机中，氧气罩储存在乘客上方的隔间中。这些氧气罩中的氧气是以液体状态储存的。如果需要氧气就要加热它，直到能变成气体。解释为什么在这种情况下要将氧气以液体状态储存而不是以气体状态储存。

6. 在热带水域中船浮起的位置变高了还是变低了？利用浮力和密度对此作出解释。

7. 举出两个在自然界能改变自身温度的物质。在各种情况下它的黏度和密度是怎样变化的？

### 探索研究

8. 熔岩在火山喷发时被带到表面，当冷凝时熔岩的黏度会发生变化。研究熔岩是怎样形成的，解释熔岩黏度的变化。

### 任务设计

在你的设计中，温度对流体有什么影响？

# 流体和联邦大桥

你能想象，在海面上一处长年经受风暴袭击的水域中，要在其上方修建一座超过 12 km 长的大桥将是一个多么大的挑战。桥的结构必须能够使用 100 年，而且各种汽车能在上面安全地行驶。这就是联邦大桥的工程师们所面临的任务。这座大桥连接爱德华王子岛省和新不伦瑞克省，在 1997 年 5 月 31 日开工。这座长 12.9 km 的大桥横跨诺森伯兰海峡，是世界上最长的跨越冰封水域的桥梁。

下面提供了一些大桥设计者曾经面临的难题。为了解决这些难题，工程师们需要知道流体的性质并且知道外界作用力和各种运动对流体可能会造成的影响。

## 平底货船

在大桥的建设过程中，很多活动是在一些被称为平底货船的巨型漂浮船上进行的。这些在平底货船上完成的活动，包括：放置桥墩的墩座并把桥墩的墩座黏合到（海底的）基岩上，以及给建筑工人运送供给物。一个平底货船上甚至还装备有供直升机起落用的着陆架。

图 1

斯万尼恩号：一个载有起重机的巨大的平底货船，被用来运送并安装桥的部件。

即使在漫长寒冷的冬季，大桥的建造还是要继续的，桥的许多部件必须首先在陆地上造好，然后再运送并安放到最终的位置。每个桥的部件都由桥墩和梁组成，重达 7 500 t。

(a) 在设计平底货船时工程师必须考虑到哪些外界作用力的影响？

(b) 在平底货船上进行所有的活动时，船必须保证稳定地漂浮在水面上，为什么这一点是至关重要的？

(c) 在使用平底货船之前，工程师应该怎样做才能保证它在使用时能保持稳定？

## 水和冰

海水会不断地对桥墩施加作用力，有时在短短几天内就会有无数的大浪冲撞着桥墩。当水结冰时这种作用力就会增大，冰会更猛烈地撞击桥墩。

工程师在设计联邦大桥的桥墩时，特别要关注诺森伯兰海峡中的冰块。他们建造了一个模型来模拟这种情况：在一个广阔的水域，制造了大量长宽各几厘米的冰块，用于支撑桥面的桥墩模型被放置在冰中移动，横穿整个水域。在模拟的真实水流条件中小心控制推动桥墩的移动速度。工程师用录像带记录下了这个研究过程，并在测试的过程中采取了一系列改进措施。

图 2

**探索研究**

1. 研究联邦大桥的设计和建设过程。

(a) 在冬天，为了打碎沿诺森伯兰海峡向南漂流的冰团，每个桥墩需要添加什么结构？

(b) 人们是怎样把斯万尼恩号平底货船运到加拿大的？你知道哪些有关这艘令人称奇的大船的事情？

研究的实验结果被用来判断桥墩必须能够承受的外界作用力的大小。

(d) 海表面的水对桥墩的作用力和水面以下 30 m 处的水对桥墩的作用力一样大吗？

(e) 为什么工程师要创建桥墩模型？

## 风

疾风给大桥设计者提出了另一个难题：设计者要考虑到桥周围的空气是怎样流动的以及风对桥身有什么影响；同时，风对桥上行驶的车辆所产生的影响也是需要关注的，在桥面道路的两边设计隔离墙能使这种影响最小化。

(f) 提出几种设计来减小桥周围的空气涡流强度。

图 3

## 混凝土

在桥的设计中，混凝土的选择也是工程师需要考虑的因素。为了使桥墩能够抵挡冰块的撞击以及可能发生的行驶船只的撞击，就需要一种含水量很低的混凝土。工人们必须先把混凝土从管道中取出，再倒入模子中才能制成桥墩的形状。工程师通过添加特殊的添加剂来改变混凝土的黏度。这使得混凝土保持液态的时间更长。

(g) 为什么工程师要在造桥用的混凝土中加入一些特殊的添加剂？

(h) 为什么在把混凝土倒入模子中时，有必要使混凝土充满整个模子？

图 4

一种看起来像加拿大机械臂的器械被用来向模子中倾倒混凝土。

技能菜单
●提出问题 ●实验检验 ●问题分析
●提出假设 ●记录结果 ●交流经验
○制定方案

# 流体是怎样应对压力的

"我正感到很大的压力!"你是否经常听到这样的表达?

当面对一次即将到来的测验或者短时期内有太多的作业要做时，人们常说自己受到很大的压力。流体也可能会承受不同类型的压力。流体受到压力时会有什么表现呢?我们将会观察到压力对流体产生什么样的影响呢?

**材料**

- 围裙
- 护目镜
- 2个20 mL的注射器
- 2个5 mL的注射器
- 3个3 cm长的直径为6 mm的塑料管
- 40 cm长的直径为6 mm的塑料管
- 直管接头
- T形接头

根据说明使用设备。当操作具有负压的注射器时要小心。

## 提出问题

2B **1** 在阅读完这次活动探究之后，提出一个你试图要回答的问题，并把这个问题写下来。

## 提出假设

2C **2** 为这次探究活动提出一个假设。

## 实验设计

在这次探究活动中，你将会研究外界压力对封闭体系中的空气和水的影响。

**3** 将表1抄在你的笔记本上并填写表1中的空格。

## 实验步骤

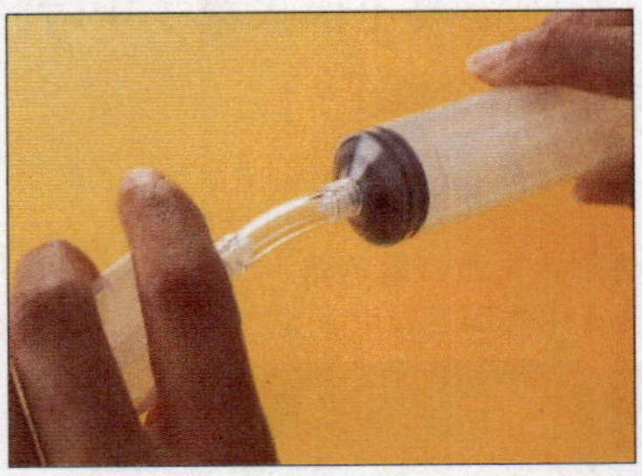

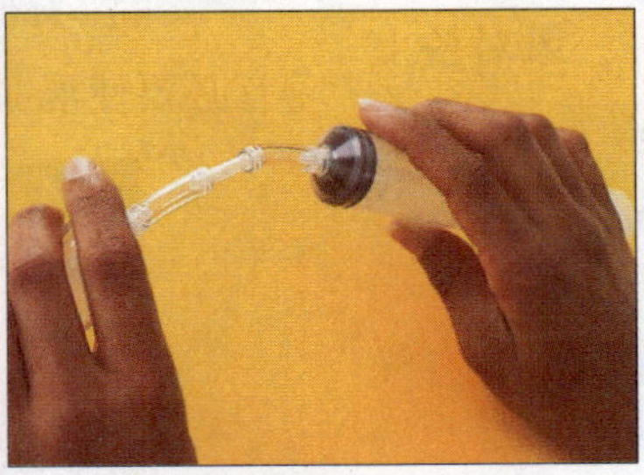

**4**

将两个20 mL的注射器用一段3 cm长的塑料管连接起来。

(a) 你能把活塞向后拉吗?如果不能，在把管和活塞连接起来之前你必须对活塞进行怎样的处理?

(b) 当你压下一个注射器的活塞时，另一个注射器会出现什么情况?

(c) 尝试移动一个注射器的活塞而使另一个注射器的活塞不动，会有什么现象发生?

(d) 你在这里所研究的是什么流体?

**5**

用一段40 cm长的塑料管重复第4步。

(a) 当你移动一个注射器的活塞时注意到有什么不同的情况发生吗?

**6**

用一个直管接头和两个短管把两个20 mL的注射器连接起来。

(a) 这一步中注射器的活塞的运动与第4步有什么不同?



技能手册: 2B提出问题的技巧 2C作出预测和提出假设的技巧 3D设计原型

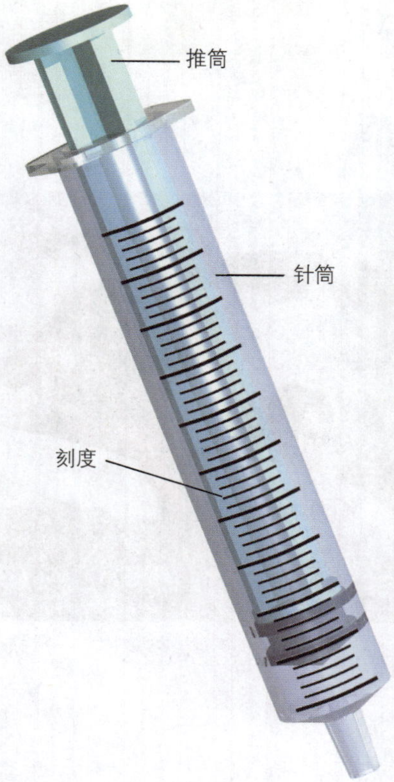


**表 1** 探究水和空气的压力

| 探究对象 | 所用设备 | 发生什么现象? |
|---|---|---|
| 1. 气压 | (a) 大注射器+3 cm 塑料管+大注射器<br>(b) 大注射器+40 cm 塑料管+大注射器 | ?<br>? |
| 2. 水压 | (a) ?<br>(b) ? | ?<br>? |

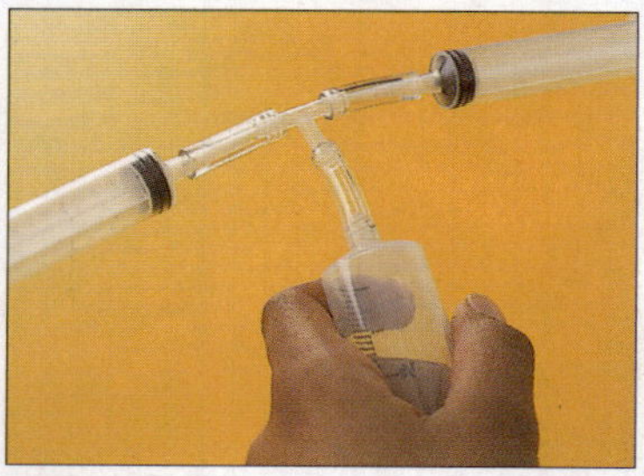

**7**

用T形接头和3根短塑料管把一个 20 mL 的注射器和2个 5 mL 的注射器连接起来。

(a) 记录实验开始时大注射器中空气的体积。

(b) 当你压下大注射器的活塞时有什么现象发生?

(c) 如果在第4步和第7步中用水来代替空气，请你预测会有什么现象发生，写下你的预测。

**8**

用充满水的装置来重复第4步和第7步。必须保证导管中没有气泡存在。

## 分析思考

**9**

通过回答下列问题分析你的实验结果。

(a) 如果连接在注射器上的塑料管或注射器上的活塞没有密封，会有什么现象发生?

(b) 当你向两种不同的流体施加压力时，会有什么不同的现象发生?

(c) 写一个报告来解释你的实验结果。

### 建立联系

1. 设计一个注射器装置，这个装置能使一种物质上升并接触活塞。画出你的设计草图。

2. 当医生给人或动物注射时需要在注射器上安装针头。医护人员是怎样排出注射器中的空气的?

### 探索研究

3. 用你所学过的有关注射器的知识来解释：为什么人有两个而不是只有一个肺，这种结构对人体有什么好处。

## 任务设计

这个关于压力的探究活动对于你的任务设计有什么帮助?

2.19

# 加压的封闭流体

图 1

什么是封闭流体？封闭流体是指在封闭体系中的流体。封闭流体只能在体系内部运动，外界流体不能进入体系中，内部流体也不能离开体系。在你身体内部流动的血液就是一种封闭流体。（倘若你没有割伤自己！）在气垫床中的空气也是封闭流体。当流体被封闭时，它们会产生一些有趣的影响。

在 2.18 节的“活动探究”中，你发现推动一个注射器会引起另一个注射器运动。换句话说，就是向流体体系的一部分施加力会导致体系的另一部分运动。力通过流体体系传递到稍远的另一个可以移动的部分。这是加压作用下流体体系的影响之一：作用在一个地方的力会对另一个地方甚至对另一个方向产生影响。驾驶员踩下刹车踏板，推动流体通过制动系统管路向车轮流动，在那里使刹车垫阻止车轮运动(见图2)。

在 2.18 节的“活动探究”中你可能已经注意到水和空气的影响是不同的。你是否注意到充满空气的体系中，受到外界压力时会存在着短暂的停顿或反弹，而充满水的体系中作用力反应却很迅速？这是为什么呢？你能用粒子理论解释这一现象吗？你要考虑到液体和气体中的粒子以及粒子之间存在的空隙。

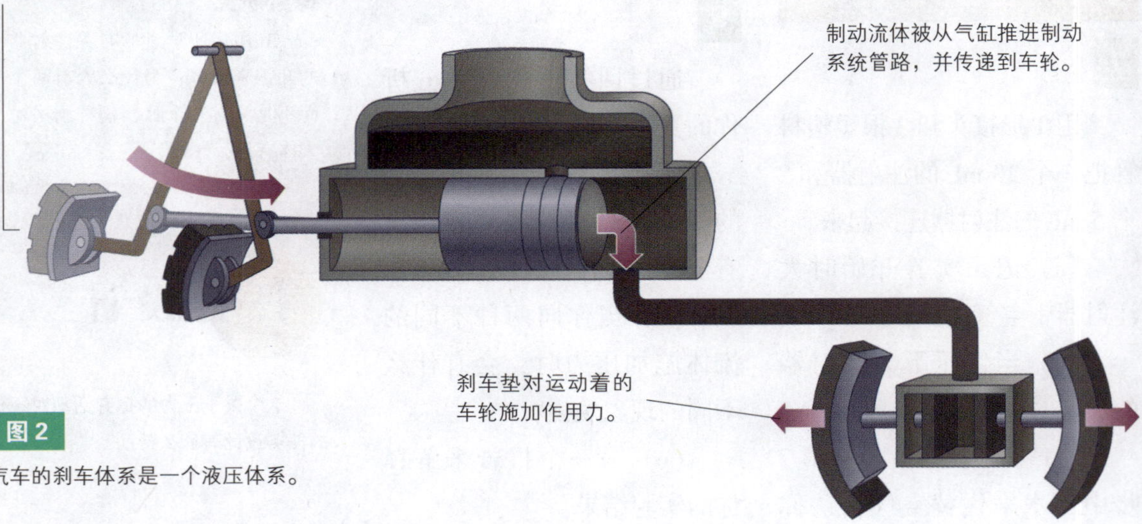


图 2

汽车的刹车体系是一个液压体系。

## 粒子理论的应用

我们可以用物质的粒子理论来解释当施加外力时封闭流体内发生的现象。记住，液体中粒子之间的空隙已经很小了。当施加外力时，液体的体积几乎不怎么减小。

在气体中，粒子相互远离。为了使力能从一个粒子传递到另一个粒子，必须减小气体所占的体积。这被称作压缩。当对气体施加外界压力时，这种外界压力会推动气体的粒子相互靠近。这就是充满空气的体系中有短暂停顿的原因——压缩空气是需要时间的，气体是可压缩的。在外界压力的作用下，液体的体积变化太小，所以我们说液体的可压缩性很小，或者说液体几乎不能被压缩。

当我们对气体或液体施加外界压力时，还会产生另一种影响，那就是气体或液体的状态会发生改变。对气体施加的压力增加，气体粒子之间离得足够近时气体就会变成液体。例如，丙烷在正常情况下是气体，但是在钢瓶中，受到外界压力的情况下是液体（见图 3）。相似地，液体可以被压缩成固体。

**图 3**

烤箱含有液体丙烷。对丙烷施加压力，使其成为液态，这样钢瓶中就能储存更多的丙烷。

### 理解概念

1. 利用粒子理论和这些有关压力的新的信息，解释 2.18 节的“活动探究”中你所得到的关于注射器的结论。

2. 注射器的探究活动中，有哪些证据可以支持粒子理论？

3. 在上一页的第一段提到了流体在压力下产生了“有趣的影响”。这些影响是什么？

### 建立联系

4. 比较液体和气体的可压缩性。画出示意图帮助你将二者进行比较。（6C）

5. 汽车用液压制动流体将力从刹车踏板传递到刹车垫。如果用空气代替液体，在踩下刹车踏板时感觉会有什么不同？解释为什么会有这些不同。

### 探索研究

6. 鲸是适应水中生活的哺乳动物。有些鲸能潜入水中达 2 000 m 的深度，比潜水员能潜入的最深的深度还要深。研究鲸的呼吸系统，看看它是怎样承受深水中的巨大压力的。（4A）

### 反思回顾

7. 你为什么要对流体施加压力？

### 任务设计

描述在任务设计中你是怎样对流体施加压力的。

技能手册：6C 科学与技术制图 4A 调查技巧

# 加压的流体系统：液压系统

液压系统是指内部有被封闭的、受到压力作用的流动性液体系统。液压系统利用加压的流体，能够移动很多物体。建筑工地上的大量泥土可以用反铲式挖土机和开凿机等液压机械来搬运。

## 液压系统是由什么组成的？

装在液压系统中的液体被称为液压液。图1中的液压液是油。油箱中的油通过输送管道（胶管、塑料管或管子）推入泵中的气缸内，气缸类似于一个大型注射器。油箱中的油向上推动活塞运动就像推筒在注射器中移动一样。活塞向上的运动所产生的作用力可以用来移动其他的物体。

泵和气缸之间的阀门控制着油的流动方向，同时也控制着活塞的移动。另一个阀门处于气缸和油箱之间，这个阀门打开，会使油流回油箱，这是由活塞向下返回产生的重力所推动的。流体能在整个系统中循环流动而不会被耗尽。

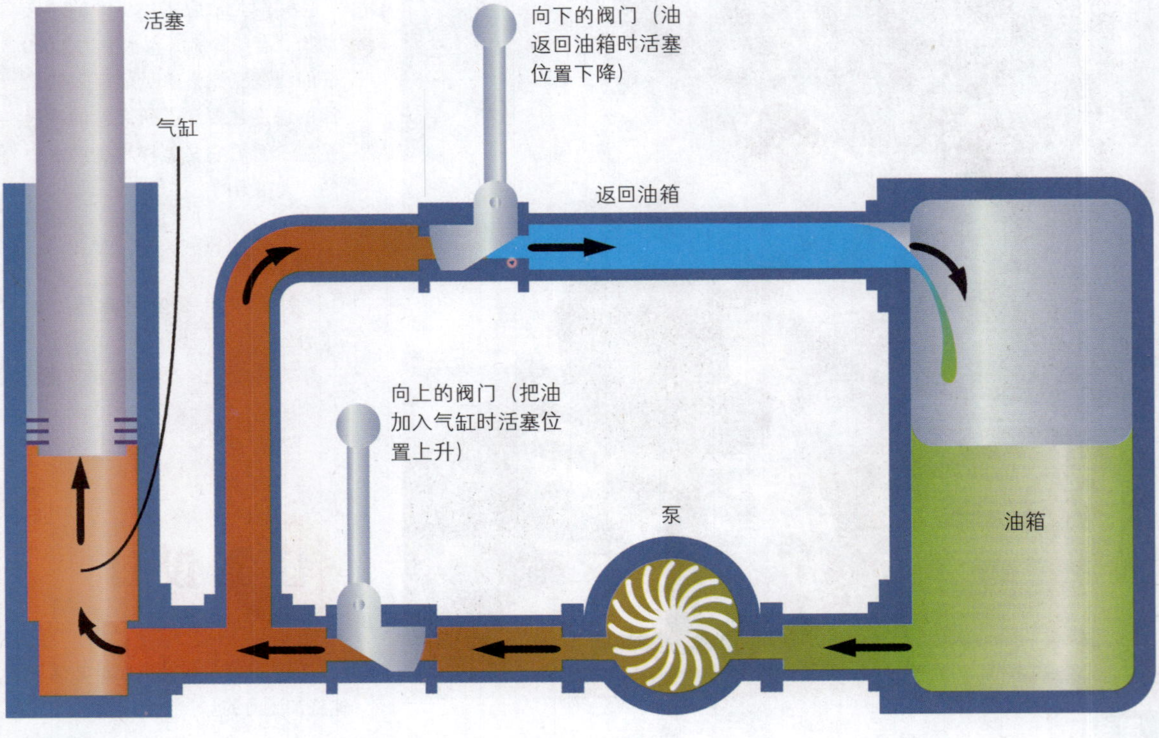


图1

液压系统可以被用来升高或降低扫雪机的刀刃或汽车的起重器械。

## 泵和阀门

人们常用泵的作用力来控制流体的运动。泵经常要通过抵抗重力作用而使流体流动。在汽车的发动机（图 2）、加油站的加油泵、洗碗机和很多其他的机器中都有泵。

阀门控制着流体的流动。阀门的类型有很多，但是却具有相似的功能：使流体向一定的方向流动。当你打开水龙头时，就相当于打开了一个阀门。很多地方都装有阀门装置，包括轮胎、足球和人的心脏。你还能举出其他的例子吗？

## 心脏：加压的流体系统

你的心脏也是一个类似于泵的装置（见图 3）。心脏每天约跳动 100 000 次，产生的压力将血液推向循环系统中的静脉和动脉。心脏中有四个腔室：右心房、右心室、左心房、左心室。心脏上面的腔室与下面的腔室是由心脏瓣膜分开的。心脏的瓣膜使得血液只能向一个方向流动。有关流体通过阀门流动的原理被用来设计人造心脏瓣膜。

血压能保证你身体的所有器官都能得到血液。医生用被称为血压计的仪器来测量人体的血压。

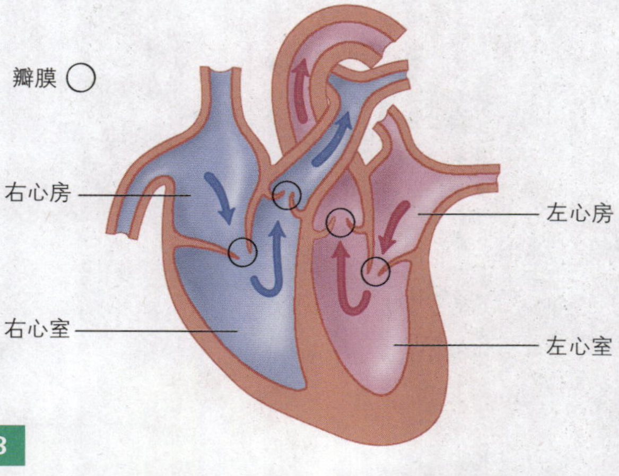


**图 3**

心脏在本质上是一个具有阀门的泵，能将血液推向全身各处。

### 任务设计

在你的任务设计中是用什么导管运输流体的？

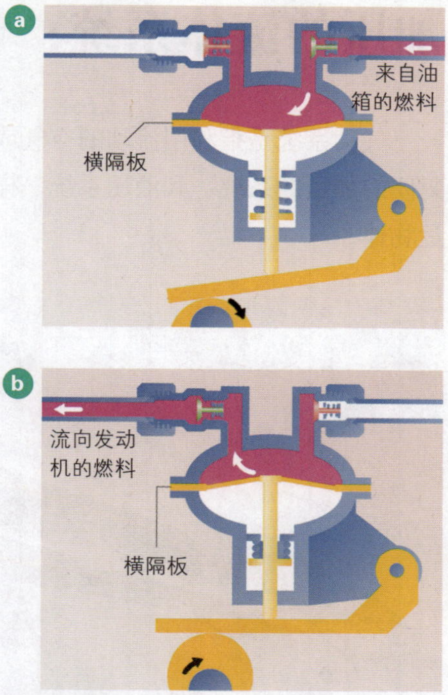


**图 2**

a 在汽车的燃料泵中，横隔板向下拉，燃料就进入泵中。

b 当横隔板向上推时燃料就进入发动机中。

**理解概念**

1. 列出两个用到液压动力的行业。

2. 在加压系统中是什么推动流体流动的？又是什么控制流体流动方向的？

**建立联系**

3. (a) 在液压系统中是用什么做导管的？

(b) 在人体的循环系统中什么导管起这种作用？

(c) 树中的导管是什么？树中流动的流体是什么？

4. 用维恩图将汽车的燃料泵和人的心脏进行比较和对比。

**反思回顾**

5. 有关液压系统的知识对于我们理解人的循环系统有什么帮助？

# 加压的流体系统：气动系统

气动系统是指利用流动的空气或其他气体，如二氧化碳等封闭的加压的系统。和液压系统一样，气动系统也能被用来搬运物体。

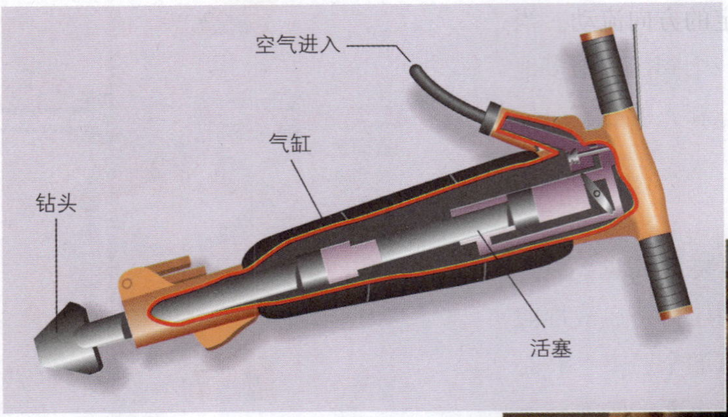


图 1

手提钻是一种气压钻。压缩的空气能使活塞向上或向下运动，从而使气压钻发挥作用。这些手提式机械常用于打碎混凝土。

## 气动系统是由什么组成的？

气动系统和液压系统非常相似（图 1）。它利用空气压缩机向气动系统中提供空气。空气压缩机和液压系统中的泵的作用相似。

有很多气压操作机械，如飞机上的空气调节系统和战斗机上的弹射座椅等。气动扳手是在换轮胎的过程中用来拆除或拧紧螺母的工具。图 2 显示的是一个气动钻的使用场景。

图 2

气动钻连续敲击在混凝土上，能够将混凝土打碎，人们再把打碎的混凝土运走。

## 肺：一个气动系统

你的肺的功能就像一个泵。肺吸入富含氧气的空气并呼出空气和多余的二氧化碳（见图 3）。如果没有膈膜，肺将无法行使其功能，肺中的膈膜与注射器中的推筒的功能相似。当膈膜被推离肺时，肺的体积增加，肺内部的压力减小。此时你体外的压力会比肺内部的压力大，这就使得外面的空气进入肺中。为排出气体，膈膜被向上推动，肺内部的压力增大，你就呼出了气体。在你的肺中始终留有大约 1 L 的空气以防止肺被压扁。

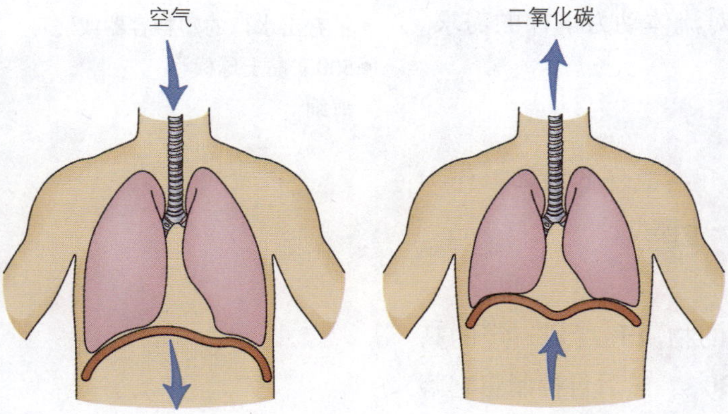


图 3

当我们吸气时，膈膜收缩；当我们呼气时，膈膜舒张。

### 理解概念

1. 利用你在“试一试”中所画的示意图和观察笔记，写一段话，总结液压系统或气动系统中阀门的作用。

### 建立联系

2. 位于喷雾器中的液体上部的气体是怎么导致液体从喷雾器的喷嘴中喷出的？

3. 用维恩图将汽车的燃料泵和人的肺进行比较和对比。

### 探索研究

4. 嚼口香糖为什么能够缓解你的耳朵中所受的压力？

5. 调查，在你的小区内天然 4A 气是怎样运输到各家各户的。

## 任务设计

在进行安全铰链的设计中，预测气动铰链和液压铰链的操作方式有什么不同。说出你作出这个预测的原因。

## 试一试 探索阀门的功能

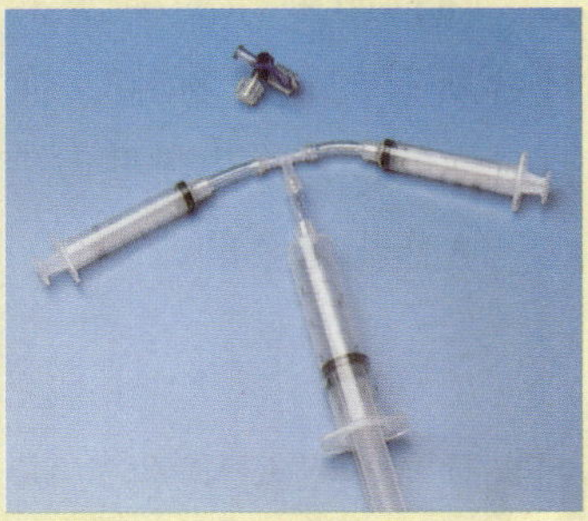

图 4

操作加压的流体时要小心。

找出使用阀门调节气动系统的原理。

- 在 2.18 节的“活动探究”中第 4 步到第 7 步所用的气动系统中添加一个阀门。
- 画出你使用的气动系统。
- 交替推动各个活塞并记录观察结果。
- 将阀门移到系统的另一个位置，再重复各步骤。
- 继续上述操作，直到你测试完放置阀门的所有可能的位置。

**技能菜单**
- 提出问题
- 实验检验
- 问题分析
- 提出假设
- 记录结果
- 交流经验
- 制定方案

# 近看流体动力

我们的生活中会用到多种流体动力系统。例如，机场不仅用流体系统输送乘客、运送行李，也用流体系统控制飞机的舱门、起落轮架、飞机尾翼和飞机副翼等系统的工作（图1）。在理发店，顾客坐着的椅子可以在流体压力的作用下向上、向下移动（图2）。即使是非常大的重物，也可以借助于充满流体的系统被方便地移动。

**材料**
- 围裙
- 护目镜
- 支架
- 夹具
- 2个20 mL的注射器
- 2个单向阀门
- 40 cm长的干净的6 mm的塑料管，加上几个小短管
- 水
- 带有出水口的塑料容器或烧杯
- 500 g黏土球模型
- 海绵

## 3B 提出问题

重读单元引言段，考虑一下人们对流体动力电梯的需求。现有某管理公司聘请你来设计这个电梯。

## 设计思路

设计一个液压系统与气动系统来升高或降低物体。作为一个测试，给你的管理公司设计制造一个模型。

## 设计要求

- 模型必须能够将质量为500 g的物质升高到一定的高度，并且能在这一高度保持稳定长达30 s，然后再控制将它落回平面。
- 必须使用所列出的实验材料制作你的模型。

## 操作

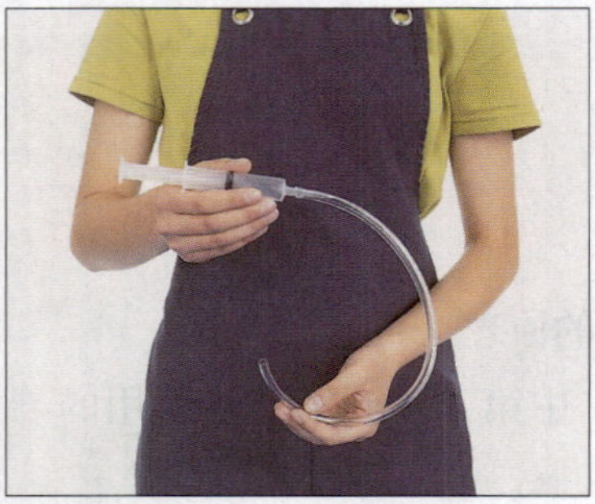

3D **1**

设计你的电梯模型。

- 在你的设计经过老师 3E 的审核之后再制作你的模型。

(a) 记录在设计和制作模型的过程中所面临的种种情景和问题。

(b) 画出完成的模型，并在示意图中做上标注：气缸、活塞和导管。

## 检测

**2**

你的模型和设计标准的符合程度怎样？

(a) 如果你的模型不能 3F 符合所有的设计标准，你需要对你的设计作出哪些改变？

- 作出必要的改变。

充满水的注射器在加压以后将是非常危险的。首先认真检查各个连接处是否接好了。



技能手册：3 如何进行实验设计

图 1

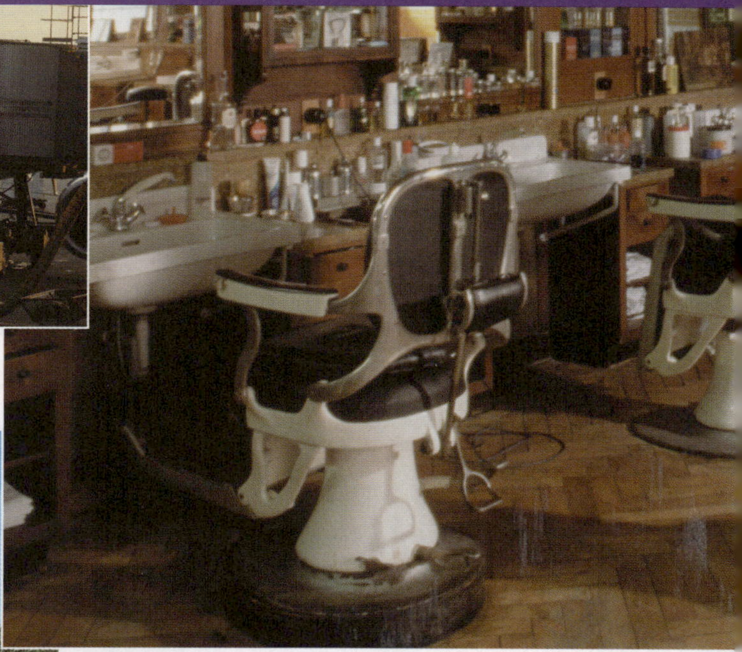

图 2

图 3

在塞芬特伦特水路上的海上斜拉铁路上，当船吊离地面超过17.7 m 时，将会由液压气缸操纵吊索支撑重物。

## 评价

**3**

通过回答下列问题评价你的实验结果。

(a) 你制造的系统中的流体什么时候被压缩？

(b) 在充满水的系统中为什么不能含有空气？

(c) 你怎么判断你的充满空气的系统是否漏气？

## 任务设计

设计和制作一个液压体系的模型对你设计的任务设计有什么帮助？

### 建立联系

1. 如果你的液压模型充满的是汽油，又会有什么不同吗？

### 探索研究

2. 如果要承载两倍重的负荷时，你应该怎样修改你的模型？

3. 在你的流体系统中，被用来升降的物体是黏土。如果要提升一个刚性的矩形物体，你该对你的系统作出怎样的修改？

4. 把你的电梯制成一个液压系统。向液压系统中小的液缸表面施加作用力就能够在大的液缸上产生较大的输出力，描述使用这一系统提升重物时，所需提供的外接作用力的变化。

### 反思回顾

5. 液压和气动电梯两者的优点是什么？

2.23

# 为我们服务的流体动力

液压系统和气动系统都具有多种功能，它们可以用来做非常粗重或者非常精细的工作：微型的气动手提式钻孔机可用于进行医疗手术，液压机器人或气动机器人能完成装配线上的危险工作，从而避免人员受伤。流体动力机械可以节省产业成本，能够很快而有效地完成需要很多人长时间才能完成的工作。为了符合社会的需要，液压系统、气动系统和电力系统、固体机械系统（重锤拉力器和杠杆）正以令人惊讶的多种方式相结合以完成种种复杂工作。

## 可以给我们带来娱乐

从制造大型运动怪兽的特殊效果（图 1）到游乐园内乘坐的各种娱乐车（图 2），流体动力系统可以创造出令我们既害怕又兴奋的许多场景。

图 1

动画电影中的模型由于液压系统的作用而变得栩栩如生。

图 2

气动系统用来减慢过山车的速度或使过山车停下来。

## 营救过程中的液压系统

我们见过多种类型的救生工具（见图 3）。有些救生工具可以用高达 169 kN 的力对物体进行切割，其他的救生工具则被用于撬开物体。一些特殊的液压设备可以用来打开车门、切断路边的护栏，以便能将事故中的受害者尽快送往医院。

图 3

救生工具包括液压切割及撬动机器。这些救生工具利用的是专门用于火灾或爆炸等高危险情况的液态流体。这种流体既能防火又不导电。

图 4

## 训练中的应用

液压系统也能被用在模拟飞行器的运动与驾驶培训工具中（见图 4）。坐在真实交通工具的模型中，操作者对计算机生成的环境做出各种反应，就好像这些交通工具是真的一样。液压气缸使整个模拟装置能够前后运动和侧向运动。由于这些是模拟装置，所以可以在不会有任何人受伤的情况下进行危险的操作。液压系统可以为我们的飞行员和驾驶员提供尽可能的最好的训练。

## 移动我们脚下的泥土

图 5 显示的是用于建造多伦多地铁隧道的隧道钻机的截面图。这个机器有两个功能：在地下挖隧道，并且保持开挖的隧道是直的。

为了开挖隧道，14 个液压发动机操纵着钻机刀头旋转，挖掘土壤。当刀头挖掘时，24 个液压驱动气缸将机器向前推动。挖出来的土壤通过液压操作门进入螺旋式的输送设备中，另一个传送带把土壤送到正在等待的导轨汽车上，再由导轨汽车将泥土拖走。

随着隧道结构逐渐形成，隧道的衬里也就形成了。混凝土隧道的衬里是以一截一截的形式提前制造好的，这些衬里片段经由机器放置到合适的位置，并用气动扳手把各个片段闩在一起。

这个利用流体动力系统工作的现代机器，1 h 可以挖掘 1 m 隧道。

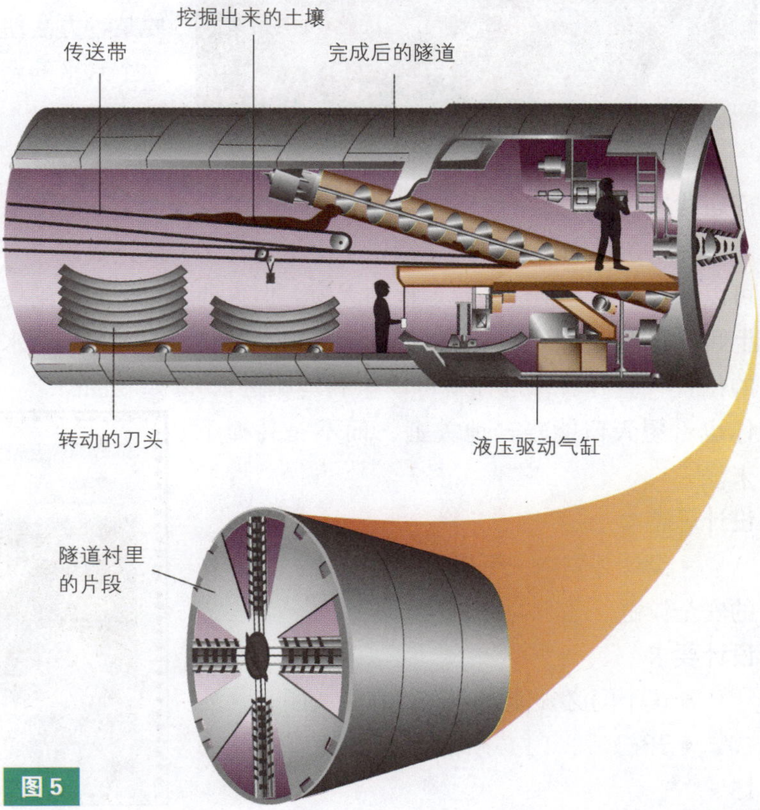


图 5

### 理解概念

1. 列出三个流体动力系统的优点。

2. 将液压系统和气动系统进行比较和对比。

### 建立联系

3. 哪种游乐园乘车与飞机或驾驶模拟器相似，是利用液压系统来产生动力的？

### 探索研究

4. 列出 10 种利用流体动力的设备或机器。说出每个设备或机器利用的是液压系统还是气动系统。

### 反思回顾

5. 为什么了解流体和流体动力系统是很重要的？

# 任务设计

技能菜单
- 识别问题
- 制定方案
- 制作模型
- 实验检验
- 记录结果
- 进行评价
- 交流经验

## 设计并制造一个应用流体性质的设备

各种流体是组成自然界必不可少的一部分。几个世纪以来，人们已经尝试着尽可能多地了解流体的原理。随着我们对流体的了解不断深入，我们对流体的应用也越来越多。今天，这些流体的原理在许多领域得到了广泛的应用，对社会产生了巨大的影响。通过设计并制造一个流体设备，你将对流体的用途有更深的理解。

### 1 一个安全铰链

这个车门是由气动流体动力操纵的。

**问题背景**

你正帮助朋友在树上建造一个房子，梯子可以从地面向上到达平台地板的天窗。但你向上爬时很难打开天窗，所以你希望天窗在竖直的位置一直开着，这样就可以顺利地爬进去。你也希望天窗能轻轻地关上，而不是猛撞下来。

**设计思路**

- 设计并制造一个用液压或气动系统操作的安全铰链。

**设计要求**

- 这个门必须能安全地打开和关闭。
- 开门后，门必须能够保持开着的状态 15 s。

### 2 一个船闸

**问题背景**

你正在和一队工程师合作，准备在两座湖之间建造一个航道，以便游船能够从其中一个湖航行到另一个湖。这两个湖靠得很近，但是其中一个湖比另一个湖的水面高 5 m。你不希望在两座湖之间的航道上产生急流，所以你需要某种方法使船能从一个水平的水道航行到另一个水平的湖中：你需要一把“锁”。

**设计思路**

- 设计并制造一个船闸的模型，使船能在两个不同水平面的航道间航行。

**设计要求**

- 船闸模型必须能使玩具船从一个水位航行到另一个水位，高水位与低水位之间高度相差 5 cm。

1998 年，安大略省苏圣玛利的船闸在关闭了 11 年后再次开通。这个船闸始建于 19 世纪末期，它将圣劳伦斯河和苏必利尔湖连接了起来。今天，它被用做观赏性游船船闸。

## 3 一个鱼缸清洗器

**问题背景**

你星期六在宠物店的工作中包括擦除鱼缸内表面的绿藻。这是一个挺脏的工作，你希望能采取一种方式，既不用把你的胳膊伸入水中，同时又能完成工作。你决定使用你所学的关于浮力的知识来制作一个能帮你清洗鱼缸的设备。

**设计思路**

- 设计并制作一个鱼缸清洗器，这个鱼缸清洗器能在水中自动上升或下降。

**设计要求**

- 鱼缸清洗器必须安装一个能擦除鱼缸内壁脏物的清洗擦。
- 根据浮力的改变，它必须能在水中上下浮动。

当准备制作或测试你的设计时，在开始之前必须经过老师的批准。

## 综合评价

从下列三个方面评价你的模型：

**操作过程**

- 理解问题
- 指定一个安全的方案
- 选择并安全地使用合适的实验材料、工具和设备
- 测试并记录结果
- 评价你的模型，并提出一些改进模型的建议。

**交流讨论**

- 准备一个报告
- 使用正确的术语
- 写清楚你在制作和测试模型的过程中采取的步骤
- 使用精确的技术绘出你的模型

**作品展示**

- 使你的模型符合设计标准
- 有效地使用所选择的材料
- 制造模型
- 解决发现的问题

# 第 2 单元总结

第 2 单元的学习已接近尾声，你能做到下面的所有事情吗？如果不能，复习在这个总结中所指出的部分知识。

## 反思回顾

• 对“单元概述”和“准备开始”中所呈现的观点和问题进行反思。你怎样把在本单元中学过和做过的与这些观点和问题联系起来？（复习并核实本次总结中所指出的部分）

• 对反思回顾❶，❷，❸中的问题以及在“准备开始”中你所提出的问题的答案进行修改。你的想法是怎么改变的？

• 你又有了什么新的问题？你将怎样回答这些问题？

## 理解概念

• 举例解释怎样将流体进行分类 2.2

• 描述你研究过的流体三个性质中的每一个（黏度、密度和浮力）2.3，2.8，2.12

• 认识到在哪些情境中，流体的各种性质起着重要的作用 2.5，2.11，2.12，2.13，2.14，2.15，2.16，2.17

• 描述浸没于流体中的物体所受的重力和浮力 2.11，2.12

• 区分流体和固体，用物质的粒子理论解释温度的改变怎样影响它们的密度 2.1，2.16

• 定义液压系统和气动系统两个术语 2.20，2.21

## 技能应用

• 预测并测量温度对流体流速的影响 2.4，2.16

• 能计算一种物质的质量与体积比 2.6，2.7

• 比较流体和固体的密度，解释为什么有些物质能漂浮在另一些物质的上面 2.9，2.10

• 设计、制作、标刻度并使用液体比重计 2.13

• 描述当对液体施加压力时液体会发生什么变化 2.18，2.22

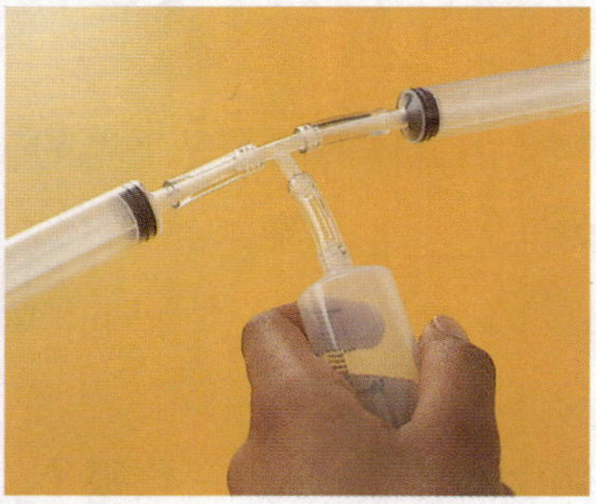

• 设计并制作一个液压系统或气动系统 2.22

• 理解并使用下列术语：

气体力学
阿基米德原理
压舱物
浮力
可压缩性
气缸
密度
排水量
阻力
动力的
流速
液压液
水力学
流体力学
液体比重计
层流
质量
负浮力
悬浮
粒子理论
活塞
气体动力学
正浮力
压力
流线型的
湍流
黏度计
黏度
体积
重力

## 建立联系

• 描述一些情境，在这些情境中使用和研究流体影响着我们的生活 2.7，2.12，2.14，2.15，2.19，2.20，2.21，2.22，2.23

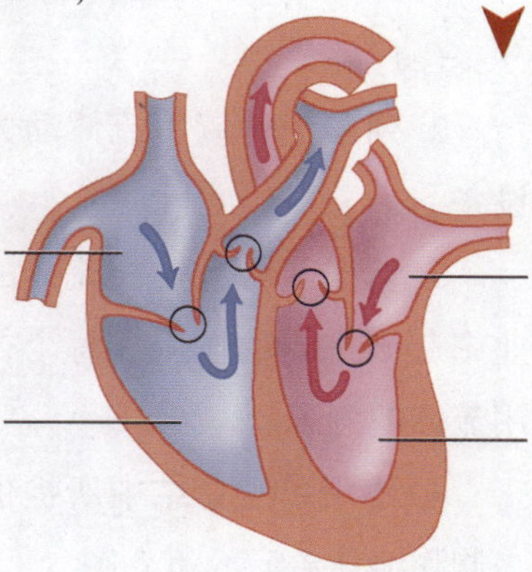

• 解释流体的黏度和密度的改变有哪些用途 2.3，2.4，2.5，2.10，2.12，2.14，2.16

• 认识要求对流体的性质有所了解的一个职业 2.5，2.12，2.17

• 描述一些真实的生活情境，在这些真实的生活情境中科学家用有关流体的知识和他们对流体的理解解决了一些难题 2.5，2.17

• 讨论气动系统和液压系统的多功能性 2.23

# 第 2 单元复习

## 理解概念

1. 从下列每个地方找出五种流体，并将这些流体列出来：

(a) 人体

(b) 厨房

(c) 车库

2. 列出十种应用流体动力系统的机器或设备。

3. 认识五种行业，流体的性质在这些行业中起了重要的作用。每个行业举出一个使用流体的例子。

4. 使用单元总结中所提供的图片和陈述来制作流体单元的概念图。

5. 下列句子包含质量或重力的信息。在你的笔记本上写下序号“a”到“f”。如果哪个句子涉及质量的测量，则在那个序号旁边写下词语“质量”；如果哪个句子涉及重量，则在那个序号旁边写下词语“重量”。

(a) 这测量了物体中物质的数量。

(b) 这测量了作用在物体上的重力。

(c) 测量结果随物体在宇宙中的位置的不同而不同。

(d) 除非在物体上增加物质或移出物质，否则对物体的这种测量在宇宙各处都一样。

(e) 这种拉力用牛顿来表示。

(f) 这种测量的结果不是力。

6. 密度是流体和固体的一个性质。

(a) 密度这个词的意思是什么？

(b) 为什么要把一种物质的密度跟水的密度进行对比？

7. (a) 创作一首关于浮力的诗，以表示你已经理解了浮力的涵义。

(b) 利用“浮力”解释为什么救生衣能使人漂浮（见图 1）。

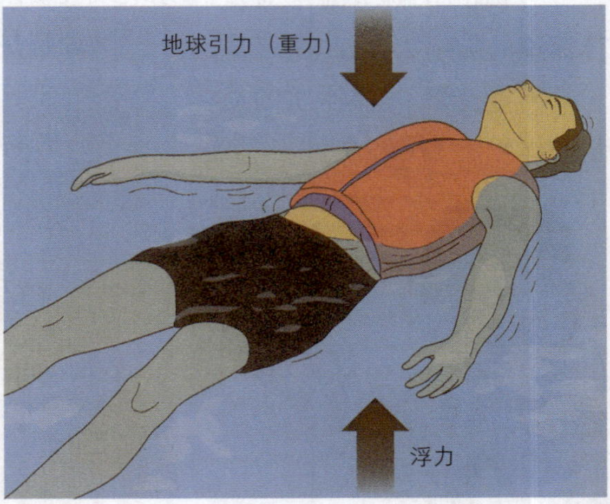

图 1

8. 比较潜水艇、鱼和持水下呼吸机的潜水员怎样控制他们在水中的深度。

9. 应用粒子理论来解释温度的变化对固体、液体和气体的影响。画出示意图来支持你的解释。

10. 在下面句子的空白处填入正确的词语，以符合陈述中的相关概念。

(a) 流体的___?___是它黏度的指示剂。

(b) 当围绕物体的流体的流动是平稳的，一致的，这被称为___?___流。

(c) 密度测量的___?___是 $g/cm^3$ 或 $kg/m^3$。

(d) 由于加压后液体的体积变化很小，所以液体实际上被称为___?___。

(e) 氦气球能在空气中飘浮是由于它们的___?___比空气小。

(f) 用流体来传递力并移动物体的力学系统，根据所用流体不同被称为液压系统或＿＿?＿＿。

(g) 浮力＿＿?＿＿重力。

(h) 测量物体所受的引力的大小的力是＿＿?＿＿。

(i) 某种生物在它并不经常生活或繁衍的区域内进行生活或繁衍，这种现象称为＿＿?＿＿。

(j) 当在流体中运动时，流线型产生的阻力和＿＿?＿＿都比较小。

(k) 当封闭的流体受到压力时你会得到什么结论？

11. 观察图 2 中的三个示意图回答下列问题：

(a) 图中正在测量的是石块在空气、水和太空中的哪些物理量？

(b) 在三个地方，石块的质量有什么变化？

(c) 在三个地方，石块的重力有什么变化？

(d) 作用在石块上的浮力，在空气中和在水中有什么不同？

(e) 在哪个地方所测得的石块的重力最小？

(f) 作用在石块上的重力在空气中和在水中一样吗？解释为什么二者是一样的或者为什么二者不同。

在地球上的空气中　在地球上的水中　在远离地球的太空中

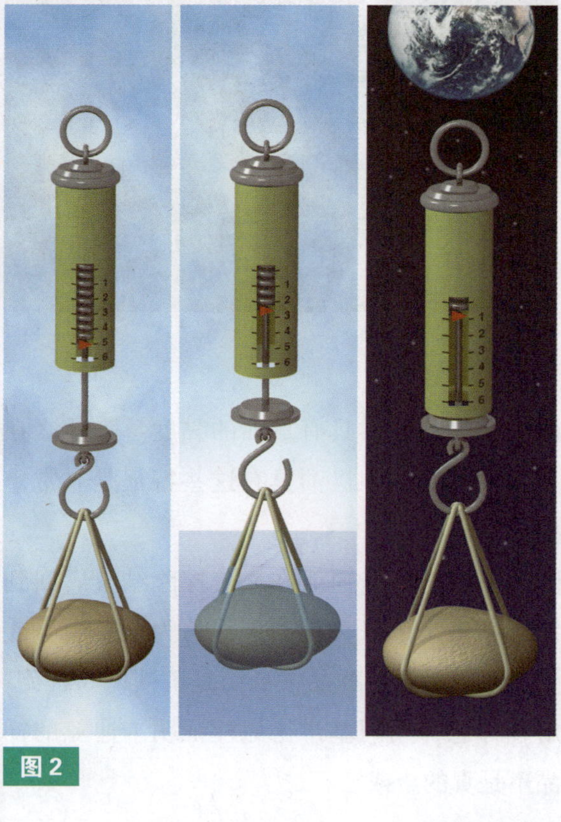

图 2

## 技能应用

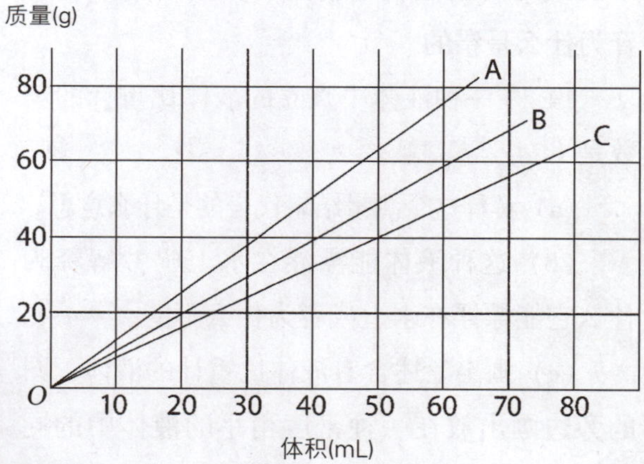


图 3

12. 图 3 中的表格显示了三种液体 A、B、C 的质量和体积的关系。用表格所提供的信息回答下列问题：

(a) 哪种液体的密度最大？

(b) 哪种液体的密度最小？

(c) 假设你将这三种液体，一次一种缓慢倒入一个较高的容器中。画出示意图表示这三种液体在容器中的位置。

(d) 计算液体 B 的密度。这种液体有什么特性？

13. 老师要求你设计一个探究活动，在活动中你要用一个滴管来测量问题 12 中的三种流体的流速。

(a) 描述你怎样实施这次探究活动。

(b) 在你测量某种液体时你将会保持哪些变量不变？

(c) 你可能会遇到的实验误差的来源是什么？

(d) 根据问题 12 中的图表中的信息，你认为哪种物质的流速最快？

(e) 当你完成这次探究活动以后，你 (d) 中的预测会被证明是错的吗？如果错了，解释为什么是错的。

14. 在一种液体中直立的液体比重计的读数是 1.24。

(a) 解释这个测量结果代表的是什么意思。

(b) 这种液体能漂浮在水上吗？解释为什么它能漂浮在水上或者为什么不能。

(c) 画出上述含有液体比重计的液体，图的旁边画出放在一种密度稍小的液体中的同样的液体比重计。

15. 图 4 中的哪个示意图代表着固体中的粒子？哪个代表的是液体中的粒子？哪个代表的是气体中的粒子？

图 4

16. 层流气流为正在操纵微生物的微生物学家提供了干净的环境。(图 5)

(a) 画图表示微生物学家正在操纵着的培养皿中看不见的气流。

(b) 层流气流和湍流气流有什么区别？

(c) 描述物体周围最容易产生层流的两种情境。

17. 为了使汽车的发动机保持润滑，机油必须保持黏稠。机油上的“W”代表的是重力。10 W30 机油在冷的时候具有轻油的黏度，在热的时候具有重油的黏度。为什么在加拿大的气候中机油具有这些特征是非常重要的？

## 建立联系

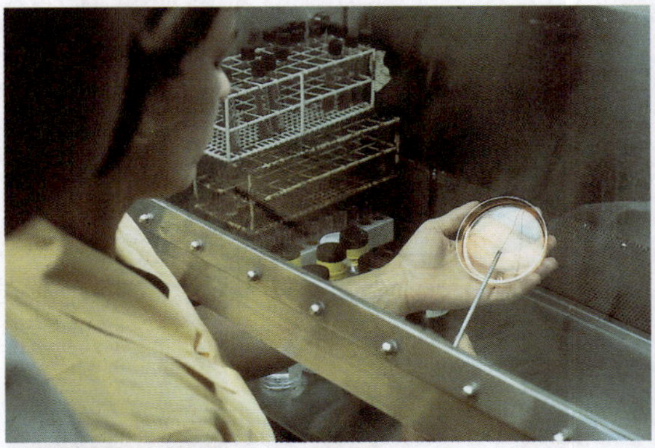
图 5

18. 雅克·卡迪亚在北美探险结束后回到法国，带来了一种样品，他认为这是金子或钻石。最后这些样品被证明是黄铁矿和石英。解释你怎样用阿基米德原理证明卡迪亚的样品不是真的金或钻石。

19. 假设你们班正在举行一个泳池派对。（图6）如果大家同时跳入泳池中，水位会发生什么变化？你怎样计算水位的变化？

图 6

20. 死海和大盐湖内，两种水溶液中的盐度都比海洋中的盐度大。用 2.8 节中的密度表中的数据来解释为什么人在这些地方很容易漂浮起来。

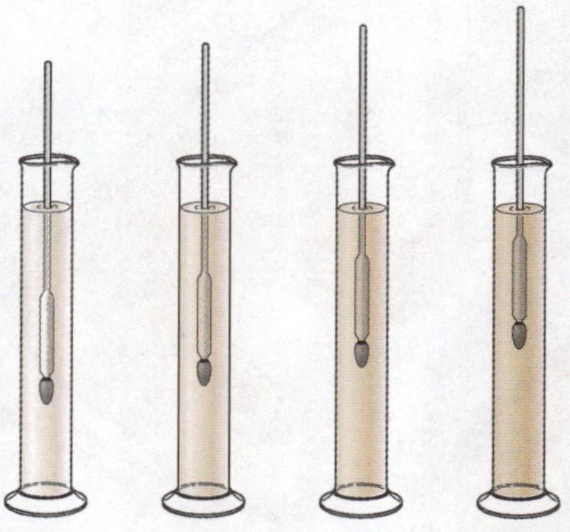


21. 在一批枫糖浆的生产过程中，将液体比重计放入四种样品中测试样品的密度，在蒸发过程中多次检测剩余样品密度。参考上面的插图。

(a) 按密度由小到大排列这些液体。

(b) 在蒸发过程中最早收集的是什么样品？

(c) 在蒸发过程中最晚收集的是什么样品？

(d) 哪种样品尝起来最甜？

22. 潜水员（和消防员）都携带有能提供空气以便于他们呼吸的设备。应用你在探究流体的过程中所学到的知识，解释为什么潜水员只带有一小瓶空气，却能在水下停留很长一段时间。

图 7

23. 打气筒能把空气推进轮胎中，轮胎胶皮管上的阀门是起什么作用的？（见图 7）

图 8

24. 观察上图，汽车千斤顶使汽车升高（图8）。画出汽车千斤顶内部液压气缸的草图。

25. 喷雾器上的警告语是“小心，容器受热会爆炸”。用物质的粒子理论解释为什么写上这样一个警告是有必要的。

26. 描述当踢足球时，球内气压是怎样改变的。

NARROW

# 第 3 单元

# 机械效能与工作效率

# 第 3 单元概述

今天，各种机器设备使我们做起事来更加轻松便捷。设计师和工程师们还在不断改进、设计和进行各种测试，以便能够制造出最令人满意的机器和产品。那么，哪些因素能使这些产品效率更高？我们有许多方法能够用于测试机器和产品的工作效率：如通过测定它们使用过程中的能量消耗情况、操作这些机器是否简便易行，以及对我们生活环境造成的影响等等，尤其是后者正受到越来越广泛的关注。

## 机械装置及其工作效率

在消耗相同的能量的情况下，不同的机械设备输出的功率不同，选择什么样的机械设备就决定了整个机器的工作效率。

### 你将学会

- 测试一些简易机械所具有的优良性能以及它们如何使工作更加快捷。
- 了解密封液体和气体为什么能够传递能量或使能量增加，而固体也具有这一功能，二者之间的原理有什么不同。
- 不必通过摩擦实验就能预测出采用不同机械原理的机器所具有的优点。
- 计算压强以及它们对液压系统和气动系统所造成的影响。
- 认识到摩擦对机器效率产生的影响，并能检验减小摩擦的方法。
- 设计并制造一个液压系统和气动系统驱动的机械系统。

## 系统的有效性

一个系统中的每一个组成部分都对整个机械系统的有效运行起着重要作用。

### 你将学会

- 探索封闭的液体（液压）系统与封闭的气体（气动）系统之间的区别。
- 描述液压系统与气动系统各自的使用方法。
- 理解在各种机械装置设计中，一些简单仪器所起的不同作用，如杠杆和齿轮等。
- 能够设计并制作一些装置系统，诸如各种联动装置、滑轮组以及起重机等。

## 设计并制作高效率的产品

为了设计出最令人满意的产品，设计师和工程师们必须始终考虑到机器使用者的因素、社会因素以及环境因素。

### 你将学会

- 从个人和社会的角度探讨使用某种产品的可行性。
- 分析一些产品的设计能否满足不同人群的需要。
- 对一种产品的主要特性进行测试，并对测试所得结果进行分析。
- 对一些产品提出修改建议，以便提高它们的质量。
- 设计并制造高效率的、易于操作的产品和机器。
- 对各种产品的生产、使用和处理对环境可能造成的影响作出预测。
- 探究机器的哪些特殊设计和使用能够使人感到合理、安全和舒适。

## 任务设计

### 你将学会

通过完成以下设计问题来检验你的学习效果。

**制作一个高效的装置或机器模型**

任何一种机器发明都是从一个观念开始的，再经过细致的计划、设计和必要的计算，最终制造出经久耐用、易于操作并对环境无害的高效率机械模型。

在本单元你将能够设计和制造：

**1 一个罐头粉碎机**

设计并制作一个能够轻松粉碎罐头盒的机器

**2 一部风力驱动的水井装置**

设计并制作一个由风力驱动的水井提水模型

**3 一个遥控木偶**

设计并制作一个木偶，能通过液压系统或气动系统来对它的四肢运动进行远程遥控

参见 194 页的知识，开始你的任务设计。

在你理解任务设计以后记录下你的想法和设计思路。

# 准备开始

## 各种机器的使用

1

一些机械设备由一些简单的机器装置，如杠杆和滑轮构成，它们既可以用来制作大型设备也能制作小型设备。人们利用这些设备能够轻松地拉动、移走或提起物体。你怎样判断哪种机械的效率最高呢？你有什么办法测定或预测运行这一机械时外界应该提供多少作用力吗？另外，摩擦会对一个设备的效率造成什么影响？

2

日常生活中随处可见各种由液压（液体）系统、气动（气体）系统提供动力的机械系统，但它们很少引起我们的关注。这些装置大到垃圾拖运车，小至牙医使用的钻孔器，它们都能够改变物体运动的方向、速度，以及增大或传递外界作用力，以便提起或推动物体。那么，这些装置的工作原理是什么？有什么方法能够提高它们的工作效率吗？

## 3

在设计制造机器和其他产品时，必须始终考虑到用户和环境的要求。设计者怎样才能知道自己的产品使用是否方便、安全、可靠？从产品设计、制造以至使用这一系列的过程中，哪些阶段会对环境造成影响？又有什么办法能够降低这些影响的程度？

### 反思回顾

除了上述的问题❶❷❸，对于机器的优点与效率方面，你还能提出哪些值得思考的问题吗？在学习本单元的过程中，随时重新考虑上述问题，并结合你新学到的知识修正你的答案。

## 试一试 罐头开启器：一个简单的装置

我们几乎每天都会用到罐头开启器，却很少会对它进行研究。但如果没有它，你试试能不能开启罐头瓶！

• 仔细观察一个手动式罐头开启器

1. 用罐头开启器开启罐头通常要分两个步骤进行，这两个步骤各是什么？

2. 指出在每一步骤中对开启器施加作用力后，各发生了什么变化。用示意图表示出每一步骤中作用力的作用方向。

• 在使用罐头开启器时，试着将手放在靠近开启器把手联结处的部位，并施加作用力。

3. (a) 这时开启罐头变得轻松了还是困难了？

(b) 如果将罐头开启器的把手加长，使用起来会更加轻松还是费力，为什么？

• 试着在罐头开启器把手的中间位置，用手指推动把手，让它绕联结钮转动。

4. 这时转动把手比刚才更加费劲还是轻松？

5. 罐头开启器上的齿状圆形转轴的作用是什么？

6. 你是否认为制造罐头开启器的金属比制造罐头外壳的金属质地更加坚硬？你有哪些证据可以用来支持你的结论？

7. 要想使罐头开启器使用起来更加轻松，可对它的设计做哪些改进？

# 各种机器的设计

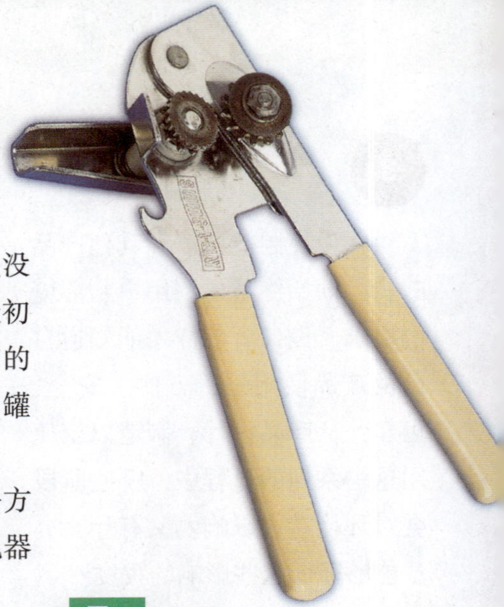

图 1

罐头开启器的发明源于人们用罐头来保存食品。开启器能够安全地开启罐头盒盖。

自从 1858 年申请专利至今，罐头开启器的构造基本上没有什么变化（图 1）。为什么经历了这么多年它仍保持着最初的设计？历史上许多改变罐头开启器设计的尝试表明现有的设计具有最好的功能：还没有人发现更省力的办法来开启罐头（除非使用电动机械）。

人们设计各种机器的目的就在于使我们做事更加轻松方便。机器能够满足一些特殊需要或完成特定任务。一台机器通常能够：

- 传递能量；
- 将力从一个地方传送到另一个地方；
- 改变力的方向；
- 改变力的大小；并且/或者
- 加快或减慢速度。

## 各种机器系统

绝大多数机器都可以看成是由多个子系统构成的总系统。其中每个子系统起着不同的作用，这些子系统联合起来共同完成某一特定的任务或具有更多的功能。一个典型的罐头开启器由两个子系统构成（图 2）。子系统 1 包括一个杠杆和一个楔形刀刃，用以刺入并切开罐头的金属盖。子系统 2 包括一个轮子和轴承，用以旋转罐头。

许多子系统由机械装置组成。一个机械装置可看做一个单独的活动系统，它能将外部提供的运动或作用力转化为所需要的运动或作用力（图 3）。每个机器内部都包含着无法被观察到的机械装置。尽管我们很少看到这些内部的系统，我们可以确信无论在哪里，小到一个诸如罐头开启器的简单装置，大到诸如宇宙飞船中“加拿大机器人”这样的复杂设备（图 4），只要有运动就会有机械在起作用。

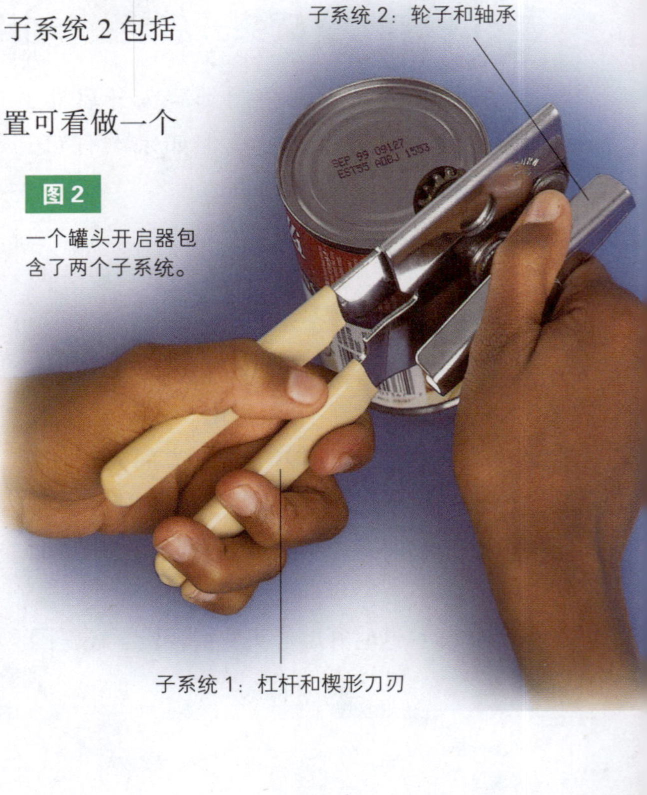


图 2

一个罐头开启器包含了两个子系统。

图 3

外部提供的运动或作用力 → 机械装置 → 输出的运动或作用力

图 4

## 机器及其控制调节

罐头开启器和其他机器作为一个整体顺利发挥作用的条件是：各个子系统充分发挥自身功能、各个子系统间的协调配合以及外界提供必需的能量。除此之外还有一点必不可少：使用机器时不断加以调节或控制。回忆一下开启罐头的过程：有时你可能很快就打开一个罐头，而有时可能要花较长时间。有些罐头比其他罐头更难开启，尤其在刚刚开始开启一个罐头时，你会觉得要费很大力气才行。有时你的开启器会在某处被卡住或用来旋转罐头的轮轴部分没能“咬住”罐头边缘，这时你必须从罐头盒上取下开启器重来一次。使用开启器的过程中，人们通常利用开启器的杠杆来控制罐头盒的运动方向，同时适当调节作用力的大小以及在罐头盒上的着力点。如果没有人工随时调节作用力，一台机器也可由它的内部系统对各种动作进行自身调节：如各种作用力的大小和机器的运行速度等等。一台机器想要脱离人的控制而独立高效运行，它必须具有自我控制能力，并能根据外界条件加以自动调节。一般来说，越是构造复杂的机器，越需要复杂的内部控制系统。

**理解概念**

1. 仔细想想你今天用过的机器。

(a) 你用这个机器做了什么事？

(b) 了解构成这个机器的各个子系统以及它们所起的作用。

(c) 说明这些子系统是如何协作完成机器的总功能的。

2. 当你使用罐头开启器时，它受到的外部运动和作用力是怎样的，它产生的运动和作用力又是怎样的？

**探索研究**

3. 查询现在有哪些新材料用在罐头开启器上使得它使用起来更加省力，这里你可以借助各种电子信息手段或纸质出版物。制作一张宣传画，用示意图的形式描述罐头开启器不同部分曾经发生过的变革。 8B

**反思回顾**

4. 想象一下：如果人们没有发明各种机器，我们的生活会是什么样子？写一篇相关短文。 8D

技能手册：8B 创建一个文件夹 8D 主题探究

# 杠杆的工作原理

棒球拍和铁锹都是利用了杠杆的工作原理。杠杆指的是一根坚硬的棍子，上面有一个中心轴，称为支点。杠杆能够将较小的作用力转化为较大的力。如：当你用铁锹在地上挖坑时，杠杆将输入（作用）力增大后输出，即物体所受到的承载力。这样你就能够轻松地挖动厚厚的泥土。

图 1

开启罐头盒盖时，外部提供的作用力小于罐头盒实际所受的承载力。

## 杠杆的类型

各种工具以及复杂的机器，如起重机和机器人等，都利用了杠杆原理。尽管形式多样，总体来说，杠杆可根据作用（输入）力、承载（输出）力和支点的相对位置分为三类。人们根据所需的作用力运动方向和大小以及物体所受承载力的运动方向和大小来选择不同的杠杆。

第一类杠杆的目的在于用较小的力来移动较重的物体，在这类杠杆中支点位于作用力和承载力之间。承载力指的是被移动物体或受力物体实际所受到的力，作用力指的是移动物体或对物体提供的外界作用力。当我们用螺丝刀撬开一个油漆桶的盖子时，利用的就是第一类杠杆原理（见图 1）。

当我们希望用很小的力来移动很重的物体时就会用到第二类杠杆。第二类杠杆与第一类杠杆的区别在于：第二类杠杆的支点位于杠杆的一端，而物体所受的承载力作用点在支点和作用力位置之间。工地上常见的小推车利用的就是第二类杠杆原理（见图 2）。

第三类杠杆的优点在于，尽管这时外界需要提供较大的作用力，但受力物体能够在较大范围内运动。

图 2

在第二类杠杆中，作用力力臂（从作用力的位置到支点之间的距离）要大于物体的承载力力臂（从物体承载力的位置到支点之间的距离）。

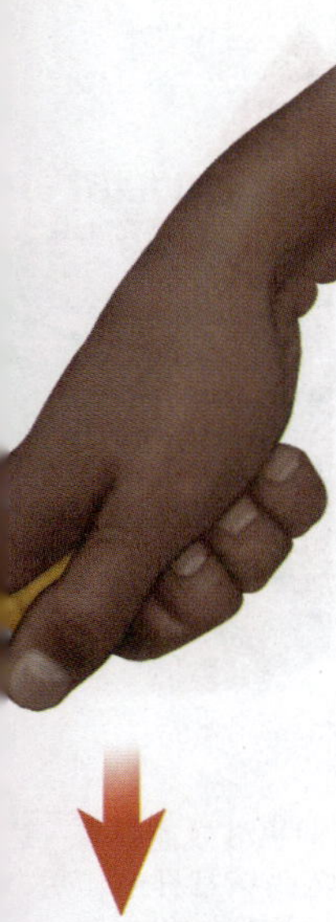


## 机械效能

在设计一台机器时，你应该了解与其他机器比较它的机械效率的优势在哪儿，机械效率能够用数学公式进行表述。机械效能是一台机器的输出（承载）力大小与输入（作用）力大小的比值。如果已知某一机器作用力和承载力大小，就可以通过下列公式计算它的机械效能：

$$机械效能 = \frac{输出（承载）力（N）}{输入（作用）力（N）}$$

机械效能数值没有单位，如果某一机器的机械效能等于 1，就意味着该机器的输入作用力等于输出力，即机器没有将输入力增大后输出。如果机械效能小于 1，想要移动质量较小的物体外界就需提供较大的作用力（这就是第三类杠杆原理）。而在第一类和第二类杠杆中机械效能都大于 1，这时外界只需提供较小的作用力就能移动质量较大的物体。

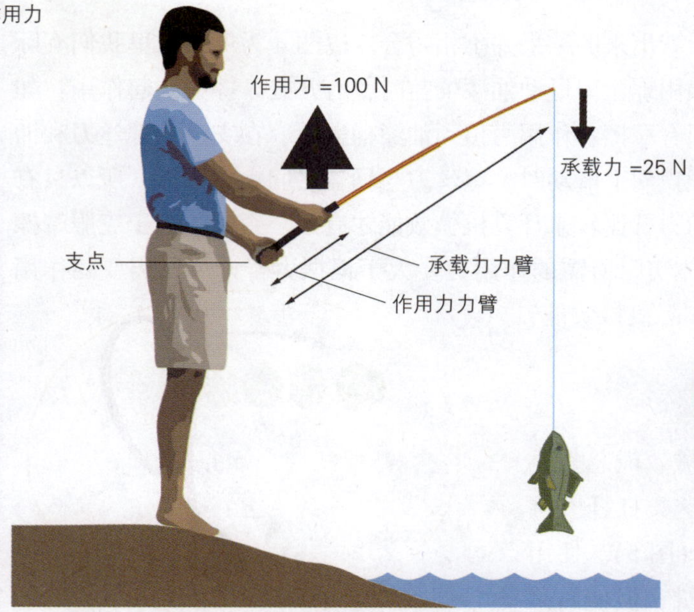


**图 3**

渔竿的结构能将使用者微小的动作效果放大，这样垂钓人能轻松地把鱼钩和线甩出很远。但这种结构在把钓到的鱼提出水面时，需要提供较大的力。

### 试一试 理解杠杆的效能

• 你将会学到用一个椅子靠背、一把米尺、一个弹簧测力计和一根拴着秤砣的绳线来组装这三类杠杆。

• 用上述材料组成三类杠杆模型，并用弹簧测力计测量每一种杠杆提起物体所需提供的作用力。

• 画出每一类杠杆的示意图，并分别标明它们的支点、外界提供的作用力和物体所受的承载力。

1. 计算出你制作的每个杠杆的机械效能。

• 试试对每一个杠杆作出一些改进，看怎样才能提高它们的机械效能。

2. 你制作出的上述杠杆，每一个的最大机械效能是多少。

## 杠杆与机械效能

杠杆机械效能的高低取决于外部作用力的位置和物体承载力位置分别距杠杆支点的距离。它们的关系可表示如下：

$$机械效能=\frac{作用力的力臂长度}{承载力的力臂长度}$$

从上面的公式可以看出：杠杆作用力的力臂越长，它的机械效能越高；反之，杠杆承载力的力臂越长，它的机械效能越低。这样我们就有两种方法来计算某一机器的机械效能：既可以用杠杆的作用力与承载力力臂长度来计算，也可以通过比较杠杆输入力与输出力之间的大小来计算，如图 4 所示。

图 4

这个杠杆的机械效能很高（达到 20）。因为该杠杆中作用力的力臂远比承载力的力臂长。

但在实际生活中，上述两种方法计算出来的结果并不相吻合。以图 4 为例，这里我们实际上忽略了一些条件。实际上当油漆工人用螺丝刀撬动油漆桶盖时，有几处摩擦力会起作用：如当用手扳动螺丝刀时，刀柄和手心之间有摩擦；作用力传到油漆桶盖上，在支点处螺丝刀和油漆桶之间存在摩擦；当螺丝刀将油漆桶盖向上撬动时，螺丝刀与桶盖之间也有摩擦。所以只有不考虑摩擦的影响时，用杠杆作用力的力臂比较来计算机械效能才有效。否则，由于克服摩擦力所付出的额外力，使用杠杆移动物体实际所需的作用力要大于根据力臂计算所需要的作用力。所以我们如果想测定某一机器的实际机械效能，必须先测量作用力和承载力。

## 速率比值

我们已经知道，第三类杠杆的机械效能总是小于 1，为什么许多机器中仍然会用到这类杠杆？网球拍就是利用第三类杠杆的典型例子（图 5）。使用网球拍时，运动员击球要付出巨大力量，但他们只要握住球拍一端稍微摆动手腕，球拍另一端就能在空中移动很长距离。所以，将网球拍输入作用力一端（即运动员手握的拍柄）的运动距离和输出作用力一端（即网球拍的击球端）的运动距离作比较，你就会很容易发现在同样时间间隔内网球拍的拍柄运动距离远小于球拍击球网一端的运动距离。这两个距离之间的比值称为速率比值，公式如下：

$$速率比值=\frac{外界作用力运动距离}{物体承载力运动距离}$$

与前面讨论过的机械效能一样，速度效能也没有单位。对于第三类杠杆来说，速度效能永远小于 1，而第一类和第二类杠杆的速度效能都大于 1。

图 5

网球拍利用的是第三类杠杆原理，这样要想将网球打过球网需提供很大的力量。但球拍能够延伸运动员手臂的长度，从而有利于运动员控制网球的运动。

## 杠杆的机器工作效率

在常用的机械中，杠杆使用方便而且价格低廉，但在用它们移动重物时，可以用什么办法表示杠杆的工作效率呢？

下面提供了一种常见的计算某一机械工作效率的公式：

$$机械工作效率 = \frac{机械效能}{速率比值} \times 100\ \%$$

如果不考虑机械摩擦作用，杠杆的工作效率都是 100 %。而实际上，任何机械设备工作时都会有摩擦力作用，从而减小了杠杆的工作效率，即真正的工作效率会小于 100 %。

## 多杠杆组合成联动装置的工作原理

在许多机器和其他设备中，常利用多个杠杆的组合来实现传递作用力或移动物体的效果，这种多个杠杆的组合我们称之为联动式杠杆。一个联动式杠杆由两个或两个以上的杠杆组成。为了能够达到传递作用力或移动物体的目的，设计者必须合理安排各个杠杆的支点位置，这样才能使外界提供的作用力达到所希望得到的效果（见图 6）。

**图 6**

在许多机械中可以看到联动式杠杆的工作。

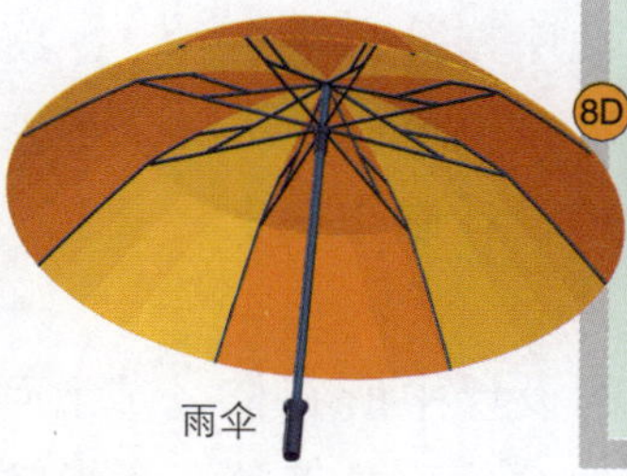

雨伞

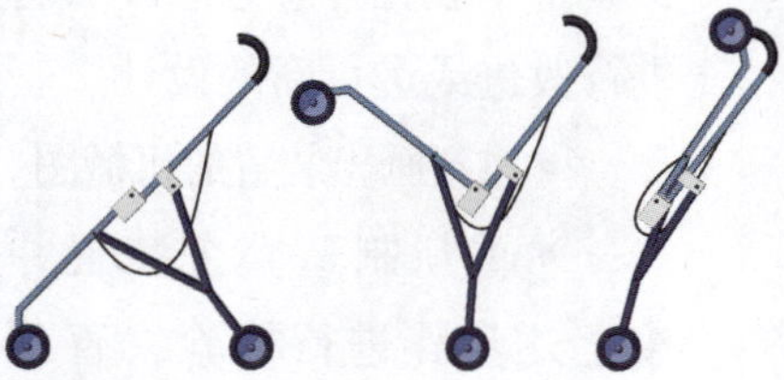

简易行李推车

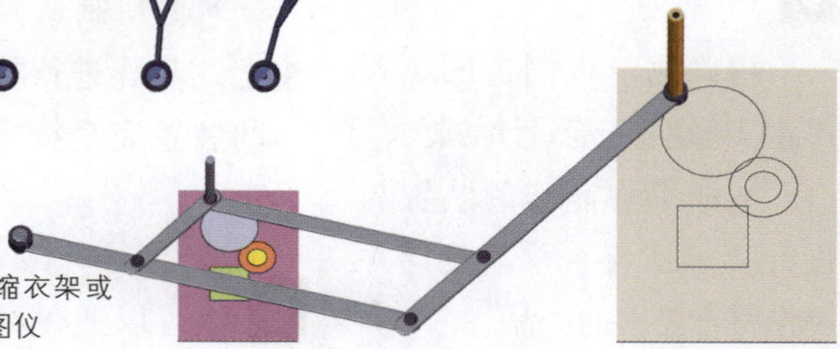

家用式伸缩衣架或伸缩式作图仪

### 理解概念

1. (a) 分别画出第一类、第二类和第三类杠杆的示意图，并在图上标明每一个杠杆的支点、输入的作用力和输出的承载力。(6C)

(b) 解释每一种杠杆的工作原理。

(c) 说出为什么用第一类、第二类杠杆搬动物体时，能使工作高效省力。

2. (a) 给机械效能下一个定义。

(b) 现用一个杠杆来搬动一个重物，实际需要提供的作用力是物体所受承载力的 1/10，此时杠杆的机械效能是多少？

3. (a) 给速度效能下一个定义。

(b) 你怎样用机械效能和速度效能两个数值来计算一个杠杆的工作效率？

### 建立联系

4. (a) 如果将人的手臂和下颚看成杠杆，你认为它们各属于我们前面提到的三类杠杆中的哪一类？

(b) 应用杠杆的作用力力臂原理进行分析，你认为在你所有的牙齿中，哪一颗牙齿的效能最高。

5. 玛丽正在用一个耙子将地上的大量的潮湿树叶收拢到一起，她发现用手尽量握住耙子柄的前面部位能够使自己省力。

(a) 耙子利用的是哪一类杠杆原理？

(b) 为什么用手握住耙柄靠近支点的部位能够省力？

### 探索研究

6. 实际生活中许多家用器具也利用了杠杆原理。请你任意选择一个，画出它的结构图，标明它使用时的作用力和承载力以及作用力和承载力的力臂，并说出它的工作原理。如果可能的话，指出制造该机械使用的材料。做好准备，将你的研究成果在自己的班上向同学们展示。(8D)

## 任务设计

当人们在设计风力驱动的水井或罐头粉碎机时，首先必须设想出它的机械效能的大概数值。你认为一台罐头粉碎机或水井的风力驱动设备的机械效能应该是多少？

技能菜单
○提出问题 ●实验检验 ●问题分析
●提出假设 ●记录结果 ●交流经验
●制定方案

# 提升重物

我们已经知道人们每天生产的产品中，许多地方用到杠杆组合设备。在制作各种含有杠杆的机器产品或设备系统时，设计者们必须要解决的一个问题是：怎样将这些杠杆机械合理地安放在各种机器设备中，如钢琴的设计制造就是常见的例子。

**材料**

- 30 个制冰棍用的木条（按照你的需要在木条上钻一些小孔）
- 胶水
- 围裙
- 10 个固定纸张用的小夹子
- 0.25 N（25 g）的砝码
- 细麻绳或线绳
- 透明直尺
- 弹簧测力计

## 提出问题

请你设计一个含有多个杠杆的机械系统，以便将一个提供的重物向上提升一段距离。

## 设计思路

请你设计并制造一个多杠杆联合组成的装置（你可以使用已经学过的三类杠杆中的任意一种或多种）来提升重物，但只能利用右栏中所列出的各种材料。

## 设计要求

- 你设计制造的联动式杠杆装置应能够把 25 g 重的砝码从原地向上提起 20 cm 的高度。
- 你设计的联动装置中必须至少含有两个杠杆。
- 所有组成装置的机械必须能够安放在一个长、宽、高各 0.5 m 的立方盒中。

## 操作

**1**

根据上面列出的产品设计要求，设计一个含有多个杠杆的装置，画出详细的装置设计图。在你的设计图中应详尽地标出制造该装置所使用的各种材料、每一物件的大小尺寸、每一个杠杆的种类以及它们的工作原理。（3C）（6C）

## 检测

**2**

将你的设计方案交给指导教师过目并争得他的认可，然后根据你的设计制作一个装置并检验。（5E）

(a) 你的设计中所有杠杆组成的装置总体积是否符合规定的尺寸？

**3**

精确测量你制造的装置尺寸以确定它符合设计的要求。

- 如果你制作的装置与设计要求不符，重新设计并制作符合要求的产品。

## 评价

**4**

将你的装置用于实践，看看它能不能将 25 g 的砝码提起。

- 如果你的装置不能完成上面提出的产品要求，重新检验整个装置并想想怎样对它进行改进或进行新的设计。
- 重新画出装置的机械图。
- 重新制造整个装置并按上述步骤进行检验，直到你的装置完全符合设计要求为止。

**5** 你可以通过回答下列问



技能手册：3C 优选解决问题的方案 6C 科学与技术制图 5E 制造技术

**图 1**

a 放置一个普通钢琴需要的地面面积远远小于一个三角钢琴。

b 为了能在敲击琴键时使钢琴发出声音，在钢琴内部必须有三种杠杆配合使用：第一种杠杆是钢琴的琴键，它被敲击时能够触发第二种杠杆，后者再进而引发第三种杠杆，使它将作用力转移到钢琴内部的琴弦上，从而敲击产生所希望的各种声音。

题来对自己设计制造的装置进行评价。

(a) 有没有其他材料能够使装置更加容易制作。

(b) 第一类杠杆和第二类杠杆中，哪一种会占用更多的空间？

(c) 你有哪些方法能够提高装置的机械效能？

**6**

用弹簧测力计测量提升 25 g 砝码所需提供的作用力大小。

✎ (a) 记录下外界提供的作用力大小。

✎ (b) 计算出你制作的装置的机械效能，并将结果记录在纸上。

**7**

将你制作的联动式杠杆装置在班上演示，介绍在设计这个设备的过程中，你采用了哪些策略，其中遇到了哪些疑难问题，你又是如何解决这些问题的。用图示的方法向大家说明你准备用以改进上述装置的方法。

## 任务设计

你是否觉得利用多个杠杆组合的设计产品来改进罐头开启器，是一个行得通的方案？

### 建立联系

1. 在体育运动中我们经常能够看到各种杠杆的应用。

(a) 想一想并举出三个体育项目，其中运动员使用的运动器材利用了杠杆原理。

(b) 你举出的例子中每种杠杆的支点在哪？

(c) 上述体育器材自问世以来，它们的制造材料或造型设计是否发生过改变？为什么？

### 反思回顾

2. 我们可以从不同角度对某一机械装置进行观察，并画出不同的机械设计图以便使他人深入了解该装置。

(a) 请画出你设计的杠杆组合装置不同视角的设计图。 6C

(b) 你认为上述图纸是否比开始时你画的设计图更能够表达你的设计意图？

(c) 为什么在工业生产中，给出多视角的装置设计图十分重要？

# 利用机器模仿人体运动

## 机器人：一种复杂的装置

机器人已经成为现代社会中应用广泛的、最重要的机器装置之一。机器人系统设计复杂，它的运动通常由电脑控制，它们可以在多种环境下代替人类进行工作。在许多情况下，如严寒或酷热的天气、嘈杂的环境里以及危险境地，机器人能够代替人去完成种种工作（图 1），它们甚至能取回一些易燃易爆物品。

图 1

机器人能够代替工人在一些危险环境中进行工作：如有高放射性物体、毒气或极易传染疾病的环境中。

许多机器人能够模仿人类的手臂运动（见图 2)。一个机械手臂由一组子系统组成，当装配在一起时，它们就能够共同完成一些特定的任务。机器手臂通常利用电子设备加以控制，如利用液压系统提起或移动物体或者由机械系统控制去抓取某些物体。

由于模仿人类手臂所有的复杂运动非常困难，所以机器人最适合做的工作是完成一些重复性的工作，如工厂生产流水线上的工作等。与人类相比，机器人更适合诸如打孔钻井、装卸螺丝、使用喷枪等工作。机器人可以准确快速地完成一些重复性工作，而且不会像那些长期从事同一工作的工人那样，容易患肌肉紧张或腰肌劳损等疾病。

尽管人类手臂的一些简单运动能够被机器人所模仿，但想让它们像人类的手臂或手指一样去完成一些复杂精细的动作就困难多了。这是因为人类的手指触觉由人的大脑直接控制，十分灵敏，同样人类的动作由视觉协助指挥。而大多数机器人没有感觉器官，仅仅由一台计算机的控制程序实施控制。

机器人设计者们面临的挑战是如何在机器人的“手指尖”安装上足够的电子感觉器，以便机器人体内的计算机——或机器人的“大脑”——能够获得被机器人接触到的各种物体的详尽信息。

图 3

机器人的设计者们在机器人的“手指”上安装了数以百计的电子感觉器，以保证它能够拿起一个鸡蛋而不会将鸡蛋夹碎。

图 2

人的手臂工作原理与前面讲到的第三类杠杆原理一样，而机械手臂的工作原理与人的手臂相似。

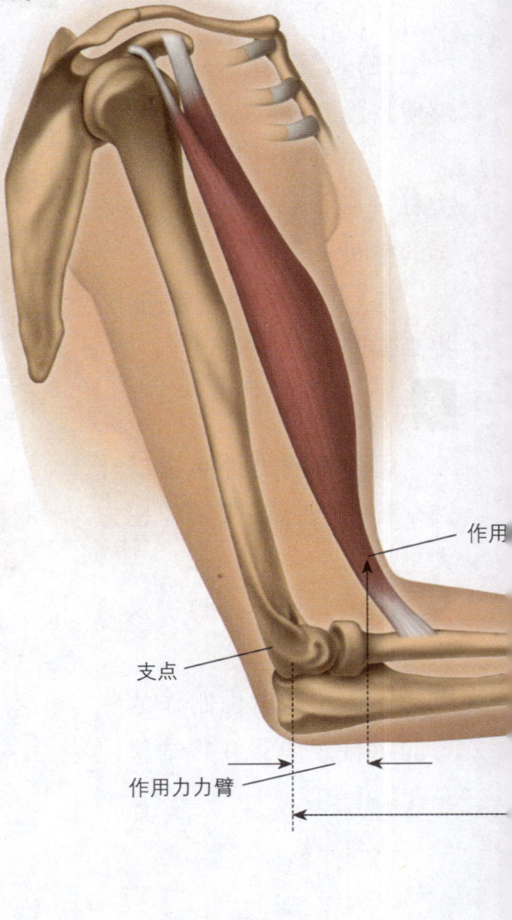

## 假肢

假肢在某些构造方面比机器手臂要简单一些，因为假肢由使用者自行控制，仅仅起到执行人脑发出指令的作用。尽管如此，要想使假肢上的手掌张开或并拢仍涉及一连串复杂的计算机程序和机械装置的设计。

假肢中最复杂精细的机械部分能够感受到从人体内神经系统发出的各种微弱的电信号。这部分机械设备一端连接着假肢使用者手臂的神经末梢，另一端连接着假肢的各个电极，这样大量的导线能够将人脑发出的各种指令传递给假肢上的动力装置，从而保证假肢“听从”人脑的指挥（见图4）。

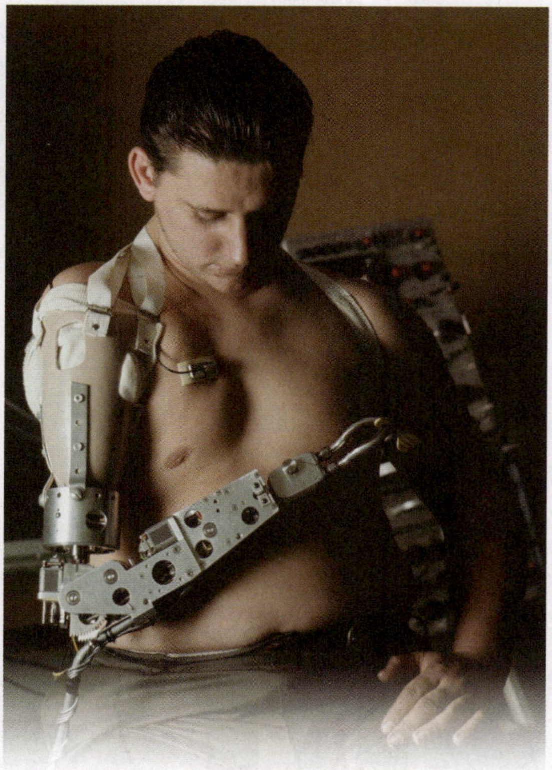

**图 4**

假肢通过电极与人的神经系统相连接，这样人脑能够利用自己发出的脉冲电子信号控制手臂的运动。

### 理解概念

1. (a) 人体哪一部分的运动是机器人模仿得最多的？为什么？

(b) 上述运动利用的是哪一类机械原理？

2. 人类的哪些特征是机器人难以模仿的？

3. 机器人最适宜做哪些工作？说出其中的原因。

### 建立联系

4. 在太空的空间站里，由加拿大制造的“加拿大机器人”实际上是一个巨大的机械手臂，它由计算机控制，宇航员们利用它来搬运太空飞船外的各种样品或仪器。

(a) 在太空中使用“加拿大机器人”代替宇航员来完成许多工作，有哪些优点？

(b) 你认为在太空中使用机器手臂，是否会有一些不利的影响因素？

### 问题探究

5. 人工智能指的是计算机和机器人能够像人类一样进行“思考”和“学习”，但现在许多科学家认为由于人脑的构造极为复杂，根本不可能被复制，因此计算机或机器人也就不可能像人类一样进行思考。请借助各种方法，如上网以及在图书馆查阅资料等，了解更多有关人工智能研究的进展情况。 8D

6. 工厂企业越来越多地使用机器人来完成一些可重复性劳动或具有危险性的工作。但是有人认为这样也就使一些希望从事上述工作的人丧失了就业机会。你认为用机器人取代人的工作是一个值得推广的办法吗？搜集有关资料论述你的观点。 8A

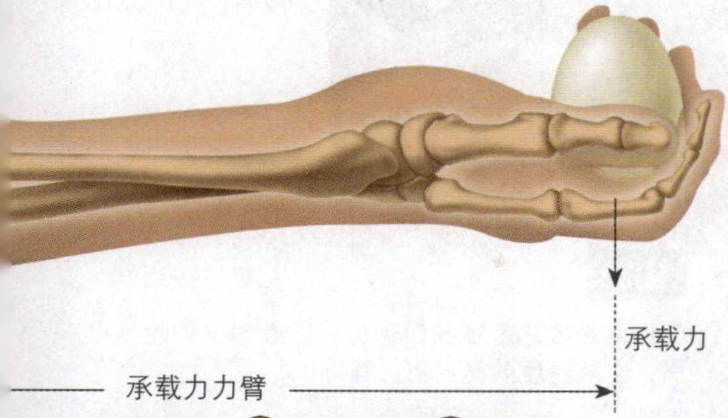


## 任务设计

如果你要制造一个可以遥控的木偶，一些设计简单的机器人原理对你的设计会有怎样的帮助或启发？

**技能手册：** 8D 主题探究 8A 撰写报告

# 滑轮、轮轴以及齿轮的工作原理

在各种机器内的机械运动中，我们最常看到的是旋转运动。许多机器能够将产生的转动从一个地方传递到另一个地方，这种传递是通过滑轮、齿轮以及轮轴等机械完成的。和我们讨论过的杠杆具有机械效能一样，各种轮轴组成的机械装置也具有不同的机械效能。但使用轮轴机械时，外界提供的作用力运动的距离必定会大于输出的物体承载力运动的距离。通过计算轮轴的机械效能和速度效能，设计者和制造者们能够为某一机器选用效率最高的各种机械装置。

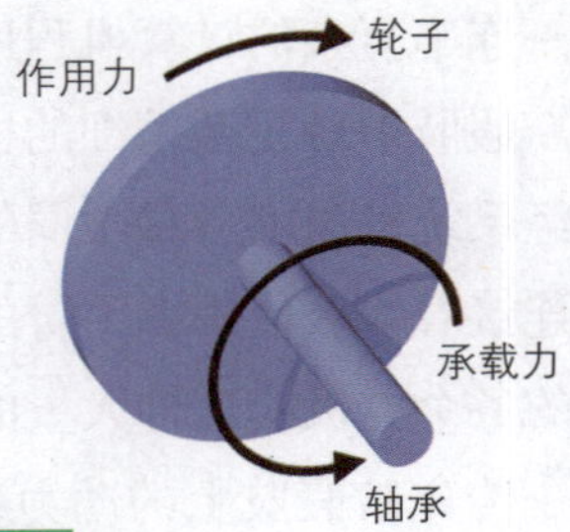


图 1

图中由轮子和轴承组成的机器的机械效能是大于 1、小于 1 还是等于 1?

## 轮轴机械

轮轴是我们最常见到的轮组机械之一。轮轴由两部分组成：一部分是轮子，即轮轴中外侧形状较大的圆盘；另一部分是轴承，即轮轴内部尺寸较小的圆杆。当我们在轮子上施加作用力时从轮轴上能产生更大的输出力（图 1）。螺丝刀也是一个常见的轮轴装置，它的手柄直径远远大于中段的金属杆直径（图 2），这样只要在手柄上施加很小的作用力，在螺丝刀的金属杆上就能产生很大的作用力，并进而在螺丝刀末端对物体产生更大的承载力。汽车发动机的联动装置利用的是同样的原理：轴承能将发动机提供的作用力增大后传送到轮子上，发动机的轮子直径越大，它输送到轮子上的驱动力也就越大。

图 2

请你指出在螺丝刀中，哪一部分可以看作轮轴机械的轮子，哪一部分是轴承?

轮轴机械中，轮子和轴承的作用也可以与上面的描述相反。如我们骑的自行车，实际上是将较大的作用力施加在直径较小的轴承上，作用力通过轮轴传送到直径较大的自行车车轮上用以克服地面的摩擦力。该装置的优点在于在同样的时间内，自行车车轮边缘转动的距离远远大于轴承边缘转动的距离，这样自行车能够运动得更快。根据机械装置设计的目的不同，通常将轮轴装置分为三类，即将转动转化为转动的轮轴、将转动转化为直线运动的轮轴（图 3）以及将直线运动转化为转动的轮轴装置。

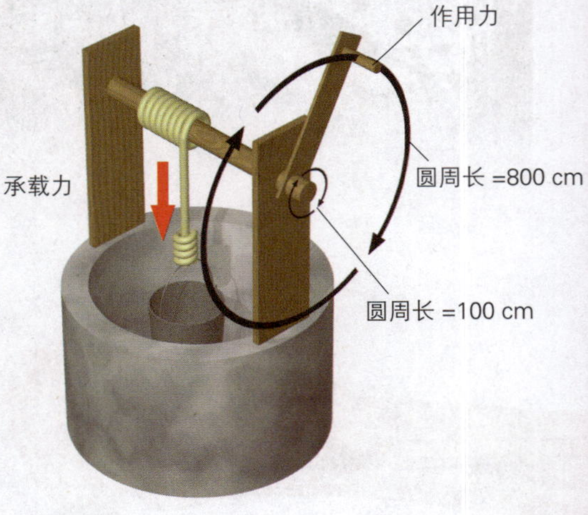


图 3

我们用来提起重物的辘轳也可以看作一个轮轴机械，它的速度效能如何计算?

## 各种滑轮的原理

在起重机或帆船的船帆支架上我们经常用绳索或链子将多个滑轮连接在一起构成滑轮组，这样就能够提起沉重的物体或对物体施加很大的作用力。单个的滑轮可以看做一个轮轴机械，它能够改变外界作用力或运动的方向。一般说来我们常见到两类滑轮：定滑轮和动滑轮。最简单的滑轮是由单个轮轴组成的定滑轮，它的唯一作用在于改变外界作用力的方向。而其他类型的滑轮都能够节省所需要的外界作用力（图 4）。

由单独一个轮轴组成的定滑轮的机械效能仅仅为 1，只有当要被提起的重物体积很大或物体周围空间有限时我们才会使用这种滑轮。而对于由一个轮轴组成的动滑轮来说，在提起重物时，由于物体一半的重量由固定在天花板上的滑轮一边的绳索承担，滑轮另外一端可以自由移动，这一边也承担了物体一半的重量（图 4b）。这样只需要外界提供重物一半重量的作用力就能够将它提起，所以由一个轮轴组成的动滑轮的机械效能等于 2。

一种忽略摩擦来计算滑轮组机械效能的简易方法是：通过计算承担物体重量的绳索长度来进行。例如：在图 4d 中的滑轮组有三根绳索向上提起重物，另有一根绳索运动方向向下，由于这根绳索不承担被作用物体的重量，所以可以不计，这样图中滑轮组的机械效能为 3。

利用一个机械效能大于 1 的滑轮装置工作，人们能够用较小的力来提起质量很大的物体。但这时外界作用力移动的距离要大于重物被提起的距离。我们可以用下列公式表示滑轮的速率比值：

$$速率比值（VR）=\frac{外界作用力运动距离}{物体承载力运动距离}$$

下面分析一下图 4d 中滑轮组的速率比值，其数值应该也是 3。因为该滑轮组要将重物向上提升 2 m 的话，外界施加作用力的绳索一端必须同时移动 6 m 的距离。也就是说被提升物体每上升 2 m，滑轮组中每一段承受物体重量的绳索也都必须移动 2 m，而图中有三部分绳索承担了物体重量。

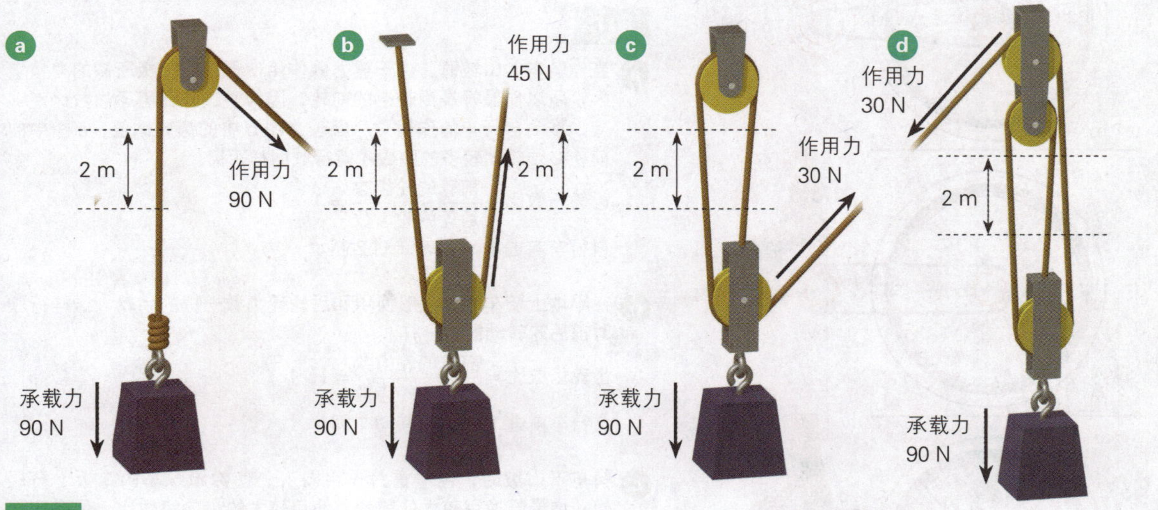


图 4

a 由单独一个轮轴组成的定滑轮，仅能改变作用力的方向。而作用力的大小与物体承载力是一样的。物体每移动 2 m，滑轮上的绳索末端也移动 2 m。

b 图中是一个轮轴组成的动滑轮。

c 由两个轮轴组成的滑轮组，用它每将重物提升 2 m 的距离，滑轮上的绳索末端必须移动 6 m 距离。

d 一个多轮轴组成的滑轮组，它提起 90 N 的物体时，有三段绳索承担了以上重量，所以只需要 30 N 的外界作用力。但滑轮上的绳索末端必须移动 6 m 距离才能将重物移动 2 m。

## 齿轮

齿轮通常由金属或塑料制成，它的外轮边缘呈齿状。齿轮的作用在于加快或减慢物体运动速度。我们常见的齿轮组由两个或两个以上齿轮组合而成，它们之间的轮齿能够完全咬合（图 5）。

使用齿轮能够根据需要节省外界作用力（图 5a），也可能会增加作用力（图 5b）。构成齿轮组的几个齿轮边缘周长的比值称为齿轮齿数比，它的意义与前面我们学过的滑轮的速率比值相似。由于构成一个齿轮组的每一对应齿轮的轮齿大小一样，我们只需要根据每一个齿轮边缘的轮齿数就能够计算出齿轮组的齿轮齿数比。

有些情况下，如自行车（图 6），构成齿轮组的两个齿轮分别运动，它们之间又通过一根链条相连。自行车的脚踏板带动位于前部的齿轮，再通过链条将作用力传递给后部的齿轮，从而带动车轮前进。

在不同的路面行驶时，你可以通过变换自行车的齿轮齿数比来改变必需的作用力，既可以增加付出的体力，也可以减少甚至不用任何力量使车前进，这样无疑能够消减疲劳。

**图 5**

一个齿轮组中齿轮之间的连接顺序决定了它能够用于加快物体运动还是减慢物体运动。

a 放下重物。图中两个轮构成的齿轮组能够小所提重物所需要的用力。通过计算两个轮上的齿数可以知道它的齿轮齿数比为 10：或 1：3。这样要通过齿轮提起重物，在小轮上提供的作用力小重物的实际承载力。同时每当大齿轮转动圈，小齿轮必须转动圈。

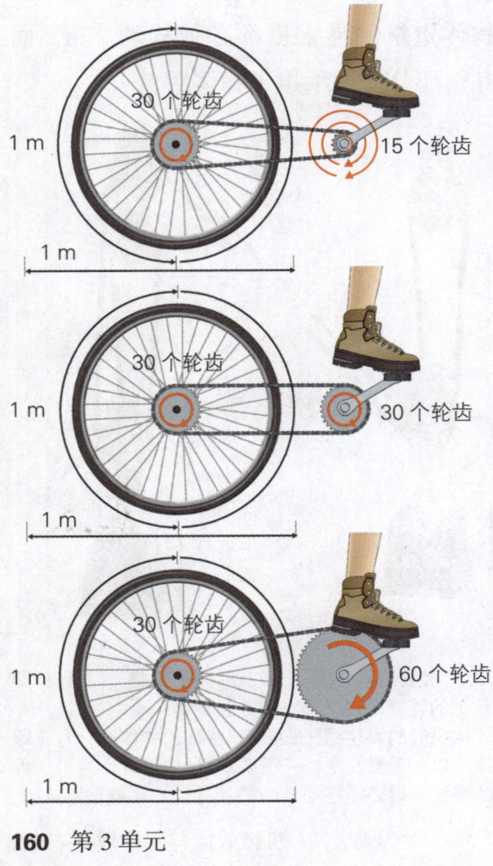


**图 6**

a 当你骑车上山坡时，由于重力的作用使得蹬踩踏板所需的力量增大，所以你最好换用较小的前轮，因为通过降低齿轮齿数比能够减少推动自行车的作用力。但较之图 b 中的齿轮比值，a 图中的前轮必须转动较多的圈数才能行驶同样距离。

齿轮齿数比 = $\frac{前轮的轮齿数}{后轮的轮齿数}$ = 1：2

自行车前进 1 m 后轮转动 2 圈。

b 在平地上骑车时，一般换用和后轮轮齿数一样的齿轮，这样行驶时前后轮转动圈数一样。

齿轮齿数比 = $\frac{前轮的轮齿数}{后轮的轮齿数}$ = 1：1

自行车前进 1 m 后轮转动 1 圈。

c 骑车下山坡时，由于重力作用向下，使你蹬踩车的踏板十分轻松，你最好换用较大的前轮。使用较大的齿轮齿数比，你会比图 b 中骑车付出较大作用力，但行驶同样距离前轮转动的圈数较少。

齿轮齿数比 = $\frac{前轮的轮齿数}{后轮的轮齿数}$ = 2：1

自行车前进 1 m 后轮转动 0.5 圈。

**b** 提升重物。图中两个齿轮构成的齿轮组能够减小提升重物所需要的作用力。通过计算两个齿轮上的齿数可以知道，它的齿轮齿数比为 30∶10 或 3∶1。这样要通过大齿轮提起重物，能更快地提升重物。然而，使用这种系统需要使用更大的力。

## 理解概念

1. 一个滑轮组的机械效能计算公式是什么？

2. 图 7 是由一个轮轴组成的定滑轮，图 8 是由一个轮轴组成的动滑轮，分别计算它们的机械效能和速率比值。

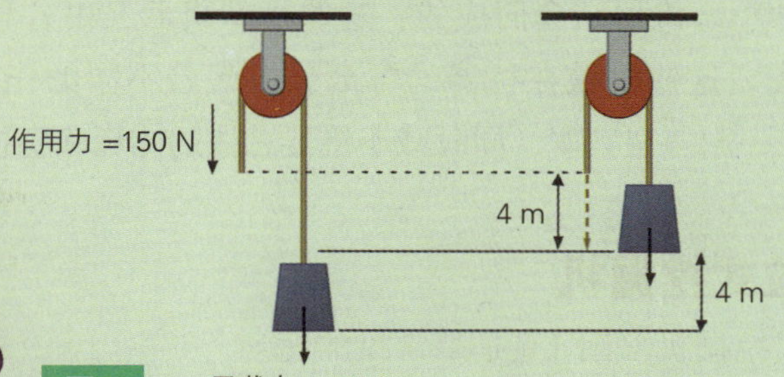


图 7

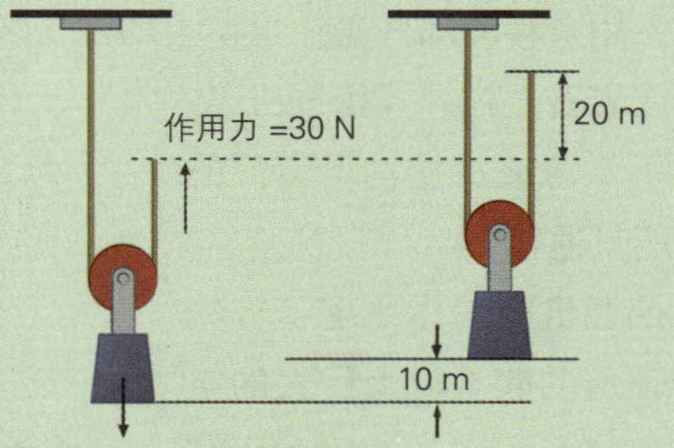


图 8

3. 怎样用自己的语言描述齿轮齿数比的概念。

4. 艾哈曼想要用一个双滑轮组来提起一个重 8 N 的物体，他提供作用力的手移动了 1.6 m 距离，而物体移动了 0.8 m，提起物体时提供的作用力是多少？

## 建立联系

5. 如果一个轮轴的机械效能是 3，用它来提起一个重 30 N 的重物需要的外界作用力是多少？

6. 纳塔莎要用一个滑轮把一个 200 N 的重物提升 5 m，而她只有一根 25 m 长的绳索。

(a) 该滑轮的速率比值是多少？

(b) 纳塔莎需要施加多大的作用力？

7. 大卫驾驶自己的吉普车驶离高速公路进入一片泥泞、陡峭的上山道路，此时他应该换用较高还是较低的齿轮齿数比？

## 探索研究

8. (a) 风车属于我们上面所学的哪一类机械？

(b) 通过各种途径了解风车碾碎稻谷过程的原理。

6C (c) 画出风车工作的简单示意图。

## 任务设计

假如你要制作一台水井的风力驱动装置，轮轴机械在你的设备中起什么作用？

学习了自行车齿轮传递作用力的原理，对于你设计水井的风力驱动装置是否有一些启示作用？

# 巨型机器中的机械装置

即使是我们见到的体积最大、结构最复杂的巨型机器，也是由各种小型机器结合而成的，这些小型机器又由各种简单机械构成。这些机械在机器的各部分中起着不同的作用，它们结合在一起各司其职，同时减小机器总体的能耗和磨损。

## 巨型拖拉式挖掘机

拖拉式挖掘机（图 1）是最常见的超大型机器之一。拖拉式挖掘机通常用于露天煤矿场地，用来移动那些盖在煤矿上的成片的土壤或岩石。拖拉式挖掘机也经常用来挖掘地下水源或深挖沟渠运河的水道以便于船只通行。

拖拉式挖掘机的工作原理：首先将位于机器顶部的起重机上巨大的空铲斗插入地下挖起土壤，然后利用绞索拉起装满泥土的铲斗，最后将这些挖出的泥土堆在工地一旁以便稍后卡车将它们运到其他地方。

(a) 仔细观察图 1，与将泥土直接从地面向上提起相比，拖拉式挖掘机是用绞索将泥土从地面斜拖出来的，这样有什么好处？

(b) 拖拉式挖掘机的铲斗利用了哪种类型的杠杆原理？它的支点在哪里？

(c) 拖拉式挖掘机中有哪些部分利用了滑轮？这些滑轮的功能各是什么？

图 1

这一台拖拉式挖掘机是世界上最大的机器之一，它现用于俄亥俄州的一处煤矿场地。这台拖拉式挖掘机的铲斗比两层楼房的体积都大，它能够举起 10 t 以上的重量。

**图 2**

机械式铲车用来铲起较为松软的泥土或岩石，一部机械式铲车的体积远远比一般的机器大，它的铲斗能够举起一部小轿车。但是与图 1 中的拖拉式挖掘机相比，它就小得多了。

## 巨型机械式铲车

机械式铲车的作用是从地上拣起整块的泥块或岩石并将它们卸放到卡车上（图 2）。它可以用来协助巨型拖拉式挖掘机工作以搬运挖掘出来的大量泥土，也可以用来搬运建筑工地上挖掘地基时产生的大量多余泥土，还可以用来搬运露天矿场开采时挖出的泥土，再通过卡车将这些泥土运走。

(d) 机械式铲车的铲斗和体积都小于拖拉式挖掘机的铲斗，为什么？

(e) 在机械式铲车中有哪种类型的杠杆？这些杠杆的支点各在哪里？

(f) 上述机械中你能找到哪些滑轮组，它们各具有什么样的功能？

(g) 由于使用铲斗提起重物时需要很大的外界作用力，设计铲车时为什么不尽量多加入一些滑轮组？（提示：这里要考虑到滑轮越多，滑轮与绳索之间的摩擦力会随之增多。）

### 理解概念

1. 上述的每一台大型机器都能够看成是一个机械系统。请尽你所能地分析前面每部机器中各自包含的子系统，并说出每一子系统所起的功能。

### 建立联系

2. 今天我们所见到的巨型机器中越来越多地使用了计算机进行控制，这样能够使它们的运行更加有效。请你解释计算机对机器的控制能够在哪些方面节约使用成本。

### 探索研究

3. 过去许多用于为建造楼房打地基的小型挖掘机，使用的是液压系统提供动力来控制铲斗的上升或下降。而今天的巨型挖掘机的设计中人们已经用多个滑轮组代替了以前的液压系统，你能够说出这样做的理由吗？

### 反思回顾

4. 由于现今的巨型机器从事挖掘工作的效率极高，这样对于厂矿企业来说，过去认为不具多少价值的挖掘物就更加不值钱了。这样，我们必须考虑随着制造出来的各种机器体积越来越大，机械效能越来越高，会对人类赖以生存的环境产生怎样的影响。

# 实际运动效率

尽管人们想尽各种方法来减小摩擦，但却无法完全消除它。当相互接触的物体发生相对移动或滚动时，在它们的接触面上就会产生阻碍这一运动的作用力，即摩擦力。无论物体在什么样的物质表面运动都会产生摩擦作用，物质表面越光滑，物体运动产生的摩擦越小。但即使是最光滑的物质表面，如纸张的表面、光滑金属的表面或塑料表面上，仍然会有细小的突起能够产生摩擦（图 1）。当一个物体在这些物质表面移动时就会与细小的突起发生连续碰撞从而阻止运动，所以必须提供外界的作用力来克服上述摩擦力。

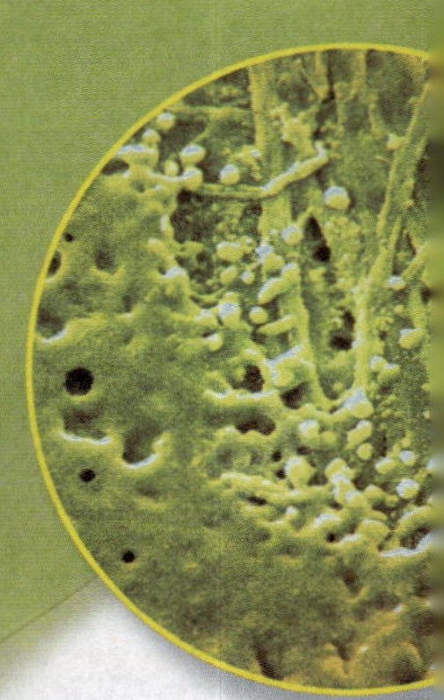

图 1

纸张看上去或者摸起来十分光滑，但在显微镜下观察，你会看到即使是最光滑的纸，实际上也较为粗糙，能够产生摩擦。

## 无处不在的摩擦

摩擦是机器工作效率降低的主要原因，机器运行时各个部分会发生摩擦从而将能量转化为热能散发出去，降低了整台机器的工作效率。

任何相互接触的固体表面都会产生摩擦，同时当一物体在流体中运动时也会产生摩擦。我们见到的天空中发光的流星是固体（行星）与流体（大气层中的气体）接触运动产生摩擦的一个典型例子。

轮船行驶时，船身有一部分浸在水面以下，而水的密度远远大于空气的密度，所以水产生的摩擦力也远远大于气体产生的摩擦力，这就使得轮船要提供很大的推动力来克服船体与水的摩擦。所以船的行驶速度较慢且需要外界提供较大的推动力，人们研制出气垫船以解决这一问题（图 2）。气垫船底部有一个充满气体的气垫，能够大大减小船体与水面的摩擦。

图 2

气垫船的船底部有一个大大的气垫，它能够减小船体与水面的摩擦。使用时气垫不断从上方吸入空气到气垫内部从而保证船体浮在水面上以减小摩擦。另有两个螺旋桨位于船的后方以提供推力，这样气垫船的速度能够达到 120 km/h。

## 减小摩擦的措施

机器运行过程中摩擦会降低机器的工作效率并放出热量，这些热量又常常会对机器造成损伤，所以我们应尽量将机器中的摩擦降低至最小。减少物体的接触面积是减小物体间摩擦的有效方法之一，利用小钢珠可以得到这一效果。自行车和溜冰板都利用钢珠减少轮轴间转动时产生的摩擦（图 3）。

另一个减小摩擦的方法是使用润滑剂，油类物质、动物油脂以及石墨都十分滑腻，可以用作润滑剂。例如在汽车发动机中，当活塞在发动机中快速上升或下落时，发动机和活塞的表面都涂满了润滑油。如果没有足够的润滑油起作用，活塞上下移动时产生的大量热将会融化部分机器的金属表面从而损伤机器。

## 摩擦的积极作用

有时摩擦也能够被利用，当你行走或跑步时，你的鞋底和地面能够产生一定的摩擦力。这种摩擦力十分必要，因为它能够保证你在各种地面上行走而不会滑倒。有时摩擦甚至能用于保护人的安全设施——它能够使物体的运动减缓或停止。自行车和汽车的刹车系统都利用了摩擦。

### 理解概念

1. (a) 什么是摩擦力？

(b) 为什么我们经常要减小摩擦？

2. 许多机器中都有滚动钢珠，它们为什么能够减小摩擦？

### 建立联系

3. 自行车的设计中哪些是用来增大摩擦，哪些是用来减小摩擦？

### 探索研究

4. 根据你所学的有关摩擦的知识回答：一辆具有良好刹车性能的汽车在潮湿或冰冻的路面上飞速行驶，是否安全？为什么？

5. 尽管气垫船行驶时与水面之间的摩擦很小，但它有一个不容忽视的缺陷：在大风天气气垫船很难控制行驶的方向。请你提出解决这一难题的方案，并用图表说明你的想法。 6C

## 任务设计

当你设计一个木偶、水井取水装置或罐头粉碎机时，你是否需要考虑如何减少摩擦或克服重力等问题？

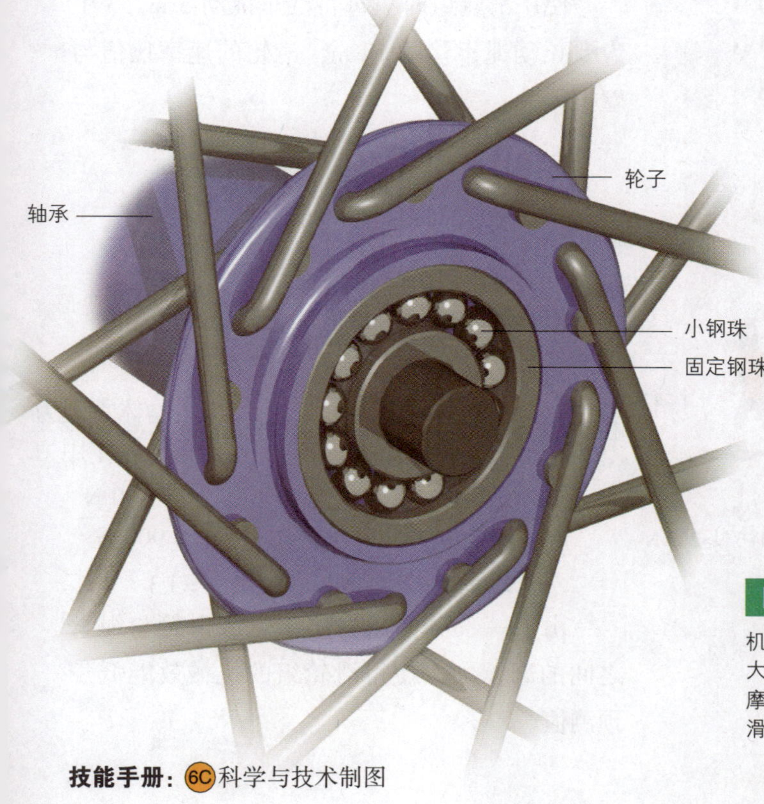


图 3

机器中用来减小摩擦的钢珠又称为滚珠，它们能够大大降低两个相互运动的物体较大接触面间产生的摩擦。通常滚珠都固定在一条位于轮轴间的狭长的滑槽内，滚珠的表面通常涂有油脂等润滑剂。

3.8

# 摩擦对机械效能的影响

通常我们考虑或计算某一机器的机械效能时，我们假设该机器中的摩擦力为零，而实际上任何机器在工作过程中都会有摩擦。如我们已经学过的那样，要想使某一物体在与它接触的物体表面移动，必须有一部分作用力来克服两者间的摩擦力。

## 杠杆机械中的摩擦

由于杠杆与支点的接触面积很小，所以使用它时产生的摩擦力一般较小（图 1）。

如图 1 所示的跷跷板游戏，克服跷跷板支点处的摩擦只需要 5 N 的外力，这样图中的女生将对面男生翘起需要的作用力是：

作用力=250 N+5 N=255 N

该杠杆的机械效能：

不考虑摩擦作用

$$\text{机械效能}=\frac{\text{物体承载力}}{\text{外界作用力}}=\frac{500\ \text{N}}{250\ \text{N}}=2$$

考虑摩擦作用

$$\text{机械效能}=\frac{\text{物体承载力}}{\text{外界作用力}}=\frac{500\ \text{N}}{255\ \text{N}}=1.96$$

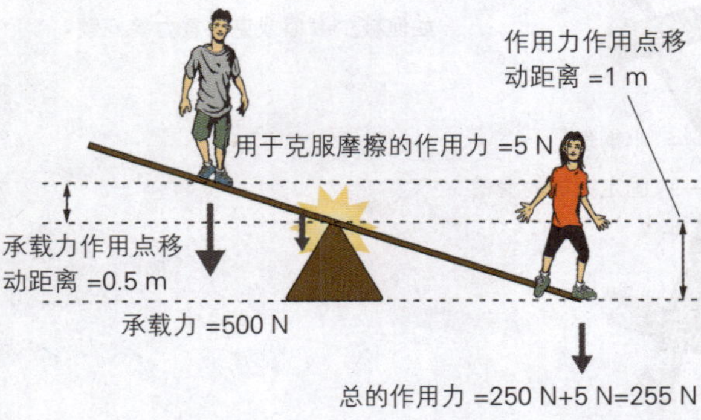


图 1

图中跷跷板的支点是由外表涂有润滑油脂的轴承构成的。

## 滑轮组中的摩擦

滑轮组中存在着滑轮表面与滑轮绳索之间的摩擦，即使是最光滑的滑轮表面，这种摩擦也不可能减小至零。也就是说使用滑轮时外界作用力必须有一部分用来克服滑轮与绳索间的摩擦力。如图 2 所示，三个朋友一起开车外出，行驶在一条泥泞的小路上时，汽车突然陷入路边的沟里无法开出。司机拿出紧急工具箱中的滑轮装置（绳子和滑轮）将汽车拖离小沟回到路上（图 2）。

使用滑轮组时，每将汽车拖动 3 m，3 个人要拉动绳索移动 12 m，滑轮的速率比值与摩擦无关。

$$\text{速率比值}=\frac{\text{作用力移动距离}}{\text{承载力移动距离}}=\frac{12\ \text{m}}{3\ \text{m}}=4$$

但是滑轮组的机械效能会降低：

不考虑摩擦作用

$$\text{机械效能}=\frac{\text{物体承载力}}{\text{外界作用力}}=\frac{3\ 000\ \text{N}}{750\ \text{N}}=4$$

考虑摩擦作用

$$\text{机械效能}=\frac{\text{物体承载力}}{\text{外界作用力}}=\frac{3\ 000\ \text{N}}{900\ \text{N}}=3.3$$

由于一部分作用力用于克服滑轮与绳索之间的摩擦力，使得滑轮组的机械效能低于预测值。

图 2

三个人拉动汽车时，拉动绳索移动的距离是汽车移动距离的 4 倍。同时由于滑轮与绳索间的摩擦使得滑轮组的工作效率降低。

它们设计的滑轮组的工作效率如何计算？

$$工作效率（\%）=\frac{机械效能}{速率比值}\times100\%$$

$$=\frac{3.3}{4}=82.5\%$$

## 摩擦力的测定

为了能够提高机器的工作效率，减小机器内部的摩擦是一个有效的方法。但在设计或制造机器以及其他简单装置时，如果不进行实际实验的测定，根本没有办法得到机器中摩擦力的准确数值。唯一能够得到机器中产生的摩擦力数值的办法是通过实际运行测量克服摩擦所需提供的外界作用力。如果发现某台新机器中摩擦力太大，机器设计师或制造师会采用各种办法降低机器内部的摩擦以提高机器的工作效率，如更换一些材料、增加零件表面的光滑度或改用效果更好的润滑剂等。

**理解概念**

1. 你认为摩擦对机器的工作效率有什么影响？
2. 如图 3 的机械装置，计算每种机械装置的机械效能，先不考虑摩擦算出结果，然后将摩擦考虑进去再加以计算，并比较两次运算的结果。

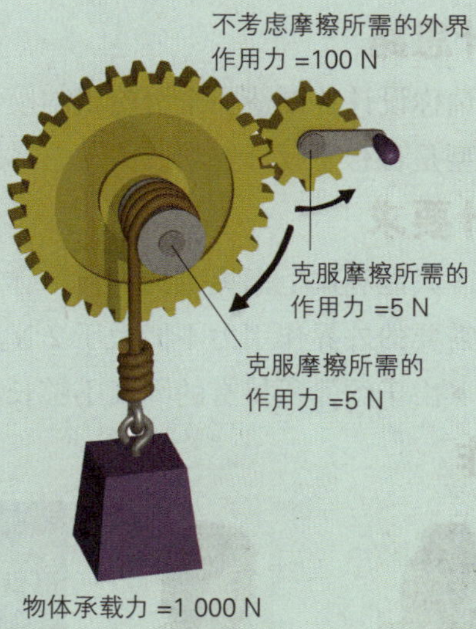


图 3

3. 分析图 2 的情况，3 个人有哪些办法能够提高他们所用滑轮组的工作效率？使用工作效率更高的装置会使他们工作更省力呢还是需要付出更多的作用力呢？

## 任务设计

通常一部机器中各部分的摩擦力越小，该机器的工作效率越高。使用罐头粉碎机时，我们希望提供的作用力越小越好，你有什么办法来提高罐头粉碎机的工作效率吗？

技能菜单
○提出问题 ●实验检验 ●问题分析
●提出假设 ●记录结果 ●交流经验
●制定方案

# 搬动一个沙发

日常生活中我们经常需要搬动重量较大的物体，这时使用一些机械能够帮助我们节省许多力气。由于安装使用方便且在搬运重物时具有较高的机械效率，滑轮是我们最常用到的机械。

**材料**

- 代替沙发的 500 g 重的砝码
- 4 个 50 g 重的砝码
- 细缆线或绳子
- 5 个滑轮
- 用于固定滑轮的木棍

## 提出问题

约翰想要把一个大沙发搬进他的新居的二楼。但由于沙发太大，无法从房屋的正门进出。所以他准备在位于房屋二楼阳台边的一棵大橡树树干上安装一组滑轮，然后利用这组滑轮将沙发吊到阳台上，再通过阳台的门搬进房间。你认为这个滑轮组的工作原理是什么？

## 设计思路

请你设计并制造一个滑轮组的模型，利用它约翰能够将沙发吊到二楼阳台上，同时检验你的模型是否合乎设计要求。

## 设计要求

- 只能利用上面提供的材料，你设计制造的滑轮组应能够把一个 5 N 重的砝码提起 0.5 m，并且需要的外界作用力不能大于 2 N。
- 由于约翰所持有的绳索不够长，所以滑轮组需要的绳子长度应尽可能小。

## 操作

**1**

利用机械效能的计算公式预测完成任务大概需要的滑轮数目。

- 进行计算时大致估计使用该装置克服摩擦所需的额外作用力。

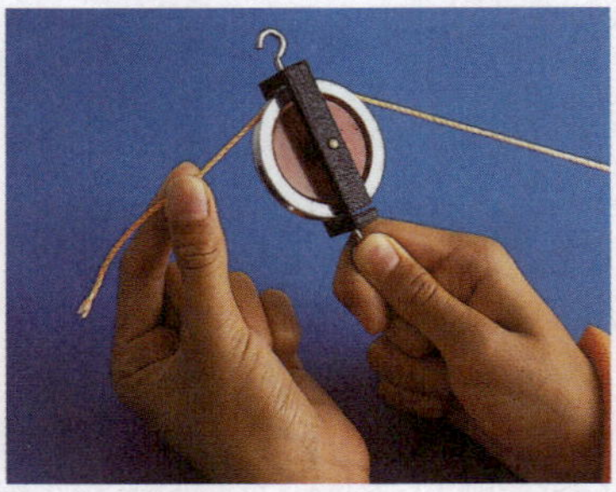

**2**

画出装置的示意图。

**3**

将你的设计方案交给指导教师过目并征得他的认可，然后根据你的设计制作一个滑轮组装置。

## 检测

**4**

利用砝码代替沙发来检验你设计的模型是否符合要求。

- 根据你的计算，用砝码代替沙发，看看你设计的用来吊起大沙发的滑轮装置是否能够正常工作。

(a) 沙发能够被提起来吗？

(b) 如果沙发能够被提起，再检查一下滑轮装置使用的绳索长度是否达到尽可能短的要求。

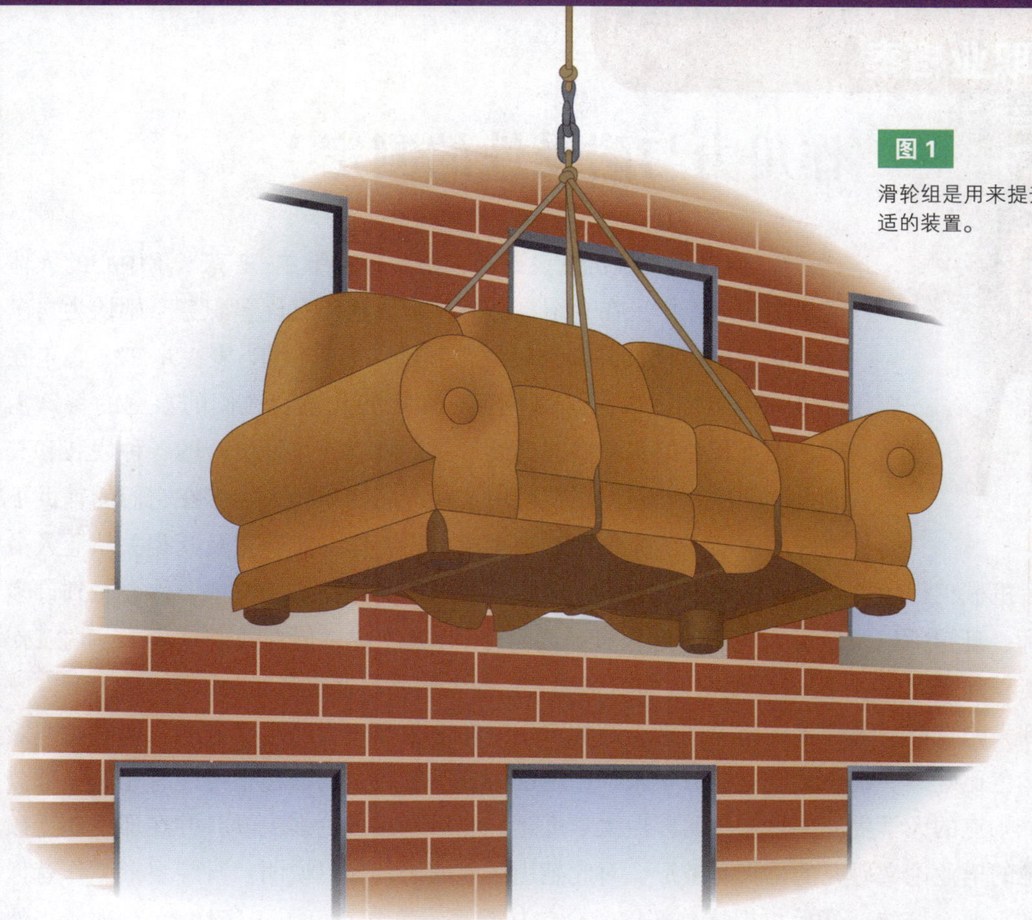

图 1

滑轮组是用来提升重物的最合适的装置。

5

重新制造整个装置并按上述步骤进行检验，直到你的装置完全符合设计要求为止。

## 评价

6

你可以通过回答下列问题来对自己设计制造的装置进行评价。

(a) 你设计的用于提升沙发的滑轮组中需要多少个滑轮？

(b) 在你将设计的滑轮装置用于实际操作前，你是否需要对你的设计加以改进或重新设计？为什么？

(c) 你设计的滑轮装置使用时有多少作用力是用于克服摩擦力的？与你最初的设计相比较，两者有什么不同吗？

## 任务设计

在你设计风力驱动的水井装置或罐头粉碎机时，你必须考虑到可能的摩擦。你的设计中哪些部分需要考虑摩擦？

**建立联系**

1. 你认为利用滑轮系统来提起或放下质量较大的物体十分省力吗？请你试着解释。

2. 有人准备用木头建一个简易屋棚，他打算购买一部价格昂贵的吊车来搬运建房子的原木。你认为他的计划是否合适？提出你的建议。

**探索研究**

3. 某个专门生产大型建筑机器的机械公司准备扩充它旗下的机器研制开发部，因为他们的设备出现了很多故障。你认为它的计划是否合适？说出你的理由。

## 3.10 职业档案

# 作用力与耐受性的测定

金·帕克是一位机械设计师，她在布鲁维尔·麦克米尔中心的人体运动实验室工作。在介绍自己时，她说她拥有许多职务，她认为自己必须既是机械设计师又是机械工程师。布鲁维尔·麦克米尔中心正在从事一项工作，以满足那些身有残疾的儿童及他们的家庭的特殊需求。帕克和她的实验室同事设计并检测自己设计生产的各种假肢和其他人造部件，以确保正在使用这些产品的年轻人能够在它们的辅助下更好地运动或工作。为顺利完成上述工作，实验室及其相关从业人员必须比一般机械工程师更熟悉有关的专业知识。“在其他国家的相关实验室中，你会看到许多机械工程师、理疗师以及造影专业的研究人员一起合作。”帕克说，“但在我们这里，一切工作都由机械工程师来完成。”但这反倒很适合帕克本人，她生性喜欢迎接各种挑战。

从小到大帕克都对各种事物充满好奇。她的童年是在伦敦和安大略省度过的，那时她喜欢的是数学和芭比娃娃。她的父亲是位数学教师，她认为自己对数学的兴趣很可能有相当一部分源自于此。帕克的大学生涯先是在伊丽莎白大学度过，然后是在多伦多大学，并在那里获得硕士学位。她的毕业论文研究的是脚踝整形，对此她用形象的语言加以说明：“脚踝整形工作就像是给患者加上一个鞋垫，然后再把这一部位完全包扎起来，这当然仅限于年幼者。”理所当然她的专业方向使她来到布鲁维尔继续从事她的实验工作。她对自己的工作怀有极大的兴趣，认为这项工作带给自己很多乐趣。

在人体运动实验室——又称为人体行为训练室——涉及的工作多种多样，这也对从业人员提出较高的专业要求，他们必须具备多种技能（图1）。以帕克为例，敏锐的分析能力和逻辑思维能力仅仅是一个开始，她还必须具有良好的机械工程方面的知识、基本的结构知识、物理中的运动学知识、初步的电学知识以及相当完备的数学知识！除上述知识以外更为重要的是，她必须对自己研究领域人体腿部的生理解剖学方面的有关内容十分熟悉，当然还有计算机知识。

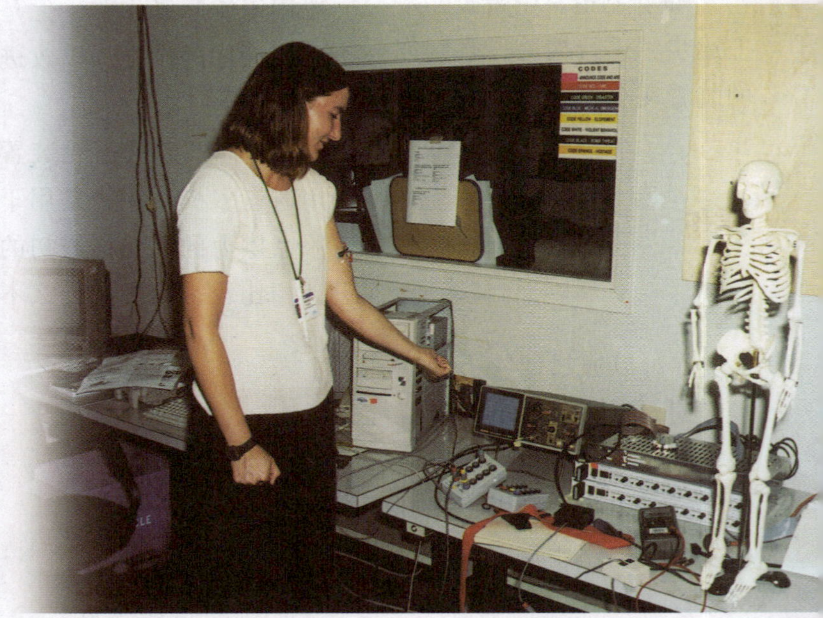

图1

机械工程师们常使用计算机中的模型设计软件，通过在不同部位增加压力来测试各种假肢的结构模型，以检验模型是否容易断裂或粉碎。帕克进行的是模型的手工制造工作。通常她从模型的立体设计图的绘制开始，根据模型可能承受的作用力等因素在纸上进行设计。根据设计图分析模型的哪些部位属于主要的受力区域，结合数学公式计算她能够判断出制造模型的材料是否足以承受可能遇到的作用力或是否能正常工作。一旦上述工作完成，她就可以着手搭建实物模型了。利用各种受计算机程序控制的夹子和气体驱动装置，帕克就能对人造肢体或其他部件进行机械化测试。在使用杠杆模拟提供外界作用力的过程中，她必须始终留心人体行走时的各种关键活动（图2）。最后制造出来的机械会交给预期的用户以便在实际使用中加以检验：看看该产品是否比正在使用的产品具有更优越的性能。

图 2

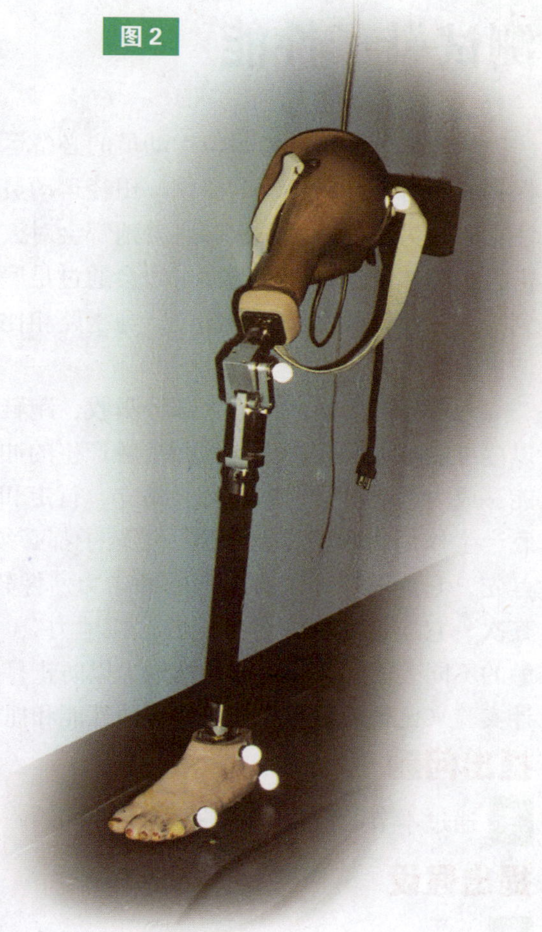

如果一个新的产品设计不能为客户提供方便或不能具有现有的产品一样的性能，它将会被送回实验室，并从头开始设计以改正它的设计缺陷、找到解决问题的新途径。帕克认为这些挑战使自己的工作更加具有乐趣，因为这样她能经常面对各种不同的情况，每天都能够制作出不同的产品。机械工程师的工作特点让帕克和她的同事们能够不断看到自己的工作对人们的日常生活产生的影响。

## 试一试　制作一个手的模型

人体的机械手应该能够完成多种活动或履行许多特殊功能，包括捡起一些体积较小的物体。设计人造手需要重点考虑的问题是手指的长度。

根据图 3，利用制冰棒的棍子、图钉和橡皮绳制作两个“手爪”。比较将两个手爪合拢时需要的外界作用力大小，试着用两个手爪分别抓起一个乒乓球。

1. 你有没有什么办法用较小的力量来控制两个手爪？

2. 为什么两个手爪的作用力力臂长度一样，而使用时需要的作用力却不一样？

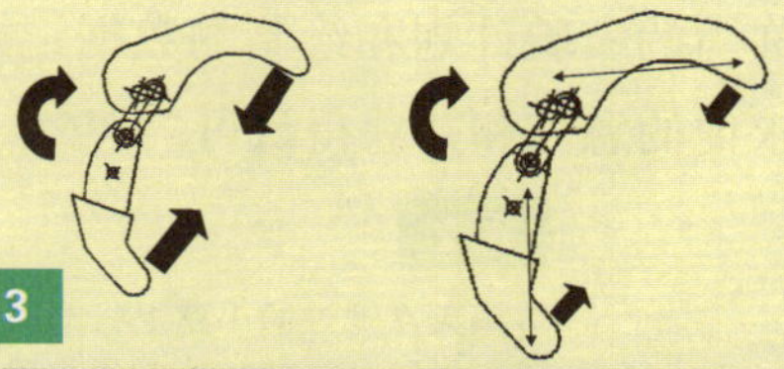

图 3

**技能菜单**
- ●提出问题 ●实验检验 ●问题分析
- ●提出假设 ●记录结果 ●交流经验
- ○制定方案

# 测试鞋子性能

性能出色的跑鞋是每位运动员的必备运动器材之一，它能够保护使用者不会在运动时受伤。田径运动员对运动鞋的性能更加注重，因为跑步时每一次脚底着地都会对人的躯干产生巨大的冲击力。脚部落地时产生的冲击力会通过足底传到脚踝，然后传递到腿部，包括膝部关节等部位。与走路相比，跑步时人体与地面产生的作用力要大许多倍（图 1）。

为了将产生的冲击力大部分吸收，跑鞋都是经过特殊设计的以尽可能多地吸收脚底与地面接触产生的冲击力。尽管并非人人能够成为运动员，但我们每天站立、行走和上下楼梯时都会对足底产生作用力。这样无论哪一类鞋子都必须具备两个基本功能：首先，它能够缓冲来自地面的冲击力，像软垫子一样保护人体；其次，它应该能够提供一定的“抓地力”，即鞋底能够与它所接触的不同表面间产生必要的作用力以防止打滑（图 2）。你能够设计实验来比较两种不同鞋子的缓冲性能和抓地性能吗？

**材料**
- 一双跑鞋
- 一双休闲鞋或靴子
- 小型塑料袋
- 几个鸡蛋
- 报纸
- 30 cm 长、15 cm 宽的厚纸板
- 米尺

## 提出问题

2B **1** 通过本节的探究你准备解决哪些问题？

## 提出假设

2C **2** 对你准备设计的两个实验，你预计会得到什么样的结论？根据你准备解决的问题，写出你的假设和解释。

## 实验设计

**3** 如果你曾经看到过与你设计的实验有关的资料并准备根据它来设计你的实验，先考虑下列问题并写出详细的实验步骤：
- 你的实验 1 和实验 2 中自变量和因变量各有哪些？
- 在两个实验中你准备分别控制什么变量？
- 你的实验应该从较为简单的条件开始，这时两双鞋应该都能够通过测试。然后提高实验条件直到其中一双鞋不能够通过测试为止。

**4** 建立一张表格记录下你的实验数据。

**5** 将你写的实验计划和绘制的数据记录表交给老师，征求他的意见和并获得认可。

图 2

下雨天在泥泞的小路上行走时，你鞋底的橡胶纹路和橡胶的性能将决定你走路是否容易打滑。



技能手册：2B 提出问题的技巧 2C 作出预测和提出假设的技巧

图 1

马拉松运动员脚下的跑鞋，需要对地面作用力有更为优越的缓冲性能，因为每次比赛他们要连续跑 42 km。

## 实验步骤

**6**

将你的实验设计方案付诸实践。

**实验 1：比较两双实验用鞋对冲击力的缓冲性能**

• 为了比较两双实验用鞋对冲击力的缓冲性能，利用鸡蛋来代替人的双脚进行验证。

• 实验过程中要留意两双鞋的各个部件是否牢固。

**实验 2：比较两双鞋的防滑性能**

• 鞋的防滑性能指的是使用者行走过程中，鞋底与地面是否能够有足够的摩擦以防止打滑而使人摔倒。本实验中你可以用厚纸板来制造一个斜面，用以测试鞋底的防滑性能。

## 分析思考

**7**

通过回答下列问题反思你的实验结果：

(a) 哪种鞋子对冲击力的缓冲性能最好，哪种的防滑性能最好？

(b) 你的实验结果与你原先所作的假设是否吻合？为什么？

(c) 利用鸡蛋来检验鞋底的缓冲性能是否合适？为什么？

(d) 你利用厚纸板做成的斜坡来代替现实生活中常见的路面是否合适？为什么？这对实验结果来讲是否是一个必须考虑的因素？

**建立联系**

1. 为什么我们实验用的运动鞋和休闲鞋在设计构造上有很大不同？想想看，这两种鞋分别对哪些人群适用。

**探索研究**

2. 如果你能够任意选择合适的工具和物品来检验各种鞋子鞋底的缓冲性能和防滑性能，你会怎样去设计上述两个实验？实验过程中必须使哪些因素保持相同才能够保证实验结果的可靠？

3. 通过各种电子和纸质出版 3D 物来研究性能优越的运动鞋都应具有哪些特点。用示意图表示出质量优良的鞋子应该具有的共同特征。对每一特征分析出它的设计用意，最后整体上分析每一特点对鞋子整体特性的作用。

**反思回顾**

4. (a) 如果你是一位鞋类设计师，你设计的休闲鞋或靴子会有什么特点？

(b) 你设计制作的鞋子将会采用什么样的材料，成品的外观怎样？

(c) 如果将你设计制作的鞋子投放到市场，你认为会有人购买吗？

技能手册：3D 设计原型

# 作用力、作用面积和压强

## 作用力与压强

图钉是固体（图 1），它能将作用于其一端的作用力通过自身直接传递给另一端与它接触的物体。即如果对图钉的顶部施加一定的作用力，该作用力能够被作用在与图钉尖端接触的物体上，如一块布告板。同时图钉的特殊设计使它另有一种特殊的性能。如图 2 所示，当外界施加在图钉顶部的作用力传递到图钉的尖端时会有什么效果？

使用图钉时外界作用力的大小在传递过程中并未发生改变，但作用力在尖端的性质有所变化。在顶部作用力的作用面积较大，而在图钉的尖端作用力集中在极小的面积范围以内。在一定面积内物体受到的作用力称为压强，压强的计算公式是：

$$压强=\frac{作用力}{作用面积}$$

图钉的工作原理在于它有两个不同的作用面积：受到外界作用力的图钉顶部面积很大，所以压强较小；而在图钉的尖端，同样的作用力作用在极小的面积上，就产生很大的压强，这么大的压强使得它能够将一些物体钉在布告板上。

图 1

图钉的尖头能够轻松地刺入一些物体表面，这一特性使得它的用途十分广泛。它的哪些特殊设计给了它这一特殊功能？

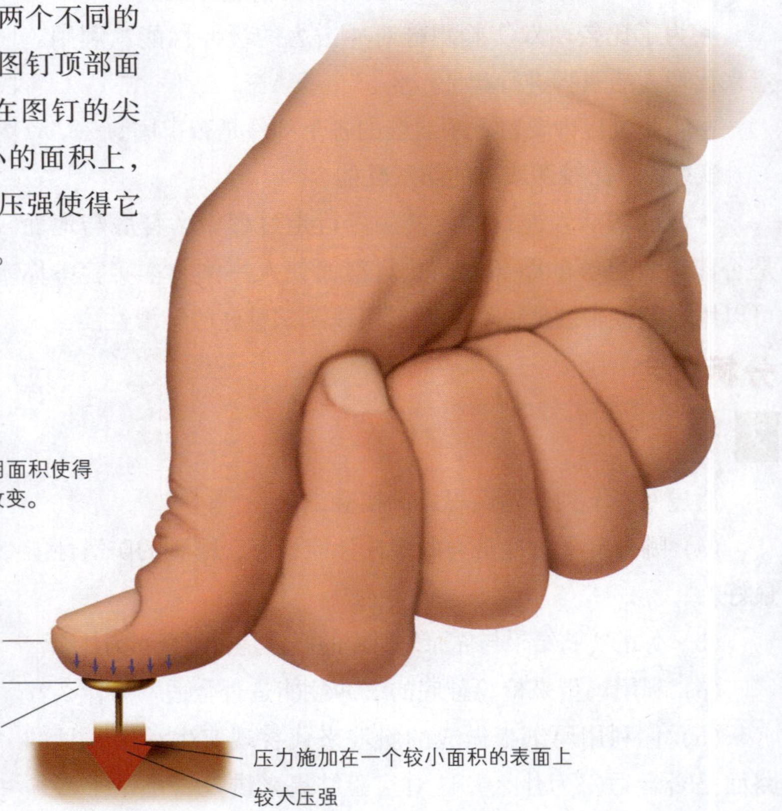


图 2

由于有两个不同的作用面积使得图钉两端的压强发生改变。

## 减小压强的途径

图 3

滑雪板能够减小人在雪地上的压强从而防止人被陷入雪中。

滑雪板也是固体并能传递作用力，但与图钉的前后压强增大相反，滑雪板能够减小受到的压强——它通过增大作用力的接触面积而不是减小作用面积来达到这一目的。如果你穿着靴子在雪中行走，靴子承受的作用力会传递到雪面并使人的脚或腿陷入雪中。但是只要穿上滑雪板，雪面承受的压强就会大大减小，这样你就能够在雪面上自由行走了。之所以如此，是由于滑雪板与地面的接触面积远远大于你的靴底与地面的接触面积，能够大大减小地面承受的压强（图 3）。所以穿上滑雪板，你在雪地上行走的效率会大大增加。

## 压强的计算

压强的计算公式如下：

$$压强=\frac{作用力}{作用面积}$$

或 $p=\frac{F}{A}$

其中作用力的单位是牛顿（N），作用力面积的单位是平方米（$m^2$），这样压强的单位就是 $N/m^2$。1 $N/m^2$ 又称为 1 帕斯卡（Pa）。由于 1 帕斯卡表示的压强太小，我们最常用的单位是千帕（kPa）：1 kPa=1 000 Pa。

假设有一个体重为 54 kg 的学生在雪地上行走（见图 3），当这个学生将自己的体重放在一条腿上时，我们可以用下列公式计算施加在雪地上的压强：

穿着滑雪板时的压强：

学生体重=540 N

滑雪板与地面接触面积=0.2 $m^2$

$$p=\frac{F}{A}$$

$$=\frac{540\ N}{0.2\ m^2}$$

$$=2\ 700\ N/m^2=2.7\ kPa$$

穿着靴子时的压强：

学生体重=540 N

靴底与地面接触面积=0.05 $m^2$

$$p=\frac{F}{A}$$

$$=\frac{540\ N}{0.05\ m^2}$$

$$=10\ 800\ N/m^2=10.8\ kPa$$

### 任务设计

通过所学的固体传递作用力特性以及通过改变作用力的作用面积来改变压强的方法，对你设计罐头粉碎机有没有什么启发？

**理解概念**

1. 用你自己的语言给压强下一个定义。

2. 描述具有下列功能的工具的主要特征：

（a）能够减小压强的工具；

（b）能够增大压强的工具。

3. 有一堆重 20 000 N 的废旧金属放在一面积为 25 $m^2$ 的平面上，该平面所受到的压强是多少？

**建立联系**

4. 如果你被一个穿运动鞋的男子踩了一脚或被一名穿高跟鞋的女士踩了一脚，哪一种情况下你会觉得更疼？为什么？

5. 一名准备和同学一起参加冬令营的学生，因为她需要随身携带一个背包，所以她决定活动时穿上滑雪板而不是棉靴。她的决定是否正确？为什么？

6. 冬季的一天，一位男子在冰冻的湖面上行走时不慎踩碎了冰面并落入湖中。利用你学过的有关压强的知识说说，一队救援人员怎样能够到达出事地点而不会压碎冰面？

3.13

# 气体与液体中的压强及其传递

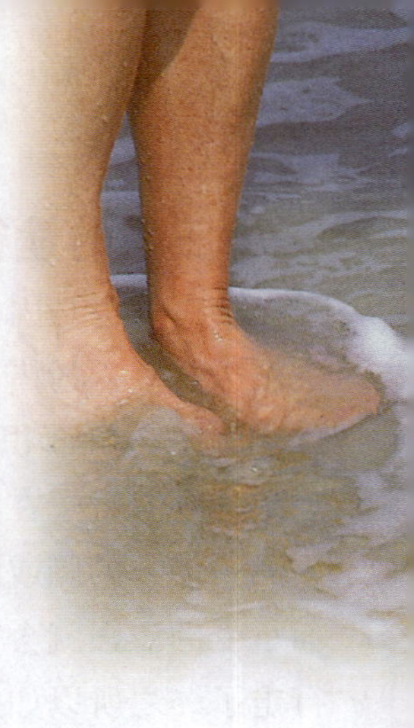

前一节中我们学到固体能够传递压力或压强。在固体传递压力过程中原来外界的压力方向不会发生变化，而液体或气体性质不同：由于液体或气体中分子间间隔较大，如果不是限制在一定的容器中我们无法对它们施加作用力，因为气体或液体一旦受到外界作用力，构成它们的分子就会向外界扩散（图 1）。

我们可以通过水床来演示受到外界作用力时，一定容器内的液体是如何发生变化的：一旦受到压力作用，液体会向各个方向传递该作用力，即盛装液体容器的内壁各部分均匀受力，这就是帕斯卡定律。发现这一定律的是 17 世纪著名物理学家布莱斯·帕斯卡，我们现在常用的压强单位——帕斯卡就是以他的名字命名的。因为压强=作用力/作用面积，所以外界作用力产生的压强与物体内部的受力面积有关，而液体和气体的压强计算公式是一样的（图 2）。

## 液体的受力分析

在给自行车打气时你是否仔细观察并发现了气体的一些特点？由于气体分子间的间隔很大，当受到外界的压力时，气体分子间的间隔能够大大减小，也就是我们通常所说的气体能够被压缩。所以我们打气时能够将大量的气体压进自行车车胎。实际上不仅仅是空气，所有的气体都具有能够被压缩的性质（图 3）。

如果你进一步想要将一些液体——比如水灌入已经装满水的瓶子里，你就会发现液体和气体之间的不同：液体分子之间的间隔很小，也就是它们已经被压缩在一起了，所以液体实际上是不能够被压缩的。

上述液体和气体的不同性质使得一定容器中的两种物体受到外界作用力的情况下，它们内部传递作用力的方式完全不同：当你对某个容器中的液体施加作用力时，由于不可压缩性，液体的体积不会发生变化；对于气体则恰恰相反，受到外界作用力气体的体积可能会变得很小（图 4）。

图 2

用手挤压气球时手的作用力会平均传递到气球内壁的各个方向。

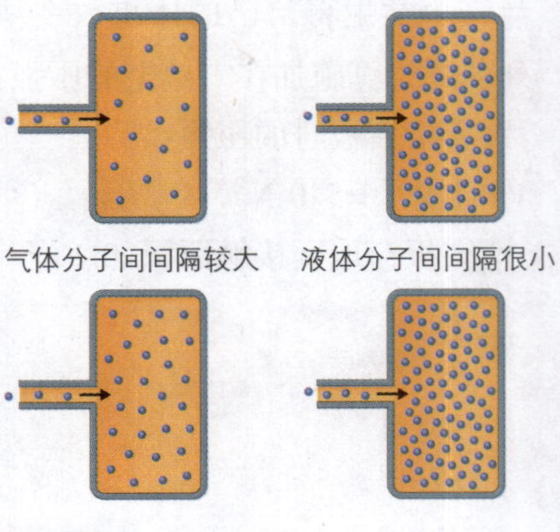


图 3

气体能够被压缩：我们既能够将一些气体分子与另外的气体分子混合，也能够将一定体积的气体挤压通入较小体积的容器中。反之，液体体积难以被压缩。

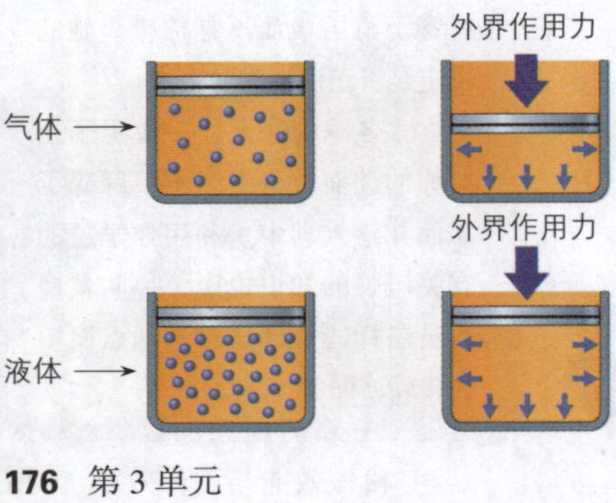


图 4

我们能够将体积较大的气体通过增大压强的办法压缩进一个体积较小的容器中，这时该气体内部压强较大，而液体则不能够被压缩。

图 1

当你的脚踩入水中，水面会发生什么变化?

## 压强与温度

容器内不断运动的分子不停地撞击着容器的内壁，从而产生压强。分子撞击容器内壁的次数越多、分子运动的速率越大，则对容器内壁造成的压强越大。

如果你给某一物体提供热能，即给它加热的话，该物体内部的分子运动速率也会加快。盛有液体的容器，液体分子运动速率越大，容器内部压强也越大，因为液体分子运动速率加快使得更多的能量传递到容器内壁。正因为此，我们经常看到一些警示标志，如不要给装有气体的密封容器加热等，其原因就在于如果加热到一定温度，容器内急剧增大的压强会引起整个容器爆炸。

如果给盛有液体的某个容器提供相同的能量却不会引起爆炸。因为相同体积的液体中所含分子数目远远大于气体分子的数目，这样同样的热量被大量液体分子吸收，整个容器温度变化较小，分子运动速率变化不大，内壁所受压强变化也小，不会引起爆炸。同时，液体分子间的间隔较小，分子间的相互作用力使分子运动范围相对有限，这也是爆炸难以发生的原因之一。

如图 5 所示，当我们用力压缩某一气体（或将气体压缩进一体积较小的容器中）时，也会增大气体的压强。在一个较小的空间里，气体分子间隔变小从而会更加频繁地撞击容器内壁，产生更大压强。增大气体压强还会引起另一个效果——气体的温度会升高。给自行车车胎中充入过多气体时你会发现，由于部分外界压力被转化成热能，充气阀门和车胎温度都会升高。对于液体而言，因为它们通常不能被压缩在小于它原来体积的容器中，所以我们就不可能通过增大液体压强的方法来提高液体温度。

**理解概念**

1. 为什么在固体和液体内部，外界作用力的传递方式不同?

2. 当我们对容器中的液体或气体施加压力时，它们的温度会有什么变化?

3. 观察图 4 所示的两个容器，它们分别充满了液体和气体，我们对两个容器的活塞分别施加同样大小的作用力，充满气体的容器内部压力将会大于盛满液体的容器内部压力，为什么?

4. 用你自己的语言说明：当我们给某一充满气体的容器加热时会有什么现象发生。

**建立联系**

5. 如果你用力向一个气球中鼓入空气，气球可能会发生爆炸。既然空气是能够压缩的，为什么向气球中鼓进较多空气气球会发生爆炸?

6. 当液体受热升高到一定的温度时就可能会发生状态的变化，成为气体。在某一容器中的液体达到沸点成为气体时，容器内即将会发生哪些变化?

**探索研究**

7. 找一些不同设计的自行车打气筒。

(a) 请你解释每一个打气筒的设计原理。

(b) 对每种打气筒的设计优劣作出评价。

图 5

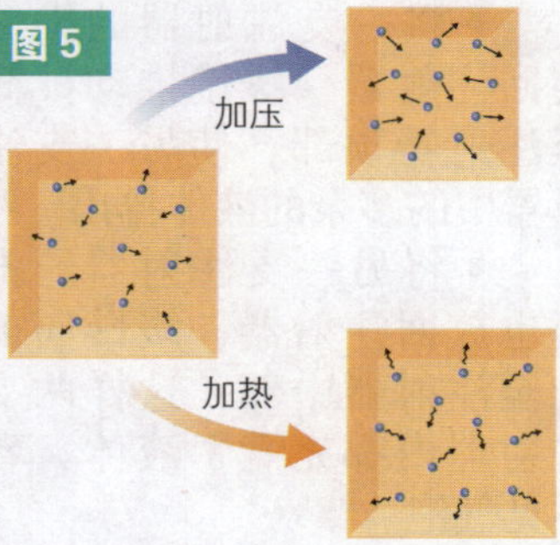

**技能菜单**
○提出问题 ●实验检验 ●问题分析
●提出假设 ●记录结果 ●交流经验
○制定方案

# 液体和气体的受力分析

我们已经知道液体受到外界作用力时它本身的变化是可以预测的。气体受力发生的变化情况与液体有所不同，因为气体具有可压缩性。本节中我们将通过探究实验来研究液体和气体受到作用力时的不同表现。

**材料**

- 围裙
- 护目镜
- 2 支 20 mL 的塑料注射器
- 长 50 cm、直径 6 mm 的透明橡胶管
- 4 个用于固定用途的夹子
- 2 个铁架台
- 正方形的厚纸板
- 200 g 的砝码
- 5 mL 的塑料注射器
- 10 mL 的塑料注射器

## 提出问题

当受到同样的外界作用力时液体和气体会有哪些不同的表现？

## 提出假设

2C **1** 对上述问题提出你自己的假设或见解。

## 实验设计

通过用多个针筒设计组成的实验装置，你将观察到液体系统（水）对外界作用力的传递方式，同样的设计也能够用于研究气体的性质。

**2** 如表 1，制作一张表格以便记录下你的实验结果。记录时你用“少于”、“多于”或“等于”来描述实验中将一个 200 g 的砝码提起所需要的作用力大小。

## 实验步骤 第一部分：液体中的作用力

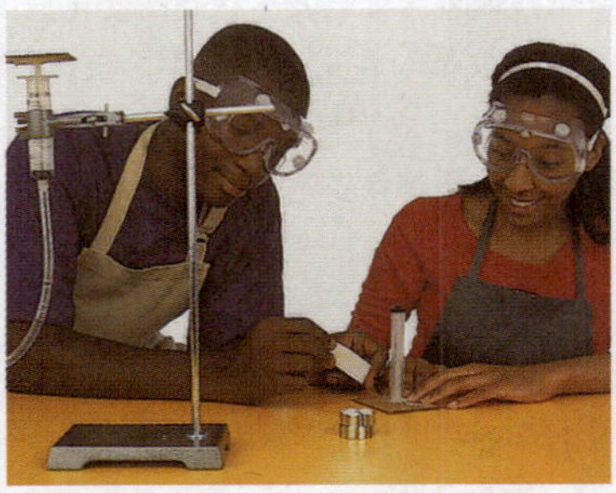

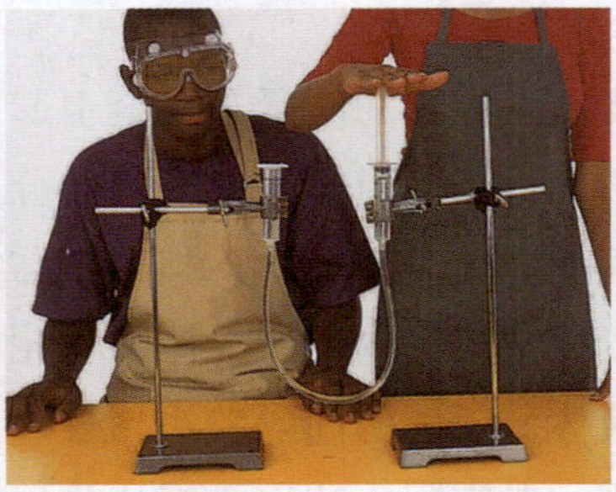

**3** 用塑料管将两个 20 mL 的注射器相互连接起来。

• 将两支注射器的推筒取下并在两支注射器中充满水。

• 将一支注射器的推筒装回注射器，缓慢推动推筒至注射器顶部，使另一支注射器中的多余的液体排出。

• 将另一支注射器的推筒也放回注射器，缓慢向前推至注射器中部，这样两支注射器内都充满了液体，看不见气泡。

**4** 将两支注射器分别固定在铁架台上。

• 将厚纸板制成两个小平台，以便能够放置 200 g 的砝码。将制成的平台分别固定在两个注射器的推筒尾部。

• 调节两个注射器中的推筒，使其中一个位于注射器顶部，即注射器中没有液体，第二个注射器的推筒位于注射器尾部，即注射器中充满液体。

**5** 将 200 g 的砝码放在第一支注射器的推筒平台上。

• 用力压下第二支注射器的推筒，估计需要施加的作用力的大小。

• 将砝码放在第二支注射器的推筒平台上，并用力压下第一支注射器的推筒，估计将砝码升高所需要施加的作用力的大小。

(a) 将刚才的实验数据与“标准作用力”的比较记录在你的表格中。



技能手册：2C 作出预测和提出假设的技巧

图 1

重型卡车的刹车系统利用密封的气体联动装置进行控制

**建立联系**

1. 当使用液体做实验时，在步骤 5 中为什么整个系统的密封性必须完好？

2. 我们日常生活中见到的许多机器中都会用到液体或气体的压力传送装置。如图 1 所示，你能够说出使用气体来有效传递压力的首要的注意点是什么吗？

**探索研究**

3. 设计实验验证相同大小的 2E 作用力作用在具有不同面积的液体表面时，会对液体内部的压强产生哪些不同结果。经过老师的同意后，将你的实验设计进行具体实验和结果分析。

表 1

| 液 体 | 注射器的规格 | 支撑砝码的注射器规格 | 外界作用力 |
|---|---|---|---|
| 水 | 20 mL | 20 mL | 标准作用力 |
| 水 | 20 mL | 20 mL | 与标准作用力相等 |
| 水 | 10 mL | 20 mL | ? |
| 水 | 20 mL | 10 mL | ? |

**6** 使用不同规格的注射器组合重复步骤 3，4，5。

(a) 将你在实验中所使用的作用力数据分别记录下来。

### 第二部分：气体中的作用力

**7** 用相同的装置对气体进行相同的实验。

- 当用充满气体的塑料管连接不同规格的两支注射器时，要注意让容积较大的注射器的推筒尽量向前推至注射器顶部并将容积较小的注射器的推筒尽量拉至注射器尾部，然后再用塑料管连接起来。
- 按步骤 4 和 5 固定两支注射器。

(a) 使用不同规格的注射器组合来进行上述实验，并记录下各个作用力数据。

## 分析思考

**8** 通过下列问题来反思你的实验结果。

(a) 利用哪种规格的不同注射器组合及其实验顺序，我们能够用最小的作用力达到升起砝码的目的？

(b) 假如你希望用最小的力量升起砝码，你准备怎样对实验装置进行改进？

(c) 比较 5 mL、10 mL 和 20 mL 三种注射器活塞的受力面积大小，结合公式 $p=F/A$，对刚才液体和气体的实验结果进行合理有效的解释。

(d) 上述的实验结果是否验证了你最初提出的假设？

(e) 对实验中液体和气体装置得出的结果给出简要的比较。

# 液体中的压强分析

图 1

飞机上的许多机器设备都利用了液压系统来传递压强。其中包括控制飞机起落架以及飞机机翼副翼升降的机械装置。

当喷气式飞机降落时，飞行员会首先降低飞机的副翼（图 1）。机翼的副翼正面飞行时必须正对飞机的飞行方向，这样它就要承受飞机以不低于 300 km/h 速度飞行时产生的巨大阻力。即便如此，飞机的副翼通常能够平稳可靠地降下。飞机副翼控制系统就是利用了液体对作用力的传送原理，这一利用密封液体传递作用力的装置称为液压系统。大多数机器液压系统中使用的液体都是油类物质而不是通常的液体水，其原因在于水通常会对机器产生腐蚀，而且水的润滑性能不如其他液体。

你可能已经知道自行车紧急刹车时所必须提供的作用力的大小，但你能否想象出，一辆满载货物的巨型运货卡车，当它以 100 km/h 的速度疾驶时，紧急刹车过程中所需外界的作用力大小吗？但实际上驾驶员刹车过程中并不需要提供太大力量去踩卡车的刹车踏板。为什么卡车的驾驶员只需轻轻踩下刹车就能产生巨大的效果？原因就在于卡车的刹车利用了气动系统。

液压系统或气动系统的好处就在于利用它们，你能够用很小的力量就提起或抬起重量巨大的物体、实行远距离或近距离的操作以及最大限度地减小摩擦。

## 液体压力

我们已经知道对一个密闭容器中的液体施加作用力时，容器内的液体能够将所受到的作用力均匀地向容器内壁传递。

如图 2 所示，一个容器中液体的受力表现出的帕斯卡定律。这个容器中有两个能够上下自由移动的金属活塞。从图中可以看出液压系统能够将很小的外界作用力放大多倍后输出，而液压系统将外界作用力放大的倍数，等于系统中较大活塞面积与较小活塞面积之比。

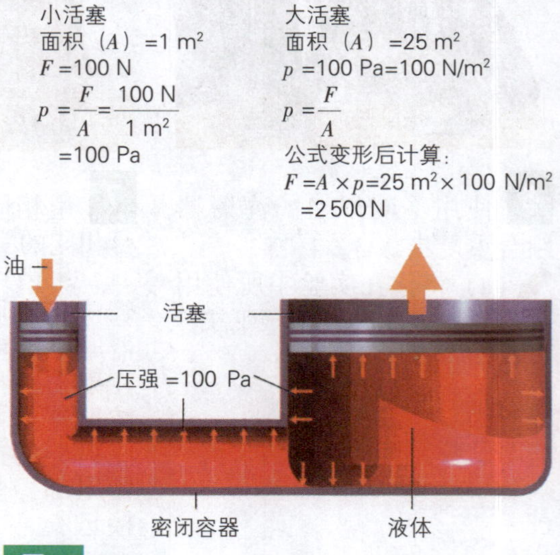


图 2

图中 100 N 的作用力施加在较小的活塞表面，整个液压系统中，包括两个活塞表面的压强一样（100 Pa）。但是由于大活塞的作用面积是小活塞面积的 25 倍，所以最终大活塞上的输出作用力远远大于小活塞。

## 液压系统的机械效能计算

我们能够计算图 2 所示的液压系统的机械效能，对系统中小活塞施加 100 N 外界作用力，通过装置最终的输出力变为 2 500 N。

$$\text{机械效能}=\frac{\text{机械的输出力}}{\text{作用力}}=\frac{2\,500\ \text{N}}{100\ \text{N}}=25$$

所以，这部机器能够提起相当于输入力或作用力 25 倍重量的物体。

## 汽车中的液压系统分析

通过改变液压系统中输入作用力和输出作用力活塞的受力面积之比，我们能够任意扩大输入作用力的输出数值以获得所希望的作用力。图 2 所展示的是一个利用液压系统原理的汽车用千斤顶的内部结构，它的大活塞与小活塞的受力面积比值很大。汽车的刹车系统也是利用了液压系统（图 3）。

## 气动系统

因为气动系统是使用压缩了的气体来传递压力，所以这一类系统中都会带有电力控制气体压缩机，可以用来高效压缩气体体积。气动系统中的气体会对容器内壁造成极大的压强，所以它能够输出的作用力也很大。例如大型运输卡车的刹车系统就是利用气体传递压力，它能够提供比液压系统高得多的输出作用力。除此之外，气动系统还具有一些其他优点，如：气体比液体更加容易得到且资源丰富，不会耗竭；较之液体，使用气体不会造成环境污染或可能引起火灾等危险。但是气动系统也有缺点：由于需要气体压缩机、增压泵以及其他一些辅助设备，气动系统通常占用的空间较大；同样，复杂的结构使得它们的制造成本较高。所以在有空间限制以及不需要太大输出作用力的情况下，最好选用液压系统。

**理解概念**

1. (a) 什么是液压系统？

(b) 液压系统为什么有广泛的用途？

2. 什么是气动系统？

3. 液压系统和气动系统相比较，主要的优缺点各是什么？

**建立联系**

4. 如果在一个液压系统的小活塞上施加 750 N 的压力，而该系统的大活塞受力面积是小活塞面积的 10 倍，则该系统能够顶起质量为多少的重物？

5. 现有一液压系统装置，它的两个运动活塞受力面积之比为 20:1，如果想用该装置顶起一个 10 000 N 的重物，至少需要外界提供多少作用力？

6. 由于液体具有不可压缩的性质，现有一部液压系统装置，它的两个运动活塞受力面积之比为 1:5，当用之将一个重物升起 1 m 高度时，装置小活塞的运动距离是多少？

**探索研究**

7. 日常生活中的许多现代化机器都会用到液压系统的原理，请你对建筑工业设备、农业设备或厂矿企业使用的设备进行分析，找出其中哪些部件是利用了液压系统原理。为了便于在班上向同学们汇报你的探究结果，建议你画出相关的机械装置图。

## 任务设计

液体传递作用力的特性以及通过改变作用力的作用面积来改变压强的方法，对你设计具有液压系统的远程控制木偶有没有什么启发？

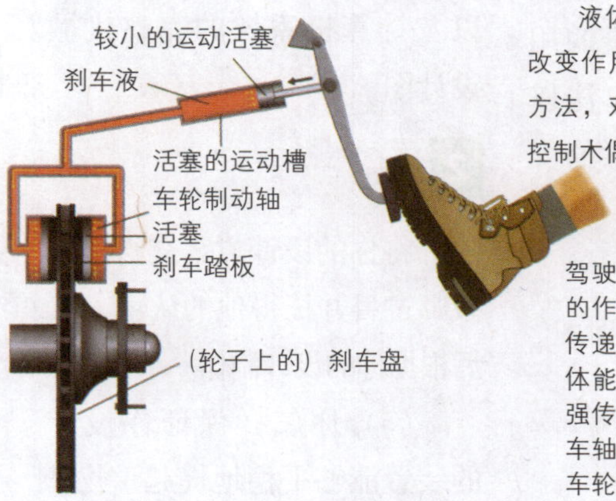


图 3

驾驶员只需轻轻踩下刹车踏板，脚的作用力就会通过刹车系统的活塞传递给系统中的液体产生压强。液体能够传递压强，内部液体能将压强传递给与车轮相连的车轴，并在车轴上产生很大的作用力，从而使车轮停止转动。

**技能菜单**
○提出问题 ●实验检验 ●问题分析
●提出假设 ●记录结果 ●交流经验
●制定方案

# 一个利用液压系统的机械装置设计

现今世界，无论男女老少，都将越来越多的时间用在电脑屏幕前。但是使用电脑时的坐姿以及观看电脑屏幕的姿势非常重要，因为不正确的姿势会引起人背部或颈部甚至脑部疼痛（图 1）。正确使用电脑的方式应该是使电脑屏幕的高度和你的视线平行，且置于你的正前方，这样使用时就不会引起你身体任何部位的扭曲。

**材料**

- 2 支 50 mL 的塑料注射器
- 25 mL 的塑料注射器
- 10 mL 的塑料注射器
- 2 个用于固定用途的夹子
- 2 个铁架台
- 细橡胶管
- 1 kg 的砝码

图 1

## 提出问题

在一个电子技术学校，为了使电脑的放置高度适合不同身高的学生，电脑的屏幕最好能够方便地进行升降调节。如何能让使用电脑的学生更容易地调节电脑屏幕高度？

## 设计思路

请你设计并制造一个能够方便地升降电脑显示器的液压系统模型，但只能利用右栏中列出的各种材料。

## 设计要求

- 你制作的模型必须能够平稳地提起一个重 10 N 的重物。
- 提升重物所需要的作用力应该尽可能地小。
- 你在装置示意图中应该说明怎样将电脑显示器与液压系统装置相连。
- 你应该提供一份相关的说明材料，包括装置的用途、适用条件、使用方法以及使用过程中应该注意的安全问题等。

## 操作

**1**

画出你设计的液压系统以及计算机系统的完整机械设计图。

**2**

将你的设计方案交给指导教师过目并征得他的认可，然后根据你的设计制作一个装置。

（a）你怎样保证你设计的装置能够平稳地提起重物？

## 检测

**3**

将 1 kg 的砝码放在液压系统模型中进行检测。

（a）此装置能否很容易地提起重物？

（b）使用现有材料，你是否认为你的装置能够最大限度地节省外界作用力？

**4**

如果你的设计不能够完全符合产品的设计要求，分析原因，重新设计、制作装置并检验新的装置是否符合要求。

**5**

写出你的产品使用说明，包括安全注意事项以便于你的同学使用它。

（a）想想你的产品使用说明表达是否明确易懂，有没有遗漏哪些重要事项？对使用说明进行必要的修改完善。

## 评价

**6**

你可以通过回答下列问题来对自己设计制造的装置进行评价。

(a) 利用学过的压力和液体性质的知识，说明你设计的模型中注射器的用途。

(b) 说出使用液压系统装置相对于其他装置的两个优点。

(c) 你将对你设计的模型中的哪些部分进行改进，以便使装置能够进行远程控制？对你的想法进行详细说明。

(d) 为什么一个装置或仪器通常要附带一份产品的使用说明？

**建立联系**

1. 重新思考你的装置设计图，你准备在这个液压系统的哪个部位增加一个杠杆来连接整个系统，以便使装置工作得更加方便有效？说明你作这些改进的原因。

**探索研究**

2. 绝大多数产品或机器都会附带一份使用手册以便购买者能够合理安全地使用这些产品。一份好的使用说明应该做到语言清晰明确、叙述完整、易于执行。

(a) 从家里找出一份家用电器的使用说明。

(b) 这份使用说明是否清楚易懂或考虑周到？说明理由。

(c) 对这份使用说明提出一些改进的建议。

## 任务设计

你的液压系统装置的设计能否用于一个远程控制的木偶中或对木偶设计进行改进？

借鉴一些产品的使用说明，对你制作自己的产品使用说明有什么帮助？

# 创建适于学习的教室环境

学校教室的装饰布置与家里卧室的装潢布置，从地面装修到家具摆放都有着许多不同之处（图 1）。为什么两者会有这么多差异？

在我们对不同用途的房间进行装修时，哪些因素是必须要加以考虑的？我们进行设计的首要任务是解决某些问题或满足一些特定的需要。一台机器或产品设计是否成功就在于它能不能具备预期的功能。事实上人类具有特定的感觉和情感，我们经常会很容易地应对某些事物，而当面临另外一些问题时又会觉得无从下手。我们经常会受周围舆论或环境的影响，这些都是我们进行设计时必须考虑的因素。

图 1

教室的设计与装饰是否能让学生们感觉到舒适？

## 美学与生物工程学

美学指的是我们设计的产品是否对使用者具有吸引力。人们通过通常所说的五种感官来感受事物的美。设计某一产品时你可以从它的外表纹理、颜色以及式样等方面考虑美学设计。

生物工程学指的是我们设计产品时应考虑它们使用起来是否安全、高效、简便。例如，一般设计制造的坐椅都会有一个靠背以便长时间使用时能够缓解疲劳。设计某一产品时要考虑生物工程学因素意味着设计时要详细了解产品用户的需要并分析什么样的产品更适合不同的用户群体。除了上述的简便高效等因素外，通常还应该注意的因素有产品用料、耐用性以及对健康的影响等等。好的设计师会充分考虑用户的各种要求和希望，以便使自己的设计能从各个方面最大限度地满足客户的需求。当然还有一项不能忽视的因素，刚才没有提到——那就是产品的成本。在本节学习中，你将能够运用美学和生物工程学方面的知识设计一间有利于学生学习的教室。

## 教室中学生的坐椅设计

学生坐椅最重要的特征应该是它要能够经久耐用（见图 2）。其次，它应该具有对称性，这样才能够保持平衡。第三，学生的坐椅应适合不同身材的学生使用，同时还要能够与学生的课桌的高度配套。第四，学生坐椅必须十分牢固，这样才能够经得起多年使用。第五，它也不能太笨重，以便于搬动。最后学生坐椅的价格成本应该较为适中。

（a）检查一下你使用的坐椅，它的设计是否合理？为什么？

（b）你认为你使用的学生坐椅能够从哪些方面加以改进，

图 2

坐在这样的小板凳上，是否有利于你的学习或工作？

你可以从以下方面加以分析：椅子的造型、移动是否方便、它的外观以及其他特性等。

## 教室中学生课桌的设计

与学生的坐椅一样，学生课桌也应该是对称的，这样才能摆放平稳。设计课桌时应该注意留有供学生存放文具的地方，且课桌的高度应该针对不同时期学生的身高有所不同（图3）。最后，课桌的成本必须控制在一定的合理范围以内。

(c) 检查一下你使用的课桌，它的设计是否合理？为什么？

(d) 你能够针对自己课桌的设计提出哪些改进建议吗？可以从以下方面加以考虑：用于学习的面积是否足够、制作课桌的材料是否合适、课桌的储物空间大小和课桌的高度是否设计合理以及其他方面等。提出你的建议时，你应该同时考虑到美学和生物工程学原理。

图3

受教室空间限制，学生的课桌体积不能太大，但也不能太小，因为必须保证学生有足够的使用空间。

## 从生物工程学角度来分析教室的布置

一间教室的大小应该以学生不感到拥挤，且能自由安全地进出为宜，尤其在出现紧急情况时。第二，教室必须采光良好并拥有高效率的照明光源。当然从宽大的窗户中透射进来的自然光能够使学生感到更为舒适，也有利于他们的健康，所以建议教室中装有较大面积的窗户，而且窗户能够方便开合以保持夏天空气的流通。教室前面的墙壁上应该悬挂一块黑板，教室的其他墙壁上最好有布告栏或其他可以使用的装置，诸如书架等。

(e) 检查一下你的教室，它的设计是否合理？为什么？

(f) 你能够针对自己教室的布置设计提出哪些改进建议吗？可以从以下方面加以考虑：教室的面积、形状、墙壁颜色、各种设备的摆放、教室的利用空间以及自然条件等。记住设计时的成本也应加以考虑。

(g) 画出你所设计的教室平面效果图。

### 任务设计

在你设计远程控制的木偶或罐头粉碎机时，应注意考虑哪些生物工程学的因素？

### 理解概念

1. 生物工程学指的是什么？

2. 为什么设计一间教室时必须要从生物工程学的角度加以考虑？

### 建立联系

3. 从生物工程学角度分析，设计一个婴儿床时应该考虑哪些因素？

4. 设计一些安全装置时必须考虑到生物工程学原理：当汽车的安全气囊刚刚开始应用时，它们都是针对中等身材的男性设计的，后来发现从这种角度出发的设计产品对女性和儿童会造成伤害。请你针对这一现象提出自己的解决方案。

### 探索研究

5. 一些简单的日常机械工具，从剪草机到电灯开关的设计都必须考虑到生物工程学因素以保证它们使用时安全便利。从家中任选一工具，分析其中应用了什么样的生物工程学原理。

(a) 你认为这一工具的设计特征是否有效？

(b) 如果上面的回答是否定的，请你提出自己的改进方案。

# 针对特殊需要人群的产品设计

根据生物工程学原理设计制作的产品对某些人来说使用方便，而对另一些有特殊需要的人来讲可能就并非如此。如习惯使用左手的人就会用不惯为习惯使用右手的人设计的剪刀。同样，一些具有特殊需要的人群，使用那些未考虑到自己实际情况的工具时会遇到一定困难。许多现代工具的设计或制造过程中往往会针对那些有特殊需要的人群，结合生物工程学的原理进行重新设计或改造，以方便他们的日常生活（图 1）。

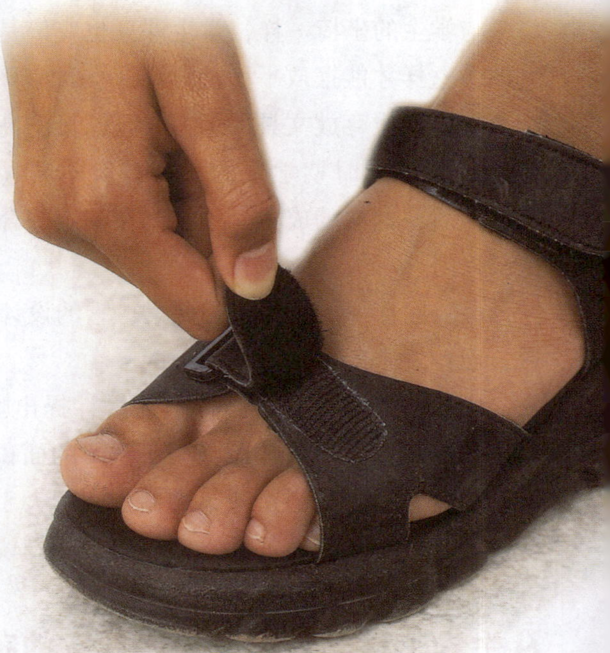

图 1

并不是所有的产品设计都需要复杂的构思或涉及繁琐的结构。一些简便的设计，如使用自粘式褡裢来代替普通的鞋带就能够给那些手指关节硬化的人带来方便。

## 汽车驾驶系统的改善

回想一下汽车刹车系统中液压系统的工作原理：它能够使作用在汽车踏板上的很小作用力转变为极大的输出力作用在汽车的刹车上。汽车的刹车系统能够针对下肢瘫痪或半身不遂、腿部控制不灵的患者进行改进以适合这一人群使用。在这一类经过改进的汽车中，机械设计师们在通常的汽车油门或刹车踏板上连接了一个杠杆，以便驾驶者用手臂就能够方便轻松地驾驶汽车。也就是通过杠杆和液压系统的联合作用来控制汽车。

## 针对老年人群设计的汽车

对于大多数老年人而言，他们通常具有关节不灵活或视力不好等影响驾驶的身体因素。为了能够更加清楚地了解这一特殊人群驾驶汽车过程中可能遇到的麻烦，专门负责人体生物工程学部分的汽车设计人员会穿上特殊设计的紧身衣或戴上其他一些特制设备：如专门用以限制人体关节活动甚至限制人的颈部或背部运动的衣服，以及能够减弱视力的特制护目镜，以体验老年人的实际驾车感受（图 2）。通过上述方法汽车设计人员做出一些新颖的设计，包括更加宽大的车门、更高的汽车内车顶、升高了的驾驶坐椅以及简化、加大了的汽车操控装

图 2

通过穿上特制的紧身衣，汽车的机械设计师们能够深切体会到那些关节硬化的老年人进出汽车以及驾驶汽车过程中感受到的种种不便。

置,这些设计都属于能够更好地满足老年驾驶人员特殊需要的改进措施，有助于设计师不断设计制造出更加成功的汽车。

## 针对残疾人的特殊需要改进的帆船

为了能够使那些上肢和下肢都不能活动的（四肢瘫痪）的患者同样能够充分享受到驾驶帆船的乐趣，设计师们对帆船的设计进行了改进：在帆船上增加了一个通过呼吸作用——即我们所说的“用嘴呼出和吸入空气”——就能控制帆船的气动系统，利用这一装置帆船驾驶员能够控制船帆的升降和船舵的方向（图 3）。这一装置的原理在于：当驾驶人员通过连接在船帆绞盘上的气动系统吹气时，这一过程产生的作用力就能够拉动绞盘上的绳索使船帆升起；当吸入气体时，产生的作用力就会通过气动系统收起绳索，从而落下船帆。利用同样的方法，四肢无力的驾驶员还能够控制船舵的转动：先咬住连接动力装置的吸管，再通过吸入或呼出气体产生的动力来控制船舵的转动从而控制船体的行进方向。

图 3

## 杠杆的应用

杠杆原理在一些机械中的使用能够为这些机械的使用者提供方便。如门的把手或水龙头的开关都应用了杠杆原理（图 4)，这一杠杆的使用是为那些患有手部关节病的人而设计的——他们往往会觉得门的把手或水龙头转动起来很不方便。

图 4

机械上的杠杆使得使用者只需轻轻地推动就能够使机械运转。

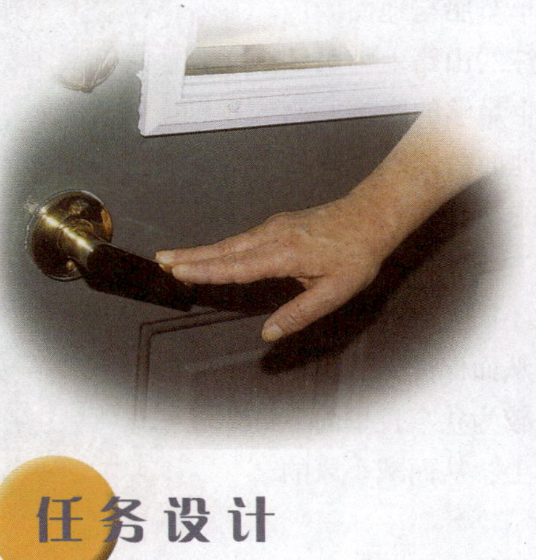

**理解概念**

1. 一些我们生活中的常见物品会针对人们的特殊需求进行重新设计，这一做法的根本原因是什么？

2. 杠杆常用于一些针对手部运动不够灵活的人所特殊设计的产品中，你能够说出这样做的理由吗？

**建立联系**

3. 上节中我们学习了教室的设计中应该考虑的问题，你认为为了能够适应一些特殊人群的需要，理想的教室应作出哪些改进设计？

4. 为了帮助那些身体有一些常见缺陷的人群，人们发明了许多辅助性的工具，如能够改善视力和听力的工具等。你认为可以如何改进这些工具的设计以便使它们更加适合那些使用者？

**探索研究**

5. 一些建筑物的特殊设计或改良能够更加适合那些运动不便的人进出。

(a) 找出这些建筑中哪些设计更加符合上述要求。

(b) 对你学校的设计进行改进以使它能够 8B 更加适合各种人使用，包括画出一些装置的工程设计图。

## 任务设计

对于你的设计，你认为在哪些方面可以作出改进，以便能够适合那些有特殊需求的人群？

**技能手册：** 8B 创建一个文件夹

## 3.19 案例研究

# 山地自行车和公路自行车

今天，自行车在我们的生活中变得越来越普及。从城市中自行车道上以车代步的悠然自得，到骑车行进在高低不平、蜿蜒崎岖的山路之上，自行车已经成为我们每个人生活的一部分。但上述不同的道路情况对自行车的设计提出不同的要求。优良的机器设计必然包括对该机器将要在何种条件下使用进行周密的考虑。对于通常在宽阔的平地上使用的自行车来说，它的设计与通常在山路上使用的自行车有很大不同。将典型的山地自行车和公路自行车的设计（图1）进行比较，有利于自行车购买者们买到更符合自己需要的产品。

## 车体结构设计的结实粗重与轻巧灵活

山地自行车与公路自行车一个重要的不同在于两者车身结构的设计：因为山地自行车主要用于崎岖不平的山间道路，行进过程中经常会与倒在地面上的巨木或岩石相撞产生颠簸，所以它的结构应该稍显粗重而经久耐用。经久耐用意味着山地自行车的结构粗大厚重——山地自行车的质量通常比公路自行车的质量多出好几千克。相对而言，公路自行车通常行驶在马路上，所以它的质量较小、行进速度更快，但是，一旦碰到路边的小石头或遭到其他物体撞击，常常会在车轮上造成凹痕。

(a) 有些自行车由质量很小、非常牢固而价格昂贵的材料制成，为什么这种材料不能够用于所有自行车的生产？

## 自行车行驶性能：平稳与快速

山地自行车对稳定性的强烈需要意味着自行车车胎与地面间应该有很大的摩擦力。当在铺满石子的小溪间或泥泞的山路上骑山地自行车行进时，自行车车胎上粗大的胎纹能够产生足够的摩擦。与之相反，公路自行车车胎上的花纹较为细小，与地面的摩擦也就较小，这意味着更高的效率——它能够带来更轻松的骑行和更快的车速。

山地自行车和公路自行车的把手设计也有很大不同：山地自行车的把手平直宽大，这样能够提供更长的杠杆力臂，从而保证骑手用更小的力量更灵活地控制车把；而公路自行车的把手较为狭窄且呈向下的弧线型设计，它允许骑手骑行时身体向前趴在车上，从而减小风的阻力，这也能够减小对踏板的作用力。

(b) 为了便于上下陡峭的山坡，山地自行车在车胎和车把上采取了哪些特殊的设计？

## 在不同山路上自行车的行驶情况

山地自行车与公路自行车另一个显著的不同在于它可利用齿轮齿数比不同，数值较低的齿轮齿数比能够减小上山时自行车踏板所需的最小作用力。这样即使山路变得难行，仍能保证自行车继续向前行驶。当山地自行车换上最小齿轮齿数比的挡位时，骑着它能够爬上十分陡峭的，而骑着公路自行车根本无法爬上的山坡。与山地自行车具有的 21 种变速挡位相比，公路自行车仅仅有 18 种变速挡位，这就是公路自行车只能在较为平坦的山路骑行，而不能在较为陡峭的山路行驶的原因。山地自行车和公路自行车都有较高的齿轮齿数比挡位。

(c) 如果说 21 种变速挡位的结构比 18 种变速挡位的结构更好，为什么自行车的设计人员不将所有的自行车全部设计为 21 种变速挡位？

## 山地自行车与公路自行车变换挡位的速度快慢比较

骑车行驶过程中你需要使用多少时间变换挡位？山地自行车的换挡时间极短，你只需轻轻转动自行车的把手就能够完成换挡任务。山地自行车前轮的齿轮组由自行车的左把手控制，后轮上的齿轮组由右把手控制。山地自行车的这一换挡设计无疑更符合生物工程学的原理——一旦在上下陡峭山坡的过程中遇到急转弯等情况需要快速变换车的挡位时，这种设计可以保证任务在短时间内完成。而与之相比，公路自行车的换挡所花时间就较多了：公路自行车的挡位变换装置安放在自行车钢架上，这样骑车人变换车挡位时不但需要一只手向下移动到换挡器的位置进行操作，而且在这一过程中会有一段时间是单手控制自行车行进的方向。这种换挡方式有利于在宽阔的公路路面上行驶，而一旦到了赛车道上这样就显得笨拙缓慢了。

(d) 有些公路自行车和山地自行车一样，也具有厚重的车胎及纹路、将换挡装置装在车把上等更多用于山地自行车的设计特征，为什么一些消费者需要购买这种混合式设计的自行车？

### 理解概念

1. 举出公路自行车上的三种特殊设计，这些设计能够提高公路自行车在公路上行驶的效率。

2. 举出两种山地自行车的特殊设计，这些设计能够有利于山地自行车在陡峭泥泞的山路上骑行。

### 建立联系

3. (a) 你认为自行车的哪些特征使它更适于在城市的硬地路面上行驶？

(b) 你能够提出一些更有利于提高自行车安全性和机械效率的设计吗？

### 探索研究

4. 与公路自行车相比，山地自行车的刹车系统能够提供更大的输出力，从而使刹车更为快速有效。这种设计无疑是由于山地自行车车身重量更大，而且在上、下陡峭的山坡时经常会遇到紧急刹车等情况有关。研究一下山地自行车刹车系统与公路自行车刹车系统的不同之处，为什么它的刹车性能更好，将你的研究结果写出书面报告。8A

5. 每一辆自行车中至少会用到三种以上的简单机器原理。它们体现在自行车的不同部位，起着不同的作用。从你自己的自行车上，你能够找出几种？

### 反思回顾

6. 在加拿大，有些省份的交通法规要求公民在公路上骑自行车时必须带上头盔，以保证自身的安全；而有些省份的交通法规中则没有这一要求。一些人认为戴着头盔骑自行车会使骑车的乐趣大大降低。你认为骑自行车时是否应该戴上头盔？为什么？

图 1

山地自行车的特殊设计使它更适于在崎岖不平的山路上行驶，而公路自行车的设计则更适于在城市中的硬地路面上骑行。

技能手册 8A 撰写报告

# 产品的使用寿命

我们生活在一个高科技社会，我们生活的方式、生活水平的高低以及社会的健康发展都决定于我们生产出的产品质量以及如何使用这些截然不同的产品。尽管考虑到产品的质量或效率时，我们通常从它们的机械效能加以考虑，但实际上产品的质量还与生产它们的原料利用率有关。相对世界上其他地区的人而言，北美洲国家的人们无疑是对资源利用最不经济的了。我们是耗费地球资源最严重并且产生垃圾最多的国家之一，这又是一个恶性循环——耗费资源越多则产生的垃圾越多。

设计一件产品时，我们不仅仅要考虑到产品是为何种目的而设计，更需要考虑生产这件产品过程中采用的工艺以及产生的废料，对我们人类以及环境会产生哪些影响。生产产品过程中会产生哪些污染？我们是否能够生产出更加经久耐用而又减少环境污染的产品？是否有哪些产品甚至不会对环境产生任何影响？

哪些措施能够使我们的活动更加具有效率？

## 金属：从锅炉到垃圾

铁是我们使用得最多的金属。这样，当你知道钢铁几乎全部是由金属铁组成，而仅仅是另外加入了少量的碳单质时，你就不会感到惊讶了。从加固高楼大厦以及桥梁的钢架结构到制造汽车、家用工具以及计算机的部分结构，到处可以看见金属铁的身影。废旧钢铁已经成为制造铁的重要原材料。

相比于从地球的矿物原料中冶炼金属，将废旧的金属加工以便循环利用的方法既能减少对矿物原料的消耗，又能减少冶炼过程中所需要的能量（图 1）。废旧金属的循环利用也能够减少生产过程中对环境产生的污染。

图 1

当工厂的废旧金属堆积场装满了废旧的金属，人们就用金属剪或金属粉碎机将废旧金属粉碎加工。经过加工后金属成捆地交给金属加工厂，在那里将金属加工成金属丝或金属片以备进一步使用。

## 造纸工业：从纸巾到饮水杯

现代工业在造纸过程中使用氯化物对纸张进行漂白，这一工艺会产生大量的环境污染物。氯化物能够将工厂中生产的纸浆漂白，以使生产出的纸张或纸巾变为纯白色（图 2）。但使用氯化物会产生一种剧烈的有毒物质——氯代烃（含氯原子的有机化合物）。这种化合物能够在鱼类或野生动物体内逐渐累积，对这种危害没有充分了解的人进食了这些动物后会影响人体的身体健康。

一些不能循环使用的纸张——如尿布用纸等——也会造成一些环境问题。因为它们在使用后只能被抛弃在垃圾场中而不能够被进一步加工。为了解决这一环境问题，人们已经开始使用可循环使用的布制或塑料制品来代替通常的尿布、纸巾或饮水用的纸杯等。

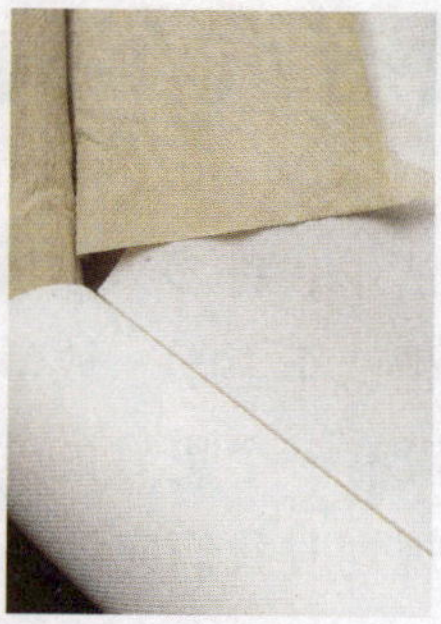

图 2

消费者们是否能够考虑使用一些不需要漂白的纸质产品，诸如纸巾或滤纸等等？

## 废弃塑料的处理：食品包装袋与胶卷的处理问题

过去 60 年中塑料及其制品给我们的生活带来了深刻的影响。从百货零售店用来包装商品的包装袋到使用后丢弃的废旧照相机胶卷，我们的生活中时时刻刻都能看到塑料。由于经久耐用，所以塑料使用起来十分方便。但正是这一性质使得塑料一旦使用完被丢弃后就会产生十分严重的环境污染问题。

塑料的循环使用仅仅是解决这一问题的一种方法，因为塑料的循环使用代价高昂，而且许多种塑料在循环使用之前必须事先从各种塑料中分离出来以便加工。另外制取塑料的原料是不可再生的石油资源，与之相对应的是许多塑料制品的使用寿命仅仅几分钟。

图 3

制造塑料的原料石油是一种不可再生资源，而塑料则是现代环境污染的一种重要来源。减少塑料污染以及原料浪费的有效途径之一是购买散装的水果或蔬菜。

### 任务设计

回想一下过去的“任务设计”中你所使用的各种原料，当设计出的产品过时后，制造这些产品的原料能否被循环使用？

### 理解概念

1. 为什么大量的废弃垃圾说明了人们对资源的无效或低效使用？

2. 说出两个循环使用金属制品的优点。

3. 使用氯化物进行漂白会造成哪些环境污染？

### 建立联系

4. 你家里有哪些塑料制品的使用寿命不超过数小时？将它们找出来并列成表格说明。

(a) 这些塑料制品是否都是家庭的必备用品？

(b) 是否有使用时间更长或对环境污染更小的替代品？提出你的建议或见解。

### 探索研究

8D 5. 一旦可能，人们会不断地购买运行速度更快、性能更高的电脑。但怎样处理那些旧的电脑呢？利用网络或其他资料了解那些旧的但仍可使用的电脑通常的重新使用方法。

### 反思回顾

6. 许多产品使用塑料包装，说出这样做的理由，你是否能够提出一些替代的做法？

7. 许多生产厂家宁可使用那些价格便宜的原料进行加工生产，而不使用对环境产生污染更小的原料。你认为这一做法是否更符合消费者的利益？

# 一个没有汽车的世界?

现代生活中，许多人购物、上下班以及假日旅游都会使用汽车。你也许会乘坐汽车上学、放学。但使用汽车往往会造成许多其他问题(图 1)。有没有一个更好的选择来替代汽车帮助人们进行交通运输？在设计交通规划时我们应该考虑到哪些因素？

## 汽车带来的便利与危险

汽车为我们带来了种种便利，有了汽车我们的旅行充满乐趣而不会受天气的影响。在一些没有公共交通工具的城市郊区，汽车是唯一能够保证我们快速交通的手段。

汽车的不利之处在于它会对你的身体造成影响：在加拿大，每年约有 5 000 人丧生于车祸，另有大约 20 000 人在车祸中受伤。

在城市里，汽车行驶过程中放出的各种废气会危害人们的身体并引发各种呼吸道疾病，如哮喘等。另外汽车废气会造成环境污染，形成温室效应和酸雨等。

## 汽车工业提供的工作岗位与对原料的消耗

轿车与货车制造是加拿大的支柱产业之一。汽车制造厂提供了数以千计的工作岗位，从汽车设计师到管理人员再到生产流水线上的工人，另外还有大量的汽车销售人员以及售后服务人员，甚至还有汽油的生产和销售都提供了工作岗位。

但是汽车的生产会消耗大量原料，其中包括钢铁、铝材、橡胶、塑料以及玻璃等。大量原材料被用于制造汽车的同时还会产生许多污染：废旧的汽车轮胎就是典型的例子，每年大量的旧汽车轮胎堆积如山，一旦不慎引发火灾又会产生大量的废气污染大气。

汽油从石油中提炼出来，它属于不可再生资源。一旦石油被开采完毕，将不会重新生成。

## 寻找其他交通工具

我们是否离开了汽车或卡车就在城市中寸步难行？能不能有一种更有效的公共交通工具，既能缓解城市马路上的拥挤状况，又能够减少人们对汽车的依赖程度？城市中闹市区的人们是否能够更多地使用自行车甚至步行来解决交通问题呢？

### 角色扮演　在闹市中心建立步行区？8D

一个城市的管理委员会计划在城市的中心繁华地带建立一个面积约 1 $km^2$ 的步行区：除了应急车辆，步行区中不允许轿车或卡车等车辆行驶。因为交通高峰时段该地区常常会造成街道堵塞，而夏天这里的环境污染严重。但是针对这一措施有一些反对意见：许多居住地与工作地较远的上班族认为他们必须开车上下班；而另外一些商家则担心由于不能自行开车购买商品，原来的老顾客将不会光顾这里。

下面列出了一些该城市管理委员会成员的调查情况，他们将会对成立步行区的提案进行表决。请你从中任意选取一个角色，写出一份自己准备提交给管理委员会的报告书说明你的立场，并准备好在举行会议时捍卫你的观点。

**角色列表**

- 一位长期居住在城市中心的居民，由于环境污染而身患呼吸道疾病
- 一位居住在城市郊区的上班族，每天必须到距离较远的市区上班，而又没有便利的公交车乘坐
- 一位在城市中心营业的店铺主人，正在担心该条例的实行将会使自己的店铺减少许多顾客
- 一位市民委员会的代表，他们认为使用自行车或步行出入该地区能够大大增加该地区的客流量
- 一位城市规划师，他正准备改善城市近郊的公共交通状况，并在城市里修建一个环境良好的无汽车行驶地带
- 一位交通管理员，他认为在这一地区实行汽车禁行条例将会造成城市其他地区的交通更加拥挤

**如何扮演你的角色？**

- 你从中任意选取一个角色，写出一份说明你的观点的报告书，做好准备陈述并捍卫你的观点。
- 其他角色中的哪些人会持有与你相似的观点？哪些人与你的观点不同而且最难以接受你的立场？你是否认为他们的观点有其合理之处？
- 为了能够使你的观点更加具有说服力，请通过报纸、网络、图书馆等查找有关城市建设的相似问题，以及这些城市解决这些问题采取的措施。

**图 1**

汽车的使用会造成许多问题，从交通堵塞到环境污染等。

# 任务设计

**技能菜单**
- 识别问题
- 制定方案
- 制作模型
- 实验检验
- 记录结果
- 进行评价
- 交流经验

## 设计并制造一个机器模型或装置

要制造一台机器首先必须具有一定的构想，然后画出机器的结构图以说明它是如何工作的；结构图中同时还应能够计算出机器工作时——提升、拉动或推动重物——大致需要的外界作用力。通过这些计算，制造者可以选用制造机器的原料并最终制造出这台机器。当然还应提供一份良好的机器使用说明书，其中注明怎样高效、安全地使用这台机器。

### 1 一个罐头粉碎机

**问题背景**

由于罐头盒不能够被压缩，所以我们用来收集废旧罐头盒的垃圾桶常常会很快装满各式各样的空罐头盒。这些收集废旧罐头盒的垃圾桶必须时常清空，否则人们看到垃圾桶已经被塞满的话，就会将手中的空罐头盒随意扔进垃圾堆中。

图 1

如果有足够的空间，多数人愿意重复使用垃圾桶。

**设计思路**

• 设计并制作一部安置在墙边的罐头粉碎机，它应该操作简洁、使用安全。

**设计要求**

• 这部罐头粉碎机需要的作用力应尽量小，以便一名儿童都能轻松使用。

• 罐头粉碎机的设计图纸中要说明这部机器的设计先进之处，并指明这种先进性能的原理。

• 这部罐头粉碎机应该能够一次粉碎多个罐头盒而不需要停下来进行修理。

• 请提供罐头粉碎机的使用说明书，包括一些安全注意事项。

### 2 一部风力驱动的水井装置

**问题背景**

许多居住在郊区的人会拥有一眼深水井以提供必要的生活用水。当用水桶从井中提水时需要付出较大的作用力，而风力是我们可以使用的廉价外部动力。

图 2

能不能利用风力来驱动农业机械?

**设计思路**

• 设计并制造一个风力驱动的机器模型，它能够将井水从井底提升到井口上方。

**设计要求**

• 你制造的风力装置中应该装有一个高速运转的电力发动机，它能够将 0.5 N 重的物体提升 20 cm 的高度。

• 该装置至少应该能够连续上下使用 10 次。

• 装置应该具有尽可能高的机械效率。

• 你必须同时提供一整套的机器设计图纸和使用说明，包括安全注意事项。

图 3

一个木偶娃娃能让小孩高兴地玩耍几个小时。

## 3 一个遥控木偶

**问题背景**

假设你的小孩希望得到一个可以遥控的木偶玩具，因为这样他就能够举行一个玩具展览会。也就是说你的孩子需要一个易于操纵的玩具，而且这个玩具应该较为结实耐用，经得起用力摔打。

**设计思路**

- 设计并制造一个机器玩具木偶，它由液压系统或气动系统控制。

**设计要求**

- 必须能够在 2 m 以外操控这个玩具木偶。
- 玩具木偶必须易于操纵，而且控制时只需提供尽可能少的外界作用力。
- 玩具应该足够结实，它的各个部位都应该经得起幼儿拉扯与使用。
- 你必须同时提供一整套的机器设计图纸和使用说明，包括安全注意事项。

## 综合评价

通过下列活动评价你制造的模型或装置的质量：

**操作过程**

- 对问题的理解是否恰当
- 是否能够制定安全的工作计划
- 能够选取合适的材料、工具以及设备进行制作，并符合安全规范
- 测试产品性能并记录测试结果
- 对你的产品进行评估并提出改进建议

**交流讨论**

- 准备一个具有典型意义的模型
- 使用规范的语言交流
- 清晰明确地说明你制作装置的每一个步骤以及对它的测试
- 清楚地说明你的模型工作的原理
- 正确画出你制造模型的机械图纸

**作品展示**

- 检验你制造的模型是否符合提出的制作标准
- 检验制作模型的材料利用率是否合乎标准
- 检查你所制造的模型
- 检查你的模型是否能够解决提出的问题

在制造和测试你的模型之前，务必将你的计划交给你的老师并征求他的改进意见。

# 第 3 单元总结

通过本单元的学习，我们知道了一些机器的工作原理，懂得机器的使用能够帮助我们更好地完成一些任务。另外我们还学到如何计算机器的工作效率以及评估机器的使用对环境造成的影响。

## 反思回顾

• 想想你在本单元的“概述”和“准备开始”部分遇到的学习目标和问题，你认为本单元中学习的内容是如何与这些学习目标和问题联系起来的？（你可以重新浏览本单元的“概述”和“准备开始”部分的内容，以便回答这一问题。）

• 重新修改你对三个任务设计（罐头粉碎机、风力驱动的水井装置以及遥控木偶）的设计构想，并对本单元准备开始中的问题加以重新思考，你现在的想法与原先的想法相比有了哪些改变？

• 现在你能够提出哪些新的问题？对这些问题你有哪些解决的办法？

## 理解概念

• 解释各种机械系统的机械效能含义 3.2、3.3、3.8

• 解释速率比值的含义 3.2

• 说出滑轮、杠杆以及齿轮的工作原理和机械效能的含义 3.2、3.3、3.5

• 了解摩擦的含义并能够测量摩擦力的大小 3.7、3.8、3.11

• 描述压力、作用面积以及压强之间的关系 3.12

• 解释帕斯卡定律 3.13

• 比较固体、液体和气体中的压强作用 3.12、3.13、3.14、3.15

• 说明气体和液体中的压强与温度的关系 3.13

• 解释液压装置和气动装置对我们工作的帮助 3.4、3.6、3.15、3.16

• 解释杠杆原理在制造人的肢体机械中的作用 3.4、3.10、3.18

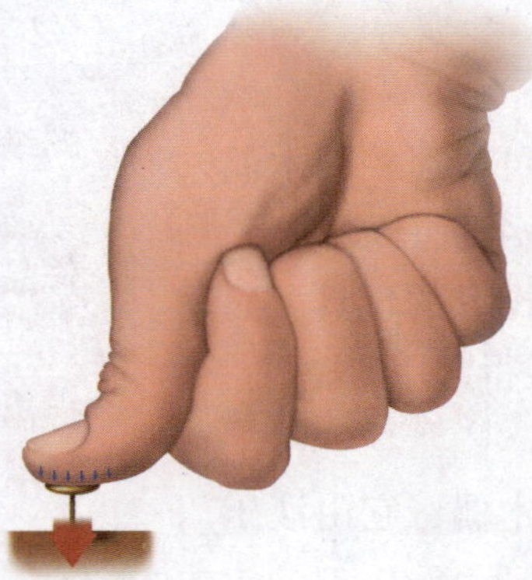

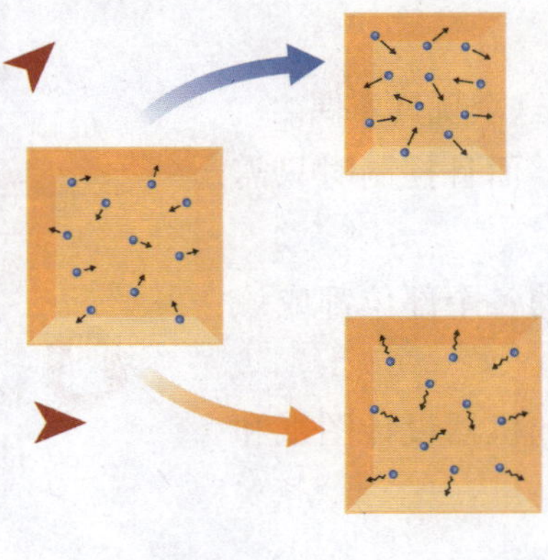

## 技能应用

• 探究杠杆连接装置 3.2、3.3、3.6、3.9

• 设计、规划并制作一个机器手臂 3.4

• 说明机器中的摩擦力是如何降低机器的工作效率的，并提出减小摩擦力的方法 3.7、3.8、3.19

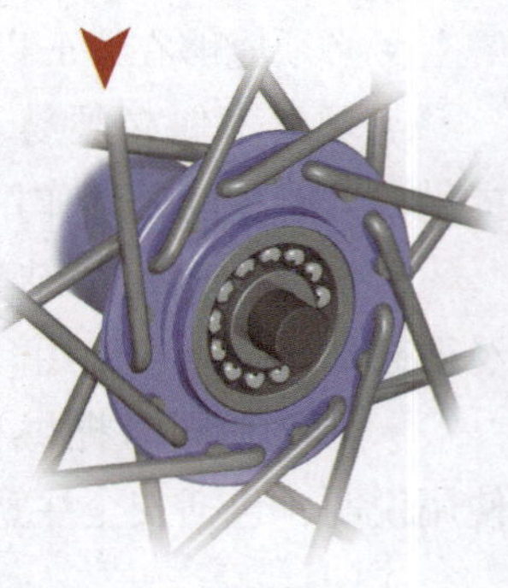

• 设计一个由液压系统或气动系统提供动力的机器装置 3.15、3.16

• 理解下列术语的含义并能够加以应用：

| | |
|---|---|
| 滑轮 | 物体承载力 |
| 被压缩的 | 机器 |
| 作用力 | 机械效能 |
| 生物工程学 | 机械的 |
| 美学 | 帕斯卡定律 |
| 摩擦与摩擦力 | 活塞 |
| 齿轮齿数比 | 气动系统 |
| 齿轮组 | 压强 |
| 液压系统 | 自动修正 |
| 联动式杠杆 | 速率比值 |

• 解释为什么气体受压过大会产生危险 3.13、3.14

• 探究生产、使用机器以及处理废品的过程对环境造成的影响 3.20、3.21

• 探究生产机器时生物工程学与美学之间的关系 3.17

## 建立联系

• 说明自行车各个部分是如何共同作用的 3.5、3.19

• 说明商品的哪些信息有助于购买者作出明智的购买选择 3.11、3.18、3.19

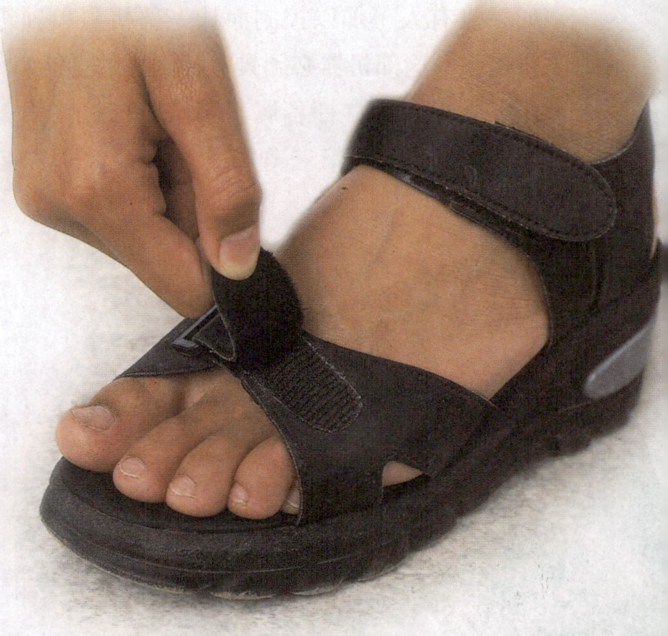

• 评价各种商品的使用和处理对环境可能造成的影响 3.20、3.21

• 解释设计制造机器时如何考虑生物工程学的因素 3.17

• 说明职业工程师们是如何使用现代化机器来模拟人类行为的 3.4、3.10

# 第 3 单元复习

## 理解概念

1. 机器为我们的工作提供了许多便利，列出其中的三个方面。

2. 当我们利用机器进行一项工作时，需要根据工作的内容决定施加的作用力的大小。如果没有人工加以控制而让一部机器单独进行工作，这部机器必须具有什么样的性能？

3. 下面的杠杆各属于哪一类杠杆（第一类、第二类还是第三类）？

(a) 扫把

(b) 开瓶器

(c) 秋千或跷跷板

(d) 棒球的击球棒

(e) 胡桃钳

对上述的每一个杠杆，在你的笔记本上画出它的草图并注明作用力、输出力以及杠杆的支点。

4. 为什么滑轮可以看作第一类型的杠杆？对此作出解释。

5. 哪些摩擦力是对我们有利的？说说哪些情况下必须有摩擦力才能进行工作。

6. 说出我们有哪些方法能够减小摩擦。为什么减小摩擦力对我们的工作十分重要？

7. 比较各种类型的滑轮：单独的定滑轮具有什么特征，单独的动滑轮呢？滑轮组又具有什么特征？

8. 说出机械效能与速率比值之间的差别，每种计算公式各代表了什么意义？

9. 写出计算压强的公式，改变物体的受力面积为什么能够改变物体的压强？

10. 使用“压缩”、“粒子”、“温度”等术语解释液体和气体受压强影响时内部的不同表现。

11. 为什么商场中的喷雾器等商品通常要求不放在货架上方展售？

12. 大致说明液压系统装置或气动系统装置的机械效能，它们各适用于哪种情况？

13. 比较汽车刹车系统中的输入与输出压强大小的不同，你可以任选液压刹车系统或气动刹车系统进行研究。

14. 列出生产可重复使用产品的优点，找出至少三种不同产品作为说明的实例，并详细说明它们对环境保护的意义。

15. 当你设计办公用椅或书桌时，你会考虑到哪些因素以使你的设计更加符合要求？

16. 列出三种你用来盛放物体的塑料容器或其他塑料制品。这些塑料制品是否必须使用？如果用其他一些材料或物品来替代它们，会对环境有哪些好处？

## 技能应用

17. 现有一个杠杆，外界提供 20 N 的作用力就能够提起重量为 80 N 的物体，则这个杠杆的机械效能是多少？

18. 现有一个滑轮，利用它将重物提升 6 m 时，滑轮作用力一端需要移动 3 m，则该滑轮的速率比值是多少？

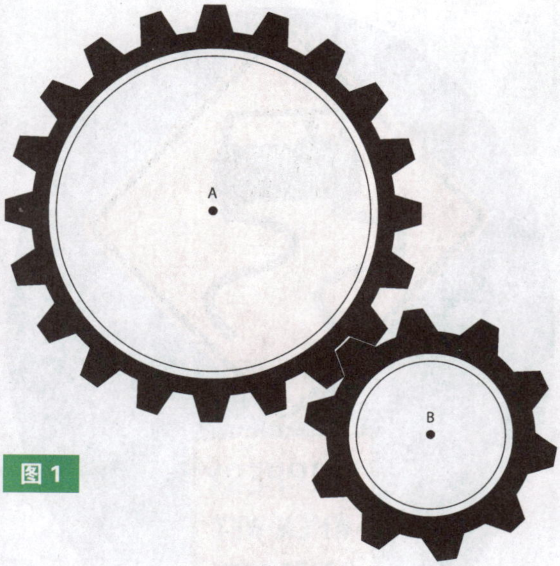


图 1

19. 在图 1 的齿轮系统中，计算以齿轮 A 为被驱动轮时该系统的齿轮齿数比，当这个齿轮系统完成一个完整的运行周期时，齿轮B应该转动几周？如果以齿轮 B 为被驱动轮，重复上述问题，写出你的答案。

20. 如果用一个动滑轮构成的机械来提起 135 N 重的物体，滑轮的摩擦力为 5 N，当外界作用力为 75 N 时能否将重物提起，为什么？如果改用一个定滑轮，其他条件不变，能否完成上述任务？

21. 说明电梯中滑轮的工作原理，画出电梯的机械示意图并标出作用力、承载力和系统的支点。

22. 现在有一个动滑轮装置，用它来提起重量为 1 000 N 的物体，外界作用力是 500 N，重物是否能够被提起来？

23. 现有一个机械效能为 4 的轮轴系统，不考虑系统中的摩擦力，外界作用力为 12 N 时，该系统能够移动的物体最大重量是多少？

24. 将一个重量为 500 N 的物体放在面积为 2 $m^2$ 的表面，则该表面上的压强为多少？

25. 一个长 0.5 m、宽 0.2 m 的表面受到的压强为 2.5 kPa，则作用在这个表面上的最大压力是多少牛？

表 1

| 术 语 | 文字描述 |
|---|---|
| 1. 压缩 | A 一个物体所占空间的大小 |
| 2. 机械效能 | B 一个通过机器运作的物体 |
| 3. 体积 | C 物体在某一方向运动的速率 |
| 4. 机械 | D 将一定体积的气体通入一个体积较小的空间 |
| 5. 液压系统 | E 某一机器能够扩大或减小外界作用力的倍数 |
| 6. 速度 | F 在液体中作用力向各个方向传递 |
| 7. 承载力 | G 将输入力转变为输出力的流体系统 |
| 8. 帕斯卡定律 | H 一个由液体传递压强的系统 |

26. 将表 1 中的术语和有关的描述连接起来：

27. 设计一个实验比较液压系统和气动系统的工作效率。

表 2

| 自行车结构 | 山地自行车 | 公路自行车 | 原因 |
|---|---|---|---|
| 自行车把手 | 平直的 | 弧线型设计 | 受道路的影响 |
| ？ | ？ | ？ | ？ |

28. 山地自行车和公路自行车的设计有很多不同之处，完成表 2，比较它们的不同设计并说出这样做的原因。

29. 怎样将一些简单器械，如杠杆、轮子、轴承等，经过组合制成一些能够帮助我们工作的机械？

30. “用来提起重物的一部机器如果需要的外界作用力大于物体的实际重量，则这一机器就毫无作用”。你认为这句话是否正确？为什么？

31. 为什么由一些简单机械组装而成的一个机器人会在工业生产中起着重要作用？

32. 通过查阅各种纸质媒体材料或网络了解：为什么对于一些简单机械，如杠杆等，合理的结构设计显得十分重要？

33. 某新建汽车生产厂的管理者们正在思考汽车生产的流水线上的各个部分，究竟是应该使用人工管理还是使用机器人管理，哪种更好。对这一问题提出各种做法的优点和不足之处，帮助管理者们作出明智的选择。

34. 在建造高楼大厦时，建筑工人们需要从地面一直到高楼的顶部进行作业（见图 2）。带有滑轮的机械设备是如何保证工人们完成这一工作的？

图 2

图 3

35. 20 世纪 90 年代中期，多伦多在城市内开始兴建一个地铁交通系统，建设过程中使用了一部巨型挖掘机。你认为这部挖掘机结构中应该包括哪些机械部分？

36. 一天夜里一位汽车司机在开车行驶过程中，突然发现汽车发动机内冒出烟雾，指示灯显示发动机内汽油所剩不多。根据上述现象，你能否解释发动机冒烟的原因？

37. 下雨时，当汽车驾驶员开车行驶在泥泞的道路上，经常会看到“小心驾驶”的警示，从科学的角度分析这一特殊警示的必要性。

38. 我们经常会看到一些魔术表演，其中一个项目是表演者躺在床板上，身上再压上一块钉满钢钉的厚重木板，且木板上钉有钢钉的一面与人体接触，而表演者通常不会受到伤害。运用本单元学过的有关压力、受力面积和压强的概念解释这一现象出现的原因。另外，如果木板上只有一个钉子，表演上述节目会出现什么后果？

39. 日常生活中我们经常会将一枚钉子钉入墙壁，然后挂上一幅画。请你解释这一过程中发生了哪些压强的转化。为什么有时悬挂一些壁画时需要在墙壁上钉入两枚钉子？

40. 假如你接受了一项任务：为一间新教室的室内布置进行设计。

(a) 你的任务包括结合生物工程学原理为教室里的桌椅进行重新设计，并对你的设计进行解释以说明它们的合理性。

(b) 如果考虑到一些使用轮椅的人群的特殊需求，你的教室及其装备设计应作出哪些特殊的调整以满足这些人的要求。

41. 某一汽车生产厂家正在为自己生产的新型汽车设计驾乘人员坐椅（见图 4）。

图 4

图 5

(a) 从生物工程学角度分析，你认为设计坐椅时应该注意哪些因素？

(b) 想想一位汽车购买者在挑选汽车时，对汽车驾乘坐椅的检验会着重考虑哪些问题。她会认为什么样的坐椅符合自己的要求？

42. 当我们设计游乐场中的游戏设备时必须时刻注意要考虑到生物工程学因素（见图 5）。例如公园滑梯的设计就要符合不同年龄阶段使用者的不同特征。请你分别为年龄为 8~10 岁和 5~7 岁的儿童设计一部滑梯，你应该从滑梯制造的材料、滑梯的高度、滑梯的形状以及其他有关方面详细地加以考虑、作出合理选择，并分别画出它们的示意图。

43. 午餐时，你用来装饮料的容器可能是塑料制品，也可能是金属或纸制品。请你分别说出使用上述三种材料的优点和不足之处。

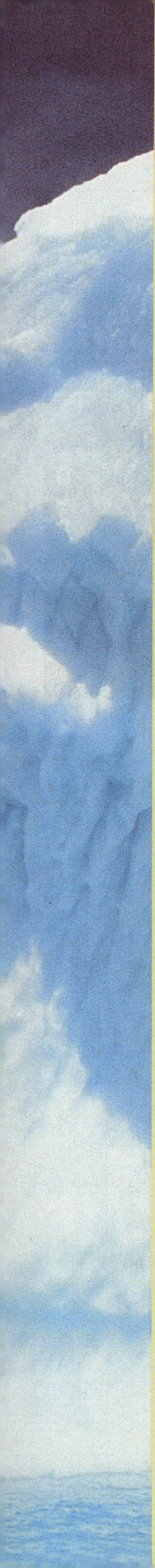

# 第 4 单元

## 水系统

# 第 4 单元概述

夏天你可以在它上面航行，冬天又可以在它上面行走；它存在于你吃的食物中，也存在于你呼吸的空气中；每天你都把它带回家，将它从吸收入体内并再排出，你身体的绝大部分由它组成。它构成了我们的天气和我们这个世界。几乎没有什么东西对我们的生活有如此重要的作用，却遭受人们非常大的消耗以至于浪费，它是什么？它就是水。

## 自然界中的水循环

不论以什么状态存在——如在天空中或地球表层运动，水总是在地球上、地面和地下不停地循环着。

### 你将学会

- 描述世界上水资源的分布，并解释在自然界的循环过程中，水的三态变化
- 证明淡水和咸水物理性质的不同
- 认识在努力限制由水造成的自然灾害过程中逐渐形成的各种方法
- 解释一下对水进行怎样的加工才能使它适合人类饮用
- 理解地下水位的变化和水循环之间的关系
- 评价人类对水的使用情况，认识有效控制人类用水活动对水循环所造成的影响的方法

## 水体特征

地球的自然风貌和它的天气类型很大一部分是水造成的。

### 你将学会

- 将陆地地质特征的形成与海底地质特征的形成进行对比
- 调查温度的变化是怎样影响对流现象的
- 解释水流怎样影响营养物质的分配
- 调查水体特征如冰河、湖泊和海洋对区域性气候的影响
- 描述水流是怎样形成的及水流对地貌产生的影响
- 模拟地质特征对潮汐所产生的影响

## 水和我们的世界

随着我们对水系统的了解增多以及对水系统施加影响的能力增加，我们逐渐意识到了水资源对人类生存来说是至关重要的。

### 你将学会

- 描述促进海洋探测技术的新发明
- 评价人类对自然资源的使用过程中对水系统产生的正面影响和负面影响
- 将咸水环境和淡水环境中生物的多样性进行比较
- 调查并测定影响水生生物繁殖能力的因素
- 提出一些关于地球水系统的问题并探索可能的答案

## 任务设计

### 你将学会

通过完成以下设计问题来检验你的学习效果。

**能为人类提供安全的生活用水的设备**

在使用和维护水系统时，人类面临着许多安全问题。与人类所面临的很多其他问题一样，对技术进行创造性地使用有助于我们解决这些问题。

本单元中你应该能够设计并制作：

**1 一个净水器**

设计并制造一个设备能够从咸水或不纯净的水中制出可以安全饮用的水。

**2 一个海岸线稳定器**

设计并制造一个设备能稳定海岸线并能够防止波浪的破坏。

**3 一个漏油清除器**

设计并制造一个设备能控制并吸收水中的漏油。

参考 254 页的知识后开始你的任务设计。

在你看到这个任务设计时记录下你的想法和设计意图。

# 准备开始

## 水是怎样塑造我们这个世界的？

1

你的学校可以看成是一个系统，它是由相互作用的各部分组合而成的一个统一整体。其中教师、学校负责人和监护人相互信赖，相互合作，共同帮助学生学习。在一个锅炉系统中，水和水蒸气通过管道运输到大楼中，向楼内的居民供热。在自然界中也存在各种系统，如各种状态的水是以什么方式组成一个大的系统的？水系统的各个部分是怎样相互作用的？

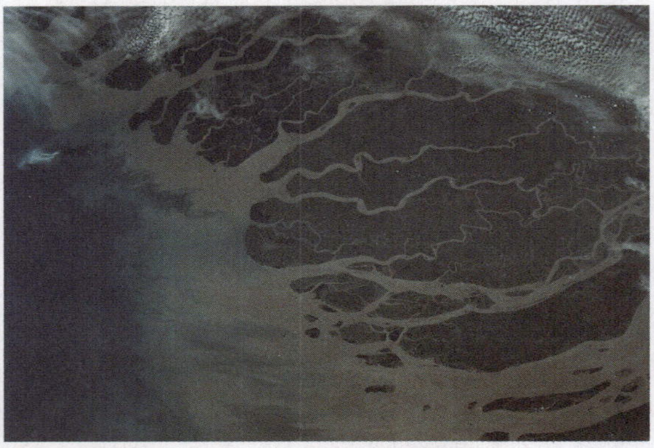

**反思回顾**

思考1，2，3中的问题。关于水系统你还有哪些问题？你还能提出哪些值得思考的问题吗？在学习本单元的过程中，随时重新考虑上述问题，并结合你新学到的知识修正你的答案。

2

当水流动时，其实就是在腐蚀和改造它流过的地面的形状。尼亚加拉大瀑布上的小瀑布使瀑布上游的陆地边缘在过去的 12 000 年里移动了 11 km。水也会对某一地区的气候产生影响。水是怎样塑造我们地球的自然景观的？它又对我们的天气和气候产生了怎样的影响？

3

以各种形态存在的水对地球上的生命来说都是必不可少的。有些生物终其一生都生活在一滴水中，而另一些生物则生活在浩瀚无边的海洋中。水系统和生态系统之间是怎样相互影响的？人类是怎样使用甚至是怎样滥用水资源的？为什么当人类在利用水所提供的财富的同时考虑到环境问题具有非常重要的意义？

## 试一试 水：各种水之间有什么差别？ 6A

在这个活动中，把从你的社区周围各个水源收集到的水进行比较。

- 以头脑风暴法开始，尽可能多地想出自然界不同的水源。你的想法应该具有独创性。你需要决定使用哪种类型的容器储存水。

如果需要从河、池塘等地方收集水，要有成年人陪同。在处理完水样之后，手要先用干净的水洗净后才能用于接触脸部皮肤。

- 经过老师的允许后再收集水样品。对每一个水样，都要在容器上贴上标签，写上收集的日期、时间和具体的地点。
- 系上一条围裙。观察并比较各个水样的相似之处和不同之处。确保盛水的容器是竖直放置的。

1. 你收集的水样中有漂浮物吗？有沉积物吗？

- 分别描述进行振荡之前和振荡之后每一种水样的颜色、气味和清澈度（干净度）。
- 5A 使用显微镜对各个水样进行比较。

2. 你观察到各个水样有哪些不同？

- 把每一个容器都放在阳光充足的地方。

3. 盛过水样的容器有什么变化吗？

**技能手册：** 6A 获得定性数据 5A 使用显微镜

# 我们世界中的水

想象你在一个太空船中，正在环绕地球轨道旅行。当你从非洲旅行到欧亚大陆时，你可能会认为在你的下方有相当大的陆地。然而，当你的太空船飞过太平洋时，你会发现，地球表面的绝大部分被水覆盖着，如图 1 所示。

图 1

水覆盖了地球表面的71%。

图 2

水在地球上的分布

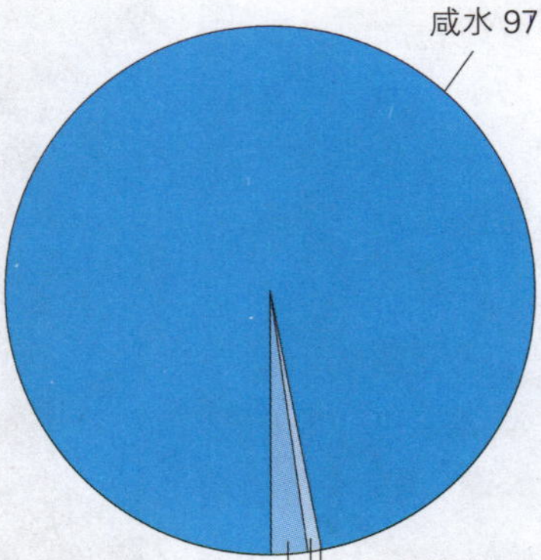


## 水的分布

世界上绝大多数的液态水是存在于海洋中的咸水。世界上所有的水，只有不到 1%是以液态淡水形式存在的（见图 2)。淡水，不管是液态的、固态的还是气态的，都是指含有低浓度的溶解盐的水。但是你不要被这个名字所欺骗！“淡”这个字并不一定是可以饮用的或“适于饮用”的意思。大多数的液态淡水含有可溶性的化学物质和一些生物，如果饮用了这种水会使你感到恶心的。即使是来自清澈的山涧小溪中的水，你在饮用之前可能也需要先把它处理一下。

## 咸水

海洋包含了世界上绝大部分的咸水。海水的盐度（平均盐浓度）大约是 3.5%。

在湿地、沼泽、湖泊和河口湾中也有大量咸水。当海洋冲刷岸边时，海水填满了低处的区域或洼地，这样咸水湿地和盐沼就形成了。咸水的湿地处生长着无数的树木，而盐沼中的生物则以草本植物为主。

河口湾，是河流入海的地方，这里地形受潮汐作用的影响很大。涨潮时潮水向上游延伸，把海洋的咸水推向内陆，和河流的淡水混合。混合以后的水没有海水的盐度大，被称为微咸水。一些内陆的咸水湖，如约旦和以色列之间的死海，实际上比海水的盐度还大。

a 尽管加拿大人也面对地区缺水的状况，但是我们非常幸运地生活在这块淡水丰富的土地上。

b 很多人生活在可饮用淡水很少的地方。

图 3

## 淡水

如果你徒步穿越加拿大旅行，你可能会穿过无数的河流，并且要越过冰河、湖泊、沼泽、泥沼和湿地等（见图3）。其中很多含有大量淡水，并在水系统循环中起着至关重要的作用。这些潮湿的土壤（如湿地、沼泽和泥沼）能过滤、净化淡水，它们在洪水或干旱期间能及时调节水位。和对应的咸水沼泽和盐沼一样，生长在淡水湿地的植物以木本植物为主，在淡水沼泽中植物以草本植物为主；在淡水泥沼中的植物则以苔藓植物为主。湿地是种类繁多的植物和动物的生长家园。

## 水的三态

在地球上，天然存在着三种物理状态的物质很少，水就是其中之一，水的三态包括：固态、液态和气态。水也很容易从一种状态变化到另一种状态，所以自然界中，并不是所有的水都是以液态形式存在的。实际上，世界上有2%的水是固态的，它们以雪、冰和两极冰川的形式存在。从冰川融化的水，称为“融水”，因为冰川融水最终都将汇入河流，所以它是很多人饮用的淡水的重要来源。

大气中也存在着水，主要以雾或云的形式及作为水蒸气以气态水的形式存在。和很多其他动物一样，你每一次呼吸也都会呼出水蒸气。植物向大气提供大量的水蒸气，几乎所有植物的根系所吸收的全部液态水，都要以水蒸气的形式从叶面排出，这一过程称为蒸腾作用。

有些植物的根能够直接吸收空气中的水分。倒立甲虫——一种生活在纳米布沙漠里的昆虫，也可以直接吸收空气中的水分。每当来自大西洋的雾气滚滚而来时，这种昆虫就将它的尾部抬起，暴露在空气中的纤毛使水分凝结（又变成了液体），这样就将空气中的气态水变成了能够饮用的液态水。

### 理解概念

1. 针对下面每种形态的水举出两个例子：
(a) 固态水
(b) 空气中的水分
(c) 咸水
(d) 淡水

2. 为什么在饮用之前，必须对水进行预处理？

3. 制作一个像表 1 一样的表格。用这个表将淡水和咸水的特征进行对比，包括相似点和不同点。留出空白处以便于在学习本单元的过程中你可以继续添加。

表 1

| 咸水 | 淡水 |
|---|---|
| 在海洋、一些咸水湖和沼泽地中发现 | 在河流和小溪中发现 |

### 建立联系

4. 既然世界上有如此多的水，解释一下为什么有些地区仍然缺水。列出水的短缺将会影响生活的哪些方面。

### 探索研究

5. 湿地中的水常常被排干或填埋，以4A便于在上面修路、建房或增大耕地面积。有人提出建议，想在当地的湿地地区建造8农田。作为环境小组的一员，你要研究一下这个提议对当地水系统的其他部分的影响。准备汇报你的研究结果。

### 反思回顾

6. 为什么寻找新的淡水水源和保护现在可用的水源是非常重要的？

**技能手册：** 4A 调查技巧 8 交流实验结果

**技能菜单**

○提出问题 ●实验检验 ●结果评估
○提出假设 ●记录结果 ●交流经验
○制定方案

# 比较咸水和淡水

**材料**

- 围裙
- 护目镜
- 咸水（3.5%的盐溶液）
- 淡水
- 蒸馏水
- 显微镜载玻片
- 滴管
- 台灯
- 显微镜
- 100 mL 的量筒
- 三臂天平或磅秤
- 烧杯
- 吸管
- 食用色素
- 30 cm 的木销钉

咸水和淡水有什么不同？你可以调查它们的物理性质，如密度和浮力等。密度是指单位体积物质的质量。例如，1 $cm^3$ 蒸馏水的质量是 1 g，所以蒸馏水的密度可以写作：1 $g/cm^3$。浮力是指流体对其中物体向上的推力。

## 提出问题

咸水和淡水之间有着怎样的不同？

## 提出假设

与淡水相比，咸水具有更大的浮力，更大的密度，蒸发后剩余更多的残渣。

## 实验设计

将“提出假设”中列出的咸水和淡水的性质进行比较。

不要饮用或品尝科学课上的任何物质。

**1**

将表 1 抄写在你的笔记本中。

## 实验步骤

**2**

从老师那里领取淡水和咸水样品。

• 检查所得水样的外观和气味。

(a) 在你的表中记录观察到的现象。

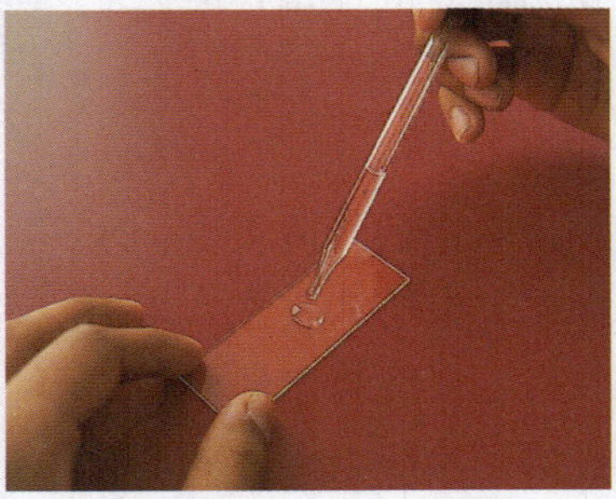

**3**

在一个干净的显微镜载玻片上滴 3 滴淡水。用蒸馏水清洗滴管。在另一个载玻片上滴 3 滴咸水。

• 将载玻片放在台灯下使水分蒸发。

• 用显微镜检查载玻片上的残渣。5A

(a) 记录你观察的结果。

**4**

称量一个空量筒的质量。

(a) 记下这个质量。

• 向量筒中倒入 100 mL 淡水，并称量总质量。

(b) 记录量筒和水的总质量。

(c) 计算出水的质量并记录下来。

• 用蒸馏水清洗量筒，然后用咸水重复步骤 4。



技能手册：5A 使用显微镜

**表 1** 咸水和淡水的比较

| | 淡水 | 咸水 |
|---|---|---|
| A. 水的外观（包括颜色） | ? | ? |
| B. 气味 | ? | ? |
| C. 蒸发后留下的残渣 | ? | ? |
| D. 密度<br>空量筒的质量<br>量筒和 100 mL 水的总质量<br>100 mL 水的质量<br>水样的密度（每 100 mL）<br>水样的密度（每 1 mL） | ? | ? |
| E. 浮力<br>木销钉沉下的深度<br>浮力测定：淡水大于咸水<br>浮力测定：咸水大于淡水 | ? | ? |

## 任务设计

你已经了解了咸水蒸发时所发生的现象，怎样运用这些知识来帮助你设计安全的饮用水设备？

**5**

将木销钉放入含有 100 mL 淡水的量筒中。

• 利用量筒上的刻度来测量木销钉底端漂浮的深度。

(a) 在你的表中记录下这一深度。

• 用咸水重复这一步骤。

**6**

向 50 mL 淡水中滴加 1 滴食用色素。

• 在烧杯中加入一半未加色素的咸水。

• 用吸管将有颜色的水转移到咸水的表面。重复几次。

(a) 记录你的观察结果。

• 重复上述步骤，这次将有颜色的水转移到无色的淡水中。

### 建立联系

1. 当河流入海时，河流中的淡水就会和海洋中的咸水混合。写一个短文预测一下淡水是否能够与海水完全混合，淡水是浮在海水上面还是沉在海水下面。用从这次活动中得到的证据来支持你的预测。

### 探索研究

2. 咸水中盐含量的增加对浮 2E 力有什么影响？设计一个活动探究来回答你的问题。

### 反思回顾

3. 在进行今天的活动探究 9D 时，你所在的小组是不是平等地承担了记录工作和体力劳动？在下次的活动探究中你将做哪些改变？

## 分析思考

**7**

通过回答下列问题分析你的观察结果。

(a) 咸水残渣和淡水残渣有什么不同？看起来残渣的大部分是由什么组成的？

(b) 解释这些样品的密度为什么不同。

(c) 你怎样证明咸水比淡水施加的浮力大？用你得到的结果对其加以解释。

(d) 咸水和淡水的密度怎样有助于解释它们浮力的不同？

2E 如何设计一个探究性实验或调查 9D 与他人合作

# 水循环

尽管时缓时急，自然界中的水总是处于不停的运动之中，不断地改变着自己的状态和位置。这种运动并不仅仅限于地球表面，水可以在地面以下很深处存在并运动，也可以在大气中存在并运动。水的这种运动，被称为水循环，图 1 表明了自然界中水的循环过程。这种运动是大多数气候形成的原因，这种运动也使河流和湖泊中始终充满着水，使得水能够自我净化，并维持着多种生命的生存。

c 最后，云中聚集了大量的水，以至于气流不能使水保持在空中。它就落到了地面，这一过程称为降水，包括：雨、冰雹、雨夹雪或雪。

b 随着空气的上升它会逐渐变冷，空气就不能承载如此多的水蒸气。空气中变冷的水蒸气又变成了液体，这一过程称为冷凝。细小的水滴聚集在灰尘微粒的周围就形成了云或雾。

a 来自太阳的热量使得地球表面的水变成了水蒸气，这个过程称为蒸发。当水变成水蒸气上升到空气中后就留下了盐类、污染物质和杂质。水也从土壤、动物和植物体内蒸发出去。水从植物体内蒸发的过程称为蒸腾作用。

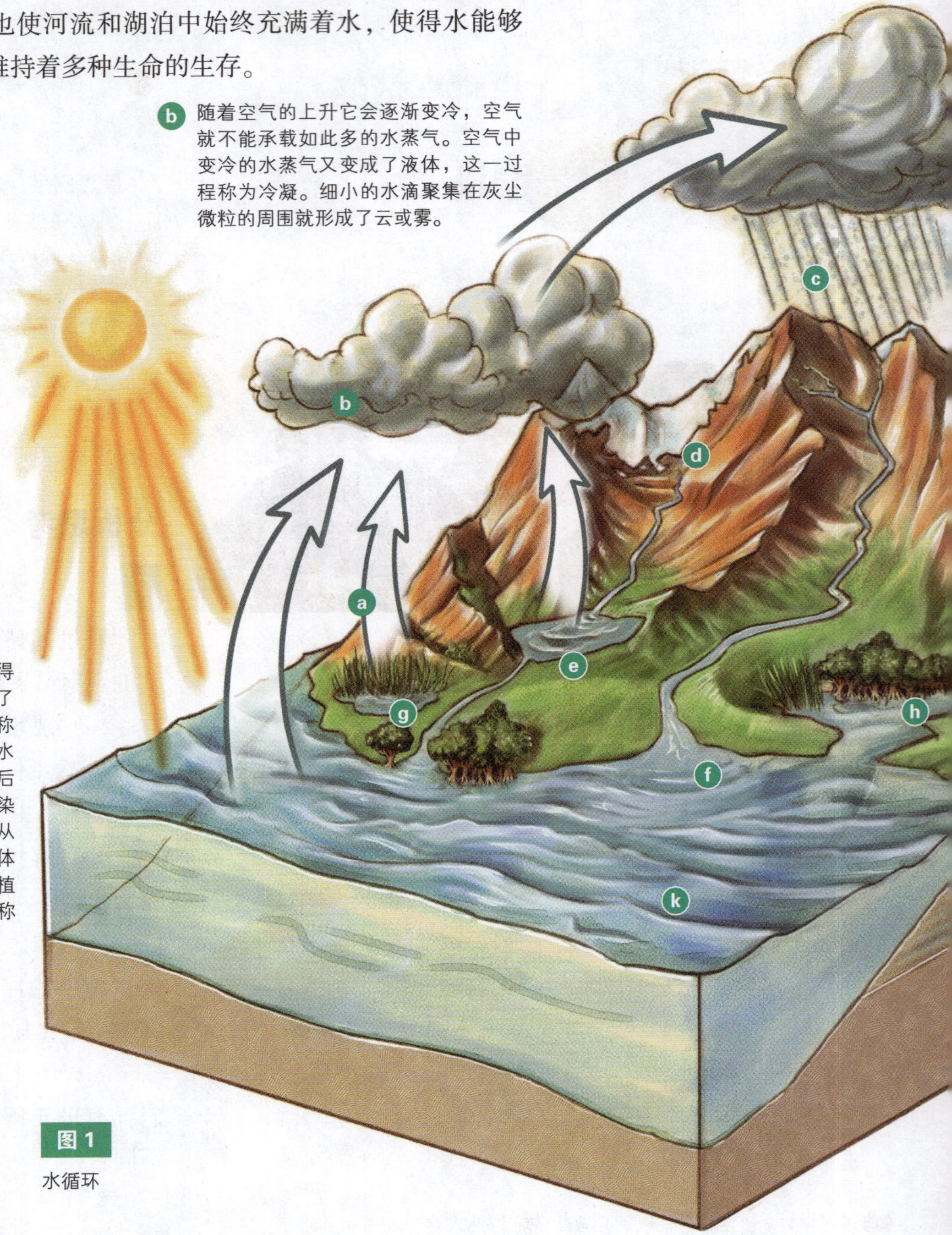


图 1

水循环

d 降落到高山或极低地区的雪将保持冻结状态长达数年之久。渐渐地，雪层层聚积，它们的压力使得底部的雪层变成冰，冰川就形成了。在冰川表面的一些雪和冰能直接变成水蒸气，这个过程称为升华。

e 沿地球表面流动的水称为地表径流。这些水汇集成了河流、湖泊和海洋。在盆地（天然洼地）中形成的湖泊或水塘使得水能够汇集起来。

f 河口湾是来自河流的淡水与来自海洋的咸水混合的地方，形成了中等咸度的水或微咸水。

g 沼泽是地势低洼的、树木无法生长的地区，湿的地面通常一年至少有一部分时间被水完全覆盖。沼泽既可能含有淡水也可能含有咸水，它是以生长在那里的草、香蒲和其他植物为特征的。

h 湿地，和沼泽一样，是地势低洼的地区，湿的地面有时会被水覆盖。湿地也可以含有淡水或咸水，但是和沼泽不同的是，湿地常长有很多树木和灌木。

i 有时你会发现，沙漠只会在山脉的一边存在。这是由于当吹过山脉时空气已经失去了大部分的水分，因此在背风侧降水极少。

j 地下水是指渗入地下的水，它穿过沙砾层、沙地、土壤和多孔岩返回到河流、湖泊和海洋中。

k 回到海洋中的水已经不同于从海洋中蒸发的纯水。甚至直接降落到海洋中的降水也可能含有微量的酸或其他的化学物质，这些物质来自于大气中所发生的反应。由于液态和气态的水都有溶解很多物质的能力，污染物质、化学物质和溶解的矿物质和盐都能够被地下水或地表径流带到湖泊和海洋中。

### 理解概念

1. 什么是水循环？

2. 说出并描述水循环中的四种状态变化。

### 建立联系

3. 水循环对于确定北美人口的分布有什么帮助？有些地方的人们没有认识到水循环对他们在那里生存起了决定作用，你是否能够举例说明哪些地方的人们忽略了这一点？

### 探索研究

4. 不幸的是，污染物质可以进入水循环的各个阶段。利用网络、报纸和其他资料研究一种污染类型，描述并说明污染物质是怎样进入水循环的，提出一些有关这个问题的补救方法。（4A）

5. 想象一下，你就是平静的湖面上的一滴水。这是一个温暖的夏天。你感觉太阳在烤晒着你，温暖着你，给你提供能量。你开始运动，而且运动得越来越快。天气越温暖，你得到的能量就越多。得到的能量越多，你就越自由。突然，你挣脱了水的束缚。现在你开始向空中漂浮……

（8C）以一种有趣的方式——通过一个故事（如上面的例子），形象化地，戏剧性地，或配上音乐为小孩子作一个关于水循环的报告。

### 反思回顾

6. “循环”这个词是什么意思？把这个意思应用在对水循环的解释中。

## 任务设计

你已经知道了关于水循环以及水所发生状态变化的知识，你将怎样运用这些知识来设计一个净水器？

**技能手册：** 4A 调查技巧 8C 多媒体演示

# 水能及其利用

你是否曾经用铲子清除过长长车道上的湿雪，你是否曾经提着一大桶水并把它移动一段距离？这时你可能很快就意识到水有多重。现在想象一下，这个重量的十万倍的水向你猛冲过来！水的力量给加拿大和世界其他地方的植物、动物、土地和建筑物都带来了巨大的损害。这种损害可能是迅速的、巨大的，如雪崩和洪水。或者缓慢得需要几年时间才能察觉，如土地慢慢被侵蚀。

## 静悄悄地损耗：侵蚀作用

想象一下，在一场暴雨过后，你站在河岸上观察河流中的景象。这时你会发现水变成了不同往常的褐色。河水溢出河岸，漫过土地，将包括沙砾、沙子、淤泥和泥浆等在内的沉积物携带入河水中。在充满沉积物的水中，水生植物得到的阳光较通常少得多，一些鱼也可能得不到足够的氧气。一段时间后，土壤在河底沉积下来。大多数河水中的生物适应了中等数量的沉积物，受到的损害很小。然而，大量的陆地沉积物流入河水或溪水中，会导致生活在其中的动植物的生活环境改变。

当上游土地的植被遭到破坏时，土壤颗粒就会被冲刷到河水中，导致河水中充满了沉积物。正常情况下，植物的根有助于固定土壤，而且树木和其他的植被减小了降雨对土壤的冲击。农业耕作会在短期内将植被破坏，然而，如伐木（大面积砍伐所有树木）等做法会在较长时期内破坏植被生长。没有植物根系的固定作用，土壤很容易被地表径流夺走（见图 1）。

(a) 等高耕作法（在山坡上耕作）对保持农田里的土壤有什么帮助？

图 1

当森林被砍伐一空后，雨水（较未砍伐时）能更强烈地冲刷地面，泥土更易流失，水带走了土壤颗粒，那些土壤层很薄的地区被侵蚀得极为严重，就像大不列颠哥伦比亚的雨林一样。

(b) 替代伐木法：如在狭长的一块土地上伐树，而留下它们旁边地区土地上的树木不砍伐，或者在山坡上进行再种植，对于减少冲蚀作用的破坏有什么帮助？

当携有大量沉积物的河流的流速减慢时，沉积物就开始在水流底部沉积，这个过程称为沉积作用。重量大的颗粒（如石块、石子和鹅卵石等）首先沉淀下来，而沙土和淤泥可能会被河流携带到很远的地方。沉积作用能填塞湖泊，能在河口湾形成三角洲。有时要通过一种称为疏浚的人工过程才能清除这种河底沉积物（见图 2）。

(c) 为什么一条河流需要疏浚？河道疏浚会产生哪些负面影响？

## 具有破坏性的水：洪水和雪崩

洪水通常是由于降水量过多或者由于波浪冲刷沿海低地造成的。有时，堤坝决口会使下游的土地遭受洪水。洪水是生活在地势低洼的地方、河流泛滥的平原或降水猛烈的地区的人们主要担心的问题。

河堤，通常是由土筑成的长长的围墙，它们沿着平行于河流的河岸建造。河堤被用来在泛洪时控制河水，堤坝保护着人们从海洋开垦出来的土地。当受到洪水的威胁时，人们也会在他们的房子和城镇周围建造堤坝，如在1997年红河洪水泛滥时，马尼托巴人所建的堤坝。

(d) 描述河堤和堤坝带给人类的好处及潜在的危险。

雪崩就像雪发生了滑坡。山上的雪可能会被狂风侵蚀，反复的冻结和融化可能会导致雪中形成断裂或易被毁坏的区域。最后，当雪的底层变得太脆弱而不能支撑上面的雪的负荷时，雪将哗啦一声倒下。有时候雪崩具有足够的破坏力量，能将树木、住宅都夷为平地或引发交通堵塞。雪崩巡逻队的任务就是仔细监测被认为可能会发生雪崩的危险区域。当雪崩的危险增加时，巡逻队会预先通知这个地区的人们。有时，巡逻队会故意定向引发受到控制的雪崩以消除潜在的危险。

(e) 为什么巡逻队要故意引发雪崩？

### 理解概念

1. 侵蚀是什么意思？
2. 大自然用什么方式来防止侵蚀的发生？
3. 在7年级的时候你可能已经知道微小裂缝中的水反复冻结或融化会引起岩石裂解。这种反复的冻结/融化过程还导致了什么危害？

### 建立联系

4. 举出其他有关水的破坏的例子以及人们怎样努力阻止这种破坏。

### 探索研究

5. 使用各种纸质或电子出版物，调查最近由雪或冰引起的一些灾难。人类的干预阻止这些灾难发生了吗？就这个问题展开讨论，用证据来支持你的观点。 4A

### 反思回顾

6. 人们试着阻止由水引起的破坏时所采用的方法是否同时也造成了其他的问题？选择一些例子进行讨论。

### 任务设计

当你在设计稳固海岸线的方法时，怎样利用植物的力量来控制水流的侵蚀作用？

图2

为了使水更深，人们经常疏浚河流和湖泊，这样能使船舶安全运行。

技能手册：4A 调查技巧

# 地下水位

在下次下雨时，仔细观察雨滴敲击窗户时的现象。有些雨滴沿玻璃流下，而另一些看起来则沾在玻璃上。似乎有两种力作用在水上：向下拉水滴的重力和把水滴吸到玻璃上的引力。水滴表现出“黏着性”，这是一种由水的内部结构导致的对很多材料的引力。

水是由氢和氧组成的。水的化学式是 $H_2O$，因为对每一个氧原子来说都有两个氢原子与它结合。水分子的一部分具有微弱的正电荷，另一部分具有微弱的负电荷。这些电荷使得水分子就像一个微小的磁铁，具有正电荷和负电荷，从而使水分子之间能够相互吸引；水分子也能吸引其他类型的分子，如窗户玻璃的分子。这种相互吸引作用也影响了地下水的运动（见图 1）。

**a** 雨敲击着地面。水分子对土壤颗粒的引力使得水能够向外扩散，从而润湿它所经过的地面。

**b** 重力使得水沉到地面以下，它穿过土壤颗粒之间的空隙向地下运动的过程中，会溶解土壤中的盐类和矿物质。这一过程称为渗透作用。

**c** 水最终到达了隔水层，一种由黏土、淤泥或岩石组成的不可渗透层，使得水不能足够快的穿过它，从而这一层不能作供水系统。

**图 1**

**d** 随着降雨量的增多，水完全充满了不可渗透层上面的空隙，使得土壤被水浸没。这一层被称为饱和带。

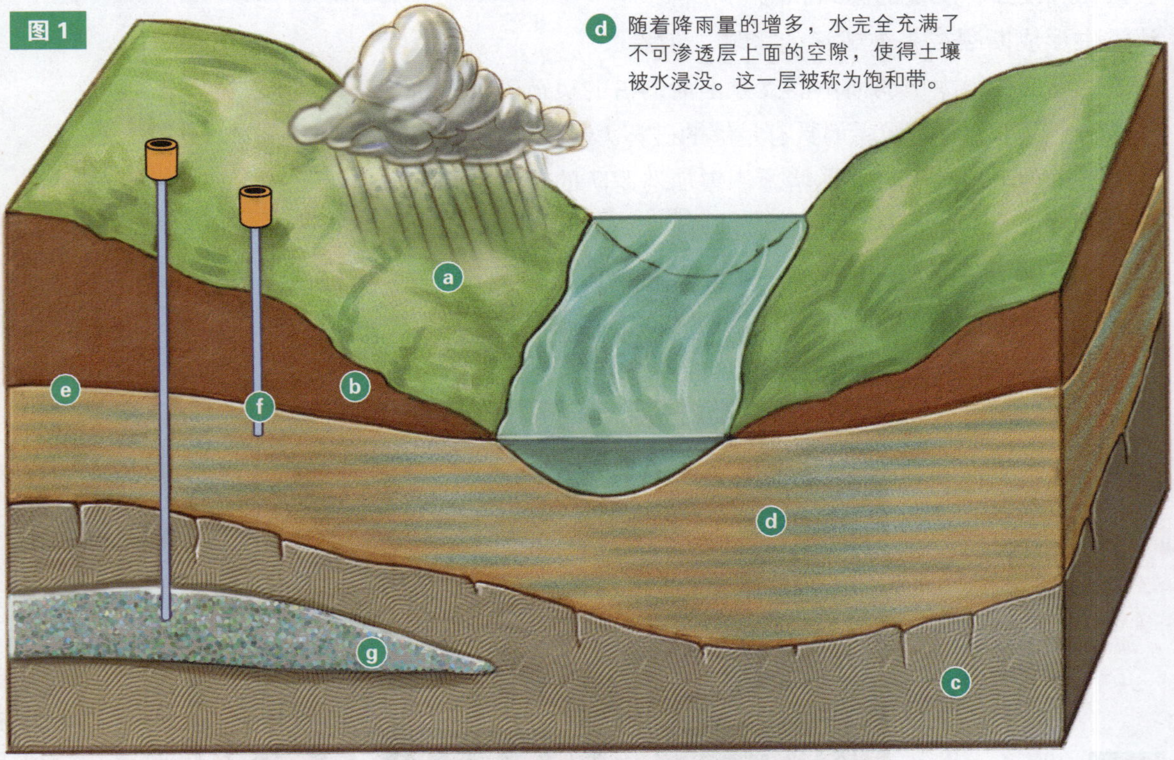


**e** 饱和带水面上方的水平线称为地下水位。

**f** 日常生活中见到的水井，它的底部必须接触到饱和带才能作为能被人类利用的好的水源。

**g** 地下水大量存储在土壤或岩块中，被称为地下蓄水层。地下蓄水层是非常好的水源，但是有一些却被废弃了，如石油矿床。

地下水位的深度直接受到水循环中局部变化的影响。随着雨水的降落，地下水位开始上升。在几乎没有降雨的时期，来自地表的水蒸发的速度比降水落回地面的速度快得多。随着水的蒸发，由于土壤颗粒和水之间的引力产生了毛细管作用，从地下将更多的水吸上来。由于水塘、河流和湖泊水的蒸发，大量的水失去了。饱和带的水会向这些地方流动从而替代那些失去的水，这样地下水位就下降了。当水井中的水被“耗干”时，就意味着地下水位落到了井深度以下。

人类的活动能够影响地下水位。例如，一些水井为整个城镇供水，如果从水井中抽出的水过多，在井周围的地面以下的地下水位就会下降。在农田周围，水位较低的水井已经完全失去了它们的供水作用。

**理解概念**

1. 解释水循环怎样影响地下水位。

2. 解释为什么降水开始时，水不能立即向下流到饱和带上。

3. 描述下列因素怎样影响了地下水的流动：

(a) 隔水层

(b) 毛细管作用

(c) 渗透作用

**建立联系**

4. 在一个干旱的季节，一对夫妻在他们干涸的井里泵入了 6 000 L 水。到了那天晚上，只留下了 4 000 L。他们没有游泳池，也还没有洗澡并且他们也没有饲养家畜。请你解释一下，2 000 L 水是怎样在不到一天的时间内就消失了。

**探索研究**

5. 利用各种纸质和电子资源来研究下列问题中的其中一个。为你的同学准备一个报告：4A 8A

(a) 将挖井和钻井进行对比；

(b) 一个好泵是怎样工作的；或

(c) 用挖掘的坑水和池塘的水喂饮家畜。

## 任务设计

在设计漏油清除器的过程中，你是怎样应用所学的有关水分子相互作用的知识来进行设计的?

## 试一试 土壤中的毛细管作用 6

你可以制作一个模型来证明毛细管作用的存在。

- 围上一条围裙。把一块透明的塑料薄板卷成一个管，用胶带封好接口处。
- 把围成的管竖立在铝制的烙馅饼的平底锅上，并向管中装沙子。
- 往平底锅中倒入水，静置几分钟（见图 2）。

图 2

- 观察水在管内上升的高度。
- 尝试用不同直径的管做实验，看看上升的距离有没有变化。测量各个管的直径和水在不同的管中上升的高度。
- 在表格上记录下你的测量结果。

改变土壤的类型或液体的类型对你的测量结果有影响吗?

# 水系统的人类篇

你是否能经常看到如图 1 所示的标记？随着人口的增加和我们利用水系统的领域增多，如利用水的娱乐休闲以及倾倒垃圾，这样的标记可能会越来越普遍。什么原因造成了这些海滩关闭？为什么许多时候，水源给人们的活动提供了便利，而很快又可能给我们的生活带来危害？

图 1

有很多原因都使得水变得不适合人类使用，有些是自然原因，有些是人类活动导致的。

## 水中的微生物

天然环境的水里含有很多微生物。当你在游泳时，可能会吞下少量的微生物。通常情况下你的消化系统能够很容易地处理这些少量的微生物，但是如果微生物的浓度太大，就会导致健康问题产生。

与海滩的关闭有关的常见微生物是大肠菌。正常情况下，大肠菌生活在包括人类在内的动物的肠内，也存在于自然界的大多数水中。如果将未经处理或处理不当的下水道污水排放到河水中（图 2），水中大肠菌的数量就会迅速增加。这种情况在夏天尤其明显，这时温暖的天气为大肠菌提供了理想的生长条件。恶心、呕吐和腹泻是人们吞下大肠菌含量高的水后的常见症状。

许多微小的寄生虫也生活在水中。有一种常见的寄生虫，当它附着到你的皮肤上时能够引起被称为“游泳瘙痒症”的疾病。幸运的是，好好洗个澡能够除去这些微生物，因为正常情况下这种寄生虫只生活在鸭子身上，而不能在人身上存活。

图 2

下水道的污水能增加大肠菌的量，含有毒的化学物质的废弃物能污染水源。

## 人类和水道

现在，加拿大面临着一个两难问题：随着越来越多的人喜欢我们河流的美丽，越来越多的人要求这些地区应该受到保护；同时，随着对河流利用的增加，它们所受的压力也增大了。划船活动中使用电子马达而不用气动马达，野营活动中使用生物降解产品都有助于保护我们的海岸线。

图 3

尽管外观很美丽，酸性的湖常常被称为“死湖”，这是上游水域缺少浮游植物（小的类似植物的生物）导致的。

**理解概念**

1. 哪些健康威胁是由存在于体内的大肠菌引起的？
2. 为什么在夏天，很多湖中的细菌含量更高？

**探索研究**

3. 制作一张海报告诉公众，为什么沿着易受环境破坏的海岸线航行时，降低轮船和海上摩托艇的速度是非常重要的。
4. 你所在地区的水遭受到了哪些可能的影响？调查 (4A) 为了缓解这种问题人们正在采取什么措施。用短文的形式总结你的调查结果。

**反思回顾**

5. 为了保证生活用水的安全和保持水系统的健康你会采取什么措施？

## 酸性降水

当毒素被排放到空气中时，水系统也会受到污染。当水蒸气与空气中的污染物尤其是二氧化硫和一氧化氮反应时，酸性降水就会形成。生成的硫酸和硝酸溶解在大气所含的水分中，然后作为酸雨或酸雪降到地球上。酸性降水会损害植物的正常生长（图 3），甚至腐蚀岩石和建筑材料。

由酸性降水造成的经济损失包括农作物减产、木材减产、鱼类死亡、牲畜受损和娱乐设施的破坏以及旅游事业。一些国家政府，如加拿大政府通过法令，限制了工业排放的污染物的类型和排放量。有些工厂也自觉控制它们的废物排放指标。空气中减少污染物的含量是减少酸性降水的唯一途径。

## 试一试　节约用水/浪费用水——一项调查 (4B)

每天，每个加拿大人都要用掉将近 300 L 的水。

- 使用如下的表格，找出在你家和学校中节约用水的行为和浪费用水的行为。

表 1

| 节约用水 | 浪费用水 | 建议 |
|---|---|---|
| ? | ? | ? |
| ? | ? | ? |

- 提出建议以帮助人们明智地使用水。

- 利用你调查的结果，写出一个个人用水的权利和义务章程。作出研究调查以核对你的章程中的信息。

信息包括：

- 每一个加拿大人所享有的五项用水的权利；
- 每一个加拿大人所应该履行的关于用水的五项义务。

(8) 准备与全班同学分享你的章程。

技能手册：(4A) 调查技巧　(4B) 访谈和调查的技巧　(8) 交流实验结果

4.7

# 水的净化和处理

在加拿大广阔的土地上含有的淡水大约占世界淡水总量的四分之一。然而，如果不经过一些处理，这些水的大部分是不适合饮用的。自然界中的淡水需要进行处理以除去微生物、溶解的矿物质和人类造成的污染物。使用之后的水必须进行再处理，才能重新排放到自然界中。图 1 显示了在斯特登维尔镇完成这些过程的整个系统装置。

图 1

斯特登维尔镇的水净化及污水处理设备

### 水的取用和处理

- **a** 当人们从河流或者湖泊中把水吸入进水管道时，大型的滤网就把鱼、垃圾和其他碎片挡在外面。
- **b** 水被泵入蓄水池，在蓄水池中较大的颗粒沉积下来，有些颗粒被细菌分解。
- **c** 水流过一系列更细的滤网以除去更小的鱼、树叶和一些藻类。
- **d** 当水进入处理厂后，人们会加入一些化学物质如明矾，使漂浮颗粒絮凝或成团。这些凝团称为絮状物质。
- **e** 絮状物质会沉积在水槽中。这种沉积物被干燥后在填埋场被处理，而水继续向前流动以便进一步加工。
- **f** 水流过几层沙子、沙砾和活性炭层，滤去了更细小的沉积物。
- **g** 氯水被加入到水中（这个过程被称为氯化）以杀死微生物。

### 水的传送

**h** 净化了的水从水的总输送管道（大的送水管道）中流出，并向上泵入水塔中。在重力的作用下水被传送到各家各户。

**i** 二级输送管道通向各街道总管道，街道总管道再将水传送到各家各户。

**j** 较大直径的排污水管把来自厨房水槽、浴室、厕所的废水运送到地下的生活污水系统。街道生活污水管通向生活污水总管道，生活污水总管道又通向污水处理设备。在过去的系统中，雨水收集管收集来自街道和屋檐引水槽的雨水，再与生活污水系统连接起来。在现代系统中，雨水收集管直接将雨水引到河流或湖泊中。

### 污水的处理

**k** 未经处理的污水中的固体被打碎，混合物被送入沉降槽中。在沉降槽中，较大的颗粒沉降到底部形成了淤泥。

**l** 淤泥上部的液体可能会被抽取出来，然后将这些液体用管道输送到填满石块的细菌处理区，在这里细菌将有机物分解。

**m** 这些液体也可能会被泵入到通风槽中。在这里向混合物中鼓入空气，使得有机物降解得更快。固态的淤泥被刮去干燥，并被焚烧或在垃圾填埋场被处理成农田肥料。或者，淤泥进入消化室，在那里厌氧细菌（这些细菌的生存不需要氧气）分解掉大多数的固体材料。产生的甲烷气体被点燃并将通风槽加热到合适的温度。

**n** 剩下的液体被喷洒在沙砾床上进行最后的沉积。

**o** 或许经过沙子过滤的最后阶段后，水又被送回到河或湖中。

**p** 最后水中的细菌被湖水中的微生物分解。

## 一个乡村对水的处理与应用

很多加拿大人生活在乡村环境中。在乡村，像城市中的水净化设备和污水处理设备都没有建成。图 2 显示了在乡村家庭中水是怎样得到的，又是怎样被加工处理的。

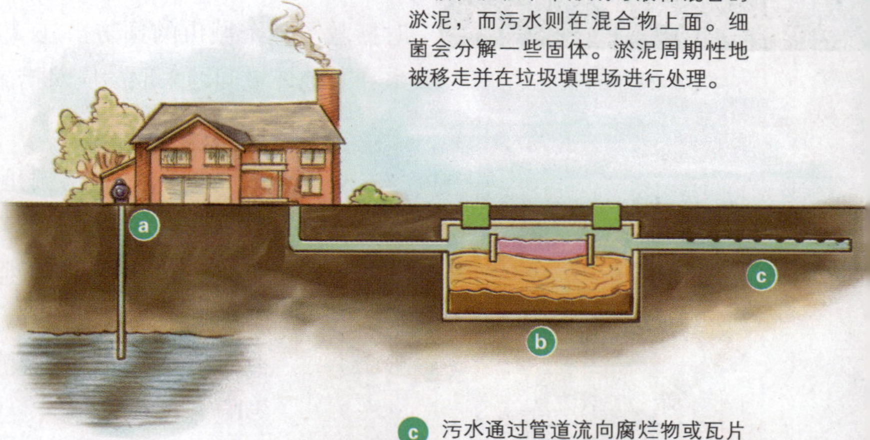


**b** 废水流入房屋外面的地下化粪池（由混凝土制成）中。在化粪池中，大颗粒沉积下来形成与液体混合的淤泥，而污水则在混合物上面。细菌会分解一些固体。淤泥周期性地被移走并在垃圾填埋场进行处理。

**a** 大多数乡村居民从水井中取水。通过电动泵或燃料动力泵将水从水井中抽出并在房屋中进行分配使用。

**c** 污水通过管道流向腐烂物或瓦片床。瓦片床由上面由带小孔的管子组成，这些小孔使得污水能够流到地下。细菌继续将有机物分解成营养物质进入土壤。

**图 2**

典型的乡村水净化设备和污水处理设备

### 理解概念

1. 两种主要的污水类型是什么，它们之间有什么不同？

2. 通过示意图表示倒入家里厨房水槽中的水的使用与处理过程。

3. 描述在水处理过程中微生物的作用。

### 建立联系

4. 为什么绝对不能将化学物质倒入家庭或社区的排水管中？

### 反思回顾

5. 估计一下，在家庭生活中如果水在使用前或使用后没有进行合适的处理，将会产生什么后果。

## 任务设计

在净水器的设计中你是怎样利用絮凝作用的？

# 洪水：难控制的水

各个社区都为抵制洪水的危害作出应急计划，这些工作的准备及处理方法常常取决于这些社区所处的地理位置。马尼托巴省对1950年那场灾难性的洪水作出的应对措施是绕着温尼伯市建造了一条47 km长的泄洪渠——这成为一项在1997年红河谷洪水泛滥时拯救了整个城市的预防措施（见图1）。安大略的市政当局对洪水和其他环境问题采取的应对措施是成立了保护委员会。

**图1**

在1997年的马尼托巴洪水中，被称为泄洪渠的大型沟渠转移了温尼伯市周围的大部分水。图中用浅蓝色表示受到洪水泛滥的地区。

## 对水的管理

海柔尔·布雷顿是安大略省米西索加市克莱迪河谷保护委员会的水资源工程师。由于对如何减小洪水的破坏感兴趣，她参与了监测当地水系统中水的含量和水的质量工作。她也检查了这些地区土地被使用的情况，土地利用方面的任何大的改变都能对地下水和水循环产生影响。在很多地方，曾经的农业用地已经变成了停车场、公路或细分为其他部分——土地很多被铺设成了道路。在过去，水渗入地面以下后再回到地下水位，现在水却直接流向了河流系统。海柔尔说："尽管这些土地使用方式发生了改变，但是，我们正在努力确保洪水水位不会超过历史水位。"

洪水对开放的平原地区产生的影响可能是巨大的(图2)，因为一旦水溢出了河岸，几乎不会受到任何阻挡。由于克莱迪河的大部分位于山谷中，所以政府可以通过阻止人们在洪泛平原建造房屋来减少洪水的灾难性影响，这些离河流近的相对平坦的地区经常遭受洪水侵害。海柔尔借助于计算机模型来确定这些地区的地形受洪水影响的程度，她模拟了在大暴雨，如飓风袭击时克莱迪河谷洪水水位的变化。然后她告诫人们不要在这些地区建筑房屋。"如能这样，"她解释，"当河水泛滥时，对人们和财产产生的危险就会减小。"

在保护委员会开始调节土地的使用之前，一些老的社区已经建在了靠近洪泛平原的地区。对生活在这些地区的人们来说，早一点知道洪水将可能在什么时候发生的消息是非常重要的。"我们用计算机模拟来预测洪水的大约发生时间和扩展的范围。"海柔尔说。

## 试一试 雨水对河流产生的影响 ⑥

模拟雨滴以不同的速率落在河床上，观察会发生什么现象。在这次活动中你要系上围裙，戴上手套，活动结束后要洗手。

- 取两个铝制的烙馅饼的平底锅。把每一个平底锅的一边弯曲形成一个液体出口。在平底锅中装入花园中取来的土壤并压紧。

1. 如果土壤没有被压紧，你能预测到什么现象？

- 在每一个平底锅的中心用铲子挖一个“河床”，轻轻地使两边的土壤与河床形成一个斜坡。努力做到跟真正的河一样。
- 使平底锅倾斜以便使液体出口在低端，在液体出口下面放一个烧杯，以便承接可能会流下来的水。
- 用水壶往锅里倒入 250 mL 水，向其中一只平底锅中倒水的速度慢，而向另一只平底锅中倒水的速度快一些。
- 测量从平底锅中流下的水量的多少。

2. 将流下的水量进行对比，结果怎样？
3. 流下的水在水质方面有不同点吗？
4. 不同的土壤类型会产生不同的结果吗？
5. 你的实验结果对你认识大暴雨中水 ⑦E 对周围土壤冲击产生的力量有什么启示？

## 合作

监测当地的水系统不是一个人能够完成的工作，海柔尔同时称赞了其他的工作人员。“作为工程经理，我需要和一个专家团队合作，他们的技术和专业知识有助于保护我们的环境。这就是为什么学生要学会怎样合作，共同分享信息，许多时候共同解决问题是非常重要的。”

每当对土地利用方面大的改变作出规划时，海柔尔和她的团队就要确定这次改变对当地的水系统产生怎样的影响。然而，海柔尔并不只关心水，她还关心植物和动物。“必须了解与环境相关联的各个方面，”她提醒说，“我们必须观察得非常仔细，否则没有认识到水与环境的各种联系，不仅会破坏水资源，还会破坏我们的生活环境。”

图 2

1997 年的春天，马尼托巴红河谷的很多农田被水淹没了。

**技能手册：** ⑥ 观察并记录数据 ⑦E 总结结论

# 海洋和陆地的地质特点

大约百年以前，阿尔弗雷德·魏格纳，一个德国科学家，认为世界地图就像一个巨大的拼图。这个想法已经导致了“板块构造”理论的形成，它是地壳运动的现代模型。地质学家已经证明了地球被分为几个大的部分，这几个大的部分称为板块，板块漂浮在热的地幔上并缓慢运动。随着板块之间互相碰撞，一个板块可能会滑到另一个板块的旁边、下边或者与另一个板块相分离，这样就形成了包括陆地上和海洋底部的地壳。

## 大陆架

由于大陆向外扩展，所以海底向下缓慢倾斜。这个延伸到海洋中的斜坡就称为大陆架（图 1），那里富含海洋生物。一些大陆架只有 1 km 宽，而其他大陆架如纽芬兰岛的大浅滩，扩展了几百千米下降到海底。

图 1

在大陆架的边缘有一个陡峭的水下峭壁，被称为大陆坡，大陆坡一直下降到海底。

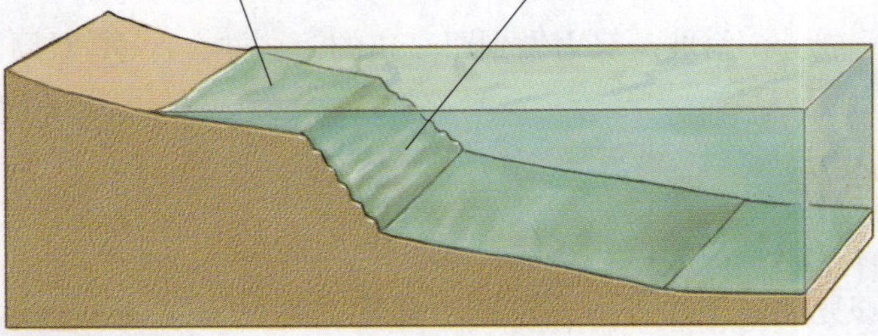


## 水下山脉

你可能会很惊奇地发现世界上最长的山脉竟然在水下！大洋中脊穿过四个大洋绵延 60 000 km。大洋中脊的不同部分根据它们所处的位置不同而有具体的名字如大西洋中脊。图 2 显示的是火山活动形成的地下山脉。

图 2

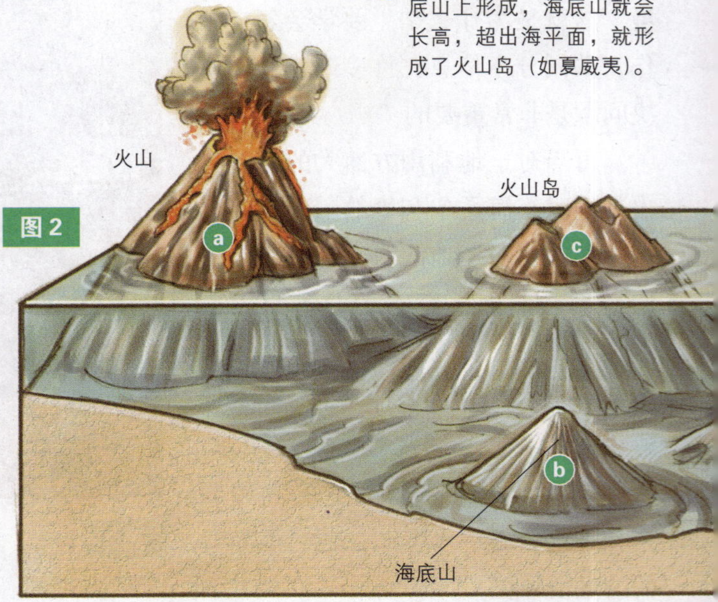


a 火山的山脉是这样形成的，当炽热的熔岩从地壳中喷发出来后，随着它从火山锥向下流淌时逐渐冷却，最后固化成岩石。

b 水下火山被称为海底山。

c 最后，足够多的岩层在海底山上形成，海底山就会长高，超出海平面，就形成了火山岛（如夏威夷）。

## 峡谷和海沟

峡谷是很深而边缘陡峭的山谷。大多数峡谷是由于河水穿过周围的山脉冲蚀出一条道路而形成的。当这些河流流入海洋以后，它们会继续冲蚀海床，在大陆架上蚀刻出山地和峡谷。地质学家认为很多海底峡谷是在海平面上升之前，在海岸上流过的河流造成的。

海沟（图 3），与海岸线平行，最多可达 200 km 宽，2 400 km 长。太平洋马里亚纳海沟的挑战者深渊是世界上的最深点，从海的表面向下延伸 11 km。

## 湖泊

存在于地面低洼处或盆地（地球表面的洼地）的水形成了湖泊。湖泊跟海洋或泥潭相似——都是水体被积聚在盆地中而形成的（见图 4）。这些盆地是由几种方式形成的，例如，当熔岩冷却时经常在火山的顶部形成火山口。由降水带来的液态水在火山口汇集成了火山湖。

在过去的冰河时期，北半球的冰川形成了很多湖泊。当冰川在大地上移动时，它们蚀刻出了盆地，沉积留下了由土壤、岩石和沙砾组成的天然大坝。当气候改变时，冰川融化，向下方流泻，这样大量的冰川融水被陷在大坝后面的盆地中积聚形成湖泊。

图 3

海沟是下跌到海底的边缘陡峭的深沟，是大陆的一个板块滑到另一个板块下面时形成的。

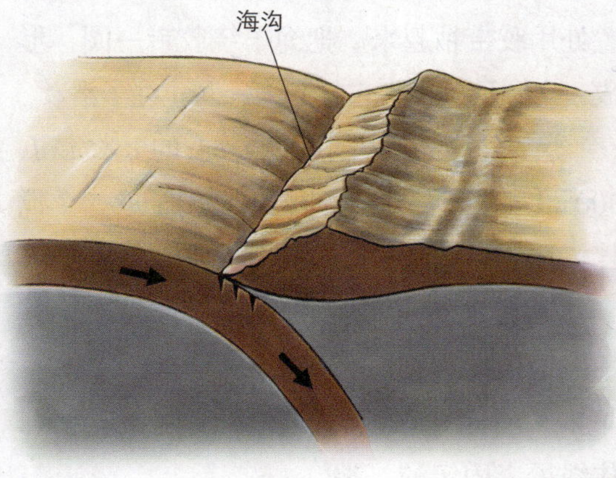


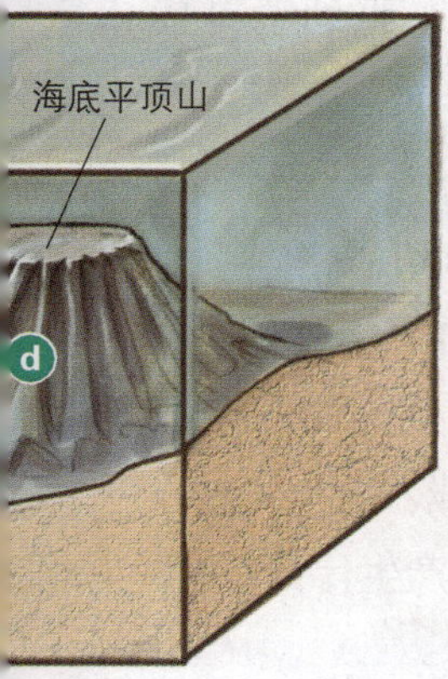


d 海底平顶山曾经是火山岛。久而久之，山顶被再一次覆盖它们的海洋侵蚀。

图 4

a 如果河流被堵塞，水就会逐步积聚形成湖泊。这些堵塞物或大坝可以是天然形成的也可以是人工建造的。

b 天然大坝是由滑坡、熔岩流动、河流沉积、冰川，甚至海狸造成的。

来自空中的降水进入湖泊、地下水和小港中，通常是一条河流从入口处进入湖泊，而另一条河流从出口流出。一些湖泊是内陆湖，既没有入口也没有出口。根据它们所处的地理位置和聚集在它们周围的土壤的类型，这些湖水可能比海洋的水还要咸。为什么会这样呢？因为地下水能够溶解土壤和岩石中的盐类和矿物质，然后将这些物质带入湖中。内陆湖和海洋一样，通过蒸发作用只失去纯水，而溶解的矿物质就存留下来。久而久之，这些盐积累下来，湖水就变咸了。

## 河流

大多数的河流起始于高地，来自泉水（从地下涌出的水）或冰川融水而成的溪流。在重力作用下，水从山坡流下。多条支流（更小的河流或溪流）流入河流中增加了河流的水量。随着水的流动，河水侵蚀了河底和河岸。被侵蚀物溶入河流中顺流而下。随着水流减慢，这种沉积物就沉淀下来，这样就很可能改变了河水的流向，使河流变得弯曲、蜿蜒（见图 5）。

**图 5**

a 随着时间的推移，河流变换着各种方向。而新近形成的流速快的河流更易蚀刻出陡峭的河岸。

b 较老的河流经常形成大的洪泛平原——河流两边缓缓倾斜的土地。

### 试一试 制作分水岭和分界线

将一个塑料垃圾袋铺在塑料洗碗盆中，确保塑料袋平铺在底部并向边上延伸。

- 把洗碗盆边缘上的塑料袋折叠并粘起来，留出空隙使空气在洗碗盆和塑料袋之间进出。
- 切 5 段 40 cm 长的绳子，每段绳子的一端都与塑料袋朝向洗碗盆的一面的不同位置处用胶带粘起来。把绳子绕胶带一圈，形成一个圆环，再把它粘起来，防止绳子滑动。
- 系上一条围裙，用 700 mL 的玉米淀粉、300 mL 水、一个混合钵、一把勺子或一个搅拌棒把一批充当冰川的黏性物质混合起来。
- 将水和玉米淀粉缓慢混合起来，并不停地搅拌直到混合均匀。
- 当你把黏性物质倒入洗碗盆时，抓住绳子未固定的一端。
- 现在，缓慢地拉起绳子直到塑料袋“陆地”升到黏性物质“海平面”上方。观察黏性物质怎么流动。

1. 你制作的是什么类型的土地？
2. 在你的盆中你是否制作了分水岭？
3. 你是否制作了明显的分界线？你怎么知道你制作了明显的分界线？
4. 升高和降低单个绳子会产生什么影响？

## 分水岭和大陆分水岭

想象一下，有一个广阔、平坦的陆地，陆地被一片平静的浅海覆盖。几百年以后，随着地壳板块的运动，陆地变形而凸起，大面积地区向上升，形成了山脉和高地。在重力的作用下，水随着陆地地形的改变而流动。随着地面的上升，大片原本连接在一起的水域被分开了，有些在地壳隆起的一侧流下，有些在另一侧流下。流动的水在新的地貌上冲蚀成峡谷和海沟，为更多水的流动打开了通路。

图 6

这两个分水岭被海拔更高的区域分开，分水岭决定着水的流向。

分水岭是一块被高地包围的地区，在那里所有的水都流向一个共同的目的地（见图 6）。一条大河，如英国哥伦比亚的弗雷泽河，由几条从分水岭流向太平洋的河流汇集而成。小的分水岭位于大的分水岭之中，而大的分水岭又位于更大的分水岭之中。如图 7 所示，加拿大所有的水流最后都流入三个大洋中的一个：大西洋、太平洋或北冰洋。

图 7

加拿大主要的分水岭

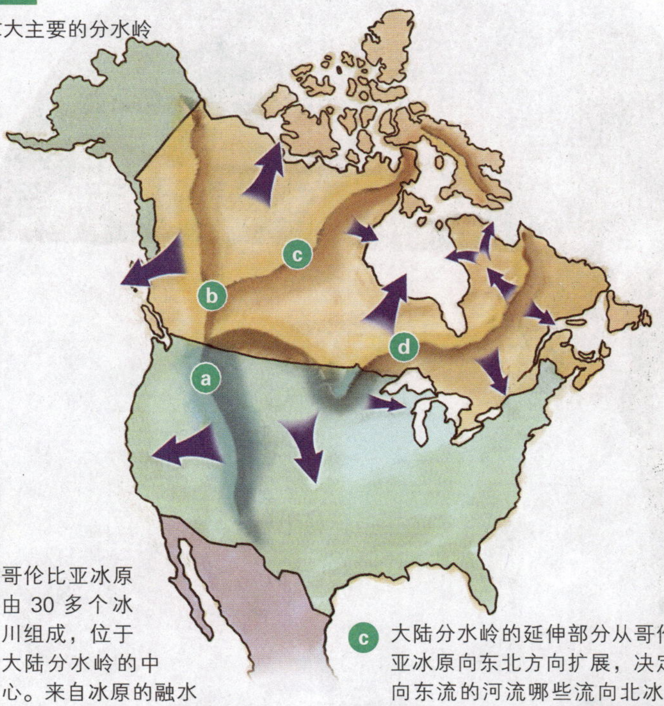


b 哥伦比亚冰原由 30 多个冰川组成，位于大陆分水岭的中心。来自冰原的融水分别流向三个大洋。

a 大陆分水岭（也称大分水岭）把流向太平洋的水与向北流的水和向东流的水分开。

c 大陆分水岭的延伸部分从哥伦比亚冰原向东北方向扩展，决定着向东流的河流哪些流向北冰洋，哪些流向太平洋或哪些流向哈得逊湾。

d 另一些延伸部分把流向哈得逊湾的水与流向密苏里州密西西比水域或流向大湖区圣劳伦斯河盆地的水分开。

### 理解概念

1. 将海底山和火山的形成过程作比较。

2. 画出海底的横截面并标出 6 个主要的地质特征。对于每一个地质特征写一段文字进行描述。

3. 解释河谷和海沟之间的关系。

### 建立联系

4. 水资源应该由各个社区管理，还是由一个分水岭内的所有社区作为一个组来共同决定水的使用？请解释原因。

### 探索研究

5. 想象一下，往离你的居住地不远的河流或者湖泊中丢入一根木棍。用你的地图册和所在省的一张地图，标出这根木棍流向海洋的行程，并列出在它的行程中所经过的几个水域。

### 反思回顾

6. 如果不加控制地使用土地，我们的水资源的供应会发生什么变化？

# 冰河：结冰的河

冰川，是由数千年来形成的大量冰和雪构成的，冰川可以在海拔高的山脉上形成（高山冰川），如图 1 所示，也可以在地球两极附近的陆地上形成（大陆冰川）。由于上部雪的重力作用使得冰川的底层变成了坚冰，这种巨大的重力作用也使得高山冰川缓缓向山下流动。

其中一个大陆冰川覆盖了整个南极洲大陆，另一个大陆冰川覆盖了格陵兰岛的大部分，面积为 180 万平方千米。格陵兰岛的大陆冰川的最厚点从顶部到底部达2 700 m（见图 2）。大陆冰川通常中心最厚，从中心再向各个方向缓慢流下。

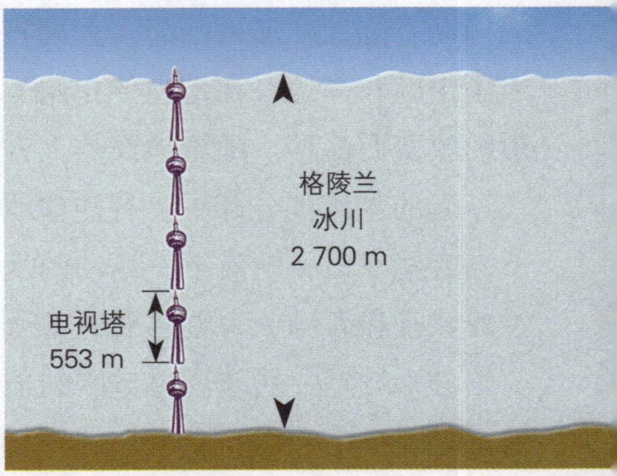


图 2

格陵兰岛大陆冰川几乎和五个加拿大国家电视塔一样高。

每年，吹过大陆冰川的冷空气会使周围的区域变冷，这有助于形成强风，称为极地东风带。因为这些风很冷且干燥，它们几乎不会形成降水。例如，南极洲是一个真正的荒漠，具有世界上最恶劣的条件：平均温度大约是零下 50 ℃，年降水量不到 3 cm。

在北冰洋上有一大片积冰，被称为极地积冰，但它不是冰川，因为它漂浮在水面上，而不是覆盖在陆地上。尽管北极的条件不如南极洲条件严峻，但这些积冰对天气产生的影响跟大陆冰川对天气产生的影响相似。图 3 显示的是北极浮冰，即由大量的单块冰聚集而成的漂浮的冰块。

图 1

具有安全保证的徒步旅行吸引着旅行者去落基山冰川旅行。

图 3

在春季，冰破裂形成大块浮冰。

冰川以冰和雪的形式储存了大量的淡水。这些水的一部分，尤其是冰川边缘融化的水，可以作为一种有使用价值的液态水资源很快地进入到水循环中。当冰川最后流到海洋中以后，冰山就脱离冰川而进入了水中。冰山可能会对船舶的海洋航线和海上石油钻机的安全产生威胁。大家最为关注的海上航运灾难发生在 1912 年，当时泰坦尼克号轮船撞到了冰山，然后就沉入了海底。然而，冰山也可能是有利的。由于它们是由淡水组成的，人们可以把冰山拖运到饮用水短缺的地方使用。

## 从前的冰川

今天最大的冰川与后冰河时期大部分时间的冰川相比，规模还是很小的。从大约 200 万年前开始，冰层就开始向北美（图 4）和欧亚大陆的大部分地区分散。在后冰河时期末段，当冰开始融化时，海平面就上升了。曾受到极大的冰重力压迫的陆地继续上升，或者被挤压回原处。后冰河时期的遗迹包括格陵兰岛的冰层和南极洲的冰层。今天，人们都在关注全球气候变暖的问题，担心如果极地冰川融化，水面上升，沿海陆地就会很快被水淹没。

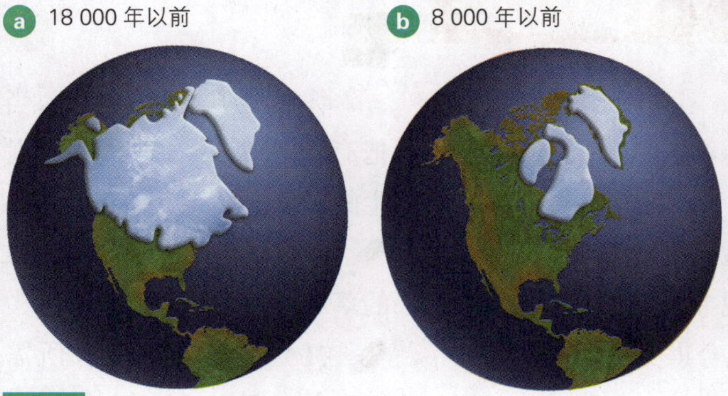


图 4

从 18 000 年以前，覆盖在北美的冰就开始慢慢融化。

### 理解概念

1. 描述冰川对环境有哪三个方面的影响。

### 探索研究

2. 设计一个模型，它能够解释冰川怎样把雪变成了冰。

3. 查阅纸质出版物和电子资源，(4A) 研究下列话题中的一个。准备用一种 (8C) 有趣的方式来报告你的研究结果。用你在研究过程中想到的三个问题来结束你的报告。

(a) 在后冰河时期冰的缩减是气候变化的结果。全球气候变暖将会对冰川和世界产生什么影响？

(b) 解释为什么在没有海洋的地区发现了海洋动物的化石（见图 5）。提供关于冰川作用的具体的参考资料。

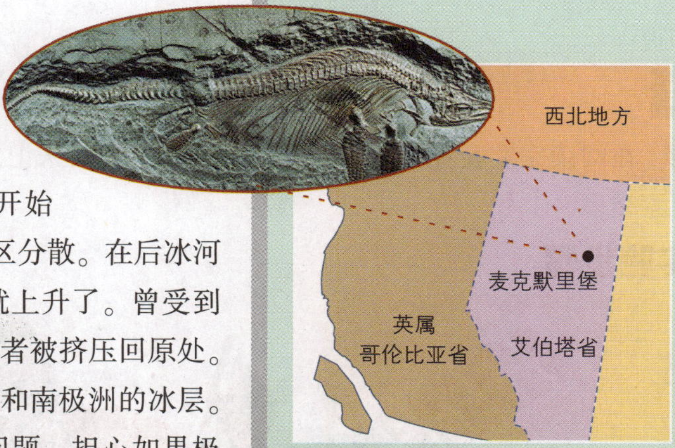


图 5

为什么在离海洋几百千米的地方发现了前历史时期海生爬虫的化石？

(c) 按照图 4 的地图至少画出两幅地图，显示出今天冰的位置和其他时期冰的位置。

### 反思回顾

4. 用具体的例子描述关于冰川的这部分知识与水循环有什么关系。

技能菜单
○分析问题 ●实验检验 ●结果评估
○制定方案 ●记录结果 ●交流经验
○制造模型

# 水面的上升和下降

想象一下，在一个无风的夏日你正站在湖边。所有的一切看起来都是如此的平静、祥和，尤其是水面。然而，回想一下你所学过的知识，水是在不停地运动着的。在平静的湖水表面以下是否有涌动的水流？如果是这样的话，那又是什么引起了水的流动呢？

## 提出问题

温度的不同对湖泊和海洋中的水有什么影响？

## 提出假设

温度的不同将会对水流动的快慢产生影响，也会影响水面以下水流的混合方式。

## 实验设计

观察在不同温度的水中，冰块融化后形成的有色水的流动情况。

**材料**

- 围裙
- 护目镜
- 2 个耐热烧杯，每个 600 mL
- 在室温下的冰水和水
- 有色的冰块（2 种不同的颜色）
- 钳子或塑料叉
- 电加热板
- 铁架台
- 环形夹子
- 有秒针的手表

**1**

6D 在阅读完实验步骤之后，设计一个观察图表来记录你的观察结果。

## 实验步骤

**2**

取 400 mL 的冰水倒入 600 mL 的烧杯中。使水停止运动。

• 快速作出一系列的草图，以显示当冰块放入水中以后所发生的变化，间隔时间为 1 min。

**3**

用 400 mL 室温水重复步骤 2。

(a) 用草图画出你观察到的现象。这一次有色水是不是混合得更快了？

在使用加热板时，手和衣服都要远离加热板。

**4**

你的老师会实验演示当把有色冰块放入热水中所发生的现象。

(a) 立刻画出所观察现象的草图，时间间隔为 1 min。

(b) 注意发生混合所需的时间。这次有色水的混合是不是更快了？



技能手册：2E 如何设计一个探究性实验或调查 1 科学探索安全手册

**图 1**

海洋中水的温度，在世界上的不同地区有很大的不同。

### 建立联系

1. 用从实验中得到的证据来预测靠近赤道和靠近两极的海水的运动情况（见图 1）。

2. 在图 2 中，地幔靠近地球表面，使 A 点的水温度高一些。描述 A，B，C，D 各地点水的运动。

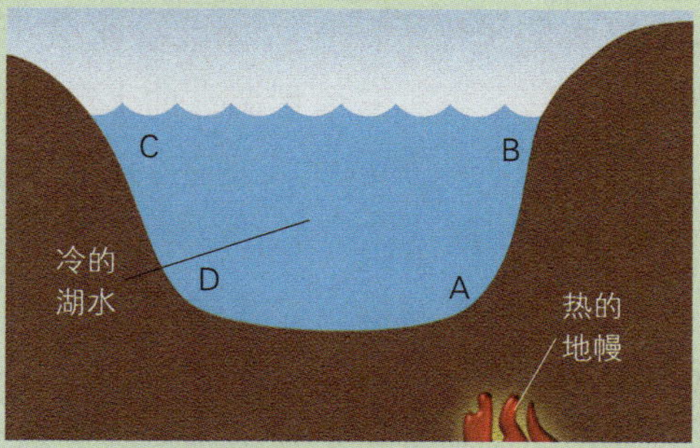


**图 2**

湖的横截面

### 探索研究

3. 设计一个实验来测验水中盐含量的变化是否 2E 对水的运动（水流）产生影响。经过老师的允许 1 后再进行实验，遵守安全预防措施。

### 反思回顾

4. 对于今天的实验设计你能提出一些改进的方法吗？你将怎样修改自己的观察图表？

**5**

安装上图所示的设备。确保铁架台是牢固的，耐热烧杯只有很少一部分放在电热板上方。

- 向烧杯中倒入 400 mL 冷水。等待水停止运动。
- 打开电热板到中等温度，持续加热 1 min。

**6**

沿着远离电热板的烧杯壁缓缓加入一块有颜色的冰块。

- 在烧杯中位于电热板上方的一边放入一块颜色不同的冰块。

(a) 用一个带有说明文 6C 字的示意图来帮助你描述你所观察到的实验现象。

## 实验设计

**7**

通过回答下列问题分析你的实验结果。

(a) 温水和凉水，哪一个密度更大？为什么？

(b) 烧杯中水的不同的温度对烧杯中水的混合速度有什么影响？

(c) 写一个调查报告。

6C 科学与技术制图 6D 制作数据表

# 水流

为什么湖表面的水比位于湖深处的水温度更高一些？在上次的探究实验中你看到冷水比温水的密度大一些，因此冷水会下沉。随着冷水的下沉，它会把温水向上推。这样在水中形成了一种水流或液体的上下运动。由于温度的不同造成的水流称为对流。

在冬天冰封的湖中，对流的形成有助于营养物质和氧气的重新分配。植物所需的很多营养物质是从动植物遗体腐烂后的物质中获得的，这些腐烂后的物质有一些会下沉到湖底。在白天，水生植物产生的氧气只能进入水的上层，在波浪的作用下，空气和水能够充分混合。水的上下对流现象通常在春天和秋天发生，那时对流作用将表面的水和底部的水混合，营养物质和溶解氧在整个湖中重新分配。

## 洋流

对流现象存在于全球的海洋中，地球两极冰川融化形成的冷水下沉，往往向赤道（区域）流动。因为赤道区域的水温度高，所以赤道的水向海平面上浮而温度变得更高。赤道处的水沿海洋表面流动来补充从地球两极流失的水。这些表面的水流是在风力的帮助下形成的。随着海水渐渐远离赤道，它就变冷并开始下沉，这样就完成了整个地表的水循环。

大陆冰川周围寒冷的水也有助于形成海洋深处的洋流。当海水结冰时，盐就留在了水中。盐浓度的增加使得寒冷的水的密度更大。含盐量高的冷水会下沉并深入到位于海洋深处的盆地。在地球自转的帮助下，这部分水又会向赤道流动。在地球大陆和水下地形的推动下，冷的水流从海底向上运动，带来了有益于水中生物生存的营养物质。

### 试一试 盘子中的环流 ⑥

你可以模拟地球的自旋对洋流产生的影响，用一个圆形干净的盘子，一些有颜色的冰块、水和一个旋转台。按照图 1 所示组装这些材料。

图 1

用来模拟地球旋转对洋流影响所用的材料

- 系上一条围裙，往盘子中倒入半盘冷的自来水。
- 往盘子的一边放入几块有色冰块。
- 等待大约 1 min 后，颜色开始扩散。
- 现在非常缓慢地向一个方向转动旋转台。尽量不要在水中制造出波浪。
- 记录盘子的转动速度对有色水留下的图案的影响。



技能手册：⑥观察并记录数据

然而，在现实生活中，事情并不像看起来的那么简单。地球并不是一个漂浮在太空中的静止不动的球体，它一直在绕自身的轴自转，同时还绕着太阳公转。地球上的水流也受到太阳和月球的吸引。当强风吹过水面，海洋大量不同的地形地貌也对洋流产生了影响。另外，大陆引力迫使水流绕着大陆流动。所有这些作用力都会影响海洋水流的流动。可以把洋流描绘成巨大的河流，这些河流流过海洋的水域，只与海洋水域的边缘的水混合作用。

**图 2**

世界五大环流：a 北大西洋环流；b 南大西洋环流；c 南印度洋环流；d 北太平洋环流；e 南太平洋环流

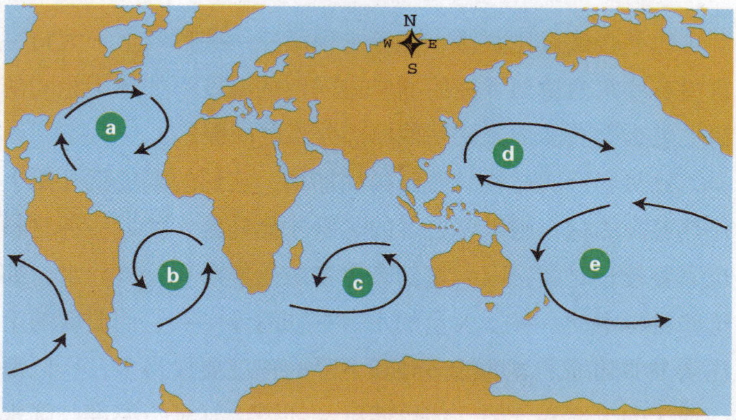


由洋流形成的一致的环形模式称为环流（见图 2)。每一个环流都是由几个具体的洋流组成的。图 3 显示出一些组成北大西洋环流的洋流。当拉布拉多洋流遇到纽芬兰沿岸的大沙洲时，洋流变冷，使得富含营养物质的海水向上对流。这些营养物质有利于动植物的生长繁殖，从而此处形成了世界上最大的渔区之一。

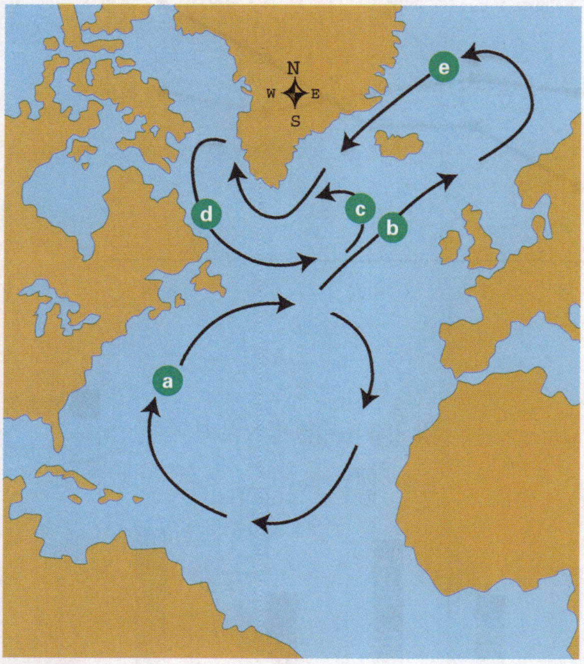


**图 3**

北大西洋的一些主要洋流：a 墨西哥湾流；b 北大西洋洋流；c 伊尔明厄洋流；d 拉布拉多洋流；以及 e 格陵兰洋流

### 理解概念

1. 解释对流现象对很多水生生物的重要意义。
2. 描述环流和洋流的相同点和不同点。
3. 为什么环流是以环形方式流动而不是以直线方式流动？

### 探索研究

4. 利用百科全书或 CD-ROM 等资源来研究 4A 科里奥利效应指的是什么。这一效应对环流的运动有什么影响？如果地球绕自身的轴向相反方向自转，作略图表示这一效应怎样改变图 2 中的情况。
5. 在海洋中另一些重要的渔区在哪儿？是什么原因导致了这些地方能生产大量的鱼？

### 反思回顾

6. 你注意到在你自己的生活中哪里有对流效应了吗？

4A 调查技巧

# 水、天气和气候

你是否做过比萨饼，在等它稍微凉一些后咬上一大口——却发现比萨饼里有些东西烫到了你的嘴？在同样的温度下加热了相同的时间后，比萨饼上怎么会有的部分比其他的部分温度高呢？

比热容低的材料只需要稍稍加热，它们的温度就开始上升，然而其他比热容高的材料则需要更多的热量才会升温。使后一种材料的温度降下来也需要较长时间，因为它们有更多的热量需要释放。水，如番茄汁，就是这些材料中的一种。大量的水——如海洋——它们温度的上升和下降速度比周围的陆地上温度的上升和下降的速度要慢得多，所以海洋能够影响这一地区的天气和气候。你可能已经知道天气是指温度、降水和湿度等每天的状况，而气候是指多年以来的平均天气状况。

(a) 在夏天，湖泊或海洋对周围地区的天气有什么影响？在冬天，湖泊或海洋对周围地区的天气又会有什么影响？

我们经常利用图表以便更直观地比较不同地区天气和气候的类型。如图 1 和图 2 显示，点线图常用来表示温度变化，柱形图常用来表示降水变化。

**表 1**

城市 X 和城市 Y 的月平均温度（℃）

| 月份 | 城市 X | 城市 Y |
|---|---|---|
| 1 月 | -2 | 12 |
| 2 月 | 1 | 15 |
| 3 月 | 10 | 17 |
| 4 月 | 10 | 15 |
| 5 月 | 20 | 12 |
| 6 月 | 28 | 15 |

**图 1**

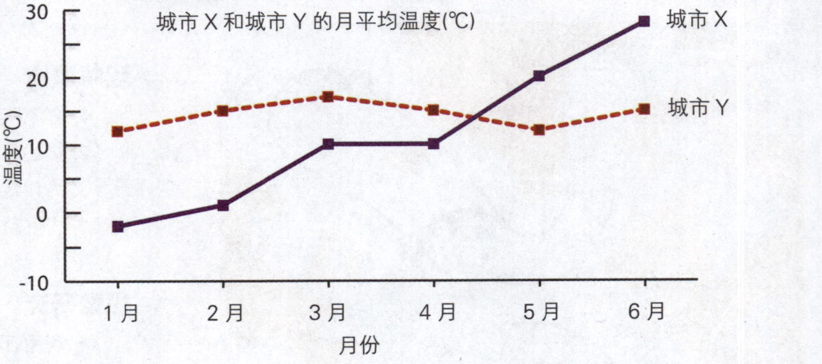


**表 2**

城市 X 和城市 Y 的月平均降水量(cm)

| 月份 | 城市 X | 城市 Y |
|---|---|---|
| 1 月 | 1.5 | 5.0 |
| 2 月 | 1.0 | 3.5 |
| 3 月 | 2.8 | 3.8 |
| 4 月 | 4.2 | 6.0 |
| 5 月 | 2.8 | 5.5 |
| 6 月 | 0.8 | 4.5 |

**图 2**

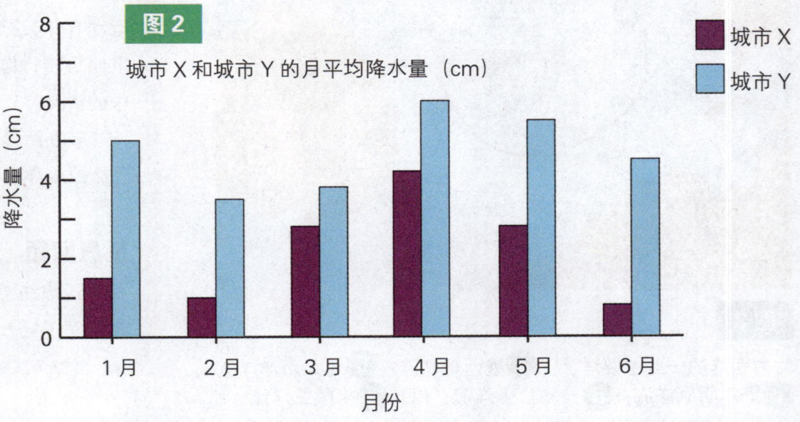

（b）C 根据图 1 和图 2 及表 1 和表 2，7C 为表 3 和表 4 中的数据创建对比图表。

（c）城市 A 和城市 B 位于大约相同的纬度，且都靠近水域。你认为哪个城市临近的水域的水体要大一些？为什么这么认为呢？

（d）水体较大的水域是怎样影响一个地区的天气和气候的？

## 洋流和气候

洋流对整个地球的气候都有很大的影响。来自温暖的赤道水域的洋流对所经过地区上方的空气和下面的陆地都有变暖的效应。另一方面，来自极地寒冷的水域的洋流则对气候产生变冷的效应。

**表 3**

城市 A 和城市 B 的月平均温度（℃）

| 月份 | 城市 A | 城市 B |
|---|---|---|
| 1 月 | −7 | −6 |
| 2 月 | −6 | −6 |
| 3 月 | −1 | −2 |
| 4 月 | 6 | 4 |
| 5 月 | 12 | 9 |
| 6 月 | 17 | 15 |
| 7 月 | 21 | 18 |
| 8 月 | 20 | 18 |
| 9 月 | 15 | 14 |
| 10 月 | 9 | 9 |
| 11 月 | 3 | 3 |
| 12 月 | −3 | −3 |

**表 4**

城市 A 和城市 B 的月平均降水量（cm）

| 月份 | 城市 A | 城市 B |
|---|---|---|
| 1 月 | 4.6 | 14.7 |
| 2 月 | 4.6 | 11.9 |
| 3 月 | 5.7 | 12.3 |
| 4 月 | 6.4 | 12.4 |
| 5 月 | 6.6 | 11.1 |
| 6 月 | 6.9 | 9.8 |
| 7 月 | 7.7 | 9.7 |
| 8 月 | 8.4 | 11.0 |
| 9 月 | 7.4 | 9.5 |
| 10 月 | 6.3 | 12.9 |
| 11 月 | 7.0 | 15.4 |
| 12 月 | 6.6 | 16.7 |

## 风的改变

当你学习水循环时，你看到温暖、潮湿的空气在上升变冷过程中，由于冷凝作用形成了云。洋流对海洋上方的风也有同样的影响。吹过温暖的洋流上方的风携带了大量的水蒸气，当这些温暖、潮湿的风经过寒冷的洋流时，这些空气变冷，从而形成了浓雾，空气就失去了大量的水分。如果这些风再经过陆地，它们会再一次变暖，但为大地提供的降雨就只有很少一些或甚至没有。风和洋流的这种相互作用在非洲西海岸、澳大利亚和美国加利福尼亚南部都可以见到，这种天气使得地球上形成了一些干旱的地区。

（e）观察图 3，显示的是阿拉斯加洋流。你认为这种洋流将会对哥伦比亚西部和阿拉斯加南部产生怎样的影响？为什么会产生这种影响？

**图 3**

在北太平洋上的主要的洋流：

a 黑海洋流；

b 阿留申洋流；

c 阿拉斯加洋流

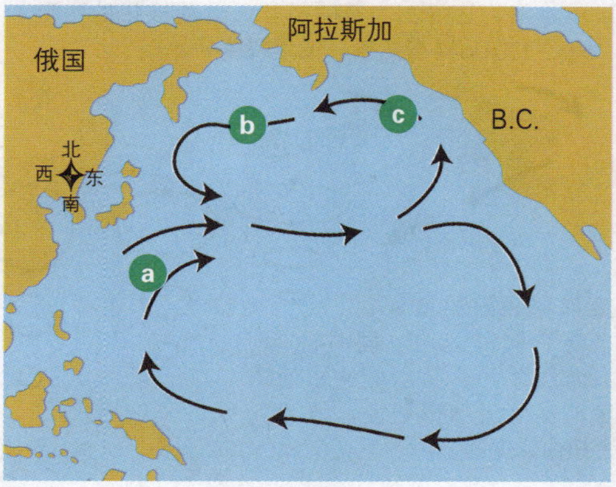


> **理解概念**
>
> 1. 水和沙子哪一个热得更快？为什么？
>
> 2. 描述拉布拉多洋流（4.12 节）对纽芬兰的影响。
>
> 3. 描述天气和气候有什么不同。
>
> **建立联系**
>
> 4. 每过几年，当大量温暖的海水聚集到美洲北部、中部和南部的西海岸时，就会产生一种称为厄尔尼诺的现象。通常情况下当阻止温暖的水靠近太平洋的风减少时这种情况就发生了。根据你所学的关于风和洋流的知识解释厄尔尼诺现象对北美的气候产生什么影响，预测气候发生的变化对经济和环境可能造成的损失。
>
> **反思回顾**
>
> 5. 如果沿海岸线流动的洋流突然由暖变冷，你认为沿岸的气候会发生什么变化？描述一下你预测的景象。

**技能手册：**7C 构建图表

# 波浪

1998 年 7 月 17 日，一道 15 m 高的巨浪猛烈地撞向新几内亚岛巴布亚海滩。巨浪冲过几个村庄，把很多村庄都夷为平地，在几秒之内致使 6 000 多人无家可归。当波浪第一次袭来时就失去了很多生命；其他的人是在海水流回海洋时丧生的。这次灾害共造成 2 200 名村民死亡，其中至少包括 230 名儿童。几天后，一名村庄发言人在接受电视采访时用简单的一句话就描述了这种令人伤心的场景，“我们再也没有孩子了。”

图 1

一个波峰与另一个波峰之间的距离称为波长。

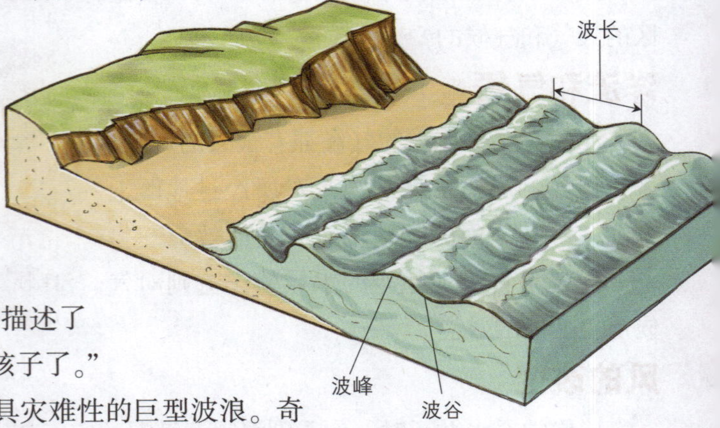


海啸（以前称为浪潮）是指一些最具灾难性的巨型波浪。奇怪的是，当海啸最初在海洋上形成时它们几乎不会引起人们的注意。海啸是由地震、火山喷发或巨大的水下滑坡造成的，海啸在海面上可能只有不到 50 cm 高，然而在海洋深处它们却具有巨大的力量，能以高达 800 km/h 的速度向前运行。当这种力量撞击浅水水域时，波浪所包含的能量就会聚集起来，波浪会迅速升高。幸运的是，卫星技术的发展提高了我们对这些波浪进行预测的能力，使我们能够提前做好疏散工作。

## 波浪和风

由风引起的波浪不如海啸剧烈，但是却更加常见。当风对湖或海洋的表面作用力不均衡时，波浪就开始形成了。随着风持续吹动水面，波浪就会变得更大。波浪的最高点称为波峰，波浪的底部称为波谷，相邻波峰之间的距离称为波长（见图 1）。

当波浪在水上移动时，实际上是能量在传递，而不仅仅是水流在移动。如果你漂浮在水上，你是不会以与波浪一样的速度随波浪向前掠过水面的。相反，在波浪的循环运动中，你将上下移动，如图 2 所示。

图 2

波浪袭击海滩的横截面

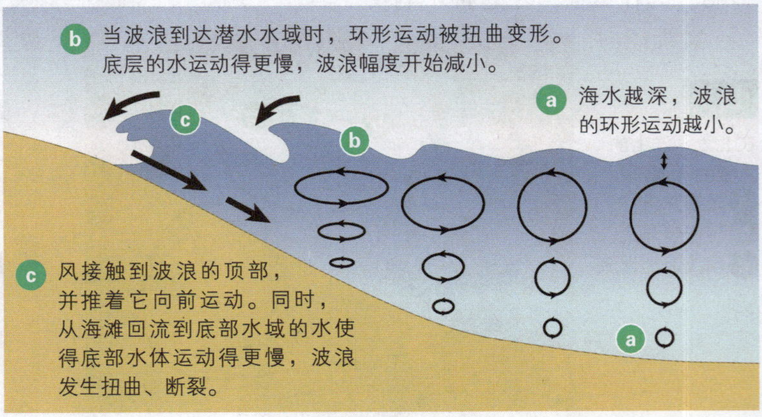

## 海浪具有的能量

由风形成的波浪也能达到很高的波峰。热带风暴和飓风由于它们极高的风速，经常在海面上产生巨大的波浪。幸运的是，和大多数海啸不同，这些波浪伴随着相当大的前兆，给人们提供了采取防御措施的时间。

波浪对沿海地区既有积极的影响也有消极的影响。游客被吸引到以冲浪运动闻名的地方，被波浪冲刷出壮观风景的地方也吸引了很多游客。然而类似的波浪行为也导致悬崖倒塌，有时会造成财产损失。波浪也可以引起沿岸漂移，即沙滩上的物质沿着海岸运动。人们花费了大量的时间和金钱修筑了很多建筑结构（图 3），并修补了海岸线以减少波浪产生的影响。

**图 3**

这里所显示的是增设的混凝土部分，它有助于防止海滩的沙子被波浪沿着海岸冲走。沿岸漂移夺取了沙滩上的沙子。人们每年都要花费数百万美元用来往沙滩上填补沙子来修复沙滩。阻止沙滩沙子自然流走以及对景观进行设计，能防止波浪产生的危害。

### 试一试 制造波浪

• 系上一条围裙。在浅的洗碟盆的一边用湿沙制作一个沙滩斜坡。把沙子紧紧地压实，使最深的一边的深度大约为 5 cm。

• 缓慢加水，使得水深达到 2~3 cm。

• 用一把尺子搅拌水，制造一系列波浪迎面撞击沙滩。

1. 这些波浪对你制作的沙滩有什么影响？

• 使波浪从某个角度撞击沙滩。

2. 这样做又会产生什么效果？

3. 波浪撞击沙滩的角度的改变对你的沙滩有什么影响？

**理解概念**

1. 如果向海里丢一个装有纸条的瓶子，它到达陆地所用的时间是长还是短呢？请对此作出解释。

2. 为什么在卵石沙滩上的岩石和石头常常是圆的、光滑的？

3. 在“试一试”活动中你所观察到的哪些现象对于你解释沿岸漂移有帮助？

**建立联系**

4. 你决定修建一个面向海滩的度假胜地，在做决定之前请列出你需要考虑的因素。

**探索研究**

5. 利用纸质或电子资源来研究“天然海港”。它们对于消除地质波浪的消极影响有什么帮助？ 4A

**反思回顾**

6. 如果你漂浮在海洋上，你将会只是上下浮动。那么，冲浪者是怎样随他们所遇的波浪而前后运动的？

## 任务设计

在做完“试一试”活动后，关于你的控制海水侵蚀的任务设计的方案，你将作出哪些改变（如果需要改变的话）？为什么要作出这些改变？

技能手册：4A 调查技巧

**技能菜单**
○分析问题 ●实验检验 ●结果评估
○制定方案 ●记录结果 ●交流经验
●制造模型

# 调查研究潮汐

想象一下，你正在海边上行走。你看到了水流留下的痕迹，还看到了岸上的一系列岩屑被冲洗过。如果你继续探索，你会注意到在一天之中水位发生了变化。实际上你正在亲眼看到潮汐的影响。潮汐是指月球和太阳的引力和地球的自转作用所引起的高和低的水位变化。高潮和低潮之间水位的不同称为潮差（见图 1）。一系列岩屑显示了高水位的位置，即在高潮时的水位。

## 提出问题

哪些地质因素会对潮差产生影响？

## 提出假设

海岸线的坡度会对潮差产生影响。

## 实验设计

你要用自己制造的模型来检测海岸线坡度的变化对潮差产生的影响。

### 材料

老师将给你提供下面的部分材料或所有的材料。

- 围裙
- 塑料洗碟盆
- 水桶或其他容器
- 1 L或2 L的容器
- 尺子
- 岩石、沙砾或卵石
- 薄木板、塑料薄板、醋酸纤维板或树脂玻璃板
- 水
- 支撑在洗碟盆边沿的木块
- 防水胶或大力胶

使用的材料要经过老师的允许，如果老师不允许则不能使用那些材料。

## 实验步骤

1

测出在空盆中制作低水位（低潮）所用的水量。抬起盆的一边，在盆的下面放入一个木块以形成高潮。

(a) 记录潮差。

• 用这个潮差作为一个控制实验，你将用它来比较你对洗碟盆所作的改变产生的影响。

2

从上面所列的实验材料中选择一些。设计 3 或 4 种不同的海岸线，每次都用相同的材料创建。在你设计时记着要改变海岸线的坡度。

3

一旦你的设计得到了老师的允许，就开始制作你的模型并对它进行测试。

4

用与步骤 1 等量的水来测量你制作的模型的低潮、高潮和潮差。

(a) 记录你测量的结果。

图 1

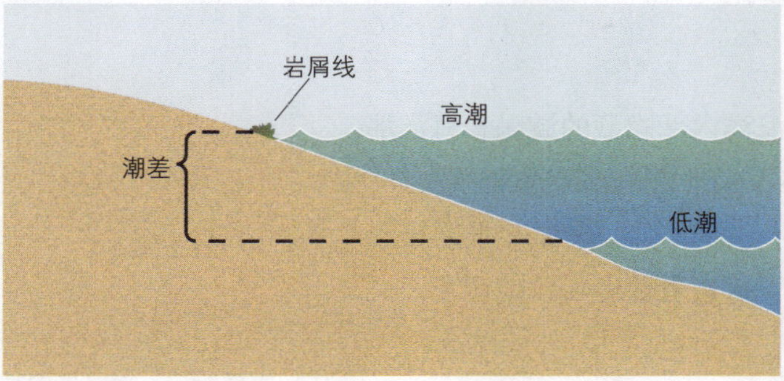


图 2

加拿大各个地区的潮差：1 mm 柱高代表 0.4 m 的潮差。

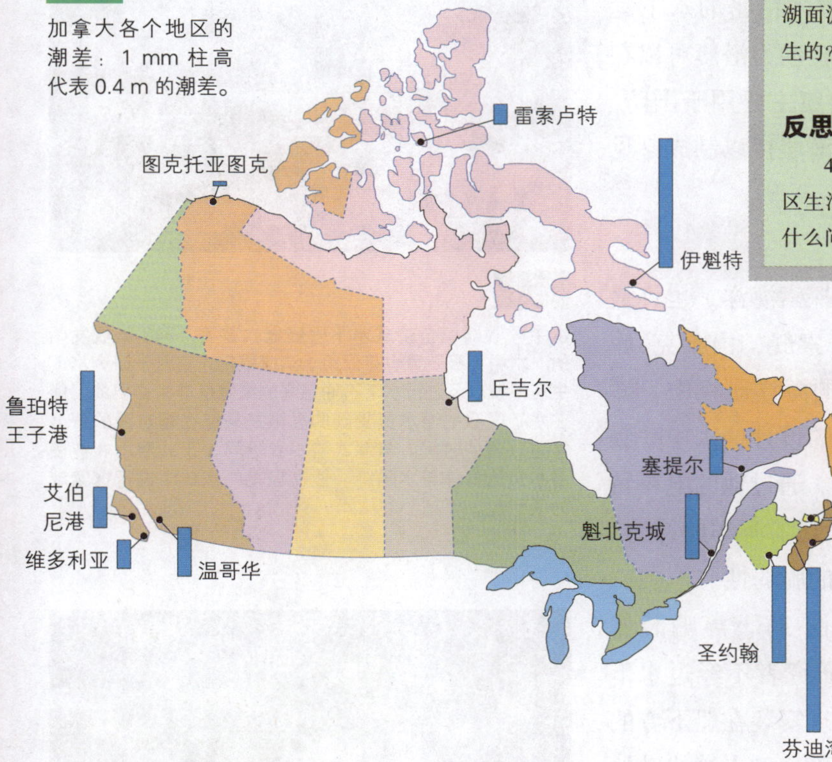


## 建立联系

1. 观察图 2 中的加拿大地图。每个地点旁边的水柱显示了那里的潮差大小。除了坡度，还有哪些因素可能会影响潮差？至少用 3 个地点来证明你的想法。

## 探索研究

2. 设计一个实验来验证其他可能影响 2E 潮差的因素。

3. (a) 湖水中的潮差非常小，为什么？

(b) 湖里的水位改变常常可以归因于湖面波动。什么是湖面波动，它是怎么产生的？

## 反思回顾

4. 观察图 2 和图 3，在潮差较大的地区生活和工作的人们，你认为他们会遇到什么问题？

## 任务设计

这次活动中你学过了有关制定计划，进行实验，和对结果进行测试等一系列技能，这些技能对你的任务设计有什么帮助？

## 分析思考

**5**

通过回答下列问题对你的实验结果进行分析。

(a) 在你的模型中，海岸线坡度的改变对潮差有什么影响？

(b) 海岸线的高度对潮差也会产生影响吗？

图 3

新斯科舍省的芬迪湾经受过世界上最高的海潮和最低的海潮。在海湾的有些地方平均潮差是 14.5 m，最高潮差是 16.5 m。

**技能手册：** 2E 如何设计一个探究性实验或调查

4.16

# 探测水深

人类总是对海洋充满了好奇，包括海洋内部隐藏的漩涡和海洋那未知的深度。现在的技术使得我们能够以多种方法探索和研究海洋，这些方法是以前的探索者所难以想象的（见图 1）。例如，水下摄影技术，曾经的精密设备，现在业余的海洋探索者已经可以使用了。

## 测水深

18 世纪后期以来，越来越多精密的水下运输工具已经开发出来。今天的核动力潜艇可以在水下停留几周时间，核动力潜艇主要用于国防。制造潜艇的先进技术使得深海潜艇得以制成（见图 2）。

图 1

水中呼吸器（自携式水下呼吸器）是在 1940 年被发明的。水中呼吸装置也可以用于消遣娱乐，它对于研究水下生态系统以及进行水下石油钻塔的维修是非常必要的。能在水下呼吸的潜水员受到的局限是只能在相当浅的深度停留较短的时间。与湿式潜水衣不同，干式潜水衣能使潜水员的身体与水隔绝，使在极冷的水域中进行探索成为了可能。

## 从海面探索海洋

人们也可以用水上舰船来探索海洋。也许最著名的海洋研究舰艇是卡里普索舰，由雅克·库斯特奥担任舰长。在他 50 年的海洋研究中，库斯特奥帮助完善了水中呼吸器的设计，水中呼吸器是水中呼吸装置的早期形式。通过他的电视特别节目，库斯特奥使公众认识到了海洋的神奇、复杂性以及海洋极易受到破坏的脆弱性。

新的技术如远程视频（图 3）、声呐装置（图 4）和芯管抽样技术使得研究者不经过水下的冒险就可以探索海底的奥秘。安装在船下方的芯管取样器使得海洋学家能够采集到未被扰动的海底沉积层的样品。有了这些样品，海洋学家就可以研究海底沉积物、营养物质的浓度和在那里存在的生物物种。

图 2

法国潜艇鹦鹉螺号被探险者用来从泰坦尼克号上拍一些照片并搜寻一些物品。为了能够在令人难以置信的深海压力下生存（泰坦尼克号位于海平面以下 3 780 m 的地方），鹦鹉螺号的船体是用钛金属制成的，观察口是用弧形的树脂玻璃制成的。从运输船上下水以后，在鹦鹉螺号中的研究者可以在水下停留 8 h。鹦鹉螺号装有声呐装置、泛光灯、摄影机和一个在海床上抓取物品的机械手臂。

图 3

这个远程摄影机可以被应用到一些对人类探险者来说太小、太深或太危险的地方。由于价格不太昂贵，深海摄影机也可以在开始潜水之前用于“初步勘探”的旅行。

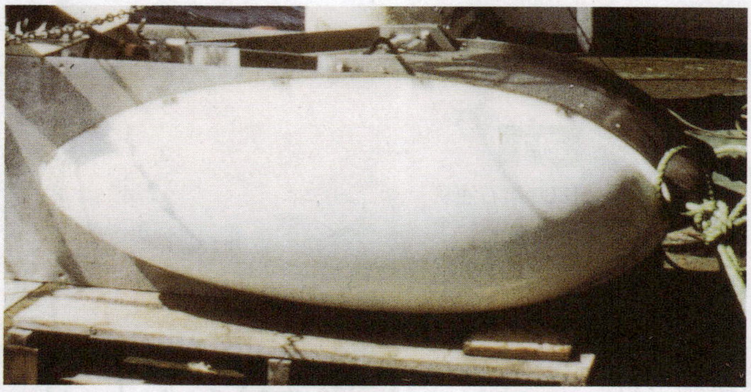

图 4

在第一次世界大战期间，回声探测技术可以被用来很快地测量水深。单声脉冲从船上发送出去，回波返回所需的时间显示了那一点的海床的深度。声呐（声波导航和测距）装置被用于找出船和潜艇的位置。现在制图师可以使用声呐装置来绘制海底地图。这里展示的深度牵引地震记录系统是由多伦多公司开发的，被科学家用来绘制大陆架上的沉积地形图。

## 鸟瞰海洋

当人们在研究像沿岸漂移及化学污染和热污染（给水体增加过量的热量）的污染源和污染程度时，空中摄影术给科学家和地质学家提供了更多的信息。图 5 表明了卫星成像的能力。气象学家（研究天气的科学家）利用他们的仪器和计算机可以收集包括飓风和热带风暴的能量、路径和潜在破坏性等信息。

图 5

卫星成像使得海洋学家可以使用以前几乎不可能的方式研究海洋。使用特殊的成像程序使他们可以看到海水深度，热中子激发产生的放射性物质、浮游植物遗体及排泄物（这里所示的）和全球性污染情况。

### 理解概念

1. 在鹦鹉螺号中什么设备有助于海洋研究？在探索泰坦尼克号时是怎样用到这些设备的？

2. 挑选本节课中所描述的设备中的一个（或者，经过老师的允许后可以选一个相关的设备），设计一张海报详细描述这个设备并解释它在海洋勘探和研究中的作用。或者，写一个小故事，故事中至少包含一种设备的功能和技术。

### 建立联系

3. 解释为什么直到最近我们才能够准确地测定海洋的深度。

4. 评价可见图像和电视特别节目在增加公众对海洋资源的认识和关注方面的有效性。

5. 在一些港口，一些战舰被沉入水中以供娱乐潜水探险活动。讨论这种做法的积极影响和消极影响。

### 探索研究

6. 讨论打捞遇难船只所涉及的社会问题和环境问题。4B 采访一个使用水中呼吸器的潜水员关于潜向沉船要做的事和不要做的事都有哪些。

7. 当在水下长时间生活或工作时必须解决一些什么问题？

### 反思回顾

8. 说出你关于海洋的一个疑问或忧虑。哪一项技术有助于我们发现问题的答案或解决方案？

**技能手册：** 4B 访谈和调查的技巧

# 石油：来自海底的财富

石油是由生活在几百万年以前的动植物的液化的遗骸形成的。这些生物死后被一层层的泥浆和淤泥覆盖。随着层数的增加，在时间和压力的作用下渐渐把遗骸变成了化石燃料。在这个过程中，气体从燃料中逃逸出来并可能聚集在液态石油的上方，这就是天然气。大多数石油沉积在厚厚的岩层以下，海底岩层下面也有很多石油。

图 1

1859 年石油从世界上第一个油井中开采流出，这个油井位于安大略省佩特罗利亚的石油泉镇。

图 2

纽芬兰附近的海伯尼亚开采石油工程的一部分场景。

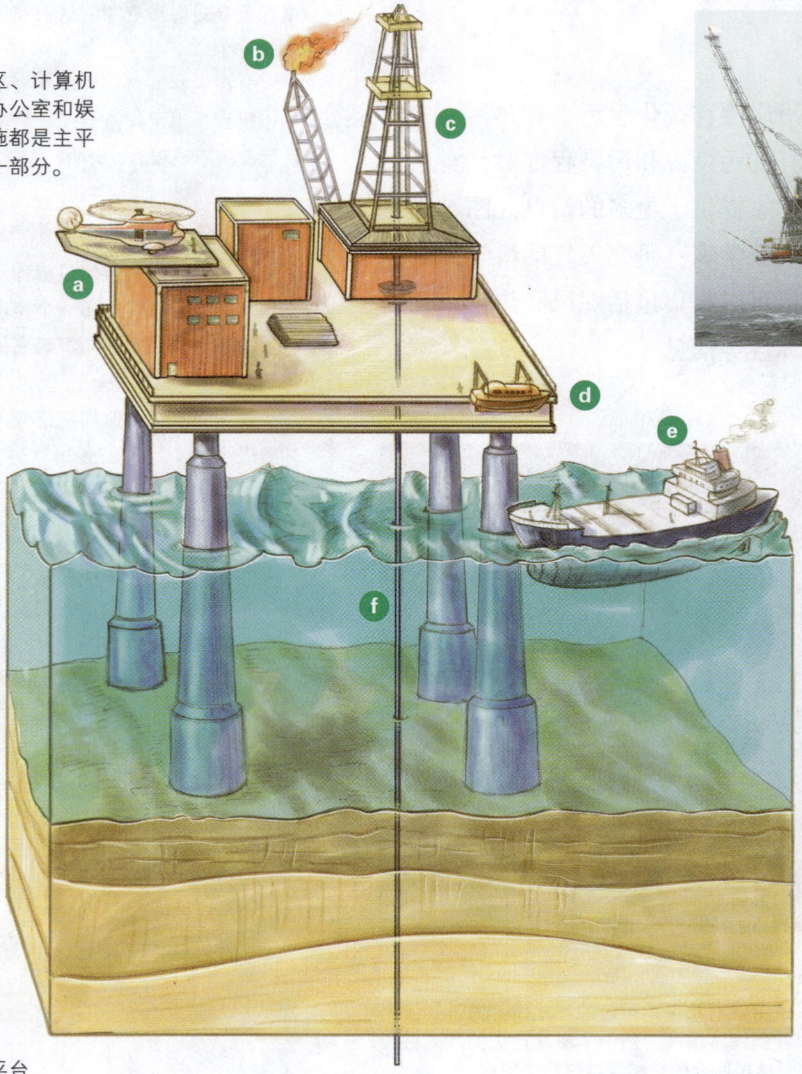


b 当发现石油和天然气时，气体可能会被燃烧或者通过输气线路输送到岸上。

c 人们利用钻塔操纵轴上的钻头开凿海床，当在陆地上钻井时也使用同样的技术。

a 生活区、计算机房、办公室和娱乐设施都是主平台的一部分。

d 防火救生船提高了工人在紧急情况下逃生的机会。

e 石油可能会被输送到岸上或装入油轮中，以便于运输以及此后的进一步精炼。

f 管道向海底更深处延伸，控制钻杆，保证石油被油泵吸出。

图 3

一个采油平台

## 石油钻井

自从在石油泉镇（图 1）成功开采石油之后，为了满足我们日益增长的对石油的需求，人们在世界范围内已经开凿了无数的油井。随着大量陆地上的石油储量被开采，我们现在正朝向近海开采石油以满足我们对石油的需求。地质学家利用精密设备发出的冲击波穿过海洋，深入到岩石下面以寻找石油矿藏。

在找到潜在的石油矿之后，工人就会进行“初步探井”或进行钻孔试验看是否值得进行完全钻井。如果海底矿藏看来有前景，那么像图 2 和图 3 上的采油平台就会被建造起来。有些采油平台是静止的，即永久地固定在一处海域，如墨西哥海湾的采油平台。其他的采油平台则是可以移动的，这样它们可以避免撞击到海上的流动冰山。

在采油和运输石油的过程中会有一些石油被泄漏（图 4），有些漏油沉积到了海底，有些则挥发掉了，还有的被海水扩散开了，而大部分漏油被冲到了近海岸造成污染。

海水波浪需要几个月的时间才能把沉积在岸上的油团清洗干净。

对于动物而言，浸没过石油的羽毛会使鸟类被淹死或者由于羽毛失去保温的功能而被冻死（见图 5）。当鸟试着用嘴清理自身的羽毛时，它们会吞下或吸入这些石油。浮游生物、牡蛎、鱼、龙虾和各种海洋哺乳动物也处于这种污染导致的危险之中。

图 4

由于石油公司努力维持油井的安全，泄漏到海洋的漏油量正在减少。然而，事故仍有发生。

图 5

自从大多数的近海钻机被安装在靠近海岸的大陆架上以后，漏油给植物、动物和微生物都带来了灾难。

**理解概念**

1. 制作一个流程图来显示从寻找海底石油的位置到采油所经过的步骤。

**建立联系**

2. 复制并完成表 1。识别与石油勘探和石油钻取有关的活动，并列出每一个活动可能得到的好处和需要付出的代价。

**探索研究**

3. 研究并描述石油泄漏对海洋生物 4A 造成的具体的影响。

**反思回顾**

4. 有哪些商业产品是由石油制成的？在石油短缺的情况下，哪些产品你和你的家人可以不再使用而照常生活？

**表 1** 从海底采油——获得的利益和付出的代价

| 活动 | 利益 | 代价 |
| --- | --- | --- |
| • 在石油钻塔燃烧废气 | • 简单<br>• 比把气体运到岸上要便宜<br>• 很快 | • 空气污染<br>• 不可控制的大火带来的危险 |

## 任务设计

回顾当石油被泄漏到海水中后石油会发生什么变化。想一想你怎样改变漏油清除器以便使石油能得到控制。

技能手册：4A 调查技巧

# 生物的多样性

当你观察淡水池塘时，或从长在路边的香蒲和慈姑边走过时，你会看到棘鱼在来回游动、水黾科昆虫从水面上溜走，以及蜻蜓快速掠过水面搜寻着蚊子。就在远远的另一边，一只乌龟在一块岩石上消磨时光，这时一只鸭子快速游过。另外还有红翅黑鸟在芦苇丛中筑巢，它下面的龙虱、划蝽科昆虫和水蝎都在各自寻找食物。

**图 1**

淡水生物的多样性

a 淡水湿地位于地表的洼地中，在那里地面一年至少有一部分时间被水覆盖。湿地里有很多树，在加拿大的一些地方的湿地中的树木包括红枫、银枫、黑槿、白柏和柳树。在淡水湿地的很多微生物中也能找到水蚤、新月虫和轮虫。

b 和湿地一样，沼泽一年至少有一部分时间被水覆盖，沼泽内的主要植物是草本植物。在沼泽的水中有无数的微生物，水面上和水下都有昆虫、蜗牛、蚌、小鱼、乌龟、天鹅和鸭子。涉禽如白鹭、苍鹭都是以青蛙和小鱼为食的。偶尔栖息在湿地的动物有狐狸、浣熊、黄鼠狼、鹿和兔子。

c 在淡水湖的湖边，你会发现芦苇、香蒲和莲花。在岩石上生长着藻类。微小的硅藻悬浮在水中。青蛙、蜗牛、蚌类和小龙虾生活在浅水中，蜻蜓幼虫，水黾科昆虫和水蝎也生活在浅水中。鱼类包括鲤科小鱼、太阳鱼和小翻车鱼。野鸭和黑鸭可以在岸边做巢，海狸可以在那里建造居所。

接着，你或许会在一条流速很快的小溪边停下脚步，这里除了一些杂乱的藻类覆盖着的石头以外，大多数的岩石上都很干净。寻找了一会儿后，在石头下方的庇护所中，你发现了两种淡水虾和一些石蛾幼虫。你瞥见溪红点鲑在快速跳跃。这两个生态系统都是正常的生态系统。池塘有更多的生物多样性。生物多样性是指一个地区的不同生物种类的数目。

d 浮游植物和藻类主要存在于阳光能够照射到的深度的开阔水面。浮游动物（单细胞生物和微小的动物）以这些生物为食。在温暖的湖水中，太阳鱼、梭鱼和小嘴鲈鱼是典型的鱼类，而在更冷更深的湖水中鳟鱼和白鲑是典型的鱼类。

e 根据所在的深度和水温不同，湖泊底部的捕食者分为鲟鱼、鲶鱼和大头鱼。

图 1 和图 4（246~247 页）显示了在所描述的区域的生物的种类，还有一些控制这些生物的分配的因素。这些简图并不是按比例画的。没有任何一个简图能完整地呈现出存在于整个加拿大和世界各地的生物的巨大的复杂性或多样性。

你已经知道，像图 2 中的食物链只描述了关于哪种生物捕食另一种生物的部分故事。食物网是由几个相互联系的食物链组成的（见图 3）。食物网是很有用的，因为与食物链相比，它讲述了一个关于一个生态系统中捕食方式的更加完整的故事。

**图 2**

这条食物链可以这样读：“水藻被蝌蚪吃掉，蝌蚪被太阳鱼吃掉，太阳鱼被小嘴鲈鱼吃掉，小嘴鲈鱼被人类吃掉。”

水藻 → 蝌蚪 → 太阳鱼 → 小嘴鲈鱼 → 人类

**图 3**

在沼泽地生态系统中的部分食物网

## 适者生存

动植物都已经适应了特定的生存条件，一般只能容忍环境条件较小的改变，否则它们的健康和繁殖能力将受到损害。大多数淡水生物，如果被放入咸水中会很快死亡，对于放入淡水中的海洋生物也同样会很快死亡。

甚至在淡水系统和咸水系统内部，不同的动植物也只能在特定的位置才能被找到。例如，鳟鱼生活在含氧量高的冷水水域，如果生活在由很多鲶鱼占据的温暖水域中，在这种含氧量低的水域鳟鱼将会死亡。在海洋中，只有非常特殊的生物才能容忍高潮和低潮之间海岸的光线、湿度以及温度的变化。还有极少的鱼类能在海底完全黑暗和水压极大的条件下生存。

**a** 在咸水湿地中，具有像爪子一样的根的红树林长出了水面。在那里生活着蟹、海螺、贝类动物和各种鸟类。很多鱼和其他海生动物在红树林的根间繁殖。

**b** 在咸水沼泽地中生长的草和其他的植物必须能够适应极端严酷的条件，因为水位和盐浓度经常发生变化。与淡水沼泽地相似，咸水沼泽地也是小鱼、蟹和其他软体动物的家。鸣禽和涉禽如白鹭和苍鹭与野鸭、青蛙和乌龟也一起生活在草中。兔子、狐狸和蛇把沼泽地当做捕食地和庇护所。

**图 4**

咸水中的生物多样性

**i** 珊瑚礁是另一个特殊的海洋生态系统，这种生态系统变化极大。珊瑚礁由无数珊瑚虫的残骸形成，它为无数的海洋生物提供了掩蔽处。常见的生物物种包括很多种类的珊瑚虫、海葵、海蛞蝓、小丑鱼和燕鱼。澳大利亚东北海岸的大堡礁是最著名的珊瑚礁之一。

**h** 火山喷发口形成海底的温泉。在这些地点可以发现太平洋和中大西洋山脊，过热的水从海底喷出，并带有大量溶解的矿物质。矿物质沉积物形成了像烟筒一样的结构，称为烟囱。在这个独特的生态系统中，特殊的细菌实际上是从矿物质中获得能量的，它们被认为是生产者。这些细菌是特大管虫、无眼虾和多毛螺的食物。

**g** 又深又黑的海洋深渊显示出最少的生物多样性，但是那里却是一些看起来最巨大的鱼类生活的地方。很多鱼具有巨大的嘴和可以扩充的胃以便于当它们找到食物时能尽可能地多吃。它们也有发光器官，用来交流信息或者吸引猎物。这些鱼的种类包括琵琶鱼、鞭子鱼和吞噬鳗。蛇尾海星和海参也可以在海底找到。由于没有光，所以在这个区域不能找到生产者。

**f** 在水面下大约 200 m 处，光线不能穿透。几乎没有生产者存在。在这里生活的鱼类有斧头鱼、帆蜥鱼和蝰鱼。乌贼也生活在这一带。晚上很多动物游到上部水层中去捕食，食腐动物和分解者以从上层水位大量沉降下来的死亡的动植物为食。

**c** 大陆架上的浅海海底大多被沙子和软泥覆盖，支持着小植物的生长。底栖动物包括比目鱼、编织鱼、鳐鱼和鹰鹞鱼、蚌、蟹和很多穴居蠕虫。

**d** 多岩石的海底也存在于大陆架上，使得海藻如海带一样能固定在海底生长。海藻通过提供食物和动物的庇护场所又增加了生物多样性。有一些海洋生物能够在这里生存，如龙虾、海星、贻贝和海葵等。海獭也以蚌类为食。

**e** 海洋的上层水面有阳光的照射，是最富饶的地方。浮游植物和海藻能进行光合作用（用光制造食物）、生长并繁殖。这些都成为浮游动物的食物，浮游动物包括装死虾、蟹类幼虫和水蚤。浮游动物又成为一些小型鱼类如鲱鱼的食物，而小鱼又被更大型的鱼类、海豹、海鸥、海豚和鲸等吃掉。

## 生物多样性的益处

通常，生物多样性程度越高，整个生态系统对外界环境变化的适应性越强。如果一种生物，如一种类型的鱼灭绝了，其他的鱼类仍会继续捕食昆虫，并为更大型的鱼类提供食物。生物多样性程度最低的生态系统常常极端脆弱，如果一种生物从生态系统中消失或者一种生物加入到这种生态系统中，这种生物多样性程度低的生态系统会发生更快、更大的变化甚至被破坏。

### 理解概念

1. 什么是生物多样性？
2. 为什么所有的食物网都必须包含生产者？
3. 选择一个淡水系统地区和一个类似的咸水系统地区，比较适应生存在那里的生物的类型。
4. 为什么随着海洋或湖泊深度的加深，生物多样性的程度减小？
5. 如果所有的食物网都必须包含生产者，那么在不存在生产者的湖或海洋的最深处的生物是怎样存活下来的？

### 探索研究

6. 从咸水生态系统中选择一种生物，并建立一个包含这种生物的食物网。从淡水生态系统中选择一种生物，同样建立一个包含这种生物的食物网。(4A) 利用百科全书、网上搜索引擎，或者其他的资源来做一些关于这种生物的研究以获得足够的信息。一旦你的食物网完成以后，要和班里其他同学共享。将淡水食物网和咸水食物网进行比较。你注意到哪些相同点和不同点？

### 反思回顾

7. 根据你所学过的知识，你认为环境条件的突然变化对生态系统的多样性会有什么影响？

技能菜单
○分析问题 ●实验检验 ●结果评估
●制定方案 ●记录结果 ●交流经验
○制造模型

# 生物生产力

生产力是对生物繁殖能力的一种测量标准。一种生物的生产力受到这种生物的年龄、健康状况和环境因素的影响。人类向水系统中倾倒外界杂质也会影响生物的生产能力。想一下你家里一天会产生哪些垃圾：洗手液、餐具洗涤剂、食物残渣和人类粪便。多年以来人们一直用磷酸盐来制造洗涤剂，也许你在你的草坪上施用了化肥和杀虫剂。它们会对水生生物的生产力产生影响吗？（见图 1 和图 2。）

**材料**
- 围裙
- 护目镜
- 10 支大试管
- 标签
- 试管架
- 量筒
- 水
- 滴管
- 液态植物化肥溶液
- 磷酸盐溶液
- 水藻悬浮液

在实验过程中要戴上护目镜和系上围裙。化肥和磷酸盐溶液有毒，有刺激性，操作时要小心。

## 提出问题

化肥和磷酸盐对藻类的生产力产生什么影响？

## 提出假设

**1** 请你作出一个有关化肥和磷酸盐对藻类的生长产生的影响假设。2C 陈述你作出这个假设的原因。

## 实验设计

在这次活动中，你将检测化肥和磷酸盐对某种水生生物所产生的影响。

**2** 设计一个数据表来记录你所用的实验材料的量和每一个试管中的 6D 实验现象。

## 实验步骤

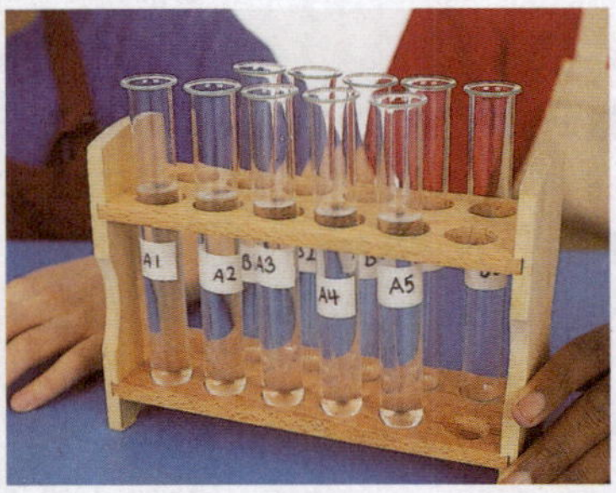


**3**

在前五个试管上标上 A1，A2，A3，A4，A5，将后五个试管分别标上 B1，B2，B3，B4，B5。

• 向 10 个试管中分别加入等量的水。

（a）记录下你在每个试管中所加入的物质。

**4**

在五个标有“A”的试管中逐渐增加植物化肥的量。例如，在 A1 中加入 0 滴，在 A2 中加入 2 滴，在 A3 中加入 4 滴，等等。

**5**

在五个标有“B”的试管中逐渐增加磷酸盐溶液的量。

**6**

向 10 个试管中加入等量的水藻悬浮液。

（a）记录下每一个试管中的实验现象。



技能手册：2C 作出预测和提出假设的技巧 6D 制作数据表

图 1

化肥和化学药品能渗入到水循环系统中去并对那里的生物产生影响。

图 2

在这个池塘中，水面以下的水看起来也是绿色的，这是因为池塘中的水藻以一种惊人的速度在繁殖。这种水藻数量的激增称为水华。水华大大减少了池塘中所含的氧气量，尤其是当水藻死亡腐烂时会给鱼和其他的水生生物带来严重的损害。

**建立联系**

1. 1972年加拿大政府对肥皂和洗涤剂中磷酸盐的含量进行了严格规定。为什么政府要控制磷酸盐的含量呢？

2. 农民、高尔夫球场维护工人和农场主常使用很多杀虫剂和除草剂——为杀死某些昆虫和植物而专门设计的毒剂。这些毒剂常常会影响其他生物的生存。这些化学药品是怎样进入水循环系统中的？描述它们对生活在那里的生物所产生的影响。怎样使一些负面影响最小化？

**探索研究**

3. 设计一个实验来比较“磷 2E 酸盐含量减少”的洗涤剂和没有做出这些改变的洗涤剂对水藻的生产力的影响。

## 分析思考

**7**

把这10个试管放在同一个地方，以便于它们能得到等量的热量和阳光。

• 在这些试管上标出你的姓名、班级和开始时间。

(a) 观察两个星期，每天对这些试管进行检测并记录下观察结果。

2E 如何设计一个探究性实验或调查

**8**

通过回答下列问题来分析你的实验结果。

(a) 浓度为多少的化肥溶液对水藻的生产力看起来影响最大？浓度为多少的磷酸盐溶液对水藻的生产力看起来影响最大？说出你作出判断的依据。

(b) 如果试管A1中不含化肥，那么它就可以作为对照实验。“B”组试管中有对照实验吗？为什么需要对照实验或为什么不需要对照实验？

(c) 写一篇短文解释化肥对水藻的影响与磷酸盐对水藻的影响之间的相似之处。

技能菜单
●分析问题 ●实验检验 ●结果评估
●制定方案 ●记录结果 ●交流经验
●制造模型

# 咸水虾实验

你是否听说过在养鱼缸中长大的生长在咸水中的猴子？你是否见过一个关于这样一种生物的广告？在 1960 年，一个名叫哈罗德·冯·布劳恩纳特的玩具发明家和科学爱好者为这种微小的生物起了个名字称为咸水虾。显然，它不是“猴子”，咸水虾是一种很小的海生生物（见图 1）。作为小鱼的食物来源，咸水虾在很多食物链中都起到了重要的作用。因为它们生活在各种不同的咸水区域，所以它们能适应不同的盐度（盐的浓度）。

即使在海洋中，盐度也会发生变化。这种变化会发生在河口湾地区，在那里河流的淡水和咸的海水混合（见图 2）。这种变化也会发生在气候温暖和寒冷的纬度区，在那里蒸发或者结冰都会转移掉一些淡水，留下了更咸的溶液。这些水中盐浓度的变化会对动物的生产力产生影响吗？

在这次活动中，你将会检测盐度是否会对咸水虾孢囊（“卵”）的孵化率产生影响。为了将盐度控制在咸水虾所能承受的范围之内（生物功能表现最佳的上限和下限之间的范围），你应该按照有关孢囊的说明上的建议，一点一点地改变盐浓度。盐浓度应该总是保持在每升水中盐的质量在 5 g 到 30 g 之间。

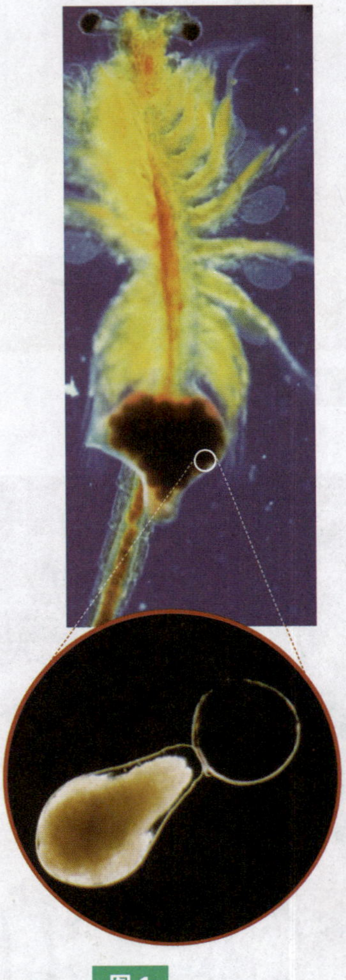

图 1
咸水虾孢囊（“卵”）的放大的图像和成年咸水虾

## 提出问题

**1** 在阅读了上面这几段话以后，写出一个你尝试回答的问题。把你的问题写在实验表格中。(2B)

## 提出假设

**2** 预测一下你将观察到的现象。写出一个假设来解释你的预测。说出你这样预测的原因。(2C)

## 实验设计

**3** 设计一个实验来测验你的假设。阅读咸水虾上附有的说明，仔细观察孢囊，然后通过回答下列问题来对你的实验作出计划。(2E)

(a) 你将采取哪些操作来解答你在步骤 1 中提出的问题？注意步骤要具体一些。记住，咸水虾的孢囊极小。

(2D)(b) 你会改变哪些变量？

(c) 你将改变什么条件做控制实验？

(d) 你将测量哪些量？

(6)(e) 你怎样记录测量结果？

(8)(f) 你怎样汇报你的调查结果？



技能手册：(2)科学探究的过程

图 2

因为河中的淡水与海洋中的咸水混合，所以盐度发生了改变。

**建立联系**

1. 你的调查结果与自然界中咸水虾的生产力有什么关系？

**探索研究**

2. 设计一个实验，对不同的环境条件进行检测。在尝试这个实验之前先跟老师商量一下。遵守所有的安全预防措施。

3. 利用纸质和电子资源研究合适的养鱼缸条件之后，制造一个小的养鱼缸来养虾。这些条件与调查中的条件有怎样的不同？

**反思回顾**

4. 在这次活动中你遇到了哪些困难？你是怎样解决这些困难的？

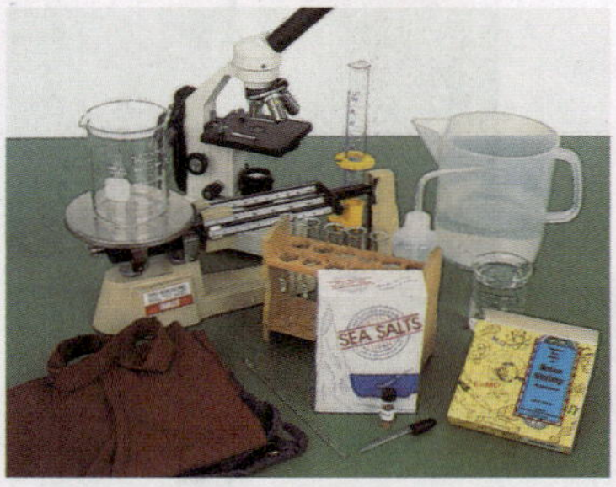


## 材料

4 确定你完成实验所需的实验材料，将这些材料列在你的笔记本中。

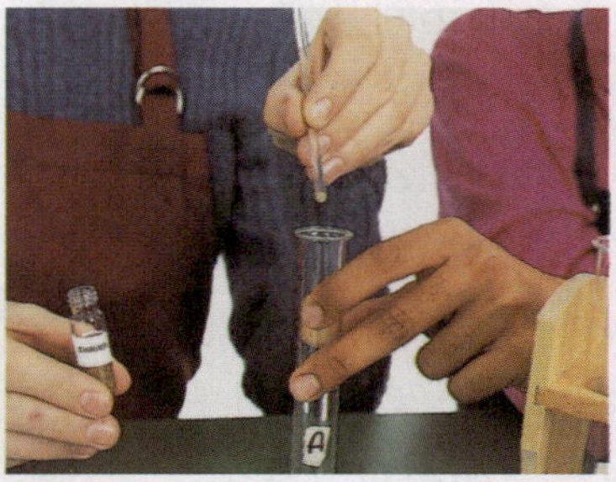


## 实验步骤

5 把你的实验计划和所列的实验材料给老师看。经过老师的允许后再开始实验，系上一条围裙。

(a) 记录下你在实验过程中对实验方案作出的改变。

(b) 记录所有的观察结果。

## 任务设计

从这次活动的设计和完成的过程中，你学到了哪些知识以帮助你在任务设计中设计一个正确的对比测试？

## 分析思考

6 通过回答下列问题对你的实验结果进行分析。

(a) 你在步骤 1 中提出的问题的答案是什么？解释一下支持你的答案的证据。

(b) 在实验过程中你将保持哪些变量不变？

(c) 写一个实验报告来描述你的实验过程。

6 观察并记录数据 8 交流实验结果 1 科学探索安全手册 4A 调查技巧

# 人类、资源和水系统

你是否曾经想过湖泊或者河流中的水可以被用来交易或买卖？你们这一代加拿大人将会成为决策者，决定是否将加拿大的一些淡水出售给世界上的其他地区（见图1）。

图1

人们已经提议建立包括运河和渡槽在内的几个大的工程来把水向南部转移。

## 寻找充足的水源

加拿大充足的水资源是吸引其他国家的一个主要原因：足够的水能提高粮食产量。现在的地球上，大多数条件有利于植物的生长的土地已经被用于耕种了。然而，随着人口的增长，对农田的需要也就随之增加了。除非能生产更多的粮食，否则很多人会面临饥饿的威胁。农业是淡水的最大使用领域之一。

## 灌溉

增加粮食产量的一条途径就是合理灌溉土地（见图2）。灌溉是指把河水、湖水或地下水输送到其他干旱的地方。例如，在乌兹别克斯坦（在亚洲），很多大坝或运河系统使流向咸海的河水转向。数百万公顷的土地变成了富饶的农田。但是像这样大的灌溉工程也会造成灾害，曾经是世界上第四大内陆水体的咸海开始干涸了。科学家预计，到2010年咸海将会完全消失。咸海上的捕鱼业也停止了——1983年那里最后的鱼也被捕完了。更糟糕的是，几年以后，大面积的灌溉农田被盐所覆盖。谷类的生产在灌溉工程开始后产量急剧增加，现在却已经急剧减少了。

图2

地下水、大口井、湖和河流都是能用于灌溉的潜在的水资源。

图3

落矶山地沟，在公元前形成于克兰布鲁克，向西北部延伸了1 400 km。加利福尼亚干涸的农田将会从一个提议中获得足够的水，这个提议是建造一个大坝向沟中充满水。这就会导致一个大的淡水运河的产生，把水从马更些河向南部运输。

尽管存在着这些问题，农业专家仍然认为灌溉是生产更多粮食的有效途径。这就使得加拿大巨大的供水系统不仅对于加拿大人，对世界上的其他人来说都是重要的资源。有两个工程几年前已经被提出，现在正在被再一次讨论着，即格兰德工程（“伟大的再循环和北部开发工程”）和“落矶山地沟”（图3）方案。例如，格兰德工程的目的是用水坝拦截詹姆士海湾，慢慢地将海湾转变成一个大的淡水湖。这个新的淡水湖再用一个大的运河与五大湖连接起来，湖中的水被出售到边境以南。北美自由贸易协议可能会减小对水销售的政治和经济障碍，这是因为对其他商品交易的限制已经减少了。

**理解概念**

1. 在灌溉工程中，水是怎样在地理位置上被转移到其他区域去的？
2. 大规模的灌溉工程会导致什么问题产生？

## 角色扮演　水的销售 8D

你的镇上正在考虑当地一个公司提交的向美国卖水的提议。这项工程将会给这个镇上的经济带来迅速的提高。对气候产生的影响也会影响周围地区丰富的生态系统，这个地区目前是一个旅游胜地。

镇议会已经召开了一个公众会议，以便于感兴趣的城镇居民和其他地区的人能够讨论接受这项提议的利弊。你将会参与到这个城镇的会议中，扮演下面角色中的一个。你同意通过类似格兰德工程这样的工程把加拿大的水卖掉吗？要考虑到这项工程可能带来的经济、环境和社会影响。

**角色**

- 具有这种想法的商人，希望把水运输到真正需要它的地方。
- 这个镇的镇长，知道这项工程将会给这个城镇带来巨大的新增收入，但是却担心旅游业会受到影响。
- 野生生物学家，有证据证明这项工程将会对野生生物产生巨大的影响。
- 蔬菜种植者，将会考虑购买加拿大的淡水，但是之前对这个问题了解得不多。
- 气候学家，有证据证明向南部输出水会使当地的天气类型发生变化。

**你将扮演什么角色？**

- 在你的角色中，准备形成并表达一个关于销售水资源工程的观点。
- 找出你还同意其他角色的哪些意见。哪一个角色你感觉很难说服？
- 为了支持你的立场，搜索一些关于像格兰德这样的售水工程的报纸、图书馆的期刊索引、因特网和其他的信息资源。4A
- 准备向班里其他的同学表达你的观点和证据。同时也要考虑到你怎样按照你的观点而行动。你会不会发起一个请愿活动？会不会进行进一步的研究？会不会发起一个海报宣传活动？8

**技能手册：** 8D 主题探究　4A 调查技巧　8 交流实验结果

# 任务设计

技能菜单
- 识别问题
- 制定方案
- 制造模型
- 实验检验
- 记录结果
- 结果评估
- 交流经验

## 设计并制造一个能提供安全的生活用水的设备

在安全用水和维持水系统方面，人类正面临着很多挑战。我们有能力影响地球上的水系统，也经常损害地球上的水系统。水有能力维持我们的生命也能危害我们的生活。创造性地使用技术能帮助我们保护健康的水系统，同时也保护着我们自己、其他的生物和周围的环境。

### 1 一个能制造安全饮用水的设备

**问题背景**

大多数的加拿大人打开水龙头后能喝到干净安全的饮用水，而在世界上的很多地区都做不到一这点。数百万的人们所饮用的水中包含有致病微生物和其他的杂质。很多生活在海边的人们却不能喝海水，这是因为海水中含盐量很高。

图 1

肉眼可见的盐类暗示了这些水是不可以饮用的水。

**设计思路**

- 设计并制造一个简易的设备，用来从海水或污染的水中分离并收集淡水。

不要喝或尝科学课上使用的任何物质。

**设计要求**

- 必须以阳光作为唯一的能源。
- 设备必须具有一个收集系统，能从老师提供的不纯净的水样中收集淡水。
- 制定一个方案来处理留下的盐或残渣。

### 2 防止水的破坏的结构

**问题背景**

为什么一些长在河边的树根是裸露在外的？当水流过河边的土壤和岩石时，它会把少量的土壤和岩石冲走。大湖或海洋沿岸的波浪的冲击作用也会产生类似的问题。被带到水中的沙子和淤泥将会伤害鱼类和水中的其他生物。如果河岸塌落，树木甚至房子都会落入水中。

图 2

运动着的水对土地会造成巨大的破坏。

**设计思路**

- 设计一个产品，这种产品将有利于稳固海岸线并减少波浪的侵蚀作用。制作一个工作模型来控制波浪的侵蚀作用。

**设计要求**

- 你的模型必须包括：(a) 用土壤构成的海岸线或基于沙子的海岸线；(b) 水，形成波浪从不同的角度撞击着海岸。并且 (c) 制作一个用来稳定海岸线的结构比例模型。
- 模型必须能明显地证明波浪的作用。

图 3

1989 年艾克森瓦尔迪兹号的漏油。

## 3 漏油的清理

**问题背景**

随着世界人口的增加，对原油的需求也在增加。所以不管漏油是来自货轮、近海的石油钻探设备还是岸边的工厂厂房，漏油带来的危险都在不断增加。如果人类想要维持健康的水系统，我们就必须开发产品、技术和安全的措施来帮助我们阻止石油泄漏，并将漏油带来的危害最小化。

**设计思路**

设计一个产品，这种产品能够将模拟的漏油进行控制并吸收。这个活动可能包括两步：一个控制设备和一个自身的清理工序。

**设计要求**

• 这个设备模型必须能够控制模拟的漏油并尽可能多地清除漏油，且尽可能少地含有水。

准备建造并测试一个设备，在你开始之前征得老师的许可。

## 综合评价

根据下列你所做的情况对你所设计的模型进行评估：

**操作过程**

- 理解问题
- 开发一个安全的方案
- 选择合适的材料、工具和设备并安全使用
- 进行检测并记录检测的结果
- 对你的模型进行评价，包括需要改进的建议

**交流讨论**

- 准备一个报告
- 使用正确的术语
- 对你制造模型和测试模型所采取的步骤进行详细的描述
- 清楚地解释你的模型是怎样解决问题的
- 对你的模型进行精确制图

**作品展示**

- 符合你的模型的设计标准
- 有效地使用所选的材料
- 创建你的模型
- 解决相同的问题

# 第 4 单元总结

在本单元，你学过了地球上的水怎样以各种状态组成了水系统，这个水资源系统构成了我们这个世界，维持着地球上的生命，应该受到人们的慎重对待。

## 反思回顾

·对本单元的“概述”和“准备开始”中提出的观点和问题进行反思。你怎样将本单元所学的和所做的与这些观点和问题联系起来？（复习、核实在本次总结中指出的部分。）

·对❶，❷，❸中的问题以及在“准备开始”中你所提出的问题的答案进行修改。你的想法是怎么改变的？

·你又有了什么新的问题？你将怎样回答这些问题？

## 理解概念

• 认识水的不同的状态，根据水的性质给出具体的例子 4.1，4.3

• 描述水在水循环中是怎样运动的 4.1，4.3，4.5

• 将陆地上的地质特征的形成与海底的地质特征的形成进行比较 4.9

• 描述洋流是怎样将营养物质和溶解氧重新分配的 4.12

• 描述波浪是怎样形成的以及波浪所产生的正面和负面的影响 4.14

• 用具体的例子解释水体对气候产生怎样的影响 4.10，4.12，4.13

• 将咸水环境和淡水环境的生物多样性进行比较 4.18

## 技能应用

• 将咸水和淡水的物理性质进行比较 4.2

• 证明温度的变化对水的运动产生怎样的影响 4.11

• 用模型解释地质特征是怎样影响潮汐的 4.15

• 设计，计划并进行一次活动探究来描述环境因素与生物的生产力之间的关系 4.19，4.20

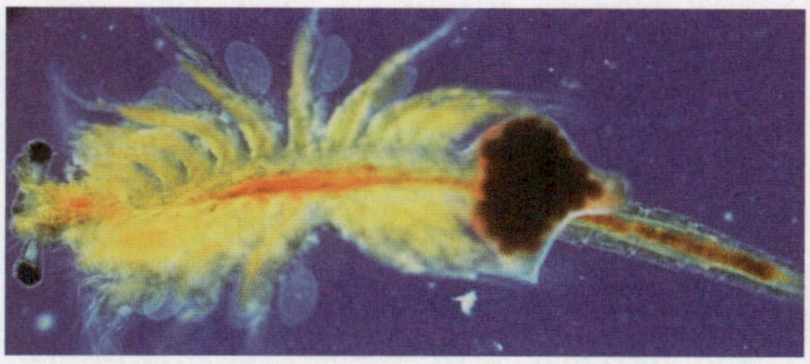

• 理解并能够使用下面的术语：

| | |
|---|---|
| 酸性降水 | 灌溉 |
| 地下蓄水层 | 倒转 |
| 隔水层 | 渗透 |
| 盆地 | 降水 |
| 毛细管作用 | 生产力 |
| 氯化 | 地表径流 |
| 冷凝 | 盐度 |
| 大陆分水岭 | 饱和带 |
| 大陆架 | 海山 |
| 对流 | 沉积物 |
| 水流 | 湖面波动 |
| 多样性 | 系统 |
| 侵蚀 | 潮差 |
| 河口湾 | 潮汐 |
| 蒸发 | 海沟 |
| 絮凝 | 支流 |
| 洪泛平原 | 海啸 |
| 淡水 | 水循环 |
| 冰川 | 分水岭 |
| 地下水 | 地下水位 |
| 海底平顶山 | 波长 |
| 环流 | |

## 建立联系

• 认识到为限制水所造成的危害所采用的方法 4.4，4.8，4.14，4.17

• 描述水循环对水位所产生的影响 4.5，4.8

• 解释人们在使用水之前和用完之后是怎样对水进行加工的 4.7

• 描述至少两个与水系统相关的职业 4.8，4.16，4.17

• 描述新的技术对于提高海洋勘探水平具有怎样的帮助 4.16

• 评价人类对自然资源的利用对水资源系统产生了怎样的影响 4.4，4.17

• 评价人类对水的使用怎样影响了水资源系统 4.6，4.7，4.8，4.21

# 第 4 单元复习

## 理解概念

1. 下列按盐度最大到最小的排列，哪个是正确的？

(a) 死海，海洋，河口湾，温尼伯湖

(b) 海洋，河口湾，死海，温尼伯湖

(c) 温尼伯湖，河口湾，海洋，死海

(d) 海洋，死海，河口湾，温尼伯湖

2. 当你在 4.2 节的“活动探究”中比较咸水和淡水时，你是用蒸馏水冲洗载玻片的。蒸馏水与淡水有什么不同？

3. 将表 1 复制到你的笔记本中。写出每个术语在水资源系统的位置。第一个已经为你做好了。

4. 完成 4.1 节中的表 1。

5. 图 1 中所示的韦兰运河上的船正满载着货物向英国航行。一旦这艘船驶入海洋，它的水位线将会到达什么高度？对你的答案进行解释。

图 1

6. 解释，在夏天海滩的关闭与水中含有的细菌有什么关系。

7. 下列哪个陈述是不正确的？请解释。

(a) 酸性降水包括降雪。

(b) 酸雨使湖水变浑浊。

(c) 酸雨能溶解一些建筑物。

(d) 酸雨对树木没有影响。

8. 在家里的水用完之后，比较城市和乡村对水的处理有什么不同。列出这两种处理之间的相似之处和不同之处。

表 1

| 术语 | 位置 |
|---|---|
| 液态水 | 河流、溪流、湖泊、海洋、河口湾、沼泽地、降水、水龙头、生物体内 |
| 固态水 | ? |
| 水蒸气 | ? |
| 咸水 | ? |
| 微咸水 | ? |
| 饱和带 | ? |
| 沉积物 | ? |

9. 画出一系列简单的示意图，表示大西洋中脊（图 2）是怎样形成的，并在每个示意图上标上号码。

图 2

10. 描述海底平顶山是怎样形成的。

11. 用“盆地”这个词来解释湖泊、海洋和泥潭有着哪些相似之处。

12. 高山冰川和大陆冰川是相似的，是因为：

(a) 二者都是在山上发生的

(b) 二者都有流动的趋势

(c) 二者都有助于极地积冰的形成

(d) 二者都有助于形成深海洋流

13. 如果冰川上的雪和冰已经有成千上万年之久，解释一下它们是怎样成为水循环的一部分的。

图 3

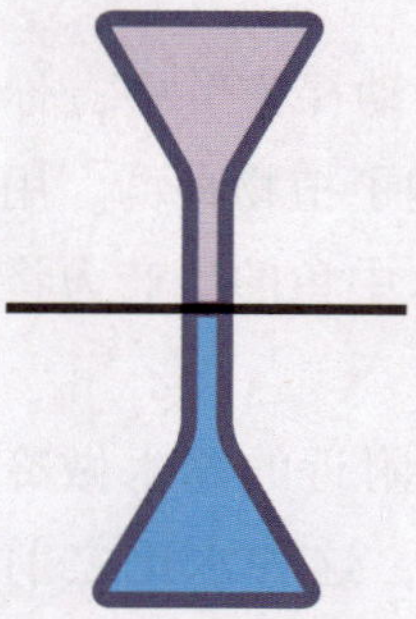


14. 描述当隔板被抽走时，图 3 中的水是怎样混合起来的。如果热水样品和凉水样品保持不动将会有什么现象发生？

15. 设计一个表将河流与洋流进行比较。讨论二者各有什么特征以及它们对周围环境的影响。

16. 为什么波浪接触沙滩时会“向前扑倒”？用一个简图解释一下原因。

17. 怎样设计深海潜艇来保护研究者免受海洋的巨大压力？

18. 描述进行初步探井的目的是什么。

19. 下列关于沼泽地的说法哪一个是正确的？

(a) 草是主要的植物。

(b) 树是主要的植物。

(c) 沼泽地只有咸水水体。

(d) 沼泽地的生物多样性程度低。

20. 在海洋的较高水位中，

(a) 海生生物多样性程度更高，是因为表面的水比更深的水温暖

(b) 海生生物多样性程度更高，是因为海底没有足够的食物来维持更多的生命

(c) 海生生物多样性程度与深水的一样

(d) 海生生物多样性程度更高，是因为表面比深水水位照射的阳光多

21. 简单描述下列每项工程：

(a) 格兰德工程

(b) 落矶山地沟工程

22. 下列每一个陈述，如果正确就把这句话抄下来并在后面标上“T”。如果错误，重新写一句正确的陈述。

(a) 通常湖水比陆地热得慢一些，但凉得快一些。

(b) 如果没有海洋调节气候，人类将不能在地球上生存。

(c) 因为当空气吹过冷的洋流时会吸收大量的水分，所以会给附近的沿海地区带来大量的降雨。

(d) 不可能建造两个紧挨着的两眼井，其中一个有水而另一个干涸，这是因为每个井的水位是在同一个水平。

(e) 在水处理的过程中，加入氯水可以有助于防止絮凝。

## 技能应用

23. 将表 2 左栏正确的陈述与右栏的术语匹配起来。每个陈述你可能会用到一次、多次或一次也不用。

表 2

| 描述 | 术语 |
|---|---|
| A 是指生物的不同种类的数目 | 1 状态 |
| B 水高度之间的差距 | 2 密度 |
| C 由空气的污染造成的 | 3 酸性降水 |
| D 由冲蚀造成的 | 4 微咸 |
| E 在水循环过程中水可能经历三种 | 5 多样性 |
| F 由温度不同引起的 | 6 潮差 |
| G 造成河岸泛洪的原因 | 7 环流 |
| H 单位体积的质量 | 8 盐度 |
| I 指生物的数量 | 9 对流 |
| J 也称絮状物 | 10 沉积物 |
| K 由几个洋流组成 | |
| L 取决于盐的浓度 | |

24. 给你两个水样：

水样 A：体积 180 mL，质量 206 g

水样 B：体积 40 mL，质量 41 g

计算每一个水样的密度。如果将两者小心混合起来哪一个水样会漂浮在另一个的上方？为什么？

25. 从本单元"总结"的术语中选取 10 个词，用这 10 个词写一首诗或 5 句押韵的句子。

26. 观察表 3 和表 4 中的数据。

(a) 将每列数据画成图并将城市 C 和城市 D 进行比较。

(b) 这两个加拿大城市的纬度都接近北纬 54°。你认为哪一个城市的位置靠近水域？为什么这么认为呢？

表 3

城市 C 和城市 D 的月平均温度（℃）

| 月份 | 城市 C | 城市 D |
|---|---|---|
| 1 月 | −14 | 2 |
| 4 月 | 4 | 6 |
| 7 月 | 17 | 13 |
| 10 月 | 5 | 9 |

表 4

城市 C 和城市 D 的月平均降水量（cm）

| 月份 | 城市 C | 城市 D |
|---|---|---|
| 1 月 | 2.3 | 24.9 |
| 2 月 | 1.8 | 19.3 |
| 3 月 | 1.8 | 21.3 |
| 4 月 | 2.5 | 17.0 |
| 5 月 | 4.8 | 13.5 |
| 6 月 | 8.1 | 10.4 |
| 7 月 | 8.4 | 12.1 |
| 8 月 | 6.1 | 13.0 |
| 9 月 | 3.3 | 19.6 |
| 10 月 | 2.0 | 31.0 |
| 11 月 | 2.3 | 31.2 |
| 12 月 | 2.3 | 28.7 |

27. 在 4.19 节的"活动探究"中，你看到了化肥的存在怎样影响了植物种群。用你的调查结果预测化肥对水中鱼的生产力将产生什么影响。

28. 核电站常常利用附近的湖水做冷却剂。当水返回到湖中后，这种水比之前的温度高了许多。对此做一个实验来观察温度是否影响了水藻的生长速率。实验中选择三支大小相同的试管，每支试管中分别加入了50 mL 水和 2 g 水藻。

将试管 A 置于室温下，试管 B 置于 30℃的温水浴中，将试管 C 放在 5 ℃的冰箱中。将一个对照实验用的试管置于 10 ℃下，10 ℃是那个月当地池塘的平均温度。一周之后结果如下：试管 A—5 g 水藻；试管 B—3 g 水藻；试管 C—2.5 g 水藻；对照实验试管—3.5 g 水藻。

将所得结果用图像表示。从这个实验中你能得出什么结论？陈述你得出这个结论的原因。

29. 设计实验步骤来测试温度对咸水虾的孵化率的影响。

(a) 描述实验步骤。

(b) 你将做哪几种测量？

(c) 你怎样测量这些量？

(d) 你将用什么做控制实验？

(e) 你将会发现什么？为什么？

## 建立联系

30. 制作一个概念图显示水循环中水是怎样循环的。

31. 当土地被用来作为清理用途的垃圾填埋场，常常要在地上挖一个洼地，然后在洼地里面衬一个防水材料层才能往里面倾倒垃圾。这种做法对于保护当地的水系统有什么帮助？

32. 为什么很多有关野营的书都说应该在离岸至少 100 m 的地方修建室外厕所、倾倒废水？

33. 在酸性湖中的水非常清澈，这是由于不存在水藻或浮游植物。为什么这一点影响了湖中鱼的种群？对你的答案作出解释。

34. 有时候人们会通过喷沙清洗房屋外面的砖墙。在喷沙处理过程中，沙子颗粒被载入一股空气流或蒸气流中并以非常大的速率冲击墙面。这和波浪的侵蚀作用有什么联系？

35. 随着世界人口的继续膨胀，关于世界上的水资源系统人们将面临什么难题？为了解决这些难题你有什么建议？制作一张表以恰当的形式记录下你的想法。

36. 对 4.16 节中所展示的技术进行评价并且根据它们在海洋研究方面的重要程度将这些技术进行排列。你认为哪三个技术最重要，为什么？

37. 一天，在你从家到学校的路上，你看到有个人正在往街道下水道中倾倒用过的机油。再往前些，一个妇女正在另一个下水道边上冲洗漆罐。写一篇文章说服镇上的居民不要再做类似的事情。

38. “污染从未远离，因为没有这种‘远离’的地方。”解释一下这种说法的意思是什么。你同意还是不同意这种说法？用关于水资源系统的具体参考资料来为你的观点作出解释。

39. 加拿大的自然资源（森林、矿产、石油和水）在国际上都很有名，我们广泛地开发并使用这种资源。选择一种自然资源，调查我们对这种资源的使用对水系统所产生的正面影响和负面影响。

40. 设计一张海报，这张海报可以被附近的学校用来提高儿童保护水资源和节约用水的意识。

41. 你认为水是一种可以用来买卖的资源吗，我们可以把它大量地卖给其他的国家吗？为什么能卖或为什么不能？给出原因来支持你的观点。

42. 人们有时会说“知道该做什么”比“做你所知道的”要容易得多。当涉及水资源系统时，你在本单元所做的对你“知道你该做什么”有什么帮助？关于水“做你所知道的”对你来说是容易还是困难？解释你为什么这么认为。

# 第 5 单元

## 光学

# 第 5 单元概述

想想光所提供的能量对我们生活所起的重要作用：没有光能，植物将无法生长；同样，离开了光能，动物——包括人类也将无法生存。没有了光，我们将再不会看见任何事物，也不能够再欣赏这世上一切美好的东西。那么，光是如何产生的？它又是如何从一个地方传递到另一个地方的呢？光是由什么物质构成的？我们怎样利用光的各种性质设计并制造成各种仪器，以帮助我们能够更好地观察事物或看到更多的东西？

## 光的产生和光的性质

地球上的光主要来源于太阳的照射。

### 你将学会

- 描述各种光源的发光原理，包括自然光源和人造光源
- 估算各种光源的发光效率
- 通过实验辨别可见光的性质
- 比较可见光与其他射线的性质
- 探究各种物质或材料对光的反射、传递、吸收以及折射机理

## 颜色与视觉

你能够通过实验发现光的合成现象。

### 你将学会

- 辨别各种光谱的颜色
- 解释我们能够观察到各种颜色的原因
- 预测一些有颜色的光重叠时所呈现的光的颜色
- 记录你所观察到的现象并与你原来的预测进行对比

## 平面镜和透镜

各种各样的光学设备往往是利用反射和折射现象来设计的。

### 你将学会

- 研究平面镜和透镜的特征。
- 用图表和恰当的术语交流研究成果。
- 识别用于光学设备中的平面镜和透镜的使用方式。
- 对比人的眼睛和照相机镜头的功能和成像特点。

## 任务设计

**你将学会**

通过完成以下设计问题来检验你的学习效果。

**控制光线的设备或系统**

无论你是在观看天空中、舞台上还是镜子里的星星，一部光学仪器能够帮助你更好地进行观察。

本章中你将学会设计并制作：

**1 一个用于观察的光学仪器**

设计、建立一套光学设备，让它帮助你看到通常看不到的物体。

**2 一间娱乐室**

设计一间娱乐室的模型，让你的客人感到愉快、惊奇、喜悦。

**3 一套舞台灯光系统**

为话剧或木偶剧设计一个照明系统。

参照 314 页，开始你的任务设计吧！

当你在阅读时，记录下关于你的设计的想法和意图。

# 准备开始

## 观察光能对人类生活的作用

1

我们来想想太阳。太阳发出的光线太明亮了，以至于我们无法直视太阳。但它却揭示了许多有关光的知识：阳光在森林和城市投下了许多树木或高楼大厦的影子；阳光能够穿透空气和窗户，但却无法穿透砖墙；阳光能够在镜子的表面和水面上闪耀明亮的光芒，但在柏油路面上却没有这种现象。为什么阳光和其他所有的光线都具有这些特性呢？

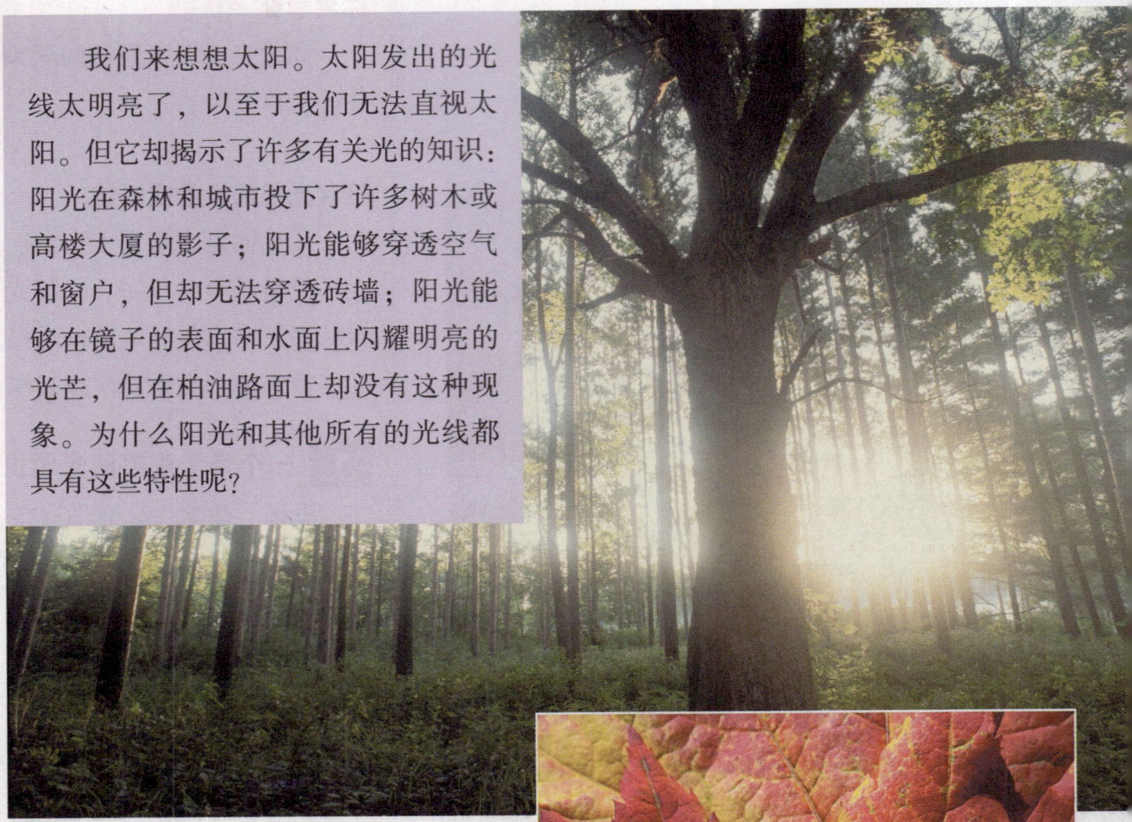

2

我们能够看见不同颜色的落叶：有红色、橘色、黄色、绿色，可能还有紫色。我们也能够在电视里、视频游戏中或各种广告上看到各种不同的颜色。但是如果你看穿过窗户的阳光，这时阳光看上去似乎并没有颜色。老式的黑白电影中你会看到所有的东西不是黑色就是灰色，但为什么实际生活中，我们看见的各种东西并非如此呢？为什么光可能会有颜色？颜色是光的特性吗？颜色是物体的一种性质吗？对于光的颜色是否还有其他合理的解释？

3

镜子和透镜改变了我们所观察物体的影像。在这张照片中，你可以看见这些足球，有的正如同你平常看见的，而另外两个是光通过两个不同的透镜呈现的。光穿过透镜时发生了什么？透镜是如何工作的？在这张照片中，你可以看见镜子中的影像。当光线到达镜子的时候发生了什么？镜子是怎样工作的呢？

## 反思回顾

思考1，2，3中的问题。你对光和光学知识还有什么想要了解的吗？当你完成本单元的学习后，在你对本单元知识理解的基础上，重新思考你对这些问题的答案，并修正你原先的答案。

## 试一试 使用光线的小诀窍 2A

你可以利用镜子看见被其他物体挡住的东西。

• 把一个东西藏在盒子或者桌子后面，从而没有人可以看见它。

• 从老师那里拿一些平面镜，将这些镜子立在房间的四面，以便尽可能多地让坐着的人通过观察镜中的影像看见藏着的物体。

摆放镜子的时候小心，不要将它打碎。

1. 画一张你们教室的示意图，并在6C示意图上标出物体和每一面镜子的位置。在你的示意图中，标示出从哪几个位置上，分别通过哪些平面镜能够看到这个物体。

2. 房间中还有没有一些地方无法看见被挡住的物体？在图上做一个标记，说明你在哪里放置一面镜子后，就可以在任意一个位置都看见这个物体，并解释一下为什么你认为这样的摆放可以成功地做到这一点。

• 在你标记的地方放置一面镜子，通过实验证实你的预测。

3. 刚才镜子的摆放位置能不能达到你的设计要求？如果不能，找出其中的原因。

5.1

# 光能及其来源

光是什么？光是一种你无法触摸也无法品尝的东西，它没有重量。但是你能够亲眼看见各种光线，并且在我们的日常生活中光对物质也有作用。例如，放在阳光下的硬币会比放在阴影下的更容易变热，这是因为在阳光照射下的硬币从阳光中得到了能量。基于以上的现象，我们可以说光是一种能够被人的眼睛观察到的能量。（当你学习过光的所有性质后，你将能够总结出一个更加复杂精确的定义。）

你可以通过认真观察你的周围世界来了解更多关于光的知识。例如，在一间被电灯照亮的房间，你可以看见光直接从电灯射入你的眼睛。但是房间的其他物体是否也能够发光呢？如果不发光，你为什么能够看见它们？电灯发出的光线肯定能够传播到房间的各个角落，一些光线经过物体表面的反射后再进入你的眼睛，使你能够看见整个房间的人和物。图 1 显示了光是如何进入你的眼睛的。

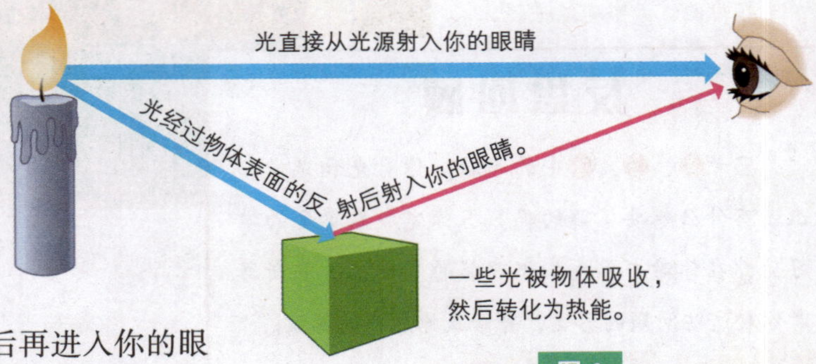


图 1

光能够直接或者间接地进入你的眼睛。

## 光的来源和光的反射

光具有一定的能量，这些能量有多种来源，包括自然的和人造的，太阳是最重要的自然光源。人造光源指的是人类通过各种方法制造的光源。能够发光的物体称为发光体，它们的表面通常都是明亮的。太阳属于发光体，燃烧的蜡烛也属于发光体。那些只反射其他物体发出的光，而本身不能够发出光线的物体称为非发光体。大多数物体，例如书本、课桌、教室，都属于非发光体。甚至我们看见的明亮的月亮也属于非发光体，因为它本身不能发出光。我们之所以看见月亮表面是明亮的，是因为它能反射太阳照在它表面上的光线。

发光体之所以能够发光，是因为它能够将外界输入的能量或它本身的内能转化为光能。常见的内能或外界提供的能量有化学能、电能、原子能和热能等。

当选择光源时，人们考虑的不仅仅是光源的明亮程度、光源的位置、发出的光中的能量能够被吸收的程度、光源的使用成本，还要考虑到光源将初始能量转化为光能的效率。当你看到许许多多的光源时，观察一下哪些光源能够发出大量的热，而这些能将大量的光能转化为热能散发出去的光源，绝不是理想的节能光源。

a 白炽灯的灯泡中电能被转化为热和光能。当灯泡通电发出亮光时，电能通过金属丝（钨丝），从而使金属丝变热。

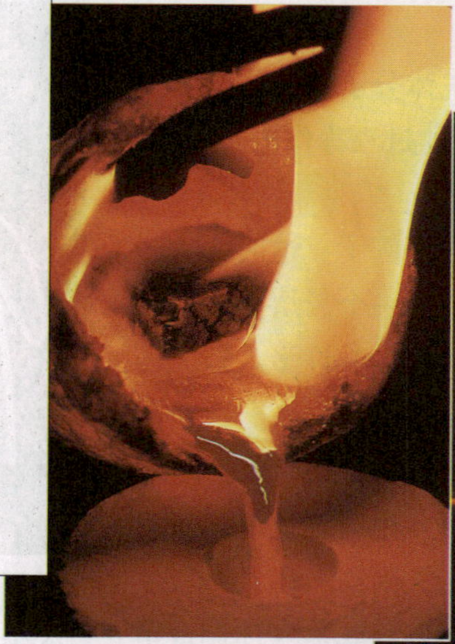

b 热能能够将金属加热到很高的温度从而发光。当金属逐渐变热的同时，它发出的光由红变黄转而变白直到蓝白色。熔融金属发出的光的颜色可以显示是否可以出炉浇铸。

c 一盏煤油灯能提供足够的光帮助我们进行阅读。煤油灯中的能量转化是化学能转化为热能和光能。

**图 2**

各种白炽光的光源。

## 高温物体发出的白炽光

一些温度非常高的物体能够发光。所以许多物体升温达到一定程度就会开始发光。物体升温发出光的过程称为白热化，它们发出的光称为白炽光。图 2 显示了一些常见白炽光的光源。白炽光光源中，发光物体的大部分内能都被转化为热能散失，所以这种光源的发光效率不高，不属于高效光源。

## 磷光光源

一些材料被称为含磷光物质，当你用一束光照在它们的表面一段时间后，它们本身就会发出可见光。因为它们能够吸收外界光源中的光能并储存起来，然后又重新将这些储存的能量再次转化为光能渐渐地释放。这种通过其他方式吸收能量并且重新释放出的光称为磷光。磷光的颜色以及发光的时间长短取决于制造磷光发光物所使用的材料。日常生活中，各种墙壁上的电灯开关表面都利用了磷光物质作为光源，这是一种使开关能在黑暗中发光以便于使用的好方法。图 3 显示了一种磷光光源。

**图 3**

一些钟表表面或指针发出的光，属于磷光。

## 带电电子发出的电子光源

当大量的电子通过气体时，气体分子可以发出可见光。这种由于电子通过气体而发光的过程称作电子发光，或称放电。

闪电就是自然界电子发光的一个例子。这时，大量电子通过空气，从一个云层传递到另一个云层，或者通过云层传递到地面，同时发出大量的光。许多人造光源就是利用了电子发光。

例如氖光灯，电经过充满氖气气体的电子管，电子流使气体分子发出大量的光能，图 4 说明了这一电子发光过程。氖光灯发出的是橙色的光，同样，用钠蒸气制成的电子管发射的是黄色的光。如果用其他气体制成电子管，就会发出各种不同颜色的光。

图 4

一个利用电子发光的人造光源。

## 荧光光源

通过从其他物体吸收能量，并转化为光能释放发光的过程叫做发出荧光。荧光光源广泛用于学校、办公室以及家庭的照明。荧光光源吸取了电子光源、磷光光源两者的优点，荧光光源的工作原理如图 5 所示。使用荧光灯时，一旦关掉电源，荧光灯管就会停止发光，从关闭电源到灯管熄灭的时间不会超过 1 s。

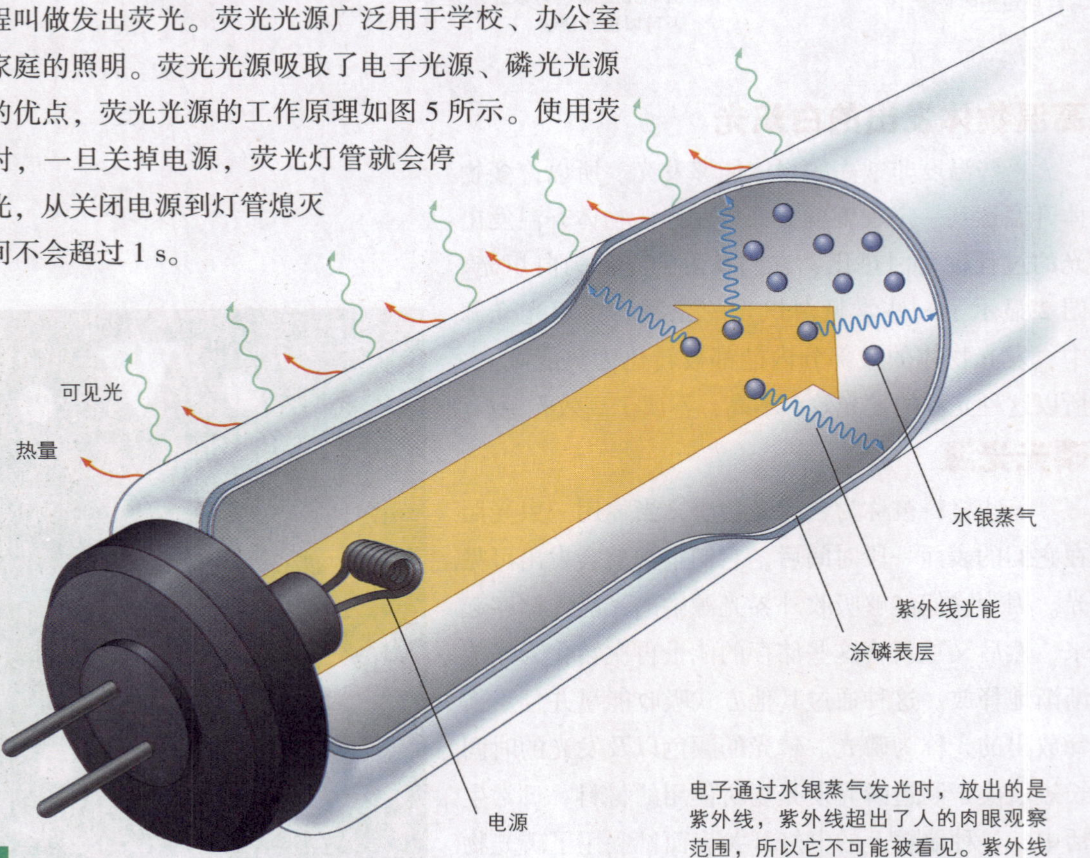


电子通过水银蒸气发光时，放出的是紫外线，紫外线超出了人的肉眼观察范围，所以它不可能被看见。紫外线能被发光管内表层上的磷吸收，从而转化为能够直接观察到的光。

图 5

一个荧光灯管。荧光灯管发光时不会像白炽灯灯泡发光那样放出大量的热。

## 化学能转化为光能发光

将化学能转化为光能的过程叫做化学发光。我们见到的安全灯、“冷光灯”都属于化学光源。图 6 所示的荧光棒就是常见的一种化学光源。荧光棒中两种化学物质之间用一层薄薄的塑料膜相隔绝而无法接触，一旦用力弯折这根荧光棒，两种化学物质就会混合到一起发生化学反应，从而发出可见光，直到两种物质反应完全才会停止发光。

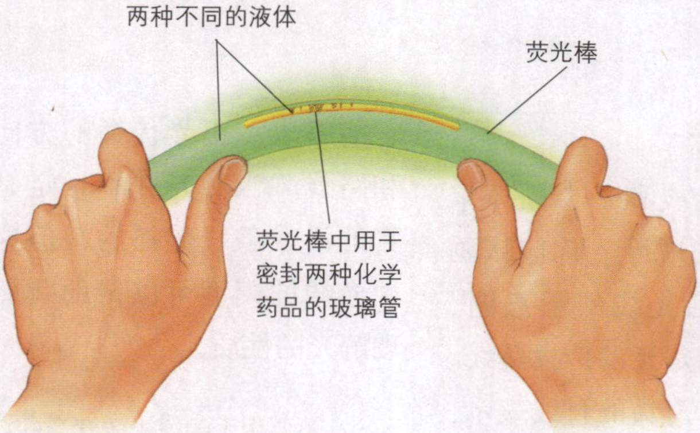


图 6

冷光灯属于化学光源。

## 生物发光

一些生物，如图 7 所示的鱼，它们能通过在自身体内发生类似于化学发光体的化学反应来发光。这种现象称为生物发光。萤火虫、熠蠕虫、某些鱼类，还有乌贼、细菌和菌类都有类似的生物发光现象。

图 7

许多生活在深海的生物体都是能发光的。科学家还无法确定为什么这么多鱼类能够发光，也许是为了让同类在深海中能找到自己。

### 理解概念

1. 下列哪些物体属于发光体？

(a) 露营地的篝火

(b) 月亮

(c) 炽热的烤面包机灯丝

2. 对于下列发光体，作一个简表注明它们发光的过程，以及它们各是将何种能量转化为光能。

(a) 你家里使用的照明灯

(b) 点燃的火柴

(c) 汽车的车头大灯

(d) 幻彩荧光漆的图画和画布

3. 用你自己的话解释荧光光源和磷光光源之间的区别。

4. 手电筒可以被看做一个发光体，为什么？同时手电筒又可以属于不发光体，为什么？

### 建立联系

5. 骑车的时候，你的工作的效率是 20%——这表示你的身体提供的 20%的能量被用于驱动自行车前进，剩余的 80%能量则被转化为热能散发。白炽灯灯泡的发光效率约为 15%，荧光灯管的发光效率约为 20%。

(a) 为什么通电发光时的白炽灯灯泡会比发光的荧光灯管温度更高？

(b) 为什么人们不用效率最高的发光物？是哪些原因影响他们决定使用何种光源。

### 探索研究

6. 什么样的光源可以在充满爆炸性气体的建筑里安全使用？

### 反思回顾

7. 列举在你的生活中非常重要的光源。你使用的是什么种类的光源？

## 任务设计

这里提到的各种光源中，你将会在以后的设计中使用哪些？在你决定哪种光源最适合你使用前，对这些光源的特性你还有什么需要学习的？

**技能菜单**
○提出问题 ●实验检验 ●分析问题
●提出假设 ●记录结果 ●交流经验
○制定方案

# 观察光的传播

在夏天，你如何躲避来自太阳直射的炽热？你最好找一块树荫或躲进建筑物的阴凉处。阴影就是由于光线被物体挡住而形成的一块光线照不到的地方，如图 1 所示。阴影中最暗的部分叫做本影，这里没有任何外界的光线能照到。比较亮的阴影区域叫做半影，来自光源的部分光线能够照到这里。在本节的探究过程中，你会利用本影和半影的概念来理解关于光的一些重要性质。

**材料**

- 橡皮塞
- 纸
- 铅笔
- 橡皮
- 2 个光源盒

## 提出问题

光的什么特征导致形成阴影？

## 提出假设

**1** 请提出一个猜想来回答 2C 上述问题。

## 实验步骤

## 实验设计

使用光线和一个固体来探究阴影的成因。你应该画出一幅包括光线的示意图，光线表示的是光的传播路线。光线用带有箭头的直线表示，它能够表示出光传播的方向和路线。当然光并不一定是真的沿一条线传播的，但这种光线的模型可以帮助我们理解光的性质。

不要用手触摸光源盒内的灯泡；不能用眼睛直接观察光源盒中发出的光。

**2**

把一个橡皮塞放在一张白纸上。

- 在纸上画出塞子的底部轮廓线。
- 将光源盒放置于距橡皮塞 5 cm 处，调整一个适合宽度的光束射向塞子，使光束能从塞子的两侧穿过。

**3**

用铅笔和直尺画出橡皮塞后侧影的边界，并画出光源。

- 从纸上移开橡皮塞，关闭光源。
- 在图中，用阴影表示影所在位置。

(a) 标出光源、物体和本影。

**4**

重复步骤 2 和 3，重新取一张白纸，把光源盒移动到距橡皮塞 10 cm 处。

(a) 你注意到你画的两个光路图之间有什么不同之处？



**技能手册：** 2C 作出预测和提出假设的技巧

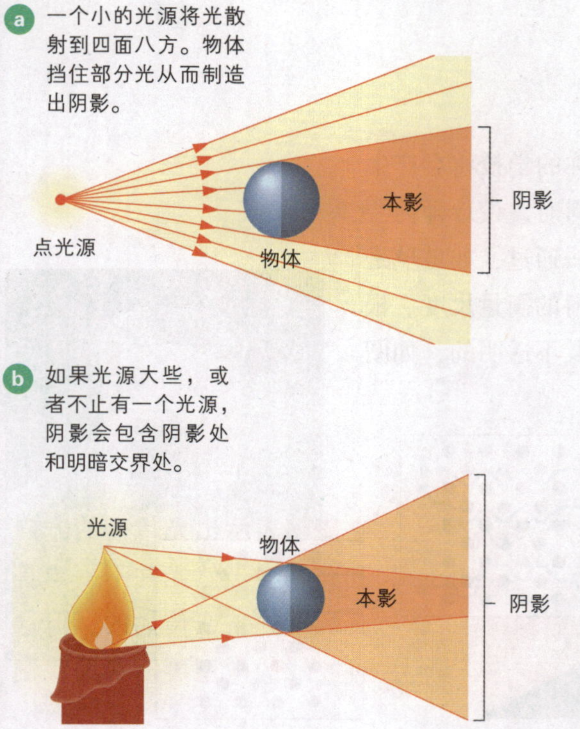

图 1

**5** 拿一张新的纸，再次拿起塞子重复第 4 个步骤。

• 观察经过塞子旁的光线。确保每束光都经过塞子的两边。

• 用尺子和铅笔勾画出阴影和明暗交界处。用深色画出阴影处。

(a) 标记光源、物体、阴影处和明暗交界处。

## 分析思考

**6** 回答问题并分析你的结论。

(a) 在你的图中，画出带箭头的直线表示光通过的方向。

(b) 你的猜测正确吗？

(c) 解释在这个活动中得到的光的性质是怎样阻止我们看见墙角的。

(d) 将图 1 与你的图作比较。一个宽的发光的盒子发射的光线，是和点光源还是大的光源相同？

(e) 从两个盒子发射出的光线，是和大的光源还是点光源相同呢？解释你的答案。

### 建立联系

1. 一天之中太阳在空中的位置不断变化。

(a) 画张图显示一天中三个不同时刻某一建筑的阴影情况。 6C

(b) 每种植物需要的阳光不同。有些需要一整天的阳光，有的只需要半天，而有的生长在阴暗处。展示这些植物在你家附近的什么地方能够生长得最旺盛。

### 探索研究

2. 图 2 显示了一条遮光用的黑布，演出时通常将遮光布放置在舞台灯光和舞台之间，这样就能够在舞台上形成一块需要的阴影。设计一块遮光黑布放在发光盒或手电筒的前方以便形成阴影。试着剪一块布然后尝试者通过它和手电筒形成不同形状的阴影。 3D

图 2

这块遮光黑布能使舞台上形成一棵棕榈树的影子。

### 反思回顾

3. 各种阴影通过不同途径改变我们的生活——包括我们的情感、安全，在什么地方种植植物。说说在什么情况下我们会用到阴影，以及我们如何改变它们带来的影响。

## 任务设计

你会在你的游戏房或者你的舞台灯光系统中运用阴影吗？如果可以，你会用到哪些材料呢？你又会在哪里放置各种材料？

6C 科学与技术制图 3D 设计原型

# 观察光的传播路线

想象一个没有玻璃的世界会是什么样子。你的学校将会产生巨大变化，这时教室里会非常昏暗。当选择材料时，设计师需要考虑哪些材料会阻挡光线，哪些材料能够使光线通过，如玻璃是光的透明体。透明度是光的亮度有多少透过材料的衡量尺度。根据透明度，所有材料将被分为透明、半透明以及不透明的，如图 1 所示。

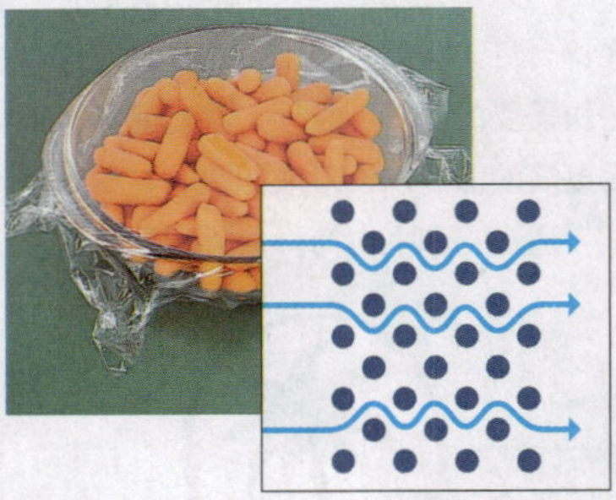

a 保鲜膜是透明的。在透明材料中的分子可以让光自由穿过。你可以透过这种材料清晰地看见材料下的物体。玻璃器皿、空气、浅滩和清水都是透明物质。

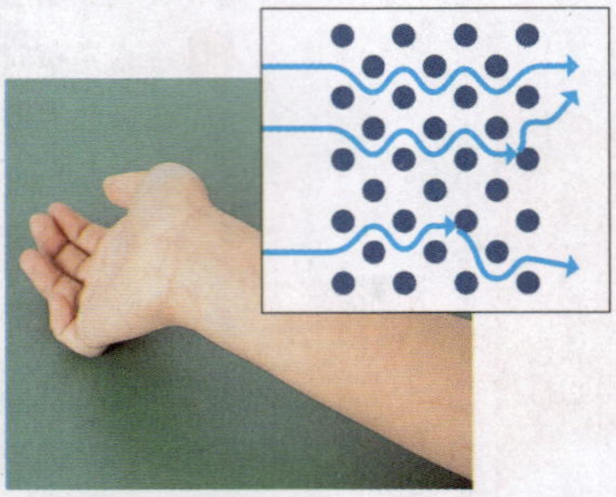

b 皮肤是半透明的。在半透明的物体中的分子能传播光，同时也反射一部分，因而不能明显看清材料下的物体。结霜的玻璃或毛玻璃、天空中的云层以及你的手指甲也是半透明物体。

c 牛奶是不透明的。不透明物的分子是不会让光穿过的。所有的光能不是被吸收就是被反射了。大多数物质是不透明的，如建筑材料（木头、石头以及砖头等）。

图 1

透明、半透明、不透明物体

小心使用镜子以免破损。

## 试一试 比较阴暗处和光平面

你可以用手电筒作为光源，一块白纸板作为屏幕测试其表面是如何吸收以及反射光的。你同样还需要一小块平面镜，另外一块白纸板以及一块黑纸板进行测量。

- 在一间黑屋子里，如图 3 所示，将手电筒的光照在镜子上。观察你用作屏幕的白纸板上有什么现象。
- 用另一块白纸板来代替镜子重新实验，然后观察屏幕上的现象。
- 用黑纸板代替白纸板，然后将手电筒的光照在黑纸板上，观察屏幕上的现象。

1. 试试用其他的平面物体代替刚才的纸板用手电筒照射进行实验。注意选用不同质地的平面物体，如表面粗糙的、光滑的、灰暗的或光亮的等等。在每次实验中，在测试之前你可以自己先预测一下反射的光线强度会是怎样的。

图 3

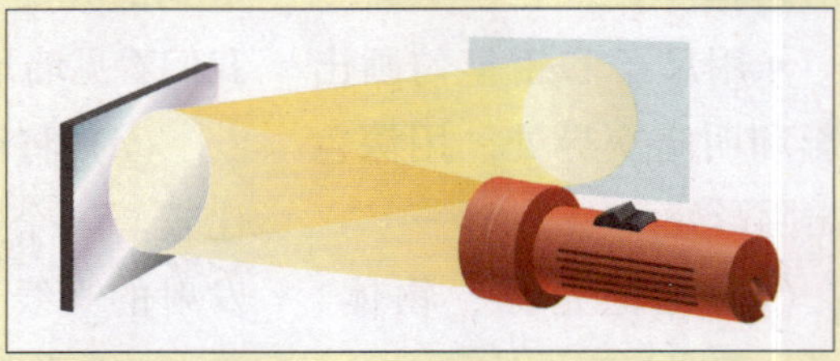

根据透明度将物体分类是很困难的事。例如，一杯水是透明的。但是你可能注意到，无论水多清，你都无法看见湖底。水其实轻微地吸收和反射光。因此，少量的水是透明的，而多量的水就是半透明的，大量水甚至可能就是不透明的物体。这种现象对所有透明物质都成立，反过来也是如此：如果你削下一片薄薄的不透明物体，如石块，你会发现这时它是半透明的，而不再是不透明的物体了。这种现象的原因在于微量的不透明物质无法吸收或者反射照射在它表面的所有光线。

## 吸收光线或者反射光线

当光线被不透明物阻挡时就无法穿过，这样就是光的反射；也可能一些光被物体吸收后转化为热能。例如，在温暖、阳光灿烂的日子，柏油路面能够吸收光能将其转化为热能，这样马路的路面就会变得很热。而另一些没有被吸收的光被物体反射出来进入人的视线，从而使我们看见柏油。

颜色、光泽和质地是三种可用于描述有多少光能被吸收有多少光能被反射的性质。黑色和深色的材料比白色和浅色的材料吸收更多的光能。这是加拿大家庭多采用深色屋顶的一个原因。

表面较暗的物体（如木头等），就比表面发光的物体（如铝板）吸收更多的光能。表面粗糙的物体（如水泥），比那些具有光滑表面的物体（如盘子），能吸收更多的光能。

你能说出图 2 中谁吸收的光能最多吗？

物体对光的不同性质在设计海报、杂志、服装和太阳能加热材料上都有非常重要的作用。例如，如果你在设计一张海报时，你用到的材料有些能吸光，有些会反光，这些差别能够使你的作品在远处就被看见。但有时你可能会避免使用发光的材料，因为它会闪光从而产生一些意外的后果。

### 理解概念

1. 下列哪些物体是透明的、半透明的或者不透明的？
   (a) 充满烟尘的空气
   (b) 打蜡的纸
   (c) 铜器皿
   (d) 冰块
2. 各举两个符合下列条件的例子：
   (a) 透明物
   (b) 半透明物
   (c) 不透明物

### 建立联系

3. 画两片叶子，一片来自在阳光下生长的很旺盛的植物，另一片来自在阴暗处生长的很旺盛的植物。看一看它们的大小、外形、颜色以及光泽。解释一下这些树叶的特性。 6A

### 探索研究

4. 许多家庭和建筑采用低吸收的特殊玻璃。用纸质和电子资料来做个探究，研究一下为什么。 4A

### 反思回顾

5. 阅读完这页内容后，你认为哪些证据能够说明光是沿直线传播的？

### 任务设计

在你的设计中会用到哪些材料？它们是透明的、半透明的还是不透明的？对哪些物体来说，吸光性能显得十分重要？

图 2

这两座建筑采用了不同的建筑材料。基于不同材料对光的传递、吸收以及反射的能力不同，建筑师对在炎热地区和凉爽地区的建筑使用的建材会有所区别。

**技能手册：** 6A 获得定性数据 4A 调查技巧

# 物体成像的描述

当你的老师向你们展示幻灯片时，你会在屏幕上看见由投影仪制造的像。当你进行阅读时，书本文字会在你的眼球中形成像。这个像就是与实际物体相似的照片。一台光学仪器能够形成物体的像。

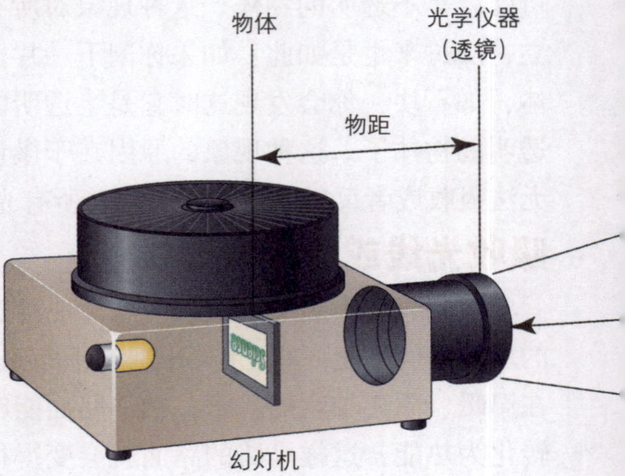


图 1

幻灯机显示了一个成像的原理。

## 真实和虚拟的物体

像看上去可以和实际物体一模一样。这意味着什么呢？物体的一个实像可以被投放到屏幕上，而物体所成的虚像则不能被投影，我们只能运用光学仪器来看到物体的虚像。表 1 中列举的四个主要特点可以用来学习和比较实像和虚像。这些特点也能够用来描述图 1 中的像。

## 试一试 针孔照相机中的像

使用一部家用照相机来研究它的成像性质。把照相机放在一个盒子里，然后在盒子的前后各开一个小洞。这个盒子可以跟鞋盒一样小，也可以和放冰箱的箱子一样大。你甚至可以站在盒子里去观察物体的成像。图 2 告诉你如何使用这种相机。

1. 距离相机几米远的物体所成的像有什么特点？

2. 当相机向物体靠近时，物体所成的像会有什么变化？

3. 在第一次穿的孔的下面 1 cm 处，再穿一个孔，像会发生哪些变化？

4. 画一张示意图，表明针孔照相机中的像是如何形成的。6C

5. 我们通过针孔照相机看见的像是实像还是虚像？

不要直视太阳或其他从针孔照相机中射出的明亮的光线，这些光线会损伤你的眼睛。

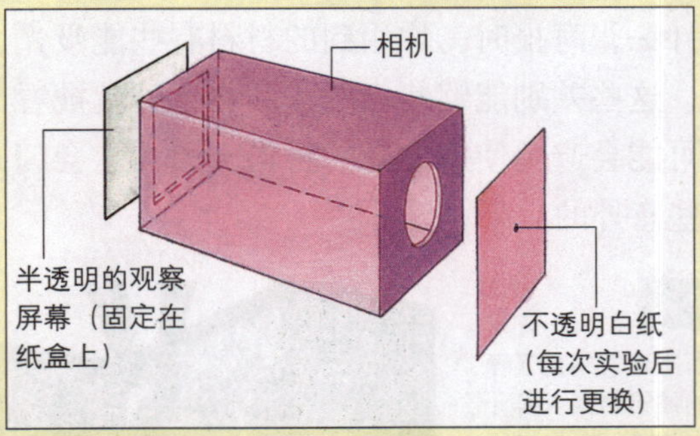


图 2

图中的针孔照相机使用起来十分方便，你只要将盒子的开口对准准备成像的物体，然后观察屏幕上的物体投影就可以了。

**表 1** 像的特点

| 成像性质 | 对成像的可能描述 |
| --- | --- |
| 大小 | 比实物大<br>比实物小<br>与实物同样大 |
| 高度 | 上面<br>下面 |
| 方位 | 多选：<br>如在镜头的另一面，比实物距物体的距离近 |
| 种类 | 实像<br>虚像 |

## 理解概念

1. 你的老师用投影仪的时候你看到的像的特点是什么？

2. 为什么用针孔照相机观看物体的时候，屏幕是半透明的而不是透明的或者不透明的呢？

## 建立联系

3. 图像可以是实像也可以是虚像，但不可能同时两者皆是。在虚拟现实的电脑游戏中，我们看到的图像就和真实的一模一样。你认为“虚拟的真实”是对图像最形象的描述吗？根据你目前所学的知识，解释为什么。

## 探索研究

4. 用数学方法计算像的大小是看它的放大倍数。例如，显微镜可以放大 10 倍也可以放大 1 000 倍。用以下的公式计算放大倍数。

$$放大倍数=\frac{像的高度}{物体高度}$$

(a) 双眼望远镜使 9 cm 高的鸟看上去有 63 cm 高。

(b) 显微镜使 0.1 mm 宽的螺纹看上去有 40 mm 宽。

(c) 透镜使 8 cm 高的物体看上去只有 4 cm 高。

5. 拍照可以是一种爱好也可以 4A 是一份令人尊敬的职业。通过采访在摄影界或者新闻媒体工作的人，来了解更多的有关摄影的知识。制作一张关于你最感兴趣的照片的海报。

**技能手册：** 6C 科学与技术制图 4A 调查技巧

技能菜单
●提出问题 ●实验检验 ●分析问题
●提出假说 ●记录结果 ●交流经验
○制定方案

# 光在平面镜上的反射

牙医们用镜子来检查我们的牙齿，驾驶员们用镜子来监控交通，房屋装潢人员利用镜子使屋子看起来空间更大一些，我们会用镜子来检查我们鼻子上是否沾有油炸圈饼的碎屑。通常地，表面平坦的镜子被称作平面镜。（在这里，“平面”表示一张平坦的二维表面，就像在数学中的定义一样。）在这次研究中，你将学习到光线是怎么在平面镜上进行反射的。

在这次研究中，你使用量角器来测量角度的技巧是很有用的。无论什么时候，在你测量角度之前，都要先估计一下被测角度的值，这样你就可以检查你测量的结果是否准确。

**材料**

- 有一个细缝的光源盒
- 能直立的平面镜
- 尺子
- 削尖的铅笔
- 平整的纸
- 量角器

## 提出问题

**1** 写下一个在这次研究中自始至终都在回答的问题。2B

## 提出假设

**2** 看图1。作出假设，预测一下入射角和反射角之间的关系。2C

轻拿平面镜，小心弄破。

## 实验设计

在从光源盒中出来的光线在平面镜上反射的同时，你要跟踪光线的行进路线。

不要触碰光源盒中的灯泡或用眼睛直视光源盒中发出的光线。

## 实验步骤

**3**

将光源盒中的狭窄的光线照向镜子。

移动光源盒使得入射光以不同的入射角照向镜子的同一点。

每次移动光源盒时注意观察反射光的变化。

(a) 记录下你观察的结果。

**4**

在一张纸上画一条线段 $AB$，并且该线段的长度要比镜子长。

- 在 $AB$ 的中点附近标一点，它将是你的入射点。
- 放置平面镜使得反射面的边缘沿着 $AB$ 的方向。

**5**

将光线射向入射点。移动光源盒直到反射光线与入射光线重合。在这条光线的中间画三个小点。移开光源盒和镜子，用尺子画虚线连接这三个点和入射点。

(a) 这条线是什么？把它标注下来。



技能手册：2B 提出问题的技巧 2C 作出预测和提出假设的技巧

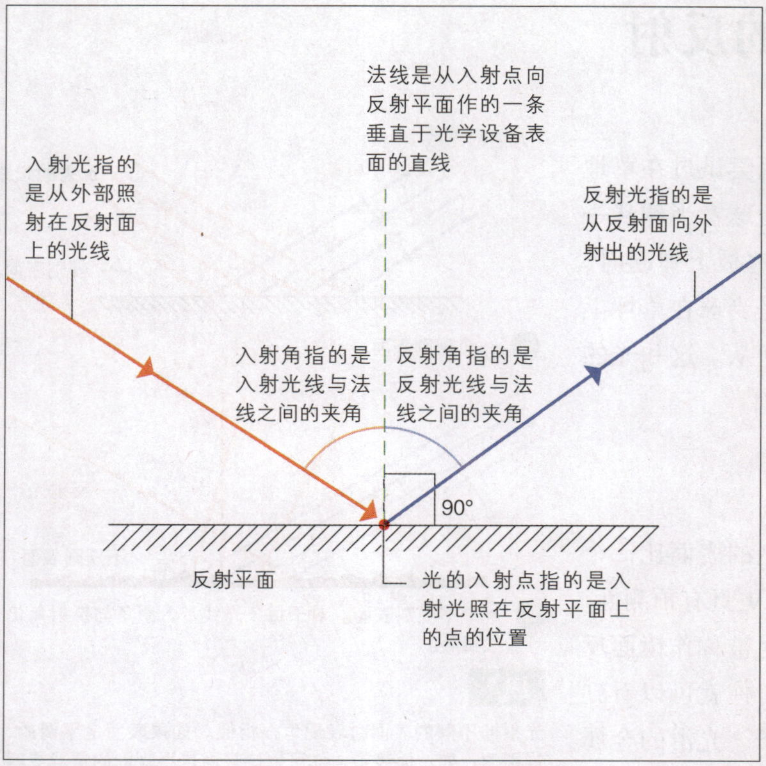


图 1

光的反射的有关术语。光沿直线传播，可以用光线来表示。

6

将光线以较大的入射角重新照在镜子的入射点。

• 沿着入射光线和反射光线的中间部分标记三个小点。

• 移开镜子和光源盒，用尺子连接每条光线上的点和入射点。标注这些光线，用箭头表示出它们的方向。

• 使用量角器测量入射角 7D 和反射角，在图表中记录下来。

(a) 在图表中记录下入射角和反射角的度数。

7

改变几次入射角，在新纸上重复步骤 5 和 6。

(a) 在图表中总结你的结果。

## 任务设计

知道了反射定律意味着你可以利用数学知识来设计光学仪器。这在你的任务中会如何帮助你放置镜子？

**建立联系**

1. 入射角和反射角可以在体育运动中找到。利用图表描述它们是怎么在下列的某个体育运动中应用的：棒球、篮球、台球、网球、乒乓球。

## 分析思考

8

通过回答下列问题来分析你的结果。

(a) 你的假设有多准确？

(b) 当入射光与平面镜的法线重合时，反射光在哪里？

(c) 在这种情况下入射角和反射角是多少？

(d) 科学家用两条定律来描述光是如何在平面镜上反射的。反射第一定律比较了当光线照向镜子时入射角和反射角的大小。反射第一定律是如何描述的？

(e) 反射第二定律指出入射光、反射光和法线都位于同一个平面内。你能用你的观察结果支持一下这个观点吗？并且解释一下。

7D 在科学探索中应用数学

5.6

# 在任意表面上光的反射

当你在户外投篮时，你是否尝试过在草地上而不是在沥青或柏油路面上运球？当球从一条光滑的路面上或者体育馆的地板上弹起时，你可以预测它行进的方向。但是当球在草坪上弹起时，你不能判断球将何去何从。这和光的反射原理是一样的，如图 1 所示。

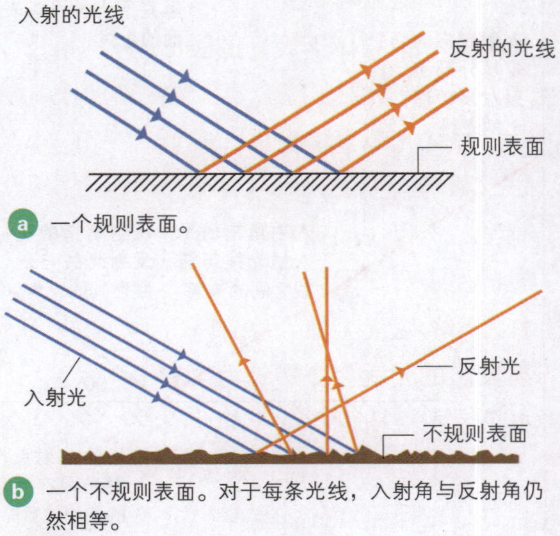


图 1

光射向不同的表面时表现也很相似。如果表面是平滑的、规则的，如一面镜子，你可以比表面是不规则的情况更容易预测反射光线。

## 镜面反射

你已经知道一个平滑的发亮的表面比一个粗糙的阴暗的表面在反射光线时更具有预测性。在平滑的发亮的表面的光的反射被称作镜面反射。当光线以这种方式反射时，你就可以看到一张镜像。镜面反射发生在镜子、光滑的金属和平静的湖面上，就如你在图 2 中看到的一样。

图 2

哪个是向上的？把书上下颠倒过来看看是否能够帮助你决定。

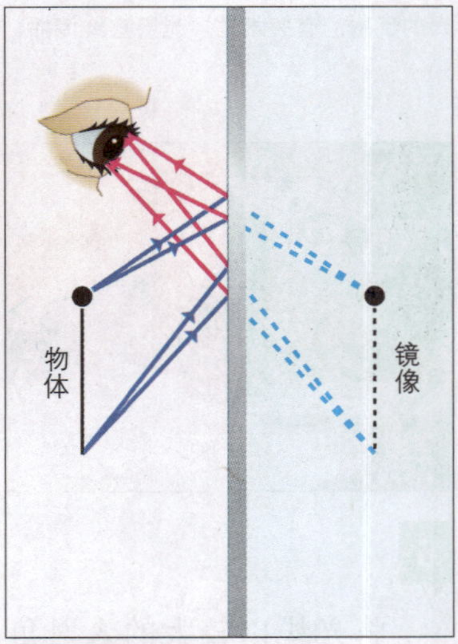


图 3

当你看镜子时，你可以看到一个好像在镜子后面的镜像。如果你往镜子后面延长反射光线，镜像就好像是发出光线的光源一样。对于每组入射和反射光线来说，入射角等于反射角。

## 光的反射定律

在光从光源盒射向镜子，然后在它以直线从镜子上反射的时候，我们已经利用光线来表示光了。与此相近的实验也得出相同的结果。当所有的实验结果一致时，科学家总结出“定律”来总结他们的观察结果。他们总结了两条光的反射定律：

- 光的入射角等于反射角。
- 入射光线、反射光线和法线都位于同一个平面内。

反射定律可以用来解释为什么人眼可以在平面镜中看到自己的镜像，就如你在图 3 中看到的那样。

## 光的漫反射

大多数物体的表面都不是规则的。你不能在纸板和椰菜中看到光反射形成的图像。当一束光照射在一个物体不规则的表面上时，反射光将会向许多方向散射，你会观察到光的漫反射现象。

光从光源直接发出，或者从一个规则的表面被反射进入人的视线时，会使眼睛有一种刺痛的感觉，所以一间拥有明亮光源且四面墙上都有镜子的屋子会对眼睛造成很大的刺激。透明的玻璃灯发出的眩光会使人感到不舒服，通过光的漫反射发出的光就会变得较为柔和了。家庭、学校和办公室的照明设备就要如此设计。天花板通常包上一层不规则的表面，如灰泥，可以引起漫反射；台灯通常使用磨砂灯泡来散播光线，各种电灯的灯罩散射光的效果还要好。图 4 显示出非直接照射和不规则的表面是怎样散射一间屋子里的光线的。

图 4

在非直接照射的照明设施中，发光的灯泡是不能被直接观察到的。灯泡发出的光在天花板和墙上反射后进入你的眼睛。在这张照片中，你还能找到哪些光的镜面反射和漫反射的例子？

### 理解概念

1. 用你自己的话来描述光的镜面反射和漫反射。

2. 画一张光线图，在其中画出一个平面镜以及6C一条以 37°角入射的光线，然后画出反射光线。将入射角改为 77°和 0°再试试。

3. (a) 光线在平面镜上的最大可能入射角是多少？
(b) 最小可能入射角是多少？

### 建立联系

4. 房间装潢设计师可能怎样从漫反射的知识中得到启发？给出例子。选择你家中分别利用直接光源和间接光源的一个例子，简短地总结它们产生的效果。

### 探索研究

5. 仔细观察一面玻璃镜，看看它是怎么做成的。把你看到的其中的每一层画到一张示意图中，推测每一层的功能。

不要试图用大的墙面镜来达到这个目的。

### 反思回顾

6. 为什么在我们的日常生活中，漫反射比镜面反射更加重要？给出一小段说明。

## 任务设计

在你的任务设计中利用光的漫反射作用是否有重要作用？

你可以选择什么材料来对光线进行漫反射，从而加以利用？

## 试一试 镜面反射和漫反射

擦亮的铝箔可以用来研究镜面反射和漫反射。

1. 预测一下当你用手电筒照向如图 5 所示的三张铝箔时，会发生什么。

• 准备好材料进行观察。当屋内暗的时候你观察的效果最好。

2. 6C利用图表来解释你的观察结果。

• 使用三种不同的织物重复这项观察。选择分别有光滑、粗糙和非常粗糙表面的相同颜色的材料。

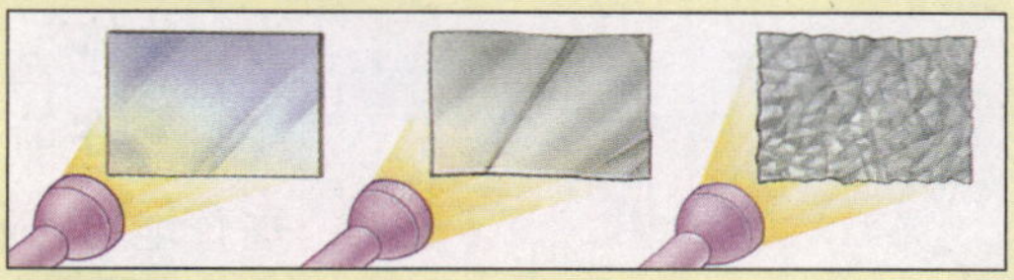

图 5

**技能菜单**
○提出问题 ●实验检验 ●分析问题
●提出假说 ●记录结果 ●交流经验
○制定方案

# 在平面镜中观察物体成像

牙医、驾驶员、装饰家和检查鼻子的人使用镜子。当我们向镜子中看去时，我们看到所观察物体的镜像，但不是物体本身。如你早先得知的，一个镜像可以在四个方面进行描述：大小、方向、位置、类型。

**材料**
- 大的平面镜
- 平整的纸
- 平整的硬纸板
- 尺子
- 小的平面镜
- 四枚大头针

使用镜子时要小心，以免打碎。

小心使用大头针，以免受伤。

## 提出问题

在平面镜中看到的镜像的特征是什么？

## 提出假设

1 以你对镜子的经验，写下一个假设。预测你在这项调查中会发现什么。2C

## 实验设计

你将在镜子中看到镜像，然后画一张图表来描述你从镜子中看到的镜像。

## 实验步骤

2

向一个大的平面镜中看去。

(a) 和原物体比较，镜像的尺寸是多少？

(b) 你的镜像的方向是什么？

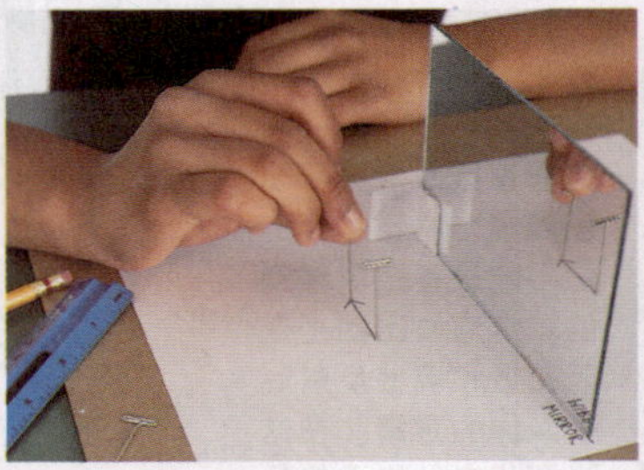

3

在纸板上放置一张纸，然后画一条比小镜子稍长些的直线。标记这条直线为“镜子”。

- 将镜子的反射表面沿着这条直线放置。
- 画一个离镜子大概 2~3 cm 的箭头，标记这个箭头为“物体”。
- 在箭头的头和尾分别垂直地钉一枚大头针。

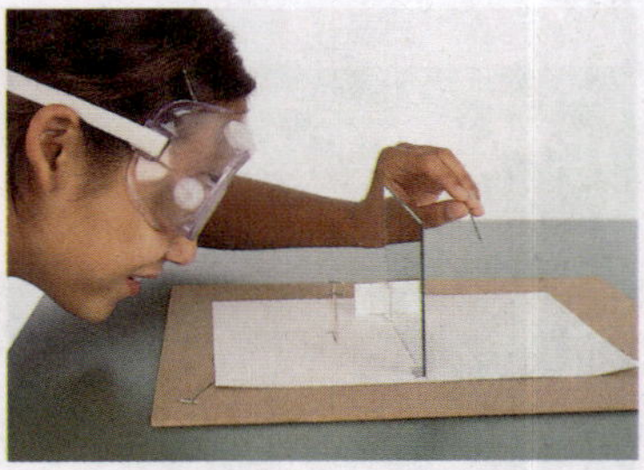

4

移动一枚大头针到镜子后面直到它正好在第一枚大头针的镜像看起来在的位置。从不同的观察点观察来检查是否达到这一点。

- 当你对这第二枚大头针的位置确定的时候，将它钉在镜子后面的纸以及纸板上。
- 使用第四枚大头针对箭头的另一头重复同样的步骤。
- 在这两枚大头针之间画一条虚线，标记它为“镜像”。

图 1

因为在镜子上的反射是镜面反射，苹果镜像的位置和总数是可以被预计的。

**5**

检查一下箭头的镜像是实像还是虚像。

• 在镜像看起来在的地方放一张纸（一个屏）。如果你能在这张纸上看到镜像，那么它是实的。否则，它就是虚像。

(a) 记录下你的观察结果。

**6** 移开镜子和大头针。

• 在你的图表上，测量并且标记下物体各端到镜子所在直线的最短距离。（这是物距。）

• 测量并且标记下镜像各端到镜子所在直线的最短距离。（这是像距。）

## 分析思考

**7**

通过回答下列问题分析你的结果。

(a) 在你的研究中，陈述镜像的四个特征。

(b) 在步骤 6 中，物距和像距有什么关系？

## 任务设计

描述一下“探索研究”3 中给出的等式对于设计一间娱乐室有什么帮助。

### 建立联系

1. 在一些公共场合，墙上有一面镜子放置成某个角度，以使轮椅上的人能够看到自己。画图找出倾斜的镜子中的镜像。

2. 万花筒中有两面平面镜。解释一下这个光学装置是如何制造图样的。

### 探索研究

3. 如果你把两面平面镜邻边相接地放置，你会看到许多镜像，如图 1 所示。以下等式可以用来计算两面互成角度的平面镜所形成的镜像数目。

$$镜像数目=\frac{360^\circ}{两镜所成角度}-1$$

(a) 当两镜所成角度分别为 180°、90°、60°和 45°时，用该等式计算镜像数目。

(b) 设计一项研究来测试你的答案。

4. 在你的笔记本中，在一页的中间用尺子画一条线。这就表示一张平面镜。在这张“镜子”的一边写上字母 F。应用在研究中所学的知识来定位并画出字母 F 的镜像。标记你的图表。

### 反思回顾

5. 在镜子中看到的字会出现什么问题？当你在镜子中阅读的时候你该做什么？

**技能菜单**
●提出问题 ●实验检验 ●分析问题
●提出假说 ●记录结果 ●交流经验
○制定计划

# 曲面镜

在百货商店里你可能会注意到：商店的一些角落里常常直立放置着一个大大的曲面镜（见图1）。商店里的管理人员能够通过凸面镜来监视商店里的情况或防止商品被窃。在凸面镜中你看到的物体图像是什么样子的？有什么特征？为什么凸面镜能够用来有效地进行监视活动？

下次去看牙医时，你不妨仔细观察一下牙医使用的观察灯（见图2）。牙医使用的观察灯内部是一个凹面镜，它能够将灯光聚集进入你的口腔从而便于牙医进行观察。在凹面镜中你能够看到的像是什么样子的？有什么特征？为什么凹面镜能够达到上述目的？

曲面镜中的物体成像特征与平面镜中的物体成像完全不同，通过本节的学习我们将了解这些不同之处。

**材料**
- 用于观察的曲面镜
- 用于反射光线的曲面镜
- 一个光源盒，光源盒上带有光线的单孔和多孔射出口
- 平整的纸
- 削尖的铅笔
- 直尺
- 量角器

## 提出问题

**1** 通过本节你准备探究什么问题？ 2B

## 提出假设

**2** 为你准备探究的问题提供一个假设。 2C

## 实验设计

利用一个光源盒做实验并进行观察以便探究曲面镜成像的特点。

不要用手触摸光源盒中的灯泡或用眼睛直视光源盒中发出的光线。

使用镜子时一定要小心谨慎，以免打碎。

## 实验步骤

**3**

让你的伙伴手持一面反射式凹面镜站在你的面前近处。

（a）描述你从凹面镜中观察到的像。

- 让你的伙伴手持凹面镜逐渐远离你的视线，仔细观察整个过程中凹面镜内图像的变化。

（b）描述你从凹面镜中观察到的像的变化情况。

**4**

让你的伙伴手持一面凸面镜站在你的面前近处。

（a）描述你从凸面镜中观察到的像的特点。

- 让你的伙伴手持凸面镜逐渐远离你的视线，仔细观察整个过程中凸面镜内图像的变化。

（b）描述出你从凸面镜中观察到的像的变化情况。

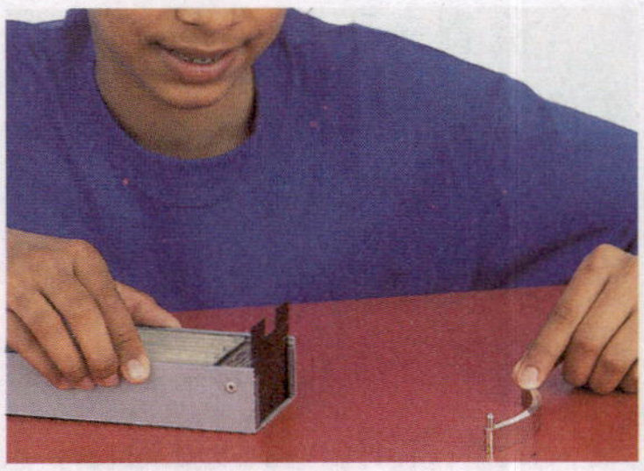

**5**

使用光源盒，让一束光线从光源盒中透出照射在凹面镜的表面，改变光线照射在曲面镜上的方位和角度，观察每一次变化中曲面镜对光线的反射情况。

（a）记录下每一次光线的入射位置以及反射光线的位置。

（b）你认为曲面镜对光线的反射是否还遵循光的反射定律？



技能手册：2B 提出问题的技巧

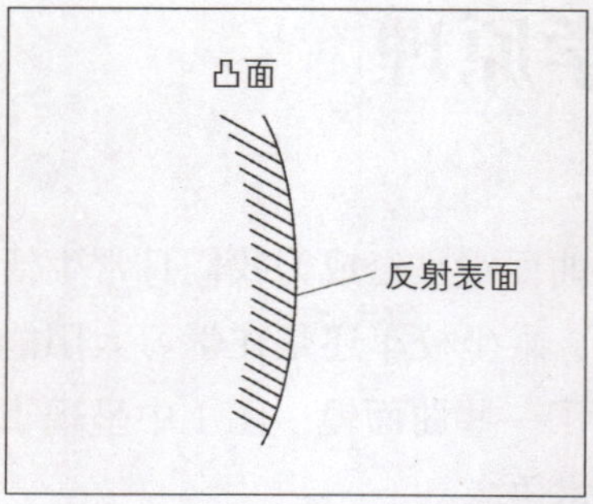


图 1

凸面镜的表面向外突出，有些像一个调羹的背部形状。

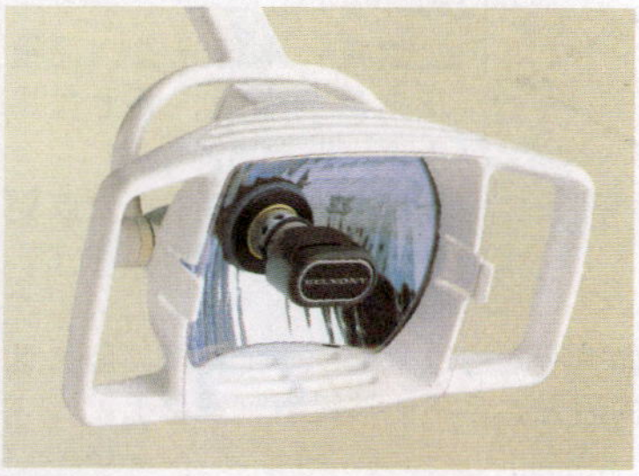

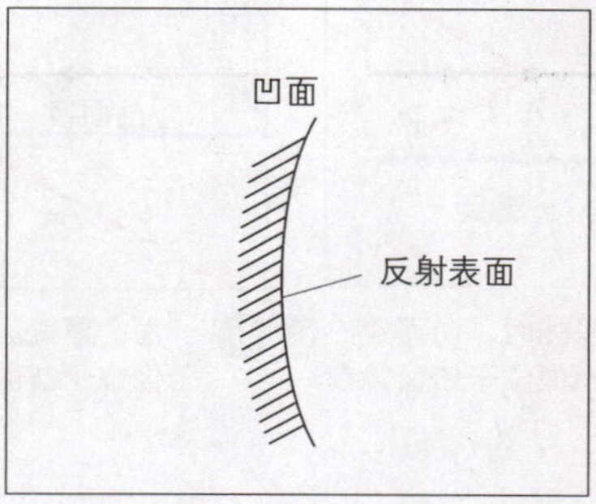


图 2

凹面镜的表面向内弯曲，有些像一个调羹的内部形状。

**6**

使用光源盒，让光源盒中透出三条或三条以上平行光束，光束同时照射在凹面镜的表面。

6C (a) 画出你所观察到的现象的示意图。

(b) 凹面镜能不能将光束聚在一点？

**7**

使用凸面镜重复实验步骤 5 和步骤 6。

## 分析思考

**8**

通过回答下列问题对你的实验结果进行分析。

(a) 描述在下列情况下曲面镜中的成像特征：

- 凹面镜对近处物体的成像。
- 凹面镜对远处物体的成像。
- 凸面镜对近处物体的成像。
- 凸面镜对远处物体的成像。

(b) 在回答问题 (a) 时你应该说明每种情况下曲面镜中物体成的像属于实像还是虚像。有哪些证据能够证明你所指出的成像种类？说说你可以通过什么方法来证明曲面镜成像所成的是实像。画出示意图。6A 6C

**建立联系**

1. 找出至少两种日常生活中使用凸面镜和凹面镜的例子，并说明使用它们的条件或目的各是什么。

2. 人造卫星的接收碟用于接收卫星发出的能量并将之反射到一个焦点上，你能否说明人造卫星接收碟的接收表面属于何种镜面，画出它的工作示意图并说明它的工作原理。

## 任务设计

凹面镜能够用于聚焦光线，在你的任务设计中什么时候会用到凹面镜？你认为什么情况下会用到凸面镜？

2C 作出预测和提出假设的技巧 6A 获得定性数据 6C 科学与技术制图

# 了解曲面镜的光学原理

或许你并没有意识到：各种曲面镜已经成为我们日常生活的一部分。无论你是在选购 CD 盘、乘坐校车还是在学习太阳能的知识的过程中，你的身边都少不了一些曲面镜。图 1 中呈现了一部分有关描述曲面镜的常见物理术语。

**主光轴：** 一条经过曲面镜中心并包含了曲面镜焦点的直线
**主焦点：** 曲面镜将平行光反射并集中交会的一点
**焦距：** 从曲面镜的焦点到中心之间的距离

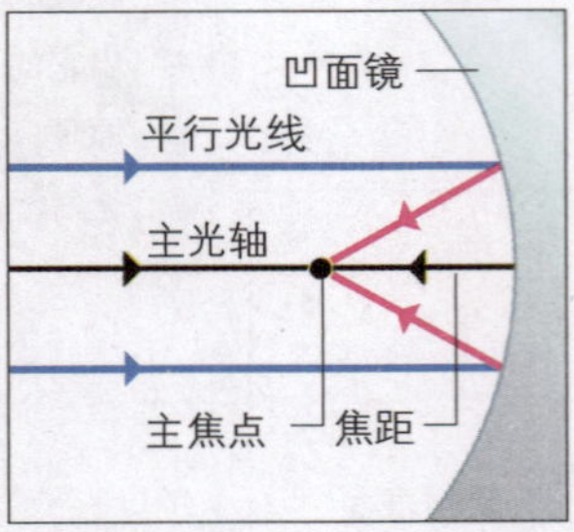


a 一面凹面镜。当物体位于凹面镜焦点以外时，凹面镜产生的物体的像就是一个实像，因为这个像位于凹面镜前方并且能够被投射到屏幕上。

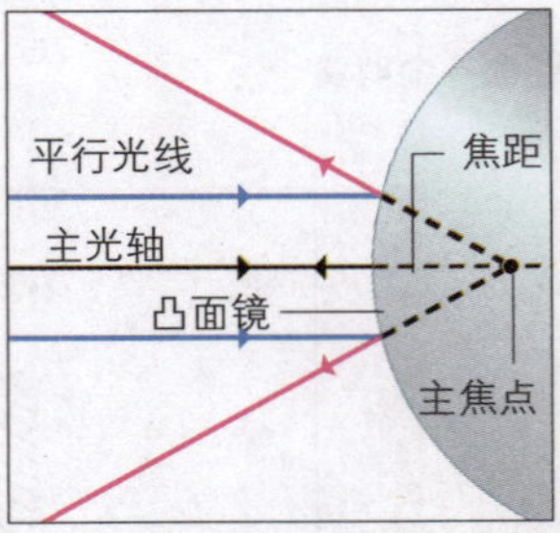


**主光轴：** 一条经过曲面镜中心并包含了曲面镜焦点的直线
**主焦点：** 平行光被凸面镜反射后的光线，看上去是由这一点发出的
**焦距：** 从曲面镜的焦点到中心之间的距离

b 一面凸面镜。凸面镜所成的像永远是一个虚像，因为这些像位于凸面镜的后方并且不能够投射到屏幕上。

图 1

凹面镜能够将平行光线聚集到一点，而凸面镜能够将光线向外发散。

## 凹面镜的使用方法

当你在使用一台反射式天文望远镜时，你就正在使用凹面镜。图 2 中说明凹面镜是如何吸收远处物体发出的光线并将它会聚在焦点上的。各种大型望远镜，包括太空望远镜，都采用这种设计原理。

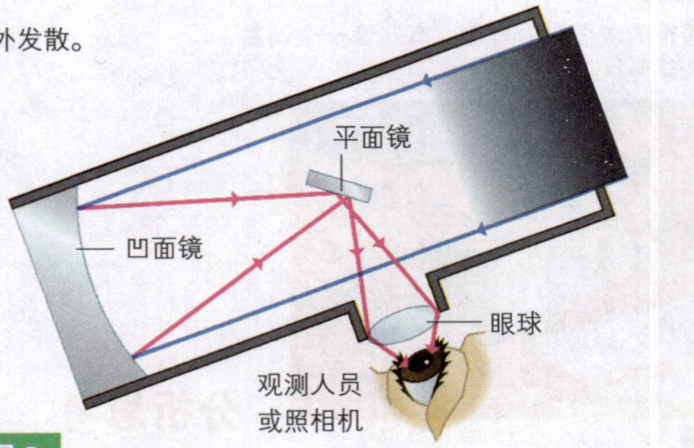


图 2

反射式望远镜所成的像能够被人用肉眼直接观察、照相或用数字化仪器记录下来。

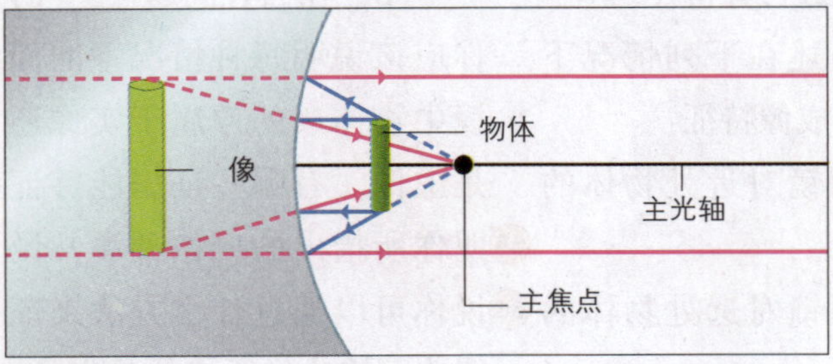


图 3

当物体距离凹面镜中心的距离比凹面镜的焦距短时，凹面镜中成的是一个正立的像。这个像能否被投射到一个屏幕上？

图 4

在图中所示的手电筒中，电筒灯泡的灯丝位置就位于灯泡后方的凹面镜的焦点附近，这样灯泡发出的光经过反射就会成为一束平行光线，即手电筒能够发出平行光束。

## 凸面镜的使用方法

当你在商店里挑选 CD 光盘时，常常会看到商店里有一面巨大的凸面镜。凸面镜向外突出的表面能够将房间里各个方位的光线反射到人的眼睛里，从而使商店管理人员能够清楚地观察到房间内较大面积部分的情况。无论物体位于什么地方，凸面镜所成的像永远是一个比实际物体小的正立的物像。图 5 说明了一面凸面镜为什么能提供比其他种类的反光镜更大的视野以及凸面镜的成像原理。图 6 则提供了另一种凸面镜的用途，你还能说出哪些地方使用了凸面镜吗？

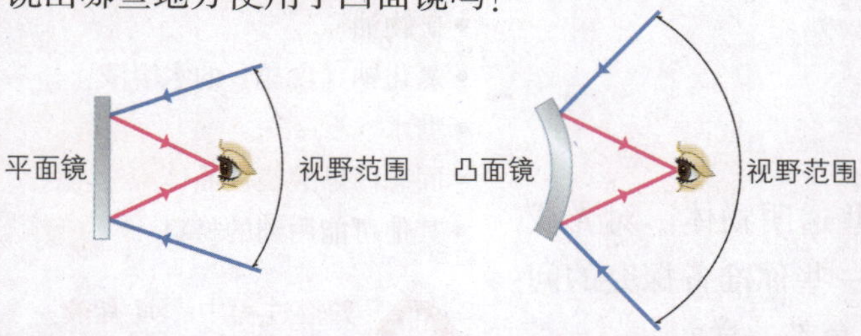


a 凸面镜反射的光线面积远远大于平面镜反射的光线面积。

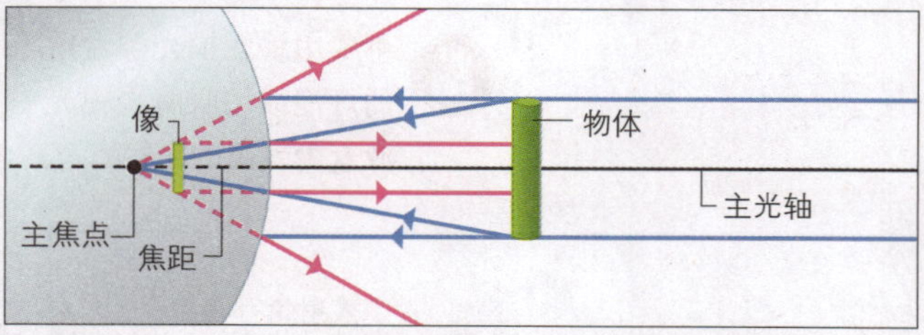


b 凸面镜的成像原理，无论物体位于凸面镜的什么位置，物体在凸面镜中所成的像性质都是一样的。

图 5

凸面镜

图 6 安放在学校大巴汽车前面的凸面镜，能够使驾驶员非常清楚地观察到汽车前方或两侧的学生。但当使用凸面镜来观察汽车后部的学生活动时，驾驶员一定要倍加小心，因为这时学生距离汽车的距离远远小于凸面镜中所反映的情况。

### 理解概念

1. 对下列描述的各种面镜成像，说出每种情况下所形成的像分别属于实像还是虚像，并说明你作出判断的理由。

(a) 一位男士站在化妆镜旁边刮胡子。

(b) 一位天文学家通过他的天文望远镜观察月球，他的天文望远镜中有一个凹面镜。

(c) 一位商店里的职员正通过商店的监视镜观察店内的顾客。

2. 下列的陈述都是错误的，请你将它们改正。

(a) 凸面镜所成的像始终都是正立的实像。

(b) 当一个物体位于凹面镜的主焦点以内时，凹面镜所成的像是倒立的虚像。

(c) 实像永远位于镜子的后面。

### 建立联系

3. 曲面镜能够反射太阳光并将光线 6C 会聚于一点，这样就能够利用太阳能加热物体。画出这一过程的示意图。

### 探索研究

4. 氦气-氖气激光器的两端都使用了 4A 一个凹面镜以便于形成一束细小的平行光线。对这种光线进行研究并画出两面镜子对光线进行控制的工作原理。

### 反思回顾

5. 使用凸面镜时我们需要注意哪些安全事项？日常生活中，哪些情况下我们不应该使用凹面镜？列出这些情况。

## 任务设计

本单元的任务中，哪些情况下最适于使用凹面镜或凸面镜？

技能手册：6C 科学与技术制图 4A 调查技巧

技能菜单
- 提出问题
- 实验检验
- 分析问题
- 提出假说
- 记录结果
- 交流经验
- 制定计划

# 光的折射

你已经知道光在空气中是沿直线传播的。但当光线从一种介质进入到另一种介质中，会发生什么变化？你有没有注意到：当你站在游泳池里，你的双腿看上去会有些不同？图 1 中显示了另一个光线被扭曲变形的景象。之所以发生上述现象，原因就在于光线从水中传递到空气，光线会发生弯曲。光线从一种介质进入另一种介质时所发生的弯曲现象称为光的折射现象。图 2 中的是一些讨论光的折射现象时的常用术语，它能够帮助我们更好地理解交流。

**材料**
- 围裙
- 护目镜
- 透明碟（盛放液体）
- 只有一个细缝的光源盒

一些可能的透明材料
- 水
- 甘油
- 矿物油
- 氯化钠（食盐）的水溶液
- 糖水
- 固态丙烯酸棱柱晶体
- 其他可能用到的材料

实验过程中一旦有液体溅出，立刻擦干净。

不要用手触摸光源盒中的灯泡或用眼睛直视光源盒中发出的光线。

## 提出问题

2B **1** 在本节的探究学习中你将会用到一些透明物体。对光线在不同的透明物质中传递的现象，提出一些你准备探究的问题。是不是光线在所有透明物体中的折射角都一样？

## 提出假设

2C **2** 为你提出的问题作出一些假设。

## 实验设计

2E **3** 设计一个实验验证你所提出的假设。实验过程中你应该使用一些不同种类的液体和至少一种固体作为光线传播的介质。你应该探究光线从空气中进入到其他介质时的折射情况，以及从这些介质重新回到空气中光线的折射情况。

**4** 列出实验中你准备使用的液体以及你准备进行的每一步实验步骤，同时说明你准备怎样对实验的数据进行记录。另外还有实验过程中的各种必须注意的安全事项。

**5** 将你制定的实验计划和步骤交给你的指导老师，并征求他的建议和批准。

## 实验步骤

**6** 按照实验计划进行实验。

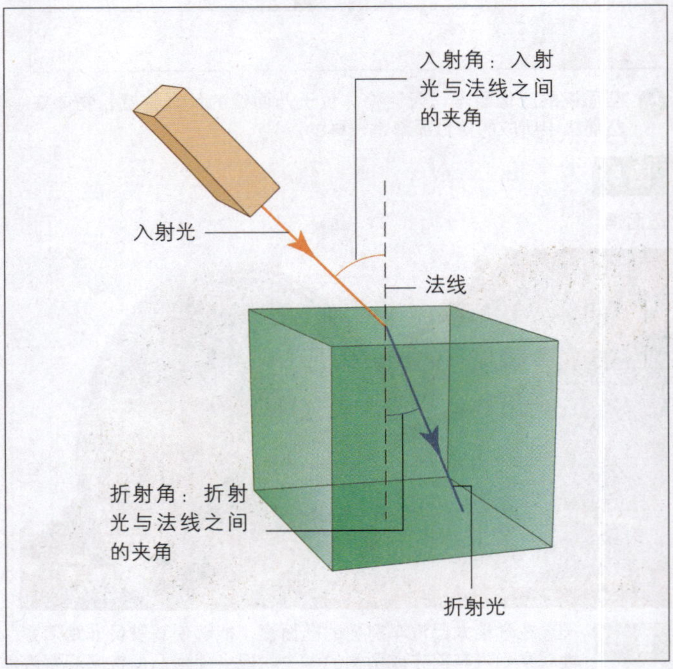


图 2

有关光的折射的一些常见术语。

图 1

当光线从空气进入水中时由于发生光的折射，会造成视线的偏差。那么光在甘油和丙烯酸固体中的折射角度是否一样？

**理解概念**

1. 如果你看见水下有一枚硬币，你看见这枚硬币的位置与它实际位于水面下的位置是否一致？为什么？

**探索研究**

2. 当你将一种液体倒入盛有一块丙烯酸固体的烧杯中，你会发现丙烯酸会被液体溶解从而消失。

(a) 解释上述现象。

(b) 根据你的实验结果，你认为实验中最好使用哪种液体作为液态介质？

(c) 征得你的指导教师的同意后，通过实验检验你对问题(b)的答案。

## 分析思考

**7** 通过回答下列问题对你的实验结果进行分析。

(a) 光在空气中是沿直线传播的，在其他透明介质中光的传播路径是否仍然是直线？

(b) 当光从空气中进入液体或固体时都会发生光的折射，同样，光从液体或固体中进入空气时也会发生光的折射，这两种情况下的折射角是否一样？

(c) 列出你在实验中使用不同介质时观察到的不同现象，并通过思考这些介质本身的不同性质解释你观察到的不同现象。

(d) 在上述实验过程中，你用了一些容器来盛放各种液体，这些容器是否会影响你的实验结果？用图表的形式来说明你的结论。

(e) 按照光线从空气中进入时发生折射的角度，从小到大，将你实验中使用到的各种介质以表格形式排序。

## 任务设计

利用光的折射原理，你怎样创建特殊的舞台效果或使房间充满乐趣？

**技能手册：** 2B 提出问题的技巧 2C 作出预测和提出假设的技巧 2E 如何设计一个探究性实验或调查

5.11

# 各种透镜对光的折射

人的眼睛是利用光的折射原理观察各种事物的，我们也能够利用光的折射原理来制造一些光学仪器。透镜是一种透明的、外表呈弧形的仪器，它能够使通过自身的光线产生折射现象。实际上你的眼睛内的晶状体就是一种透镜：当你进行阅读时，光线从书本上反射进入你的眼内，再通过眼睛里的晶状体产生折射，最后形成图像。我们常见的放大镜（图 1）、隐形眼镜、眼镜上的镜片以及照相机镜头等都属于透镜的应用实例。

图 1

根据它们的大小、形状以及其他因素，透镜具有不同的用途。图中的放大镜能够形成比物体大的像。

## 光线为什么会发生折射？

如你日常生活所见，当光从一种介质进入到另一种介质时都会发生折射现象。光为什么会发生折射？科学家们已经通过一些精确的实验证明了光在不同透明介质中的传播速率是不一样的。透明物体的密度越大，则光在这种物质中传播的速率越小。所以当光从空气中进入到密度较大的玻璃中，它的传播速率就会减慢，正是这一速率上的变化使得光的传播方向发生变化。同样的原因，如图 2 所示，当你骑自行车从公路突然进入沙地时，也会发生行进方向变化的现象。即新的媒介能够引起物体运动方向和速率的变化。

### 试一试　探究如何高效地组合各种透镜

在设计和制造显微镜或其他光学设备时，设计人员是根据什么原则对透镜进行选择或将一组透镜进行合理、高效组合的？我们下面通过对一些透镜的研究来回答上面的问题。

• 取几个单透镜进行观察：从它们的正反两面、从不同的距离观察并用它们观看不同距离的物体。

不要通过透镜直接观看任何光源发出的光线。

使用透镜时一定要十分小心，以免打碎。

1. 凹透镜和凸透镜之间有哪些不同？

2. 透镜的厚度会对物体的成像造成哪些影响？

3. 物体和透镜之间的距离会对透镜成像造成哪些影响？

4. 透镜与你的眼睛之间的距离是否会影响到透镜的成像性质？

• 取两个透镜并前后放置，使用它们观察物体。

5. 观察近处的物体时，使用怎样的透镜组合能够使观察效果最佳？

6. 观察远处的物体时，使用怎样的透镜组合能够使观察效果最佳？

7. 当用一个凹透镜和一个凸透镜组合观察远处或近处的物体时，最好将它们如何安放以便取得最佳效果？

• 试试用三个透镜的组合观察物体。

8. 你是否已找出使用三透镜组合观察物体的好办法？

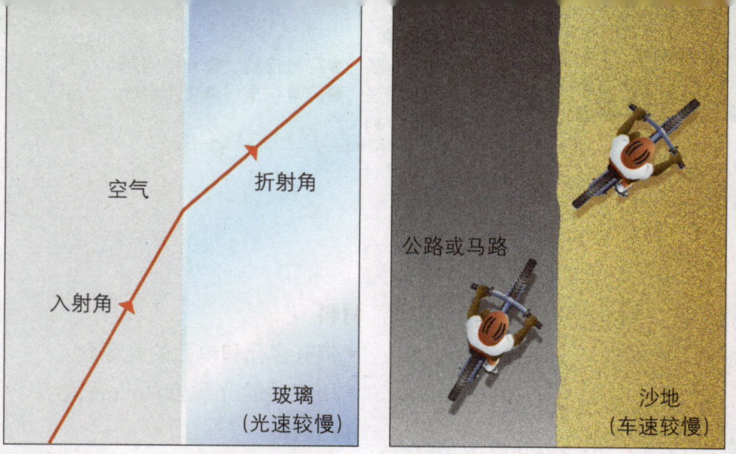


图 2

光的传播速率减慢时就会发生光的折射现象，这就像自行车从公路驶入沙地时由于车速减慢而发生前进方向变化一样。

## 如何设计透镜

透镜通常分为凸透镜和凹透镜两种，它们分别如图 3 所示。所谓凸透镜指的是中部比两边厚度大的透镜，反之，中部比两边薄的透镜就是凹透镜。凸透镜和凹透镜之间的这一区别使得它们成像的效果以及成像性质不同。但是你可以从图 3 看出，当光线从两种透镜的中心通过时不会发生光的折射现象，这是因为光线正好以 90°角垂直射入透镜。这种情况是否也适用于自行车从公路进入沙地时的情况？

## 组合透镜

许多光学设备中使用的透镜不止一个，如显微镜中就有两个透镜，其中靠近物体的透镜称为物镜，而用于观察的透镜称为目镜。

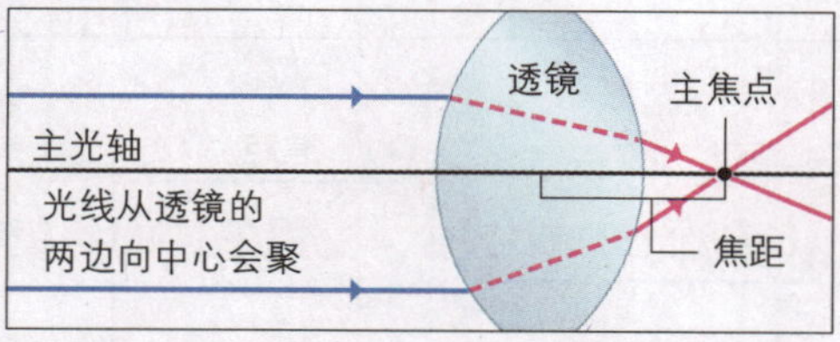


**主焦点**：平行光线通过凸透镜会聚于一点的位置

**焦距**：从透镜中心到透镜主焦点的距离

a 凸透镜的中部向外凸起，这样凸透镜能够将光线会聚于一点。

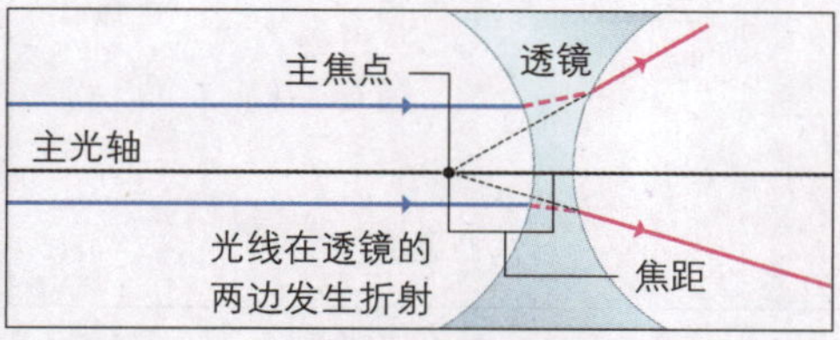


**主焦点**：折射光线反向延伸的交点

**焦距**：从透镜中心到透镜主焦点的距离

b 凹透镜的中部向内弯曲，这样使得通过它的光线向外发散。

### 理解概念

1. 解释光线从空气进入水中发生折射的原因。

2. 当光从玻璃进入到空气中时，光的前进速率会加快。根据图 2 画出光从玻璃传播到空气中时发生的折射现象。

3. 描述出当物体非常靠近或远离下列透镜时，物体的成像角度和近似尺寸。

(a) 一个凸透镜

(b) 一个凹透镜

4. 通过示意图说明：是厚度大的透镜还是厚度小的透镜的焦距大。

(a) 凸透镜中

(b) 凹透镜中

5. 凸透镜中物体的成像与凸面镜中物体的成像相似，还是凹透镜中物体的成像与凹面镜中物体的成像相似？请解释。

### 建立联系

6. 与其他常见物质相比，当光线从空气进入金刚石时发生的折射现象最为明显（这也是钻石能够熠熠发光的原因之一）。关于光在钻石中的传播速率，你能从上述现象中得出什么样的结论？

7. 列出一份至少使用了一个透镜的设备名单。

### 探索研究

8. 并不是所有的透镜都是单纯的凸面镜或凹面镜，例如有一种透镜是一面向内凹进，其他面向外凸出。找出一些特殊类型的透镜，并介绍它们的特殊之处。4A

图 3

凸透镜和凹透镜，它们的不同设计决定了它们分别适合于哪些光学设备。

**技能手册**：4A 调查技巧

# 5.12 活动探究

**技能菜单**
- 提出问题
- 实验检验
- 分析问题
- 提出假说
- 记录结果
- 交流经验
- 制定计划

# 探究透镜的成像规律

你是否有过通过房间大门上的猫眼查看门外来人的经历？或者你有没有在球场外用望远镜观看过球赛？课堂上你有没有试过用显微镜观察细胞的结构？无论用什么方法来更加清楚地观察远处景物或是将微小的物体放大，我们都会用到各种各样的透镜来达到一些有趣的效果（图 1）。通过本节的探究活动，你会学到利用光线来了解透镜的成像原理。

**材料**
- 带有多孔和单孔的光源盒
- 用于检验光源盒的凸透镜和凹透镜
- 平整的纸
- 削尖的铅笔
- 直尺

## 提出问题

2B **1** 提出一个有关透镜及其成像的问题以供探究。

## 提出假设

2C **2** 根据你学过的知识对你提出的问题给出一个可能的答案。

## 实验设计

利用光源盒你将会得到透镜所成的像并可检验你提出的假设是否正确。

根据图 2 试试同时利用两个光源盒来确定一个位于凸透镜前面的物体的顶部所成像的位置。同样的原理和方法，你可以利用两个光源盒来确定该物体所成像的位置。

**3** 设计一个实验探究下列情况下透镜如何成像以及所成像的种类：

不要用手触摸光源盒中的灯泡或用眼睛直视光源盒中发出的光线。

使用透镜时要小心谨慎，以免打碎。

**凸透镜**

(a) 一个物体位于距凸透镜 2 倍焦距的位置；
(b) 一个物体位于距凸透镜 1.5 倍焦距的位置；
(c) 一个物体位于距凸透镜 1 倍焦距的位置；
(d) 一个物体位于距凸透镜一半焦距的位置。

**凹透镜**

(e) 一个物体位于距凹透镜 2 倍焦距的位置；
(f) 一个物体位于距凸透镜 1 倍焦距的位置。

**4** 用表格形式列出你的实验步骤。

**5** 将你的实验设计交给你的指导教师，并征得他的同意。

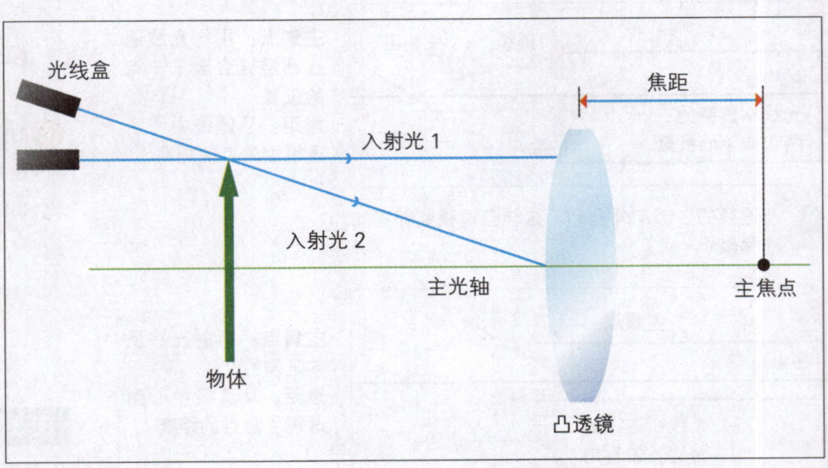




**技能手册**：2B 提出问题的技巧 2C 作出预测和提出假设的技巧

**图 1**

利用鱼眼镜头的成像照片。

## 实验步骤

**6**

根据你的实验方案进行实验操作。

6C (a) 根据实验步骤 3 中的(a) 到 (f)，画出光线的示意图来说明你的观察结果(如果观察到光线发散现象，用直尺延伸光线以确定光线的发出位置)。

**图 2**

利用光线盒确定物体顶部所成像的位置

## 分析思考

**7**

通过回答下列问题对你的实验结果进行分析。

(a) 叙述你用以确定透镜焦距的实验步骤。

- 如何确定凸透镜的焦距。
- 如何确定凹透镜的焦距。

(b) 什么情况下凸透镜所成的像为

- 一个实像？
- 一个虚像？
- 没有成像？

(c) 凹透镜是否能够形成实像或虚像？请解释。

### 建立联系

1. 将本节的探究结果与你在 5.11 节的探究结果进行比较，从中你能得到哪些透镜成像的规律？

### 反思回顾

2. 如果有机会重新设计本节 7F 的探究实验，你会对原来的实验设计进行哪些改进？

3. 针对凸透镜和凹透镜的成像方式的探究实验，写一篇短文。

## 任务设计

在本单元的任务中，合理使用一些透镜组合将有利于你的任务完成。说说你准备使用怎样的透镜组合并实施你的设想。

6C 科学与技术制图 7F 作业反思

5.13

# 人眼与照相机的构造

人的眼睛是一个神奇的光学设备，它能够让我们看见位于远处和近处、亮处或暗处的物体。尽管我们对人眼复杂的构造还缺乏深入细致的了解，但我们可以将人眼的构造与普通照相机加以比较以增进一些认识。

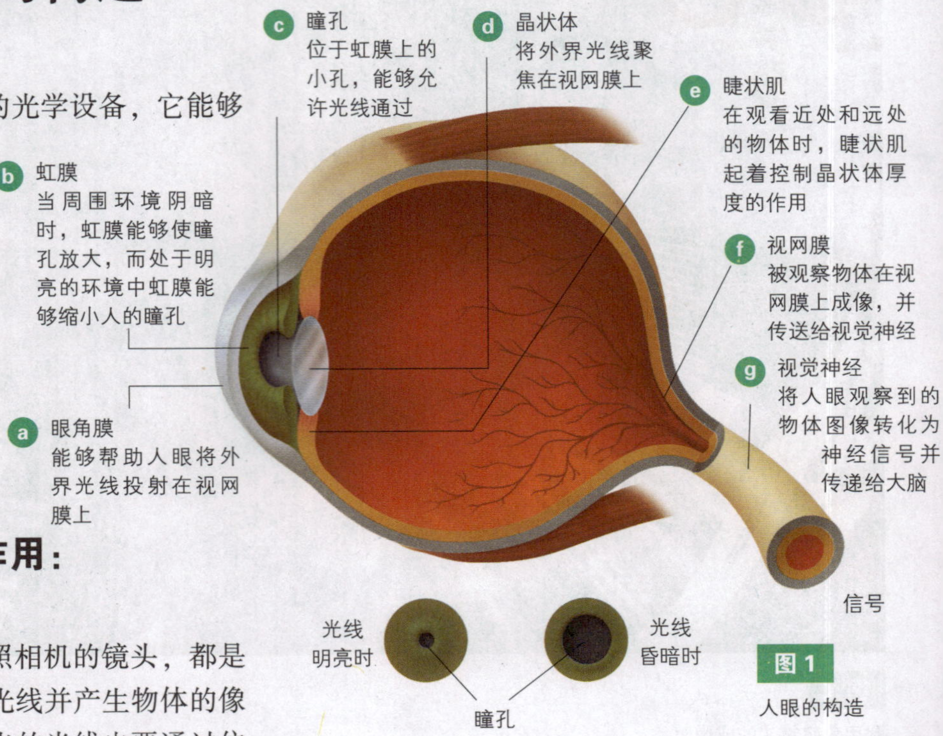


图 1

人眼的构造

## 眼角膜与晶状体的作用：聚集外界光线

不管是人的双眼还是照相机的镜头，都是通过凸透镜来吸收物体的光线并产生物体的像的。在人眼中，从物体发出的光线也要通过位于眼睛前部的眼角膜而进入眼睛内部。当光线通过眼角膜时折射的角度很大，而当再通过眼内的晶状体时会发生更大的折射。

为了能够达到人眼对光的折射成像效果，照相机中使用了多个透镜组合。

## 眼内虹膜的作用：控制对外界光的透过

你一定有过突然进入黑暗的房间或剧院的经历：刚刚进入黑暗之中时，你会什么东西都看不见，而一段时间后你的眼睛能够逐渐适应周围的环境，能够看见一些东西了。这实际上是你的双眼中瞳孔放大的结果。人眼中的瞳孔实际上是外界光线进入的一扇“窗户”，而瞳孔之所以通常是黑色的，原因也就在于它能够吸收绝大多数进入眼睛的光线。

照相机中的光圈起着类似人眼虹膜的作用，为了能够获得质量较高的照相效果，照相时必须充分考虑到光圈的大小以及曝光时间的多少（即照相机快门打开的时间长短）。

## 睫状肌的作用：控制调节晶状体的透镜焦距

如果你将一本书放在距你的眼睛只有几厘米的地方观看，你会觉得书上的字体非常模糊——这时书上的文字位于晶状体的焦点之外。实际上人眼只能够看清近处位于 25 cm、远处在你视力范围以内的物体。当你观看远处的物体时，你眼睛里的晶状体处于正常状态而睫状肌是放松的。而当你正在观看近处的物体时，你的睫状肌处于紧张状态以使晶状体中部变厚，从而能够将物体的像投射在视网膜上。随着人年纪的逐渐增大，他眼睛中的睫状肌会逐渐失去弹性，这样就会降低对晶状体的控制能力，从而无法看清近处的物体。

与眼睛通过控制晶状体形状以改变它的焦距来观看远近的物体不同，照相机通过移动整个透镜系统的位置来达到上述目的。照相机中的透镜能够自由地前后移动，从而改变透镜与照相机内记录媒介位置间的距离并形成清晰的像。

**图 2**

照相机的构造

## 视网膜的作用：成像

在人眼中，视网膜是能够感受外界光线所成像的一层组织。在视网膜里有许多血管、神经以及两种感光细胞——根据这两种细胞在显微镜下被观察到的形状，它们分别被称为杆状体以及锥状体。在大多数人的眼睛中有大约 1.2 亿杆状体，它们能够感受光线的强弱；人眼中的锥状体数目大约是 600 万，能够感受颜色。杆状体和锥状体能够将感受到的光信号转化为神经信号并经由神经传入人的大脑进行加工。

照相机中形成的像早期是通过化学反应记录在胶片上的，后来发展为用数字设备加以记录并传送到计算机里。

## 人眼中和照相机中的像

如图 3 所示，不论是人眼还是照相机中，物体所成的像都是倒立的实像。你或许会对物体在眼中成倒立的像感到奇怪，实际上人脑具有将倒立的像转为正立的像的能力。

### 理解概念

1. 将表 1 画在你的笔记本上，然后填好表中空白。

**表 1** 照相机与人眼部位的功能列表

| 各部位的功能 | 照相机部位 | 人眼中的部位 |
|---|---|---|
| ? | ? | 凸透晶状体 |
| 控制外界光线进入的多少 | ? | ? |
| ? | ? | 睫状肌 |
| 记录所成的像 | ? | ? |

2. 对照相机胶卷上与人眼视网膜上所成的像进行比较对照，说出它们的异同点。

3. 人眼观察物体从而在视网膜上成像的过程中，什么时间发生光线的折射？

### 建立联系

4. 当你长时间观看近处的物体时，眼睛会感到疲劳，这时你应该向远处眺望一段时间，你认为为什么这样做会对你的眼睛有好处？

### 探索研究

5. 各种透镜能够用来提高人的视力或解决一些视力问题。了解一下下列各种有关视力的常见问题，说说这些问题的表现并提出用各种透镜如何解决这些问题。（4A）（8C）

(a) 近视（能够看清近处的物体而看不清远处的物体）

(b) 远视（能够看清远处的物体而看不清近处的物体）

(c) 散光

(d) 老花眼

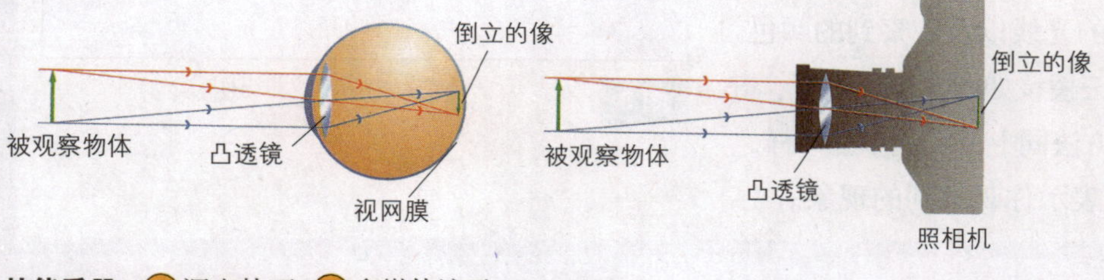


**图 3**

在人眼中或照相机中，光线通过透镜最终会对物体形成倒立的实像。

技能手册：4A 调查技巧 8C 多媒体演示

# 可见光谱

现在我们已经学习研究了光的一些性质：你已经知道光是某种形式的能量，光是沿直线传播的，光能够被反射、折射以及被吸收和传递。但上述光的性质都无法解释一个现象：为什么我们能够观察到光的颜色？

如图1，这是一道彩虹，你很可能见过。彩虹提供给我们研究关于光为什么有颜色的一条重要线索：我们能够观察到的彩虹中的各种颜色被称为可见光谱。可见光谱中有六种颜色，被称为光谱色，从彩虹的顶部开始，分别为红色、橙色、黄色、绿色、蓝色和紫色。

图1

只有当太阳位于你的后方，而空气中的大量水蒸气（存在于雨水或云层中）位于你的前方，你才有可能观察到彩虹。

## 试一试 观察可见光谱

你能够自己制造出一个小型的彩虹：本活动中你需要两个固体三棱镜（由丙烯酸制成）和一个光源盒或类似的光源。

不要用手触摸光源盒中的灯泡或用眼睛直视光源盒中发出的光线。

- 将一个三棱镜放在一张白纸上，画出它的轮廓线。
- 关闭房间里的灯光，将光源盒中发出的光照在三棱镜边缘，如图2，沿着三棱柱边缘移动光源直到能够观察到最明亮的光谱为止。

6C 1. 画出你观察到的现象的示意图，包括入射的白色光的光线以及观察到的颜色。

- 将第二个三棱镜如图3位置放好，并用光源盒照射，方法同上一实验步骤一样。

2. 用示意图表示你观察到的现象。

图2

图3



技能手册：6C 科学与技术制图

## 观察白色光中各种颜色的合成

几百年前的科学家认为，我们之所以能够观察到物质的各种颜色，是因为这些物质能够将本身特有的颜色加入到自然界的白光中。直到 1666 年，才有一个重要的发现：一位杰出的科学家艾萨克·牛顿提出太阳光可能是由多种颜色的光线合成的。为了证明他的猜想，牛顿将一束太阳光通过一个玻璃制成的三棱镜上，实验方法与上面的图 2 一样，通过这一实验牛顿发现太阳的白光是由从红色到紫色的光合并而成的。

而那些反对牛顿这一理论的科学家立刻提出，上述现象是由于太阳光照射在三棱镜上，三棱镜本身产生了不同颜色造成的。他们认为各种颜色实际上已经存在于三棱镜里了，阳光的照射使得各种颜色被释放出来。

## 可见光谱的重新合成

为了解决上述纷争，牛顿决定将从可见光中分离出来的各种颜色的光用另一块棱镜收集起来，如刚才的图 3 所示。因为根据他提出的理论可以预想：一旦将上述六种颜色的光线重新组合到一起，能够重新观察到光显示白色。

牛顿的实验证明了白光由各种颜色的光合成，而其中各种颜色的光在棱镜中的性质不同。在多年以后，科学家们发现不同颜色的光在棱镜中的传播速率不同，这样当它们到达棱镜的表面时发生折射的角度会有微小的差异。折射角度最大的色光（紫色），在棱镜中的传播速率最慢。

### 理解概念

1. 下列说法中哪些是正确的？给出你的解释。

A. 白光是由不同颜色的光组合而成的，当光线通过空气中的水珠时会形成彩虹。

B. 空气中的水珠给白光添加了各种颜色，从而形成彩虹。

2. 用你自己的语言解释："将可见光谱重新合成。"

3. 哪种颜色的光在棱镜中折射角度最大，哪种最小？

4. 如果你用一束红色的光代替白色光照在棱镜上，预测一下会发生什么现象。

### 建立联系

5. 你在哪些情况下见到过可见光谱？列出尽可能多的情况。

### 探索研究

6C 6. 在晴天时你能够制造一个你自己的彩虹：背对阳光，用花园里的浇水龙头向空中喷出薄薄的水雾。不断变化水雾的角度直到你能够观察到一道彩虹。画出你的实验过程示意图。

### 反思回顾

7. 解释从白光中能够产生出各种颜色的光的原因。同时想一想，如果用一束白光通过一个有颜色的滤镜，会有什么现象？

## 任务设计

你已经知道白色光是由多种颜色的光合成的，这一知识对你完成本单元的任务有什么帮助吗？

# 电磁波谱

光是一种我们能够观察到的能量辐射现象，但实际上我们透过棱镜看到的可见光谱仅仅是物体辐射能量中很少的一部分。其他的能量辐射包括我们听说过的微波、紫外线（UV）辐射以及 X 射线等。这些能量的辐射形式不能够被人眼直接观察到，但它们和可见光一样都属于能量辐射。

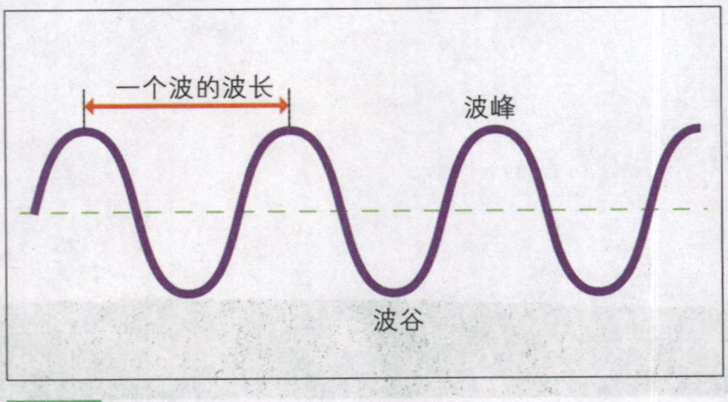


图 1

能量能够以波的形式传递。一个波长指的是从一个波峰到下一个波峰之间的距离或从一个波谷到下一个波谷之间的距离。

## 辐射在空间的传递

我们知道太阳以及其他星体发出的光线要经过遥远的距离才能够到达地球表面，其中大多数的距离是在真空中。其他形式的电磁光谱也能够传递遥远的距离，而这些电磁光一个重要的性质就是：它们的传递可以不需要借助微观粒子而直接在真空中进行。

可见光以及其他形式的电磁波都能够以极快的速率传递——大约是 300 000 km/s，光以这样的速率从月球传递到地球大约需要 1.3 s，太阳发出的光达到地球的时间大约是 8 min，而从离我们最近的太阳系以外的星球发出的光，即使以这一速率传递，也要经过 4 年的时间才能够到达地球。

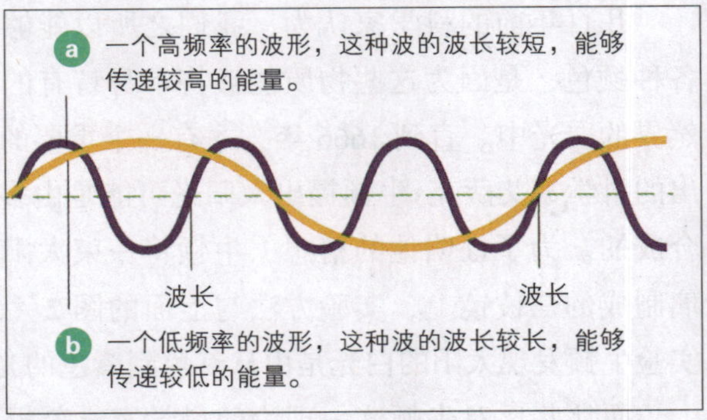


图 2

波长较短的波能量较高，因为形成这种波时需要提供较多的能量。

图 3

电磁波谱的各种成分。

**无线电波**
- 收音机的中波波长约为 1 km
- 针对使用无线电波频率手机对人大脑可能造成的影响已经进行了研究

**无线电波的用途**
- 各种船只之间的通信交流
- 中波收音机
- 手机
- 电视节目
- 调频立体声收音机

**微波**
- 波长约为 1 cm

**微波的用途**
- 微波炉
- 通信交流

**红外线**
- 1 cm 大约能够容纳 1 000 个波
- 红外线照射在皮肤上会使人感觉到热量
- 红外线通常由生物体或温热的物体发出

**红外线的用途**
- 拍摄建筑物或人体表面受损伤处的热感应照片
- 电视机的遥控器

**可见光**
- 1 cm 大约能够容纳超过 500 000 个波
- 红色光的波长最长，频率最低，能量最低
- 紫色光的波长最短，频率最高，能量最高

**可见光的用途**
- 人造光源
- 激光

波的波长很长，频率很低，能量很低

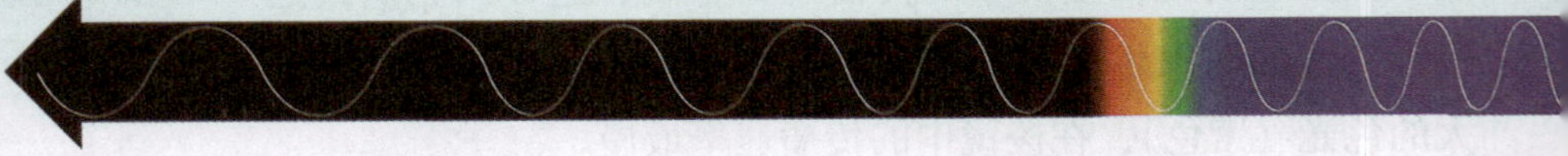

## 试一试 波的观察与使用

通过用绳索模拟波的发生方法能够帮助你进一步理解一些电磁波的传递方法。

• 让你的伙伴手持绳索的一端，将绳索放在地面上拉紧。你可以左右摆动绳索的一端，从而形成一段波。

• 在绳索边上、你和同伴之间立一张折叠的白纸，摆动绳索将白纸打翻。

1. 你可以看出由于受到外界能量的作用，白纸被推倒，这些外界的能量从何而来？

2. 外界的能量是怎样传递给白纸的？

• 缓慢来回移动你拿着绳索的手，保持移动的速率不变（这表示一个较低的持续频率），然后逐渐加快移动的速率（你正在不断加快波的振动频率）。

3. 当波的振动频率逐渐加快时，它的6C波长会有什么变化？用图形表示出你的观察结果。

## 电磁波、能量以及光

波能够传递能量，上面的实验中我们看到一段绳索能够传递机械能，而电磁波能够通过空间和透明的物质传递电磁能。图 1 是一些我们常用的描述机械波的专用术语。

电磁波谱中的各种波具有一些共同的性质，如它们都能够在真空中传播以及传播速率很快等。它们也有一些不同的性质，如图 2 所示：它们的波长、频率以及能量不同。根据这些波的不同性质有不同的用途，如图 3 所示。

**紫外线（UV）**
• 1 cm 大约能够容纳超过一百万个波
• 能够引发黑斑、皮肤癌以及白内障等
• 皮肤能够感受到紫外线的热能，也可用一些特殊的仪器加以测定

**紫外线的用途**
• 太阳灯
• 舞台上的“黑光灯”

**X 射线**
• 1 cm 大约能够容纳超过一亿个波
• X 射线能够穿透人体皮肤，但不能穿透骨骼
• X 射线能够对人体造成伤害

**X 射线的用途**
• 对人体各部分进行 X 光拍照
• 工厂制造业用于测定产品厚度

**伽马射线**
• 1cm 大约能够容纳超过 100 亿个波
• 伽马射线是放射性物体发出的能对人体造成伤害的射线

伽马射线的用途
• 研究物体的组成成分
• 对发生在外太空的事件进行检测

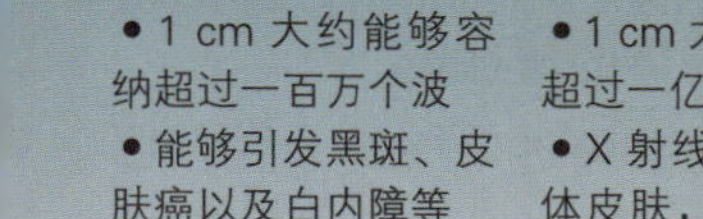

波的波长很短，频率很高，能量很高

**理解概念**

1. 将下列电磁波按照能量从低到高进行排列：蓝光；X 射线；微波；橙光；红外线。

2. 用图表形式列出你去年使用或见到过的各种电磁波，并指出这些电磁波各位于电磁波谱中的哪一部分。

**探索研究**

3. 调查电磁波谱中可能造成危害的一部分波8C的性质，并用多媒体或图表等直观手段对这些波加以介绍。

**反思回顾**

4. 电磁波谱中的可见光部分与其他部分的波有哪些不同？

## 任务设计

一些戏剧团常使用一种“黑光灯”（实际是紫外线）。当紫外线照射在一些物体上时，这些物体能够吸收能量并发出可见光。利用这条信息，你准备如何设计你的舞台灯光效果和娱乐室？

**技能手册**：6C 科学与技术制图 8C 多媒体演示

# 针对各种波长观察设计的望远镜

就如同电磁波谱中有许许多多不同波长、不同性质的波一样，人们几乎针对物体发出的每一种波都设计了一种特定的望远镜，以便对这种物体进行观察。不管现代的X射线望远镜与伽利略原先的设计在外观上有什么样的不同，它们利用的光学原理都是一样的。

## 最早的望远镜

早在古代的希腊时期，人们就已经发现光的折射原理并知道这一原理能够用来放大物体图像。但最早的望远镜雏形到17世纪才被发明。图1是两个早期的望远镜示意图，它们分别由意大利科学家伽利略·伽利雷和德国天文学家约翰尼斯·开普勒设计制造。

(a) 根据伽利略望远镜设计原理，不改变它的基本构造，你有什么办法增加望远镜的放大倍数？你提出的改进措施有什么限制或不足？

(b) 想想如果你在用开普勒望远镜对一部迎面开来的汽车进行观察，会看到什么特殊的现象？提出能够修正这一特殊现象的措施。

(c) 利用望远镜观察物体时，什么情况下不会出现观察变形等现象？

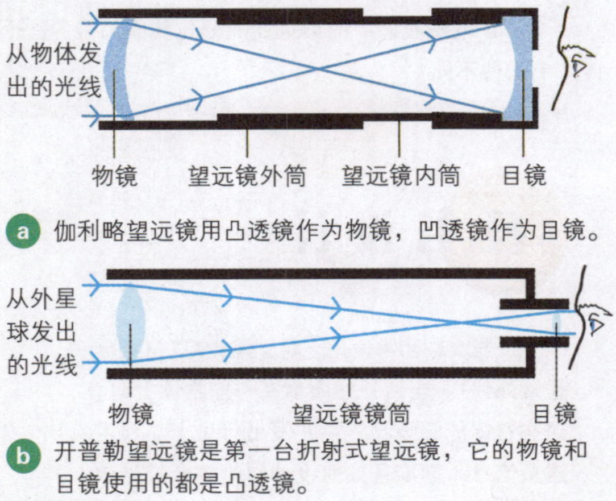


a 伽利略望远镜用凸透镜作为物镜，凹透镜作为目镜。

b 开普勒望远镜是第一台折射式望远镜，它的物镜和目镜使用的都是凸透镜。

图1

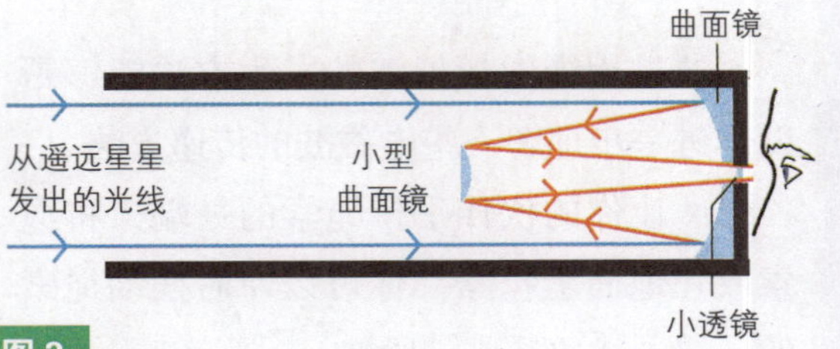


图2

图中是由17世纪的苏格兰数学家詹姆斯·格里高利设计的望远镜。而另一种折射式望远镜，由英国科学家艾萨克·牛顿发明，一直沿用至今。

## 反射式望远镜

如果望远镜的透镜直径过大，它的边缘在受到外界压力的情况下易发生碎裂。为了克服这一缺陷，望远镜的设计者们开始使用反射式望远镜：它使用凹面镜代替凸透镜来接收物体的光线（图2）。

(d) 制作望远镜时使用凹面镜来代替凸透镜有什么优点？

## 无线电望远镜

利用凹面反射器接收无线电波，从而观察物体的望远镜称为无线电望远镜（图3）。我们已经知道无线电波的波长远远大于可见光的波长，所以无线电望远镜的直径远远大于利用可见光观察物体的望远镜。

(e) 无线电波能够穿透厚厚的云层，哪些因素可能会影响无线电望远镜的吸收器对无线电的吸收效果？

图3

由于无线电波无法穿透巨大的金属网眼，所以无线电望远镜不像光电式望远镜那样是实心的。

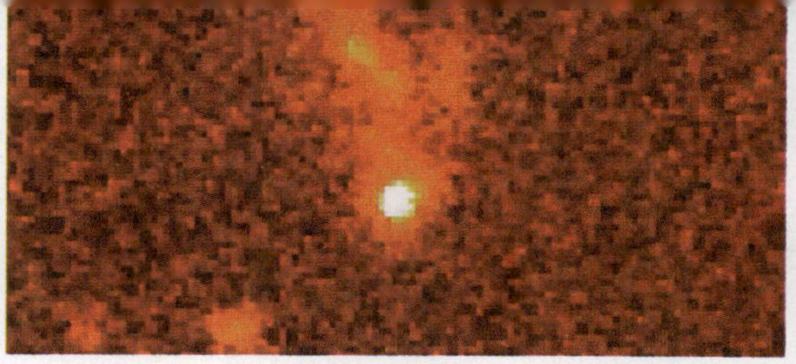

图 4

即使伽马射线能够被晶体捕捉并形成图像，这一图像也仍然是模糊的。

## X 射线和伽马射线望远镜

X 射线的波长很短，它能够穿透普通的面镜而不被反射，所以用于反射 X 射线的面镜表面通常会覆盖一层厚厚的金属——如金或铍等——以便反射 X 射线。而伽马射线的波长更短，它能够穿透任何厚度的镜面或金属层，所以它只能够被一些特殊材料制成的晶体吸收形成图像（图 4）。

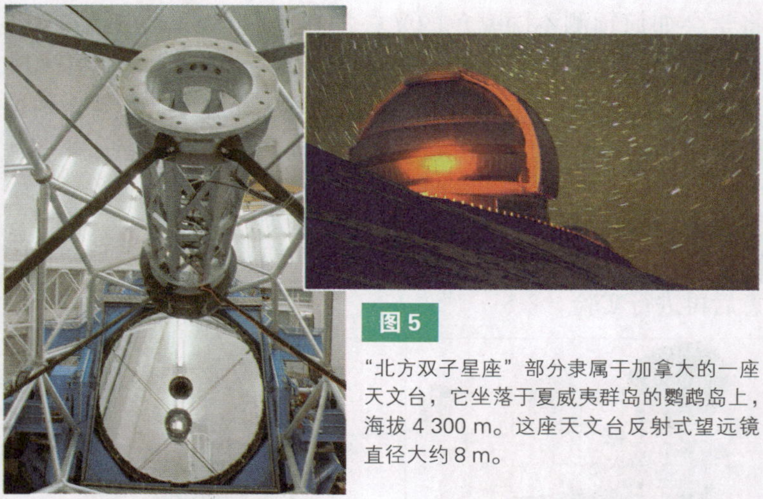

图 5

“北方双子星座”部分隶属于加拿大的一座天文台，它坐落于夏威夷群岛的鹦鹉岛上，海拔 4 300 m。这座天文台反射式望远镜直径大约 8 m。

今天，建造在地上的、功能最强的望远镜都属于各个天文台（图 5），这些望远镜随着地球自转的同时跟踪着天空中的物体。它们记录下的物体图像稍后被天文学家们用计算机进行分析。

(f) 为什么天文台通常建在山顶？

我们通常观察到星星在不停地闪烁，这是由于受到地球周围大气层的影响，地球大气层同样会影响某些频率射线的传递。哈勃空间望远镜（图 6）建在太空中，能够避免上述的大气层影响。

(g) 哪种类型的望远镜应该建造在空间以提高观察效果？

**技能手册：** 4A 调查技巧

图 6

哈勃空间望远镜位于地球同步轨道上，它使用的仍然是牛顿望远镜的基本设计。

### 理解概念

1. 哪些设计上的改进能够提高伽利略望远镜的效果？

2. 在望远镜中使用透镜来收集物体发出的光线有什么缺点？

3. 是否所有的望远镜都能够观察到可见光？为什么？

### 建立联系

4. 当用伽利略望远镜或开普勒望远镜观察物体时，观察到的物体图像似乎被一些不同颜色的光圈所包围。而使用格里高利望远镜或牛顿望远镜对同样的物体进行观察时就不会有这种现象，为什么？(提示：记住白色光实际上是由不同波长的光线组成的。)

5. 将你在课堂上使用的显微镜的结构和使用方法与天文上的折射式望远镜的结构和使用方法加以比较。

### 探索研究

6. 现在地球大气层中的臭氧层空洞会对紫外线望远镜的接收效果产生什么样的影响？

7. 加拿大拥有夏威夷群岛和智利的许多天文台的部分主权，调查研究其中某一座天文台的特点和使用方法，将你的研究结果写成报告。4A

## 任务设计

反射式和折射式望远镜是用来观察遥远的太空中物体的光学设备。如果要你设计一个能够观察到鸟巢内部情况的光学设备，你准备使用哪些透镜进行组合？

**技能菜单**
- 提出问题
- 实验检验
- 分析问题
- 提出假说
- 记录结果
- 交流经验
- 制定计划

# 不同颜色的光线复合后的颜色探究

通过前面的学习我们已经知道，艾萨克·牛顿发现白色的光能够被分解为不同独立颜色的光，而不同独立颜色的光又能够被合成白色的光线。这一发现又导致有关光及其颜色的另一个问题。我们常见的一个上述光的原理利用是在剧院里：当你观看舞台表演时，能够见到舞台灯光颜色在不断变化。

**材料**
- 3个光源盒
- 6种颜色的滤镜：红色、绿色、蓝色、黄色、青色和洋红色
- 白色屏幕

## 提出问题

1 检查下列的实验步骤，(2B)并提出这个实验准备研究的问题。

## 提出假设

(2C) 2 为你进行的研究提出一个假设。

## 实验设计

通过提出预测和对预测进行验证，你将学会如何预测不同颜色的光叠加在一起后得到的结果。图2是你的实验中你将会用到的一些颜色。

3 阅读以下实验步骤，并建立一个图表(6D)以便于记录你的实验预测和实验观察结果。

4 将你的图表交给你的指导老师审核同意后再进行实验。

不要用手触摸光源盒中的灯泡或用眼睛直视光源盒中发出的光线。

5

摆放好两个光源盒的位置以便它们发出的光能够在屏幕上相互重叠。

• 取用红色、绿色和蓝色的滤镜。

• 预测一下下列颜色的光重叠在一起时复合成的颜色：

A组：绿色和红色

B组：`绿色和蓝色

C组：蓝色和红色

(a) 将你的预测记录在图表中。

6

在没有光线的房间里，将上述滤镜分别盖在光源盒的镜头上。

• 观察每种光源复合成的光线颜色。

(a) 在图表中记录下你观察的结果。

7

将滤镜从光源盒的镜头前移走。

• 给你的实验组中再添加一个光源盒，摆放好第三个光源盒的位置以确保它发出的光正好与前两束光线投射在同一点上。

• 预测一下下列颜色的光重叠在一起时复合成的颜色。

D组：红色、蓝色和绿色



**技能手册**：(2B)提出问题的技巧 (2C)作出预测和提出假设的技巧 (6D)制作数据表

图 1

你认为图中的舞台布景设计者试图表现什么样的气氛？

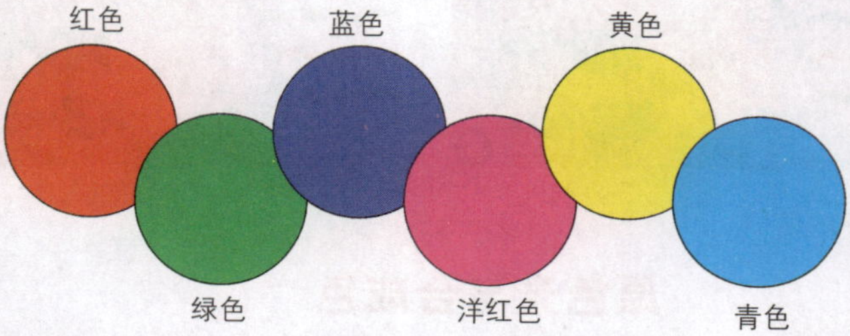


图 2

在本节探究中你将会观察到上述各种颜色复合所得到的结果。

### 建立联系

1. 一个摇滚乐乐队有红色、绿色和蓝色的舞台聚光灯，为了能够得到内圈白色、外圈红色的舞台灯光效果，他们应该使用哪些聚光灯？如果要做成洋红色的舞台灯光呢？

### 反思回顾

2. 本节的探究过程中你还没有试着将六种颜色灯光中的任意一些混合在一起，观察复合所成的颜色。预测一下你准备选取的灯光颜色的合成色，征得你的指导教师的同意后，动手验证你的预测结果。

## 任务设计

在本单元的任务中，合理使用一些透镜组合将有利于你的任务完成。说说你准备使用怎样的透镜组合并实施你的设想。

(a) 将你的预测记录在图表中。

• 利用 3 个光源盒以及合适的滤镜验证你的预测。

(b) 在图表中记录下你观察的结果。

**8** 取用黄色、青色和洋红色的滤镜。

• 预测一下下列颜色的光重叠在一起时复合成的颜色。

E 组：蓝色和黄色

F 组：红色和青色

G 组：绿色和洋红色

(a) 将你的预测记录下来。

• 用两个光源盒进行实验以验证你的预测。

(b) 将你的观察结果记录下来。

### 分析思考

**9** 通过下列活动对你的实验结论进行分析。

(a) 通过示意图将你的 6C 观察结果作一总结。

(b) 你的实验过程中哪些光能够合成为白光？

# 颜色添加合成法

经过上面的学习我们知道：要想形成我们视觉中的白光实际上只需要三种基本颜色——红色、绿色和蓝色，这样就并不需要橙色、黄色和紫色，但实际上自然界的白色光能够分解为六种颜色，这一现象又如何解释？

通过研究人眼的构造能够解答上述问题。

图 1

位于人眼视网膜上的锥状体能够告诉我们入射光的颜色。

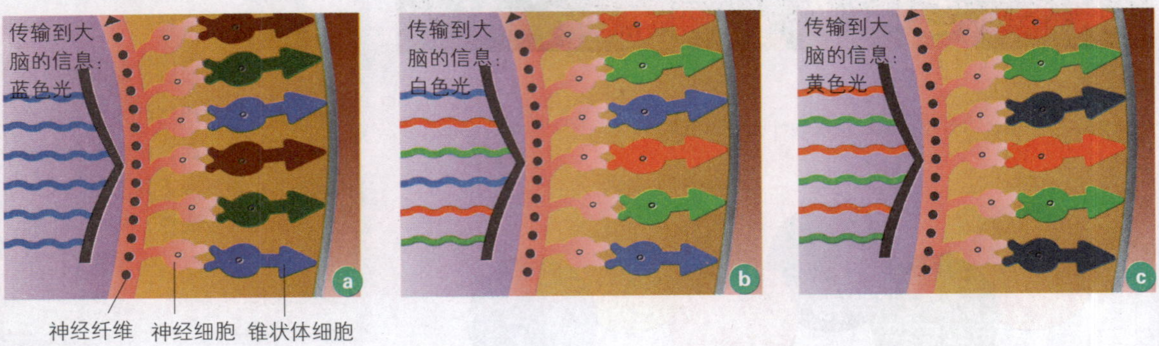


## 视觉颜色原理

你已经知道在人眼的视网膜上有能够区分颜色的感觉细胞：锥状体。这些锥状体又分为三类：一类能够感受红色光线，一类能够感受蓝色光线，还有一类能够感受绿色光线（图 1）。人的眼睛通过接收来自上述三种锥状体的信号并进行合成从而得到其他各种颜色。如果我们的眼睛仅仅接收到红色、蓝色和绿色三种颜色，就会认为入射光线是白色。

你可以通过实验证明人眼的锥状体仅仅对红色、蓝色和绿色敏感。如果你长时间紧盯蓝色物体观看，则你眼睛里能够感受到蓝色光的锥状体就会产生疲劳。只是如果你立刻转而观察白色的物体，眼睛里能够感受蓝色光线的锥状体由于疲劳就会暂时不发生感应，而这时那些能够感受红色和绿色光线的锥状体仍正常发生感应，这样你观察到的颜色就不会是白色，而是红色和绿色的合成色——黄色。

## 原色光与合成色

将几种原色光合成为一种新的合成色的过程称为颜色添加合成法。通过研究光的颜色添加合成原理能够帮助你理解人的视觉原理。

对人的眼睛而言，原色光指的是能够被我们眼中的锥状体直接感受到的三种颜色的光线，这三种原色光——红色、蓝色、绿色——的合成颜色见图 2。

当任何两种或两种以上的原色光合成为另一种颜色的光，这种新的合成光的颜色就称为合成色。青色、黄色以及洋红色都属于合成色。例如，当蓝色光和绿色光叠加在一起时得到的就是青色。

当两种颜色能够相互叠加形成白色时，这两种颜色就互称为补充色。如洋红色和绿色就互为补充色。洋红色光是由蓝色和红色光线合成的，所以当洋红色光与绿色光线叠加时，就相当于三种原色光合成在一起，这样我们看见的就是白色的光。

图 2

将任意两种原色光混合就会形成一种新的合成光颜色。如果将三种原色光混合就能够产生白色光。

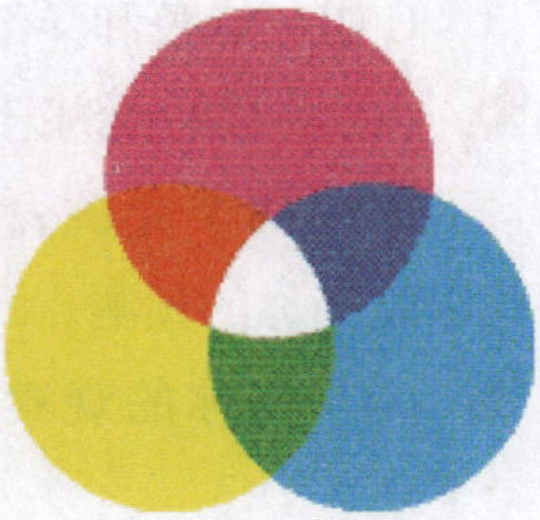

## 试一试 你的眼睛中哪种锥状体在起作用

**测试你眼睛里的锥状体。**

将图 3 长方形中的人物头像和黑色正方形画在你的笔记本上。双眼紧盯图中黑色的正方形至少45 s的时间，再紧盯你画出的黑色正方形同样的时间。

1. 在你的笔记本上写出你看到的长方形的颜色以及这些图形的大概位置。

2. 说出你看到这些现象的原因。

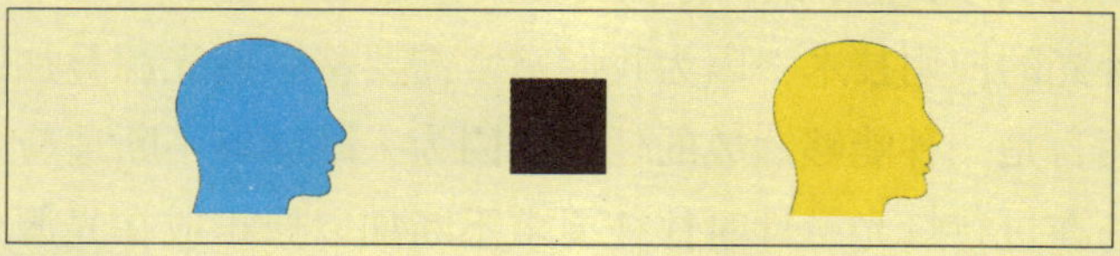

图 3

图 4

这是检查红绿色盲的一个测试图。

## 色盲

你仔细辨别一下图 4 中的不同颜色的斑点的排列方式，你是否能发现其中包含了一个数？用这幅图测测你的同组同学，问问他们看到的图像与你看到的有没有什么不同之处？这是一个医学上常见的有关色盲的测试图。

所谓色盲不是说患者不能够分辨出所有的颜色，而是指他不能够清楚地辨别出几种特殊的颜色或形状。其原因在于色盲患者的眼睛后部的锥状体不能够对光做出反应。我们熟知的色盲种类是红绿色盲。这种色盲患者往往难以从绿色的背景中区分出红色的物体，当在远处观察时更是如此。想象一位色盲患者在遇到交通信号灯时所处的尴尬情形。

**技能手册：** 8C 多媒体演示

**理解概念**

1. 哪些颜色是光的三原色，哪些是光的合成色？

2. 什么颜色是下列光的颜色的互补色？

(a) 红色　　(b) 洋红色

(c) 绿色　　(d) 黄色

3. 用示意图解释下列现象：为什么两种互为互补色的光叠加时就能够得到白色的光。

4. 为了能够顺利观察到下列颜色，人眼睛中的哪种锥状体必须对光线作出响应？

(a) 黄色　　(b) 白色　　(c) 青色

5. (a) 如果你专心注视一个绿色的正方形一段时间，然后观察一个白色的物体表面，你会看到什么颜色？解释你观察到的现象。

(b) 预测一下你的眼睛先是紧盯一个亮青色的正方形，然后观看一个白色物体表面时看到的现象，并解释原因。

**建立联系**

6. 科学家们已经通过实验证明：一些动物，如蜜蜂等，能够观察到我们人类无法看见的紫外线。为这些能够比人类看到更多种电磁波谱的动物重新建立一个颜色的加法运算理论。

7. 我们观看的电视机和计算机显示器屏幕上的各种颜色都利用了颜色添加合成理论。通过电子媒体以及纸质媒体等来研究这些仪器中各种颜色的生成原理，叙述一下你的研究结果。8C

## 任务设计

知道了更多的有关颜色的知识以及人的眼睛是如何观察各种颜色的原理后，对于你准备设计的舞台灯光以及娱乐室，你又有了更好的改进措施吗？你需要多少种颜色的灯以便营造出你所需要的所有颜色？

# 光在娱乐业中的用途

在各种娱乐业、科学、技术以及艺术事业中，都综合利用了光的性质。布拉德·迪克逊在CBC电视台担任灯光指导或设计的职务。当问到他的职业情况，他很乐意与大家分享他的工作经验。

提问：你的工作主要负责哪些问题？

布拉德：我主要负责舞台表演的灯光设计、仪器设备的采购以及全体工作人员的协调安装工作。我负责建立起一种节目制作人希望节目中达到的环境氛围以及艺术效果。

提问：对你的职业来说，你认为需要哪些工作能力？

布拉德：我认为首先你必须深入了解光的使用技术，因为我们常常需要将一些光源叠加以达到特殊效果。这种技能对我们的眼睛而言是一种能够达成的任务，因为人眼能够不断适应各种光源，而照相机则无法完成这一任务。在进行灯光设计时往往要求不断加以修正或在光源上加上一些滤镜，我们称之为“凝胶”。

工作时我们需要不断控制灯光的变化以达到所需要的效果。懂得各种具有光学特性的原料——如聚光材料和散光材料等——对我们来说非常重要，因为在设计舞台时我们往往没有任何多余的时间。

另外，出色的协调能力也非常重要。因为每一个参加节目制作的人员心中都有一个对节目的艺术构思，或希望制作出的节目应该达到怎样的效果的想法。将大家的想法综合起来并融入我自己的构思是我的一项任务。任何一个节目形象都是一个工作小组群体智慧的结果，而如果你希望制作出的节目能够达到你希望的效果，你就必须设法让整个小组高效合作。

提问：你认为在你的工作中，光学、光线以及颜色方面的知识起了什么样的作用？

布拉德：这些知识对于娱乐产业的作用就像是用画笔之于作画的作用。如果对这些相关的知

## 试一试 光、照相机、场景光效

8C 你可以通过拍摄录像的方式更好地解决一些布拉德在工作中经常面临的问题。本活动中你会用到一部摄像机。

- 写一个时间大约2 min的剧本，剧中两位演员坐在桌旁。
- 使用合适的灯光，用你的摄像机拍下你的短剧场景。
- 根据你拍摄的效果，想想怎样对光线作一些改动，使得拍出来的效果就像是在清晨一样。
- 重新拍摄场景并对效果进行评价。
- 多次重拍场景直到你对拍出的效果满意为止。

1. 为了能够拍出清晨的画面效果，你认为采用什么技术最有效？



技能手册：8C 多媒体演示

识没有深入了解，你将不可能很快地营造出一种理想的灯光效果。

提问：在你的职业工作中，科学知识和技术知识起着什么作用？

布拉德：你知道正是由于现代的录像技术才能够将光信号转化为电子信号并用于广播。如果没有这些现代科学和技术的成果，我们设计制作的灯光效果仍然会局限于剧院内，只有那些到现场的观众才能够欣赏到舞台上的奇妙效果。

提问：你认为要想在你的领域获得成功，必须具有怎样的学习经历？

布拉德：你应该对传媒技术有所了解，不管是电影还是录像。现在电视早已普及，所以你必须对剧院和运动场所的灯光运用了如指掌。另外，现今的灯光设计中计算机起着十分重要的作用。实际上现在的电脑程序已经能够让灯光设计师在建造灯光之前就“看到”自己设计的灯光效果。

提问：在你的职业生涯中，最令你感到有意思的经历是什么？

布拉德：当你和各种各样的演员一起合作时，总是令人感到有趣。但我的工作使我处于更令人愉快的位置。我曾经坐在没有门的直升机上绕着 CN 电视台飞行，我也曾经近距离接触过爆破的特效场景，我还曾经在拥挤的人群上方的火光顶端进行作业。

提问：你认为将来你的职业以及相关的职业前景如何？

布拉德：无可否认的是大众传媒正在成为一项规模庞大的事业，而其中灯光效果在每一个场景中都起着重要的作用。即使你在为一个电视节目制作游戏场景或创建一个真实的环境，都需要用到各种有关光的知识。

提问：你对现在的学生有些什么好的建议？

布拉德：我希望你们能够不断尝试。无论你的目标是什么，如果你不做任何尝试和努力就退缩的话，你就永远不会有任何收获。不要害怕犯错误，没有人能够第一次就做到尽善尽美。

技能菜单
●分析问题 ●实验检验 ●作出评价
●制定计划 ●记录结果 ●交流经验
●制造模型

# 舞台用的有色光线与滤镜

即使是最小的剧院，舞台的灯光设计师也会用150种以上不同的灯光营造出舞台的效果（见图1）。这些灯光上都有一个能够移动的不同颜色的滤镜，通过这一手段，灯光师们能够将舞台表现为一年中任何一天或一天中任何时刻的景象，也能够模拟出不同的天气或氛围。另外整个舞台布景的颜色、演员们穿着的服饰以及使用的所有道具都必须符合灯光要求。如果你是一位舞台灯光指导，在经济条件有限的情况下，你怎样为一台话剧进行合理的灯光设计？这台话剧需要分别营造出三种环境氛围：神秘的、愉悦的以及浪漫的。你必须和设计组中的其他成员团结合作，以便能够随时营造出所需要的各种环境。

**材料**

- 白纸
- 红色、绿色、蓝色、黄色、青色及洋红色记号笔
- 红色、绿色、蓝色、黄色、青色及洋红色滤镜
- 黑色铅笔
- 彩色点光源
- 故事板或仿真模型

需要的其他东西

## 提出问题

3B **1** 根据上面的描述你能够提出哪些问题？

## 设计思路

3D 3E 为话剧制作一个故事板以及针对三种环境的任何一种设计出灯光模型。

## 设计要求

- 你书写的故事板中必须包括你准备使用哪些颜色的滤镜、服装的颜色以及你准备运用哪些颜色来表达某种舞台氛围。另外你准备用来表现舞台气氛的各种颜色应该配合协调。
- 你的故事板中应该说明你设计的舞台气氛的模板或模型。

**2** 设计一个图表以便记录第1、2部分制作中你的预期设计以及观察结果。

## 操作 第1部分：颜色的合成

**3**

选取两支不同颜色的记号笔，预测将这两种颜色在白纸上混合后会出现什么颜色。

(a) 将你作出的预测记录下来。

- 用两种颜色的信号笔在白纸上重叠画出记号，观察它们的合成颜色并与你的预测作对比。

(b) 将你的观察结果记录下来。

**4**

使用不同颜色的记号笔进行组合，重复实验步骤3。

- 预测一下哪三种颜色混合后能够合成黑色或近似于黑色，哪两种颜色混合后能够得到黑色。

(a) 将你作出的预测记录下来。

- 用信号笔在白纸上重叠画出记号，观察它们的合成颜色并与你的预测作对比。

(b) 将你的观察结果记录下来。



技能手册：3B 如何明确问题 3D 设计原型 3E 制造一个模型

**图 1**

舞台灯光设计师通过更换光源前部的透明胶体滤镜的颜色来控制灯光的颜色，同时每一种灯光的强度则由计算机进行控制，计算机已成为舞台控制系统不可缺少的一部分。

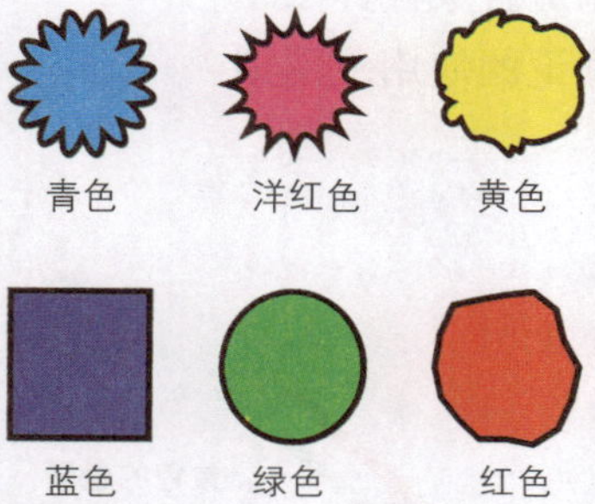


**图 2**

在不同颜色的点光源中加入下列滤镜，能够得到不同颜色的效果。

### 第 2 部分：通过滤镜观察光线颜色

**5**

当你通过红色滤镜观看图 2 中各种颜色的点光源时，预测你将看到的光线颜色。

(a) 将你的预测记录在图表中。

• 通过红色滤镜观看图 2 中各种颜色的点光源合成的颜色，以检验你的预测是否正确。

(b) 将你观察到的现象记录下来。

**6** 换用其他颜色的滤镜重复实验步骤 5，每次使用一种颜色的滤镜。

(a) 将你的预测和实际观察结果记录下来。

## 任务设计

在本节的研究中，你将学会为舞台场景创造出三种不同的气氛。对于舞台灯光的设计你能够提出哪些有特色的设计建议？

### 第 3 部分：舞台场景中的颜色

**7**

根据你的团队设计的舞台氛围，设计适合颜色的舞台服装、布景颜色以及用于灯光的各种颜色的滤镜。

• 准备好你设计的故事板。

• 准备工作模板或模型。

## 检测

**8** 对比研究一下其他设计团队制作的故事板。

• 说出哪一个故事板能够更好地符合原来希望达到的舞台气氛。

(a) 记下你的预计效果。

**9** 观察实际演出中的模型或模板效果。

(a) 记录下你对每一个表演的观察效果。

**理解概念**

1. 将下列颜色混合将得到什么颜色？

(a) 黄色与青色

(b) 黄色与洋红色

(c) 洋红色与青色

(d) 黄色、青色与洋红色

(e) 红色与绿色

(f) 洋红色与绿色

**建立联系**

2. 作为一名舞台设计师，你的任务是为学校的一次表演设计舞台布景。舞台布景中有一个圆形物体，开始时用来代表太阳，之后代表月亮。你准备将圆形物体涂上什么颜色，并在演出过程中用什么颜色的灯光照在这个圆形物体上代表太阳，然后改用什么颜色使它看上去像个月亮？

**探索研究**

3. 设计一个计划研究画家是如何调制出数目庞大的颜色种类的，征得你的指导老师同意后，执行你的研究计划，研究过程中你可使用显微镜来观察颜料样品。将你的研究结果写成报告的形式。

**反思回顾**

4.下面是一些有关颜色的术语，列出属于这些术语的颜色。

(a) 原色　(b) 合成色

(c) 补充色

## 评价

**10**

通过回答下列问题评价你的工作效果。

(a) 你设计的模型或模板是否真的创造出预计的环境氛围并能够在实际舞台表演中进行使用。

(b) 为了能够提高表演舞台的最终效果，你准备对哪些灯光的颜色进行改变或改变哪些光源的位置？

5.21

# 颜色的减法计算合成

如果一种化学物质能够吸收一些特定颜色的光而反射另一些颜色的光，我们称之为一种色素。当你将两种不同颜色的记号笔颜色叠加混合时，实际上就是在合成两种色素。这两种色素叠加后得到的颜色也是能够被预测的。例如，当你将黄色和青色两种颜料混合时，就会得到绿色。

用来解释多种色素混合后得到一种新的颜色的理论我们称之为颜色的减法合成理论，它的原理就是每种色素能够从白色光线中吸收（分离出）特定的颜色的光，这样我们就能够预测到最终剩余的颜色。前面学到的颜色添加合成计算法用于解释不同颜色的光线叠加合成的合成光颜色，而颜色的减法理论的使用范围则是解释不同色素的叠加原理。

## 玫瑰花颜色的分析

为什么我们通常看见的玫瑰花很多是红色的？我们知道光的三原色为红色、蓝色和绿色，而红色物质中通常含有能够吸收三原色中另外两种颜色——蓝色和绿色——的微粒，最终的结果是反射红色的光。

同样的道理也就能够解释为什么有些玫瑰花是黄色的：这种玫瑰花的花瓣上的色素能够吸收绿色和红色光并最终反射黄色光，见图 1。

所以一种物质或物体的颜色取决于它能够吸收何种颜色的光并反射哪种颜色的光。

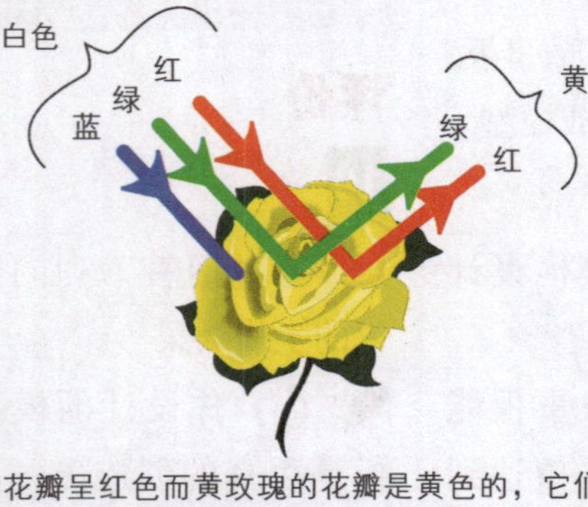


图 1

红玫瑰的花瓣呈红色而黄玫瑰的花瓣是黄色的，它们的颜色取决于花瓣中吸收色素的微粒性质。

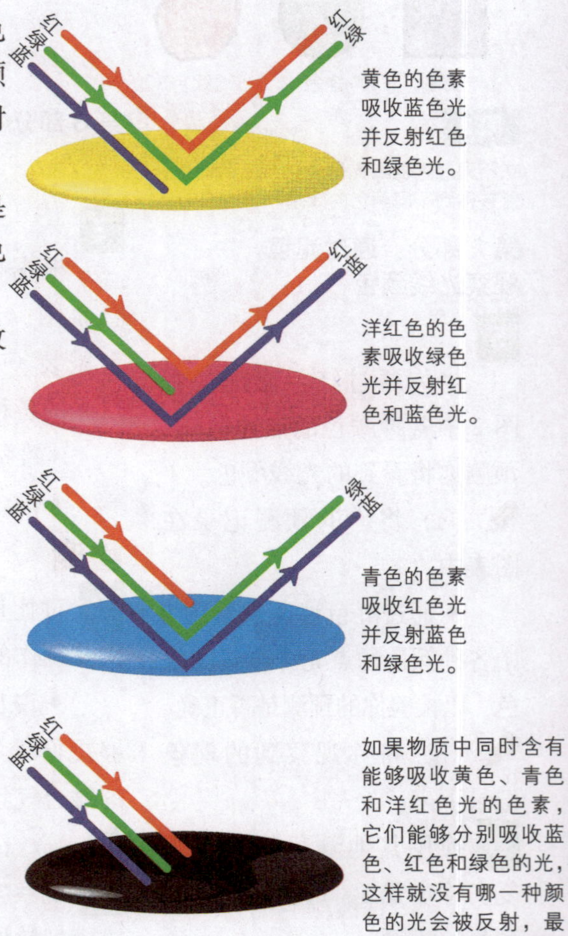


图 2

每一种色素中的原色都能够吸收光的三原色中的一种颜色的光线。

## 色素的三原色

色素的三原色混合后能够得到黑色或接近于黑色，你实际上已经知道色素的三原色分别为黄色、青色和洋红色。如图 2 所示，这三种原色的色素分别能够从白色光线中吸收一种原色的光。

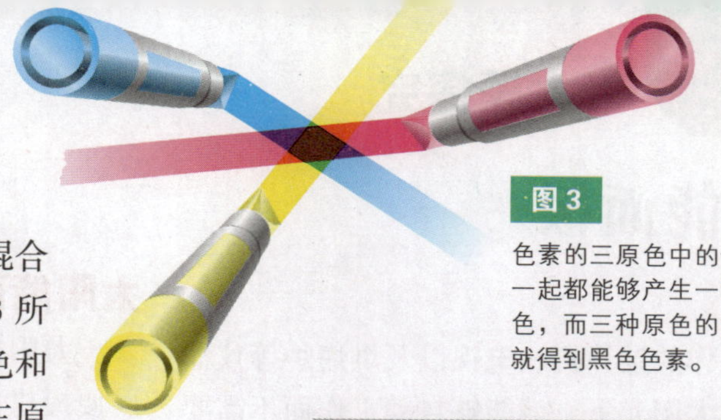

图 3

色素的三原色中的任何一对在一起都能够产生一种新的合成色，而三种原色的色素在一起就得到黑色色素。

## 颜色的减法合成理论

当色素的三原色中的任何两种混合时就能够形成一种合成色，如图 3 所示，色素的合成色分别是红色、绿色和蓝色。任何一种合成色素能够吸收三原色中的两种颜色而反射另外的颜色。

你可以仔细比较一下光的三原色和色素的三原色之间的不同：光的三原色（红色、绿色、蓝色）正好是色素的合成色；而光的合成色（黄色、青色和洋红色）正好是色素的三原色。

## 滤镜和颜色的减法合成理论

滤镜中含有各种色素。当光线穿过滤镜时，滤镜中的各种色素就能够吸收不同颜色的光，但不会将所有的颜色光全部吸收。例如：一款蓝色的滤镜只能够吸收白光中的红色与绿色光线从而允许蓝色光通过。想一想：一块青色的滤镜能够吸收什么颜色的光而允许什么颜色的光通过？

## 图画中的颜色

光线中的颜色减法合成理论被用于许多相关的领域，包括照相摄影以及彩色绘画等。例如：一位使用计算机作画的工作人员就是通过调节三种原色——黄色、青色以及洋红色——的比例，从而得到各种不同颜色的。一位画家能够利用色素的三原色以及黑色调制出上百万种不同的颜色。

### 试一试 颜色传感器的使用

计算机颜色传感器的设计与使用能够充分说明颜色减法合成理论的原理。

- 将一个颜色传感器与计算机相连接，用这个仪器来测量一束照射在树叶上的红光的强度。
- 用传感器来测定被树叶反射的红色光线的强度。
- 用其他颜色的光线——包括三原色和合成色的光线——照射在树叶上并重复上述实验步骤。

1. 准备一个讲稿以便向他人说明你的实验结果。

### 理解概念

1. 解释一下为什么一件我们看到的红色运动衣反映在人眼中是红色的。

2. 用图表的形式来说明下列情况下你看见的各种颜色：

(a) 将黄色和青色的色素进行混合

(b) 将黄色和洋红色的色素进行混合

(c) 通过绿色的滤镜观察黄色物体

(d) 通过黄色的滤镜观察洋红色物体

3. 如果将一束白色光线通过一个青色的滤镜后再照在下列物体表面，你会观察到什么颜色？

(a) 白色物体　(b) 黄色物体

(c) 绿色物体　(d) 红色物体

4. 如果你希望制作一个表面涂有绿色冰淇淋的蛋糕，但这时你发现绿色的食用色素都已经用完了。但是你现在还有红色、黄色和蓝色的食用色素能够使用，你准备怎么做以达到你原先的目的？

### 建立联系

5. 指出三种颜色，它们都能够利用计算机将原有的基本颜色进行混合最终合成。在你得到上述颜色的过程中，计算机的三原色各自所占比例是多少？

6. 你家里使用的洗衣粉中常常含有一些蓝色试剂，据说这种洗衣粉更适于洗涤一些长期使用的白色服装，你能够说明其中的颜色合成原理吗？

7. 在一部舞台话剧中，剧本要求在话剧的开始阶段观众无法看到舞台上的一半演员，一段时间后效果正好相反：观众能够看见原先无法被看见的演员，而原先被看到的演员则正好看不见了。现在你有一个白色的光源和光的三种原色的滤镜，试一试通过什么样的办法达到上述目的。

### 反思回顾

8. “黑色不是一种颜色”，请你解释这么说的原因。

# 太阳能面板

如果你的计算机、电视以及烘烤炉等仪器只要放在太阳光下，就能够自动工作而不需要另外提供能源，你是否认为这将是非常美好的一幅画面？不幸的是这还仅仅是一个设想，想要真正实现，我们还有很多工作要做。现在要想使各种用电器顺利工作，太阳能必须首先转化为电能，然后用电能来提供机器运行必需的能量。

太阳能电池是一种能够将太阳能转化为光能的设备，目前太阳能电池广泛用于我们的手表或计算器：太阳能首先传递给一种晶体——通常是单晶硅，然后产生电流，电流经由与太阳能电池相连的电线流到各种仪器中。

太阳能电池的发明始于20世纪50年代，当时宇航局的科学家们认识到太阳能是各种人造卫星和航天飞机最好的能源提供者。为了能够最大效率地获得太阳光能，科学家们设计出了太阳能面板，它由多个太阳能电池组成（图1）。

图1

太阳能面板上紧密排列着多组太阳能电池。

**理解概念**

1. 组成太阳能电池板的各部件分别起什么作用，它们的名称各是什么？

2. 假如现有一个太阳能利用率为18%的太阳能电池，而在一个晴朗的天气里，太阳一整天能够投射到这个电池表面的能量为1 000瓦特（W）。

(a) 该电池的输出能量是多少？

(b) 用这个电池供电能够使多少盏功率为60 W的白炽灯发光？

## 太阳能面板技术

太阳能电池板能够安装在楼房的屋顶上以便提供电力（图2）。由于阴天时太阳会被大量的云层遮蔽，夜晚我们也无法使用太阳能，所以当光照充分时利用太阳能产生的电力往往需要储存起来以备在没有太阳的天气中使用。可充电电池的发明与使用正是出于这一目的。

影响太阳能电池面板的设计主要有三个因素：

- 太阳能面板对太阳光的利用效率
- 照射在太阳能面板上电池表面的阳光能量的多少
- 可充电电池的充电能力

自从20世纪50年代到90年代中期，太阳能电池对吸收的太阳光能量的转化率已经上升至14%，如果能够结合适当的平面镜或透镜让更多的阳光直接照射到太阳能电池表面的话，这一比例能够上升至18%。但这一技术要求太阳光在一整天始终直射在太阳能面板上，这样就需要另外增加一套针对太阳的跟踪设备系统。但是这种针对太阳能电池设计的阳光跟踪系统不但价格昂贵，而且在寒冷的天气中或刮大风时容易发生故障。近年来，用于储存电能的可充电电池的质量和技术在不断发展进步。

图2

图中是一个安装在朝南的房屋顶上的太阳能电池，它采用了一个阳光跟踪系统以便使太阳光始终直接照射在电池的表面。

## 角色扮演 一所利用太阳能供电的学校

在你居住地的附近正准备建造一所新的学校。为了决定使用哪种方式的能源为这所学校提供电力，四位来自不同行业的专家准备在一次相关主题的会议上进行发言，他们都准备为是否能够使用太阳能作为首选能源准备了书面报告材料。这四位专家的学术背景及其代表意见分列如下：

**角色**

- 一位环境保护专家，他认为这所学校如果能够完全使用太阳能作为各种能量的来源，不但能够起到保护环境的作用，而且会为其他建筑的建造做出一个良好的榜样。
- 一位来自附近电厂的工程师，他认为使用太阳能将会减少人们对普通电能的需求，也就会影响到电厂的生产和销售，从而会导致大量工人失业。
- 一位学校董事会成员，他希望能够将建造学校的经费控制在最低限度。
- 一位来自于太阳能电池生产公司的科学家，他提出太阳能的使用将会节省大量的电费，从而弥补起初建造太阳能发电系统的投资。

**使用太阳能发电的优点**

- 随着技术的不断更新与成熟，安装太阳能电池及相关设施所需的初始资金将会越来越少，而我们用于从发电厂或电力公司购买电能的价格将会越来越高。从这一角度来看，使用太阳能电源与其说是消费，不如说是投资。
- 使用太阳能发电将有助于减少对其他不可再生能源的需求，从而有利于环境保护。
- 使用太阳能发电，学校将不需要担心由于输送电力的线路或发电厂等的原因引发的停电现象。

**使用太阳能发电的不利之处**

- 初次安装太阳能发电系统的费用很高（对一个典型家庭来说需要超过10 000美元，而对于一些用电更多的建筑来说还远不止这个数字）。太阳能可充电电池的使用寿命一般不超过10年，当需要进行更换时大约又需要1 500美元。
- 一旦太阳能电池的一些组成部分，诸如光线跟踪系统发生故障，实施维修又是一笔不菲的费用。
- 暴风雪常常会将太阳能面板或光线跟踪系统淹没，从而无法发电；某些地方，在冬季时白天很可能不会有足够的光照时间以产生足够的电能。

**你的任务**

8D 你应该假设自己是上述四个专家中的任何一位，通过认真权衡上面使用太阳能的有利与不利之处以及其他你可能需考虑的问题，为你扮演的角色准备一份演讲稿陈述自己的观点。在你准备讲稿时，不妨考虑一下下列问题：

- 哪些证据能够支持你的观点？
- 你的观点是否仅仅在较短时期内有实用价值？
- 从长远的观点分析，你的观点是否站得住脚？
- 你准备怎样与他人交流你的观点并取得他人的认可？

4A 通过调查研究寻求能够支持你的观点的证据，以便增加你的观点的说服力。准备好如何应对你的听众提出的种种问题。

**技能手册：** 8D 主题探究 4A 调查技巧

# 任务设计

技能菜单
- 分析问题
- 制定方案
- 制造模型
- 记录数据
- 实验检验
- 结果评估
- 交流经验

## 设计并制作一个控制灯光的仪器或系统

光的作用并不仅仅是使人能够看见各种各样的事物。光能够通过玻璃纤维或其他光缆线将各种信息传输到电话另一头、电脑或电视机屏幕上。所有的娱乐业也都在使用或控制光线达到各种效果、营造各种特殊的氛围。

### 1 一个用于观察的光学仪器

#### 问题背景

你对小鸟在鸟巢中的成长过程十分有兴趣，所以你制作了一个供鸟类生活的盒子，你希望一对成年鸟能够在你的盒子里筑巢、产蛋，然后你希望能够随时观察到鸟巢内的幼鸟的生长过程。但是如果你准备爬到高处去观察盒内鸟巢中的情形，很可能会将幼鸟的父母惊飞。

#### 设计思路

设计并制作一个光学仪器，通过它你能够观察到盒中鸟巢内的情况而不会惊吓到生活在其中的小鸟。

#### 设计要求

- 你可以使用各种平面镜、透镜以及棱镜，在你的设计中至少应该用到上述镜子中的两种或两种以上，并能够合理地将各种镜子组合使用。
- 为了能够验证你的设计是否合理，针对你的设计模型进行检验。通过这个仪器你应该能够看清并阅读到：距离你的脸部上方 1 m 高处的柜架或台上报纸中印刷的广告文字。
- 你的设计中还应该描述将仪器和鸟巢连接的方法。

图 1

你有什么办法看见那些被其他物体挡住的物体?

### 2 一间娱乐室

#### 问题背景

一间娱乐室，通常又被称为照镜子的房间，房间里装满了各式各样的面镜、透镜以及棱镜，这些镜子能够形成扭曲了的、多个人体图像，配上各种光影效果，能够营造出一种光怪陆离的奇特环境。房间中所有镜子的设计与摆放都经过了精心准备，以使每一个进入房间的人都会被看到的情形逗得大笑不止或高声惊叫，他们会觉得无法分辨自己所处的位置，不知道什么是真什么是假，不知道何去何从。

#### 设计思路

设计并建造一间娱乐室的模型，它里面的景象能够使参观者感到惊奇、欢娱以及喜悦。

#### 设计要求

- 你的娱乐室中应该使用各种面镜、透镜以及棱镜，你也可以使用其他的光学设备。
- 你应该提供一份详细的设计书，其中包括你的不同层次的设计意图以及各个部分的建造方法。
- 娱乐屋中的所有设施应能够保证参观者使用安全。

图 2

在娱乐室中，你所看到的一切很可能与实际的情景不一样。

图 3

舞台上的灯光能够营造出许多有趣的效果。

## 3 一套舞台灯光系统

### 问题背景

在剧院表演时，为一个话剧提供适合于剧情的灯光效果往往是一件困难的工作。对于每一个话剧，舞台灯光设计师和工程施工人员必须创建一整套灯光系统，以便能够为话剧的每一幕提供合适的效果。现在你需要为一个话剧提供灯光，这个话剧中要表现出室外凉台上的三种不同情景：一个是温暖、晴朗的白天，一个是乌云密布的日子，另外一个是月光下的场景。同时话剧还会有三个室内的场景：一个是清晨，一个是日落时分，另一个是晚间。室内场景都发生在同一间房屋内，房间里有一扇窗户。

### 设计思路

设计并建造一个光照的模型系统，以便为话剧舞台提供所需要的效果。

### 设计要求

- 你的灯光模型能够提供上面所描述的每一种舞台场景氛围。
- 你的设计计划中应该能够包括每一场景中灯光的使用方法。
- 灯光系统的使用必须保证所有观众、工程施工人员以及演员的安全。

## 综合评价

通过下列活动评价你制造的模型或装置的优劣：

**操作过程**

- 对问题的理解是否恰当
- 是否能够制定出合适的工作计划
- 能够选取合适的材料、工具以及设备进行制作，并符合安全规范
- 测试产品性能并记录测试结果
- 对你的产品进行评估并提出改进建议

**交流讨论**

- 准备一个有关你的设计的讲稿
- 使用规范的语言交流
- 清晰明确地说明你制作的装置以及测试其性能的每一个步骤
- 清楚地说明你的模型工作的原理
- 正确画出你制造模型的机械图纸

**作品展示**

- 检验你制造的模型是否符合提出的制作标准
- 检验制作模型的材料利用率是否合乎标准
- 检查你所制造的模型
- 检查你的模型是否能够解决提出的问题

在制造和测试你的模型之前，务必将你的计划交给你的老师并征求他的改进意见。

# 第 5 单元总结

通过本单元的学习，我们知道了太阳是地球上所有光能的最初来源，但人造光也能够提供光线。各种光的合成使我们能够观察到各种颜色。另外，人的眼睛构造与照相机的构造有许多相似之处。

## 反思回顾

·想想你在本单元的“概述”和“准备开始”部分遇到的学习目标和问题，你认为本单元中学习的内容是如何与这些学习目标和问题联系起来的？(你可以重新浏览本单元的“概述”和“准备开始”部分的内容，以便回答这一问题。)

·重新修改你对三个任务设计(一个用于观察的光学仪器、一间娱乐室和一套舞台灯光系统) 的设计构想，并对本单元“准备开始”中的问题加以重新思考，你现在的想法与原先的想法有了哪些改变？

·现在你能够提出哪些新的问题？对这些问题你有哪些解决的办法？

## 理解概念

- 解释右图中光源工作的原理 5.1
- 理解各种材料对光的不同性质：传输光能、反射光线和吸收光线 5.3
- 说出在各种光学仪器中透镜或面镜的不同性质及其使用原理 5.9，5.11，5.16
- 说明不同材料对光的折射原理 5.10
- 比较可见光与其他形式的电磁波的性质有何异同 5.14，5.15
- 说明人能够观察到各种颜色的原因，以及不同物体显示不同颜色的原因 5.17，5.18
- 描述各种颜色的滤镜和色素对光作用的原理 5.20，5.21

## 技能应用

- 提出一个假设并设计一个实验检验光在什么条件下能够形成阴影 5.2
- 探究光是如何在物体表面发生反射的，并用示意图说明你观察到的光发生反射时的原理5.5，5.7，5.8

- 设计、准备并实施一个研究计划以解释左图中透镜的成像原理 5.12
- 设计并实施一个研究计划以探究颜色的原理 5.17，5.20

• 理解下列光学用语并能够加以使用：

颜色添加合成法
入射角
反射角
折射角
生物发光
化学发光
光的互补色
凹透镜
凹面镜
凸透镜
凸面镜
漫反射
放电
电磁波谱
焦距
荧光
白炽光
入射光
光的反射定律
透镜
光
发光体
非发光体
法线
不透明
光学仪器
半影
磷光
平面镜
光的三原色
色素的三原色
主光轴
主焦点
实像
反射光
折射
镜面反射
光的合成色
色素的合成色
阴影
太阳能电池
太阳能面板
颜色的减法合成理论
半透明
透明度
透明
本影
虚像
可见光谱
波长

## 建立联系

• 对能量在光源中的转化效率进行估计 5.1

• 认识到光线与传递材料之间的作用在你的任务设计中所起的重要作用 5.3，5.5，5.6，5.8，5.18，5.21

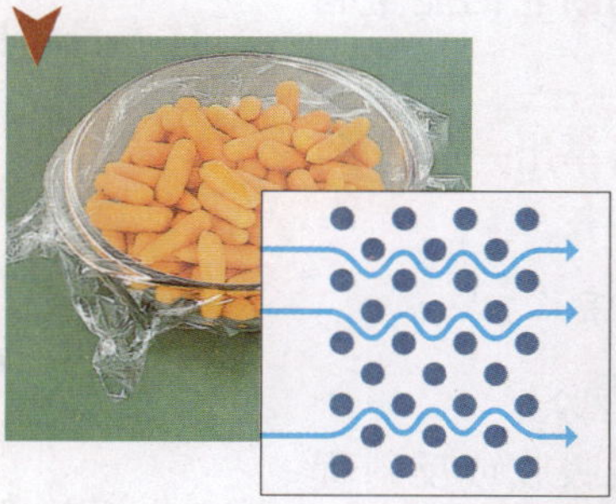

• 认识到光的反射在我们日常生活中所起的作用 5.6，5.9

• 描述多个透镜或面镜如何在一部光学仪器中合理装配以便能够发挥各自的特性和作用 5.11，5.16

• 对人眼的结构与照相机的结构进行比较 5.13

• 说明什么叫电磁波以及电磁辐射的能量是如何到达地球表面的 5.15

• 认识到将太阳能转化为电能的优点及其成本 5.22

# 第 5 单元复习

## 理解概念

1. 说出下列的能量转化为光能的过程属于哪种转化：

(a) 一个白炽电灯的发光现象

(b) 一个正在发光的荧光灯灯管

(c) 一个正在发光的磷光灯钟表盘面

2. 针对一个将其他能量转化为光能的仪器或系统装置，你有什么办法来判断它的能量利用效率？

3. 描述出下列材料的特性并各举出一个例子：

(a) 光的良导体

(b) 能够吸收大多数光的物质

(c) 能够反射大多数光的物质

4. 说出能够影响物质对光线吸收或反射程度的因素。

5. 用合适的术语填写下列句子中的空格以便使句子完整：

(a) 一个 ________ 的像属于不能够投射到屏幕上的像；

(b) 像的 ________ 性质用来说明像是正立的还是倒立的。

6. 对于一条沿平面镜的法线入射的光线，

(a) 光线的入射角度应该是 0°；

(b) 光线的反射角度应该是 0°；

(c) 一定垂直于平面镜；

(d) 它的反射光线与入射光线重合；

(e) 上述描述全部正确。

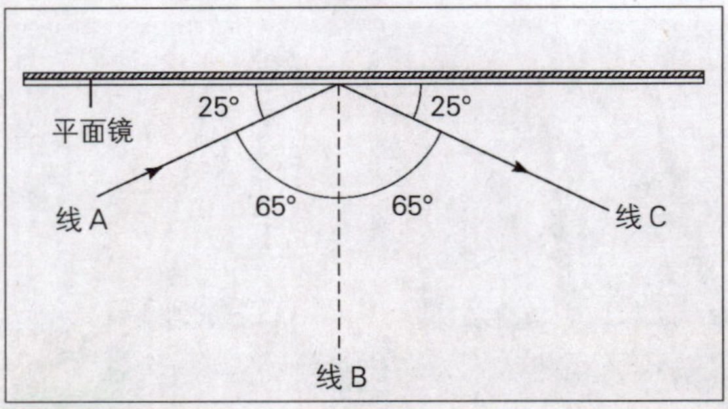


图 1

7. (a) 在图 1 中，线 A，B，C 各称为什么线？

(b) 图 1 中光线的入射角是多少？

8. 利用光的反射原理说明人眼在一面平面镜中观察到像的过程。

9. 一个物体在凸面镜中所成的像与物体本身相比较，总是：

(a) 较小，正立，虚像

(b) 较大，正立，虚像

(c) 较小，倒立，虚像

(d) 较大，倒立，实像

(e) 较大，正立，实像

10. 在一面凹透镜前，如果你希望在镜子里观察到自己的正立的像，你应该站在什么位置？

11. 观察图 2，比较图中的每一个像与镜子前面相应物体的位置和大小。

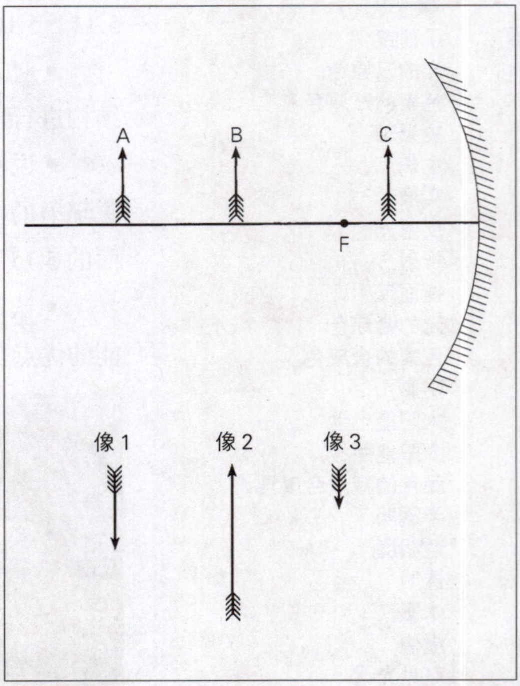


图 2

12. (a) 什么是光的反射？

(b) 光线被反射的原因是什么？

(c) 为什么我们能够观察到光的反射现象？

13. 当一束光线以入射角为 45°从空气中进入一块玻璃时，则玻璃上该光线的反射角应该：

(a) 是 0°

(b) 是 45°

(c) 大于 45°

(d) 小于 45°

(e) 不会发生光的反射，因为所有的光都会被折射

14. (a) 与其他常见的电磁波谱相比，可见光光谱通常具有哪些特殊性质？

(b) 电磁波谱与可见光光谱又有哪些不同之处？

15. 为了能够判断某一种波是否属于电磁波谱中的一种，你通常需要知道这种波的哪些性质？

16. 用合适的术语填写下列句子中的空格以便使句子完整：

(a) 青色光的互补色应该是_________。

(b) 如果你透过一个绿色的滤镜观察一个洋红色的物体，你将会看到该物体的颜色是_________。

17. 下列哪些颜色的光叠加在一起不会产生白色光？

(a) 红光+蓝光+绿光

(b) 红光+青光

(c) 蓝光+黄光

(d) 红光+蓝光

(e) 绿光+洋红色光

18. 如果你长时间注视一个亮绿色的物体后，转而观察一个白色物体，这时你看到的图像颜色应该是

(a) 绿色 (b) 黄色

(c) 洋红色 (d) 黑色

(e) 白色

19. 将青色和红色两种颜色混合能够得到的合成色应该是

(a) 黑色 (b) 白色

(c) 红色 (d) 青色

(e) 洋红色

20. 通过颜色添加合成原理说明你的眼睛观察到各种颜色的过程。

21. 见图 3，在数字标出的每一个位置上你能够观察到什么颜色？

22. 黑色的物体不会反射光线，为什么我们仍然能够观察到？

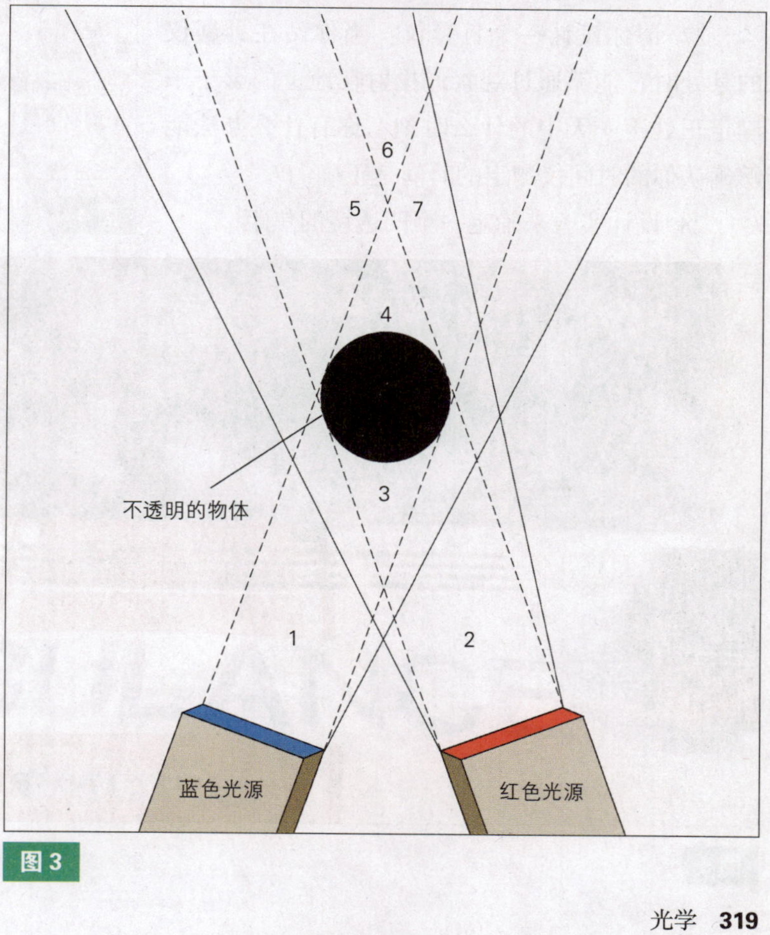


图 3

## 技能应用

23. 如果让你通过使用“光的演示实验”来说明光是沿直线传播的，你准备怎样设计这个实验？

24. 一家从事灯具生产的公司聘请你为他们设计一个有特殊性能的灯具：它的电灯开关在黑暗中能够被看见而且这个光源不需要额外提供能量就能够发光。

(a) 你准备如何进行设计？

(b) 为了检验你的设计是否符合设计要求，你准备如何进行实验检验？

25. 如果你站在一个街道的拐角处，希望看见拐角另一面的情况，你准备在什么地方安放一面镜子以达到上述目的？画出你的设计的俯视图。

26. 图 4 是一个简单的针孔照相机的示意图，你准备对它进行怎样的改进以便：

(a) 使这个针孔照相机的长度能够调节？

(b) 可以用这个照相机拍摄照片。

27. 请你设计一个日晷仪：当你站在日晷仪的某处时，能够通过观察你投射在地上的影子来确定正处于一天中的什么时刻。你有什么办法能够确认你的时间仪测定的时间是正确的？

28. 设计实验来确定一个凹透镜的焦距。

29. 利用太阳光，你怎样使用一个曲面镜来点燃夏令营的篝火？画出你的设计图，并对你的设计作出说明。

30. 当你使用电视机遥控器时，从遥控器中会发出红外线。通过实验来测试下列不同的材料对红外线的透过情况：玻璃、塑料、木头、人体。

31. 如果你希望研究不同颜色的灯泡发出的可见光线的颜色各是什么，说出你的实验设计。

32. 太阳每天向外发出的能量仅仅有很少的一部分能够达到地球表面，通过示意图说明其原因。

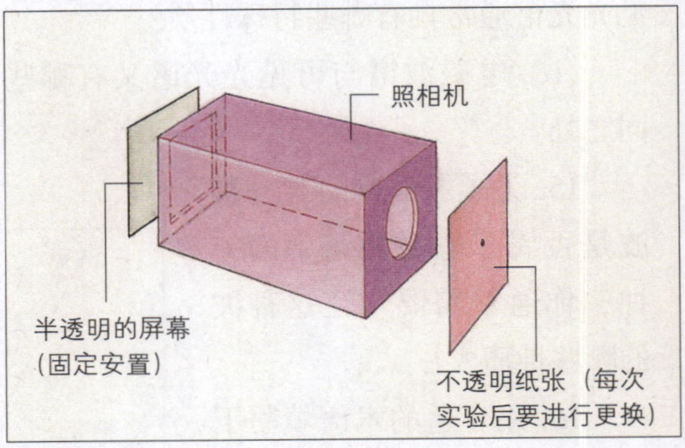


图 4

图 5

## 建立联系

33. 流星体是一种体积巨大的块状岩石体，它们在太空中滑过，属于不发光体。当流星体进入地球的大气层时就会变成我们看到的发光体或“流星”，请你解释这一现象的原因。

34. 如果你希望购买下列商品之一：一架天文望远镜，一台显微镜，一副双孔望远镜或者一部照相机。列出购买过程中你可能会向售货员咨询的相关问题，以保证你购买的产品能够达到你的使用要求。

35. 在你的家里、学校、交通运输、衣服生产、产品包装盒以及运动产品等相关场所或产业中找出一些实际运用透明或半透明材料的地方，并说明这些材料的使用哪些是出于外表美观的目的，哪些是出于提高产品功能的目的。

36. 找出十种我们日常生活中利用光的折射的情景。

37. 图 5 中救护车前面的文字标志为什么是面向后方的？

38. 为了能够获得人造光源，我们往往需要将其他形式的能量转化为光能然后加以使用，而其中我们使用得最多的是将电能转化为光能。但使用电能一方面价格较贵，另一方面容易带来一些危险或对环境造成不利的影响。找出一种能够产生电能且没有上述不利因素的能源，说明你这样选择的理由。

39. 许多街灯能够自动亮起或熄灭（见图 6）。

(a) 指出上述的自动控制系统中的输入指令、输出指令以及反馈系统的特征。

(b) 大雾天气会对上述自动控制系统产生什么样的影响？

40. 运用下列设备你能够设计出哪些光学仪器？

(a) 两个凸透镜

(b) 一个凹面镜和一个凸透镜

(c) 两个平面镜

(d) 三个凸透镜

41. 用示意图说明近视眼镜和远视眼镜工作的原理。

42. 说明如果没有各种镜子或透镜，会给我们的生活带来哪些不便之处。

43. 将人眼睛的自动控制功能和照相机的自动控制功能进行比较。

44. 画一个概念图，在图中标出你站立的位置，并标示出各种光线进入你的眼内的途径。

45. 有时你在商场里购买了某种商品后拿到室外，发现它的颜色在阳光下和在商场里看到的颜色略有不同。这是因为商场里通常使用荧光灯光源，这种光源发出的蓝色光比红色光略多一些。根据光的原理分析一下荧光灯对衣服布料、化妆产品以及装潢材料的颜色会产生怎样的影响，你有什么办法可以消除上述影响吗？

46. 迄今为止，许多研究已经证明：人们的心情受周围环境颜色的影响。想想那些引起过你的兴趣的各种广告或商业促销活动，这些活动的组织者是如何利用各种颜色影响你的购买决策的？你还能够举出一些有关颜色使用的有益活动或造成的不利影响吗？

图 6

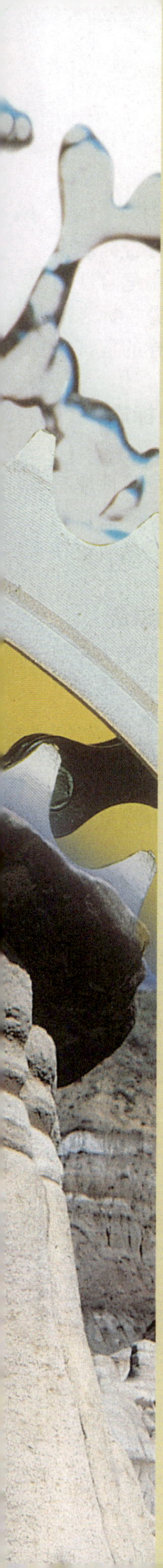

# 第6单元

## 技能手册

# 1 科学探索安全手册

## ① 科学探索安全手册

### 科学探索（7、8 年级读本）中涉及的实验操作安全条例

尼尔森《科学探索》（7、8 年级读本）中涉及的各种探究实验对学生而言，既生动有趣又充满挑战性，而且操作也较为安全，但也不是全无危险。书中所有的探究性实验中可能出现危险的地方我们都用红色的图案加以提醒，并配上了有关说明的红色文字(图 1)。

图 1

使用剪刀进行剪切时一定要注意操作的安全性，操作的过程一直保持工具与身体间留有一定的安全距离。

在进行任何实验操作前，你必须先认真阅读有关的安全说明并确认完全了解说明中的所有文字含义。如果你对其中的说明，有什么内容没有理解的话，务必询问对这些内容已经了解的人士（如你的老师或父母等）。

另外，你应该尽可能地在准备使用的实验物品或实验器材上找找，看有没有一些实验过程中这些物品的安全使用说明。图 2 和图 3 中的图案是一些常用的危险物品安全使用警示标志。

### 家用危险物品说明标志 (HHPS)

或许你已经对图 2 中的各种警告标志十分熟悉，我们经常能够在许多家用危险性物品的包装上见到这些标志。这些警告标志准确地表明了每种危险品具有什么样的危害以及可能造成的危害程度。

### 工厂中的危险性原料警告系列标志 (WHMIS)

图 3 中的标志是工厂生产用危险性原料的系列警告标志，它是所有生产厂家公认的危险品使用标准图示，学校等公共场所也在使用这些标志。

### 在实验过程中避免可能发生的事故

学习科学探索时，教室中发生的绝大多数实验事故都是由于不小心操作引发的。遵守下列实验步骤能够帮助你避免各种实验事故。

- 认真遵守实验安全手册的有关规定，在操作实验时认真仔细、态度谨慎。
- 做任何实验时都要预先做好充分的准备工作。
- 保持实验室或其他工作场所的整洁卫生、物品摆放条理整齐。
- 如果你留了长发，实验时请务必将长发扎在脑后，不要穿着宽松的衣服或佩戴首饰。
- 当测定化学药品或混合药品时要特别

图 2

家用危险物品说明标志（HHPS）

图 3

工厂中的危险性原料警告系列标志(WHMIS)

注意安全。

• 当使用温度较高的仪器时一定要小心留意。

• 不要对玻璃仪器施加过大的压力（玻璃仪器包括显微镜上的载玻片、盖玻片以及温度计等）。

• 小心使用所有的工具，尤其是一些尖利的工具。

• 实验时请配戴护目镜。

## 实验前的安全操作

1. 学习安全使用各种实验仪器以及如何正确摆放这些仪器，例如：

• 护目镜 • 全身式围裙

• 隔热式手套

• 用于冲洗受伤眼睛的专用水池

• 用于搜集碎玻璃的专用容器

• 急救箱 • 灭火器

• 绝热毯 • 水池

在实验室中找到离你最近的火警报警装置，了解一旦发生实验事故你应该进行的应对措施。

2. 实验前，将你可能的药物过敏或其他特殊问题及时告诉你的老师。进行实验时请不要佩戴隐形眼镜——因为这时一旦有异物进入眼睛内部，很难将它及时取出。

3. 进行探究实验前，请务必仔细阅读你准备进行的每一步实验操作的说明，如果其中有什么你没有完全理解的地方，及时请教你的老师；仔细阅读或观察所有药品上的安全标志；仔细检查所有的实验工具或仪器，保证它们都完好无损并能够安全使用；除了实验过程中必须用到的物品，其他药品需另外放置以免影响实验正常进行；如果你是进行独立的探究实验设计，将你的设计计划交给你的指导老师征求他的建议或检查。

4. 进行探究实验的过程中，注意佩戴护目镜、穿上防护服，将长发扎在脑后（图 4）；摘下项链和其他饰品；脚上不要穿拖鞋，应该尽量穿大小合适、全包裹式的鞋子；注意不要穿太宽松的衣服。

5. 实验完毕要将所有使用过的工具和设备收起并存放在合适的位置。

6. 除非有成人已经教给你如何安全地使用，否则不要使用一些大功率的工具。

7. 务必注意不要一个人单独进行实验。

图 4

a 为进行探究性实验做好准备工作

b 为进行探究实验的设计做好准备工作

## 使用化学药品进行实验

1. 除非你的指导教师要求你用嘴品尝、用手接触或用鼻子去闻一些药品，否则务必不要进行这些操作。另外，在科学探索课程的实验室中不能嚼口香糖、吃东西或喝饮料。

2. 及时了解物品安全使用手册（MSDS）的存放位置以便随时参照，只有仔细阅读了 MSDS 中的相关内容后才能开始使用这些化学物品。

3. 将所有盛放化学药品的容器贴上标签。当你从试剂瓶中或其他容器中取用化学试剂时，请仔细查看容器上的药品标签以保证取用的试剂正是你所需要的。

4. 一旦不小心，你身体的某一部位接触到化学药品或者是标本，请立刻用大量的清水进行彻底冲洗。如果你的眼部接触了化学药品，不要用手直接擦除，而应该直接用冷水连续冲洗眼睛。具体方法是：将冷水从双眼的中间向左右两边眼角流动进行冲洗，时间至少持续 15 min。并将情况及时汇报给你的指导老师。

5. 使用化学药品时应该充分注意安全。如图 5，当你想要去闻某一气体的气味时，应该将气体远离身体，用手轻轻扇动将气体带入鼻腔而不要直接去闻气体。因为这样你既能够闻到气体气味，又能够防止鼻内吸收过多的气体进入肺部。记住：永远不要直接去闻化学药品。

图 5

安全闻气体气味的方法

6. 当你向试管中倾倒液体时，应该将试管固定在试管架上。如果没有试管架等固定试管的仪器而必须手持试管进行倾倒，首先注意将试管远离你和他人的身体，然后进行操作。（图 6）

图 6

安全倾倒液体的方法

7. 如果实验过程中不慎有液体从容器中溅出或滴落在地上，立刻将这些液体清除干净，并听从指导老师的安排。

8. 化学药品一旦从容器中取出，即使没有使用也不要放回原来的容器，也不能直接倒入下水管道，应听从老师安排放在指定的地点。

9. 使用化学药品或进行化学实验时，注意在通风良好的环境中进行。

10. 化学实验后将使用的药品和仪器收拾干净。

## 如何安全地进行加热操作

1. 如果可以的话，实验时应该尽量用电热板对物体进行加热。除非老师或教材要求，不要用明火设备给物体加热。在进行科学探索中的各种探究实验时，如果用到了本生灯（图 7），请严格按照下列要求进行实验操作。

- 遵守老师告诉你的正确方法使用本生灯，如点燃或调节火力等。
- 不要用本生灯加热易燃烧的物质，如酒精等。同时注意使用本生灯时周围不要放置易燃物品。
- 不用时将本生灯熄灭。
- 通过转动本生灯的控制阀熄灭本生灯，而不要在它的底座熄灭本生灯。

图 7

本生灯

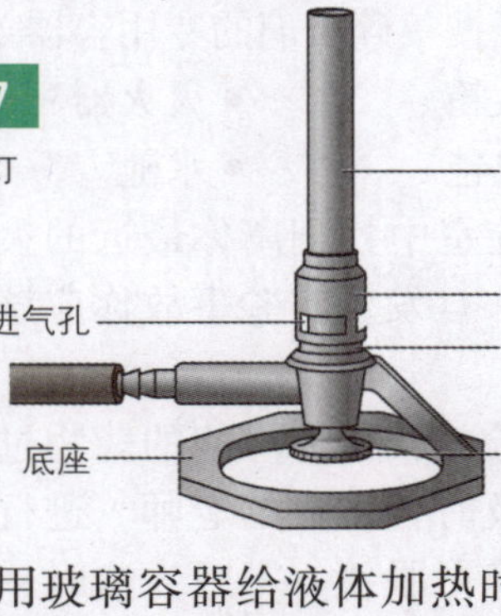


2. 当用玻璃容器给液体加热时，注意制造该容器的玻璃是硅酸盐玻璃或其他类型的硬质玻璃。加热用的玻璃容器不能有缺口或裂缝，也不能加热空的玻璃容器。

3. 给试管中的液体加热时应该用试管夹夹持试管以免手被烧伤。加热液体时试管口应该倾斜一定角度且不要对准自己或其他人（图 8）。加热时应该首先加热液体的上半部分，然后在火焰上方缓慢移动试管以便使整个液体均匀受热。

4. 当你想要拿起温度很高的物体或有可能是高温的物体时，一定要注意安全。如一个电加热板想要从高温完全冷却，通常需要等 60 min 的时间。如果你想知道一个电加热板是否已经冷却，并能够用手直接移动，可以通过如下操作：先将一个润湿的纸巾放在加热板上，观察是否有热气冒出或能否听到液体受热

图 8

用试管给液体加热的正确操作方法

图 9

如何正确使用钢锯

发出的嘶嘶声，如果有上述现象就要等一定的时间。如果不小心被烫伤，可以用冷水或冰水浸泡，并及时将情况报告给老师。

5. 实验过程中始终要有一个质量可靠、随时能够使用的灭火器在旁边，以备不时之需。

## 光源的正确使用方法

1. 使用光源时注意一定不要用眼睛直视光源（包括太阳光），也不要用放大镜直接观察光线。

2. 实验中使用玻璃镜时一定要多加注意。如果不慎将玻璃镜打碎，玻璃碎片不能随意丢弃，而应该在老师的指导下放在专门的容器中。

3. 因为光源盒的使用通常要求在黑暗处，所以当你需要移动光源盒时一定要特别注意安全。当突然进入黑暗处或将照明灯关闭处于黑暗环境中时，注意先不要急于进行实验操作，而是等一段时间让双眼适应了周围的环境以后再开始实验。

## 如何使用一些尖利的工具

为了确保安全，实验过程中使用的所有工具应该在你身体腰部以下进行操作并注意始终带上护目镜。

1. 钢锯的使用注意事项（图 9）

• 为了能够保证安全，首先要选择合适的固定器具来固定被锯的物体，并检查固定器具表面是否安全性能良好。

• 检查钢锯的锯条方向安装是否正确（锯条上的锯齿应该背向使用者）。

2. 打孔器的使用注意事项

• 更换打孔器的钻头时一定要小心谨慎，为了减少可能造成的损害，建议尽量选用质量较好的钻头。

• 用打孔器钻孔时要将物体固定在平稳、牢固、安全的操作台上，确保被操作物被牢固放置。

• 钻孔时的方向应该始终是从上向下进行。

3. 纸上打孔器的使用注意事项

• 用打孔器在纸上钻眼时，一定要将纸牢牢地固定在操作台上。

• 用纸上打孔器钻孔，要在平稳、牢固、安全的操作台上进行。

• 用纸上打孔器钻孔时，注意不能施加过大的作用力。

4. 美工刀的使用注意事项

• 使用美工刀时一定要用一把金属直尺辅助，以保证操作的安全。

• 用美工刀切断物体，要在平稳、牢固、安全的操作台上进行。

• 将工作台表面清理干净。

• 使用美工刀时要注意刀刃的运动方向始终是由内向外，即向远离你身体的方向运动。刀刃运动时要注意另一只手远离刀刃的运动路线。切割物体时动作要缓慢小心、用力轻盈。当需要切割较厚的物体时可以反复操作几次而不是用力一次切开。

• 美工刀用完后注意及时将刀刃收起。

5. 金属剪和普通剪刀的使用注意事项

• 使用剪刀时一定要手持剪刀的尾部。

• 将要被剪断的物体放在靠近剪刀中心的连接轴的地方，这样能够节省剪断物体所需的力量。

• 使用剪刀时操作要快速果断，这样能够使被剪下的物品落在操作台上。

• 金属剪使用完毕后应该及时将剪刀上

的安全勾取下。

6. 锤子的使用注意事项

• 使用锤子或榔头钉钉子时一定要用锤子敲击钉子的尾部，即钉子较大的一头。

• 使用锤子工作时要注意在平稳、牢固、安全的地方进行操作。

7. 螺丝刀的使用注意事项

• 使用螺丝刀时要注意只将用它用于转动螺丝等，而不能用于打孔、充当楔子等。

## 如何使用黏合剂以及夹持器

1. 使用黏合剂时，事先要注意阅读产品的标签，以便确认该产品不具有毒性。

2. 严格按照产品的使用说明进行操作，尤其注意产品的安全警示以及意外发生时的急救措施。

3. 使用黏合剂喷枪和黏合剂时，一定注意保持实验室的通风良好。

4. 黏合剂喷枪（图 10）的使用注意事项：

• 使用喷枪时要戴上护目镜。

• 在实验室靠近电源插座且较为安全的角落使用黏合剂喷枪，注意喷枪的外接电源线不要妨碍实验操作。

• 使用黏合剂喷枪和黏合剂时，工作台面上应该铺上保护板。

• 使用黏合剂喷枪时，喷枪的出口应该保持向下喷出黏合剂。另外要注意在操作台的台面上进行操作。

• 用一个长木棍将准备黏合的物体固定在操作台上，以免喷胶时灼伤手指。清理黏合剂喷枪时不要将小木棍等插入枪管。如果不慎被喷枪灼伤手指，立刻将受伤手指浸入冷水中 10 min 以上，并将情况汇报给指导教师。

5. 夹持器的使用注意事项：

图 10

黏合剂喷枪的正确使用方法

当用金属夹持器夹持物体时，注意不要用力过大以免损坏被夹物体。如果可能，在物体上打个孔以便将它夹起。

## 实验操作中可能遇到的其他危险及其避免措施

1. 当手上有水时，不要去接触电源开关、电线插头或插座。从电源插座上拔下插头时，要用手拿着插头拔下而不能够用手拉电线拔插头。如果发现电源开关损坏或电线上的绝缘层磨损，立刻将情况报告给老师。另外注意将电线放在合适的位置，不要放在经常有人走动的地方以免将人绊倒。

2. 将损坏的或废弃的玻璃放在指定的容器内。

3. 处理废弃的药品时一定要听从教师的指导。

4. 不论后果大小，发生任何事故或受到伤害都要及时将情况汇报给指导教师。另外如果见到下列情况也要及时报告：实验仪器受到损坏、实验室的设备或设施被破坏或有可能存在隐患以及发现了可能有危险的化学药品等。

5. 每次做完探究或验证实验都应该用肥皂和热水彻底清洗你的双手。尤其是那些会接触化学试剂、生物标本以及微生物等的实验，事后将双手洗干净十分重要。

6. 将化学药品和各种溶剂存放在通风良好的地方。

7. 各种工具和装置使用后都应该放在安全的地方。

### 试一试 制作安全宣传画

通过集体合作，为你的教室制作一幅安全广告牌。广告牌的内容应该包括下述内容：一旦教室里发生火警，可以从哪些出口及时撤离；一些安全设备在教室里的安放地点，如灭火器、急救箱等；各种工具的安全使用注意事项；以及一些必须遵守的安全守则等。

# 2 科学探究的过程

## 2A 科学探究过程

科学就是我们关于外部世界的知识，它也是我们通过一系列步骤认识世界的一种途径，这些步骤往往包括：对周围客观事物的观察、发现并提出问题、对问题提出暂时性的答案、通过实验对答案进行证明等等。科学还包括与他人共享已有知识并鼓励他人进一步发现更多的知识。为了解决自己发现的问题，不同科学家通常会采用相似的研究步骤或方法。在研究这些常见方法之前我们先通过一个实际例子了解科学方法的原理。

### 利用科学的步骤进行科学探究

#### 从激发探究愿望到提出可验证性的假设

如果你能够花一些时间对植物进行观察，就会发现所有的植物都是向上生长的（图 1）。如果你对事物充满好奇心，或许就会提出这样的问题：“为什么所有的植物都向上生长？”进一步你就会找出一些初步的可能解释，如植物可能具有向光性。开始，这仅仅是一个假设，以这一假设为基础，你就会继续提出一个可以通过实验进行验证的预测。比如，你能够通过实验判断下述预测：“如果照在植物上的光线的入射角逐渐增大，则植物向上生长的角度也会逐渐增大。”

#### 设计实验进行探究

一旦你提出一个预测就可以设计实验来验证这一预测。你可以将你的预测看成是一组建立在原因和结果之间的联系性陈述：植物的生长角度看成是结果，而光源的入射角度是原因。这样你设计的探究实验的任务就是：光线入射的角度是否会影响植物向上生长的角度。在进行探究性实验过程中，事物的原因和结果是一对可以改变或变化的物理量——即我们所熟知的变量。为了能够使实验结果更加准确，你必须尽可能严格控制各种会引发结果的原因变量。如上述实验中你可以使用五株植物进行实验：首先确保这五株植物的所有生长条件——如环境的温度、施加的肥料与水分以及受照射光源的种类等都保持一致（图 2）。然后保持其他条件不变而只改变其中一个变量：本预测检验中，你应该改变每一株植物照射光源的光线角度，然后测定结果——植物的生长方向。

图 1

为什么所有的植物都是向上生长的？

图 2

改变光线的入射角度，是否会改变植物向上生长的角度？

## 探究实验结果及其处理

进行探究性实验设计时，你应该考虑到实验过程中，你准备改变并测量哪些变量，以及如何对测量的结果进行记录。例如你可能需要创建一个数据表格来记录实验结果（表 1）。

**表 1** 植物生长角度的记录表

| 光线入射角度 | 第 1 天 | 第 3 天 | 第 5 天 | 第 7 天 | 第 9 天 | 第11天 |
|---|---|---|---|---|---|---|
| 标本 A（0°） | ? | ? | ? | ? | ? | ? |
| 标本 B（30°） | ? | ? | ? | ? | ? | ? |
| 标本 C（45°） | ? | ? | ? | ? | ? | ? |
| 标本 D（60°） | ? | ? | ? | ? | ? | ? |
| 标本 E（90°） | ? | ? | ? | ? | ? | ? |

做完实验后，下一步工作是对实验结果进行分析，看它们是否能够支持你原先提出的预测。如果希望对收集到的数据有更加直观深入的了解，你还可以将数据用图形的方法表现出来以便于分析。最后为了便于交流，你应该将探究结果写成报告的形式。

实际上，从事因果探究实验时，你不可能完全确定将所有可能引起某一结果的影响因素都考虑并加以控制，这也意味着你永远不可能确认你的探究结果完全正确。但是如果你获得的结果与你原先作出的预测结果越接近或吻合程度越高，则你原先作出的假设正确的可能性越大。另外，如果你的实验过程和结果陈述的报告书写得清晰易懂，则你的实验越有可能被他人重复进行并加以确认，你的假设也越可能被重新验证。这样也就有可能发现新问题或收集到新的证据。

## 科学探究的步骤

无论是独立设计探究实验方案还是执行已有的实验方案。如果你希望对自己发现的问题能找到可靠的答案，你就应该严格遵守一定的步骤、运用特定的技巧实施探究。如图 3 是从事科学探究的常用步骤流程图，在本书中的“技能手册”单元中列出了每一步探究过程中涉及的必要技巧，可以作为从事探究或调查工作的参考。

### 试一试 侦探与科学家之间的比较

阅读一本悬疑类小说，从中找出侦探在破案过程中运用了哪些行动步骤，参考图 3 所示流程将书中侦探的破案过程用图表形式加以说明。下列问题会有助于你完成任务。

1. 书中的侦探在破案过程中会遇到哪些需要解决的问题？

2. 书中的侦探针对案件提出了什么样的假设或猜想？提出这一猜想的根据是什么？破案过程中有没有观察、研究或提出预测的结果等步骤？

3. 提出假设后，侦破人员是如何对假设进行验证的？破案过程中是否用到了变量控制、线索求证以及使用了科学研究的仪器设备等？

4. 破案过程中是如何对观察结果进行分析并记录证据的？另外，在这一过程中你有没有发现新的研究途径或探究模式？能够得出哪些结论？针对研究过程与结果，你能提出什么新的问题？

5. 书中整个案件的侦破结果或经验是如何进行交流的？

## ❶ 提出问题

• 提出一个你感兴趣的问题或表明一个能够进行验证的想法。

## ❷ 提出猜想或假设

• 查找已有的资料或前人的发现中，能够有助于解决你所提问题的内容。

• 针对提出的问题，作出有一定依据的可能性答案，即你的猜想或假设。

• 根据你的假设，提出可验证性的预测结果，预测的结果应该与你的问题之间具有因果关系。

## ❸ 设计实验

• 根据预测结果确定所有可能的变量。

• 列出进行实验验证所需要的所有物品和设备。

• 写出实验的每一步骤及其操作规范、用途，包括应该注意的安全事项。

• 画出实验的示意图以便更加直观、易于遵照执行，其中包括每一个实验步骤、实验药品和实验仪器等。

• 画出大致的表格以便记录实验数据。

## ❹ 进行实验

• 进行实验时一定要严格遵守事先制定的实验步骤。

• 实验过程中一定要注意安全、正确地使用实验仪器、精确地取用实验药品。

• 认真测量、改变、记录实验中你所控制的所有变量。

• 每次实验记住：至少重复实验三次，如果你是在收集准确的数据，则应该取用每次实验数据的平均数值，因为这样能够提高你实验结果的准确性与可靠性。

图 3

科学探究的一般步骤

## ❺ 观察与记录实验数据

• 进行实验时要认真细致地观察现象，并准确加以记录。

• 及时将实验中获取的数据记录到表格中。

## ❻ 组织与分析结果

• 当实验取得令人满意的数据后，你应该用图象的形式将表格中的数据重新呈现以便分析。

• 对实验中观察到的所有现象进行分析。

• 找出实验中数据变化的趋势和特点。

• 根据实验结果作出结论：究竟你的实验结果是支持、部分支持你原先的假设，还是完全与你的假设相反。

• 对你从实验中作出的结论加以解释。

• 将你的实验结论应用到现今的实际生活当中：想一想你的实验结论或发现会对哪些人有用、会对我们现在的生活产生哪些影响、会给哪些人带来益处，以及如果将你的实验结论用于实践，是否会对我们生活的世界产生危害。

• 重新反思你的整个实验过程，找出其中可能导致实验结果不准确的因素。想一想：如果你准备将来重新进行这一实验，你会对实验进行哪些改进？

## ❼ 交流结果

• 根据你的实验写出一份报告，总结实验结果。实际科学研究中，为了使自己的研究结果能够被更多的人重复验证并获得广泛的承认，科学家往往乐于公布自己研究过程中的所有细节、获得的数据以及最终结论。

## ❽ 重复上述过程直至得出满意结论

• 如果你的实验不能充分解决你原先提出的问题，你应该重新设计、实施实验，直至问题得以解决。绝大多数科学家都是通过多次反复实验才最终获得重大发现的（如治疗癌症的药物等）。

# 2B 提出问题的技巧

## 对我们周围事物的好奇心是提出问题的前提

只有那些对我们周围的世界充满好奇心的人才能够提出有质量的科学问题。培养好奇心的前提是充分的观察、对世界的体验以及对事物的探索。例如，或许你曾经发现，将气球在头发上摩擦后能够被吸附在墙壁上(图 1)。通过观察这个现象，你也许会产生这样的想法：如果将气球在头发上反复摩擦多次，是不是它就能够更容易被吸附在墙壁上？人头发的长度和性质是否会影响到被摩擦的气球被吸附在墙壁上的难易程度？同样的，气球中气体的多少或气球的颜色是否会对上述现象产生影响？

上面的每一个问题都有可能成为科学探究的主题，只要将上述想法通过文字清楚地表达出来，就能发现哪些想法可以成为能够验证的预测——并不是你希望得到答案的每一个问题都值得进行验证，因为有些问题过于普通，还有些问题答案模糊而无法验证。在科学探究过程中，提出一个能够进行验证的预测结果，往往会花费相当长的时间，这也是从事研究所必备的重要能力。

## 探究问题的原因和结果

刚才有关气球的问题，能够用更简单易懂的语言进行陈述：“气球在人头发上摩擦的次数与气球被吸附在墙壁上的时间之间有怎样的因果关系？”也许你已经准备开始设计实验来解答你提出的问题。通常一个可验证的问题都是有关因果关系的问题，这种问题通常的形式为“有哪些变量的改变会引起某一变化？”以及“如果一个变量发生了变化，它会对另一个变量产生什么结果？”我们已经学过，变量就是在探究实验中能够改变的物理量。

## 可测量的变量与可验证性问题

科学上将引起某种结果的原因变量称为自变量，自变量能够在探究实验中加以人工控制。例如关于气球的探究中，气球在人头发上摩擦的次数就是自变量，因为它是你能够进行控制并改变的。在进行因果关系的探究实验过程中，我们都会通过改变各种自变量进行研究。

图 1

气球被吸附在墙壁上的程度与哪些因素有关?

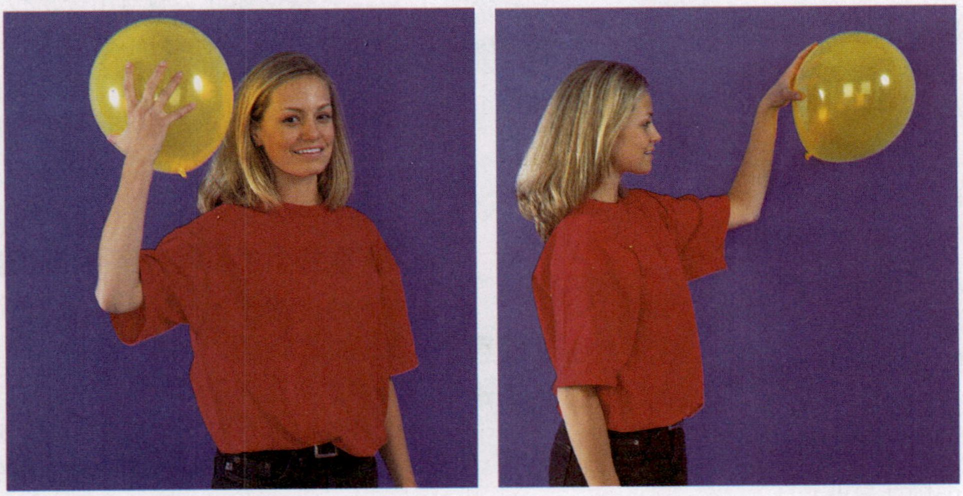

实验过程中，作为结果随自变量变化而变化的数值称为应变量。应变量的数值必须在实验过程中进行测量（如时间、距离等），应变量的变化与你实验设计中预先指定的变量（自变量）有关。气球实验中的应变量是气球在墙壁上被吸附的时间长短。

一个能够通过在自变量和应变量数值之间建立因果关系，并进行实验验证的问题，就能够看成是一个科学的问题。表 1 中列出了一些科学上可以加以验证的问题。

**表 1** 可验证性问题

| 问 题 | 自变量（原因变量） | 应变量（结果变量） |
|---|---|---|
| 光照和添加肥料对海藻的生长状况有什么影响？ | 肥料和光照 | 海藻的生长速度 |
| 受热时液体体积如何变化？ | 液体的温度 | 液体体积 |
| 是不是所用透明物质对光的折射程度一样？ | 透明物质的种类 | 光在物质中的折射角度 |
| 搅拌能不能加速溶质在溶剂中的溶解 | 溶剂中的搅拌情况 | 溶质的溶解速度 |

## 试一试 什么是有意义的问题？

你有没有在冬天踢过球？那种感觉就像是一脚踢在了砖头上。

1. 将一只网球放在冰箱里，第二天拿出来。
2. 参照表 2，记录你的实验数据。

**表 2**

| 网球的温度 | 网球弹起的高度(cm) | 实验 1 | 实验 2 | 实验 3 | 平均数值 |
|---|---|---|---|---|---|
| 低温情况 | ? | ? | ? | ? | ? |
| 室温情况 | ? | ? | ? | ? | ? |

3. 取一个直尺垂直竖立在地面上，零刻度位于下方。
4. 将冷冻过的网球升到直尺顶部位置然后放手，让它直接坠落到地面（图 2）。

**图 2**

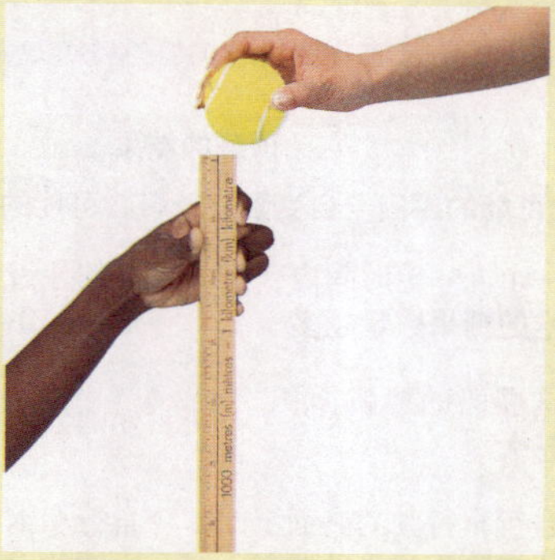

5. 测量网球落到地面后反弹的高度（图 3）。

6. 重复上述实验三次（每次实验称为一次测量或一次实验）。
7. 用未经过冷冻的网球重复上述步骤 3~6。

- 实验步骤 1~6 是为了说明什么问题？
- 实验步骤 7 是为了说明什么问题？
- 为了能够说明上述问题你认为实验中应该测量哪些数据？

## 2C 作出预测和提出假设的技巧

### 什么是假设

所谓假设，指的是一种对问题暂时性的答案，或对事物发生变化的原因和结果之间联系的一种可能性解释。实际上，当你对某一现象为什么会发生提出疑问时，通常你已经在头脑中形成了一些对这一问题可能的解释。例如在上述关于气球的问题中，当你发现气球经过与人头发的摩擦后能够被吸附在墙壁上时，你很可能已经形成了一个预测的结果：气球在人头发上摩擦的次数越多，则它在墙壁上被吸附的时间越长。当然对某一问题你最初提出的预测可能是错误的，但这些预测一般是建立在你以往的经验、一定的逻辑或者是一些你记忆中的科学知识基础之上的。如果有一定的兴趣，你会根据现有的知识设计实验对这些预测加以验证。如果你能够把所有的知识和了解的情况综合起来加以考虑和表述，你就能够得到一个假设。仍以气球为例，你或许能够明确认识到气球之所以能够被吸附在墙壁上，是因为气球表面带有静电的结果。同样你可以进一步认为，气球与人头发的摩擦次数越多，它的表面所带有的静电就会越多。

### 假设与预测之间的关系

假设和预测通常同时出现（表 1）。所谓假设指的是你对预测所作出的解释，而预测就是通过实验所证明的事物。另外，如果某一实验证明你所作出的预测是正确的，则建立在这个预测上的假设也应该是正确的。当然你的实验不一定永远都和你的预测一致，这时你就应该重新作出假设并设计新的验证性实验。

**试一试** 回答下列问题

将一块木板架在几本书上形成一个斜坡（图 1），把一个罐子从斜坡顶部滚下，下列什么情况下罐子滚动的距离更远：罐子里装满水时，还是罐子是空的时？记下你的假设并对这一问题提出一个可以验证的预测结果，通过实验进行验证。你认为你的预测是否正确？

图 1

图 2

**表 1** 一些简单的假设和预测

| 假设（事物因果关系间可能的解释） | 预测的结果：事物可能的原因（自变量） | 预测的结果：事物可能的结果（应变量） |
|---|---|---|
| 我们所吃的糖果中含有糖分，这些糖分能够为生存在人体口腔内的细菌提供养分，而这些细菌会产生一些酸性物质，从而腐蚀牙齿 | 一个人一定时间内，吃的糖果数量越多 | 他的牙齿上被虫蛀坏形成的小孔的数量越多 |
| 一艘帆船的船帆受到的风力越大，为船提供的动力更多 | 这艘船的船帆面积越大 | 船的最大行驶速度越大 |
| 盐能够加快自行车的钢架结构中金属铁与空气中氧气化合的速率 | 自行车行驶的路面上盐类物质的含量越高 | 自行车钢架结构中金属生锈的面积越大 |

# 2D 变量的确定与控制

我们经常会看到：牛奶放在桌子上与空气接触超过 3 h 后，它的味道会发生变化。实际上，产生这一现象的原因并不是时间本身，而是牛奶放在桌面上一段时间内各种外部因素作用产生的结果。你能够找出哪些可能的因素吗？下面我们开始学习如何确定引起结果的变量。

## 变量的确定方法

科研中确定各种变量非常重要，因为根据变量你能够提出在科学上有意义的问题、作出预测、设计具有可操作性的实验。我们已经知道，实验中能够变化的物理量称为变量。其中，能够通过改变实验条件加以人为改变的变量是自变量。例如，在本节的罐子滚动实验中，如果你认为罐子的质量越大，它落下斜坡后能够滚动的距离越远，则罐子的质量就是一个自变量。在这个实验中我们还能够找到其他一些自变量，见图 1a~c。

某一实验中，自变量发生改变而引起的另外一些发生改变的物理量称为应变量。罐子滚动实验中，罐子滚下斜坡后继续滚动的距离就是一个应变量。

图 1

a 木板摆放形成的斜坡的角度（即斜坡坡度）是一个自变量。

b 罐子的体积是一个自变量。

c 罐子中盛放的液体种类是一个自变量。

## 变量的控制方法

进行科学研究时，科学家通常在同一时间内只改变一个自变量的数值，因为只有这样才能够准确认定某一结果产生的真正原因。所谓变量控制指的是防止其他未知变量可能对实验产生的影响。

在本节的罐子滚动实验中你需要进行变量控制：当你在探究罐子的质量对实验结果产生的影响时，你只能单独改变罐子的质量，而其他种种自变量——木板构成斜坡的坡度、罐子的体积尺寸以及罐子内盛放的液体种类等都必须保持一致，就是说只有罐子里液体的多少能够改变。实际上，如果你做了实验，你会发现当罐子里的液体占罐子总容积的一半时，实验的结果会出乎你原先的意料：从斜坡滚下时，罐子里的水会在罐内不断地左右晃动，从而产生摩擦；继而，罐内的摩擦会降低罐子滚动的速度，从而使它滚动的距离变短。所以这个实验中罐内的摩擦也应该被看成是一个自变量，需要加以控制。如果把由水产生的摩擦看作变量，我们可以用一只不装水的空罐子作为对照组进行实验，如图2。

图 2

使用不装水的空罐子作为对照组。

## 科学实验中为什么常常使用对照组

下面的例子可以说明科学实验中使用控制组的原因：一个学生发现，他的自行车使用了整整一个冬天后，自行车的钢架上出现了多处锈迹。根据这一结果，这位学生猜测：可能是冬天用来清除马路积雪的食盐加速了自行车钢架的锈蚀。问题是这个结果的自变量是不是仅仅是食盐的多少（图 3a）？实际上自行车金属的生锈可能并不仅仅由食盐引起。例如冬天地面会更加潮湿，这也能够加速金属的锈蚀。通过对比含有食盐和不含食盐两种情况下自行车的生锈程度，你能够判断出实验对金属生锈影响的程度（图 3b）。

图 3

a 你作出的预测：因为自行车金属架接触的食盐较多，所以冬天自行车更容易生锈。

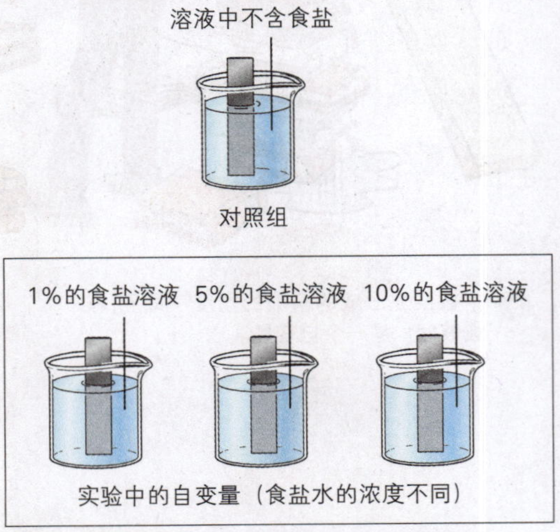


b 对比实验：将金属放在不同溶液中观察现象。

### 试一试　注意安全，谨防灼伤

日常生活中我们常常会用遮阳屏风阻挡太阳的光线，遮阳屏风真的能够阻止阳光灼烧你的身体吗？

1. 针对这个问题，提出你的假设和预测实验的结果。

2. 找出你设计的实验中所包含的自变量和应变量。

3. 你准备怎样设置控制组？

# 2E 如何设计一个探究性实验或调查

一旦你发现了一个有意义的问题并提出了相关的假设，下一步你就可以设计一个能够对你的假设进行验证的调查实验。设计探究性实验过程中，你必须参考本节2A中学过的，进行科学探究通常需经历的程序或步骤。这时你需要对探究的整个过程进行全盘考虑，并对每一步探究进行详细周全的规划。

## 变量的设定

现在我们从一个问题开始来讨论如何设定变量："单摆的质量是否会对单摆的摆动产生影响？"或许，这里你的问题可以换一种表达更易被理解："如果单摆的质量增加，单位时间内单摆的摆动次数是否会随之增加？"解决这一问题的第一步是以什么为实验的变量。我们已经知道所谓自变量就是探究实验中作为原因的变量，而因变量就是探究中的结果变量。这个实验中你会使用不同质量的单摆（单摆的质量都需要记录下来）；另外你还要测量每秒钟单摆摆动的次数。同时你应该了解还有哪些因素或变量也会对实验结果产生影响，并对这些变量加以控制。如果你能够自己作出单摆实验图（图1），你就会更清楚地了解实验中可能的变量有哪些。例如单摆的摆长、单摆摆动的弧度、制作单摆所使用的材料等——所有上述因素都可能影响单摆的摆动。你可以设计实验对上述因素加以控制、验证。

图1

钟摆实验中你认为有哪些变量？

## 实验的观察

除了变量的设定，你还应该仔细思考实验过程中你所要测量的种种数据——这个实验中你需要测量的有单摆的质量和摆动次数。你准备首先使用质量为多少的单摆进行实验？每次实验单摆的质量增加多少？每次实验你准备采用的单位时间是多少？每次实验你准备观察的时间是多少等等。根据上述考虑你就可以设计实验数据记录表（表1）。

表1

单摆质量对每秒钟单摆摆动次数的影响（每次观察时间为15 s）

| 单摆质量 | 每秒单摆摆动次数 |
|---|---|
| 1 g | ? |
| 2 g | ? |
| 3 g | ? |
| 4 g | ? |

## 实验的设备和材料

很明显，你要考虑实验过程中需用到的有关设备和原材料（图2）。如果你能够用图表的形式标注出你所需要的各种材料、设备以及将要实施的每一实验步骤，对实验的顺利进行无疑会有所帮助。

图2

钟摆实验中你需要哪些材料？

## 实验探究程序

在你的探究实验设计中还必须考虑到一个重要因素：其他对你的实验感兴趣的人会希望深入了解你实验中的每一步骤，并在必要时能够重新准确地再次进行该实验（图3）。所以你对自己的实验步骤必须提供详尽、准确、清晰的书面报告。书写报告时你必须遵守下列原则：

• 力求完整——对每一步实验如实汇报，注明每一步骤的顺序。

• 报告书写的语言使用被动语态，尽量避免使用人称代词。

图 3

对实验中的每一步进行记录。

例如，图 4 中提供了一个实验报告的标准格式（仅节选两步）。

书写实验报告时务请不要忘记标明需注意的安全事项！

图 4

实验步骤

1. 实验操作如图所示。

2. 每次实验中，对钟摆进行观察的时间是 15 s。

**试一试** 书写一份实验报告

设想一下你准备如何进行钟摆实验，采用上述标准的实验报告格式，书写一份该实验的实验报告。

# 3 如何进行实验设计

## 3A 问题解决策略

各种技术发明的主要目的在于：通过制造各种产品满足人们的生活需要，从而促进社会的不断进步。例如，科学家们正在试图解释蚊子寻找猎物的缘由及方式，而技术设计人员则在试图制造一些能够保护我们免受蚊虫叮咬的设备或产品（图 1）。

图 1

a 为什么蚊子会叮咬人体？

b 我们怎样能够保护自己免受蚊虫叮咬？

解决生产问题时，技术人员也要遵守一定的操作过程。在了解这些特定的程序前，让我们先看一个具体生产设计的实例。

### 如何进行产品设计

**你准备设计的产品是什么？**

通常，我们设计或生产某一产品的目的，在于满足人们的生活需求或提高我们的生活水平。例如汽车、计算机、塑料以及不含咖啡因的各种软饮料的发明都是如此。实际上，当人们为了自身需求而从事各种发明时，往往能够最大限度地发挥自身的想象力和创造力。比如当家里只有你和你的几个朋友，你们觉得有些饿了，但房间冰箱里的东西没有多少是你们喜欢的。这时你们一致同意用热狗（夹香肠的面包）作为食品，但又发现房间停电。你面对的问题是如何不用电器而将热狗加热。幸运的是你的朋友们会和你在一起想办法。请你们尽可能地想出各种可能解决问题的方法，并分析这些方法各自的优点和缺陷，这样有助于你们找出解决问题的可行性方案（图 2）。

图 2

**确定解决问题的方案**

假如现在你们准备利用太阳能来加热食品，你知道铝制品能够反射太阳光，所以你们准备用它来最大限度地利用太阳热能。另外，你需要知道热狗受热是否均匀。首先你们提出构思和大体行动设计方案，预想可能需要的各种仪器设备和原料；接着，你们应该相互商讨如何制作热狗加热机，从中发现原先没有想到的各种需解决的问题；对所有问题加以考虑后，你们就可以选取各种物品开始工作了——通过集体合作建造一个能够加热热狗的机器模型，解决刚才提出的问题（图 3）。

图 3

利用太阳能加工午餐。

**通过这一设计你能够学到什么？**

实际上，你设计的产品在第一次使用时，烤出来的热狗可能并不能令你满意：很可能烤热狗时由于翻动它的转轴不能自由转动，这样就不能将热狗均匀加热。第一次加热出来的热狗可以看成是一个实验品，从中你能发现你的产品可以进一步加以改进。你应该回到刚才设计过程中的某一步骤中去，重新设计你的产品模型。一旦对自己的产品质量满意了，你可以教会你的朋友们怎样制作一个太阳能热狗烘烤机。交流经验也是从事科学研究过程中十分重要的一个步骤。

## 科学设计中的步骤有哪些

上述实例中，你设计产品的步骤与科学家进行科学探究经历的步骤十分相似。图 5 是表示上述过程的流程图，当你进行科学探索课程的学习实践时，你可以根据图 5 的流程检查你进行设计的步骤是否符合科学标准。

### 试一试 设计一个糕点模型

今天是你妹妹的生日，而她十分喜欢吃草莓蛋糕（图 4）。假如你已经买到了所需要的蛋糕粉以及其他原料，下一步就是如何用这些原料来制作草莓蛋糕。你当然希望做出来的蛋糕看上去造型有趣且具有节日的欢快感。现在你有三只碗，但它们的大小都不符合你的要求。其中有一只碗你曾经用来制作过蛋糕，但发现等用它做好蛋糕后，却很难将制成的蛋糕从碗中取出来。

- 将你需要解决的问题用文字表达出来，并设计一个解决该问题的方案、制作一个能够方便你制作蛋糕的工具原始模型。

图 4

**图 5**

进行实验设计的步骤

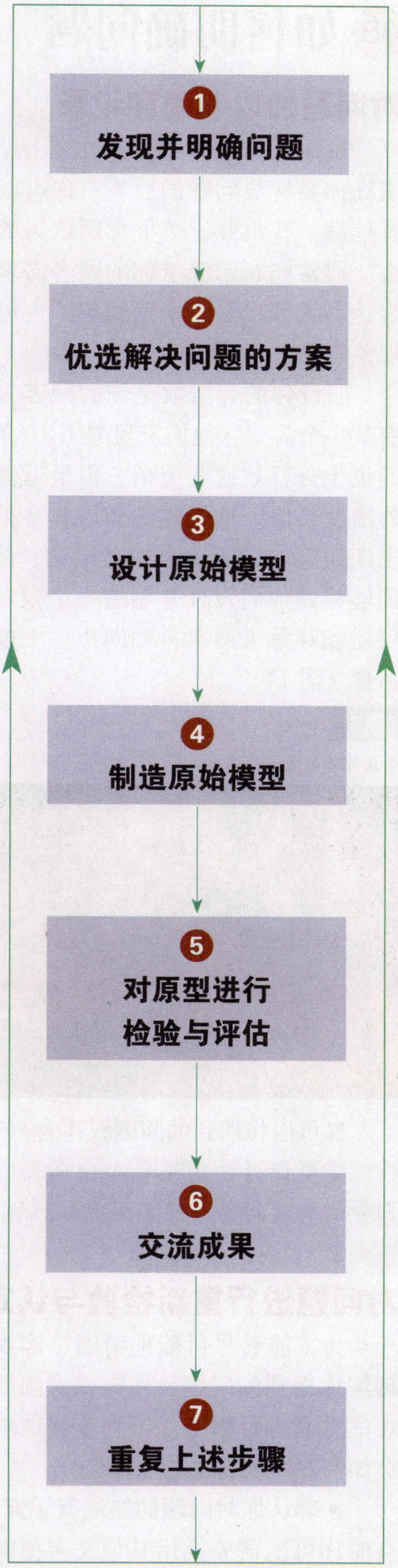


### ❶ 发现并明确问题

- 对你遇到的问题进行确定并记录。
- 确定问题解决过程中遇到的种种限制。
- 研究出可能的解决方案并记下新的想法。
- 对问题重新描述以便对问题有更加清楚的认识。

### ❷ 优选解决问题的方案

- 确定解决问题过程中面临的种种限制性条件（如可以使用的人力资源、时间、财力以及环境问题等等）。
- 找出原型设计的检验标准（如财力投入、产品的使用是否可靠、产品的安全性能、产品大小尺寸以及制造产品的原材料等等）。
- 尽可能找出所有能够解决问题的方案。
- 对能够解决问题的方案进行效率评估。
- 选出能够以最高效率解决问题的方案。

### ❸ 设计原始模型

- 画出你的产品设计草图和（或）制作产品原始模型的日程表。
- 列出你制造产品原始模型时可能需要用到的原料和工具，并对照购买或收集这些原料和工具。

### ❹ 制造原始模型

- 在你使用各种工具制造产品模型时，注意依据①中的“科学探索安全手册”进行操作。制造一个工作的原始模型。

### ❺ 对原型进行检验与评估

- 根据产品设计合格标准实施产品的质量检测。
- 通过实验检验该产品模型是否能够解决所遇到的问题。
- 评价并记录你的检验结果。

### ❻ 交流成果

- 创建一个文件详细描述你的工作程序和产品以及这个产品质量与你制定的设计标准吻合的程度。

### ❼ 重复上述步骤

- 重新设计并制作效率更高的产品模型。
- 重复上述的设计程序直至找到解决问题的最佳方案。

# 3B 如何明确问题

## 对问题加以明确和记录

在你开始进行设计时，必须首先了解、明确你要解决问题的性质。你可以先根据已有信息，找出并记录下你所认为的问题是什么。通常问题来源于你的顾客需求，问题的表达形式可以是一个疑问句，也可以是一个现象的陈述。

假设你的邻居就是你的顾客，现在他们有某一个需要：他们家里养了 10 条金鱼，他们也十分喜欢这些金鱼，但最近他们正好要外出度长假。这样你的邻居非常担心他们外出期间这 10 条金鱼的喂养问题，他们希望你能够帮助他们设计并制造一个仪器——这个仪器能够每天两次自动向鱼缸中投入少量的鱼食（图 1）。

**图 1**

金鱼需要每天进行喂食

你可以将遇到的问题叙述为：

需要设计并制造一个仪器，它能够在为期一周的时间内，每天两次自动给 10 条金鱼喂食。

## 对问题进行重新检验与认定

为了能够尽可能地清晰、客观、全面地理解你遇到的问题，你应该对问题的陈述或表达重新进行审查。下列步骤能够帮助你学会如何对问题表述进行修改：

- **确认你对问题的描述有了充分的理解。**有时你可能需要换用其他文字使问题的表述更加清晰，以便于更精确地理解问题。例如在上面的例子中，问题里没有精确说明每次应该向鱼缸中投放鱼食的数量多少。所以上述问题可以重新修改为：

需要设计并制造一个仪器，它能够在为期一周的时间内，每天两次自动给 10 条金鱼喂食，每次投放鱼食的质量为 0.5 g。

- **确认解决问题过程中所受到的限制条件。**例如，有些问题可能在叙述的过程中，人们就已经想到了该问题的“最佳”解决方案并在问题描述中有了体现。如上面的问题陈述中你的顾客（邻居）明显地认为，解决自己外出期间金鱼喂养问题的最好方法是：设计并制造一个自动金鱼喂养装置。但是还有一个解决问题的办法：他们可以雇用一个人，让他每天上门给自己的金鱼投放鱼食。这样，上述问题可以重新修改为：

需要设计并制造一个仪器或想出一个措施，在为期一周的时间内，每天两次给 10 条金鱼喂食，每次投放鱼食的质量为 0.5 g。

- **重新研究问题的可能解决方案，记下你的想法。**事实上你可能会发现一些现有的、适于解决问题的方案，或者你能够产生一些新的、有助于更好解决问题的想法。

### 试一试 列出所有的需求

请你列出 10~15 种我们常会遇到的技术需求，将它们按表 1 的方法进行分类。

**表 1**

| 个人需求 | 班级需求 | 学校需求 | 社会需求 |
|---|---|---|---|
| ? | ? | ? | ? |
| ? | ? | ? | ? |
| ? | ? | ? | ? |

# 3C 优选解决问题的方案

## 确认问题解决方案的限制

设计任何一个需要解决问题的解决方案时，我们都会受到一定的条件限制。例如当你在设计一个自动金鱼喂食机时，你的顾客可能会规定设计完成的时间和制作的花费，这个在时间、金钱上的规定因素就是解决问题的限制条件。

### 常规限制条件

在进行解决问题的方案设计时，我们必须考虑一些常规的技术限制，这些常规的限制如下：

- **自然限制**：我们的法律或自然条件是否允许你进行这样的设计？
- **时间限制**：你的问题解决方案执行起来需要多长的时间？你的设计方案主体部分实行、检验所需时间是一年，还是仅仅相对较短的时间？
- **经济限制**：我的设计需要花费的金钱是多少？
- **物质限制**：为了完成解决问题的方案所需耗费的原材料和使用的工具有多少？
- **社会限制**：设计这个方案是否真的确实需要？
- **道德限制**：我们是否应该这样做，执行这个方案的过程中是否会损害到他人的利益？
- **环境限制**：在你的方案实施过程中对自然环境会产生什么样的影响？

在设计问题解决方案时认真考虑上述种种限制因素，将有利于根据一定标准找到更具实用性、也更有效的问题解决方案（图 1）。

### 制定设计的标准

制定一定的设计标准有助于衡量你的设计质量，即它是否能够解决所面临的问题、解决问题的程度是否符合种种限制条件。除了根据上述的常规技术限制条件检验你的设计质量外，你还要针对你的设计本身特点进行特定的标准检验。仍以金鱼自动喂食机的设计为例，如果你的邻居打算三个星期后外出度假，那么你就必须在三周内完成喂食机的设计和制作工作——这就是你的一个特定设计标准。

除了常规技术设计限制以外，其他的设计标准与你面临的工作、所要解决问题的特殊性质有关：如产品性能的可靠程度、产品的大小尺寸、产品的外观、产品的功率、耐用程度、安全性能、机械效率以及连续工作的时间长短等都可能成为你检验产品设计的标准或应该加以考虑的因素。

在判断哪些因素能够成为检验产品设计的标准时，你最好列出你认为可能的所有标准。以金鱼自动喂食机的设计为例，你可能会想到下列有关的标准：

- **时间因素**：金鱼自动喂食机的设计与制作必须在三周内完成。
- **经济因素**：制作金鱼自动喂食机的花费应该不超过 120 美元。
- **产品性能因素**：金鱼自动喂食机的产品性能应该完全令人放心。否则一旦出现质量问题，金鱼将会死亡。
- **产品的易操作性**：金鱼自动喂食机应该使用起来较为方便，它应该安装较为简便，因为金鱼的主人需要将喂食机正确安装后，等一段时间，确认它能够正常工作后才会放心离开。
- **产品的外观**：产品的外观是否美观大方并不十分重要，因为这一装置只有在房间主人不在家时才会使用。

图 1

市场货币的流通量能够决定我们利用什么原材料进行工业生产，以及人们的就业总数。

## 应用“头脑风暴法”解决问题

现在我们运用头脑风暴法——通过列出问题的所有可能解决方案的办法——来解决问题（图2）。这一方法可能引导你找到新的问题解决方案、对已有仪器设计的优化或新的方案修改过程。

**图2**

使用头脑风暴法解决问题时，你应该将所有人的任何提议都记录下来——不要对他人的建议不屑一顾，这样会影响别人参与讨论的积极性。

当充分运用头脑风暴法后，下一步的工作就是从所用提议中选出最好的建议。

## 如何对问题的各种解决方案进行权衡与优选

针对一个问题提出多种解决方案后，你应该有一个从中选出最佳方案的办法。实际上对不同设计方案进行权衡有许多方法，但首要的问题是，用来衡量方案优劣的标准与你原先设计产品时制定的标准相符合。

表1可以为你提供一个优选设计的操作方法。为了便于理解，表2以金鱼自动喂食问题的解决方案为例具体说明“问题解决方案优劣分析细目表”的使用办法。各项目标得分总和越低，说明这一问题解决方案的可行性越低或越没有实施的价值。你能够发现每一评价项目所占的权重数值不同，它们的权重与每一项目所占的重要程度有关。

**表1** 问题解决方案优劣分析细目表

| 问题解决的各种可能方案 | 设计的评价标准 | | | | | 总得分 |
|---|---|---|---|---|---|---|
| | 标准A 项目权重值 | 标准B 项目权重值 | 标准C 项目权重值 | | | |
| 方案A | ? | ? | ? | ? | ? | ? |
| 方案B | ? | ? | ? | ? | ? | ? |
| 方案C | ? | ? | ? | ? | ? | ? |

**表2** 金鱼自动喂食问题解决方案优劣分析细目表

| 问题解决的各种可能方案 | 设计的评价标准 | | | | | 总得分 |
|---|---|---|---|---|---|---|
| | 时间因素(0~10) | 经济因素(0~10) | 可靠性(0~10) | 易操作性(0~5) | 产品外观(0~3) | |
| 使用一种7天完全释放的鱼食缓释胶囊 | 5 | 10 | 5 | 5 | 1 | 26 |
| 在出发前，一次向鱼缸中投放7天用量的鱼食 | 10 | 10 | 1 | 5 | 0 | 26 |
| 雇一个人每天上门喂鱼 | 10 | 10 | 4 | 2 | 3 | 29 |
| 使用金鱼定时喂食机（一种原始的装置，它利用定时器和重力原理给鱼进行预先设计的喂食） | 9 | 5 | 9 | 5 | 2 | 30 |

还有一种使用下列评分方法的评价系统：

+=较其他问题解决方案可行或能产生更好的效果

0=与其他问题解决方案可行性或实行效果相同

• =较其他问题解决方案不宜实行或效果不如其他方案

### 试一试 什么叫评价标准？

表3为利用头脑风暴法为下列问题解决设计评价标准。

**表3**

| 面临解决的问题 | 评价标准 |
|---|---|
| 设计一个装置或一个程序，以便将被污染的水净化，用来供人们饮用 | ? |
| 设计一个装置，使罐头中的食品从早晨到中午一直能够保持低温 | ? |
| 设计一个光学装置，能够用来使人观察到鸟类是如何在自己的鸟巢中孵蛋的 | ? |
| 设计一个装置或程序，为养在花盆中的花定时浇水 | ? |

## 3D 设计原型

一旦经过问题解决方案的优选，知道了哪种方案是你准备采用的，下一步工作就是设计并制作出一个原型。所谓原型，指的是能够说明你选出的问题解决方案本质特点的最初模型。原型既可能是一个装置，也可能是一个简短的说明——初步解释解决问题的新方法或优化的程序。

- **从画出原型的草图和用图表呈现的工作细节开始**。刚刚开始进行设计时，你通常仅仅会手绘一幅尺寸适中的工作草图，但你可能很快就发现最好能够将工作的测量计划以及各个部分都完整地考虑并展现出来（具体细节可以参考6C“科学与技术制图”部分），这样更有助于你进一步的研究。

你可能会借助计算机的辅助设计程序帮助你设计安排工作进程图。

- 以表格形式列出制造原型所需要用到的各种原料和工具。仔细检查你的工作示意图，对照每一步确认所列的表中已经尽可能地包含了你所需要用到的物品。

- 写出你制作原型过程中应该遵守的注意事项。请务必对可能遇到的问题加以详细考虑，因为一旦你开始着手进行工作，每一步都可能发现需要在原有的列表中添加一些必需的原料或工具；也可能你会碰到一些原来没有预料到的新问题或困难，这时你必须对原来的设计加以修改。但上述情况并不是说明你原先的设计失败或错误，因为定期评价、修正你的设计是从事科学研究过程中十分重要的一步。

- 将你的研究计划交给其他人审查。以另一种崭新的视角对你的计划加以审查，往往能够发现原有计划中的一些细微不足，或提出一些能够优化你的设计的建议。在你的科学探索课程学习中，你应该在实施操作或制造模型之前，尽可能把你的设计给指导老师过目，征询他的建议。

**试一试　设计**

从3C一节的表3所列问题中任选一个，设计出它的原型。

# 3E 制造一个模型

在进行本节的学习、操作之前，请先复习一遍安全手册中相关工具的安全使用方法；检查一遍你手头的所有原材料和工具，看本节学习中可能用到的物品是否都已经准备齐全。如果你早已将各种物品准备好了，请想一想怎样将它们摆放，以便在整个工作中随时取用。

## 对制造模型过程中的总体建议

• 开始实际操作之前通读一遍你的设计流程。

• 如果有必要，先复习一遍特殊工具的使用（见 5D “使用工艺设备”）和特定的一些制作技术（见 5E “制造技术”）。

• 测量并截取适合尺寸的材料以便进行拼装（记住：量取材料时一定要量两次，而截取时只要一次）。

• 将模型的各个部分临时搭建在一起，检测评价它的效果。这时你可能会用到橡皮筋、橡皮泥、细绳子、较粗的麻绳以及塑料绳等等。

• 如果你对制作出来的模型的各个部件都感到满意，你就可以将它们牢固地连接到一起。在这一过程中一定要注意：如果有需要，你制作的模型及其各部分应能较为轻易地进行搬动。

**试一试　练习拆卸某一个装置**

练习拆卸装置是学习制作模型的有效办法之一（图 1）。把下述装置拆卸并重新安装，在安装过程中记下你的体会。

• 一支手电筒　• 一个装巧克力的盒子
• 一支钢笔　• 一个自行车车轮

图 1

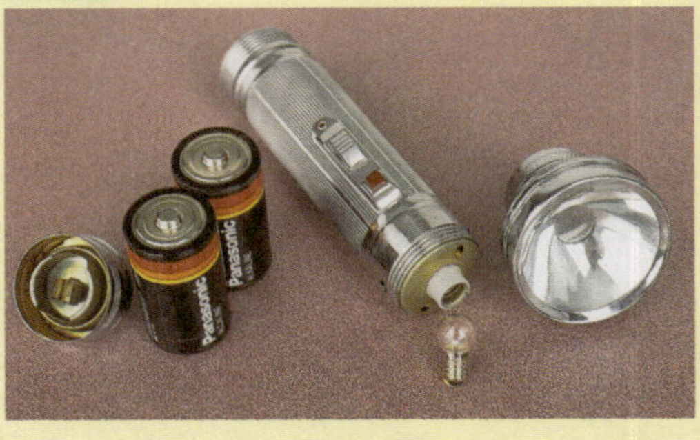


在拆卸装置时时刻考虑下列问题：制造这一装置的材料是哪些；装置的各个部分是通过什么办法连接在一起的；装置中各个组成部分的形状是怎样的；拆装过程中使用了哪些必要工具等等。

请不要试图拆卸小家电或电子产品，否则你有可能会触电。

# 3F 对你制作的模型进行测试或评价

## 需要测试模型的哪些性质

科学研究中对你设计制作的模型进行测试是十分重要的。为了能够对模型进行有效测试，你必须首先回答三个基本问题：

1. 我的模型是否能够解决遇到的问题？

2. 我的模型是否符合原来的设计标准？

3. 进行设计制作的过程中我是否遇到了原来没有考虑到的问题？

### 模型是否能够解决遇到的问题

现在回到前面的金鱼自动喂食机的设计问题，假设你为解决下述问题设计制作了一部装置：

需要设计并制造一个仪器或想出一个措施，在为期一周的时间内，每天两次给 10 条金鱼喂食，每次投放鱼食的质量为 0.5 g。

为了能够测试你设计制作的装置是否能够真正解决原先的问题，你必须至少对这一装置测试一周时间：首先，你要记录金鱼喂食机每天实际向金鱼缸中投食几次；其次，你要测量每次投放鱼食的实际质量是否符合要求。

### 模型是否符合原来的设计标准

如果你已经确定了问题解决方案的检验标准，并将它们按各自的重要程度以表 1 的形式列出：

表 1

| | | |
|---|---|---|
| 时间因素 | 非常重要 | (权重值 0~10) |
| 经济因素 | 非常重要 | (权重值 0~10) |
| 产品可靠性 | 非常重要 | (权重值 0~10) |
| 产品易操作性 | 中等重要 | (权重值 0~5) |
| 产品外观 | 重要性较低 | (权重值 0~3) |

为了能够检验设计的模型是否符合设计标准，你检验时应该始终参照原来的标准进行。有时检验需要做定量实验（如时间和经济因素的测定），有时检验是定性的（如产品的外观评价）。无论如何你应该随时记录测试的结果。

### 我是否遇到了一些原来没有考虑到的问题？

通过对原型设计的测试，你很可能会发现一些原先没有预料到的新问题或是设计中的一些不足之处。例如，在设计金鱼自动喂食机时，你是否想到制造的喂食装置安放的位置可能会影响到鱼缸的采光效果？所以，你是否认为需要改变喂食装置的安放位置？另外，你是否认为需要换用其他材料来制作喂食机？

## 针对测试的一些建议

下列建议能帮助你更好地设计或执行对模型的测试：

- 预先决定测试进行的时间长短。
- 预先决定测试进行的次数。
- 考虑一下测试是否需要在不同的环境和条件下进行。
- 评估一下你制定的设计标准本身是否合理。
- 对所有的定量测试要有详细的实验结果记录。
- 对所有的定性实验要有详尽的观察记录。
- 认真想想是否有些与设计标准有关的问题你还没有加以考虑。
- 请其他一些人使用一下你设计的模型，并听取他们提出的建议。
- 保存一份有关测试的正式记录。

## 对你的设计进行修改

通过对设计的工作原型的测试，你很可能会发现你原先的设计中有一些能够加以改进的地方。但这并不说明你就是一个不合格的设计师。任何设计过程都是一个循环上升，而不会是一帆风顺、直线向前的过程。为了能够找到最佳问题解决方案，你必须不断重复一些设计步骤。你对设计进行测试的过程，就是你重新对问题表述进行反思的过程；就是重新制定设计标准的过程，也就是改进你的设计装置或工作步骤的过程。

## 试一试 设计制作一个性能优越的纸质飞行器

一位给人临时看护小孩的工人听说这个小孩经常会感到心情沮丧，这时唯一能够使小孩感到愉快的办法是让他看见一些正在飞行的东西，如纸飞机等。不巧的是，这位看护工人只会用纸折一种飞机，而这种飞机飞行时间很短，根本不可能引起小孩子的兴趣。所以现在这位看护工的任务是：设计并制作一件能够飞行足够长时间（大约 10 s）的飞行器，从而使自己看护的小孩觉得有趣。

飞行器的设计标准包括：制作简便、快速，性能可靠，材料易得。

1. 根据这位工人的计划（图 1），制作一架飞行器的模型。

2. 对你制作的模型进行测试：

• 以表格形式列出你准备观察和测量的关于这架飞行器的性质。

• 对飞行器实行测试。

• 找出设计中有待改进的地方。

• 以表格形式列出打算改进的措施。

• 对飞行器进行修改，直至达到令人满意的效果。

图 1

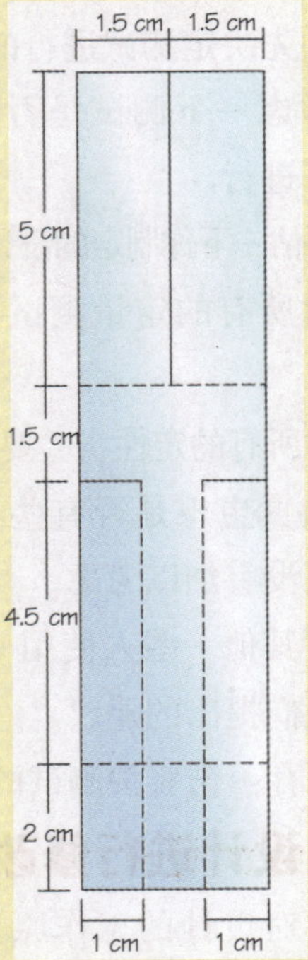


1. 将一张白纸裁剪为 3 cm × 13 cm 的大小；
2. 用剪刀沿白纸中间的两条实线剪开，并向内折起；
3. 将白纸沿底部的虚线折起；
4. 沿着白纸顶部竖直的实线用剪刀剪开，形成飞行器的两翼；
5. 用回形针夹住飞行器的底部；
6. 将飞行器从高处放手落下，观察它的飞行状况。

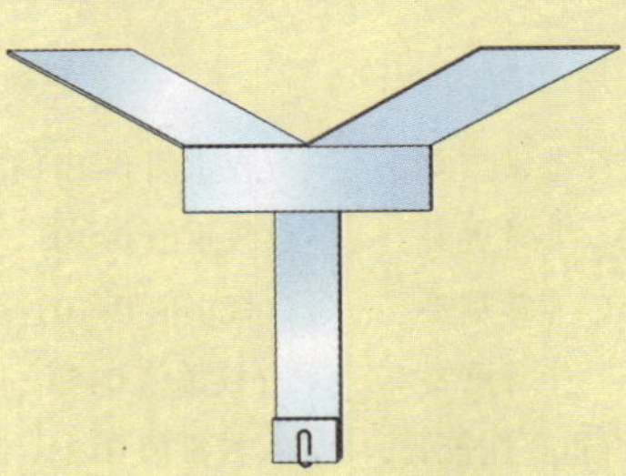

# 3G 产品的专利、商标以及版权

如果你发明了一个具有创新意义的产品或程序——例如：你开发了一个“网上快速查询系统”并希望能够开发、出售以及注册你的这项发明——紧接着你会怎么做？当今社会制度能够为你的发明创造在一定有效期内提供保护。任何从事新产品设计与开发的人员，都应该清楚地认识到专利、商标和版权三者之间的区别以及使用方法。

## 专利

专利能够保证发明人在 17 年内独享多项特定权利，如生产、使用或出售相关的产品、装置或程序。在加拿大，发明人必须通过加拿大专利局申请专利，这时你往往需要联系专业的律师或代理机构，对与你产品有关的现有各项专利进行调查，然后签署必要的法律文件。申请专利的人员必须证明自己的发明具原创性、对社会有利以及具有一定的“特殊性”（例如，虽然有一些在使用的常见产品，但尚未被注册为专利）。专利文件上会注明它的编号、专利名称以及一些简短的说明等。你可能注意到一些产品或机器上会注有“专利申请中”的字样，因为专利注册过程需要一定的时间，所以专利申请者会通过这种方式告诉他人：我们正在对这一产品进行专利申请。

> **试一试 举例说明**
>
> - 列举 10 项已可能取得专利的发明、装置或产品。你能想去加拿大专利局的网站去查看。目前专利的示例。
> - 列举 10 个你熟悉的商标。
> - 列举 10 个有版权的东西。

## 商标

商标可以是一些名称、图形、标志或特定的设计，它被一些发明家或厂家、公司用来注明自己的产品或事物（图 1）。我们通常用 TM 作为商标标志。有些非常著名、反复被使用的商标常常会成为某种产品的名称，从而失去原先作为商标的法律专有地位。如我们见到的阿司匹林和自动扶梯原来都是作为商标出现的，现在却已经成为公用商品的名称。

图 1

Nelson
Thomson Learning™

## 版权

版权是用来保护艺术家、作曲家以及作家的，它能防止他人未经批准就复制和（或）散播这些人士的劳动成果（图 2）。

> Copyright © 2000 Nelson, a division of Thomson Learning. Thomson Learning 是一个被准许使用的商标。
>
> ALL RIGHT RESERVED. 本作品及其相关的内容都受到版权保护，未经出版商的允许，任何人不得采用任何形式（图像、电子出版物、录音、录像等）或任何途径（网络、资料库、查询系统等）复制、传播或以商业目的使用其中的任何内容。

# 4 调查研究

## 4A 调查技巧

### 信息来源

当今社会，你能够获取的科学与技术信息多得令人难以置信。在使用信息之前，你要学会如何高效率地获取信息。首先，你应该知道你能从哪里获取有用的信息。

表 1 中列出了常见的信息资源。有时候某种信息的资源比其他信息资源更加可靠有用，从表中选出一至两种你很少使用的信息资源，想一想在你的科学探索课程中如何使用这些资源。

在进行研究工作之前，运用头脑风暴法尽可能多地列出可能对你的研究目的有用的、最好的信息来源。将这些可能获取信息的途径按序排列，然后从你认为最有效的信息获取途径开始搜集信息。另外建议你使用一系列的信息资源作为搜集信息的手段而不要仅仅局限于某一种途径。

### 针对调查的一般性建议

一旦你确定了从哪些地方搜集信息，下一步的工作就是如何在最短的时间内获取对你最有用的信息。下列建议有助于你完成上述任务：

- 进一步确定你将要研究的课题或解决的问题。反复提示自己：“我是不是真的对要研究的问题有了深刻的理解？”
- 列出与你研究问题有关信息的关键词，利用关键词搜索相关的主题。
- 提示自己：“我是不是真正知道通过这一途径获得的信息，能够告诉我哪些东西？”
- 检查这些信息发布的时间，看看它们是不是经常更新。
- 在研究时一定要保留原始的过程记录。
- 将你使用过的信息，保留完整的信息来源列表，以便在书写最终的报告时能够顺利列出你的参考文献（见 8A “撰写报告”内容中的报告书写格式）。
- 回顾一下你所作的记录，因为研究工作完成后，你可能还会发现原来确定的问题或提出的假设需要重新修改。

**表 1** 获取信息的途径

**信息提供人员**
**（能够为你提供或解读有关信息的人）**

| | |
|---|---|
| 教师 | 商业人员 |
| 医院护士 | 科学家 |
| 公共服务人员 | 图书馆管理员 |
| 志愿者 | 政治家 |
| 律师 | 农场主 |
| 农民 | 医生 |
| 新闻工作者 | 年长者 |
| 兽医 | |

**参考资料（能够提供各种已经组织好的材料）**

| | |
|---|---|
| 百科全书 | 参考书 |
| 杂志或期刊 | 报纸 |
| 录像带 | 幻灯片 |
| 数据库 | 年历 |
| 年鉴 | 字典 |
| 教材 | 地图 |
| 录像胶卷 | 各种图表 |
| 人物传记 | 电影 |
| 各种手册 | 录音磁带 |
| 电视 | 收音机 |

**能够获取信息的地点（除了学校以外的各种室内场所）**

| | | |
|---|---|---|
| 公共图书馆 | 政府办公室 | 博物馆 |
| 公园 | 动物园 | 医院 |
| 大学 | 艺术展览馆 | 志愿者中心 |
| 历史名胜 | | |
| 研究实验室 | | |
| 商场 | | |
| 农场 | | |
| 购物中心 | | |
| 学院 | | |

**电子资源**

因特网（WWW）
计算机光碟
网上搜索引擎
网上电子期刊
计算机软件或程序

## 针对一些特殊研究的建议

### 如何使用图书馆

学校图书馆内图书的摆放有一定的系统——我们已经知道的杜威十进制图书分类系统。表 2 列出了杜威十进制图书分类系统中一些主要类别的图书。

**表 2** 杜威十进制图书分类系统

| 图书门类 | 相关图书内容 | 图书门类 | 相关图书内容 |
|---|---|---|---|
| 000 | 综合类图书 | 500 | 自然科学与数学类图书 |
| 100 | 政治与心理学类图书 | 600 | 科技类图书（应用科学类） |
| 200 | 宗教类图书 | 700 | 艺术类图书 |
| 300 | 社会科学类图书 | 800 | 文学类图书 |
| 400 | 语言类图书 | 900 | 地理与历史类 |

利用图书馆搜索资料时，通常可以根据书名、作者名和（或）图书的分类作为参考。当然如果有计算机，你就能直接在网上进行搜索。

如果你在搜索图书的过程中遇到麻烦，尽量寻求图书管理员或其他工作人员的帮助。

### 如何利用网上资源

现在，因特网已成为一个快速持续发展的巨大的信息资源中心，许多因特网的导航程序中打包了多个搜索引擎。搜索引擎是一种根据你输入的关键词，在网上快速查询相关网站（或页面）的工具。当你在网上进行搜索时，请记住下列一些有用的建议：

• 如果你有一些常用的专业网站地址，优先访问这些网站获取直接资源。

• 如果你需要用到搜索引擎，建议最好找出两个性能良好的引擎，并将它们分别注明各自的特点加以选择使用。虽然有时网页上的按钮显示某一个搜索引擎“可用”，但实际上它不一定能够找到最能令你满意的结果。

• 理解网上搜索引擎的工作特点有利于你的工作。一般而言，性能较好的搜索引擎采用布尔代数逻辑原理进行工作，即进行搜索时，它对输入的关键词采用混合运算的方法。这种情况下，在你输入的两个关键词之间加上“和”作为连接词，能够使你在网上的搜索范围减小；而用“或”作为连接词则会扩大搜索的范围，因为引擎会将符合任意一个条件的结果都搜索出来。最后，如果你用“不是”作为搜索的连接词，就能够滤去你不希望出现的一些信息。如果你对一次搜索的结果不满意，一定要用更好的方法进行二次搜索。例如：如果你用“音乐”作为关键词进行搜索，将会出现 1 678 243 个相关网页，而如果你加上一条“和吉他”，结果将会减少到 18 860。如果再加上一条“不是古典的”作为关键词，则结果又会进一步减少到 2 340。

• 你最好能够对一些搜索引擎的先进搜索方法尽可能地加以熟悉。

• 首先对网站的前面几页进行浏览，如果有必要再整体观看。一旦发现某个网站内容与你的研究课题有关，请耐心仔细观看。

• 给你认为有用的网站加上标签，以便随时重新进行访问。如果可以的话，将这些网站的网址保存在一个文件夹中。

**试一试　在网上搜索下列内容**

从下列内容中任选一个，运用上述的通用搜索方法在网上进行搜索：

• 胰岛素的发现
• 哥斯达黎加的生态旅游
• 望远镜的发明
• 最近一段时间地球上地震带的活动情况
• 芬迪海湾中海水的潮汐情况
• 我们生活中的气压和液压系统使用情况
• 各种阀门和水泵的工作原理
• 塑料的物理性质
• 任意选择一个产品，在网上查阅它的生产过程

做好准备与他人交流你所搜集到的信息和参考资料（见 8A “撰写报告”中的内容），并说明你所获得的信息的可信度以及你获取信息的整个过程。

## 4B 访谈和调查的技巧

### 使用访谈和调查的时机

访谈和调查能够使你从另一个十分重要的信息来源——人获取信息。如果你需要的是专业性信息，你应该对专家进行访问（如机械工程师或科学研究人员等）；如果你希望知道你的研究设计是否能够满足人们的某种常见需求，那么你就应该使用调查的方法。访谈法和调查法都能够作为一种有效工具来了解人们对某一科学争论或技术问题的看法。

一般而言，如果你想要从大批人中获取特定的信息，最好采用调查法；反之，如果你希望从少数人身上了解更为详尽的信息，最好采用访谈法。

### 如何进行有效的访谈

下列建议能够帮助你决定对什么样的人进行访谈、如何做好访谈的准备工作以及如何进行访谈：

- 研究你的访谈内容或主题。对你准备从访谈过程中了解的内容做到心中有数。
- 选择合适的访谈对象。例如，假设你希望就城市饮用水的质量问题进行研究，那么你的访谈对象最好是市政供水系统工程师、卫生调查员、一些当地环境保护组织的人员或者一些对相关问题写过文章的记者、专栏作家。和这些人取得联系,清楚地表明你的打算并约定访谈的时间和地点。
- 事先准备好访谈的问题。访谈时尽量避免那些仅仅用“对或错”就能够回答的问题，应该提出需要加以解释的问题，这样你能够从中获得更多的信息。
- 访谈应该在一个轻松、舒适的氛围中进行。
- 做好准备提出一些并不在你原先设计的列表中的问题。当然你希望事先所拟定的问题都能够得到解答，但实际上，一些问题的解答往往会引出另外一些重要的问题。例如，你的采访对象可能回答道：“我们城市供应的生活用水质量完全符合制定的标准，而且水质在十年前那场事故后得到了明显改进。”这时你很可能会想了解一下“十年前那场事故”是什么。一个优秀的采访者应该懂得：什么时候让被采访者按照他自己的思路回答问题，什么时候将话题重新引入到原先的问题中去。
- 选择合适的访谈记录方法。你可以选用文字记录，也可以用录音机记录访谈的过程，但不要忘了征求被采访者的同意。如果你准备采取用笔记录的方式，确保不要分散你和你的采访对象的注意力。另外，如果你对某一问题的回答没能完全理解，尽量礼貌地请求被采访者加以明确解释。
- 对你和你的采访对象可能含有的一些主观看法具有清醒的认识。应该知道任何人，出于自己的成长经历所限，都会对事物有自己的立场和看法——这就是我们所说的偏见或主观性。这种主观性将会影响到你获得信息的客观性、可靠性以及你本人对获得信息的态度。
- 如果在报告中你引用了某些人的原话，请注意引文一定要准确，并要征得被采访者本人的同意。
- 对你的采访对象要保持足够的尊重。进行采访时要注意时间的控制，准时结束采访并当面表示谢意，事后在报告中要附上一段简短的致谢声明。

## 如何进行有效的调查

### 制定调查计划

要想使你的调查富于成效就必须预先进行精心的计划，对将要实施的调查从开始到结束有一个整体的规划。下列问题有助于你提高调查的效率：

- 通过调查我究竟希望获得什么信息？
- 我准备对哪些人实施调查？
- 被调查人的大致数目是多少？
- 我应该是亲自进行调查并填写调查表格，还是就将调查问卷直接寄发出去让被调查人自己填写？
- 我准备怎样使用这些调查获得的数据，怎样处理并以适合的方式呈现这些数据？

上述问题的回答将影响你调查的效率。

### 如何编写调查问卷

编写调查问卷需要一定的技巧和实践经验。你也可认真考虑下列问题：

- 回答你的调查问卷应该较为快速轻松。你应该尽量使你调查的问题表述得清晰准确，问卷结构易于理解。将选择、判断、排序等形式的问题放在前面，而那些具有开放性答案的问题放在最后。
- 你的调查问卷结果应该尽量做到易于分析和呈现，而且最好能够用图象、表格等形式呈现，这样更能让人理解。选用一些合适的电脑软件往往能够帮助你更好地编写调查问卷和处理调查结果。
- 你的调查问卷开始的一些问题应该与被调查人有关。当然要注意这些问题也应该与你研究的主题有关。
- 你的问题应该书写明白，易于回答。为了能够容易测试你的调查结果，建议你使用里克特表进行检验（由瑞尼斯·里克特于 1932 年提出）。与你准备研究主题相关的调查问题，应该以客观或中立的语气加以陈述，尽量避免个人的主观倾向性。例如，“对于氟氯烃的使用，你是否认为应该在加拿大以法令的形式加以禁止？”要比“氟氯烃的使用对我们有害，你是否认为应该在加拿大以法令的形式加以禁止？”表述更为恰当。

设计好问题后你应该对被调查人预计的回答用五分法进行评价。如：

你对这一问题的评价态度怎样？请圈出最符合你态度的表述。

对于氟氯烃的使用，应该在加拿大以法令的形式加以禁止。

1　　2　　3　　4　　5

这里的数字含义是：

1=非常同意，2=同意，3=没有考虑过，

4=不同意，5=强烈反对

- 问卷设计要注意表述的礼貌。如果你使用邮件的形式发放你的调查问卷，在邮件中应该附上一封信件说明你的研究情况并对对方的预先回复表示感谢。如果你准备进行当面调查，则需使用常见的一些表示礼貌的方法。

### 对调查问卷进行测试

在将你的调查问卷发放到准备调查的每一个人手上之前，最好能够先在三到四个人的小范围内进行一次试用。或许通过思考下列问题，你会发现自己的调查问卷需要进行一些改动。

- 我的调查对象是否能够很好地理解我设计的问题？
- 他们的回答中能不能提供我所需要的信息？
- 回答完这份调查问卷需要多少时间？

### 试一试　应该使用访谈法还是调查法？

看看下列研究问题，你认为应该采用访谈法、调查法还是两者同时采用？

- 如果想成为一名水利工程师，你认为应该进行哪些方面的训练？
- 利用因特网收发邮件的用户对网络服务的满意度怎样？
- 我们是不是应该禁止使用氟氯烃？
- 你认为安大略湖流域多大的范围应该设定为自然保护区？
- 为了降低生产成本，是否可以不顾安全措施？
- 我们这一地区的物品循环使用情况怎样？
- 现代哪些技术让人们感到对我们的日常生活产生的影响最大？

# 4C 批判性思维

## 新闻报告中的科学与技术

对你获得的各种信息结果进行正确的理解和评价非常重要。在前面的学习中我们已经知道：获取信息的途径多种多样，如因特网、各类教材、杂志、网上聊天、电视、收音机以及各种与他人的交流方式等。但是不是通过各种途径获得的信息都是正确可靠的呢？我们如何从各种信息中找出哪些是我们能够相信的，哪些又是不能相信的？

每天我们都会看到或听到各种令人惊讶的有关物体或事件的报道（图 1），许多科学上的或技术上的证据能够使我们相信这些报道是真实可信的。这种新闻报道的方式，其目的在于说服我们去购买一些物品或引起我们的注意。即使是科学研究中非常严重的事件或非常重大的技术创新，在进行报道时也常常会遇到困难——尤其是在希望以一种能够使这一成果显得较为重要、正式以及稍显神秘的方式报道时，更是如此。

图 1

我们每天都能够在新闻中看到这些科学探索的报道。

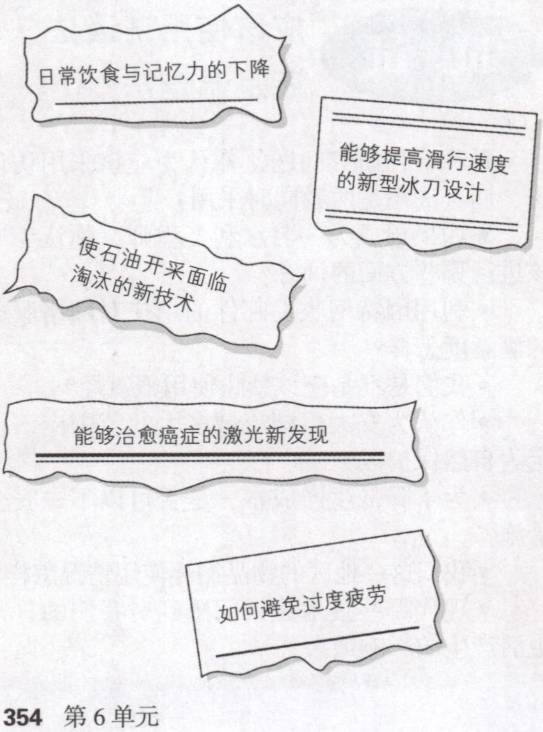


你必须有效地利用你所学知识以及批判性思维能力，对各种信息的真实性加以认真分析。尤其是对一些使用了科学和技术知识作为证据加以证实的报道，更加需要如此。例如你不妨问问自己：

- 做出上述研究成果的实验室或公司的声望在业界内是否良好？
- 这个设计或研究实验被重复过几次？
- 这些研究成果有哪些地方存在错误的可能？这些可能是否被加以特殊的注意？
- 其他专家对这一研究成果会有哪些看法？

### 试一试 批判性阅读

从下面所列出的杂志中，任选一篇科学报道或科学故事，并参考上述的问题对这篇报道进行分析：

- 科学美国人
- 大众数学
- 探索与发现
- 尤妮卡：加拿大的最新发明与创新
- 其他你感兴趣的杂志

## 如何进行批判性思考

针对如何发展人们的批判性思维能力，曾进行过许多研究。其中一个成果显著、便于操作的办法就是 PERCS（来源于英语单词 perquisite,激励法）。这一方法率先在美国纽约的中心公园东方中学使用。为了能够使学生们适应自己将来的生活，这所中学利用一系列的问题帮助学生们对各种信息和争论进行独立判断。这些问题能够帮助你在面对种种困境或难题时能作出明智或客观的选择。

**PERCS 的含义与问题列表：**

P=Perspective 观点

- 我们准备采用、阅读或倾听谁的观点、立场？
- 你将从什么样的角度分析问题？

E=Evidence 证据

- 我们通过什么方法知道我们已经获得了哪些信息？
- 我们已经有了哪些证据，这些证据是否可靠？

R=Relevance 相关性

- 为什么会出现这样的结果？
- 这会产生什么影响？
- 所有这些现象说明了什么？
- 哪些人会关注这些事件？

C=Connections 联系

- 这些东西、事件或人物之间有什么关系？它们是怎样联系在一起的？
- 这件事中什么是原因，什么是结果？
- 它们是如何相互“适应”的？

S=Supposition 假设

- 如果……就会……
- 会不会有其他的可能？
- 你能说出另外的选择或措施吗？
- 想想有哪些与之相关的不同事物。

### 试一试 使用 PERCS

试试运用批判性思维：从今天的报纸或流行杂志中找出一篇文章，运用上述 PERCS 的问题列表加以分析。

# 5 科学探索中仪器的使用

## 5A 使用显微镜

因为细胞很小，为了观察与研究它们必须将它们放大。这样你就需要一种多倍光学显微镜以便更仔细地进行观察（图 1）。为了使物体放大，显微镜中使用了两个透镜和一个光源。物体通过靠近眼睛的透镜（也就是目镜）和另外一个透镜（也就是物镜）被放大。物体的实际大小与物体的像的大小相比就是被放大了。

表 1 中描述了显微镜各部分的功能。

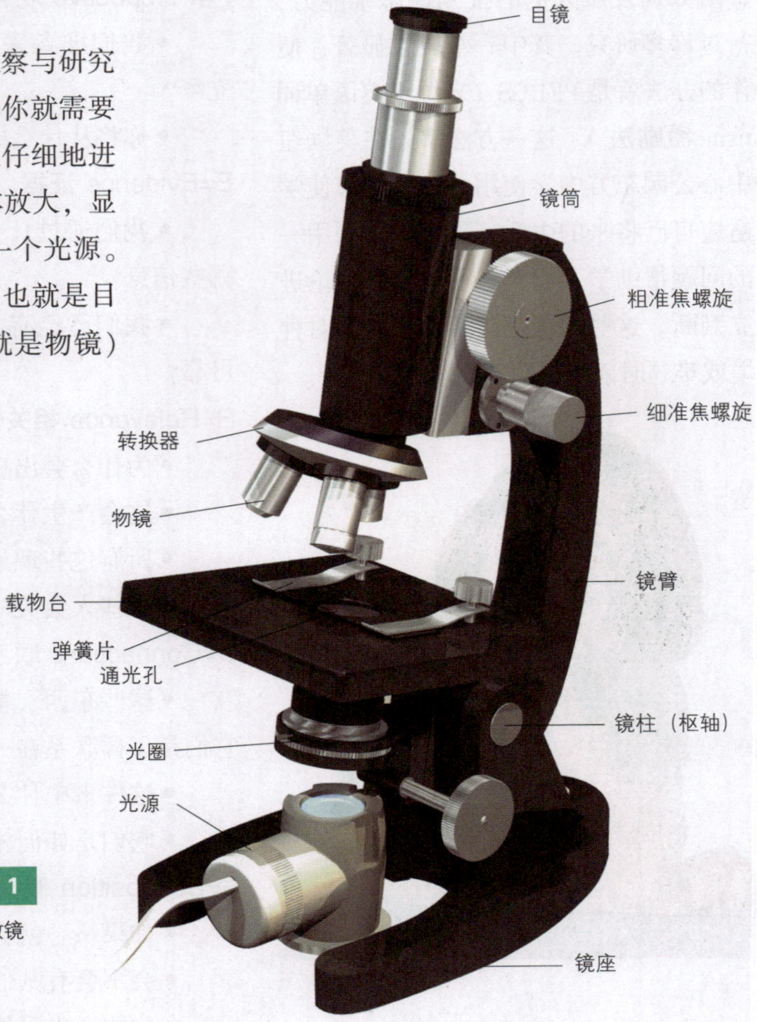


图 1
显微镜

表 1 显微镜的各部分的功能

| 结　构 | 功　能 |
|---|---|
| 镜筒 | 包含目镜，支撑物镜。 |
| 弹簧片 | 在载物台上并且支持在一定位置上滑动。 |
| 粗准焦螺旋 | 上下移动镜筒以调整至焦点。它仅和低倍物镜一起使用。 |
| 光圈 | 使物体或样品透光。 |
| 通光孔 | 控制透过被观察物体的光的强度。 |
| 细准焦螺旋 | 移动镜筒达到物体或样品的精确焦点。它和中间的高倍放大镜一起使用。细准焦螺旋仅在用粗准焦螺旋将物镜调好后即物体或样品已经定位和聚焦好后才使用。 |
| 物镜 | 放大物体。通常三个复杂的透镜被直接定位在物体或样品上方的调节轮上。它们中最小的一个，也就是低倍物镜，拥有最小的放大倍率，通常只放大 4 倍；中倍物镜放大 10 倍；最长的即高倍物镜，放大 40 倍。 |
| 目镜 | 通常将物体放大 10 倍。你能直接透过它观察物体。 |
| 转换器 | 能够进行旋转，可以变换使用三个物镜中的任何一个物镜。 |
| 载物台 | 支持显微镜移动。载物台中间打开的部位让光透过。 |

## 显微镜使用时的注意事项

显微镜是一种重要并且昂贵的科学工具。它在使用时要小心谨慎。当你在使用显微镜时有一些要点需要记住。

1. 显微镜要经常保持在垂直状态。

2. 移动显微镜时，一只手握住镜臂，另一只手托住镜座（图 2）。

图 2

怎样移动显微镜

3. 如果在你的工作室里有一台显微镜，调节粗准焦螺旋使物镜降到它的最低点。利用旋钮慢慢向上移动物镜使物体开始聚焦。在调节显微镜或卸掉调整机构时必须时刻记住两个旋钮都要使用。

4. 显微镜的透镜是用一种柔软且容易产生划痕的光学玻璃制成的。要用特殊的透镜纸擦掉灰尘和污垢。

5. 当你使用显微镜完成一项研究时，依次采取下面的步骤：

- 旋转转换器到低倍物镜。
- 移动载玻片和盖玻片（如果需要）。
- 清洁载玻片和盖玻片，并把它们放回到合适的位置上。
- 将显微镜放回原来的位置。

## 显微镜的基本使用技能

下面一些重要的技能会以一整套具体使用说明的形式列出来。这样就可以在尼尔森科学探索研究需要用到它之前练习这些技能。

**材料**

- 包含字母“f” 或者类似小物体的报纸
- 剪刀
- 显微镜载玻片
- 盖玻片
- 点滴器
- 水
- 多倍显微镜
- 细线
- 圆规或陪替氏培养皿
- 铅笔
- 透明直尺

### 准备一个干燥的样本

这种为显微镜准备的观察样本叫做干燥样本，因为制作过程中没有用到水。如果你使用的标本不需要担心水会挥发都可以用这种方法来制作样本。

1. 找一个小且平的物体，例如从报纸上剪下一块含有字母 f 的纸片。

2. 将物体放在显微镜载玻片的中间。

3. 用拇指和食指拿住盖玻片。将盖玻片的边缘放在物体的一边。轻轻地将盖玻片放到载玻片上直到覆盖整个物体。

步骤 3

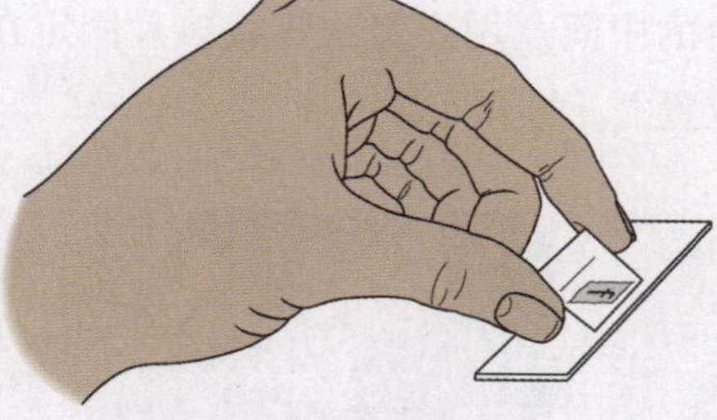

## 准备一个湿的样品

因为过程中用到水，所以这种准备显微镜载玻片的方法叫做样品润湿。

当你使用显微镜对湿润的样品进行观察时，样品内部的水分会逐渐挥发以至样品变得干燥。例如，你要用的样品来自生物体——像洋葱——由于取用的样品必须非常薄，这就意味着水分会迅速流失。样品需要保湿否则就会开始枯萎并且也越来越难测定。

1. 找一个小、薄、平的物体作为样品。
2. 将样品放在显微镜载玻片的中间。
3. 在样品上滴两滴水。

步骤 3

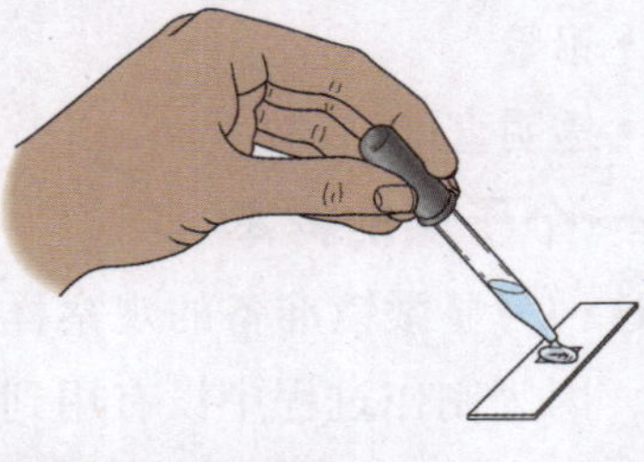

4. 用食指和拇指拿住盖玻片，以45°角与载玻片表面的边缘相接触。轻轻放下盖玻片，以赶走空气。

步骤 4

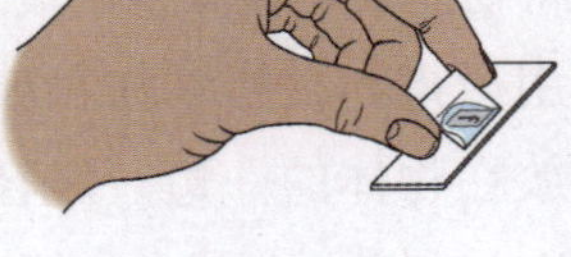

## 在显微镜下放置物体

1. 确定显微镜上的低倍物镜在适当的位置。然后将干裱或湿裱载玻片放在显微镜载物台的中间。用弹簧片将载玻片固定在一定的位置上。打开光源。

步骤 1

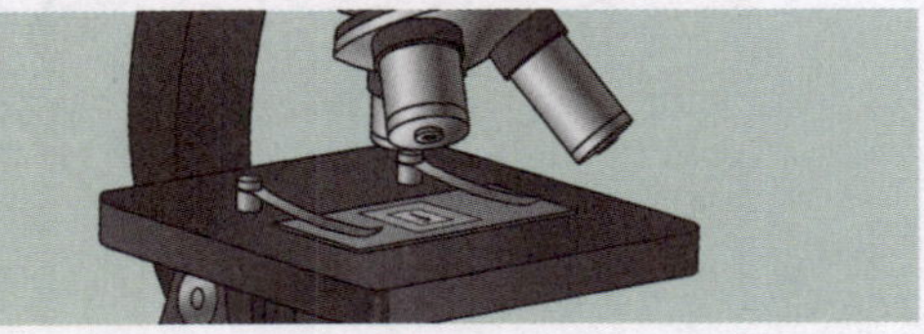

2. 从边上观察显微镜的载物台。调节粗准焦螺旋使低倍物镜和物体尽可能靠近。不要让物镜接触到盖玻片。

步骤 2

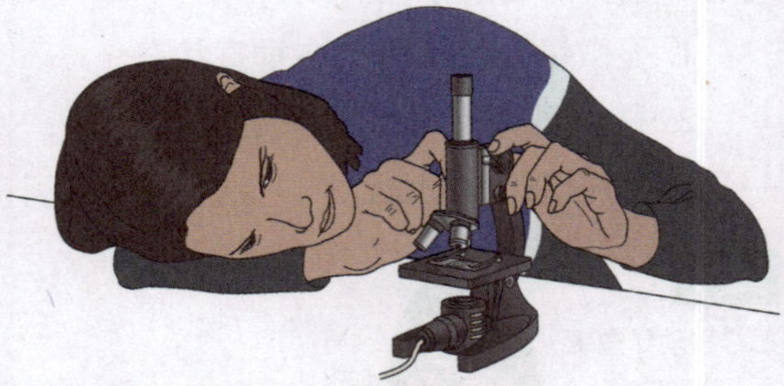

3. 通过目镜观察物体。慢慢调节细准焦螺旋将物镜从载玻片上移开，使得物像开始聚焦。要注意的是物体此时正面临着“错误”的方法并且是倒置的。

4. 用圆规或陪替氏培养皿在笔记本上画个圆来描述你通过显微镜看到的范围。这个范围称作观察区域。通过显微镜观察，并将在显微镜中看到的物体的一切都记录在你的表格中。

5. 当你通过显微镜观察的时候，慢慢地将载玻片从身边移走。你会注意到物体似乎在走向你。此时将载玻片移到左边，看到的是物体似乎在往右移。

6. 调节转换器到中倍物镜。用细准焦螺旋使物体开始聚焦。注意到物体开始放大。

粗准焦螺旋绝不可以和中倍或高倍物镜同时使用。

7. 将物体调整到观察区域的中心。调节转换器到高倍物镜，用细准焦螺旋聚焦图像。需注意的是此时你看到的物体要比在中倍物镜下看到的要少，而且物体看起来更靠近你。

## 研究景深

景深就是在显微镜的观察下明显聚焦的图片的数量。

1. 剪取两段不同颜色的细线。

2. 将一根细线放在另一根上以字母 X 的形式放到载玻片中间，做成一个临时的干燥裱贴。用盖玻片盖上。

步骤 2

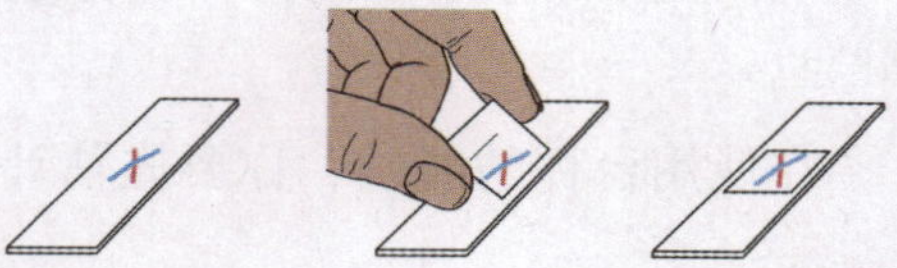

3. 将载玻片放到显微镜的载物台上，同时打开光源。

4. 将低倍物镜紧靠载玻片但不要碰到它。

5. 通过目镜观察两条交叉线，慢慢地旋转粗准焦螺旋直到细线进入视野。

6. 调节转换器到中倍物镜，调节细准焦螺旋使物像聚焦在上面的细线上。你可能会注意到不可能同时也聚焦在下面的细线上。不管什么时候，在焦点中的物体的深度都体现了景深。

7. 使用高倍物镜重复步骤 6。你会发现放大的倍数越高，景深越浅。

## 确定观察范围

观察范围就是通过显微镜看到的光圈。它是你可以观察到的载玻片的范围。

1. 将低倍物镜调整到位，再将透明直尺放到载物台上。

2. 调节粗准焦螺旋使物像聚焦在尺子的标志上。

步骤 3

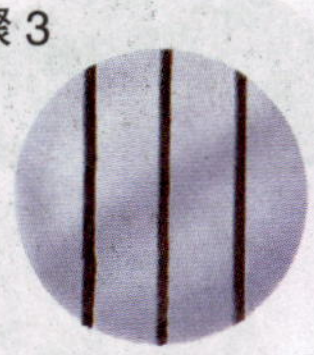

3. 移动尺子使其中的一根毫米刻度线恰位于观察视野的边缘。

在低倍物镜下以厘米为单位记录观察范围的直径。

4. 用相同的步骤测量在中倍物镜下观察范围的直径。

5. 大部分高倍物镜给出的观察范围的直径都小于 1 cm，因此不能用尺子来测量。下面的步骤可以用来计算高倍物镜的观察范围。

计算高倍物镜和低倍物镜的放大比率。

$$\text{放大比率}=\frac{\text{高倍物镜的放大倍率}}{\text{低倍物镜的放大倍率}}$$

用比率计算在高倍物镜下视野的直径。

$$\text{视野（高倍）}=\frac{\text{视野（低倍）}}{\text{比率}}$$

## 评估大小

步骤 2

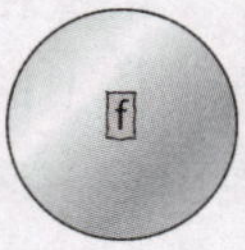


1. 以厘米为单位测量观察范围的大小，如上所述。

2. 重新移动尺子，用被观察的物体代替直尺。

3. 估计物体穿过观察范围的次数。

4. 计算物体的宽度：

$$\text{物体宽度}=\frac{\text{视野的宽度}}{\text{视野内的物体数量}}$$

记住计算公式中的数值应该包括单位。

# 5B 如何使用天平

质量是一种经常被测量的定量性质：它是物质所含的实质数量。无论你在哪都可以用天平来测量物体的质量，因为天平的测量原理是通过与已知质量的物质进行比较的方法来测定未知物质的质量。在科学探索的学习中常使用电子天平、台秤和三臂天平。

重量和质量不同。重量是一种测量作用在物体上的地心引力强度的量度标准。物体在山谷、珠穆朗玛峰的峰顶和月球上的重量都不相同，但质量都是一样的。在科学探索的课堂里经常用弹簧测力计称量物体的重量。

## 电子天平

电子天平容易使用，但是它们通常比较贵并且有些装置非常灵敏（图 1）。操作电子天平，你只需将样品在台子上放好，然后在数字显示器上读出数据。如果你只需要测量物品的质量而不包括装物品的容器的质量，你可以把容器放在台子上然后按天平上的“归零”或“称皮重”键。这样就将天平刻度重新归零，然后就可以称量你所加物品的质量了。

## 台秤

台秤（或者等臂天平）操作起来和商业中的旧式天平一样。

观察图 2，你能看出为什么称它为“天平”吗？

在使用台秤的时候，你要先估计一下所需样品的质量。在天平使用之前必须确认天平是平衡的，这时你可能需要调节天平左右两端的平衡螺母。称量时慢慢增加物品的质量，尽可能使天平保持在平衡状态。然后调节游码使天平达到最终的平衡。

图 2

台秤或等臂天平

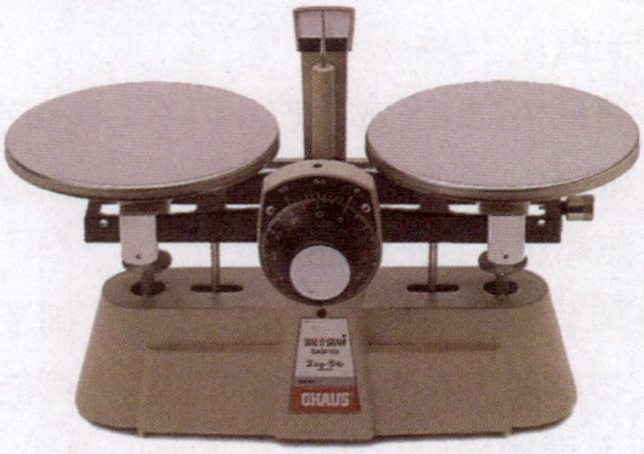


## 三臂天平

三臂天平和台秤的使用方法一样，它也是利用了杠杆原理（图 3）。

图 1

电子天平

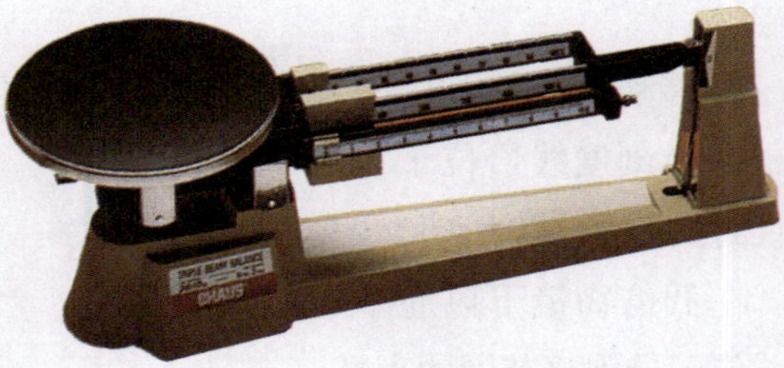


图 3

三臂天平

通过一定方式调节横梁上的游码（开始于最大刻度终止于最小刻度）测量物质的质量（图 4）。然后，你必须通过调节天平左右两端的平衡螺母将刻度置零。

图 4

称量烧杯的质量

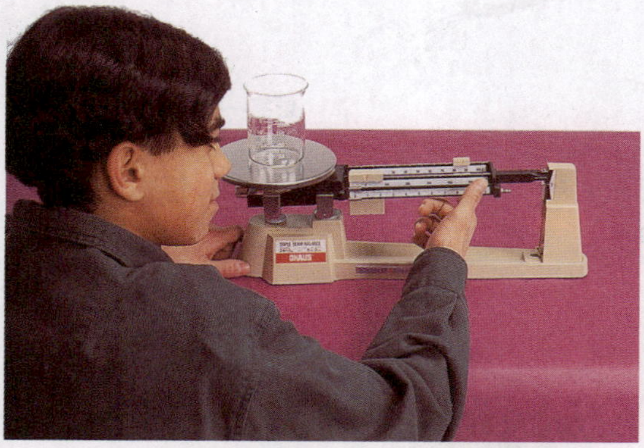

## 试一试 测量质量和重量

任意使用上面列出来的天平中的一种，按照下面的步骤测量：

- 一把钥匙的质量
- 一杯水的质量（你必须考虑好这一步，是用台秤还是用三臂天平）
- 一勺子白糖的质量

你怎样来测量水中的任一物体的重量呢？

## 弹簧测力计

弹簧测力计是用来测量物体的重量的（图 5）。换句话说，弹簧测力计是利用弹簧的反作用力将地球引力（或任何一种物体受到的外界作用力——例如浮力）表现出来，并且显示出它达到平衡时的大小，因此重量的大小是随着地球引力的改变而变化的。它特别适于称量那些台秤无法测量或者形状不规则的物体。

弹簧测力计有很多种规格。使用时，将待测的物体放到弹簧测力计的钩子上然后直接读出物体的重量。

图 5

弹簧测力计

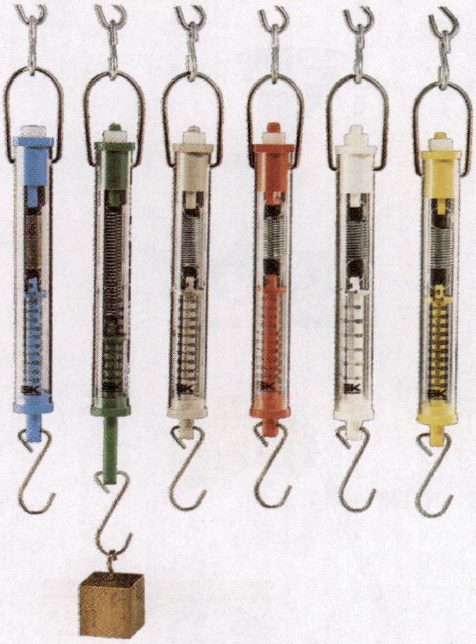

# 5C 使用其他科学仪器

你会用到许多日常材料和仪器进行很多研究。在科学探索的课堂中还有许多其他的器材，下面列举出其中的一些器材。

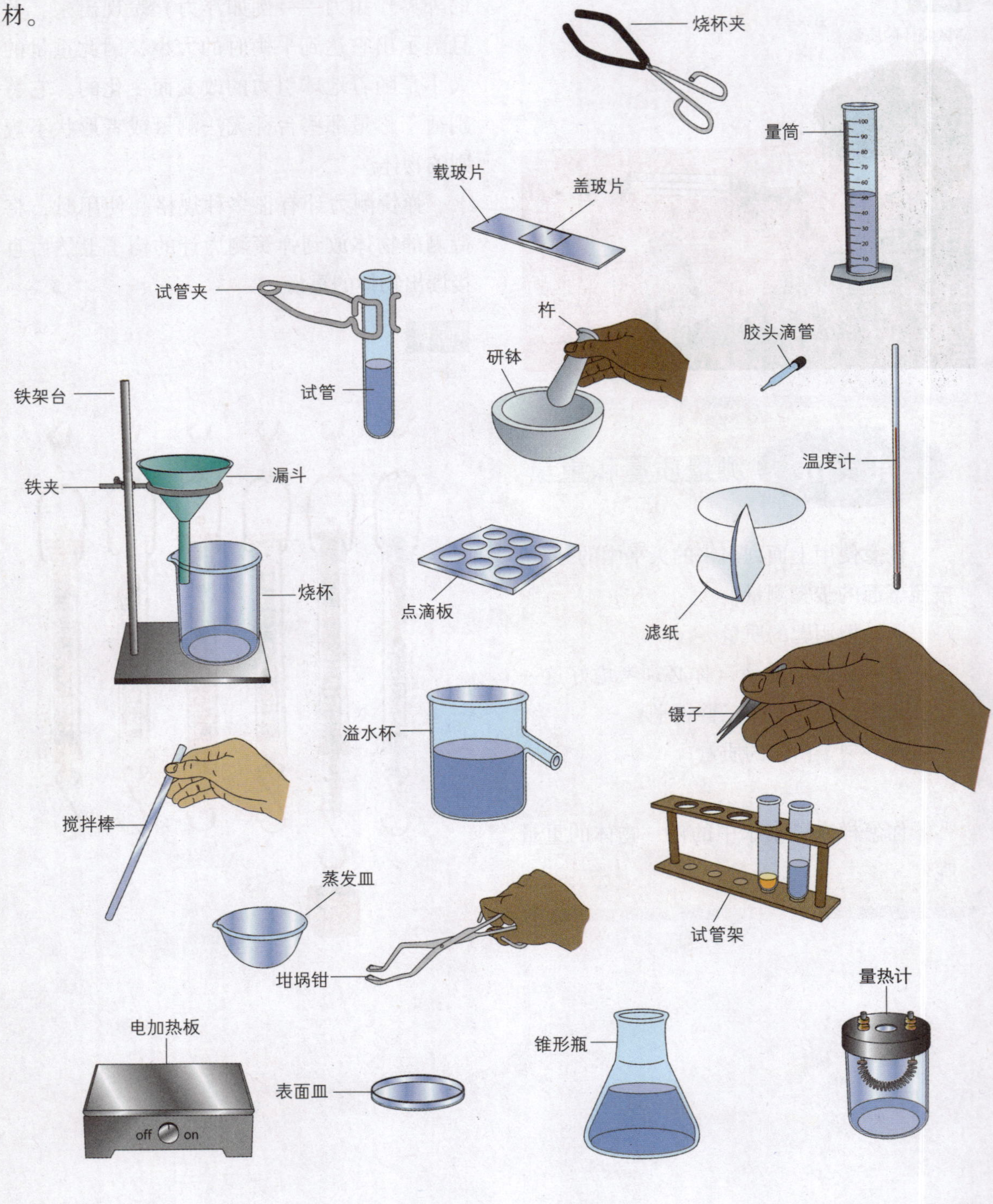

# 5D 使用工艺设备

当你进行设计过程的时候，你需要各种各样的工具和材料来构造模型。下面列出了其中的一些。（涉及 1 科学探索安全手册，回顾锯子、钻子、纸钻、刀片、剪刀、锤子和螺丝起的安全使用方法。）

## 工具

### 切割工具

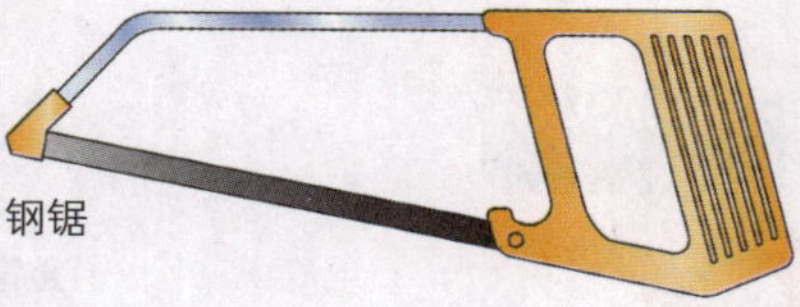
钢锯

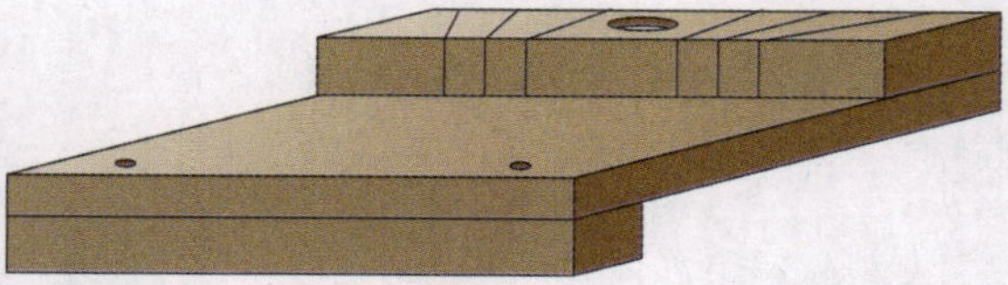
固定板

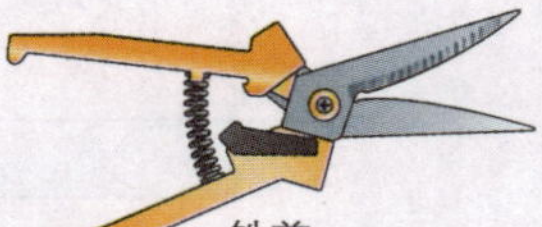
铁剪

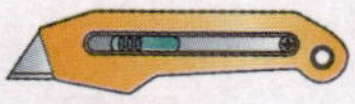
切割刀

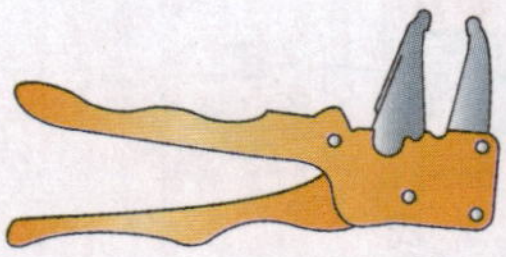
电工剪

### 连接性工具

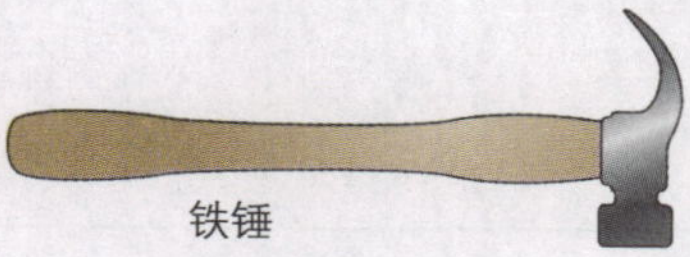
铁锤

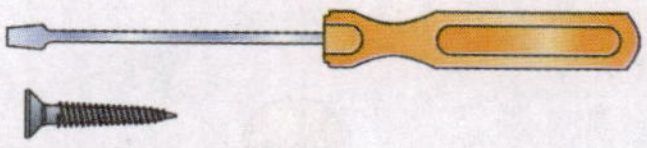
螺丝起和螺丝钉

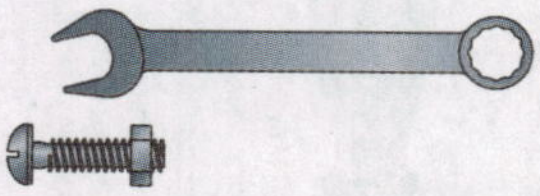
扳手、螺帽和螺钉

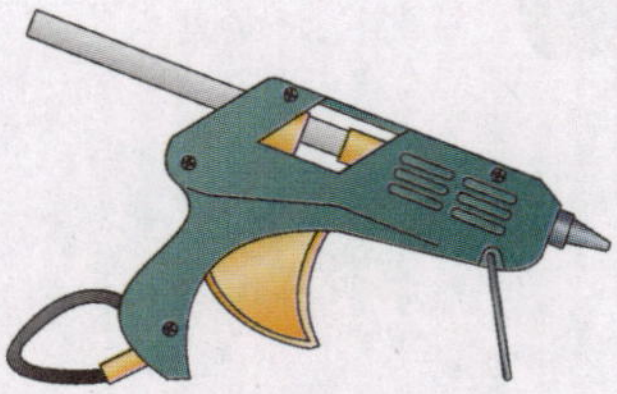
喷胶器

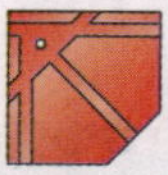
连接钮

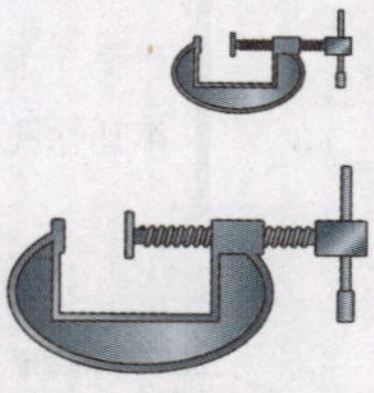
"C"形夹

### 修整工具

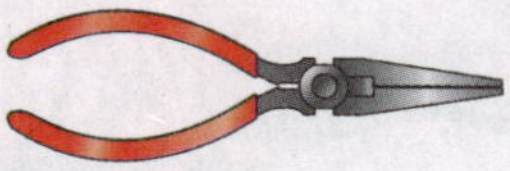
老虎钳

## 测量工具

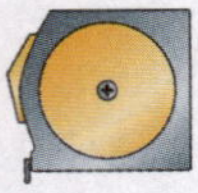
卷尺

安全直尺

## 钻孔工具

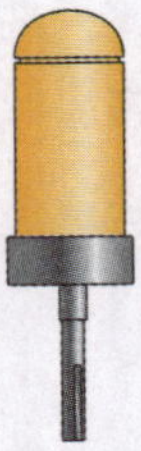
钻孔器

手动钻孔器

打孔器支架
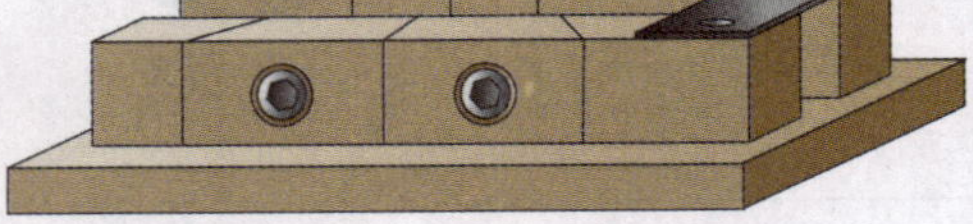

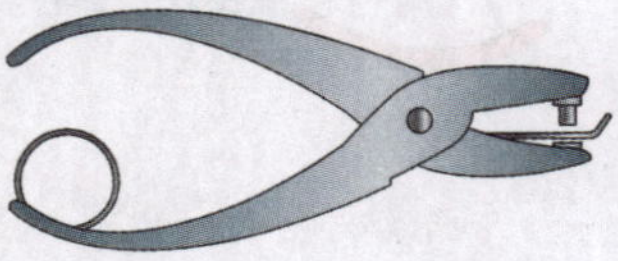
纸洞打孔器

## 结构部分

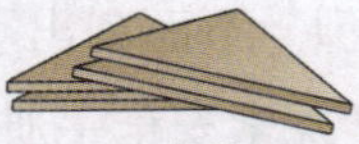
三角片

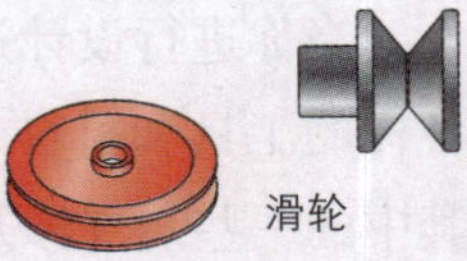
滑轮

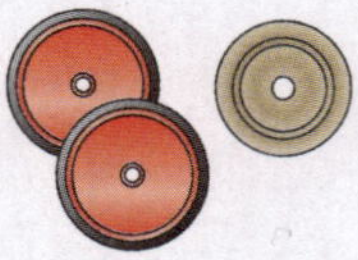
轮子

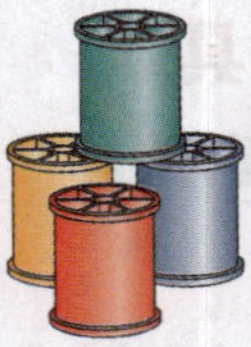
线轴

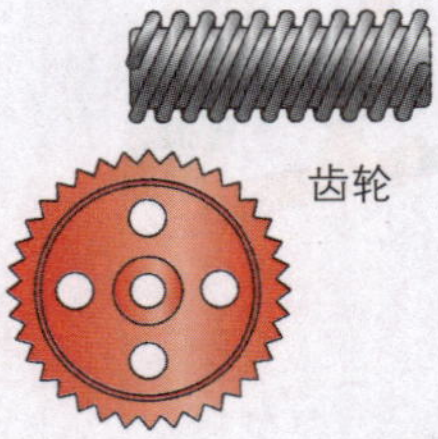
齿轮

套管
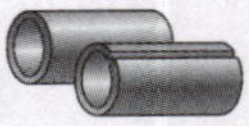

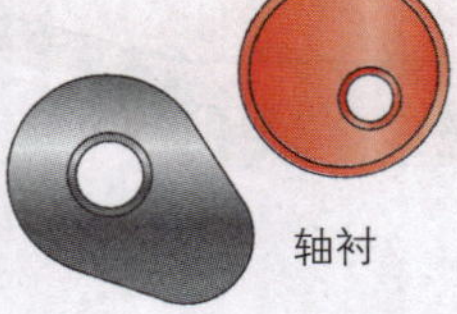
轴衬

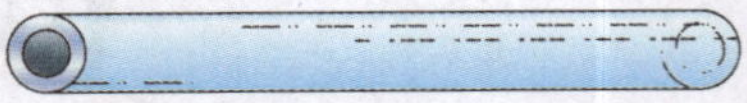
管子

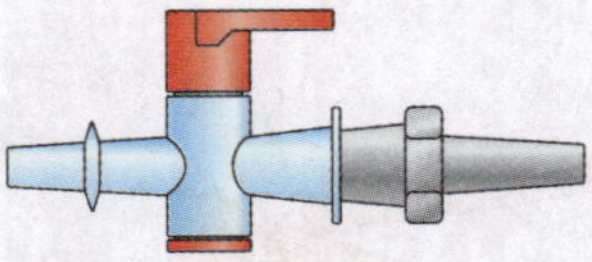
阀

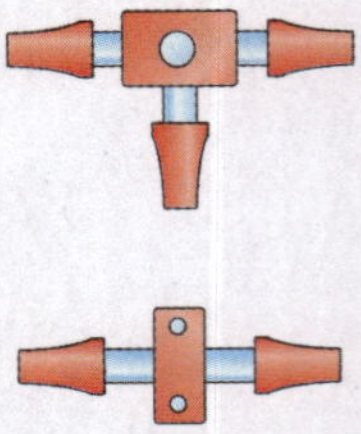
连接器

电动机

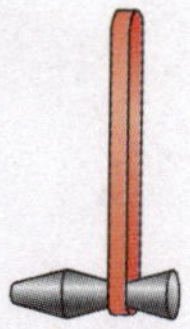

电动机皮带轮

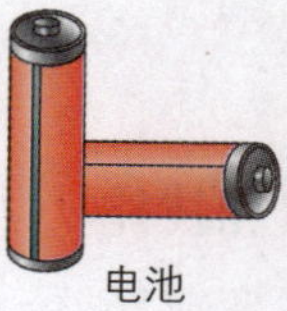

电池

开关

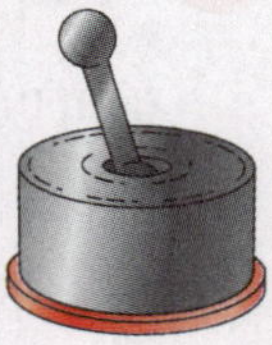

灯座

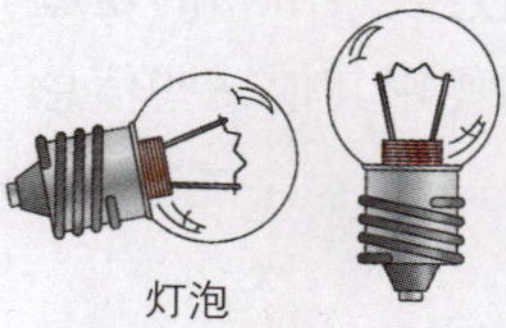

灯泡

## 建筑材料

在建筑过程中能使用的材料是有些限制的。比较常见的材料包括：

- 木头（1 cm×1 cm 的椴木）
- 优质纸板
- 波纹板
- 布

你应该考虑日常生活中经常用到的一些材料，包括：

- 影片储存盒
- 面包袋
- 塑料餐盘
- 铝餐具
- 布
- 盖子
- 比萨饼盒

**试一试** 有用的材料

找出一些对你来说有用的建筑材料。集中写出一系列建筑材料，要尽可能地包括各种类型的物体。对每一种材料猜测一下它可能的用途。

# 5E 制造技术

你可以学习许多不同的制造技术和技能来帮助你，使你的设计由最初的方案变成实物模型。下面的内容可以帮助你学习一些基本技术。当你对所述技术熟练掌握时，你就会想学习其他的技术。通过观察事物的建造过程，请求专家的帮助和使用其他一些信息资源，你可以学到更多。

## 结构

下面的技术将会帮助你建造各种不同结构的用品。

### 用黏合剂进行连接

• 为你所用的材料选择合适的黏合剂。仔细阅读标签以获得最好的工作成效并能安全工作。

• 如果可能，尽量用表面粗糙的物体。表面粗糙的物体能够增加黏合区域的面积且能更好地黏合。

• 确定被连接面之间是相互接触的。你可能会需要一个夹子或者其他装置来增加物体表面一些必要的压力。

图 1 展示了如何以直角的形式连接两块木头。在纸板三角形的一个面上涂上胶水，把它放在木头上以形成直角。当胶水干了，在另一个角接头处重复上面的操作。这样可以防止纸板翘起来而且可以保持拐弯处的直角。

### 连接扣件

在制作过程中使用合适的连接扣件。例如，钉子是用来永久性地连接木头的，然而临时连接物体使用螺丝钉则更好。图 2 至图 4 中列举了一些连接技术。

图 1

直角连接木头

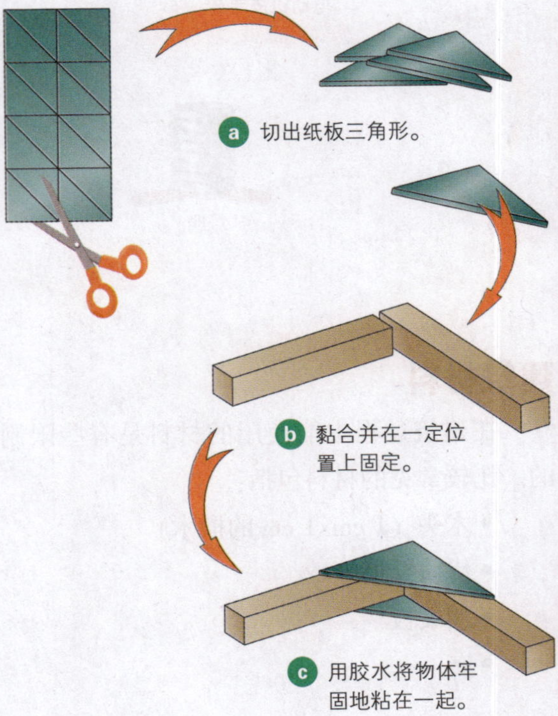


图 2

连接两个可以相互间发生转动的木条

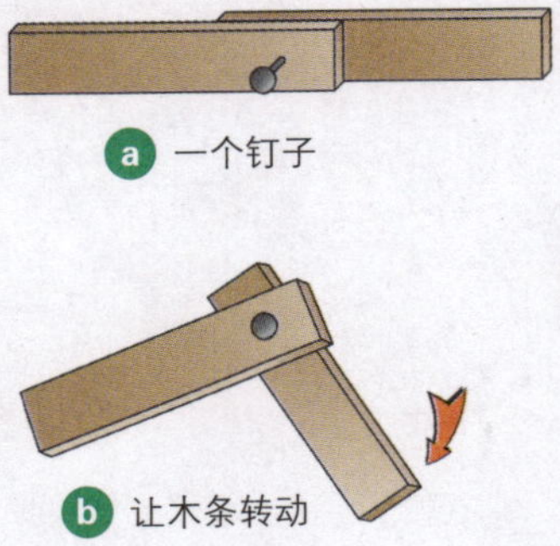


图 3

连接两根木条以保证结构稳定

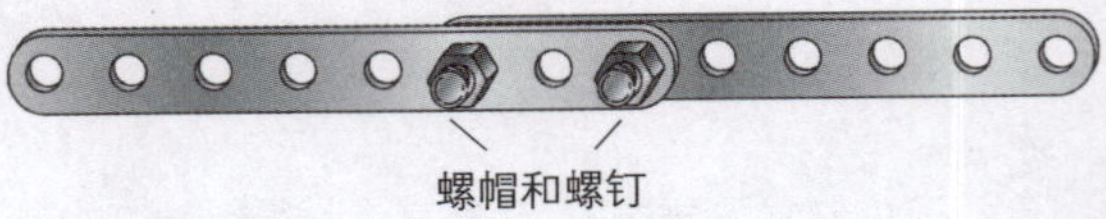

图 4

在各种材料上凿眼并用扣件将它们连接起来，这样便于你更好地克服摩擦力。这一技术在制作像杠杆一类的物体中经常使用。

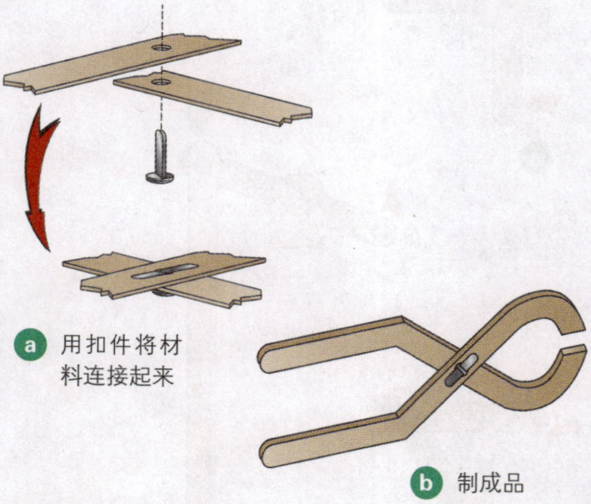


## 轮子和轮轴

有两种基本类型的轮轴系统：（自行车的）前轮和后轮。这些可以通过观察自行车（图 5）来进行理解。每个轮子的中间都有一根轮轴在运行。自行车的后轮是被固定在轮轴上的。前轮没被固定在轮轴上——轮轴本身是固定的。当自行车向前移动的时候，前轮在转动。

图 5

轮子靠摩擦力转动。轮轴在车轮的中间转动。

被驱动轮：自行车向前运动时，自行车带动车轮向前运动（轮胎固定在轮子上）。

驱动轮：轮轴带动车轮转动，再由车轮带动自行车前进（轮胎固定在轮子上）。

• 轮子必须是圆的。制作轮子的方法包括用现成的轮子，用圆的物体代替轮子，或者将木钉切成片段。

• 轮轴必须在中间而且必须是直的。如果不直，自行车就会不稳定。轮轴也必须足够宽松，否则轮子就会被卡住。

• 轮子表面与地面必须有足够的摩擦力。这可以通过增加轮子表面的粗糙度或者用类似橡胶的材料制作轮子。

• 轮子必须在轮轴上装好。将轮子装在轮轴上的部件包括塑胶或者橡胶管、锁定销、螺丝钉和垫圈。

## 齿轮

齿轮就是轮子的齿。它可以通过和其他齿轮啮合创造出各种不同的运动。图 6 至图 8 中列举了三种有实际作用的齿轮。

图 6

螺纹和齿轮相互作用，使旋转轴旋转 90° 。

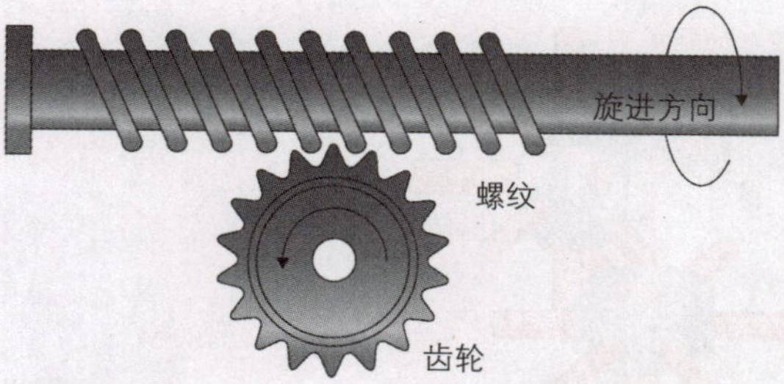


图 7

带有螺纹的直尺和齿轮相互作用使得环形运动变成直线运动。

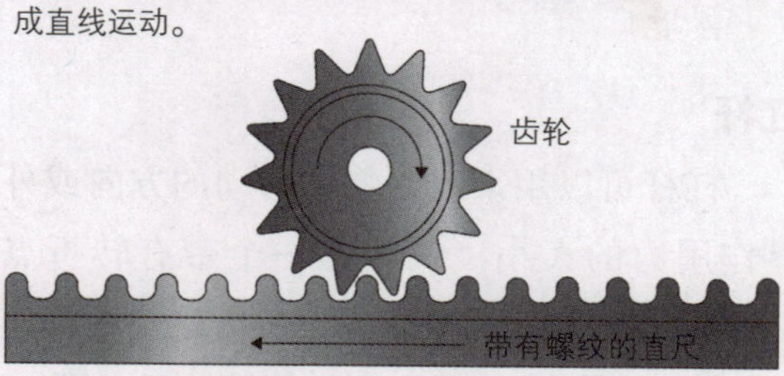


图 8

锥齿轮上的齿切成 45° 角。它可以改变旋转 90° 的方向。

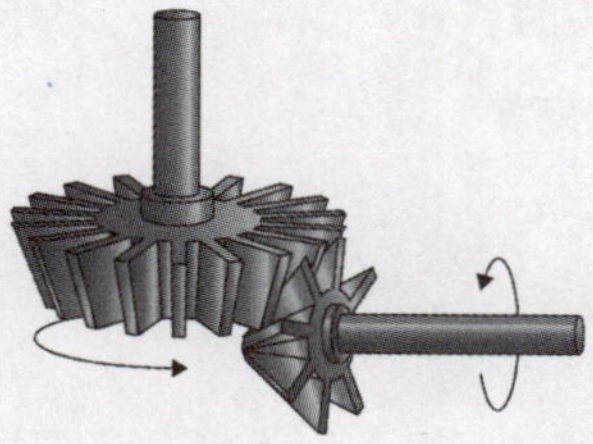

现在你已经有了一个齿轮。你也可以用折成褶皱的纸板和圆盘以及木钉制作简单的齿轮（图 9）。齿轮的齿相互之间必须相互吻合才能配合使用。例如，一个十二齿的齿轮会和一个四齿的齿轮相啮合，因为前者的齿数目正好是后者的三倍。十二齿的齿轮和五个齿的齿轮相互之间就不能啮合，因为它们之间没有整数倍的关系。

**图 9**

不同结构的齿轮

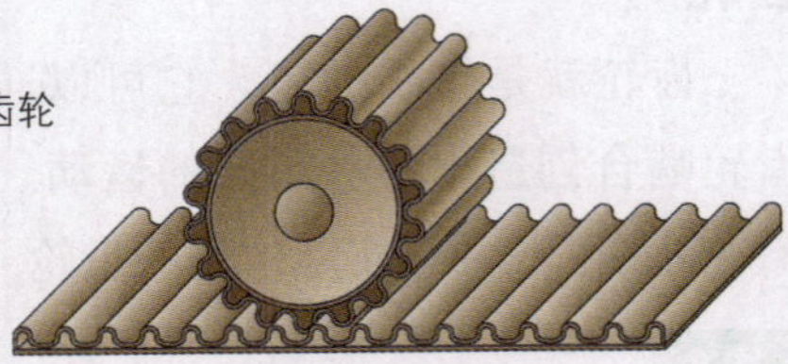

a 波浪式齿轮组

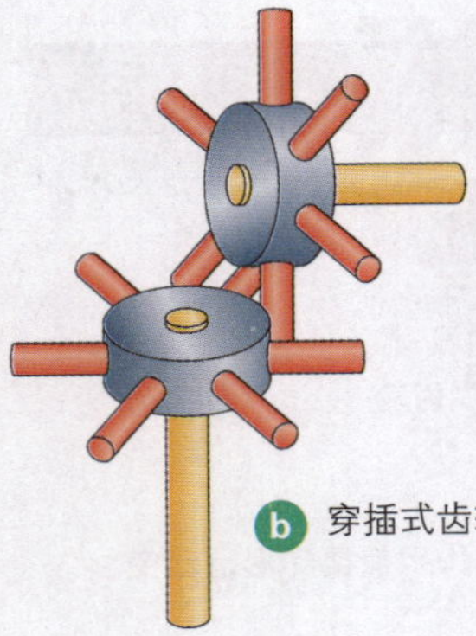

b 穿插式齿轮组

**图 10**

不同的连接方式

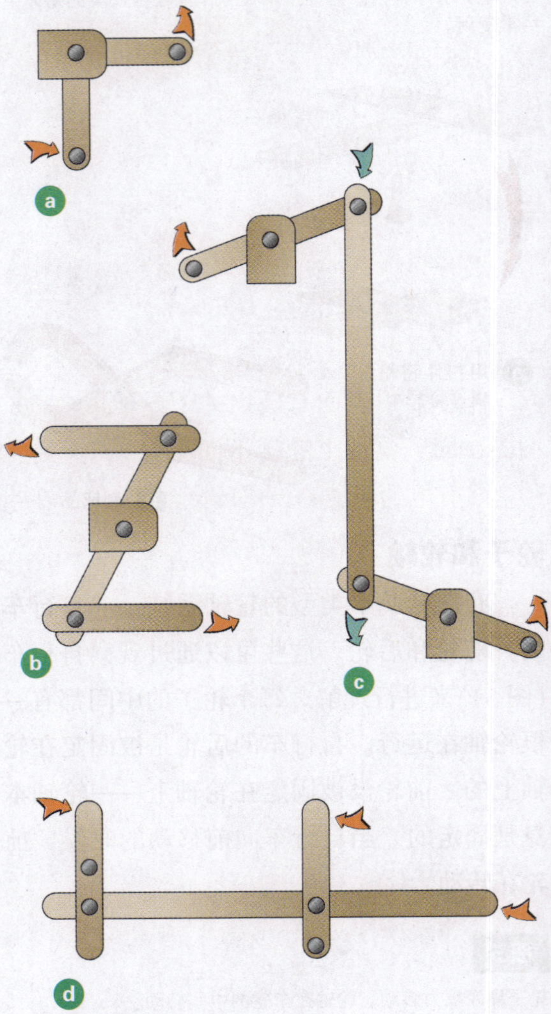

## 杠杆

杠杆可以用来改变物体移动的方向或外界作用力的大小。杠杆是一个带有转折点（支点）的硬杆。有一套标准的方法将杠杆连接在一起制作成一种特别的机械装置。图 10 中列举出了其中的一些。理解杠杆工作原理的最好方法就是用简单的材料，如长纸板和纸扣件进行实验。

如果你的杠杆遇到了故障，检查下面可能遇到问题的地方：

- 支点可能太紧或者太松
- 支点可能不在正确的位置上
- 连接方法可能不正确
- 连接长度不正确
- 没连接成直线

## 电

你制作的许多模型都会用到电。在这种情况下，你需要画出电路图并搭建电路来控制电流。下面介绍了建造电路的基本技术。在细节上碰到任何疑问的时候，首先请教老师。注意安全第一的原则。

### 安全注意事项

- 在得到老师认可后仅操作一条电路。
- 时刻保证你的手是干燥的并且是站在干燥的地面上。
- 不要用表面有破损的干电池或电池，不要在同一电池上连接不同类型的干电池，避免将有电的电池和没电的电池相连。
- 注意不要让电池短路。
- 不要用不符合规范或有危险性的电线。
- 小心操作容易损坏的电器部分。

### 电路的部分

简单电路有四个基本组成部分，见图11。

图 11

电路的组成部分

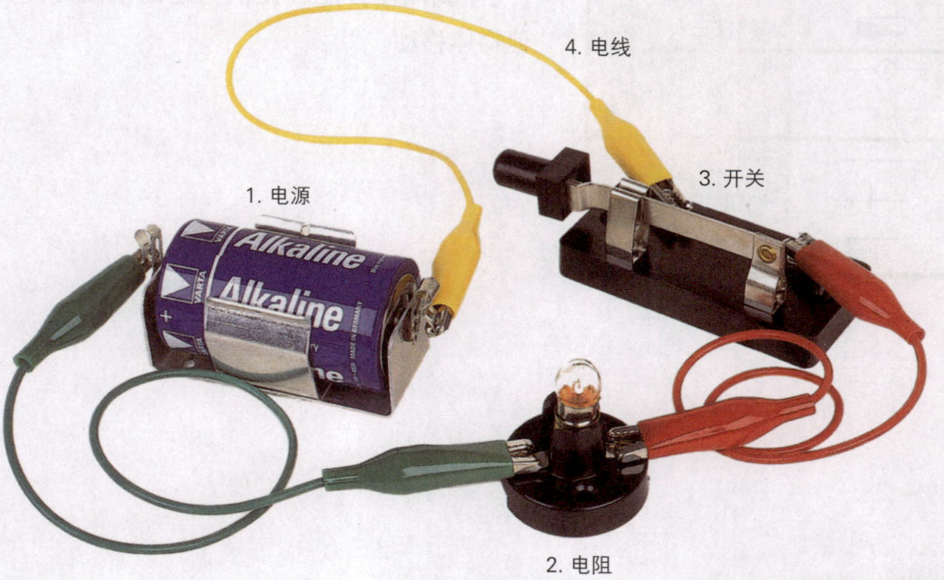


1. 电源：你需要使用被称作“电源”的干电池组或者其他特别的装置。这些是直流电源。它们比使用交流电的墙壁插座更安全。

2. 电阻：电阻就是用电的器具（例如，灯、信号器、电动机）。

3. 电阻开关：你通常会用到各式电闸中的一种（例如，一些电闸是开和关，一些电闸则是切换电动机的方向）。

4. 电线：通常是一些铜线。

### 画一张电路图

在你连接电路之前，你应该先在纸上设计出电路图（图 12）。在画电路图的时候要遵守一些规定：电线通常都是画成直线或成90°角的线。以及一些用来替代实物的标志（见表 1）。

图 12

图 11 的电路图

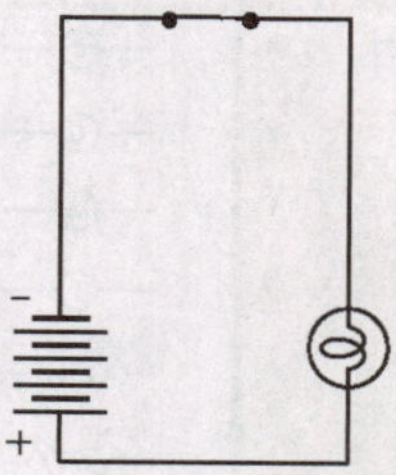

**表 1** 电路图中的常用标志

| | 直流电路 | |
|---|---|---|
| 电源/输出 | | 电池 |
| | | 3 电池组 |
| 控制装置 | | 电闸 |
| | | 保险丝 |
| | | 断路器 |
| | | 电闸和保险丝 |
| | | 配电盘 |
| | S | 开关 |
| | $S_{WP}$ | 防水开关 |
| | | 按钮 |
| 电阻 | | 电灯泡 |
| | | 时钟 |
| | | 发动机 |
| | | 自动调温器 |
| | | 电阻器 |
| | | 可变电阻器 |
| | | 荧光设备 |
| | | 散热板 |
| 仪表 | | 电流表 |
| | | 电压表 |
| 电线 | | 导线 |
| | | 相交的线 |
| | | 接地器 |

### 搭建电路

• 电路图要通过老师的审核。

• 连接干电池的时候仔细检查连接线路。错误的连接会导致短路或爆炸。如果你不确定就向老师请教。

• 将导线接到仪表上，红线接仪表的正极，黑线接负极。这就提醒你在电路中连接仪表时要考虑它的极性。

• 有时导线的末端没有合适的连接装置连到设备或仪表上，需使用额外的附加设备，像鳄鱼夹，但一定要固定好连接器的位置，不能与另外的连接器相接触。

• 在改变仪表连接方式，增加配线或组件前要打开开关。

• 如果电路不能正常运行，打开开关检查电线和所有连接器的接线端。如果仍不能查出问题所在，请老师再次检查你的电路。

## 流体力学

为了能够使物体运动可以用另外两种系统对物体施加动力：气动系统和液压系统。每种系统都是建立在这样一个事实上：流体（气体或液体）能够提供一定的推动力使其他物体移动。

液压系统利用的是液体。例如，水在低压体系中就能工作，然而液压油则被用在高压体系中。气动系统利用气体，如空气。空气在使用前必须被压缩。

这些规律包括三个基本部分：

1. 输入装置：你需要一个流体的蓄水池和一条将流体引入体系的路径。例如，重力可以用来施加水压。

2. 控制装置：你需要一条指引流体流动的路径，这条路径必须能够承受流体的压力。控制装置包括控制流体流动方向的管子，扩大系统的连接器，控制体系中流体流量的活栓以及控制流体流动方向的阀门。

3. 输出装置：流动的流体被用来驱动装置。

图 13 中是一个简单的气动系统。空气在注射器的作用下经过管道进入气球。气球膨胀，同时手被迫松开。

**图 13**

一套气动系统装置

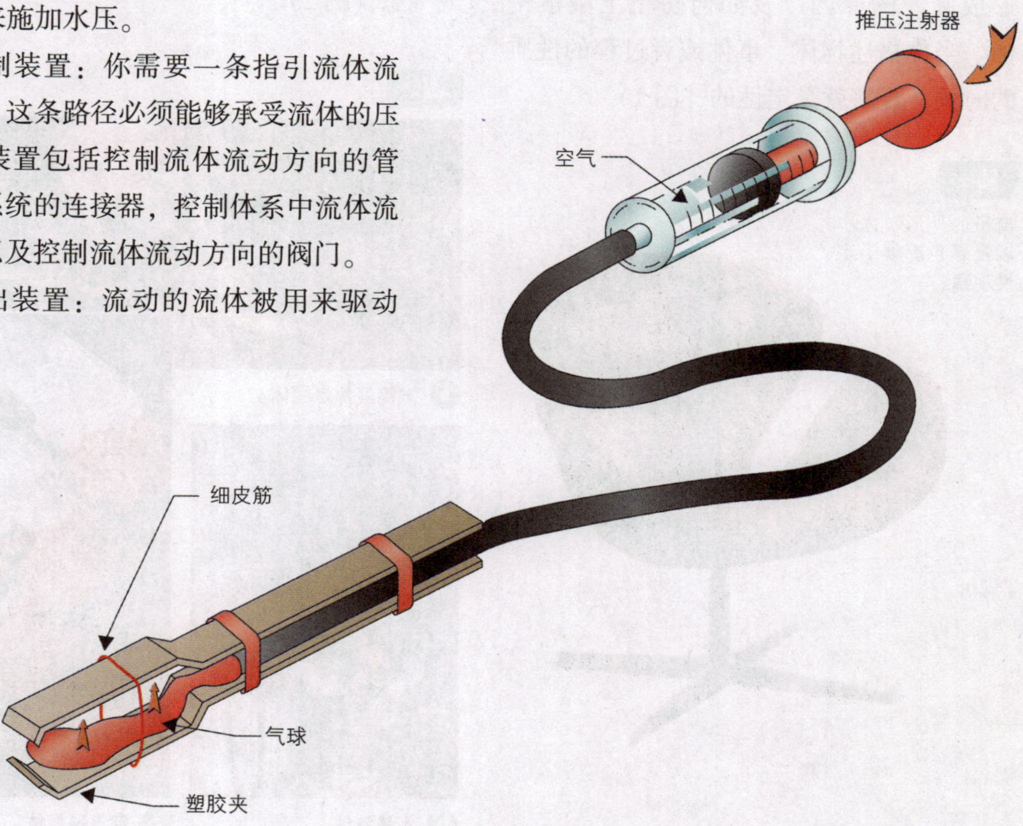

# 6 观察并记录数据

## 6A 获得定性数据

### 定性观察

观察就是通过你的感官获取信息，科学问题和技术问题通常来源于观察。例如，观察海滩上的波动可能会让你想了解形成潮汐的原因以及如何防止土壤被侵蚀。当你描述物体、事件或者过程的性质的时候，观察就是定性的（图1）。

图1

椅子的外形、大小以及颜色都属于定性观察。

观察在科学与技术调查过程中属于鉴定性的步骤（参照 2A“科学探究过程”中步骤6）。观察对设计过程也有一定的评价性。根据设计标准来评价一个模型就需要仔细观察（参照 3A“问题解决策略”中步骤5）。科学家和技术学家已经根据实验性质的种类和研究的目的，对定性观察进行了分类。

### 科学调查过程中的定性观察

下面列出了用在科学调查过程中的相同类别的定性观察：

**物态**：所有的物质都可以归类到固态、液态或气态（图2）。

图2

a 滚筒刀片是固体。

b 水是液体。

c 空气是气体。

**颜色**：可以用任何一种颜色或阴影（图3）。没有颜色的材料应该描述为无色。

图3

树叶呈现绿色是因为它将绿光反射到你的眼内。

**气味**：也叫做味道。描述气味的词有很多，包括刺激性的、强烈的（图 4）、辛辣的、芳香的以及无气味的。

**图 4**

臭鼬可以发出一种非常强烈的臭味。

**质地**：物体的表面有各种各样的不同质地，包括平滑的、粗糙的、多刺的、纤细的（图 5）。

**图 5**

这些谷类食品质地粗糙。

**味道**：物体会有甜的、酸的、苦的或者咸的（图 6）味道。其他味道都是由这些基本味道混合而成。没有味道的物体被描述为无味的。

**图 6**

黑橄榄使这块比萨饼成为咸的。

**亮度**：也叫做光泽。像镜子这样发亮或者有光泽的（图 7）表面平滑的物体很容易反射光，如厨房的水龙头、镜子，甚至是打磨好的桌子都称得上是有光泽的。表面暗淡的物体称作无光泽的。

**图 7**

大部分金属，像铜和银看起来都像发光似的。

**透明度**：一些物质能够让大部分光透过，这样通过它们就可以看到文字了。这些物质通常是清澈的或透明的。还有一些物质可以让光通过，但在某种程度上不能够透过它看文字，这些物质是半透明的。一点光都不能透过的物质是不透明的（图 8）。

**图 8**

由透明到不透明的变化。

其他定性描述包括形状（物质的外形）、硬度（物质被切断的容易程度）、延展性（改变物质形状的能力），以及黏性（液体流动阻力）。

其他可以定性描述的重要性质就是物质相互之间结合的能力。

## 设计过程中的定性观察

下面列出了设计部分的要点，这些要点通常是在设计过程中形成定性观察的基础：

**形状：** 形状是被固定的区域。形状可以是两维的，像面积，也可以是三维的，像角锥（图 9）。三维包括：高度、长度和宽度。

图 9

这个盒子一个侧面的大小就是面积。盒子本身是个立方体。

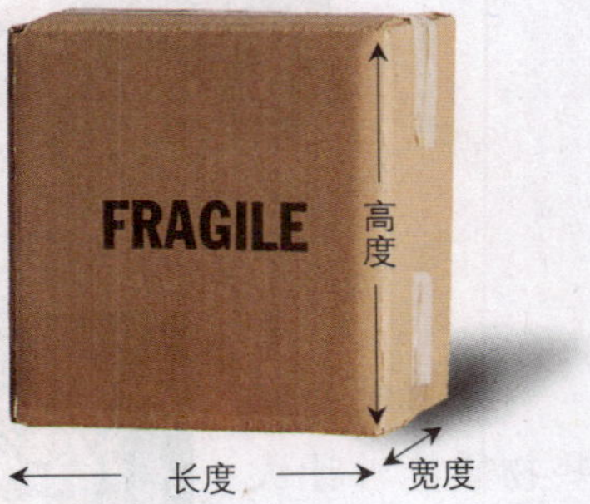


**空间：** 空间就是可以包围物体或者被物体包围的区域。所有物体都是在空间内（图 10）存在的。我们只可以通过想象或观察它周围的空间来判断物体的存在形式。

图 10

这个房间里物体的形状只可以根据它周围的空间来理解。

**颜色：** 颜色非常重要因为它直接给人印象。颜色是用来增强设计效果的。

**纹理：** 纹理影响设计的外观和功能。

**生物工程学：** 它致力于设计一些对人安全并容易使用的东西。

### 试一试 哪些性质？

复习在科学调查与设计过程中用到的一些性质的种类。你将注意到有些性质会在两个表中出现。你是否能想出还有其他一些性质在两个过程中都是有用的？举出两三个例子。

# 6B 获取定量数据

## 定量观察

基于测量和计算的观察叫做定量观察，因为它们处理的是定量事件。一段玫瑰茎或一块木条的长度，一朵花上花瓣的数量以及轮子的旋转次数，这些都属于定量观察。

看图 1 中的两条线。哪条看起来较长？你会发现线段 *AB* 和 *CD* 一样长。我们的感觉可能会欺骗我们。这就是定量测量在科学与技术中显得重要的原因之一，同时也是测量必须非常仔细的原因。

图 1

哪条线更长？用尺测量。

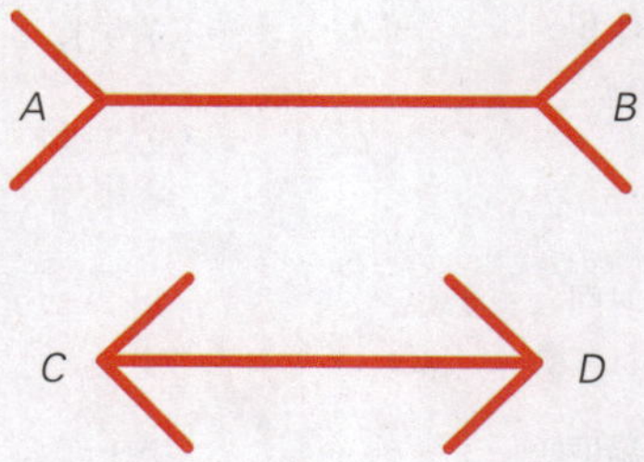


## 测量标准

测量单位经常是根据社会认同的标准确定的。例如，有一个标准等同于 16 个人紧靠在一起站成一条线的长度。马的高度仍然是用手来测量的，根据手的宽度从地上量到马背上。

这些标准听起来似乎很奇怪，但是长度的单位米代替了大部分的地方标准，它是根据地球围绕赤道运行，经过巴塞罗那、巴黎、敦刻尔克到达北极（图 2）的弧线长度确定的。这个弧线的长度被分成了 10 000 000 份，平均每份就是一米。这个听起来还是奇怪，但是它却确立了第一个全世界通用的长度的标准单位。

图 2

最早米的标准是从赤道到北极距离的 1/10 000 000。

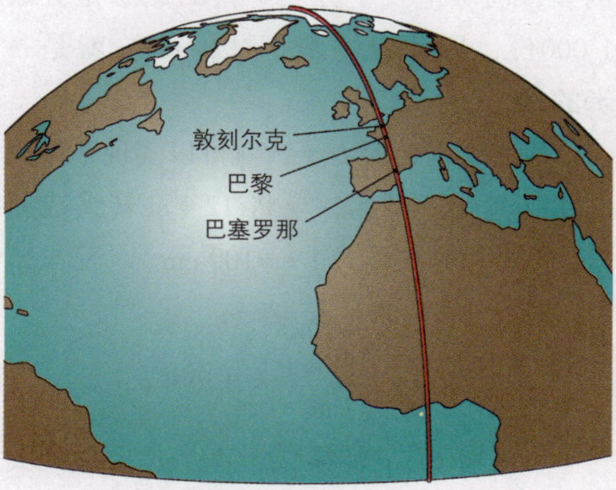


像米和千克这样的单位首先被加拿大人采用。你应该熟悉并使用国际单位制（也叫做 SI 单位制）的单位。

### 基本单位和名称

在表 1 中列出了七种国际单位制的基本单位。

表 1 七种国际单位制基本单位

| 量 | 单位 | 符号 |
|---|---|---|
| 长度 | 米 | m |
| 质量 | 千克 | kg |
| 时间 | 秒 | s |
| 电流 | 安[培] | A |
| 温度 | 开[尔文] | K |
| 物质的量 | 摩[尔] | mol |
| 发光强度 | 坎[德拉] | cd |

* 千克是唯一一个有前缀的基本单位。因为实践证明克在实际应用中太小了。

更大或者更小的单位是由基本单位的大小乘以或除以 10 的倍数。例如，前缀十意味着扩大 10 倍。因此，一个十米（1 dam）和十个一米（10 m）是等同的。克的前缀千意味着扩大 1 000 倍，因此一个千米（1 km）和一千个一米（1 000 m）是等同的。同样的，每个单位都可以被分成更小的单位。例如，前缀毫（千分之一）的意思是分成 1 000份，因此，一毫米（1 mm）就是一米的 1/1 000。

通过乘以转换因子，就可以实现单位间的相互转化。例如，要将 12.4 m 转换成厘米，你要用到关系式 1 m=100 cm。

$$12.4\ \text{m} = ?\ \text{cm}$$

$$12.4\ \text{m} \times \frac{100\ \text{cm}}{1\ \text{m}} = 1\ 240\ \text{cm}$$

为了将 6.3 g 转换成千克，你要用到关系式 1 000 g = 1 kg。

$$6.3\ \text{g} = ?\ \text{kg}$$

$$6.3\ \text{g} \times \frac{1\ \text{kg}}{1\ 000\ \text{g}} = 0.006\ 3\ \text{kg}$$

任何相同物理量之间的转换都可以用这样的方法，选择转换因子是为了得到我们想要的单位。

一旦你理解了转换方法，你会发现移动小数点很简单。新单位更小就将小数点向右移，新单位更大就将它向左移。从表 2 中可以看出不是所有的单位和前缀都是常用的。

**表 2** 公制前缀

| 前缀 | 符号 | 基本单位扩大倍数 | 举例 |
|---|---|---|---|
| 千兆 | G | $10^9 = 1\ 000\ 000\ 000$ | |
| 百万 | M | $10^6 = 1\ 000\ 000$ | $10^6$ m = 1 Mm |
| 千 | k | $10^3 = 1\ 000$ | $10^3$ m = 1 km |
| 百 | h | $10^2 = 100$ | |
| 十 | d | $10^1 = 10$ | |
| | | $10^0 = 1$ | m |
| 十分之一 | da | $10^{-1} = 0.1$ | |
| 百分之一 | c | $10^{-2} = 0.01$ | $10^{-2}$ m = 1 cm |
| 千分之一 | m | $10^{-3} = 0.001$ | $10^{-3}$ m = 1 mm |
| 微 | μ | $10^{-6} = 0.000\ 001$ | $10^{-6}$ m = 1 μm |

**表 3** 常见物理量和单位

| 物理量 | 单位 | 符号 |
|---|---|---|
| 长度 | 千米<br>米<br>厘米<br>毫米 | km<br>m<br>cm<br>mm |
| 质量 | 吨<br>千克<br>克 | t<br>kg<br>g |
| 面积 | 公顷<br>平方米<br>平方厘米 | $hm^2$(ha)<br>$m^2$<br>$cm^2$ |
| 体积 | 立方米<br>升<br>立方厘米<br>毫升 | $m^3$<br>L<br>$cm^3$<br>mL |
| 时间 | 分<br>秒 | min<br>s |
| 温度 | 摄氏度 | ℃ |
| 力 | 牛顿 | N |
| 热量 | 千焦<br>焦 | kJ<br>J |
| 压强 | 千帕<br>帕 | kPa<br>Pa |

## 准确测量

许多人相信所有的测量都是准确和可靠的。但是测量的时候有许多事情是容易出错的，如仪器就有可能存在误差。另一个类似的仪器就可能给出不同的测量结果，所以人们进行定量实验时往往容易出现各种测量误差。

向老师要两支温度计并检查室温。看看它们的读数，是否相同？（你可能想要检查两个温度计在同一温度变化范围内的读数，它们的读数经常保持一致吗？）假如你仅用一支温度计而且它的读数是 21 ℃，是不是室温就是 21 ℃呢？这就取决于温度计的准确性。如果你的温度计不精确，室温就可能是 19 ℃、23 ℃或者其他一些值。

无论你在测量什么，要得到一个可信的精确结果，至少需重复测量三次。如果测量结果相近，计算平均值并用平均值作为结果。为了使结果可信度更高，可以用不同仪器重复测量。

## 测量技巧

**测量温度**：如果你测量液体的温度，应保持温度计的球泡在液体中间（图 3）。如果液体在沸腾且温度计的水银球完全靠着容器的底部，那么你测量的就是容器底部的温度而不是液体的温度。（不要将温度计用作搅拌棒！）同样，如果你测量固体的温度，应使温度计的球泡尽可能在固体的中心位置。

**图 3**

温度计没有靠在烧杯底部。

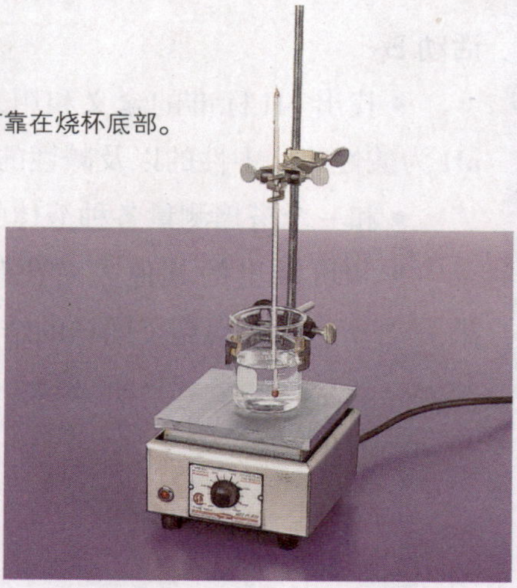

**测量长度**：为手中的测量任务选择正确的仪器。例如，如果你要测量一些非常短的物体，你就需要一个非常精确（可以测量微小物体）的工具。开始测量时首先确定“0”点（图 4）。许多直尺或米尺在制造时都有这一点。

**图 4**

测量橡皮筋的长度时应从尺子的“0”点开始而不是从尺子边缘开始。

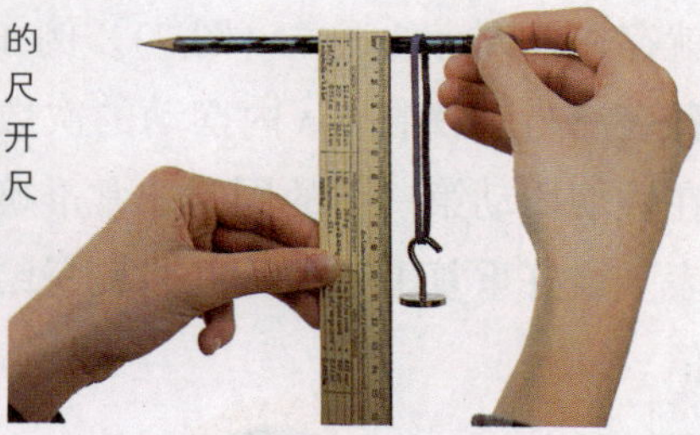

**测量建筑材料**：当你切割材料的时候，在切割过程中你会丢失一点木头（图 5）。这“一点”必须保证依然是直角或确切角度的同样物体。它将影响你产品最终的大小。

**图 5**

你在切割时有时会丢失一些材料。

**测量体积**：和测量长度一样，选择正确的测量仪器很重要。保证测量工具在一水平面上。如果你是测量固体，摇动容器使表面水平。用量筒测量液体体积，从液体凹液面的最低点开始测量（图 6）。

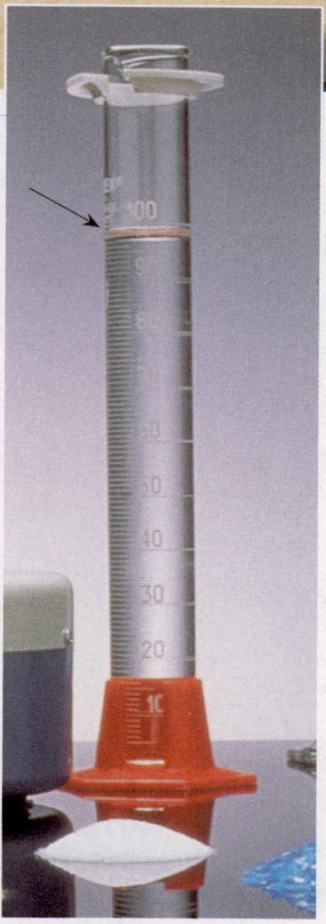

**图 6**

箭头表示应该从哪里开始测量。

**测量时间**：测量的时间间隔较短的时候就存在着人为的误差（图7）。例如，你要用秒表测量钟摆在5 s内摆动的次数，你必须在钟摆摆动第一下的同时非常准确地按下秒表。最好重复上述过程并将测量结果取平均值。

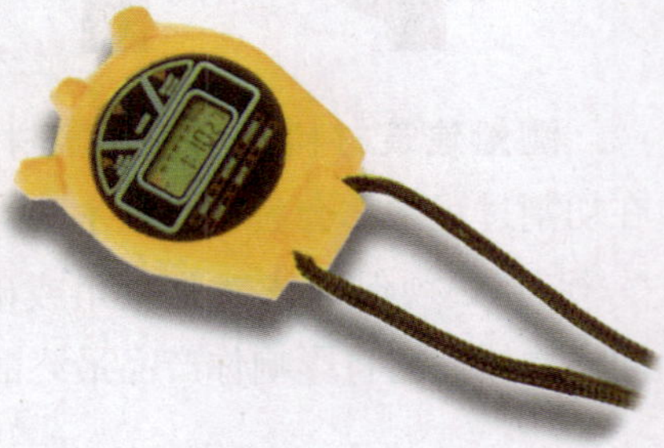

图7

精确测量有很多需注意的地方。

**测量质量和重量**：查阅 5B “如何使用天平”。

## 试一试 测量数量

完成其中的一个活动。

**活动 A**：

- 给你一袋子气球，为你已经准备好的汽车提供动力。每个气球的大小都是一样的。你必须保证这一点，这样就可以确定所有组都是用相同体积的空气来给交通工具提供动力。再次检查保证这一切是确实无误的。
- 决定一下你的组将怎样来证明或反驳这一切。
- 在表格中记录所有的定量数据。
- 将你的结果与其他组相比较。

**活动 B**：

- 找出pH标准的含义和用来鉴定pH为酸性的、中性的以及碱性的量度。
- 和一个搭档测量各种液体的pH。
- 和班级里的其他人对比你的结果,是否所有人都得到了同样的结果？

## 6C 科学与技术制图

科学制图是用于尽可能准确地记录观察结果，技术制图是用于呈现设计想法，制图是用于相互联系，这就意味着它们必须清楚，贴好标签，并且容易理解。下面是一些技巧，它将有助于你绘出有用的科学与技术制图。

### 开始之前

• **准备一些纸。**你必须决定哪种类型的纸最符合你的需要。如果纸上的线条可能使你的制图不明显或者让你的表格模糊，最好选择空白纸。当你绘制一些要求精确测量的图时，最好选择方格纸。

• **找一支尖的硬铅笔（2H 或 4H）。**尽量避免使用钢笔、粗标记笔或彩色铅笔。（即使是最熟练的艺术家要改变他们的制图，）墨水是不可能被擦掉的，彩色铅笔比较软，会使线太粗。

• **规划你的制图。**保证你的图足够大，使人们能看到详情。例如，对于一个小单元或者轮系图表，一页纸的三分之一就够了。如果你要绘制显微镜的整个观察视野，就要画一个直径适当（例如 10 cm）的圆。如果你要绘制一个三维空间的物体，则要计划观察多个点（例如俯视图、侧视图等等）。

• **留些空间做标记。**在科学制图中，通常在图表的右侧做标记。

### 科学制图技巧

• **制作一个简单的两维空间图。**

• **仅画出你看到的。**你的教科书可能已经给了你答案，但是它也可能列出了一些在实验中你没有看到的结构。

• **不要绘略图。**画坚实清楚的线，只包括你能清楚看到的相关细节。

• **不要用底纹或色彩。**图 1 中用密集的点表示阴暗区域。用双线画出厚实部分。

图 1

用小点表示出不同的作用。

### 标注

• **标注所有的绘图。**避免在图上直接印表格。

• **用直尺。**指示线必须是水平的，并且使用直尺从被标注处开始向外画线（图 2）。

图 2

整洁的标记使你的图更清楚。

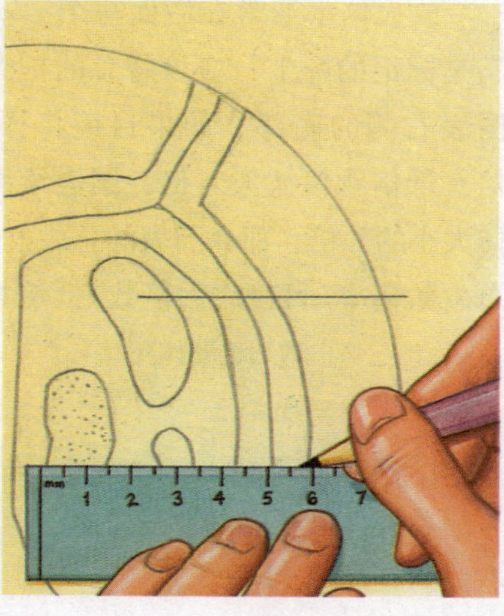

• **图表线不应该交叉。**

• **整洁地给图表加标签。** 在科学制图中，在右下角甚至以专栏的形式列出你的标签都是可以的。

• **给图表加标题。** 用样品或模型的名称以及任何其他有利于指明图表的明确信息作为标题。在标题下画线。

## 度量比率

为了显示真实尺寸和绘图尺寸的关系，在标题的旁边写出度量比率。

$$\text{度量比率}=\frac{\text{制图尺寸}}{\text{样本/原型的真实尺寸}}$$

例如，你已经绘出了一个 2 cm 长的钉子（图 3）并且图表上是 8 cm，在这种情况下的放大倍率，即度量比率，就是

$$\frac{8\ \text{cm}}{2\ \text{cm}}=4\times$$

**图 3**

绘制的钉子是真实钉子大小的 4 倍。

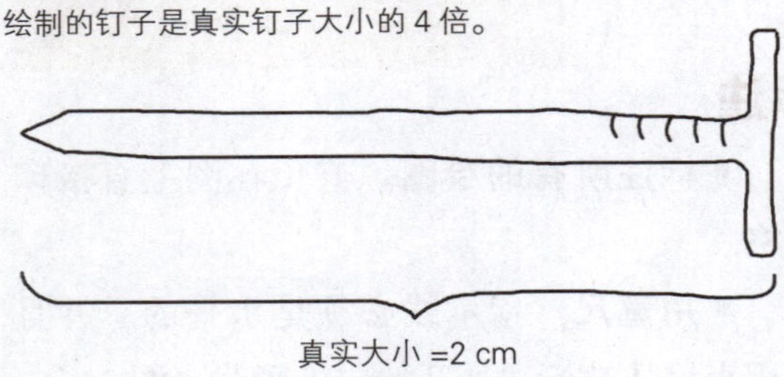


放大倍率通常在后面写个“×”。在一个满是标记的图上，应该将总的扩大倍率写在图表右侧的底部。如果目镜将样品放大 10 倍，低倍物镜放大 4 倍，图表绘制了最初物体大小的 3 倍，那么图表的总放大倍率如下：

总放大倍率=目镜放大倍数×低倍物镜放大倍数×度量比率

=10×4×3

=120×

总放大倍率应该被写在如图 4 中的图表右侧的底部。

**图 4**

放大 120 倍。

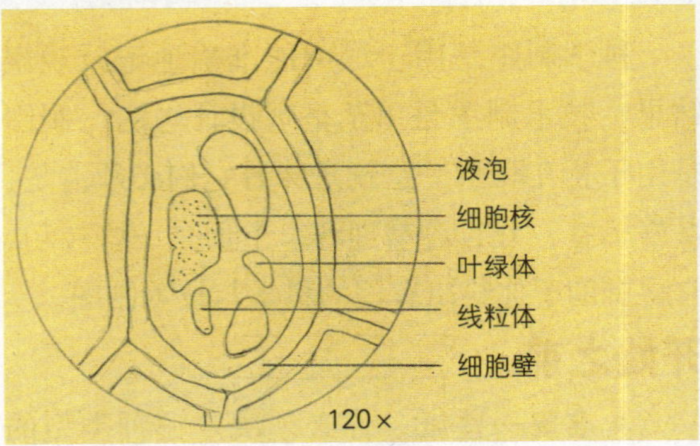


## 技术绘图技巧

在技术设计过程中你要绘制的图表种类取决于它的目的。一些图和涂鸦没什么差别，这些大致的尝试是为了在过程开始的时候构建一个大致的想法。另一些图表将有助于你向别人解释你的观点。还有一些图表用在模型计划里，和说明书一起有助于解释。

### 草图

当你是第一次以集体讨论的方法解决问题时，草图对勾画你的想法非常有用。草图可以帮助你展现和记录你的观念。通常草图包括注释，它可以帮助你看清楚自己观点的进展过程（图 5）。草图也有助于你团队里的其他人分享你的观点。

**图 5**

一个游戏设计草图。

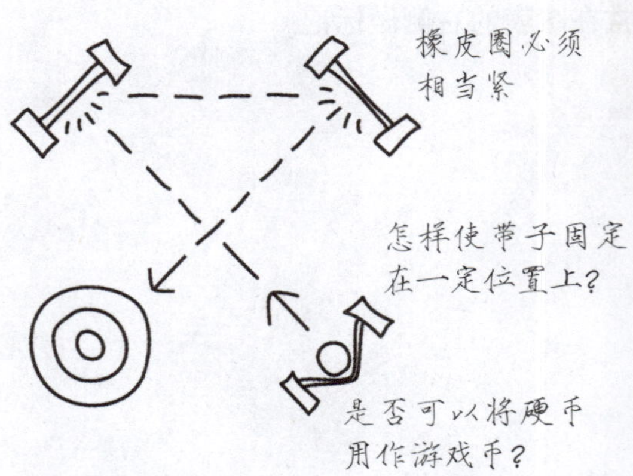

## 等大的图表

当你要完善你的设计的时候，同时你也要完善你的技术绘图。设计图表可以帮助其他人清楚正确地理解并支持你的设计需要。

一张等大的图表在 30°绘制角的三维空间里就代表一个物体。经常使用的是一种特殊的格子纸。它由三条平行线组成。

无论线穿过哪里，都有三个代表着宽度、长度和高度的轴（图 6）。这种绘制方法允许你使用物体的真实尺寸，而且可以给别人提供一幅容易理解的实物图（图 7）。

**图 6**

在等大格子中相互间夹角为 60° 的平行线。

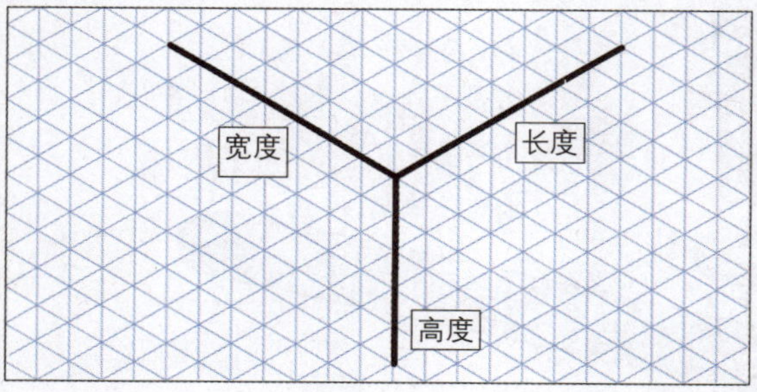


**图 7**

用鞋盒制作出来的车库模型。

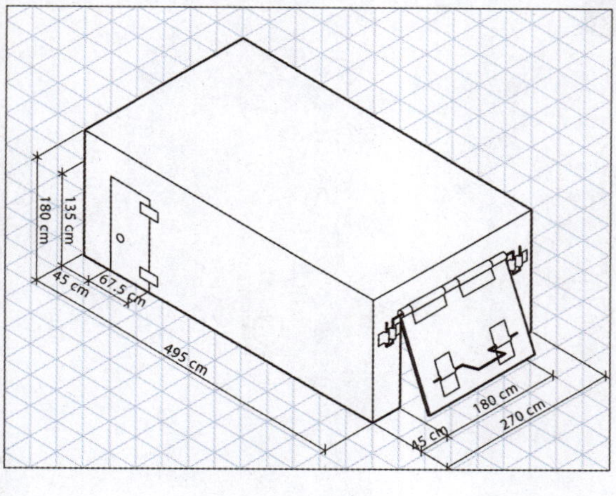


## 正投影

画一张工作图通常非常有用，这张图从三个不同方面展示了你的模型：顶部、侧面和正面。正投影是显示所有角度包括每个细节和尺寸（图 8）的一张准确的图。每个角度的图都被绘成两维空间里的方形。这样绘制的目的是使得每个面之间的关系更清楚。用表格纸来绘制工作图会更容易。理解各个面之间关系的一种方法就是，想象物体是被封闭在一个透明的盒子里。如果你画出从盒子的 A、B 和 C 的侧面上看到的物体，然后打开盒子，你就可以看到每个面之间是如何相互联系在一起的（图 9）。

**图 8**

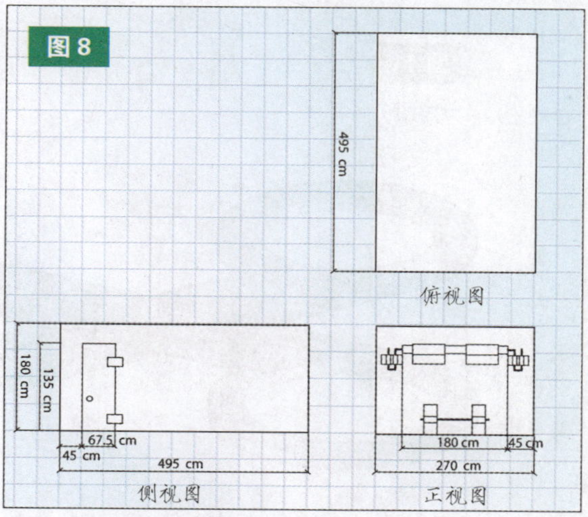


**图 9**

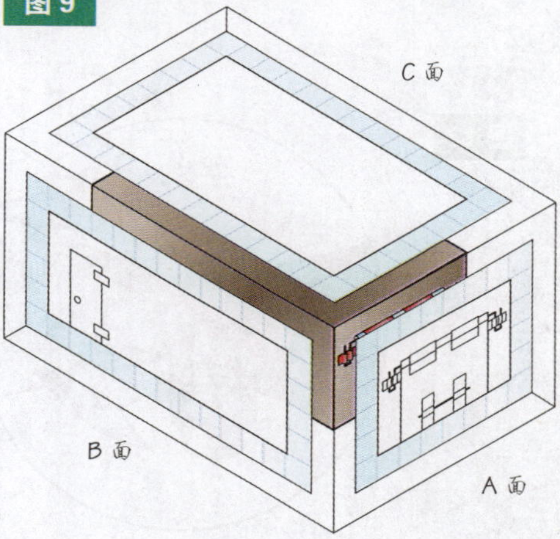

## 一个物体的其他面

在某些情况下，可能会需要展示物体的内部。展示物体内部的一个方法就是绘制一个剖面（图 10）。

图 10

剖面

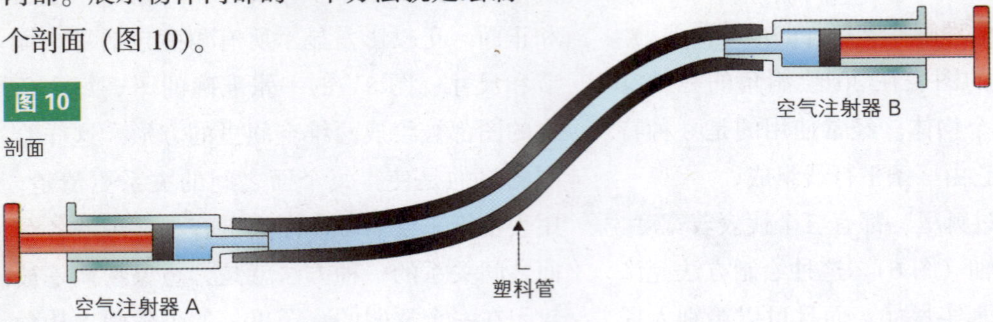


为了清楚地展示物体的各部分是怎样安装在一起的，经常画一张分解图（图 11）。

图 11

分解图

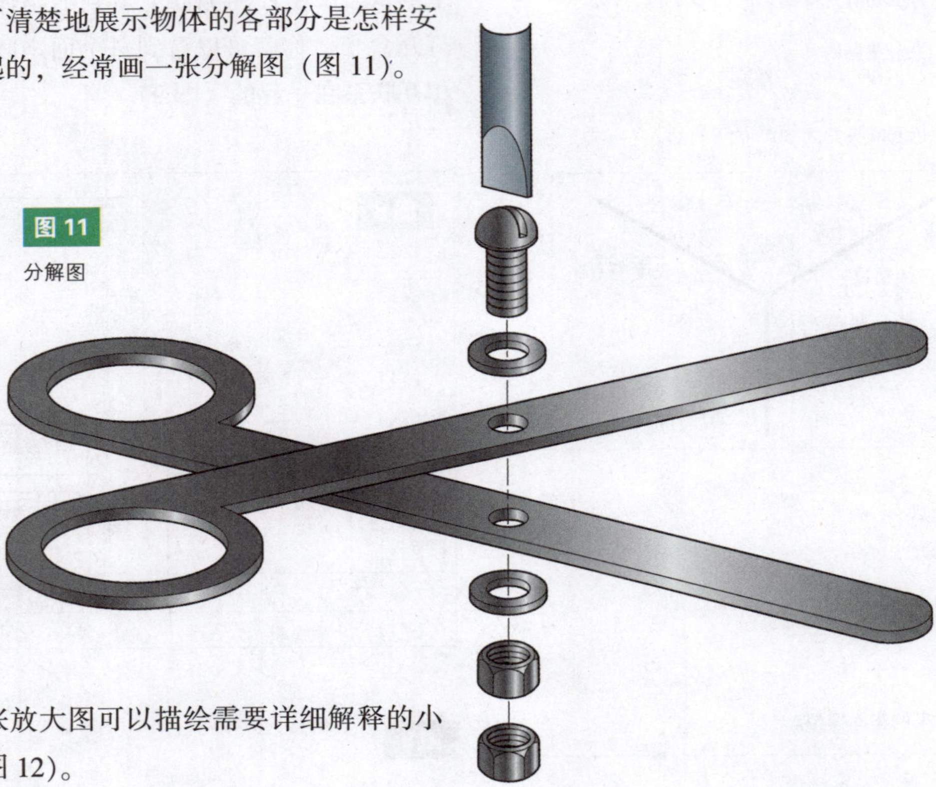

一张放大图可以描绘需要详细解释的小部件（图 12）。

图 12

放大图

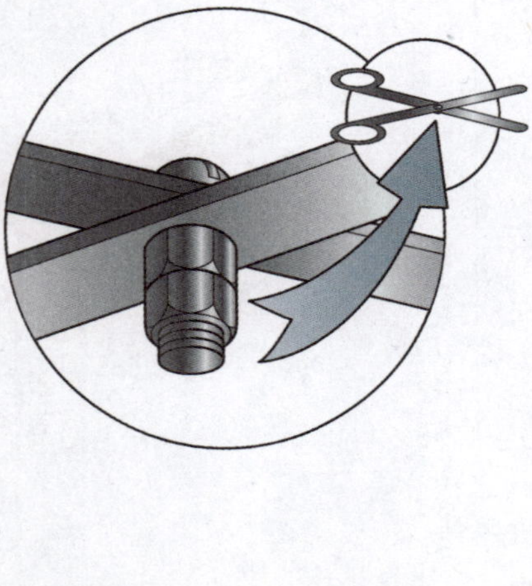

## 6D 制作数据表

在你的研究中制作有效的数据表格将有助于你记录和分析数据。构建一个有用的数据表是弄清你实验数据意思的第一步里的一部分。看一看表 1、2 和 3，哪一个是直接来自尼尔森科学探索 7/8。它们存在哪些相同之处？当构建你自己的数据表时你应该采取哪些策略？

**表 1** 成熟时间和各种马铃薯的产量

| 种类 | 成熟时间（天） | 确定种类的产量（kg/株） | 未确定种类的产量（kg/(株·天)） |
|---|---|---|---|
| A | 80 | – | 6.8 |
| B | 40 | – | 2.6 |
| C | 70 | – | 5.2 |
| D | 60 | 10 | – |
| E | 70 | – | 4.2 |
| F | 65 | 10 | – |
| G | 55 | 15 | – |
| H | 50 | 10 | – |
| I | 75 | – | 5.6 |

**表 2** 城市 A 和 B 每月的平均温度（℃）

| 月份 | 城市 A 的温度（℃） | 城市 B 的温度（℃） |
|---|---|---|
| 1 月 | –7 | –6 |
| 2 月 | –6 | –6 |
| 3 月 | –1 | –2 |
| 4 月 | 6 | 4 |
| 5 月 | 12 | 9 |
| 6 月 | 17 | 15 |
| 7 月 | 21 | 18 |
| 8 月 | 20 | 18 |
| 9 月 | 15 | 14 |
| 10 月 | 9 | 9 |
| 11 月 | 3 | 3 |
| 12 月 | –3 | –3 |

**表 3** 城市 A 和 B 每月的平均雨雪量（cm）

| 月份 | 城市 A 的雨雪量（cm） | 城市 B 的雨雪量（cm） |
|---|---|---|
| 1 月 | 4.6 | 14.7 |
| 2 月 | 4.6 | 11.9 |
| 3 月 | 5.7 | 12.3 |
| 4 月 | 6.4 | 12.4 |
| 5 月 | 6.6 | 11.1 |
| 6 月 | 6.9 | 9.8 |
| 7 月 | 7.7 | 9.7 |
| 8 月 | 8.4 | 11.0 |
| 9 月 | 7.4 | 9.5 |
| 10 月 | 6.3 | 12.9 |
| 11 月 | 7.0 | 15.4 |
| 12 月 | 6.6 | 16.7 |

按以下步骤制作有效的数据表：

- 沿着表格顶端列出因变量（结果）。
- 沿着表格的一边列出自变量（原因）。
- 保证每个数据表都有一个可描述的简单的标题。
- 当移动的时候必须保证连同自变量的单位一起移动。
- 如果你的表格中包含你的计算结果，那么在你的数据分析里至少要展示一组计算的例子。

查阅 9C“有效地使用电脑”里有关使用电子表格程序来制作数据表的信息。

# 7 分析结果

## 7A 图表的作用

### 弄清数据的意思

科学家和技术学家在做实验和研究的时候测量并记录大量的数据，可能是上百个，甚至是上千个。这么大量的数据怎样排列才能让人容易阅读和理解？将这些数据在图表中列出来是最好的。下面的样表中虽没有成千上万的数据，但也足以让人弄不清楚。你能通过简单的观察弄清表 1 中数据的意思吗？

图表是一个看关系存在在哪里的简单方法。最大的优点还是，它能让你更精确地看到关系是什么，这样就可以通过文字和数学关系将它正确地描述出来了。图 1 是一个显示了表 1 中数据的点线图。

图 1 中的图表描述了变量温度随变量时间的变化关系。在像这样复杂的关系中，对图表的需要显而易见。在图表的组织形式上采用数据趋势描述比表中的一些数据更形象更容易理解。

**表 1** 水的加热曲线

| 时间 (min) | 温度 (℃) | 时间 (min) | 温度 (℃) |
|---|---|---|---|
| 1 | 0 | 13 | 51 |
| 2 | 0 | 14 | 58 |
| 3 | 0 | 15 | 65 |
| 4 | 2 | 16 | 72 |
| 5 | 4 | 17 | 79 |
| 6 | 7 | 18 | 86 |
| 7 | 9 | 19 | 93 |
| 8 | 16 | 20 | 97 |
| 9 | 23 | 21 | 100 |
| 10 | 30 | 22 | 100 |
| 11 | 37 | 23 | 100 |
| 12 | 44 | 24 | 100 |

**图 1**

水的加热曲线

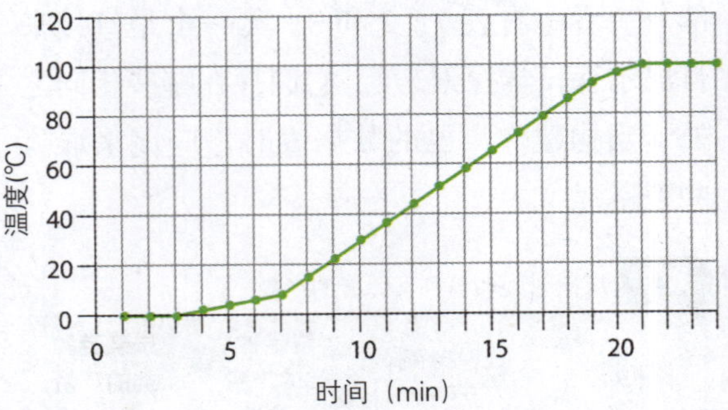


### 图表种类

当你在组织数据的时候，有很多类型的图表可以使用。在你开始绘图之前你必须指出哪种类型的图表最适合你的数据。较常用的有点线图、柱形图以及圆形图（也叫做饼图）三种。

#### 点线图

当两个变量都用数据表示的时候，用点线图。图 2 是在测量土壤表面蚯蚓的数量（定量）和落在土壤表面雨水的体积（定量）实验后基于表 2 中的数据绘制的。

**表 2** 落在土壤表面每体积水后土壤表面蚯蚓的数量

| 水的体积 (mL) | 蚯蚓的数量 |
|---|---|
| 0 | 3 |
| 10 | 4 |
| 20 | 5 |
| 30 | 9 |
| 40 | 22 |

图 2

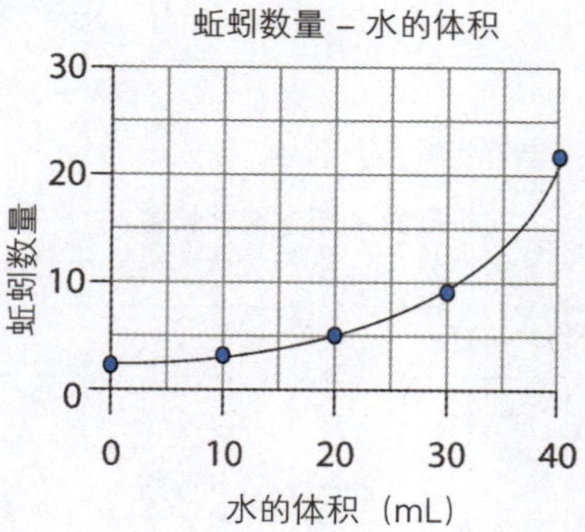


## 柱形图

当至少有一个变量用数据表示的时候用柱形图。例如，一个关于学生在做数学作业时听不同种类的音乐（定性）所获的数学分数（定量）的研究，结果表示在图 3 的图表中。这类图表中，每个竖条都对应着不同的种类，在这里表示音乐的类型。同时也要注意垂直轴变化区间的选择，使即使是最小的条形也是比较明显的。

图 3

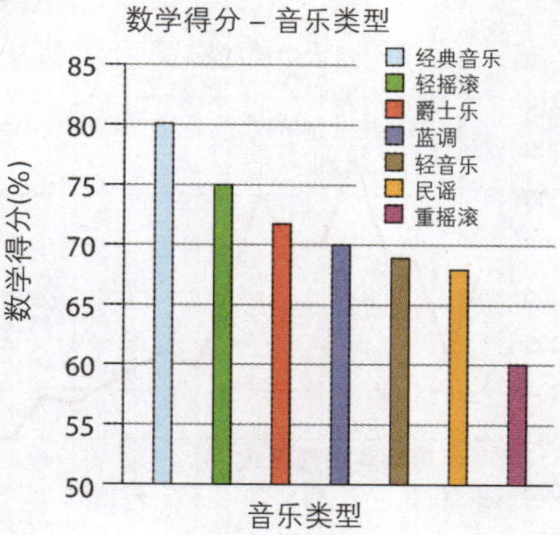


## 圆形（饼）图

圆形图和柱形图用在相同类型的数据上。如果你的定量变量可以转换成一个总量的百分比，圆形图就有用了。例如，如果你调查一个班级以找出学生最喜爱音乐的种类，你可以制作一个像图 4 一样的圆形图。在圆形图中每一块都代表着不同的类型（在这里代表音乐的种类），每一块的大小给出了各类型占总量的百分比（在该研究中，就是最喜欢各种不同类别音乐的学生占总人数的百分比）。

图 4

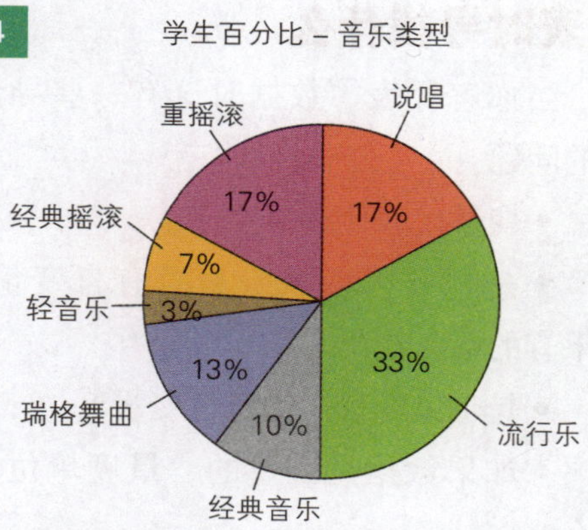


### 试一试 选择一种图表

复制并完成表 3。决定最适合阐明每一部分变量之间关系的图表类型。

解释你的每个选择。

表 3

| 变量组 | 最适合的图表类型 |
| --- | --- |
| 1. 水的硬度<br>不同城市 /安大略湖镇 | ? |
| 2. 规则淋浴喷头的用水量<br>节水淋浴喷头的用水量 | ? |
| 3. 列出地壳中含量最丰富的五种元素 | ? |
| 4. 飞机机翼的表面积<br>飞机在空中的停留时间 | ? |

# 7B 阅读图表

当一组研究数据在一个适当的表中被标记出的时候，形状和关系就变得更容易看到和解释，它能更明白地表示，这些数据是否支持你的假设或者符合你的设计标准。观察表中的数据可能会让你产生新的假设或者改变你的设计。

例如，图 1 中的图表，清楚地展示了飞机质量和飞机起飞时所需跑道长度之间的关系。

## 读表时寻找什么

当你解释表中数据时这有一些导向性的问题：

- 变量代表什么？
- 是否有因变量？是否有自变量？如果有的话，指出来。
- 是定量变量还是定性变量？
- 如果数据是定量的，量度单位是什么？
- 需要两个还是更多样品组？如果是的话，包括哪些？表中最高值和最低值代表着什么？
- 最高值和最低值是什么？
- 变量中存在着怎样的形式、趋势、函数或者其他关系？
- 如果存在着线性（直线性）关系，线的倾斜度（坡度）告诉我们什么？效果又是什么？
- 这是否是这组数据的最佳图表？

图 1

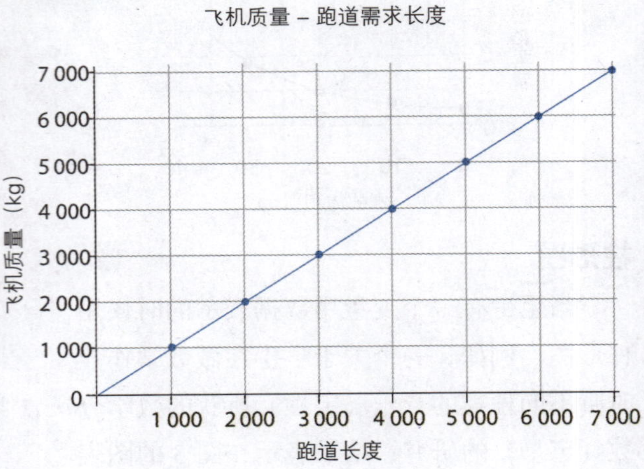


## 试一试 监测水的质量

从图 2 中你能知道什么？

图 2

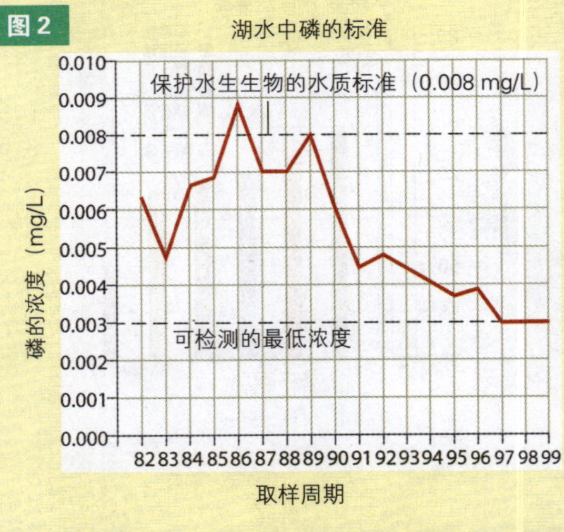

# 7C 构建图表

## 制作点线图

点线图广泛用于数学、经济学、地理学、科学、技术以及许多其他的学科中。这部分内容将有助于你熟练地绘制它们，也能理解其他人画的点线图。

举个例子，表1中的数据是用来作图的。

**表 1**

| 海拔（m） | 树的平均高度（m） |
|---|---|
| 1 000 | 4 |
| 900 | 6 |
| 800 | 7 |
| 700 | 9 |
| 600 | 11 |
| 500 | 14 |
| 400 | 16 |
| 300 | 18 |
| 250 | 20 |
| 200 | 24 |
| 150 | 24 |
| 100 | 26 |
| 50 | 27 |
| 0 | 28 |

制作点线图时，按以下步骤操作：

1. 在格子上构建图表。格子底部的水平线叫做 $x$ 轴，左边的垂直线叫做 $y$ 轴（图1）。不要太节省图表纸，如果画的图表大一点，将更清晰。

**图 1**

**步骤 1：**画轴。

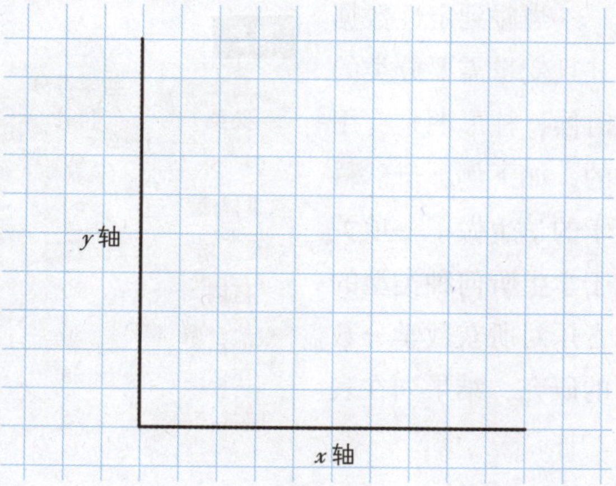


2. 判断哪个变量沿着哪个轴变化，并给每个轴标注，包括测量单位（图2）。在图表上都是将因变量（树的平均高度：m）放在 $y$ 轴上，将自变量（海拔高度：m）放在 $x$ 轴上。

**图 2**

**步骤 2：**给每个轴标注。

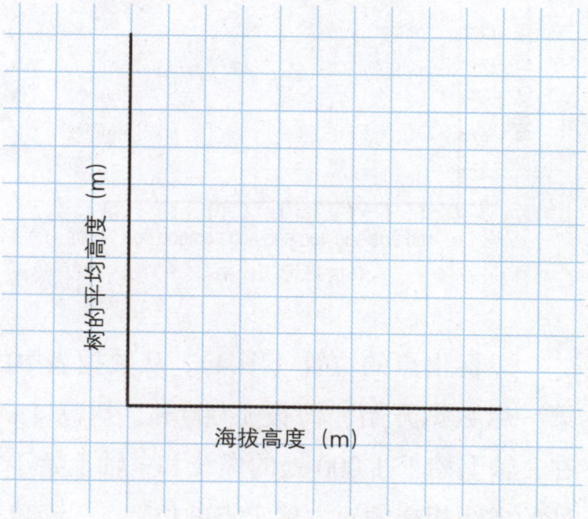


3. 给定变量值的变化范围。这个范围在最大值和最小值之间。对于树的平均高度，最大值是 28 m，最小值是 4 m，所以这个变化范围就是 28 m–4 m=24 m。对于海拔高度，这个范围就是 1 000 m–0 m=1 000 m。

4. 为每个轴选择一个刻度（图3）。这取决于图的空间大小以及每个轴值的变化范围。格子上的每条线段通常都以一个较方便使用的值有规则地增加，例如，1，2，5，10，20，50，100 等等。举个例子，每条轴上有 10 条线段。为了计算 $x$ 轴上每条线段的增加值，用变化范围除以线段的数量：

$$\frac{28\ \text{m}}{10\ 条}=2.8\ \text{m/条} \qquad 接近 3$$

然后由接近它的整数决定，在这种情况下就是 3。所以，“树的平均高度”轴上的数据就应该每个间隔增加 3 m。再为 $y$ 轴计算：

$$\frac{1\ 000\ \text{m}}{10\ \text{条}}=100\ \text{m/条}$$

**图 3**

**步骤 4**：为每条轴选择刻度。

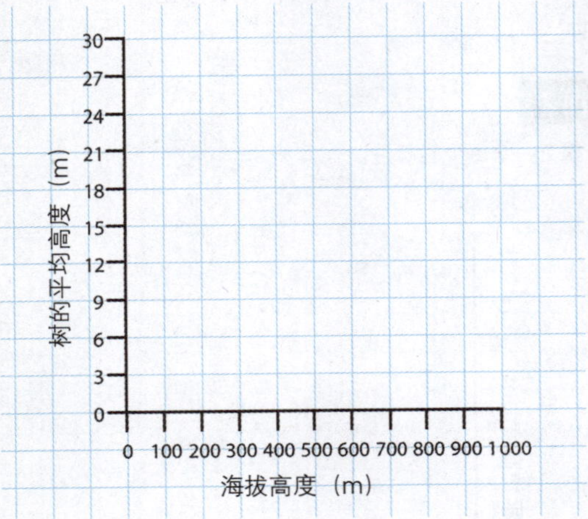


5. 标出点的位置（图 4）。从数据表中的第一组数据开始，海拔 1 000 m，树高 4 m。在 $x$ 轴上始于 1 000 处的虚线和 $y$ 轴上始于 4 处的虚线相交的地方确定点的位置。

**图 4**

**步骤 5**：开始标点。

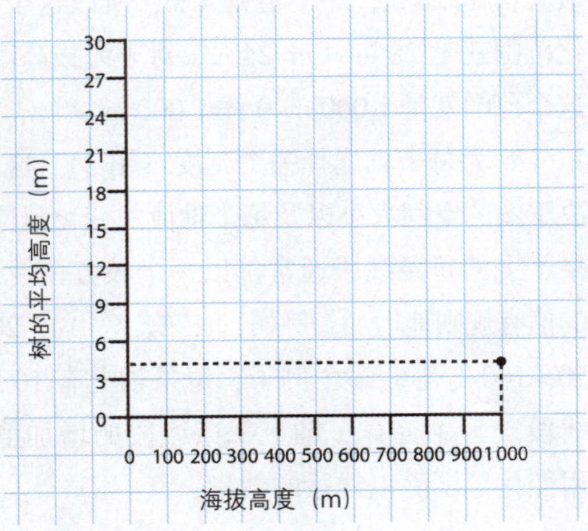


6. 在所有的点都被标出之后，如果可能的话，通过所有的点画一条线来显示变量之间的关系（图 5）。所有的点完全在一条线上是不正常的。测量中的细小误差都会使点略微偏离理想线。你必须画一条跟大多数点最靠近的线。这叫做最合适线——一条穿过或者在点之间的光滑线，使得在线的两侧有数量大致相同的点。最合适线可能是直线也可能是曲线。

**图 5**

**步骤 6**：画一条最合适线。

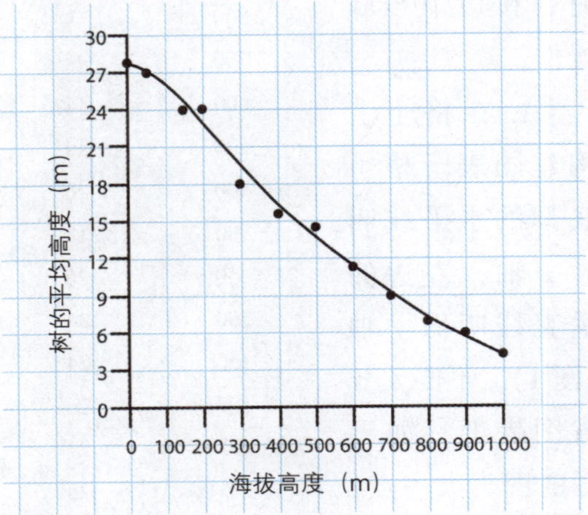


7. 给图表加标题。

## 制作柱形图

当碰到定性数据并且变量需要分类的时候，柱形图是有用的。如下例，自然科学的学生做了一项关于学生听何种类型的音乐对所获数学分数的研究，结果列在表 2 中。

**表 2**

| 音乐类型 | 数学得分（%） |
| --- | --- |
| 轻音乐 | 69 |
| 重摇滚 | 60 |
| 爵士乐 | 72 |
| 蓝调 | 70 |
| 经典音乐 | 80 |
| 民谣 | 68 |
| 轻摇滚 | 75 |

按以下步骤画出这组数据的柱形图。

1. 画出并标注图表中的轴，包括单位（图 6）。一些人喜欢以 $x$ 轴做条形的底；还有一些人喜欢以 $y$ 轴做条形的底。在这个例子当中我们选择 $x$ 轴做底。

**图 6**

**步骤 1**：标数轴。

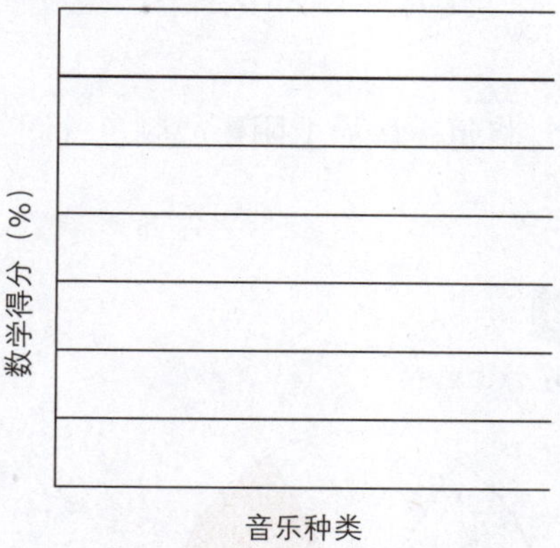


2. 为定量变量的轴规定一个刻度，就像点线图中的那样。在这个例子当中，$y$ 轴从最低值开始每次增加 5。在这里，50 被选作开始点，这样所有的条形都将可见。

3. 确定条形的宽度和条形之间的距离。这个取决于：

- 你有多少空间。测量条形底所在轴的长度，用它的长度除以条形的数量。这将给你提供每个条形的最大宽度。
- 你想让图表看起来怎样。根据粗条和细条的视觉需要决定你的条形比最大宽度小多少。

4. 画条形（图 7）。在基轴上画出每个条形的宽度。然后根据你的数据表画出条形的顶端和侧边。你可以给每个条形涂上相同的阴影，或者让每个都和其他的不同。不管怎样，保持图表简单清楚非常重要。

**图 7**

**步骤 4**：画条形。

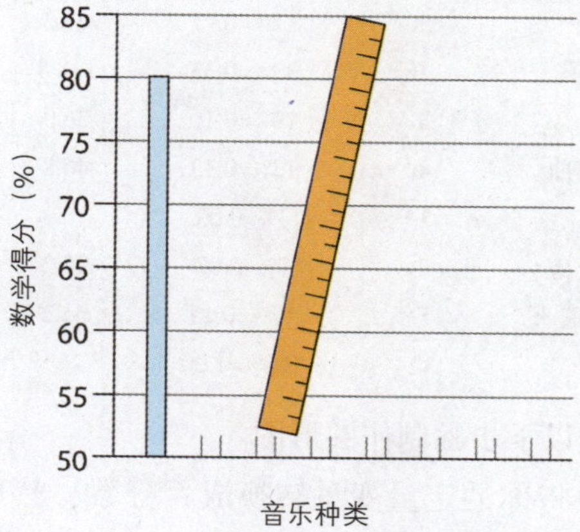


5. 识别每个条形（图 8）。有很多种方法达到这个目的。让图表容易理解才是最好的选择。

**图 8**

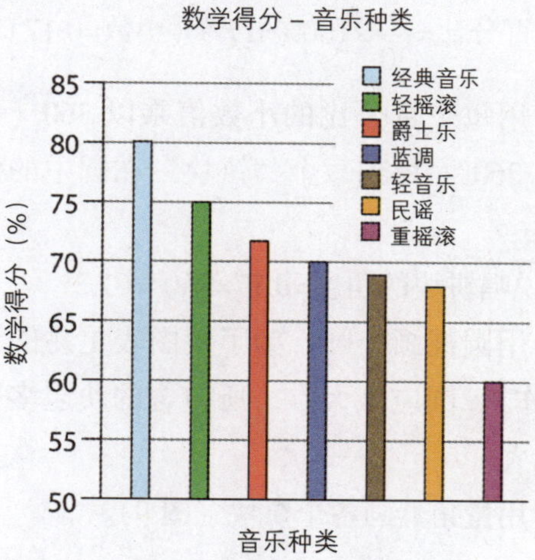

## 制作圆形（饼）图

如果你的定量数据可以改换成总量的百分比，圆形图就较为适用。下面设计了一个圆形图的例子，用的是表 3 中的数据。

表 3

| 音乐种类 | 最喜欢那种类型音乐的学生数量 | 总量的百分比（%）和小数 | 圆形区的角度（度数） |
|---|---|---|---|
| 说唱 | 5 | 17%=0.17 | 61.2 |
| 流行乐 | 10 | 33%=0.33 | 118.8 |
| 经典音乐 | 3 | 10%=0.10 | 36.0 |
| 瑞格舞曲 | 4 | 13%=0.13 | 46.8 |
| 轻音乐 | 1 | 3%=0.03 | 10.8 |
| 经典摇滚 | 2 | 7%=0.07 | 25.2 |
| 重摇滚 | 5 | 17%=0.17 | 61.2 |
| 总计 | 30 | 100%=1.00 | 360 |

按以下步骤制作圆形图。

1. 将你的定量变量转换成百分数，然后再换成小数的形式。在这里，每一组最爱音乐类型的学生数量都被转换成学生总量的百分比。

$$百分比=\frac{数量}{总量}\times 100\%$$

$$说唱百分比=\frac{5}{30}\times 100\%=17\%\ （小数=0.17）$$

2. 用每个百分比的小数值乘以 360（一个圆是 360°）得到每个“饼块”在圆中的角度。

$$说唱饼块的角度=0.17\times 360°=61.2°$$

3. 用圆规画个圆。为了使图表更易阅读（和制作），圆应该大点。所包含的块越多圆应该越大。

4. 用量角器画各个饼块（图 9）。

图 9

**步骤 4：** 画饼块。

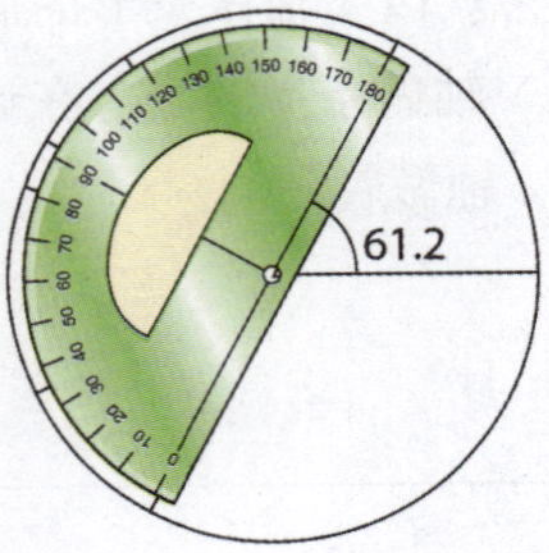


5. 将每一块涂上阴影或颜色（图 10）。

图 10

**步骤 5：** 涂上颜色。

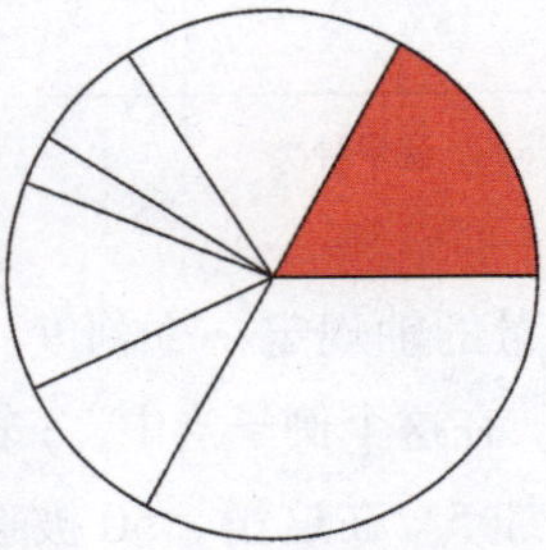

6. 给图表标注并加上标题（图 11）。将百分比和每一块种类的名称（可能百分比在里面，类别在圆外面），或者包括它们都放进图表中。为你的图表选一个标题来描述这些变量。

图 11

**步骤 6：** 已完成的圆形图。

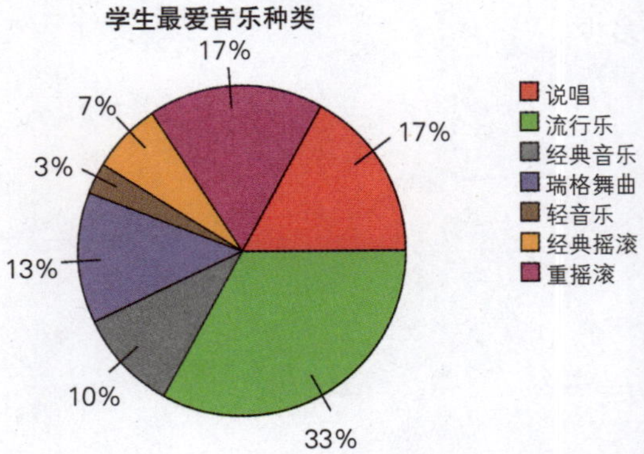

## 使用电脑的图形

你应该知道，有许多专业的计算机程序，可以帮助作图。例如微软的 Excel 是一个非常强大的电子表格/图形程序，这种程序可以作出点线图、柱形图和圆形图，以及许多其他类型的图（图 12）。此外，这些程序可以利用统计分析计算最佳直线或最合适的线条。

图 12

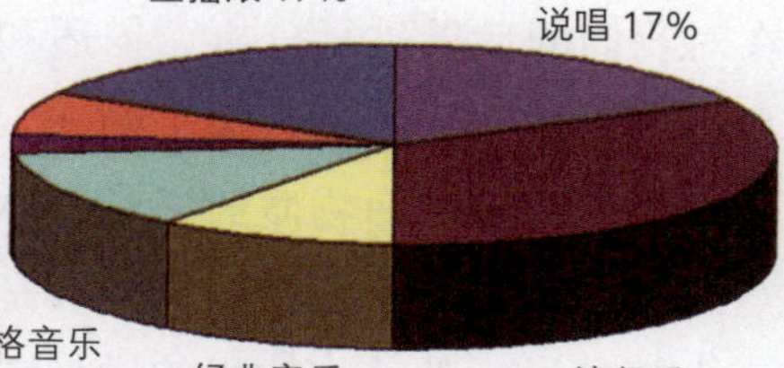


### 试一试 计算机作图

1. 完成下面的作业和图表，使用给出的数据或是自己收集的数据。作出表 4 的点线图，使用最合适的线条。

2. 在你们班或一个大组进行一个调查，然后制作一个圆形图表示你收集的数据。你可以使用下列众多数据中的一个或自选一个，比如：最流行品牌的运动鞋、最喜欢的戒指、最感兴趣的科技工作、最出名的国际结构或建筑物。

表 4 对作用于门上的力的位置来说，需要多大的合力才能把门关上

| 与支点（作用点）的距离 | 与支点（作用点）的距离 |
|---|---|
| 10 cm | 80 N |
| 15 cm | 75 N |
| 20 cm | 70 N |
| 25 cm | 65 N |
| 30 cm | 60 N |

# 7D 在科学探索中应用数学

在对我们的世界进行分析、描述和预测时使用了各种数字化工具。举个例子，当你观看一个关于一种纯净物质的质量和体积关系的点线图时，你能从图中看出二者是成正比的。也就是说，随着它体积的增加它的质量也在增加。如果建立一种比例关系，即：

$$\frac{\text{物质的质量}\ (m)}{\text{物质的体积}\ (V)}=\text{物质的密度}\ (D)$$

我们可以给物质定义一个新的物理量——密度。这个是关于怎样用数学关系拓展我们理解力的一个例子。

虽然数学关系有时显得比较抽象或复杂，但作为一个科学家或技术家，了解一些基本的数学概念将有助于改善你的分析能力。

## 科学记数法

在你的学习中，你常常会遇到一些非常大或是非常小的数字。比如，从地球中心到地壳的平均距离是 6 400 000 m （图 1)、氢原子的平均半径是 0.000 000 000 05 m (图 2)。

而我们不想把一天中最美好的时光用在写零上。如果使用这种称为科学记数法的缩写方法是很方便的。对上面两个例子采用科学记数法则分别是 $6.40\times10^{6}$ m 和 $5.0\times10^{-11}$ m。

其转化过程为：

乘以 6 个 10

$$6.4\times10^{6}=6.4\times10\times10\times10\times10\times10\times10$$

$$5.0\times10^{-11}=\frac{5.0}{10\times10\times10\times10\times10\times10\times10\times10\times10\times10\times10}$$

除以 11 个 10

图 1

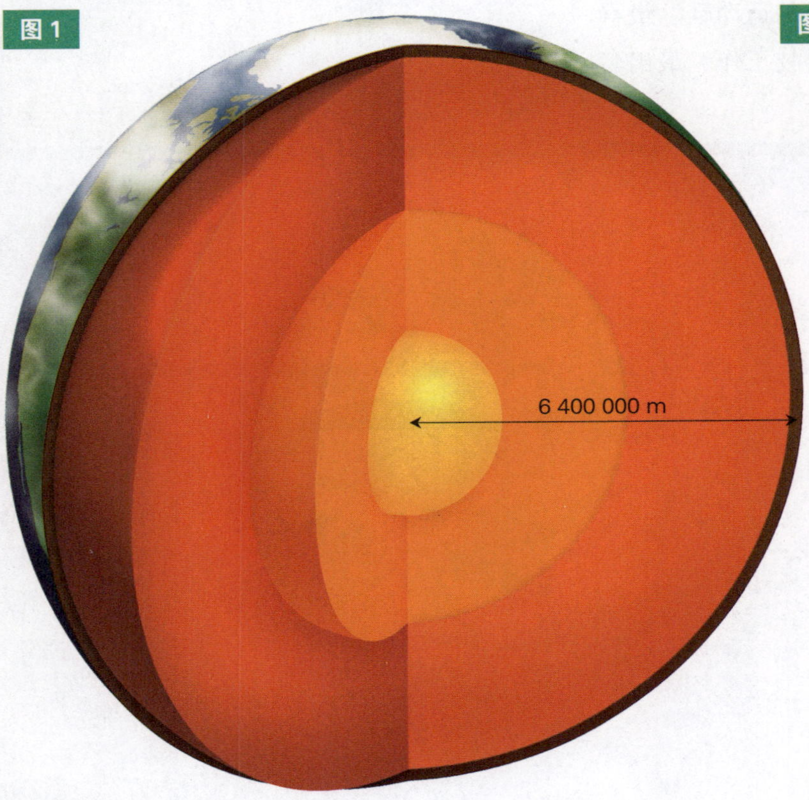


图 2

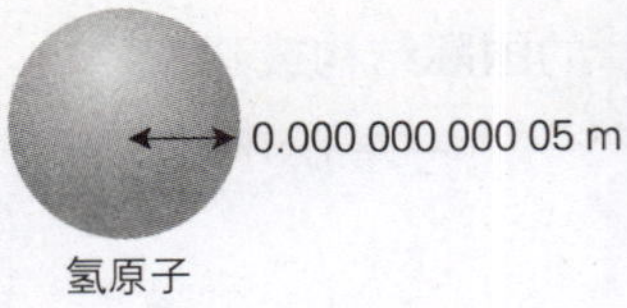

## 重要的数字

设想一下，你想找出两组给定字符串的总长度，你使用一把精确的刻度尺去测试其中一组字符串的长度，测得长度为 12.73 cm。然后你再使用旧米尺去测量另一组的字符串，测得长度为 14 cm。那这两组字符串的总长度是多少呢？如果你认为总长度为 26.72 cm 的话，你就假定了你的第二组字符串为 14 cm，可是你的旧米尺可以达到这个精密水平吗？不，你只能知道两组字符串的总长度为 27 cm。

图 3

当我们在科学探索中测量和操纵数字的时候，我们要考虑一些重要的数据（或图表）。这些重要的数据代表着在测量时需要很高的准确性与精密度。

## 平均值的计算

可以采取很多种统计方法分析我们收集的定量数据。这当中最重要的一个方法是寻找一组数据的平均值。计算一组数据的平均值就是将你的测量数据进行计算得到一个有代表意义的数值。举个例子，如果要测量四个学生的身高，

苏珊娜=175 cm　　简=185 cm

奥马尔=145 cm　　摩莉=180 cm

我们可以这么计算这组学生的平均身高是

$$平均高度=\frac{175+185+145+180}{4}=171(\text{cm})$$

## 预测所要使用的公式

进行科学实验时常常需要对各种数据进行处理，即使用一些公式对一些观察到的现象进行解释。比如下面的这个关系式：

$$压强=\frac{压力}{面积}$$

如果你知道这个公式或者知道这其中任意两个数量，你就可以计算第三个。比如，研究平底雪橇上的两个人，如果知道平底雪橇的面积和两个人站在上面所用的力（1 000 N），就可以预测压强：

$$\frac{1\ 000\ \text{N}}{1\ \text{m}^2}=1\ 000\ \text{N/m}^2$$ 或是 1 千帕（kPa）

### 试一试　压强为多少？

一堆废铁的压力为 20 000 N，放在一个面积为 25 $\text{m}^2$ 的托盘上，这个托盘所受的压强为多少？

## 7E 总结结论

除非科学家解释出关于调查结果的意义，否则科学调查的意义不大。所谓科学结论就是对调查结果暂时性的解释和说明。得出结论后，应该将它重新运用到原来的假设中，看它揭露的结果是完全支持、部分支持或是不支持你的假设。如果假设是错误的也不需要担心，因为科学家经常需要对实验进行不断的修改和反复的尝试，从而获得他们所要探索的结论。记住，科学是一个反复的过程。为了获得我们现有的有关治疗癌症的医学知识，你知道要重复做多少遍实验吗？

在设计过程中，对原型的评估是结论的形成期（参见 3F“对你制作的模型进行测试或评价”）。你的评估要考虑到你最初解决问题的设计是否有效。设计过程也是一个反复的过程：产物和过程将被测试、修改，最后得到改善。

### 验证假设

假设你想寻找每个星期花在做家庭作业上的时间与考试成绩二者之间的关系。那么假设就可以是“随着花费在做科学探索作业上的时间的增加，测试的成功水平也在增加”。在接下来的 10 个星期里，你每个星期增加两个半小时的学习时间。

在每个星期结束的时候，做一个测试并记录下你的成绩。在第 10 周结束的时候你的成绩将会得到提高。

在这些成绩的记录中还可以得到一个结论：“假设是正确的。实验结果表明，当花在科学技术上的时间越多，测试分数就会越高，因为你对材料更了解。”当然可能还有很多能够解释这些实验结果的设想和结论。当

**图 1**

下结论时要考虑所有的变量。

下结论时，考虑所有的变量是很重要的，比如说，学习方法、学习环境、每天的学习时段（图 1）。

在对科学探索研究作结论时，需要运用逻辑学、日常感觉、耐力、理解力来批判性地分析结果。

**试一试　再想一想**

假定所有的变量必须被控制才能进行一个合理的调查，这个调查是关于“学习时间对测试结果的影响”。在你作出最后的结论之前，你会想到哪些可能的假设呢？

## 7F 作业反思

对事件进行反思总是十分重要的，因为可以从中学到东西。这是进行科学探索研究的一部分，有时会被忽视，尤其对于初学者。一旦你完成研究或设计过程，反思一下你所做的工作总是有利的。怎样才能更顺利？存在哪些挑战？怎样可以得到改善？如果你再一次经历这个过程你会有什么不一样的做法吗？通过反思，将改善你的工作，并提高你的学习能力。

当反思调查或设计的进程时，一定要确定可能出现错误的类型，这些错误可能已经存在。错误的来源，应当在总结或讨论结果时确定，并作为下一个阶段改善这一进程的基础。举个例子，你完成了一个实验，并推断出这种植物是向阳生长的。当演示这个实验时，哪些可能会使你的实验结果发生错误？这些可能包含了下面的因素：空气的温度、在光下的不同暴露程度，或不同的土壤成分。当描述实验错误原因时要尽可能具体。如果对错误原因描述不具体——如“这是人为错误”——在科学上这种原因是不充分的。评价设计过程中的反思同样很重要。比如，一旦你已经开发出了一种新型的用于学生在学校使用的坐椅的模型，你需要考虑应该对模型做怎样的修改或改进。

在科学研究进程中，实验误差降低了实验的准确性。但，重要的是，你可以不断地修改你的方法。在下次进行同样的调查时，这个修订将增加结果的可靠性。记住，实验是一个反复的过程。在这反复的过程中，你的能力和研究技巧将得到提高。

在任何一项研究中，发现错误是很重要的，因为它可能会成为改进实验的途径。

**试一试　如果你可以解出所有的……**

任选一题并完成：

- 回忆一下你和你的朋友或父母的一次争吵过程。回想一下从冲突开始到结束的所有经过。如果那样的情况再一次出现，请罗列出所有你可能会做的事情。
- 回忆一下你过去做过的一个科学实验或是科技工作。回想一下工作的始末。请罗列出你现在可能会做的比那时候更明智的事情。
- 回忆一下你过去建立的模型，写出你为改善它而作出修改的办法。

# 8 交流实验结果

## 8A 撰写报告

所有的调查者都使用简洁的格式去撰写报告，尽管标题和格式可能会略有不同。事实上，你的报告中应呈现出你的科学研究过程。

### 报告的要素

**封面：** 制作一个包含以下内容的封面(图 1)。

- 报告的标题
- 姓名
- 如果有其他组员，写出他们的姓名
- 导师的姓名
- 截止日期

图 1

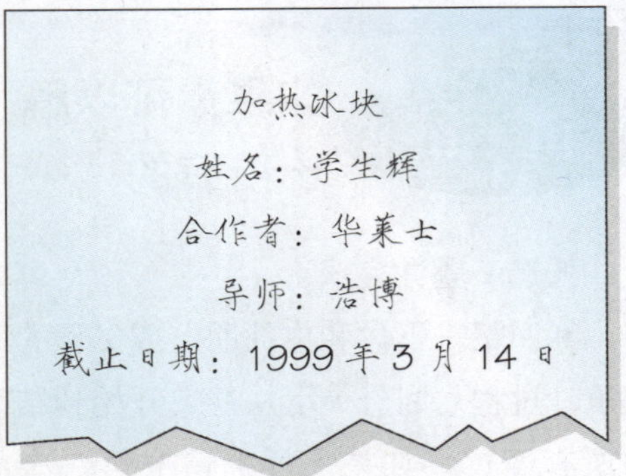


**标题：** 在报告的开头处写上实验的标题。

**简介：** 一般都先简短地解释一下有关实验的基本理论。包括，你所了解的关于研究课题的信息，这部分也被称为“文献回顾”。

**研究目的、问题：** 对你的调查做一个简要的介绍。这可以以一个问题的方式给出。

**假设：** 写出假设。记住这个假设是根据你的知识和以往的经验提出的。

**器材：** 包含所有的消耗物（比如，水、纸巾等)。要具体到有关器材的大小和数量。除此，还包括非消耗品（如试管，断路器)。制作一个你所需材料的详细清单。

**图表：** 制作一幅在实验中所使用材料和设备的图（图 2)。记得写上图表的标签和标题。图表可以放置在报告末尾，紧跟在应用说明之后。

图 2

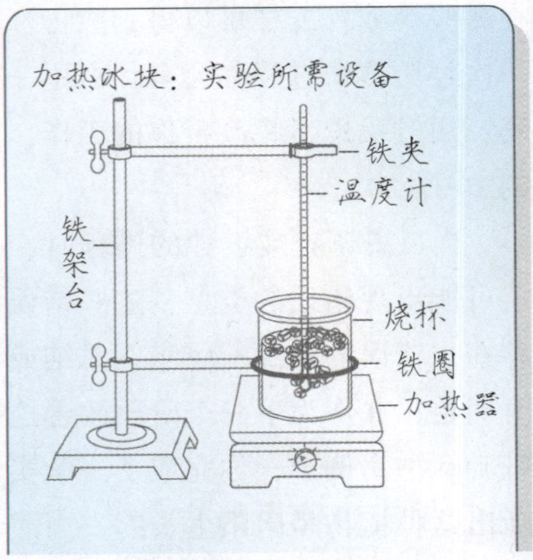


**实验设计：** 罗列出在实验与总结过程中能够独立改的、与其他变量有关的或是受控制的变量。

**陈述实验过程：** 当试图确定一个研究是“有意义”或是“无意义”时，那么调查工作中最重要的一步就是确定上述问题的过程。

请你确认你的研究工作是否公正有效，不带个人倾向性，同时注意将有关问题考虑全面，记住在报告中标出你的实验步骤。

**陈述实验现象/结果：** 将你观察到的现象和实验结果以一个易于理解的方式呈现出来。这些数据应当与标题一起在表格、图或说明中表现出来。包括所用到的计算。计算结果也应在表格中表示出来。

**对实验进行分析/总结：** 一旦你以书面报告的形式总结调查活动的结果，你应将结论重新运用到原来的假设上，看它是完全正确、部分正确，还是完全错误。说明你得出上述结论的依据。对你得出结论的方法进行判断，并描述出实验结果。提出一个能够支持和解释实验结果的理论。如果你的调查目的是出于解决某个实际性的问题，在此对这些问题提出解决的方案。对所有可能影响你实验结果的因素进行讨论。

**结论的应用**：说明上述的调查结果中获取的知识对你的生活或我们的社会有哪些价值。你应该回答这个问题："谁会在乎我的调查结果？"

**参考文献/参考书目**：你应该引用那些具有权威性的文献。一般要列举出自己引用的资料来源，否则将会被认为是剽窃（私下复制），而这通常是不道德的和非法的行为。

## 引用信息资源

### 给在报告中使用的材料以一定的权威性

无论什么时候，当你提供引用文献的作者（包括自己以前的文章）在文章中的图形、表格、示意图或思想等时，请使用下列方法：

在引用文字的后面，给出直接引用文章的作者名字、文献发表日期和参考页码。比如：

> 岩石上通常都覆盖着一层土壤，但它仍会受到来自植物根系的生物风化作用（吉布，1992年，第22页）

### 撰写参考书目

参考书目一般都放在报告的最后，它包含了所有你在报告中引用的参考文献，以及你在实验调查中进行事实求证参考的他人实验记录、验证结果等等。参考文献应当按作者姓氏的首位字母排列顺序。从书本、期刊、网站、报纸、光盘中引用文献的书写格式各不相同，为确保你所引用的资源是正确的，请按照下面的例子：

- **从书本中引用文献的书写格式：**

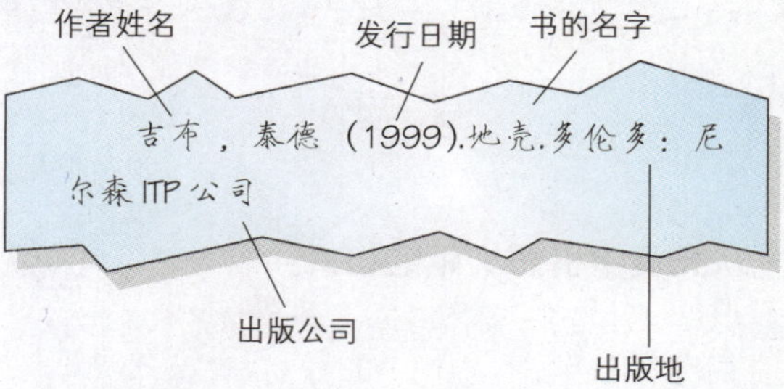


- **从期刊和杂志中引用文献的格式：**

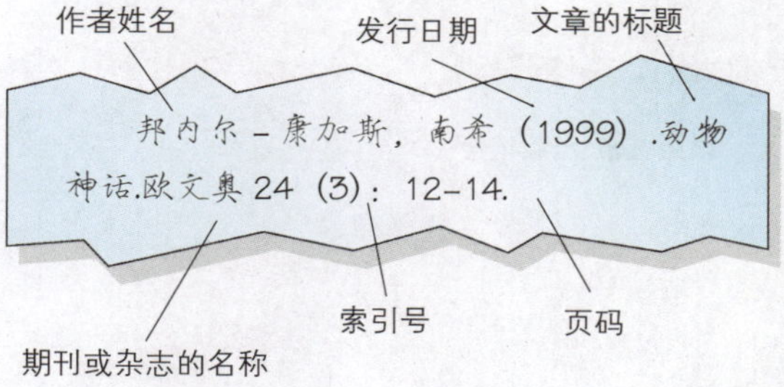


- **从报纸中引用文献的格式：**

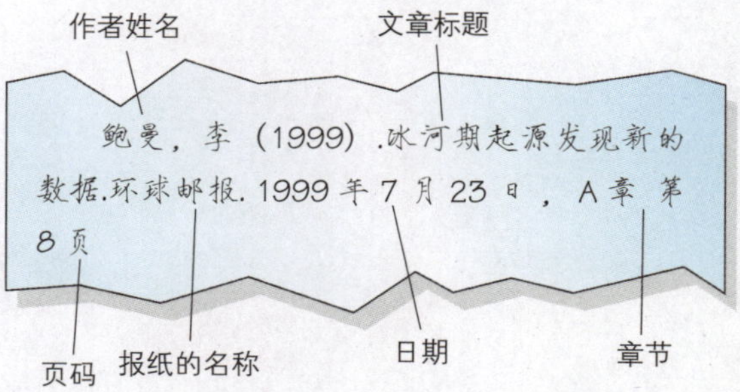

- **从网站中引用文献的格式：**

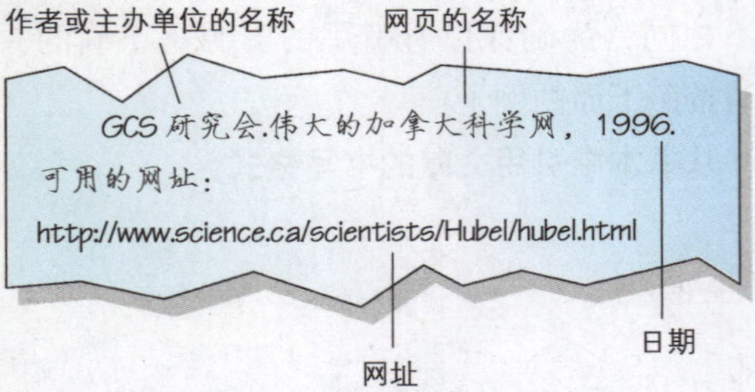


- **从光盘中引用文献的格式：**

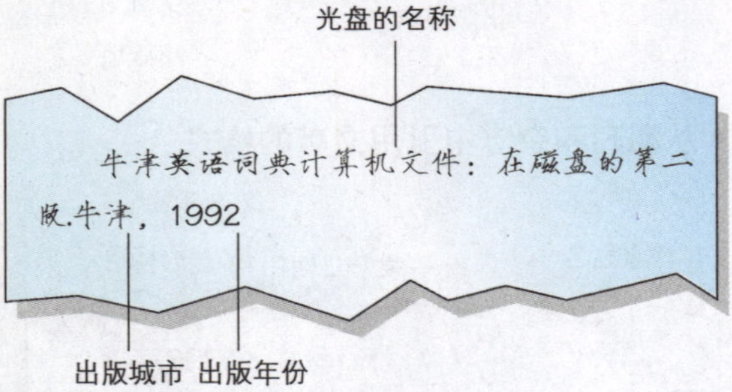


## 一份报告所包含的要素

每一份科学报告都应该参照以下清单：

✓封面
✓标题
✓简介
✓实验目的/问题
✓实验假设
✓实验器材
✓图表
✓实验设计
✓实验过程
✓实验现象/结果
✓分析/总结
✓结论的应用
✓参考文献/参考书目

## 8B 创建一个文件夹

创建文件夹是非常有意义的，因为这可以呈现有关你设计的一些重要信息。最终的结果很少能够体现出这些摘要的信息，因而你要去解释你的设计的可行性、有哪些设计步骤、如何使模型与你的设计相符合。事实上，你只要概括出你设计过程中的所有步骤就可以了，就像3A中的概述“问题解决策略”一样。

### 设计一个文件夹所含的要素

**封面**：制作一个封面（图 1），它包含

- 你设计的产物或程序的名称
- 你的姓名
- 如果有合作者的话请写出他们的姓名
- 文件夹完成的日期

图 1

风力发电系统

作者：费希尔

合作者：葵芳，海德妮，泰勒

日期：1999 年 3 月 28 日

**标题**：在文件夹的开头写上产物或是程序的名称。

**问题**：简明扼要地描述一下你的问题，并写出几个关键词。

**简介**：描述问题的背景信息。如，设计是在什么样的条件下进行？你是如何使你设计的方案最完美的？如果你进行的是采访活动或调查工作，要在这里对结果作一下总结（详情可放置在附录里）。对可能满足你的需要的现有产品或进程的研究作一个总结，并说明它是怎么解决你所遇到的问题的。

**最佳方法**：说明你是怎样选择解决方案的。列出所有的制约因素，并解释和评估设计标准。逐项列出所有你认为有可能解决问题的方法，写出你对它们的评价。这包含所有有用的图表。下例中，最好使用矩阵来说明问题。（图 2）

图 2

评定量表：0=差

| 选择 | 说明 | | | | | 总计 |
|---|---|---|---|---|---|---|
| | 安全性 | 费用 | 耐力 | | | |
| | 0~10 | 0~9 | 0~8 | | | |
| 太阳能天花板 | 6 | 2 | 3 | | | 11 |
| 水车 | 4 | 0 | 2 | | | 6 |
| 风车 | 8 | 6 | 6 | | | 20 |

**设计计划**：解释你设计的模型是怎样建造的，它有什么预计的功能。这部分包含：做了标记的草图和图纸，这些可以用来支持你的解释（参见6C“科学与技术制图”）以及必备器材的清单。如果可以的话还应包含操作说明。

**测试和评估：**呈现出模型测试的结果。确保你测量原型的测试与使用的具体的设计标准相符。使用表格、图表，或是一些定性的现象来说明你的结果。给出一个关于你的模型与设计的标准相符的简要评估，并说明这对解决你的问题是多么的有利。

**摘要：**根据实验和数据，做出合适的总结。确保你的结论是建立在由创建模型得到的数据和全面的文献调查的基础上的。描述出哪些行为是可行的而哪些又是不可行的。表明，如果模型得到完善则会使实验结果得到提高，呈现出支持你的结论的证据。

**参考文献/参考书目：**要写出引用文献的来源（参见8A“撰写报告”中引用文献来源的正确格式）并标明所有对你的项目作出实质性贡献的人。

## 建立一个设计文件夹的要素

当你设计文件夹时，需包含下面的这些要素：

✓封面
✓产物或程序的名称
✓简介
✓问题
✓最佳方法
✓设计计划
✓测试和评估
✓摘要
✓参考文献/参考书目

# 8C 多媒体演示

多媒体演示给我们提供了很多的创意空间。它可以使色彩、计算机图形学（即动画）、声音、视频片断相结合，以一个有趣的、互动的方式来交流信息。例如，当你阅读书籍的时候，你要一页一页地去阅读。但当你用多媒体（比如，网站、电脑游戏、光盘、广告）的时候，你可以更多地去选择看哪些信息、什么时候去看。

有很多不同的软件程序能够帮你创建出有效的多媒体演示。具体的程序需要具体的技能。你创建的东西取决于你使用的硬件和软件以及你对软件使用的熟悉程度（或是你所花费在学习这个方面的时间）。无论创建什么样的多媒体演示都应当有一些你应该牢记的总体性的建议。

## 总体性建议

- 确保有明确的目的以及明确自己要演示的对象。
- 考虑你的介绍（在哪里表明你的主要目标）和结论（在哪里再一次表明你的目标）如何开始。
- 给你的演示作一个流程图（图 1）。考虑到你的观众应如何了解你演示的信息，并提供从一个地方到另一个地方的逻辑联系。
- 考虑演示的长度，务必清楚简洁。

图 1

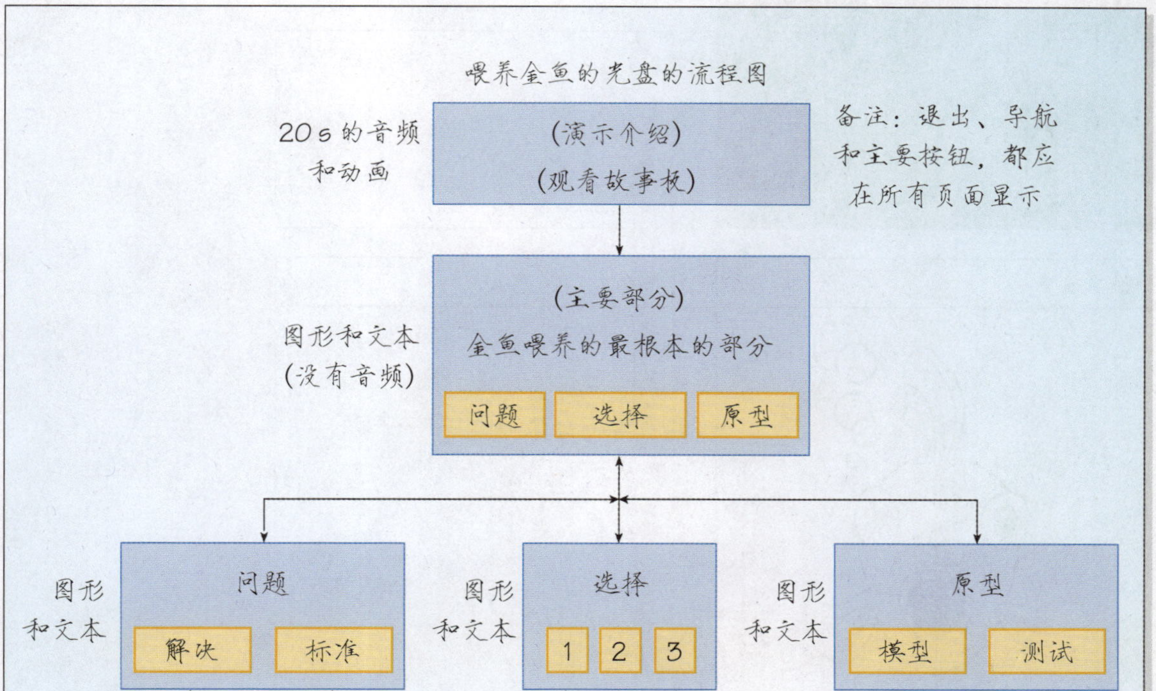

• 画出你要演示的故事（图 2）。一定要明确你已经考虑到了所有的媒体——人们在任何时刻所能接触到或看到的。

• 仔细地选择视听材料。记住，使用的特殊效果应该是有目的的。它们应该使你的演示文稿更加难忘并使你演示的信息更加清晰。

## 试一试 一个良好的网站应具备哪些条件

在互联网上搜索三个好的网站。选择其中的一个，分析它演示信息的方法。它有哪些优势？列出改善网站的三条途径。给网站管理员发个电子邮件，说明你喜欢这个站点上的哪些东西并表明这个站点可以怎样提高。下一次你再经过这个网站的时候你可能会发现你的建议得到了采纳！

**图 2**

| 框架：1 | 射击的长度：2s |
| --- | --- |
| | 视频：<br>黑色 |
| | 音频：<br>没有声音 |

| 框架：2 | 射击的长度：3s |
| --- | --- |
|  | 视频：金鱼慢慢地在眼前淡出。<br>嘴里吐出气泡。嘴一张一合。<br>背景变得越来越亮——出现一个清楚的蓝色。 |
| | 音频：金鱼鼓泡的声音 |

# 8D 主题探究

在尼尔森《科学探索》（7、8 年级读本）中，你可以探索很多的问题。

图 1 展示了一种分析科学探索优缺点的有用途径。

图 1

你应该使用电动牙刷吗？

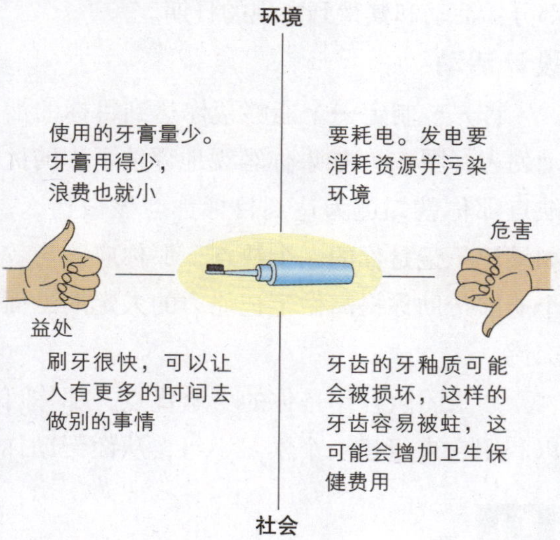


## 有智慧的观点

下面的这个过程可以帮助你评估问题的优缺点，给你对于这个问题的观点提供支持的论点和证据。

### 1. 初步研究

选择一个你真正感兴趣的问题，收集关于这个问题的信息。考虑对你有用的所有信息（参见 4A“调查技巧”）。

### 2. 陈述问题

给出解决这个问题的所有屏障。这些屏障应该是可以被回答的、对社会有用的、有争议的。你的老师、同学和其他的人会鼓励你去试着越过这些屏障。

### 3. 进一步研究

在这里要进一步你的研究。至少多找两个关于问题的信息源。一定要仔细检查信息的可信度。记住 PERCS（参见 4C“批判性思维”）。

### 4. 巩固你的观点

回答你的问题。彻底地解释你的立场。一定要考虑以下内容：

- 你的资料至少包括 3 篇文章了吗？
- 你将你的观点描述得很清楚吗？
- 你有没有说明这个问题与我们的社会有关并对社会有一定的重要性？
- 是不是至少有两个固定的论点（与确凿的证据）来支持你的立场？
- 你有没有提出两个反对你的观点的想法，并分别证实它们是错误的？
- 你有没有分析每个观点的缺点和优点？

### 5. 分享你的观点

有很多交流你观点的方法，它们都有自己的格式：

- 写一个简短的评论。
- 参加正式的辩论。
- 参与角色扮演活动，并参与其中一个具体的有影响的角色。
- 给报纸的编辑写一封信。

# 9 学习技巧

## 9A 制定目标和过程评价

回忆一下去年在学校度过的时光。你真正学得好的是哪些功课？为什么觉得这些功课学得好？哪些功课是有困难的？为什么觉得有困难？今年你会怎么做使今年比去年好？你刚才做的是反思过去的行为，并试图让它有积极的变化。我们把你在今天、这个星期、今年乃至你的一生要完成的事称为目标。学会制定目标，对目标制定计划需要有一定的技巧和练习。

### 制定目标

• **客观地评估你的优缺点**。制定目标首先要做的是反思。也许你会发现你在项目和报告上要比在测试上做得好。你的优点可能是：团队合作能力、分析力、独立研究能力。你的缺点可能是：课堂上注意力不集中、考试时焦虑紧张、做笔记的能力差。

• **灵活地制定有现实目标的清单是很重要的**。不要让自己因为制定一个不可能达到的目标或不感兴趣的目标而失败。表明与期望有关的目标比没有比较性的好。比如，“我将在这个学期末把我的成绩提高10%”的目标比“我将在这个学期末拿全班最高分”的目标好。

• **确保你的目标是可以被衡量的**。你会发现，如果你知道你与目标之间的距离近了一步，对你继续努力以达到目标是有利的。重复一遍，“我将在这个学期末把我的成绩提高10%”的目标比“我将在这个学期考一个更好的成绩”的目标要好。

• **与一个你信任的人讨论你的目标**。别人也可以帮你明确你的目标。知道你优缺点的人可能想到你没有考虑到的事。与别人分享你的目标也是争取外部支持的一种很好的办法。

### 制定实现目标的计划

一旦你有现实的目标，你就需要制定一个计划去达到它。计划中有几个必不可少的部分：活动和其得到实现的日期。

**设计活动**

首先，制定一个能够帮你达到目标的活动列表（图1）。如果你客观地评估了你的优缺点那你就知道为达到目标你应该做什么。如果记笔记是你的一个缺点，那你应该与一个能够帮助你提高做笔记能力的人定期见面交流。

如果团队合作是你的一个优点，那你可以利用它来组建一个学习小组，从而帮助你

**图1**

目标：在这个学期末把成绩提高10%

可能的活动：

• 打电话给麦克和艾克米。询问他们是否有兴趣组建一个考试学习小组

• 拜访阮钦老师，请教她，我如何才能提高做笔记的能力

• 每个晚上增加30 min的时间来学习（注：这将意味着要放弃某些东西！决定一些东西！）

• 重新整理课桌和书架

• 买一个钟

• 安排每天做作业的时间

• 如果我把日程从星期一安排至星期四，那就周五休息

准备考试。关键是要明确是什么阻止你实现你的目标，设计一个克服这些阻碍的计划。

你的计划里应该包含奖励和回报措施。因为如果刚开始克服障碍时感觉就像在受处罚，那你不可能认真地或是长时间地来完成它。

### 制定一个日程

你的目标是一个对象。你要知道你要达到什么目标、达到目标需要多久的时间。一旦你制定了一个活动计划，你可以给每个活动规定行动的日期。如果有这些短期目标的日期，将会使你更易于达到总体目标。

朝着最终目标实现的日期工作。比如，如果想达到这个学期末将成绩提高 10%的目标，那你应该花多少时间在上面？从现在开始安排了多少场考试？第一次考试之前你要达到什么目标？第二次考试又要达到什么目标？

回到活动列表中，在每个活动后面写出日期。一定要保持灵活性。你的计划将随着你付诸的行动而变化发展。一般地，你的计划将会由于别的人和他们的日程而改变。图 2 给出了一个工作日程。

一旦你想粗略地制定一个易于管理的时间表，那么你可以将你的活动写在日历上。把日历放在你学习的地方的一个显眼的位置上，并养成每天看日历的习惯。

**图 2**

9 月 19 号：安排学习地点
9 月 20 号：15:55 拜访阮钦老师，买个钟
9 月 22 号：第一次小组学习
(计划每周的周三见面)
9 月 23 号：16:15-17:15 学习科技
(每周的周一、周二、周四的相同时间)
9 月 24 号：11:00 考试
16:10 在麦克家里与萨拉碰面（如果目标在这周得到实现的话）

## 过程的评价

当到达确定最终目标的日期时，你要评估一下你的目标有没有达到。在过程中评估也很重要。你的计划越具体越详细，那评估工作也就越简单。事实上，你的计划包含了大体上的评价。比如说，在每周的周末你可以回忆一下过程。有多少你安排的事情是真正地做到的？那个星期你有考试吗？如果有的话，那你的成绩得到提高了吗？

这种评价的结果可能会改变你的计划。比如，学习小组的效果可能不是很好，或者你花在聊天上的时间要比学习上的时间多。这些都可能改变你的计划。

当回顾过去的时候不要对自己要求太严。如果你错过了一些小的目标，把它放在一边继续往前努力。你可以不断地调整你的目标但不可以放弃。

**试一试　你的目标**

在一张纸上写上你想在这个学期末完成的 3 个个人目标，明确你达到每个目标的方法。说出当达到目标时将如何庆祝。

# 9B 良好的学习兴趣

学习总是一个积极主动的过程，无论是游泳池里的自救本领还是小号独奏或是科技课程。学习有很多的形式，包含要学习或是理解的材料。培养下面的这些学习技能可以帮助你学习。你可以修改下面的建议以便在别的课程的学习和新的活动中帮助你。

## 你的学习空间

• 整理学习的地方。无论在学校或家里，学习的地方应是干净有序的。散落在工作地点的纸张、书籍、杂志或图片都应在你的手边。

• 保持安静的学习环境。确保你学习的地方远离会让你分心的东西，比如：电话、音响、电视机、朋友、兄弟姐妹。通常，可在学校的图书馆、公共的图书馆、卧室（如果有学习空间的话）里学习。所有对你能够做出东西的安静的地方都可以用来学习。

• 确保你学习的地方很舒适。如果你在一个舒适的私人空间学习，你的学习将更有效，也能做出更多的东西。

• 准备要用的材料。在你学习的地方放上笔记本、练习本、电脑、纸、铅笔、钢笔、尺、字典、词典和你要用的所有东西。如果你不断起床找书或橡皮擦，你将无法完成你预期的工作。

## 学习兴趣

• 阅读材料为上课作准备也可。从其他的地方阅读材料，比如，杂志、报纸、网络、电视节目。

• 做笔记。为使做笔记更简单，你可能要使用速记法。

• 复习课上做的笔记并添加一些评论。让朋友或亲戚检查笔记中的材料。回答作业本中的问题（即使没有让你回答）可以提高你的理解力。

• 为你的作业本和笔记本准备一些摘要。在学习的时候准备一支铅笔或者钢笔或是电脑是很有用的，这样你可以记下重要的想法（图 1）。可以手写或是打印一些学习卡片来使记笔记的效率提高并有一定的指向性。如图 2 中，笔记本的顶部是标题，所有的信息都用容易学习的简洁格式一条一条地排列出来。这个比一段一段地去学习要来得有效，而且非常简洁！

图 1

• 使用图形对总结一堂课或是一个单元的内容是有帮助的。（参见 9E “组织图形”）你也许喜欢对学习的资源进行单元性的总结。

• “熟能生巧”。这个对练习钢琴或射击很有效的方法对科学探索的学习同样有效。如果你不断地练习学习技能直到熟练，那你就可以用节约下来的时间思考怎样使用它们。

• 安排学习时间。这可以帮助你避免一些无效的学习方法，如，在工作或测试前“恶补”。准备一个每日计划本并在每堂课上都带着。把每天的家庭作业、考试、项目、课外额外承诺都写在上面。它可以帮助你组织能够使时间得到充分运用的“每日必做事情”的计划。

• 了解自己的优缺点。在学习有困难的地方要充分运用机遇的优势。用你的优点去帮助你自己或是别人。组建一个学习小组，定期召开会议。你也可以在某个课程的某些部分帮到他人。反过来，你也可以从他人身上得到帮助。

• 与同学分享你学到的知识，而这些知识又是他们没有学过的。他们遇到的问题可以帮助你发现你在哪部分还要进一步地学习，还能使你明白哪些部分你没有完全理解（图 3）。

• 放松。制定学习计划，然后在每个学习计划得到实现的时候来个短暂的放松是很重要的。举个例子，你决定在你完成你的计划上的两个事情以后你就给自己放松一下。学习中的放松可以使你对完成计划上的下一个任务充满力量，它也可以帮助你更准确、更有效地完成你的工作。

**图 2**

学习卡片

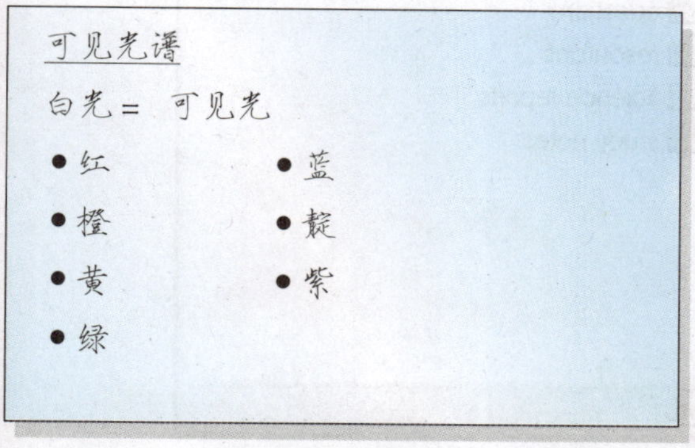


## 学习一览表

✓整理学习环境（它是不是安静？舒适？有序？）

✓预习功课。

✓做笔记。

✓回顾。

✓总结（如果你会的话，做一个学习卡片）。

✓作一个总结图。

✓联系。

✓安排学习时间（使用你的日程计划，并写一个每日必做清单）。

✓了解自己的优缺点。

✓教别人你学到的知识。

### 试一试 制作学习卡片

把本章的知识点列在学习卡片上。记住，每个卡片的顶部写上标题，并将笔记中的重点一条一条地罗列出来。

# 9C 有效地使用电脑

在学习中电脑变得越来越普遍。绝大部分的学生每周都会运用到这一技术。使你电脑里的文件像笔记一样有序是很重要的。有效地使用电脑也是很重要的——因为你会花一定的时间去用电脑工作或是玩游戏、上网。下面的建议可以帮助你在学习中有效地使用电脑。记住，你可以根据你的需要修改这些建议。

## 使用电脑的一般性意见

- **给你的科学探索工作创建一个文件夹。** 将你用电脑做的所有工作都保存在一个文件夹中是很重要的。你的工作可以被保存在电脑上的不同地方，但这意味着，它会很容易放错地方或丢失。

- **合理安排文件夹中的科技单元。** 创建一个科技文件夹，在里面整理出几个你这学期要学习的单元。详细地看一下图 1，你的文件夹应该像它一样。

- **给每个文件取个名字。** 确保你给文件夹取的名字能够让你对文件夹里的内容一目了然。比如，科学探索 1 这个名字并没有说明这个内容到底是什么，因而要尽可能的详细。

- **给你的工作做个备份。** 要经常把你在电脑上做的工作做一个备份。把你的工作复制在磁盘或学校的网络上。经常有很多学生因为有做这个工作而丢失掉他们的文件。备份要比把报告或是任务再重新做一遍容易得多。

- **保持正确的姿势。** 不要与电脑屏幕离得太近，在打字的时候手的位置和坐姿要正确，这是很重要的。不正确的手姿可能会得腕管综合征。关于人怎样与电脑有效地、安全地联系的研究属于“人体工程学”的范畴。

图 1

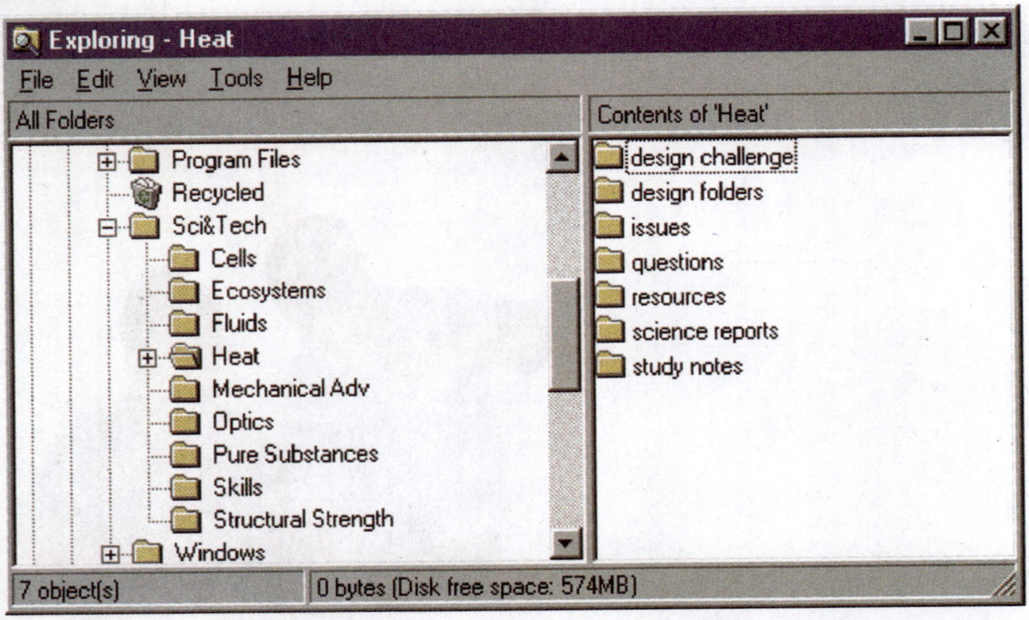

## 电子表格和数据库的运用

电脑是进行储存、整理、分析数据的有效工具。使用电子表格和数据库，可以记录实验现象或在设计过程中获得的信息。你可以用这些软件程序来给上述信息进行不同方式的排序，这样可以方便找到众多变量之间的重要关系。你也可以用这些软件去绘制图表。获得电子表格和数据库大体内容的最好方法是使用其内置的教程来探索其不同程序。

### 电子表格

你可以把电子表格看作一个电子数据表。为了能够更好地使用，它应该设计得很完善。无论你在设计什么样的数据表，你都要认真地考虑你将要用它记录什么样的信息以及最后怎样使用这些信息。

在科学探索调查中，你的电子表格应该含有你使用的各种变量。如果你正在观察不同液体的黏度，你用的变量应该是：液体、物体（比如大理石）通过液体落到容器底部所用的时间（见图 2）。

图 2

E7 =SUM(B7:D7)/3

| | A | B | C | D | E |
|---|---|---|---|---|---|
| 1 | 不同液体的黏度 | | | | |
| 2 | | 大理石通过液体所花的时间 | | | |
| 3 | 液体 | 实验 1 | 实验 2 | 实验 3 | 平均值 |
| 4 | 水 | 0.48 | 0.48 | 0.47 | 0.48 |
| 5 | 菜子油 | 0.57 | 0.56 | 0.54 | 0.56 |
| 6 | 橄榄油 | 0.45 | 0.42 | 0.47 | 0.45 |
| 7 | 玉米糖浆 | 0.52 | 0.54 | 0.55 | 0.54 |
| 8 | | | | | |

电子表格与数据表一样都应该有标题。表格的行和列要写上标号。在行和列相交的地方要给出具体的日期。电子表格的此处也是一个重要组成部分，你可以根据行的数字和列的字母来确定一些基本信息。但是，在别的文件中，你可以运用一个公式，这个公式可以执行调用其他文件中的数据来运行某个数学函数的程序。比如，在图 2 中，你不需要算出平均值——计算机会根据你用的公式算出结果。你所使用的程序的帮助功能可以帮助你找出你需要的公式。

如果你改变或添加数据，那么计算结果就会改变。电子表格中的信息就像图表一样也会因为数据的改变而发生变化（图 3）。

图 3

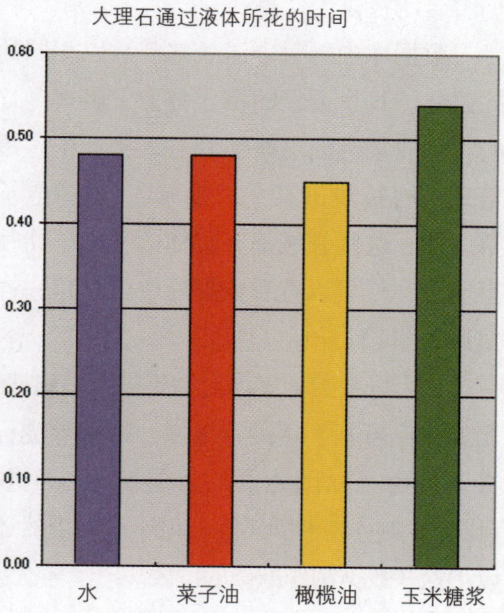

## 数据库

数据库是整理数据的另一个有效工具。一个好的数据库可以帮你轻松地找到具体的信息，并且可以找到不同信息间的关系、图表的趋势，还能制作图表、表格和报告等等。重复一遍，尽管你需要花费时间为你的具体需要去设计这个工具，但如果你做出一个好的数据库的话，它可以给你提供你所需要的功能。

首先，要熟悉这个数据库并能够使用它。先从数据库所附带的教程开始学习。一般地，数据库被整理成不同的领域和记录。你可以把这些记录作为索引，这些索引是你需要的关于具体的事、人、事件的列表。比如，假设你要进行一项关于公众对使用氟氯代烃的反应的调查，每个记录都包含了每个回答者所提供的信息。

数据库中的每个记录都应该以相同的方式建立，每个记录的格式称为“表格”（图4）。你收集的信息将填到“表格”中。每个信息都将被放进某个“领域”。就像电子表格一样，这些领域都有具体的“电子路径”。事实上，你可以查看数据库中像名单一样的信息（图5）。

你可以在数据库内对结果进行精确搜索。比如，你可基于年龄、地域、性别等进行调查。你也可以因为别的目的使用这个数据（比如，制作邮件列表）。此外，你当然还可以用这些数据制作准确的图表。

### 试一试　使用数据库

完成一般的数据库程序的教程。回想一下最近正在做的项目或是刚刚完成的，使用数据库可能会使它们得到完善。给你的项目设计一个格式。

**图 4**

飞机零部件清单的格式。

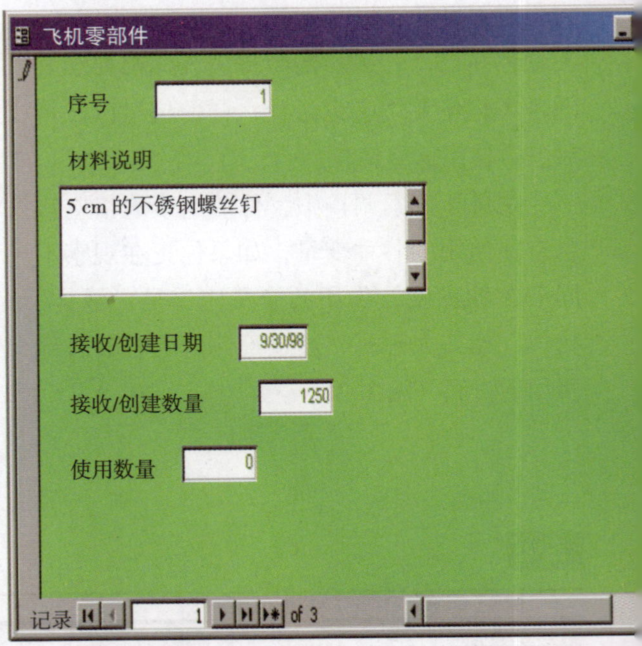


**图 5**

在下面列表中的数据库的清单中，显示了 3 条记录。

飞机零部件：表

| 序号 | 材料说明 | 接收时间 | 接收数量 | 使用数量 |
|---|---|---|---|---|
| 1 | 5 cm 的不锈钢螺丝钉 | 9/30/98 | 1250 | 0 |
| 2 | 5 cm 的不锈钢螺母 | 9/30/98 | 1250 | 0 |
| 3 | 轮子 | 11/15/98 | 12 | 0 |

# 9D 与他人合作

科学探索的进程一般由多人的合作而来。科学家与技术家们分享了他们的观点，帮助别人设计出了实验、研究，也帮助别人完善了结论。技术通常在跨学科的小组中进行，在这个小组里每个人带来了解决问题的不同领域的专业知识。我们在同一个时间里以小组的方式完成工作。在“现实的世界”中小组合作也要比单独工作必要和有效。因而，团队合作对于我们来说是很重要的。

## 试一试 游艇比赛

你的小组将去与别的设计小组比赛，去寻找游艇所能运输大理石的最大数量。

为了解决这个问题，你要制作一个模型。模型要为以后的更大更昂贵的实验进行小规模的测试。运用廉价的模型进行尝试是一种好方法，这可以避免现实中用实际尺寸的游艇测试的昂贵的费用。

**材料**

- 水
- 大理石
- 大水桶
- 250 g 模拟黏土

**实验步骤**

1. 与组员一起合作，画出游艇的设计图。每个组员都必须赞同这个方案（图 1）。
2. 用所给的模拟黏土搭建游艇。
3. 将水桶装满水，然后把你的游艇放在水面上。
4. 在游艇上加上大理石到要下沉为止(图 2)。
5. 记录出所能承载的大理石的最大数量。
6. 评价团队工作。

图 1

图 2

## 团队合作小贴士

当学习尼尔森《科学探索》的第 7、8 单元时，你将花很多的时间在团队合作上。不管什么时候，下面的小贴士对你都是有用的。

- 鼓励成员为小组工作作贡献。
- 尊重每个成员的付出。很多的观点将会被提出，必须考虑每个观点。保持一个开放的思维。
- 适当的时候学会妥协。
- 公平地分配工作。
- 关注手头的工作。把繁重的工作细分给每个组员。
- 赞同小组的决定。
- 如果得到组建小组的机会，要明确小组的成员能够互相弥补优缺点。

## 评价小组工作

在小组完成任务之后，要评价小组的效力——优点、缺点、机遇、挑战。回答下面的问题：

1. 你们小组合作的优势是什么？
2. 你们小组合作的缺点是什么？
3. 你们小组合作遇到的机遇是什么？
4. 你们的小组面对的挑战是什么？

## 9E 组织图形

当你尝试去描述事物或是事件时，把你的想法写下是很有帮助的，因为你可以清楚地看到你的想法并且可以和别人的想法进行比较。除了用句子记录下想法，你也可以用视频呈现出它们。组织信息图有很多种方法，它们可以帮助你明确各个概念和关系。

### 概念图

概念图是单词（呈现概念）或是图形的集合，它们以箭头或者简短的说明把每个事物联系起来。这个图你要首先在你的头脑中呈现出来。

概念图就和图 1 是一样的。这个概念图被称为“食物网”，它展示了学习动物的一种方法以及它们的食物。箭尾所指的动物或植物是箭头所指动物的食物。箭头描述了生物体之间的捕食关系。

概念图也可以用于别的论题上，并用别的方法画出来。比如，家庭成员间的关系可以像图 2 一样画出来。

**图 2**

一个家庭

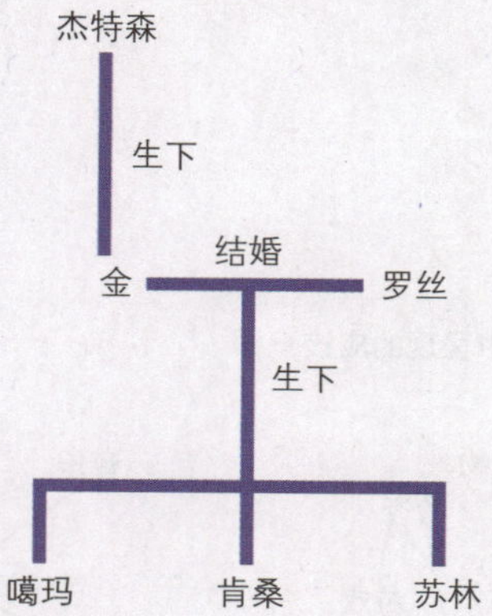


**图 1**

一个食物网

概念图也可以表示一系列因果关系（图 3）。你会发现这种图在科学探索研究中是很有用的。

有时，概念图可以显示出你的想法的改变，也会使你正在做的工作变得复杂。你可以从图 4 中看到这种概念图的例子。

图 3

植物生长的因果关系

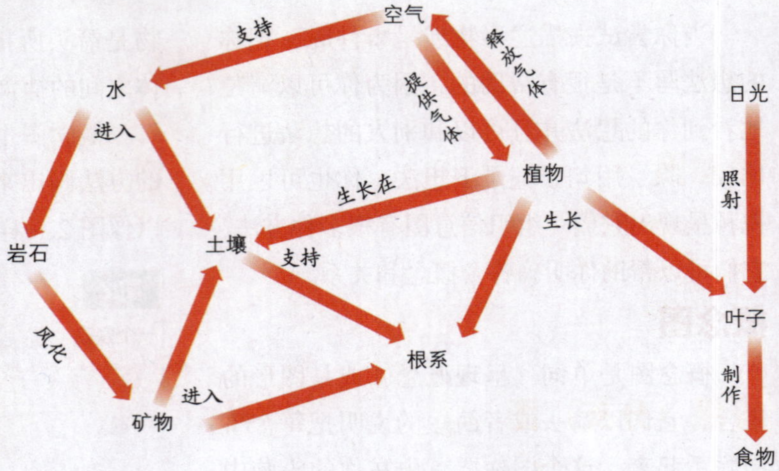


图 4

概念图和你脑中呈现的应该一样

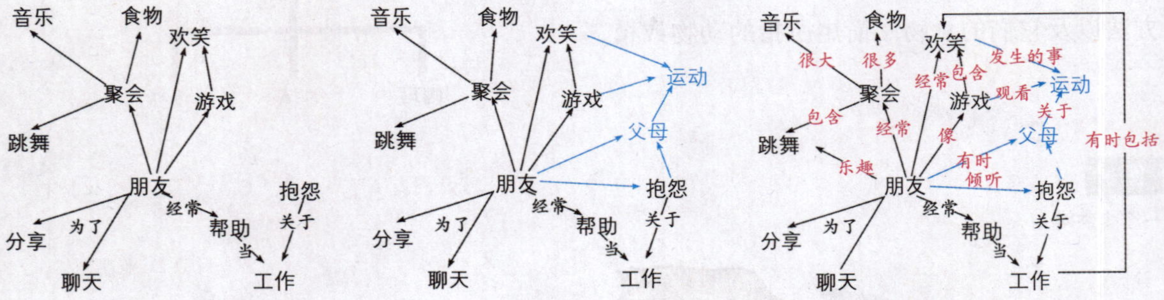


## 制作一个概念图

下面的这些步骤对你制作概念图会有所帮助。

1. 选择概念图的中心思想。

2. 写下中心思想，在小本子上写下各个观点之间的联系。

3. 根据中心思想修改小本子上的东西，使得各个观点之间的关系越来越紧密。问问你自己它们是怎样联系的，在下一步中使用这些信息。

4. 在一张大的纸上，以同样的方式写出你小本子上的所有想法。在有联系的观点之间画出箭头。

5. 在每个箭头上，写一个简短的说明，指出它们有什么联系。

随着工作概念图的制定，你会发现其他的观点和联系。把它们添加在图上。当你有新的想法时——无论是来自于调查、研究还是别人的，继续思考然后把它们添加到你的概念图上去。你可以用不同颜色的墨水添加新的想法，这可以表明你有思考问题的新方法。

## 比较矩阵

利用比较矩阵去根据各种标准比较事物是很有用的（表 1）。比如，你如果想要比较不同材料的性能，并为一个具体的设计选择最好的材料。

**表 1** 不同材料的性能

| | 性能 | | | |
|---|---|---|---|---|
| | 可塑性 | 光泽度 | 坚固性 | 承担度 |
| 金 | × | × | × | × |
| 银 | × | × | × | × |
| 铜 | × | × | × | × |

## 维恩图

另一种比较事物的简单图表就是维恩图（图 5）。在重叠的地方记下两者的共同之处，在单独的圆圈里记下两者各自的不同之处。

**图 5**

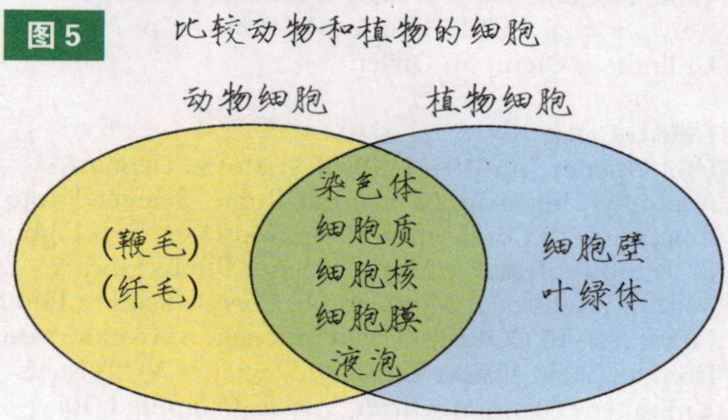


## 等级（分支）图

一些概念被分解为一个个小的分支。等级图可以将这些分支的关系呈现出来（图 6）。

**图 6**

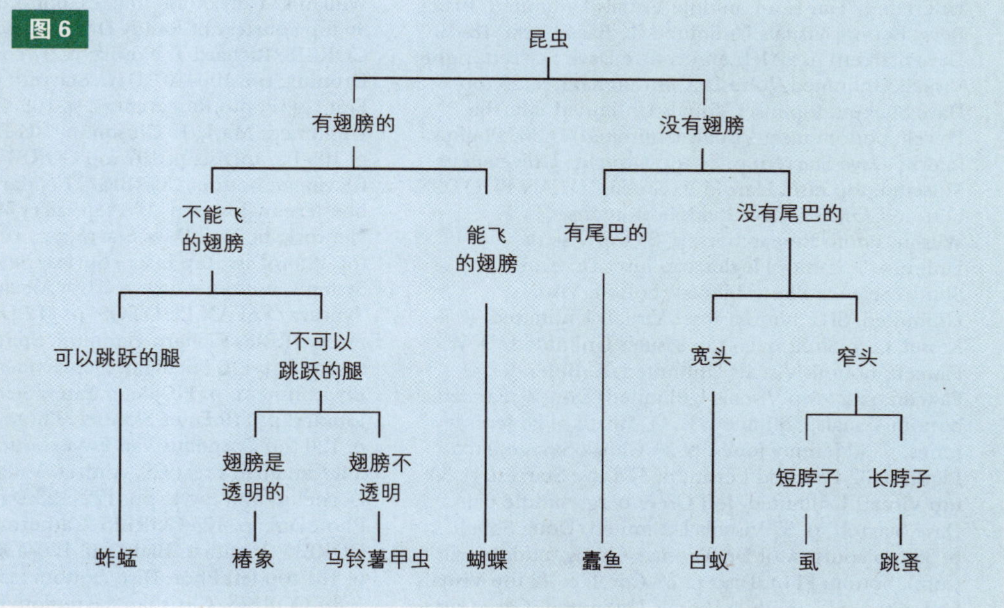


## 图表的目标

图表的目标可以揭示哪种方法对展现出给定的标准是最好的（图 7）。

**图 7**

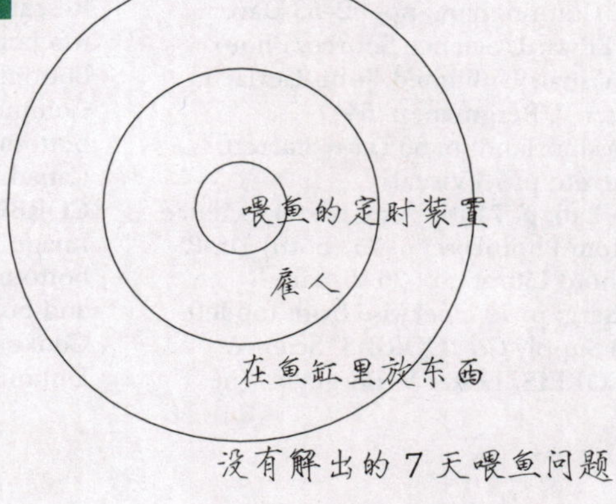

# Photo Credits

**Cover:** J. McGrail/First Light.

**Table of Contents:** p. 5 Images B.C./T. W. Image Network; p. 6 CORBIS/Jeffrey L. Rotman; p. 7 Visuals Unlimited/Glenn M. Oliver.

**Unit 1: Cells**
Unit Opener (pp. 10–11): Prof. P. Motta/Dept. of Anatomy/University *La Sapienza*, Rome/Science Photo Library; p. 12 Corel, inset Thomas Kitchin/First Light; p. 14 top Professor P. Motta/Science Photo Library, bottom Professor P. Motta and S. Correr/Science Photo Library; p. 15 CORBIS/David Muench; p. 16 clockwise from top right Visuals Unlimited/Science VU, Visuals Unlimited/Glenn M. Oliver, Visuals Unlimited/R. Lindholm, Visuals Unlimited/G. Murti, Visuals Unlimited/M. F. Brown; p. 17 top Visuals Unlimited/Tim Hauf, middle Visuals Unlimited/Bruce Berg, bottom Visuals Unlimited/L. Bassett; pp. 18–19 Dave Starrett; p. 22 left and centre Dave Starrett, right Visuals Unlimited/John D. Cunningham; p. 23 top Dave Starrett, top inset Visuals Unlimited/Martha Powell, bottom inset Visuals Unlimited/D. M. Phillips, middle Dave Starrett; p. 24 top Utrechts Universiteits Museum, top inset Harold V. Green/VALAN PHOTOS, bottom CORBIS/Dave Reid, bottom inset D. P. Wilson/Photo Researchers; p. 25 top Visuals Unlimited/Stanley Flegler, top inset Dr. Ann Smith/Science Photo Library, bottom Visuals Unlimited/SIU, bottom inset Visuals Unlimited/R. Kessel, C. Y. Shih; p. 26 top Visuals Unlimited/D. W. Fawcett, bottom Visuals Unlimited/R. Bolender, D. Fawcett; p. 27 top Visuals Unlimited/Don W. Fawcett, bottom Visuals Unlimited/K. G. Murti; p. 28 Jeremy Jones; p. 30 Jeremy Jones; p. 31 Chuck Savage/First Light; p. 32 Leonard Lessin; p. 34 Dave Starrett; p. 35 top Visuals Unlimited/Jeff Greenberg, middle pair Dave Starrett; p. 37 Visuals Unlimited/Doug Sobell; p. 38 top courtesy of Dr. Thomas Chang, middle pair Corel, bottom PhotoDisc; p. 39 Corel; p. 42 top Visuals Unlimited/SIU, middle Visuals Unlimited/Gary Carter; p. 43 Jan Hinsch/Science Photo Library; p. 45 Visuals Unlimited/John D. Cunningham; pp. 52–53 Dave Starrett; p. 55 Ken Edward/Science Source/Photo Researchers; p. 56 Visuals Unlimited/John Gerlach; p. 57 CORBIS/Lester V. Bergman; p. 64 CORBIS/Stuart Westmorland; p. 66 Dave Starrett; pp. 70–71 Dave Starrett; p. 73 Visuals Unlimited/Jackson Lab; p. 74 top Alex Bartel/Science Photo Library, bottom PhotoDisc; p. 75 (both) Dr. P. Marazzi/Science Photo Library; p. 76 Visuals Unlimited/Bruce Berg; p. 79 clockwise from top left Carolina Biological Supply Co., CORBIS/Science Pictures Limited, CORBIS/Lester V. Bergman, (next two) CORBIS/Science Pictures Limited, CORBIS/Lester V. Bergman.

**Unit 2: Fluids**
Unit Opener (pp. 82–83): B. Fraunfelter/First Light; p. 84 left V. Wilkinson/VALAN PHOTOS, right Images B.C./T. W. Image Network; p. 85 top CORBIS/Christine Osborne; p. 86 top William H. Mullins/Photo Researchers, top inset Dan Guravich/Photo Researchers, bottom CORBIS/Jennie Woodcock/Reflections Photolibrary, bottom inset courtesy Dutchmaster Nurseries (www.dutchmasternurseries.com); p. 87 Images B.C./T. W. Image Network; p. 88 CORBIS/Henry Diltz; p. 89 CORBIS/Joel W. Rogers; p. 90 Tim Davis/Photo Researchers; p. 91 CORBIS, inset CORBIS/Roger Ressmeyer; pp. 92–94 Dave Starrett; p. 95 top Mark Williams/Tony Stone Images, bottom Dave Starrett; p. 96 top courtesy of Randy Droniuk, bottom CORBIS/Richard T. Nowitz; p. 97 courtesy Randy Droniuk; pp. 100–101 Dave Starrett; p. 102 F. Frances/Photo Researchers; p. 103 Visuals Unlimited/Mark. E. Gibson; p. 104 Dave Starrett; p. 105 PhotoDisc; p. 107 top CORBIS/Ralph A. Clevinger, bottom CORBIS/The Mariners' Museum, box Jeremy Jones; p. 108 top Larry Wells/T. W. Image Network, bottom Dave Starrett; p. 109 CORBIS; p. 110 top PhotoDisc, top inset courtesy Seaco Marine Dock Systems, bottom courtesy Nora Alexander; p. 111 Y. R. Tymstra/VALAN PHOTOS; p. 112 Dave Starrett; p. 113 top CORBIS/Richard Hamilton Smith, bottom Dave Starrett; p. 116 Michigan Deptartment of the Environment; p. 117 Peter Yates/Science Photo Library; p. 119 Peter Skinner/Photo Researchers; p. 120 top Cornelius Van Ewyk, bottom Boily; p. 121 left Canadian Press CP/Andrew Vaughan, right Cornelius Van Ewyk; pp. 122–123 Dave Starrett; p. 124 PhotoDisc; p. 125 CORBIS/Catherine Karnow; p. 128 CORBIS/Jonathan Blair; pp. 129–130 Dave Starrett; p. 131 top left PhotoDisc, bottom left COMSTOCK, top right CORBIS/Christian Sarramon; p. 132 left K. Cooke/VALAN PHOTOS, top right Bill Aaron/Photo Researchers, bottom right CORBIS/Bob Krist; p. 133 top James King-Holmes/SPL/Photo Researchers, Inc., bottom (illustration) courtesy of the Toronto Transit Commission; p. 134 top CORBIS/Amos Nachoum, bottom (stamp) courtesy Canada Post; p. 135 top Canadian Press SSM/Keith Stephen, bottom CORBIS/Robert Pickett; p. 136 left Larry Wells/T. W. Image Network, top right CORBIS/Roger Ressmeyer, bottom right CORBIS/Christian Sarramon; p. 137 top and bottom left Dave Starrett, bottom right K. Cooke/VALAN PHOTOS; p. 140 Visuals Unlimited/Michael Gabridge; p. 141 top left

PhotoDisc, top right V. Wilkinson/VALAN PHOTOS, bottom right V. Wilkinson/VALAN PHOTOS.

**Unit 3: Mechanical Advantage and Efficiency**
Unit Opener (pp. 142–143): Alan Marsh/First Light; p. 144 left (main and inset) CORBIS/Sandy Felsenthal, right CORBIS/Kevin R. Morris; p. 145 CORBIS/BB Pictures/Eye Ubiquitous; p. 146 left CORBIS/Roger Ressmeyer, top right CORBIS/Neil Rabinowitz, bottom right Joyce Photographics/VALAN PHOTOS; p. 147 CORBIS/Michael S. Yamashita, inset CORBIS/Kevin Fleming; p. 148 Dave Starrett; p. 149 Archive Photos; p. 152 CORBIS/Franck Seguin/TempSport; p. 154 Dave Starrett; p. 155 top PhotoDisc, bottom Visuals Unlimited/Robert Clay; p. 156 top CORBIS/Jeffrey L. Rotman, bottom CORBIS/Roger Ressmeyer; p. 157 CORBIS/Ed Eckstein; p. 162 CORBIS/Charles O'Rear; p. 163 CORBIS/Charles E. Rotkin; p. 164 top Andrew Syred/Science Photo Library, bottom CORBIS/Geoffrey Taunton/Cordaiy Photo Library; p. 168 Dave Starrett; pp. 170–171 courtesy Kim Parker and Maureen de Sousa; p. 172 Dave Starrett; p. 173 (main and inset) CORBIS/Kevin R. Morris; p. 174 Dave Starrett; p. 175 CORBIS/Mark Gibson; pp. 176–177 Kennon Cooke/VALAN PHOTOS; p. 178 Dave Starrett; p. 179 top PhotoDisc, bottom pair Dave Starrett; p. 181 CORBIS/George Hall; p. 182 Dave Starrett; p. 183 CORBIS/Owen Franken; p. 184 D. Young Wolff/Photo Edit; p. 186 top Dave Starrett, bottom PhotoDisc; p. 187 top Carol Glegg, bottom John Fowler/VALAN PHOTOS; pp. 188–189 top CORBIS/Karl Weatherly, bottom Corel; p. 190 top Visuals Unlimited/Bernd Wittich, bottom CORBIS/James L. Amos; p. 191 top John Fowler/VALAN PHOTOS, bottom CORBIS/Tony Arruza; p. 192 Richard Laird/FPG; p. 194 left CORBIS/Jim Winkley, Ecoscene, right Harold V. Green/VALAN PHOTOS; p. 195 John Fowler/VALAN PHOTOS; p. 196 CORBIS/Charles O'Rear; p. 197 top left PhotoDisc, bottom left CORBIS/Tony Arruza, top right Dave Starrett, bottom right CORBIS/Roger Ressmeyer; p. 198 Jeremy Jones; p. 200 top and middle Corel, bottom CORBIS/Kevin Fleming; p. 201 Corel.

**Unit 4: Water Systems**
Unti Opener: (pp. 202–203): Joseph Van Os/The Image Bank; p. 204 left Visuals Unlimited/Edward Hodgson, right Visuals Unlimited/C. McCutcheon; p. 205 CORBIS/Jay & Becky Dickman; p. 206 left NASA/Oxford Scientific Films, top right PhotoDisc, bottom right CORBIS/Charles E. Rotkin; p. 207 Johnny Johnson/VALAN PHOTOS; p. 208 NASA; p. 209 left Francis Lepine/VALAN PHOTOS, right CORBIS/Yann Arthur-Bertrand; pp. 210–211 Dave Starrett; p. 214 CORBIS/Natalie Fobes; p. 215 Harold V. Green/VALAN PHOTOS; p. 217 Dave Starrett; p. 218 top Visuals Unlimited/Marty Snyderman, bottom CORBIS/Sergio Dorantes; p. 219 Pam E. Hickman/VALAN PHOTOS; p. 222 courtesy of Hazel Breton; p. 223 © Doug Dealey; p. 225 left Michel Julien/VALAN PHOTOS, right Ian Davis Young/VALAN PHOTOS; p. 226 top Visuals Unlimited/Roy David Farris, bottom Visuals Unlimited/Glenn M. Oliver; p. 228 Deborah Vanslet/VALAN PHOTOS; p. 229 top Stephan J. Kraseman/VALAN PHOTOS, right inset CORBIS/Jonathan Blair; p. 230 Dave Starrett; p. 231 top Visuals Unlimited/Charles Preitner, middle Visuals Unlimited/Mark E. Gibson, bottom Dave Starrett; p. 232 Dave Starrett; p. 237 CORBIS/Robert Holmes; p. 238 Dave Starrett; p. 239 V. Wilkinson/VALAN PHOTOS; p. 240 top Visuals Unlimited/Neville Coleman, middle & bottom CORBIS/Ralph White; p. 241 top courtesy of Graham Standen, Geoforce Consultants Ltd., Dartmouth, Nova Scotia, bottom NASA/Oxford Scientific Films; p. 242 top right National Archives of Canada/C-12101, bottom right Greg Locke/Stray Light Pictures, St. John's, NFLD; p. 243 left Visuals Unlimited/John Lough, right Visuals Unlimited/API; p. 244 Visuals Unlimited/Science VU; p. 248 Dave Starrett; p. 249 top Francis Lepine/VALAN PHOTOS, bottom Harold V. Green/VALAN PHOTOS; p. 250 top CORBIS/Lester V. Bergman, bottom CORBIS/Douglas P. Wilson, Frank Lane Picture Agency; p. 251 top Visuals Unlimited/Martin G. Miller, bottom pair Dave Starrett; p. 252 middle Visuals Unlimited/Inga Spence, bottom CORBIS/Gunter Marx; p. 254 left Wayne Shiels/VALAN PHOTOS, right Visuals Unlimited/Joel Arrington; p. 255 CORBIS/Natalie Fobes; p. 256 left Visuals Unlimited/Roy David Farris, top right Visuals Unlimited/Edward Hodgson, bottom right V. Wilkinson/VALAN PHOTOS; p. 257 left CORBIS/Lester V. Bergman, top right CORBIS/Ralph White, middle right Greg Locke/Stray Light Pictures, St. John's, NFLD., bottom right CORBIS/Sergio Dorantes; p. 258 Corel.

**Unit 5: Optics**
Unit Opener (pp. 262–263): Telegraph Colour Library/FPG International; p. 264 top Pekka Parviainen/Science Photo Library, bottom CORBIS/W. Cody; p. 265 courtesy Alan J. Hirsch; p. 266 top CORBIS/Layne Kennedy, bottom CORBIS/Gunter Marx; p. 267 Dave Starrett; p. 269 top centre Gerald Brimacombe/The Image Bank, top right CORBIS/Philip Gould, bottom Kalus Guldbrandsen/Science Photo Library; p. 270 Joe Azzara/The Image Bank; p. 271 Visuals Unlimited/Ken Lucas; pp. 272–274 Dave Starrett; p. 275 left Val Whelan/VALAN PHOTOS, right Joyce Photographics; pp. 278–279 Dave Starrett; p. 280 CORBIS/John McAnulty; p. 281 J. L. Peleaz/First Light; pp. 282–284 Dave Starrett; p. 285 top CORBIS/Michael S. Yamashita, middle courtesy Belmont Equipment Corp., bottom Dave Starrett; p. 287 T. W. Image Network/Omni Photo Communications Inc.; pp. 289–290 Dave Starrett; p. 293 CORBIS/Larry Lee;

pp.296–297 Visuals Unlimited/Steve McCutcheon; p. 300 Visuals Unlimited/Jay Pasachoff; p. 301 top CORBIS/AFP, middle (both) courtesy of Gemini North, bottom CORBIS/NASA/Roger Ressmeyer; p. 302 Dave Starrett; p. 303 T. Svensson/First Light; p. 306 Courtesy of Brad Dickson; p. 309 Kharen Hill/T. W. Image Network; p. 312 left John Cancalosi/VALAN PHOTOS, right CORBIS/Chinch Gryniewicz, Ecoscene; p. 314 left Francois Morneau/VALAN PHOTOS; right Photo Edit/Myrleen Ferguson; p. 315 PhotoDisc; p. 316 top Kalus Guldbarndsen/Science Photo Library, bottom left CORBIS/Larry Lee, bottom right Dave Starrett; p. 317 top left Dave Starrett, top right CORBIS/Philip Gould, middle courtesy of Gemini North; bottom CORBIS/Chinch Gryniewicz; p. 320 Andrew Farquhar/VALAN PHOTOS; p. 321 CORBIS/Adam Woolfitt.

**Skills Handbook**
Unit Opener (pp. 322–323): collage of (clockwise from top left) Corel, Alan Marsh/First Light, Visuals Unlimited/Derrick Ditchburn, B. Fraunfelter/First Light; p. 325 top Ian Crysler, bottom Dave Starrett; pp. 326–328 Dave Starrett; p. 329 Paul Till; p. 332 Dave Starrett; pp. 333–336 Ian Crysler; pp. 337–339 Dave Starrett; p. 340 PhotoDisc; p. 342 Visuals Unlimited/Jeff Greenberg; p. 343 CORBIS/Richard T. Nowitz; p. 344 Dave Starrett; p. 346 Dave Starrett; p. 350 top to bottom PhotoDisc, Todd Ryoji, Dick Hemingway, Omni Photo Communications Inc./T. W. Image Network; p. 352 Dave Starrett; pp. 354–355 Dave Starrett; p. 357 Dave Starrett; p. 360 top Visuals Unlimited/Richard L. Carlton, rest Boréal; p. 361 top left Ian Crysler, bottom right Boréal; p. 369 Dave Starrett; p. 372 top left CORBIS/Rodney Hyett/Elizabeth Whiting & Associates, top right R. W. Jones/First Light, middle right (b) Bob Semple, (c) First Light, bottom right Rom Watts/First Light; p. 373 top left Visuals Unlimited/R. Lindholm, middle left Joe Lepiano/Artbase, bottom left Dave Starrett, top right Dave Starrett, bottom right Andrea Pistolesi/The Image Bank; p. 374 top left Dave Starrett, bottom left Gary Russ/The Image Bank; p. 377 left Dave Starrett, top right Joe Lepiano/Artbase, middle right Dave Starrett, bottom right Chuck Savage/First Light; p. 378 Paul Till; pp. 393–395 Dave Starrett; pp. 406–407 Dave Starrett; p. 411 Ian Crysler.

# 术语表

**A**

acid precipitation酸性降水：含有少量硫酸或硝酸的降水，通常以雪或雨的形式降落到地面。

additive colour mixing颜色的加法运算：将不同颜色的光混合起来生成其他的颜色。

aerodynamics气体力学：关系到围绕固体流动的气流或空气对在其中运动的物体的影响。

angle of incidence入射角：入射光线与法线之间的夹角。

angle of reflection反射角：反射光线与法线之间的夹角。

angle of refraction折射角：折射光线与法线之间的夹角。

aquifer地下蓄水层：储存并能供水的地下岩石或土壤层。

aquitard隔水层：一种由黏土、淤泥或岩石组成的不可渗透层，使得水不能足够快地穿过它。

Archimedes' principle阿基米德原理：物体所受的浮力的大小等于物体所排开的流体的重力。

artery动脉：将血液运出心脏的血管。

**B**

bacteria细菌：是最常见的一种微生物；是没有细胞核，没有线粒体，也没有核糖体的单细胞生物。

ballast压舱物：任何作为重力能够改变交通工具如轮船、潜水艇、热气球或飞艇所受浮力的物质。

basin盆地：在地面上的天然形成的洼地，水能够聚集在其中。

bioluminescence生物荧光：生物将化学能转换成光能的过程。

block and tackle滑轮装置：用来移动物体的绳索和滑轮系统。

buoyancy浮力：流体作用在密度比它小的物体上的一种向上的力。

**C**

capillary action毛细管作用：由于水分子对土壤微粒的引力使得水能够向上流动。

cell membrane细胞膜：是动植物细胞中的一种细胞结构，能够覆盖整个细胞，控制着物质进出细胞的运动。

cell specialization细胞分化：多细胞生物的每一个细胞都具有自己的须完成的一项功能；结果，该生物体内的细胞大小和形状多种多样。

cell wall细胞壁：一种能保护并支撑细胞的植物细胞结构。

chemiluminescence化学发光：在温度发生很小的改变或几乎不发生改变的情况下，将化学能转化为光能的过程。

chlorination加氯处理：向水中加入氯气以杀死水中的微生物。

chloroplast叶绿体：一种植物细胞的结构，含有很多称为水溶性叶绿素的绿色天然色素分子，水溶性叶绿素能帮助植物制造它们自己所需的食物。

chromosomes染色体：细胞中包含遗传信息或基因信息的部分。

circulatory system循环系统：一种包含心脏、动脉和静脉的器官系统；能把营养物质运输到身体的各个细胞，也能运走废物。

complementary light colours光的互补色：混合在一起后变成白色的任何两种颜色的光。

compressed被压缩的：被压缩到更小的体积或更小的空间中。

compressible可压缩的：在外界压力下物质的体积容易改变。

concave lens凹透镜：中间薄边缘厚的透镜。

concave mirror凹面镜：反射面在球形凹面的曲面镜。

condensation冷凝：物质由气体变成液体的这种状态的改变（例如水蒸气变成液态水）。

Continental Divide大陆分水岭：将流向太平洋的水与向北向东流的水分开的陆地的脊状突起。

continental shelf大陆架：是指近海地区，在大陆径直落入深深的海底之前形成的平缓的斜坡。

convection current对流：是指流体的运动，通常为环形模式，是由温度和密度的不同引起的。

convex lens凸透镜：中间厚边缘薄的透镜。

convex mirror凸面镜：反射面在球形凸面的曲面镜。

current水流/气流：向特定方向流动的水或其他的流体。

cylinder气缸：在液压系统中的一种圆筒式装置；其中装有一个活塞，能够在流体的压力下运动。

cytoplasm细胞质：是细胞的流体区，在这里营养物质被吸收、运输和加工，也可以储存废物直到这些废物被排出。

**D**

density密度：即单位体积物质的质量；可通过将这种物质的质量除以

体积计算得到。

diaphragm光圈：一种可以控制相机进光量的装置。

diffuse reflection漫反射：光在不规则表面上的一种反射；这种反射不成像。

diffusion扩散：分子从浓度高的区域向浓度低的区域的运动。

digestion 消化：多细胞动物把食物大分子分解为小分子，从而为动物提供能量，有助于动物的生长和修复，这一过程就称为消化。

digestive system消化系统：是一种包含食道、胃、肠和肝脏的系统；可以把食物分子分解成小分子，细胞可以利用这些小分子提供的能量建造新的细胞以及修复损伤的细胞。

disease疾病：生物健康受到干扰的一种状况。

displacement 排水法：是测量小的不规则固体体积的一种技术，可以用下面的公式计算：物体的体积=（水和物体的总体积）-（水的体积）。

diversity 生物多样性：是对一个区域内的生物物种的数量的测量。

drag 阻力：一种减缓物体在流体中的运动的力。

dynamic动力的：与含有运动流体的系统有关。

## E

effort force作用力：指移动物体所需的推力或拉力。

electric discharge 放电：由于有电穿过气体导致的气体发光过程。

electromagnetic spectrum 电磁波谱：是辐射能的范围，从无线电波到可见光再到伽马射线。

endocrine system 内分泌系统：是一种包含胰腺、肾上腺和脑垂体的系统；能产生运输到身体各个细胞的化学信使；有助于调节身体对内外部刺激的反应。

endoplasmic reticulum内质网：是指一系列管道，能运输物质遍布细胞的整个细胞质。

ergonomics生物工程学：指对产品的设计进行研究，使设计的产品具有最优的安全、高效、简便性能。

erosion 侵蚀：风、水或流动的冰将土壤颗粒带走。

esthetics 美学：指产品的特性如质地、颜色和样式使得产品更有吸引力。

estuary河口湾：来自河流的淡水和来自海洋的咸水在这里混合形成中等咸度（微咸）的水的区域。

evaporation蒸发：是物质由液态变成气态的一种状态的改变（如液态水变成水蒸气）。

excretory system 排泄系统：一种包含肾脏、膀胱、肝脏、输尿管和尿道的器官系统，可以清除体内的废物。

## F

field of view 视野：通过显微镜能看到的可见区域。

flocculation 絮凝：流体中悬浮的小颗粒聚集成团状物的过程。

flood plain 洪泛平原：靠近河流的两岸，周期性地遭受洪水侵袭的相对平坦的区域。

flow rate 流速：流体在给定时间内流动的速度。

fluorescence 荧光：从其他的能源获得能量导致发光的过程。

focal length 焦距：从焦点到面镜或透镜中间的距离。

fresh water 淡水：含有低浓度的溶解盐的水。

friction摩擦力：当相互接触的物体发生相对移动或滚动时，在它们的接触面上产生的阻碍这一运动的作用力。

## G

gear ratio齿轮齿数比：指构成齿轮组的几个齿轮边缘周长的比值。

gear train齿轮组：由两个或两个以上齿轮组合而成，它们之间的轮齿能够完全咬合，能够用来加速或减速。

glacier冰河：缓缓流过大地的大量的雪和冰。

Golgi apparatus 高尔基体：一种能够储存蛋白质分子的细胞器。

ground water 地下水：是指渗入土壤中的水，常位于水饱和的土壤和岩石之间。

guyot 海底平顶山：位于海面以下的，山顶被水侵蚀的火山岛。

gyre环流：由几个主要的洋流组成的海洋水域的环形流动。

## H

hormone激素（荷尔蒙）：由内分泌系统的器官分泌的一种化学信使，能告诉其他器官中的细胞怎样对身体内外部的刺激进行调节。

hydraulic fluid 液压用液体：在液压系统中，能使系统工作的一种被加压的液体。

hydraulic system 液压系统：用加压的液体进行操作的封闭系统。

hydraulics 水力学：使用流动的液体进行力的传递的封闭的加压系

统。

hydrodynamics 流体力学：指液体（通常指水）在固体周围的运动。

hydrometer 液体比重计：一种测定液体密度的仪器。

## I

incandescence白热化：物体升温发出光的过程。

incident ray入射线：射向反射面的光线。

irrigation灌溉：把河流、湖泊或地下水源的水转移到农田来为农作物浇水。

## L

laminar flow 层流：水呈直线或接近于直线的运动。

laws of reflection反射定律：对单向反射有关知识的总结：入射角等于反射角；入射光线、法线和反射光线在同一个平面内。

lens 透镜：一种弯曲、透明的装置，当光线穿过时能使光线以特定的方式折射。

light 光：一种以电磁波的形式传播的辐射能，是能被人的眼睛观察到的能量；其能量比红外辐射能高，比紫外辐射能低。

linkage联动式杠杆：由两个或两个以上的杠杆组成，用来传递力或运动。

load force承载力：指由承载物施加的力。

luminous 发光体：能够发光的物体。

lysosome 溶酶体：是一种细胞器，能分解细胞质内的大分子并消灭受损或老化的细胞。

## M

machine 机器：一种能使工作做起来更容易的设备；它能传递能量，将力从一个地方传送到另一个地方，改变力的方向，改变力的大小，并且/或者加快或减慢速度。

mass 质量：一种国际基本单位，单位是毫克（mg）、克（g） 或千克（kg）。

mechanical advantage机械效能：是一台机器能将力扩大的倍数，用输出（承载）力大小与输入（作用）力大小的比值来测量。

mechanism 机械装置：可看做一个单独的活动系统，它能将外部提供的运动或作用力转化为所需要的运动或作用力。

microorganism 微生物：一种只有借助于显微镜才能看见的生物。

mitochondria 线粒体：（单数是mitochondrion）是通过一种被称为呼吸作用的过程来为细胞提供能量的细胞器。

multicellular organism多细胞生物：一种由很多细胞组成的生物。

## N

negative buoyancy 负浮力：由于物体的重力大于它所排开的流体的重力，物体在流体中的一种下沉的趋势。

nervous system 神经系统：一种包含大脑、脊髓、神经和感觉器官如眼睛的器官系统；神经系统能将电信号传遍身体各个部分。

neutral buoyancy 中性浮力：由于物体的重力等于它所排开的流体的重力，物体在流体中的一种保持一定高度的趋势。

nonluminous非发光体：描述的是那些只反射其他物体发出的光而本身不能够发光的物体。

normal法线：垂直于光学设备表面的经过入射点的直线。

nucleus 细胞核：是动植物细胞中的一种细胞结构，作为控制中心指导所有细胞的活动。

## O

opaque 不透明的：不能使任何光透过的一种材料；照射到不透明材料上的任何光线要么被吸收，要么被反射出去。

optical device光学仪器：能使物体成像的设备。

organ systems 系统：是指一组功能相关的器官。

organ 器官：由几种不同的组织组成，能行使特定功能的大型结构。

organelles 细胞器：是细胞质内的一些微小的细胞结构，可以行使特定的功能。

organism 有机体：一种有生命的个体。

osmosis 渗透：水穿过选择性膜的扩散。

overturn 倒转：水体的上层水与下层水的混合，通常是由对流引起的。

## P

particle theory 粒子理论：一种用来解释物质和热量传递的理论，该理论认为所有的物质都是由肉眼看不见的微小的粒子组成的。由于具有能量所以这些粒子在不停地运动。能量越多，粒子运动得越快。

Pascal's law帕斯卡定律：一旦受到压力作用，液体会向各个方向传递该作用力，即液体容器的内壁各部分均匀受力。

penumbra 半影：从光源发出的光只有部分光线到达的区域。

percolation 过滤：物质穿过多孔材料渗漏的过程。

phloem vessel 筛管：植物体内的一种管，能把糖类从叶子运输到植物的茎部和根部并储存起来。

phosphorescence磷光：通过其他方式吸收能量并且重新释放出的光。

piston活塞：在流体的压力下运动的气缸或大气缸中的圆盘。

plane mirror平面镜：通过单向反射成像的平的表面。

pneumatic system 气动系统：一个利用流动的空气或其他气体的封闭的加压系统。

pneumatics 气体力学：一些利用流动的空气或其他气体的封闭的加压系统。

positive buoyancy 正浮力：由于物体的重力小于它所排开的流体的重力，物体在流体中具有上升的趋势。

precipitation 降水：在云中聚集的水以雨、冰雹、雨夹雪或雪的形式降落到地面。

pressure压强：物体一定面积上受到的作用力。

$$公式为：压强=\frac{压力}{面积}$$

primary light colours 光的三原色：能被人眼中的锥状体直接感受到的三种颜色的光线：红色、绿色和蓝色。

primary pigment colours 色素的三原色：黄色、青色和洋红色，其中每种色素分别能从白光中吸收一种原色并反射其他两种。

principal axis主轴：一条经过曲面镜或透镜中心并包含了其焦点的直线。

principal focus主焦点：通过曲面镜或透镜，将平行光线集中交会的一点。

productivity 生产力：对生物的繁殖程度的一种测量。

protists 原生生物：一种生长在潮湿的地方的微生物。原生生物具有细胞核，还含有线粒体、核糖体和溶酶体。

## R

real image实像：能够呈现在屏幕上的像。

reflected ray反射线：从反射面弹回的光线。

refraction折射：当光从一种介质进入到另一种介质时光的弯曲现象。

regular reflection镜面反射：光在光滑平整表面的反射。

respiratory system 呼吸系统：一种包含肺、气管和血管的系统；能将氧气传递到血液中，再由血液分配到身体的各个细胞，并能清除体内的二氧化碳废物。

runoff 径流：地球表面的水流。

## S

salinity盐度：溶解在水中的盐的浓度或水中的含盐量。

saturated zone 饱和带：在地下水位以下的区域，在这里水充满了沙砾、沙子、淤泥或岩石的空隙。

seamount海底山：在水下的山脉。

secondary light colours 光的合成色：任何两种或两种以上原色光合成的颜色。如：青色、黄色以及洋红色。

secondary pigment colours 色素的合成色：红色、绿色和蓝色，其中任一种合成色素能吸收三原色中的两种而反射第三种。

sediment沉积物：如沙子、淤泥和泥浆等物质被风、水或冰携带并沉积下来。

seiche湖面波动：湖中的水前后运动导致的湖面上下起伏。

selectively permeable 选择透过性：只允许某些物质进入或离开而不允许其他的物质进入或离开。

self-correcting自动调整：能对一些特定的外部环境进行自动调节。

shadow阴影：因被物体挡住而形成的一块光线照不到的地方。

solar cell太阳能电池：一种能将太阳能转化为光能的设备。

solar panels太阳能面板：由多个太阳能电池组成，能最大效率地获得太阳光能。

streamlined流线型：一种光滑的弯曲的狭窄的形状，使得物体在流体中更容易运动，尽可能小地扰乱流体。

subtractive colour theory颜色的减法合成理论：对色素混合怎样形成其他颜色的解释。称为减法是由于每种色素从白光中吸收了不同的颜色。

system系统：形成统一整体的各个相互影响或者相互依赖的部分的结合。

## T

tidal range潮差：高潮水位与低潮水位之差。

side潮汐：由于所受的太阳和月亮的引力不同而导致海面的上下波动。

tissue组织：一组形态和功能上相似的细胞。

translucent半透明的：描述的是一

种介质，它既能传播光，但同时也反射和吸收光。通过半透明的介质看不到清晰的像。

transparency透明性：是一种介质的透光量的测定。介质可以分为透明的、半透明的和不透明的三类。

transparent透明的：一种能够传播光的介质。透过这种介质可以看到清晰的像。

trench海沟：在一个大陆板块滑到另一个大陆板块的下面时形成，是海底的边缘陡峭的凹地。

Tributaries支流：汇入更大的河流的较小河流和溪流。

tsunami海啸：由地球的运动或海底火山喷发引起的海洋上的巨大波浪。

turbulent flow湍流：通常由急流、涡流或漩涡引起的水体无规则运动或波浪起伏。

turgor pressure膨压：是指植物细胞内部的水压，这种压力压迫着细胞质，使它紧紧贴向细胞壁，可以使植物细胞保持一定形状。

## U

umbra本影：来自光源的光不能到达的影子部分。

unicellular organism单细胞生物：一种只有一个细胞的生物。

## V

vacuole液泡：动植物细胞内的充满液体的泡状结构，可以储存食物和水。

vein静脉：将血液运回心脏的血管。

velocity ratio速率比值：外界的作用力运动的距离与物体承载力运动的距离之间的比值，公式如下：

$$速率比值=\frac{外界作用力运动距离}{物体承载力运动距离}$$

virtual image虚像：不能呈现在屏幕上的像；虚像只能通过光学设备看到。

viscometer黏度计：对流体流动或运动所受到的阻力的一种测量。

viscosity黏性：液体的一种物理性质，可以限制液体自身的流动。

viscous黏滞的：有阻碍流体流动的相对高的阻力。

visible spectrum可见光谱：眼睛能看到的光；包括红色、橙色、黄色、绿色、蓝色和紫色等色光。

volume体积：对物质所占据的空间的一种测量；单位是立方米（$m^3$）、升（L）、立方厘米（$cm^3$）或毫升（mL）。

## W

water cycle水循环：由于水在地球附近状态的改变而导致的水的运动。

water table地下水位：饱和带的上边界。

watershed分水岭：由高地围起来的区域，在其中所有的水都流向同一个目的地（如一条河）。

wavelength波长：一个波的波峰和与之相邻的另一个波的波峰之间的距离（也可以是波谷和波谷之间的距离）。

weight重力：地球引力对物体的拉力,单位是牛顿（N）。

## X

xylem vessel导管：植物体内将水和矿物质运输到叶子的管道。

BOB Ritter, etc.
Science & Technology 8
ISBN: 978-0-17-607497-5



图书在版编目（CIP）数据

科学探索. 8/(加) 尼尔森原著；李广洲等译.
长沙：湖南教育出版社，2009.6
圣智（原汤姆森学习）科学教育教材
ISBN 978-7-5355-6088-9

I. 科…　Ⅱ.①尼…②李…　Ⅲ.科学知识-初中-课外读物　Ⅳ.G634.73

中国版本图书馆 CIP 数据核字（2009）第 099969 号

**圣智（原汤姆森学习）科学教育教材　科学探索　8**

出版发行：湖南教育出版社（湖南省长沙市韶山北路 443 号　邮编：410007）
原 出 版：NELSON
经　　销：全国新华书店
网络合作销售：当当网
翻　　译：李广洲　孟献华
策划编辑：黄永华　陈　凯
责任编辑：王华玲
责任校对：崔俊辉
装帧设计：肖睿子
技术编辑：王长治
网　　址：http://www.hneph.com
客　　服：电话　0731-85486742　QQ　228411705
电子邮箱：hyh70@sina.com　　postmaster@hneph.com
印 刷 者：湖南天闻新华印务有限公司
开　　本：787×1092　1/16　　印张：26.75　字数：549 千字
版　　次：2010 年 4 月第 1 版　　2010 年 4 月第 1 次印刷
书　　号：ISBN 978-7-5355-6088-9/G·6083
印　　数：0001-2 000
定　　价：90.00 元